CHRISTIAN KIRCHEN

EMIN PASCHA

Christian Kirchen

EMIN PASCHA

Arzt – Abenteurer – Afrikaforscher

FERDINAND SCHÖNINGH

Der Autor: Christian Kirchen hat Neueste und Mittelalterliche Geschichte und Arabistik in Bayreuth und Alexandria (Ägypten) studiert.

Bibliografische Information der Deutschen Nationalbibliothek

Die Deutsche Nationalbibliothek verzeichnet diese Publikation in der Deutschen Nationalbibliografie; detaillierte bibliografische Daten sind im Internet über http://dnb.d-nb.de abrufbar.

Die Manuskriptfassung wurde am 13. Juni 2012 als Dissertation an der Kulturwissenschaftlichen Fakultät der Universität Bayreuth angenommen.
1. Gutachter: Prof. Dr. Hermann J. Hiery
2. Gutachter: Prof. Dr. Achim von Oppen
Tag der Verteidigung: 27. Juni 2012

Umschlaggestaltung: Nora Krull, Bielefeld

Gedruckt auf umweltfreundlichem, chlorfrei gebleichtem und alterungsbeständigem Papier ⊚ ISO 9706

© 2014 Ferdinand Schöningh, Paderborn
(Verlag Ferdinand Schöningh GmbH & Co. KG, Jühenplatz 1, D-33098 Paderborn)

Internet: www.schoeningh.de

Alle Rechte vorbehalten. Dieses Werk sowie einzelne Teile desselben sind urheberrechtlich geschützt. Jede Verwertung in anderen als den gesetzlich zugelassenen Fällen ist ohne vorherige schriftliche Zustimmung des Verlages nicht zulässig.

Printed in Germany.
Herstellung: Ferdinand Schöningh, Paderborn

ISBN 978-3-506-77850-5

INHALT

Einführung 7
1. Biographie und Geschichtsschreibung 9
2. Warum ist Emin Pascha interessant? 12
3. Quellenlage, Quellendiskussion und Forschungsstand 16

I. TEIL:
VON EDUARD SCHNITZER ZU EMIN PASCHA –
EINE LEBENSGESCHICHTE 25
1. Jugendjahre und Studienzeit (1840-1864) 27
2. »Lehr- und Wanderjahre« im Osmanischen Reich (1864-1874) 39
3. Intermezzi in Tirol und Schlesien (1874/75) 59
4. Flucht in den Sudan (1875/76) 67
5. Erste Jahre in Äquatoria als »Dr. Emin Efendi« in Gordons Diensten (1876-1878) 72
6. Emin als Mudīr ʿUmūm von Äquatoria (1878-1889) 81
7. Abgeschnitten von der Außenwelt – Bewährungsprobe im Angesicht des »Mahdī-Aufstandes« 91
8. Rettung aus dem Wald? Entsatz und Entsetzen 115
9. Emins Kopfverletzung stößt das Empire vor den Kopf 140
10. Mit deutscher Fahne zurück ins Innere Afrikas (1890-92) 151
11. Nachgeschichte 177

II. TEIL:
ANNÄHERUNGSVERSUCHE AN EINE SCHILLERNDE PERSÖNLICHKEIT 185
1. Emin in der Wahrnehmung von Zeitgenossen 187
2. Mythischer Stammvater, Held oder Versager? Das Nachleben 202
3. Emins Verdienste um die Wissenschaften 216
4. Emins Verhältnis zur Religion 222
5. Emins imperialistische Tendenzen vor 1890 225

FAZIT:

Emin Pascha – Wanderer zwischen den Welten 227

Danksagung 235
Anmerkungen 236
Karten 302
Osmanische Militärdienstgrade und Ehrentitel (Auswahl) 307
Anmerkungen zur arabischen Umschrift und zu ihrer Einordnung..... 308
Quellen- und Literaturverzeichnis............................. 310
Summary... 334
Verzeichnis der Abbildungen und Karten....................... 336
Verzeichnis der Abkürzungen und Siglen 338
Index 340

EINFÜHRUNG

1. BIOGRAPHIE UND GESCHICHTSSCHREIBUNG

Aktuelle Theoriedebatten in Deutschland – ein Blitzüberblick

Das Genre »Biographie« ist im deutschsprachigen Raum (wieder) en vogue: Lebensberichte historischer wie zeitgenössischer Personen unterschiedlicher Couleur erfreuen sich allgemein größter Beliebtheit.

Auch die Geschichtswissenschaft hat ihren Widerstand gegen die »methodisch unkritisch[e] und theoretisch harmlos[e]«[1] Biographie inzwischen weitgehend aufgegeben. Noch in den 1970er Jahren galt es für viele Historiker als unschicklich, sich mit der Geschichte von Einzelpersonen zu befassen. Nach Ansicht von Marxisten und Strukturalisten war sie Teil der überkommenen historischen Wissenschaft à la Gustav Droysen (1808-1884) oder Leopold von Ranke (1795-1885), welche die Problematik der »Heroisierung und Mythisierung«[2] in sich trug und dringend verdächtig war, das »Geschäft der Hagiographie«[3] zu betreiben und somit die »wahre, nämlich strukturale Wirklichkeit der Geschichte«[4] zu verkennen. Die damalige Forschergeneration präferierte stattdessen eine Sozial- und Gesellschaftsgeschichtsschreibung.

Die Stigmatisierung der Biographie sah Hans-Christof Kraus erst um 1980 durchbrochen, als »[…] arrivierte Historikerpersönlichkeiten (oder eben Außenseiter der historischen Zunft wie [Joachim] Fest)«[5] sich dem Genre der politischen Biographie wieder zuwandten. Aber auch noch lange danach galt die Beschäftigung mit der »schwierige[n] Königsdisziplin«[6] als »verstaubt (und insofern als karrierehemmend).«[7]

Ein Blick auf den heutigen wissenschaftlichen Büchermarkt revidiert dieses Bild. Die Frage, ob Historiker Biographien schreiben dürften oder es lieber unterließen, stellt sich im deutschen Sprachraum nicht mehr. Schon in Magister- bzw. Masterarbeiten, meist aber erst in fortgeschrittenen Qualifikationsschriften, werden neben Personen der »ersten Garde« – also etwa Herrschern oder Regierungschefs –, mittlerweile auch Personen der zweiten und hinteren Reihen untersucht.[8] In vielen Qualifikationsarbeiten spielen zudem (Halb-)Biographien von Wissenschaftlern in Auseinandersetzung mit deren Werk eine Rolle. Einerlei, ob Qualifikationsschrift oder nicht: Auch Doppel- und Kollektivbiographien sind inzwischen vertreten.[9] Bevorzugt bearbeitete Forschungssubjekte scheinen Personen aus der ersten Hälfte des 20. Jahrhunderts zu sein: Protagonisten des späten Kaiserreiches, der Ersten Berliner Republik und der NS-Diktatur.[10] Gelegentlich sind inzwischen auch Nicht-Lebewesen Gegenstand von Biographien.[11]

Grundfragen der Biographik

Eine wichtige Grundvoraussetzung für die Arbeit an einer Biographie ist – wie in jeder Geschichtsschreibung – zweifellos das Vorhandensein von Quellen, und zwar solchen, die das Handeln und Wirken der zu untersuchenden Person aus unterschiedlichen Perspektiven beleuchten.[12] Ohne diese dürfte es schwer werden, dem »toten Käfer auf der Nadel etwas Leben einzuhauchen«[13], wie der Konstanzer Historiker Stefan Zahlmann in einem Diskussionsbeitrag festgestellt hat. Hannes Schweiger sprach in diesem Zusammenhang von einer »Biographie-Würdigkeit«[14], die ohne Quellen schlicht nicht gegeben sei.[15] Verfügt der Biograph allerdings über zu viele Quellen, kann er Gefahr laufen, bloße Faktenhuberei zu betreiben. Die Gratwanderung besteht nun darin, zum einen die von außen an ihn herangetragene Erwartungshaltung zu befriedigen, bislang nicht bekannte Fakten zu sammeln und diese darzubringen, ohne dabei jedoch in die »(...) Vollständigkeitsfalle zu tappen, an deren Boden die Langeweile lauert.«[16] Er muss die schwierige Aufgabe meistern, eine Gewichtung der Fakten vorzunehmen und – auf die Gefahr hin, der Unvollständigkeit geziehen zu werden – einzelne auszusortieren.

Damit ist auch eine ästhetische Komponente angeschnitten: Muss eine wissenschaftliche Biographie überhaupt Spannung erzeugen – oder anders: darf sie es? Rückt sie damit nicht in die Nähe der populären Literatur? Sind (sprach)künstlerische Ansprüche bezüglich der Lesbarkeit daher zugelassen? Dieses Gebiet ist hierzulande – anders als etwa im anglophonen Sprachraum – ein vermintes Terrain und wird es vermutlich auch auf lange Zeit bleiben. Denn genau an dieser Frage scheiden sich bereits innerhalb der Historikerzunft die Geister, verläuft erkennbar ein Riss zwischen den eine Verpopularisierung der Wissenschaft befürchtenden Historikern und der interessierten Öffentlichkeit.[17]

Wolfram Pyta sah die Theoriedebatten um das Genre Biographie noch nicht abgeschlossen und postulierte, dass in der Biographie künftig die »Psycho-Historie«[18] eine größere Rolle spielen müsse.[19] In dieselbe Kerbe schlug Volker Ullrich, warnte jedoch vor einer »grobschlächtige[n] Anwendung freudianischer Theoreme.«[20] Denn auch wenn der Gedanke, die zu biographisierende Person als »Patienten«[21] wahrzunehmen, durchaus reizvoll erscheint – hier läuft der nicht psychologisch geschulte Historiker Gefahr, auf fremdem Territorium zu wildern und somit unweigerlich zu dilettieren. Wohl gemeinter theoretischer Eklektizismus könnte auch dazu führen, am selbst gesteckten Ziel zu scheitern.

Da die untersuchte Person zu Lebzeiten keine autonome oder isolierte Einheit, keinen »homo clausus«[22] darstellte, kommt dem Biographen die wichtige Aufgabe der Einordnung des Biographierten in Raum und Zeit respektive in Räume und Zeiten zu. Folgende Fragen rücken hierbei ins Zentrum: Welche Rolle spielte die biographierte Person in ihrem Kontext/ihren Kontexten? War sie handelndes Subjekt oder erleidendes Objekt? Wie präsentierte sie sich, wie wurde sie (deswegen) von ihren Zeitgenossen beurteilt und wie von ihrer Nachwelt?[23]

Um hier zu einer Wertung zu gelangen, sollte der Biograph die jeweiligen historischen und gesellschaftlichen Zusammenhänge kennen und bewerten können, in denen sich sein Forschungssubjekt bewegte. Dazu muss er sich – auch wenn er nur kurz auf weiterführende Literatur verweist – zwangsläufig vom Lebenslauf des Biographierten entfernen, es aber auch verstehen, rechtzeitig wieder zur Lebensgeschichte zurückzukehren. Ansonsten läuft er Gefahr, ein Handbuch über die Region, Epoche etc. zu verfassen.

Verabschieden müssen sich Biograph wie auch Leser schließlich von der Illusion, dass das, was über eine Person geschrieben steht, dem tatsächlichen Leben entsprach – kurzum: Die Biographie »(...) handelt vom Leben, ist es aber nicht.«[24] Denn auch die Biographie ist – wie alle historische Narration – Konstruktion oder Dekonstruktion.

Für den afrikanischen Kontinent, auf dem sich ein großer Teil der im Folgenden vorgestellten Lebensgeschichte des Grenzüberschreiters[25] Emin Pascha abspielte, hat Anthony Kirk-Greene schon 1986 eine Unterentwicklung an biographischer Auseinandersetzung mit Größen der eigenen Geschichte beklagt.[26]

2. WARUM IST EMIN PASCHA INTERESSANT?

»›Ich trage seinen Namen stets auf der Zunge, um ihn zu preisen und ihm dankbar zu sein. Er nennt sich Emin Pascha und beherrscht das Land Wadelai. Kennst du ihn vielleicht?‹ – ›Ja; er ist ein hochberühmter Mann, welcher alles tut, um den Wohlstand seiner Untertanen zu begründen und zu heben. Besonders duldet er keinen Sklavenhandel, den er in seiner Provinz aufgehoben hat. – ›Das ist recht von ihm, und darum bin ich doppelt sein Freund, obgleich er einer der Eurigen und nicht ein Anhänger des Propheten ist.‹«[1]

Obgleich seit seinem Tode mittlerweile knapp 120 Jahre vergangen sind, ist die Karl May'sche Grund-Faszination, die mit dem Namen Emin Paschas verbunden ist, bis heute geblieben. Freilich sind die konkreten Erinnerungen an den Mann aus Schlesien, der im Stile eines Universalgelehrten als Arzt und nebenbei als Entdecker und Geograph, Botaniker und Zoologe, Politiker, Sprachwissenschaftler und Ethnologe fungierte, in der Öffentlichkeit inzwischen weitgehend verblasst. Dennoch wird seiner in unregelmäßigen Abständen in Form von Zeitungsartikeln oder Vorträgen gedacht.[2] Zu den um 1890, als der Name Emin Paschas in aller Munde war, entstandenen Publikationen sind seit seinem Tod im Jahre 1892 daher etliche Buchpublikationen hinzugekommen – zuletzt Patricia Cloughs Abenteuer-Biographie aus dem Jahr 2010.[3]

Für den Biographen stellt sich am Anfang die Sinnfrage: Lohnt es heute überhaupt noch sich mit Emin Pascha zu beschäftigen? Deutschlands Feuilletonisten scheinen sich da nicht ganz einig zu sein: Joachim Fritz-Vannahme schrieb in einem Artikel der *ZEIT* aus dem Jahr 2005:

»Heute, da Deutschlands Freiheit am Hindukusch verteidigt wird, da deutsche Soldaten in globaler Friedensmission um den Erdball reisen, bis in den Sudan, lohnt die Erinnerung an sein [Emin Paschas] Schicksal.«[4]

Wolfgang Günter Lerch widmete Emin Pascha im Januar 2011 angesichts des Unabhängigkeits-Referendums im »Südsudan« eine Spalte in der *Frankfurter Allgemeinen Zeitung*, wobei er dessen Tätigkeit als turko-ägyptischer Gouverneur in Äquatoria, jener Provinz, die einen großen Teil des »Südsudan« ausmacht, gedachte.[5]

Dagegen hatte Alexander Kluy 2010 in einer Buchrezension im *Rheinischen Merkur* gefragt, ob Emin Pascha und sein Gouverneursamt in Äquatoria überhaupt von Belang gewesen sei:

»Wer aber, ist man in Richtung des deutschen Verlags zu fragen geneigt, soll sich hierzulande für diese kaum mehr als pittoreske, völlig folgenlose Fußnote der Geschichte interessieren?«[6]

Auch wenn die Frage, ob ein Untersuchungsgegenstand lohnenswert ist oder nicht, in der Wissenschaft eher eine untergeordnete Rolle spielt: Die Tatsache, dass seit über einhundert Jahren – einigen weiterführenden Ansätzen zum

Trotz[7] – keine auf Quellen basierende Biographie über Emin Pascha erschienen ist, Georg Schweitzers Werk aus dem Jahr 1898[8] somit der einzige umfassende Beitrag geblieben ist, sollte Ansporn genug sein, ein solches Unterfangen zu starten. Der Versuch der vorliegenden Qualifikationsschrift soll nun darin liegen, eine möglichst umfassende quellenkritische Biographie Eduard Schnitzers alias Emin Pascha zu erstellen und damit auch Harald Lordicks Aufruf, in dieser Hinsicht einmal Neues zu wagen, Folge zu leisten.[9]

Emin wurde zwar nicht gänzlich von der Geschichte vergessen und kann daher nicht als völlig unbekannte Person angesehen werden. Doch sprachen schwer wiegende Gründe für seine Vernachlässigung im Forschungsbetrieb: Zunächst ergab sich die Schwierigkeit der Quellenlokalisierung bzw. -beschaffung. Sie war jahrelang für Forscher in Ost und West praktisch unmöglich, da große Teile des Materials auf beiden Seiten des Eisernen Vorhangs lagerten (so z.B. in Hamburg und Koblenz auf der einen, Potsdam, Gotha, Schlesien auf der anderen Seite), sie aber nur zusammengenommen das Bild abrunden.

Ein weiteres Problem stellte die Vielsprachigkeit der Quellen dar – im Wesentlichen Arabisch, Deutsch, Englisch und Französisch. In der Literatur kamen noch Italienisch, Flämisch bzw. Niederländisch, Polnisch, Swahili und Türkisch hinzu. Schließlich gestaltete sich auch die Quellenbeschaffung insofern schwierig, als Vorrecherchen über Quellenbestände vielfach nicht möglich waren.

Durch die Sichtung umfangreicher, aus unterschiedlichen Gründen bislang nicht oder wenig beachteter Quellenbestände unternehme ich im Folgenden den Versuch, einige Lücken in der Überlieferung zu schließen. Dieses Ziel liegt hauptsächlich dem der Chronologie folgenden ersten Teil zugrunde.[10]

Zeitübergreifenden Einzelaspekte, die im ersten Teil noch nicht ausreichend berücksichtigt wurden, sollen im zweiten Teil noch einmal aufgegriffen werden.

»Der Lebenslauf verfügt über einen Anfang und ein Ende – die Biographie nicht. Zu ihr gehören Vorgeschichten und ein Nachleben«[11],

hat Bernhard Fetz treffend festgestellt. Damit ist die Frage nach der Persönlichkeit Emin Paschas und seiner Rezeption angeschnitten. Was an der Person Isaak Schnitzer/Eduard Carl Oskar Theodor Schnitzer/Tabib Efendi/Hayrullah Hakim/Emin Efendi/Emin Bey/Emin Pascha[12] war genuin, was nicht? Wieso wechselte Schnitzer mehrfach seine(n) Namen und wie konnte es geschehen, dass ein politisch motivierter Mythos entstand, der schließlich eine unpolitische Eigendynamik entwickelte und sich immer weiter von der eigentlichen Figur entfernte?[13] Ein Mythos, den Autoren wie Karl May oder Henryk Sienkiewicz perpetuierten, und der mit Abstrichen bis in unsere heutige Zeit reicht, handelte von einem heroischen, christlich-abendländisch(-deutschen) Gouverneur, der von der Außenwelt abgeschnitten und verlassen im undurchdringlichen Dschungel[14] des Dunklen Kontinentes den Kriegern eines muslimischen Fundamentalisten, dem Mahdī, Widerstand leistete, der in seiner Provinz königsgleich regierte und sagenhafte Schätze an Elfenbein angehäuft hatte.

Jeder genannte Einzelaspekt bot per se Material für umfangreiche Legenden, aber das Zusammenwirken der einzelnen Komponenten verlieh der Geschichte einen besonderen Reiz. Das war der Stoff für Abenteuergeschichten. Doch was ist davon wirklich belegbar?

Um dies herauszufinden soll auch die Frage, wie Emins Zeitgenossen seine Person und die Umstände, in denen er wirkte, wahrgenommen haben, eine Rolle spielen. Während seiner Zeit im Sudan und in Ostafrika ist Emin auf zahlreiche weitere Forschungsreisende, Beamte oder Militärs unterschiedlicher Nationalitäten gestoßen, die, wenn sie Memoiren hinterlassen haben, jeweils ihre eigene Sicht auf den Pascha niedergeschrieben haben. Eng damit verknüpft ist auch die Frage nach seinem Privatleben, über das es unterschiedliche Darstellungen gibt. Die aus diesen Quellen gewonnenen Erkenntnisse eignen sich dazu, Emin mit anderen Charakteren aus seinem Umfeld zu vergleichen. Dies kann im Folgenden jedoch nur ansatzweise geschehen.

Einen anderen wichtigen Aspekt stellt die »Gretchen-Frage« dar. Viele Publikationen verschweigen nämlich, dass Emin ein eher offenes, ja ambivalentes Verhältnis zu Religionen und Konfessionen hatte. Welche Gründe waren hierfür ursächlich?

In Ansätzen soll auch der Frage nachgegangen werden, welche Rolle Schnitzer/Emin für die unterschiedlichen Fachdisziplinen spielte, für die oder in denen er tätig war.

Abschließend soll analysiert werden, wie sich die europäische wie auch die afrikanische Wahrnehmung von Emin Pascha im Wandel der Zeiten verändert hat, inwieweit Emin Paschas Lebenslauf typisch für seine Zeit war und in welcher Hinsicht er aus dem Rahmen fiel.

Bei der Bewertung seiner Tätigkeit, seiner Entscheidungen, seines Charakters und dem Verhältnis zu anderen Personen ist Vorsicht geboten. Wir besitzen zum einen sein Schriftgut (Tagebücher, Briefe etc.), zum anderen Augenzeugenberichte, denen, je nach Absicht, Standpunkt und Hintergrund, völlig unterschiedliche Bewertungen zugrunde lagen. Es gilt also auf der Hut zu sein, um nicht einer allzu positiven oder allzu negativen Sichtweise zu erliegen. Im ersten Fall hieße das entweder Schnitzer/Emins Selbstwahrnehmung oder der Mehrheit der Posthum-Literatur im Kaiserreich[15] respektive den nacherzählten Abenteuern kolonialgeschichts-begeisterter Autoren[16] zu folgen, im zweiten Falle NS-[17] und sonstiger Schmähliteratur[18] anheim zu fallen. Es ist daher nötig, mögliche Intentionen der Autoren und den Kontext der Zeit zu beachten, wenn die »Held oder Versager-Frage« erhoben wird.

Andererseits lebte Emin im Gegensatz zu manchen Zeitgenossen nicht in Erwartung eines Biographen.[19] Insofern ergibt sich im Vergleich zu Stanley ein völlig anderer Ansatz: Da Emin nicht mehr nach Deutschland zurückkehrte, hatte er keine Gelegenheit auf Publikationen, die sich mit seiner Person beschäftigten, zu reagieren und sich gegen etwaige Verleumdungen zur Wehr zu setzen. Er konnte nicht mehr an seinen Formulierungen feilen, ergänzen oder richtig stellen. Sein Schweigen ist deshalb nicht als Schuldeingeständnis zu werten, auch nicht, wenn gewisse Fehler wieder und wieder tradiert wurden. Dass er einige Veröffentlichungen aus dem Jahr 1890 noch zur Kenntnis genommen hat, ist aus Briefen ersichtlich.[20]

Erstaunlicherweise haben sich Imperialismus-Kritiker wenig für Emin Pascha interessiert, auch für die DDR-Forschung war der »Abenteurer«[21] – von Ausnahmen abgesehen – offenbar wenig interessant.[22] Vielleicht bewahrte ihn seine jüdische Abstammung vor Anfeindungen.

3. QUELLENLAGE, QUELLENDISKUSSION UND FORSCHUNGSSTAND

Die Quellenbeschaffung im Falle Emin Paschas gestaltet sich, wie oben bereits kurz angedeutet, aufwändig und mitunter schwierig. Grund dafür ist weniger das Fehlen der Quellen als vielmehr ihr über mehrere Länder verstreuter Bestand. Die einzelnen Lebensabschnitte Emins sind unterschiedlich gut überliefert: Über die Jugend- und Schulzeit Emins ist wenig bekannt. Ähnlich »blutleer« sind Studienzeit und die ersten zehn Dienstjahre im Osmanischen Reich, aus denen nur einige wenige Briefe erhalten sind. Die größte Quellendichte findet sich zum Ende von Emins Wirkungszeit im Sudan: Hier nahm die europäische Öffentlichkeit von ihm Notiz, hier war er im Interessensfokus hunderter Presseartikel, die für diesen Zeitraum anhand ausgewählter Einzelbeispiele berücksichtigt werden sollen. Nach 1890 flaute das öffentliche Interesse wieder ab. Zum Zeitpunkt seines Todes im Herbst 1892 war die Nachrichtenlage so schlecht, dass belgische Streitkräfte erst ein Jahr später Gewissheit über Emins Ermordung liefern konnten.

Gedruckte Quellen

Als Hauptquelle dienen Emins Tagebücher und Aufzeichnungen. Sie beschränken sich auf seine Tätigkeit im Sudan und den Entsatz und sind bis auf kurze Auslassungen – es fehlen etwa drei Monate in Khartum 1875 und drei Monate in Bagamoyo 1889/90 – komplett. Franz Stuhlmann hat die Tagebücher in vier Bänden bis zum Jahre 1890 herausgegeben.[1] Offenbar war ein fünfter Band aus der Zeit 1891/92 vorgesehen, doch wurde dieses Projekt nie verwirklicht.[2] Der sechste Band mit botanischen und zoologischen Aufzeichnungen Emins ist hingegen erschienen.[3] Die Tagebücher beinhalten Auflistungen aus dem Nachlass Emin Paschas sowie einen kritischen Textapparat.

Da Stuhlmann die Tagebücher *post mortem* ediert hat, konnte Emin sie nicht mehr redigieren. Sie haben daher ein hohes Maß an Authentizität, von einigen wenigen Kürzungen des Herausgebers Stuhlmann abgesehen. Der Stil der Tagebücher variiert. In den ersten Bänden sind die Aufzeichnungen sehr ausführlich, später wird der Umfang der beinahe täglichen Eintragungen spärlicher. Weil Emin vielfach wissenschaftliche Erkenntnisse mit in die Tagesberichte eingefügt hat, nimmt die Lesbarkeit ab, der Stil wird, wie G. O. Whitehead festgestellt hat, mitunter etwas dröge.[4] Andererseits hatte Emin durchaus Sinn für Humor – seine Tagebücher enthalten manch heitere Anekdote. An sarkastischen Bemerkungen, die aus heutiger Sicht zuweilen einen rassistischen Anstrich besaßen, hat Emin es ebenfalls nicht fehlen lassen. Persönliche Befindlichkeiten und private Informationen finden sich hingegen nur wenige, Emin hat darüber eher in seinen zahlreichen Briefen an Kollegen, Verwandte und Freunde berichtet. Dennoch sind die Tagebücher die Hauptquelle zu den »sudanesischen Jahren«.

Weitere gedruckte Quellen sind die Memoiren zahlreicher Personen aus dem Umkreis Emins, die an betreffender Stelle zitiert werden.

Unverzichtbar ist ferner Georg Schweitzers Biographie über Emin Pascha[5], die zwar einige Verschleierungen birgt, aber eine Auswahl von Privatbriefen aus der Jugendzeit, seiner zehnjährigen Beschäftigung im Osmanischen Reich und den letzten beiden Jahren in deutschen Diensten, enthält, deren Originale inzwischen verschollen sind.

Einen reichen zusätzlichen Informationsfundus bieten ferner unzählige zeitgenössische Zeitungsartikel, die Archivakten beiliegen.[6] Über digitalisierte Zeitungssammlungen verfügen zum Beispiel das *Hamburger Weltwirtschaftsarchiv* sowie die *British Library*.

Ungedruckte Quellen

Europa

Belgien
Das *Afrikamuseum Tervuren* bei Brüssel verwahrt den Nachlass Henry Morton Stanleys und somit auch viel ungedrucktes Material. Einige Kladden und Briefe werfen einen bezeichnendes Licht auf das Verhältnis Stanleys zu Emin.

Deutschland
Das *Politische Archiv des Auswärtigen Amtes* zu einem kleinen und das *Bundesarchiv* zum größeren Teil besitzen die Korrespondenzen des Auswärtigen Amtes sowie des Reichskolonialamtes mit den Protagonisten in Sansibar, wo Ende der 1880er Jahre bereits eine Deutsche Vertretung (Kaiserliches Konsulat; später: Ksl. General-Konsulat) existierte. Auch die Korrespondenzen des deutschen Botschafters Paul von Hatzfeld in England, der die englischen Reaktionen auf die Aktivitäten zur »Rettung« Emins und das weitere Verhalten desselben nach seiner Ankunft in Bagamoyo nach Berlin übermittelte, sind hier zu finden. Eingearbeitet ist eine Zusammenstellung der wichtigsten nationalen und internationalen Pressemitteilungen, welche den Bereich Sudan bzw. Deutsch-Ostafrika betreffen. Dieser Teilbestand des Bundesarchivs liegt in Form von Mikrofilmen vor. Der Teilbestand des *Politischen Archivs des Auswärtigen Amtes* beschränkt sich auf generelle Nachrichten mit dem Betreff »Sudan«. Einzelmeldungen über Emin Pascha sind hier kaum zu finden. Das

Bundesarchiv (Berlin-Lichterfelde) verfügt außerdem über einen Teilnachlass Emins, der vorwiegend Privatbriefe, Fotos und Zeichnungen enthält. Einige weitere Dokumentensplitter, die Emin Pascha betreffen, sind auch in der Zentrale des Bundesarchivs in Koblenz, im *Militärarchiv* in Freiburg im Breisgau, im *Geheimen Staatsarchiv* in Berlin, im *Stadtarchiv Nürnberg* sowie in Schloss Neuenstein (*Hohenloher Zentralarchiv*) zu finden.

Das *Justus-Perthes-Archiv der Forschungsbibliothek Schloss Friedenstein in Gotha* birgt einige aufschlussreiche Korrespondenzen der Verlagsleitung mit Emin und vice versa. Oft handelte es sich hier um wissenschaftliche Ergebnisse der Expeditionen, umfangreiche Zeichnungen, Teilkarten, Peilungs- und sonstige Messergebnisse, welche für die Kartographen wertvolle Informationen bereithielten. Vorwiegend Erlebnisberichte Emins, aber auch Meldungen über politische Ereignisse, haben Eingang in die von Justus Perthes herausgegebenen *Petermann's Geographische Mitteilungen* gefunden. Auch das *Leibniz-Institut für Geographie* in Leipzig besitzt ein Original-Routenbuch Emins.[7]

Über den umfangreichsten Teilnachlass Emins verfügt das *Staatsarchiv der Freien und Hansestadt Hamburg*. Hierbei handelt sich vorwiegend um seine Tagebücher, einige Korrespondenzen in deutscher, zahlreiche Schriftstücke in arabischer, wenige in osmanischer Kursive. Daneben sind Finanzlisten vorhanden.

England
Zwar hat Schnitzer nie die britische Insel bereist, doch sind in einigen englischen Einrichtungen umfangreiche Materialien zu Emin Pascha vorhanden.

So lagern im *Sudan Archive Durham* die Nachlässe einiger britischer Kolonialbeamter und Wissenschaftler, die entweder persönlich mit Emin in Kontakt standen oder aber sich im Rahmen ihrer Forschungsarbeit mit Emin Pascha beschäftigten. Besonders zu nennen sind hier die Nachlässe der Sudanforscher Robert O. Collins und Richard Hill, die ihre Nachlässe nach Durham transferieren ließen.

Ähnlich verhält es sich mit den Nachlässen in der *School of Oriental Studies (SOAS)* der *University of London*. Hier befindet sich u.a. der Nachlass eines der Initiatoren der Emin Pasha Relief Expedition. Ergänzt wird diese Sammlung durch Dokumente, die im Archiv der *Royal Geographical Society* in London lagern.

Nicht zu vernachlässigen ist die *British Library*, in deren Handschriftenabteilung die Journale Gordon Paschas lagern. Außerdem sind hier einige Buch-Raritäten einsehbar, wie auch das hervorragende Angebot digitalisierter britischer Zeitungen aus dem 19. Jahrhundert.

Zu guter Letzt bieten auch die *National Archives* in Kew einige Dokumente, die mit Emin Pascha in Verbindung stehen – insbesondere aus dem Foreign Office mit Bezug auf die Emin-Pasha-Relief-Expedition. Dieser Quellenbestand wurde bereits von Autoren wie Iain Smith aufgearbeitet.

Italien
Emins Spur in Italien hat sich nur im Taufbuch der Katholischen Kirchengemeinde in Arco erhalten. Recherchen in den digitalen Kirchenbüchern im

3. Quellenlage, Quellendiskussion und Forschungsstand 19

Diözesanarchiv Trient (Archivio Diocesano Tridentino), in den Zeitungsbeständen der *Stadtbibliothek von Rovereto (Biblioteca civica di Rovereto)* wie auch nach Dokumenten über Schnitzers Aufenthalt im *Stadtarchiv von Arco (Archivio storico comunale)* blieben erfolglos.

Polen
Durch Krieg, Zerstörung und Vertreibung ist die Erinnerung an Emin Pascha in Schlesien weitgehend ausgelöscht. Dennoch beherbergt das Staatsarchiv in Oppeln (*Archiwum Pánstwowe w Opolu*) nach wie vor einige Dokumente aus Oppeln und Neisse, die mit Schnitzer selbst oder seiner Familie in Verbindung stehen.

Im Universitätsarchiv in Breslau (*Universytet Wrocławski Archiwum*) hat Schnitzer lediglich Spuren im Immatrikulations- und Exmatrikulationsregister hinterlassen.

Türkei
Für Osmanische Dokumente kommen die *Başbakanlık Arşivleri Genel Müdürlüğü* an der Hohen Pforte in Betracht.[8] Die Recherche zu Schnitzer (oder einem seiner Alias-Namen) lieferte keine direkten Treffer, wohl aber zu Personen, mit denen er in Kontakt stand.

Die Bibliothek des *Deutschen Orient-Instituts* ermöglichte in Ergänzung dazu den Zugriff auf in Deutschland schwer zugängliche Enzyklopädien und türkischsprachige Spezialliteratur.

Arabischer und afrikanischer Raum

Ägypten
Wenig kooperativ verhielten sich die Verantwortlichen des Ägyptischen Nationalarchivs. Welche Schätze im *Cairo National Archive (Dār al-Watā'iq al-qaūmiyya)* tatsächlich lagern, konnte daher trotz mehrfacher Anläufe nicht geklärt werden. Außer einigen amtlichen Korrespondenzen aus dem Büro des Ministerpräsidenten Nūbār Pascha mit dem Gouverneur der Äquatorialprovinz, Emin Pascha, blieb mir der Zugriff auf weitere Archivalien ohne Angabe von Gründen verwehrt. Ähnlich verhielt es sich mit weiteren staatlichen Einrichtungen. Für die arabisch-sprachige Sekundärliteratur war die historische Bibliothek der *Cairo University* hilfreich.

Sudan
Vergleichsweise offen verhielt sich die Leitung der *Khartum Central Archives* (KCA) (arab. *Dār al-Watā'iq al-qaūmiyya*) in Khartum, wo ein Großteil der amtlichen Korrespondenzen lagert. Viele amtliche Dokumente aus der turko-ägyptischen Periode sind jedoch von Mahdisten verbrannt worden.[9] Besondere Aufmerksamkeit verdienen die Geheimdienstberichte des *Cairo Intelligence Service*, die in Durham teilweise als Kopie vorliegen.

Ergänzungen bietet die *National Library* (*Maktabat as-Sūdān*), die einen reichen Fundus an relevanter arabisch- und englisch-sprachiger Literatur aus der Mitte des 20. Jahrhunderts hält.

Tansania und Sansibar
Das *Tanzania National Archive* (TNA) in Dar es Salaam besitzt zwar eine eigene Sammlung an deutschen Archivalien (nach 1892), jedoch nicht aus dem für Emin Pascha relevanten Zeitraum. Das *Zanzibar National Archive* (ZNA) verfügt dagegen einen Satz Akten des Kaiserlichen (General-) Konsulats. Hier sind einzelne Dokumente über Emin Pascha zu finden. Der ehemalige deutsche Konsul in Sansibar, Erich Meffert, hat ein Findbuch der deutschen Akten erstellt.[10]

NACHLÄSSE

Zu einem geringen Anteil flossen auch Einzeldokumente aus privaten Nachlässen in Deutschland und Übersee in die Quellenauswahl mit ein.

Zum schriftlichen Nachlass Emin Paschas
Der Umfang des handschriftlichen Emin-Nachlasses in den einzelnen Archiven und Institutionen ist, da keine genaue Zahl vorliegt, schwer zu bemessen.

Den größten Teil des vorhandenen Materials machen seine Niederschriften und Korrespondenzen in deutscher Sprache aus, aber auch Briefe in englischer, französischer und italienischer Sprache hat er selbst verfasst. Bei den offiziellen Eingaben in arabischer Sprache hat sich Emin seiner muttersprachlichen Schreiber (arab. Kātib (Sg.), Kataba (Pl.)) bedient und anschließend seinen Stempel daruntergesetzt.

Bild 1 Emins Gouverneursstempel[11] – Inschrift: »Muhammad Amīn 1293[h.]« [=1876 A.D.]

Die teilweise nurmehr in französischer Sprache vorhandenen Korrespondenzen Emins mit Kairo sind allesamt Übersetzungen, die von der Kanzlei des Ministerpräsidenten angefertigt wurden.

Emins Handschrift ist eine Besonderheit: Er wich, vielleicht aus Angewohnheit der wissenschaftlichen Nomenklatur wegen, von der deutschen Kursive ab und benutzte eine Mischform aus deutschen und lateinischen Lettern. Die Briefpapierbögen sind ebenso wie seine Tagebuchkladden dicht beschrieben. Die Schrift ist sehr exakt, wie ein Beitrag aus dem *Berliner Börsen Courier* im Februar 1897 festhielt:

3. Quellenlage, Quellendiskussion und Forschungsstand

»Wir wollen unserer lernenden Jugend nicht zu nahe treten, aber eines ist gewiß: Wenn überhaupt, so dürfte es nur wenige Hefte geben, die einen Vergleich mit den Emin'schen Heften aushalten. Mitten im afrikanischen Urwalde erstanden, sehen die Schriftzüge aus, als hätte eine Dame am eleganten Schreibtische sie so zierlich gezirkelt. Dabei ist der Schreiber zu drei Viertel erblindet.«[12]

Weil die Buchstaben seiner afrikanischen Tagebucheinträge und Briefe selten größer als 3 Millimeter sind, erfordert das Lesen eine hohe Konzentration und bereitet(e) mitunter auch Schwierigkeiten. Der bedeutende deutsche Ornithologe Gustav Hartlaub etwa schrieb in einem wissenschaftlichen Aufsatz aus dem Jahre 1890:

»Bei der minimalen, für mich schwer zu entziffernden Handschrift Emin's, möchte ich für die Rechtschreibung der Fundorte [der Vogelbälge] nicht zum Vollen einstehen.«[13]

Emins papiersparendes Verhalten ist jedoch leicht erklärbar: Papier war in Äquatoria Mangelware und für den Vielschreiber Emin ein kostbares Gut.

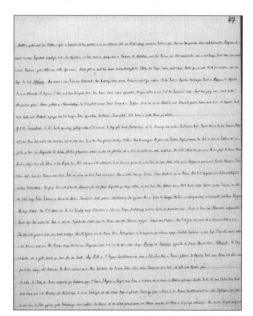

Bild 2 Auszug aus Emins Tagebuch[14]

Sonstige Quellen

Sofern die politischen Verhältnisse es erlaubten, standen auch Besuche einzelner Originalschauplätze mit auf dem Forschungsplan. Der vermeintlich nebensächliche Aspekt eines *in situ*-Erlebnisses hat das Projekt an vielen Stellen bereichert und neue Fragestellungen ermöglicht.

Elemente der Oral History[15] spielten dagegen nur eine untergeordnete Rolle, da naturgemäß keine Zeitzeugen mehr existieren. Dennoch ist nicht auszuschließen, dass systematische Befragungen in Ostafrika noch Ergebnisse liefern, die über die im zweiten Teil dieser Arbeit vorgestellte Rezeption Emins hinausgehen.

Unberücksichtigte Quellen

Solange es die politischen Umstände zuließen und nach dem Eintreffen Stanleys, hat Emin mit zahlreichen wissenschaftlichen Einrichtungen korrespondiert. Einzeldokumente dieser Art wurden jedoch nur dann berücksichtigt, wenn zeitlicher und materieller Aufwand in einem vernünftigen Rahmen blieben oder der Inhalt besonders erfolgversprechend war.

Keine Aussage vermag ich über eventuell existierende Schriftstücke zu treffen, die sich über die mir bekannten Bestände hinaus[16] in privater Hand (einige Briefe sind in der Vergangenheit über Auktionshäuser vertrieben worden) oder als »Splitterbesitz« in einzelnen Archiven der Welt befinden. Dies ist durchaus möglich, da sich die politischen Umstände einerseits, wie andererseits auch die staatsrechtlichen Zugehörigkeiten der Gebiete, in denen Schnitzer tätig war, in den letzten 170 Jahren mehrfach verändert haben. Zerstörungen, Flucht und Vertreibungen, aber auch schlicht das generationsbedingte Vergessen haben jedoch häufig ihren Tribut gefordert.

Wissenschaftliche und populäre Literatur

Ein Forschungsstand im engeren Sinne besteht zu Emin Pascha nicht, da eine Auseinandersetzung mit seiner Person oder seinen *res gestae* nur auf Einzelaspekte bezogen, aber selten unter Betrachtung des Gesamtbildes stattgefunden hat.[17] Die für die einzelnen Bereiche relevanten Titel werden an den jeweils passenden Stellen aufgeführt.

Wenn es darum ging, wesentliche Fakten aus Schnitzer/Emins Lebenslauf aufzubereiten, wurde bisher vielfach aus Georg Schweitzers oben bereits genannter, umfassender Emin-Biographie zitiert, ohne jedoch zu beachten, dass dieser aufgrund seiner familiären Verbindungen zu Schnitzer/Emin darauf bedacht gewesen war, seinen Vetter in ein positives Licht zu stellen.

Die gängige Literatur, sofern nicht ohnehin in die Kategorie Quelle einzuordnen, prägen – naturgemäß stark subjektive – Erlebnisberichte von Zeitgenossen. Auffällig ist dabei, dass diese Schriften zwischen zwei Extremen schwanken. Sie sind entweder einem verklärenden oder einem demontierenden Lager zuzuordnen. Schriften beider Lager werden im Folgenden einer genaueren Prüfung unterzogen.

Populäre Nacherzählungen, auf die im Zusammenhang mit der Rezeption des Emin-Pascha-Stoffes eingegangen wird, boten kaum innovative Ideen, da sie mehr oder weniger die Positionen von zeitgenössischen Berichten übernahmen. Eine Abweichung von der Norm stellte Rudolf Krafts bereits zitierte Biographie dar. Kraft hatte die gängige Emin-Literatur verschiedentlich kritisch hinterfragt und war zu einer Reihe von weiterführenden Schlüssen gekommen, insbesondere an Stellen, in denen die Quellen schweigen oder der Nebelschleier des Vagen klare Aussagen verhinderte. Archivbestände, die auch schon in den 1970er Jahren zugänglich waren, hatte Kraft jedoch seinerzeit nicht erschlossen.

Von afrikanischer Seite sind durchaus Einschätzungen zu Emin Pascha in den Quellen zu finden, jedoch haben diese – mit Ausnahme von ägyptischer Seite[18] – keine nennenswerten Publikationen zur Folge gehabt – eine Tatsache, die möglicherweise auf den Umstand, dass die in den Archiven zugänglichen Quellen zu sehr die Sicht der westlichen Kolonialmächte wiedergeben, zurückzuführen ist.[19]

I. TEIL:

VON EDUARD SCHNITZER ZU EMIN PASCHA – EINE LEBENSGESCHICHTE

1. JUGENDJAHRE UND STUDIENZEIT (1840-1864)

Zur Quellenlage und zur Bewertung in der Literatur

Von Schnitzers Jugendjahren ist außer einigen Eckdaten nur überliefert, was sein Vetter Georg Schweitzer in seiner Biographie für erwähnenswert befand. So hat Schweitzer sämtliche Hinweise auf Schnitzers jüdische Abstammung aus dessen Biographie getilgt. Unter diesen Umständen gestaltete sich die Rekonstruktion von Schnitzers Familienverhältnissen, über die bislang wenig bekannt war, schwierig.

Ein Besuch in Schnitzers schlesischer Heimat half bei der Spurensuche nur bedingt weiter. Es hat sich dort nur das erhalten, was der Vernichtung jüdischer Spuren in der NS-Zeit entgangen ist, den schweren Zerstörungen der Städte Oppeln und Neisse gegen Ende des II. Weltkrieges getrotzt, den Nachkriegswirren – Flucht der deutschen Bevölkerung, Plünderungen seitens der Besatzungsarmee, Vergeltungsmaßnahmen der ihrerseits aus Ost-Polen vertriebenen, neuen Bevölkerung – und nicht zuletzt auch Sozialismus und Vergessen widerstanden hat.

Bild 3 a/b Neisse früher und heute[1]

Auf die Emin-Pascha-Literatur ist zudem wenig Verlass. Sowohl in der älteren Literatur als auch in wissenschaftlichen Lexika[2] – mehr oder weniger aussagekräftige Einträge zu Emin Pascha sind zudem in nahezu jeder größeren Populär-Enzyklopädie seit den 1890er Jahren zu finden – haben sich zahlreiche Irrtümer und Widersprüche eingeschlichen, die bis heute stetig weiter tradiert wurden.

Familiärer Hintergrund, Geburt und Kindheit

Wie bei jüdischen Bürgern üblich, hatte Schnitzer zwei Geburtsnamen, einen amtlichen und einen Synagogennamen. Gemäß der heute noch erhaltenen Abschrift seiner amtlichen Geburtsurkunde ist er am 28.[3] oder 29.[4] März 1840 als Eduard Schnitzer – nicht, wie zuweilen fehlerhaft behauptet, Schnitzler[5] oder Schnitzel[6] – in der oberschlesischen Stadt Oppeln (heute: Opole) zur Welt gekommen. Nach jüdischer Zählung war sein Geburtsdatum der 24. Adar [II] 5600, sein Synagogenname lautete Isaak.[7]

Sein Vater war der Kaufmann Louis [andere Formen: Lewi, Lebel oder Löbel] Schnitzer (1807-1845), seine Mutter eine geborene Schweitzer mit Vornamen Pauline (†1889)[8]. Die Schnitzers, die im Folgejahr mit einem Mädchen namens Melanie erneut Nachwuchs bekamen,[9] wohnten in der Stockgasse (heute: ul. Minorytów) am Ufer des Mühlbachs (heute: Młynówką), eines Seitenarms der Oder.[10]

Bild 4 Blick vom Piastenturm auf die Minoritengasse (zwischen Kirche und Mühlbach), Oppeln (Opole)[11]

Im nahe der Stockgasse gelegenen Staatsarchiv Oppeln (*Archiwum Pánstwowe w Opolu*) sind einige Dokumente erhalten, die Aufschluss über die etwas verworrenen und infolge von Schweitzers Vertuschung der jüdischen Abkunft, schwer rekonstruierbaren Familienverhältnisse der Schnitzers geben.

Isaak/Eduards Großvater Joseph Abraham Schnitzer (1771-1841), stammte dem Chronisten Alfred Steinert zufolge ursprünglich aus Rosenberg in Oberschlesien (heute: Olesno).[12] Über Bankau (heute: Bąków), einem kleinen Dorf im Kreis Kreuzburg (heute: Kluszbork), das 50 Kilometer in nordöstlicher Richtung von Oppeln entfernt liegt, kam Joseph Abraham im Jahre 1799 nach Oppeln, wo er in die Liste der Kaufmannschaft Aufnahme fand. Als Profession sind dort »Negoziant und Wechselgeschäfte«[13] genannt. Neben der Arbeit engagierte sich Joseph Schnitzer im jüdischen Gemeindeleben der Stadt[14] und leitete die Gemeinde in den Jahren 1818-1822.[15]

Er heiratete Margaliot (Margarethe) Pappenheim (1771-1841). Über deren Vater gibt es zwei Angaben: Steinert bezeichnete einen Seeligman Pappenheim, von Beruf Lehrer, als Vater.[16] Denkbar wäre auch ein Itzig Pappenheim, der Oppelner Geschäftsmann war.[17]

Aus der Ehe gingen Steinert zufolge sechs Kinder hervor: Levi, Adolf, Abraham, Isaac, Louis und eine Tochter namens Amalie.[18] Der jüngste Sohn, Louis, kam am 8. Februar 1807 zur Welt.[19] Während andernorts jüdische und christliche Friedhöfe durch NS-Mob und/oder im Zuge der Vertreibung der deutschen Bevölkerung verwüstet wurden, ist der Oppelner jüdische Friedhof in Kgl. Neudorf (zwischenzeitlich: Bolko; heute: Nowa Wieś Królewska) verschont geblieben. Tatsächlich steht dort noch Margaliot Schnitzers Grabstein.[20]

Bild 5 Grabstein Margaliot/Margarethe Schnitzer, geb. Pappenheim (†15. Januar 1841)[21]

		Transkription: Friedrich Damrath (2010)
פ נ	1	Hier ruht
הגבירה המהוללה אשת ציל	2	die gelobte Herrin, eine tüchtige Frau
ותפארת בניה ה'ה' אשה יראת	3	und die Zierde ihrer Kinder. Das ist eine Frau, die Gott
אלהים ופועלת טוב כל ימיה	4	fürchtete und Gutes tat all ihre Tage:
היקרה מרת	5	die teure Frau
מרגליות	6	Margaliot,
אשת מ...... יוסף שניטצר	7	die Ehefrau des [.....] Joseph Schnitzer.
מתה בזקנה ביום ו' ד'ב' טבת	8	Sie starb in (gutem) Alter am Freitag, dem 22. Tewet,
ונקברה ביום א' ד'ד' טבת תר'א לפ'ק	9	und wurde begraben am Sonntag, dem 24. Tewet 601 nach der kleinen Zählung.
(ת' נ' צ' ב' ה')	10	*(Ihre Seele sei eingebunden in das Bündel des Lebens.)*[22]

Einem Zeugnis zufolge hat Louis Schnitzer seine Lehrjahre in Breslau (heute: Wrocław) verbracht, wo er in der kaufmännischen Handlung Lassal – deren Inhaber der Vaters des späteren SPD-Gründers Ferdinand Lassal(le) (1825-1864) war – eine Anstellung als »Reisender« innehatte.[23] 1837 kehrte Louis Schnitzer nach Oppeln zurück, wo er am 10. August das Bürgerrecht und einen Gewerbeschein als »Kaufmann mit kaufmännischen Rechten« beantragte. Den Akten zufolge wollte er eine »Manufactur und Mode-Waaren Handlung [...] etablieren«.[24] Nachdem Louis Schnitzer »sich zuvörderst durch Abwaschung der Hände, Anlegung des Gebetmantels und der Gebetsschnur zur Eidesleistung vorbereitet hatte«[25], der jüdische Assessor ihn über die rechtlichen Vorschriften belehrt hatte, »schwor der Bürger Candidat Louis Schnitzer den Bürgereid actu corporali [...].«[26]

Vermutlich infolge des Todes von Margaliot und Joseph Schnitzer – beide verstarben 1841 – verlegten Louis und Pauline Schnitzer ihren Wohnsitz am Jahresende 1841 – nicht erst, wie Schweitzer schreibt, 1842[27] – in die rund 70 Kilometer südwestlich gelegene Festungsstadt Neisse (heute: Nysa).[28] Mit großer Wahrscheinlichkeit stammte Pauline Schweitzer aus der an der Glatzer Neiße gelegenen Stadt. Ein gedrucktes Einlegeblatt – ein Ausschnitt aus einem nicht näher zuzuordnenden Zeitungsartikel in englischer Sprache –, das sich im Nachlass des in den Folgekapiteln noch häufiger zitierten ägyptischen Beamten Carl Christian Giegler Pascha erhalten hat, stützt jedenfalls die Vermutung, dass Pauline Schweitzer aus Neisse stammte. Sie wird hier als Tochter eines jüdischen Neisser Bankkaufmannes bezeichnet.[29] Tatsächlich war die

1. Jugendjahre und Studienzeit (1840-1864)

Familie eines jüdischen Kaufmannes mit dem Namen Schweitzer in Neisse aktenkundig.[30]

In Neisse beantragte Louis Schnitzer über den Kantor Loebel Schindler erneut das Bürgerrecht. Den Antrag beantwortete der Magistrat am 9. Dezember 1841 positiv,[31] so dass Louis Schnitzer wenige Tage später den Bürgereid leisten konnte.[32] Das Glück der Familie Schnitzer währte jedoch nicht lange, denn Louis Schnitzer starb 1845, gerade 38jährig.[33] Er hinterließ seine Frau und zwei kleine Kinder.

Am 7. März 1846[34] wurde Isaak/Eduard Schnitzer in der evangelischen Pfarrkirche (Barbarakirche) zu Neisse auf den Namen Eduard Carl Oscar Theodor getauft,[35] nachdem die Mutter erneut geheiratet hatte – diesmal den evangelischen Neisser Kaufmann und Vorsteher der dortigen Reichsbanknebenstelle Bernhard Treftz (†1881).[36] Erst im Zuge der Heirat mit ihrem christlichen Jugendfreund – was offenbar gegen den Willen der Familie Schnitzer geschah – konvertierte sie zum evangelischen Bekenntnis.[37] Wann genau die Hochzeit stattgefunden hat, wissen wir nicht, ebenso wenig, ob Mutter Schnitzer und Melanie am selben Tag wie Eduard getauft wurden. Die evangelischen Kirchenbücher aus diesem Zeitraum existieren mit Ausnahme eines Totenbuches nicht mehr, sie sind offenbar im II. Weltkrieg verbrannt oder später verloren gegangen.

Wenn man den oben genannten jüdischen Neisser Kaufmann Schweitzer als Vater Paulines annimmt, so ist sicher, dass Pauline Schweitzer nicht, wie häufig in der Schnitzer/Emin freundlich gesinnten Literatur kolportiert, aus protestantischem Elternhause stammte. Dieser Umstand ist insofern von Bedeutung, als Schnitzer/Emin durch diese Verschleierung in der NS-Literatur als »Halbjude« eingestuft worden wäre.

Fassen wir einmal soweit zusammen: Eduard/Isaak und seine Schwester Melanie wurden in eine jüdische Kaufmannsfamilie hinein geboren. Vater Schnitzer, der seine Lehrjahre in Breslau verbracht hatte, verfügte über ein geregeltes Einkommen, so dass die Familie finanziell nicht schlecht gestellt gewesen sein dürfte. Außerdem ist zu vermuten, dass er in der Nachfolge seines angesehenen Vaters[38] ein ebenfalls geachteter, in das jüdisch-bürgerliche Netzwerk der Stadt Oppeln integrierter Bürger gewesen ist. Der Aufstieg der Schnitzers passt sich genau in die sich allgemein wandelnden Verhältnisse der Zeit ein: Seit dem preußischen Emanzipationsedikt von 1812, das auch Schlesien einschloss, hatten viele Juden ihre Chance genutzt, sich im Mittelstand zu etablieren.[39] Sie wandelten sich, wie Simone Lässig in ihrer maßgebenden Studie festgestellt hat, vom »Hausierer zum Kaufmann.«[40] Ob der Tod Joseph Abraham Schnitzers der alleinige Grund für die Übersiedlung der gesamten Familie nach Neisse war oder ob auch geschäftliche Erwägungen eine Rolle spielten, wissen wir nicht. Wohl aufgrund seines guten Leumundes in Oppeln hatte Louis Schnitzer keine Schwierigkeiten, das Bürgerrecht auch in Neisse zu erhalten.

Louis Schnitzers früher Tod – die Todesursache ist uns nicht bekannt – muss für die Hinterbliebenen ein tief einschneidendes Ereignis gewesen sein. Sicherlich auch aus Pragmatismus – ihrer Situation als Witwe mit zwei kleinen Kindern eingedenk – hat Pauline Schweitzer relativ schnell erneut geheiratet – und dafür sogar ihren Glauben aufgegeben. Auch diese Entscheidung passte in die

Zeit, eine jüdisch-christliche Konversion war Mitte des 19. Jahrhunderts nichts Außergewöhnliches mehr. Wie dem auch sei, ihre Reputation muss eine gute gewesen sein, andernfalls hätte Bankdirektor Treftz, der ebenfalls eigene Kinder in die Ehe mitbrachte, demnach, auch wenn das nicht explizit genannt ist, ebenfalls verwitwet war, sich sicherlich nicht ihrer und der beiden Kinder angenommen. Insofern sind Zweifel angebracht, ob Eduard und Melanie tatsächlich, wie Theilhaber schrieb, »eine unangenehme Erinnerung und eine unliebe wirtschaftliche Last«[41] für das Ehepaar Treftz bedeuteten. Aus der neuen Ehe gingen mindestens vier Kinder, darunter ein Mädchen, Margarethe »Grethe« Bohl[42], geb. Treftz und Arthur Treftz[43] hervor. Ein drittes Kind – der Name des Mädchens ist nicht genannt – starb den frühen Kindstod, als Eduard bereits Student war. Dieser äußerte sich betroffen[44] und stellte fest:

> »[...] ich muss gestehen, dass dieser Todesfall wohl von grossem Einfluss für mein späteres Sein als Arzt sein dürfte.«[45]

Eine weitere, namentlich nicht bekannte Stiefschwester wurde im Zusammenhang mit ihrem Einsegnungsgottesdienst (Konfirmation) im Herbst 1874 erwähnt.[46]

Amtlichen Dokumenten zufolge bewohnte Familie Treftz zu Schnitzers Jugendzeit eine Etage im heute nicht mehr existierenden Haus Nr. 44 am Ring (Neisser Marktplatz; heute: Rynek).[47]

Bild 6 Schöner Brunnen und Ring, Neisse/Nysa[48]

1. Jugendjahre und Studienzeit (1840-1864)

Nach dem Abschluss der Elementarschule besuchte Schnitzer das Neisser Katholische (!) Gymnasium (heute: Carolinum) und interessierte sich bereits früh für Botanik und Zoologie.

Bild 7 Maria-Himmelfahrt-Kirche und Gymnasium Carolinum (rechts), Neisse/Nysa[49]

Georg Schweitzer schreibt, dass der kleine Eduard sich früh absonderte und lieber mit seiner »Blechtrommel botanisieren«[50] ging, als mit seinen Altersgenossen zu spielen. Er verfügte bald über ausgestopfte Vögel, eine kleine Bibliothek und ein Herbarium. Seine Schwester Melanie erinnerte sich später, dass Eduard »als Kind schon ein großer Naturfreund [gewesen sei], der alle nützlichen und manchmal auch unnützen Naturalien sammelte.«[51] Tiefen Eindruck hinterließ ein Besuch bei seinem Onkel[52] in Berlin, mit dem er u.a. das *Zoologische Museum* der Universität besichtigte.[53]

Am Palmsonntag, dem 1. April des Jahres 1855 wurde Eduard in der Barbarakirche konfirmiert, jener Kirche, in der er bereits getauft worden war.[54] 1859 legte Schnitzer die Abiturprüfung ab; er ist im Jahresbericht des Gymnasiums erwähnt.[55]

Bild 8 Evangelische Barbarakirche, Nysa[56]

Damit endete Schnitzers Jugendzeit in Neisse, von der wir, abgesehen von den nackten Daten und den wenigen Schilderungen Schweitzers, keine weiteren Informationen besitzen. Wir wissen also nicht, wie Schnitzer das Leben in der von Militär und katholischen Kirchenbauten – Neisse galt bis zu seiner Zerstörung als »Schlesisches Rom« – geprägten Kleinstadt in seiner Jugend wahrgenommen hat. Eine gewisse Sentimentalität hat sich aber offenbar – trotz des späteren Bruchs mit Heimat und Familie – bis nach Afrika erhalten.[57]

Studienjahre in Breslau, Berlin und Königsberg

Nach dem Abitur schrieb sich Schnitzer am 15. Oktober 1858 für ein Medizinstudium an der *Schlesischen Friedrich-Wilhelms-Universität Breslau* ein.[58] Aus der Studienzeit existieren einige Privatbriefe an seine Familie, die einen Einblick in Schnitzers Gedankenwelt gewähren und bereits Muster seines späteren Schaffens erkennen lassen.[59] Seine Vorliebe für die Zoologie war geblieben, die Ornithologie nahm hier bereits einen hohen Stellenwert ein. Der Kontakt zum Leiter des *Zoologischen Museums* in Breslau, Professor Adolph Eduard Grube (1812-1880), nährte bei Schnitzer die Hoffnung, eine Assistentenstelle zu erhalten,

»[...] zwar ohne Sold, aber mit Belehrung. Grube, der Zoologe ist ein so liebenswürdiger Mann, wie ich selten einen fand. Mein Zimmer ist voll von Büchern, Mikroskopen etc., die er mir geliehen.«[60]

Anfangs scheint Schnitzer das Studentenleben in vollen Zügen genossen zu haben, und zwar offenbar so sehr, dass ein Bekannter Schnitzers Eltern in Neisse informiert hatte.[61] Doch schon bald war es mit der Unbeschwertheit vorbei. Er hatte mit finanziellen Schwierigkeiten zu kämpfen, die er seiner Familie zunächst verschwieg. Die Finanzprobleme scheinen zwischenzeitlich ein chronisches Ausmaß angenommen zu haben,[62] jedenfalls findet sich im *Universitätsarchiv Breslau* (*Universytet Wrocławski Archiwum*) der Hinweis, dass Schnitzers unbefriedigende wirtschaftliche Situation auf seinem Abgangszeugnis vermerkt werden solle.[63] Offenbar hatte er bedeutende Schulden angehäuft. Eine Kopie des Zeugnisses ist nicht mehr vorhanden.

Weitere Briefe aus Breslau, die Schweitzer vorlagen, heute aber größtenteils als verschollen anzunehmen sind,[64] betrafen den Studienalltag des Medizinstudenten, einen Besuch seiner Schwester Melanie in Breslau, eine Exkursion, die er mit Grube unternahm, Arbeiten im Krankenhaus sowie sein Ausscheiden aus der Burschenschaft *Arminia*, der Schnitzer zwischenzeitlich zum Missfallen der Mutter beigetreten war. Ein bei Schweitzer abgedrucktes Foto zeigt ihn im Arminen-Wichs.[65] Die Burschenschaft zählte neben Eduard Schnitzer u.a. auch den genannten Ferdinand Lassalle und dessen Cousin Max Friedländer

Bild 9 Aula der Universität Breslau (Uniwersytet Wrocławski)[69]

(1829-1872) zu ihren Mitgliedern. Eine Behauptung Theilhabers, Schnitzer sei wegen seiner jüdischen Herkunft sowohl von Kommilitonen als auch von seinen Kameraden in der Burschenschaft gehänselt worden,[66] kann nicht verifiziert werden. Wohl war der Ausstieg aus der Burschenschaft nicht ganz ohne Schwierigkeiten verlaufen,[67] doch erinnerten sich die Altherren, nachdem Emin Pascha zu einer weltbekannten Persönlichkeit geworden war, gerne ihres ehemaligen Mitglieds und richteten ihm eine Gedächtnisecke in ihrem Stammlokal *Schweidnitzer Keller* (heute: *Piwnica Świdnicka*) ein.[68]

Zum Frühjahr 1862[70] wechselte Schnitzer nach Berlin, wo er unter anderem Vorlesungen von Rudolf Virchow (1821-1902) hörte. Schnitzer plante hier sein Studium abzuschließen, nachdem er in Breslau bereits sein Vorphysikum abgelegt hatte. In Berlin wohnte auch sein Onkel [vermutlich Dr. Eduard Schnitzer, *1805[71]], der dort Sanitätsrat war.

Über seine Dozenten erhielt Schnitzer Zugang zur Berliner Gesellschaft. Nach eigenen Angaben hatte er viel Arbeit und wenig Zeit für persönliche Vergnügungen. Sein Umgang beschränkte sich auf Personen aus seinem unmittelbaren Umkreis, einem nicht näher bekannten Neisser Studenten namens Maure, einem Engländer namens Taylor Smith und Schweitzer zufolge, seinem Cousin Eduard [Sohn des Dr. Eduard Schnitzer] und seinem Halbbruder Arthur. Ferner verkehrte Schnitzer u.a. im Hause des damaligen Assistenzarztes am klinischen Institut der Charité für Chirurgie und Augenheilkunde, dem späteren Sanitätsrat Karl Angelstein (1799-1868). Über ihn und seine Kollegen lernte er die Medizinische und die Philosophische Gesellschaft in Berlin kennen.[72]

Vergleicht man die Angaben Schnitzers aus seinen Briefen mit den offiziellen Unterlagen, so ergeben sich deutliche Diskrepanzen:[73] Obwohl Schnitzer sich im universitären Rahmen in Berlin bewegte, war er dort noch nicht immatrikuliert. Die Unterlagen, die im *Archiv der Humboldt-Universität Berlin* als Nachfolgerin der damaligen *Berliner Friedrich-Wilhelms-Universität* aufbewahrt werden, weisen Schnitzers Immatrikulation erst ab dem 5. Mai 1863 aus.[74] Bereits am 23. Januar 1863 hatte Schnitzer aber über sein mündliches Examen berichtet und sich nach eigenen Angaben anschließend verstärkt der ärztlichen Praxis gewidmet.[75] Den Abschluss der Promotion hatte er spätestens für den 20. März geplant,[76] doch offenbar ergaben sich Schwierigkeiten, welche Schnitzer nicht weiter erläuterte. War er Anfang März noch voller Zuversicht, was sein Vorhaben betraf, so spielte er am 23. desselben Monats bereits mit dem Gedanken, Berlin zu verlassen – ohne promoviert und ohne das Staatsexamen abgelegt zu haben.[77] Verzweifelt, aber auch trotzig brachte er seine Gedanken folgendermaßen zum Ausdruck:

»Dass ich etwas gelernt habe, weiss ich (und wüsste ich's nicht, so wird mir's oft genug gesagt); dass ich desshalb mein Fortkommen sowohl als Mediziner in fremden Diensten als auch in jedem andern Fache mir zu schaffen im Stande bin, weiss ich auch – was lag näher als der Gedanke: Du gehst fort und versuchst Dich selbst zu ernähren, ohne Jemanden zur Last zu fallen – [...].«[78]

Seine Dissertation hatte Schnitzer nach eigenen Angaben inzwischen fertiggestellt – ebenso die lateinische Übersetzung, die er mit Eugen Pappenheim an-

1. Jugendjahre und Studienzeit (1840-1864)

gefertigt hatte – und sie bereits in den Druck gegeben. Seine Mutter bat er um Verlängerung seines Reisepasses und wies sie darauf hin, dass er fortan als Doktor firmiere.[79]

Wieder sprechen die Unterlagen des *Archivs der Humboldt-Universität* eine andere Sprache: Weder ist er unter den erfolgreichen Promovenden der Jahre 1863ff. verzeichnet, noch unter den Abbrechern. Entweder ist seine Akte verschollen, oder Schnitzer hat – anders als in den meisten Viten zu lesen ist – nie promoviert. Dafür spräche auch, dass unter dem Namen Eduard Schnitzer nur eine Dissertation vorliegt – die seines Onkels von 1831. Dies hielt Schnitzer jedoch nicht davon ab, später, als er bereits in osmanische Dienste getreten war, den Doktortitel zu führen.

Außer der Kopie eines von Schnitzer am 31. Mai beantragten Abgangszeugnisses, das am 9. April 1864 ausgestellt ist und auf dessen Rückseite vier nicht bestandene Vorlesungen vermerkt sind,[80] bietet das Archiv keine weiteren relevanten Informationen zu Schnitzer. Er wohnte zu dieser Zeit in der Artilleriestraße 23.[81]

In der Zwischenzeit praktizierte Schnitzer in Berlin, bis der Onkel ihn dazu drängte, an einem anderen Orte das Examen zu beenden. Diesen Vorschlag griff Schnitzer auf und verbrachte ein Semester an der *Königlichen Albertus-Universität Königsberg*. Das Leben in der Stadt gefiel ihm, wie er in einem Brief nach Hause berichtete:

> »Die Leute sind grob aber gut.«[82]

Bei den Professoren Wittich und Müller war Schnitzer zum Examen gemeldet. Doch kurz vor seinem Examen trat der betagte Direktor der Königsberger Medizinischen Klinik, Professor Georg Heinrich Hirsch (1799-1885), der Schnitzer dessen eigenen Angaben zufolge protegiert hatte, von seinem Amt zurück, so dass Schnitzer hierdurch »einen grossen Strich durch meine Pläne«[83] gemacht sah. Grund für den Rücktritt Hirschs war wohl dessen fast vollständige Erblindung.[84]

Wieder zurück in Berlin deutete er in einem Schreiben vom 28. September 1864 den Grund für das Nichtablegen des Examens an:

> »Mag nun allerdings dazu beigetragen haben, dass ich in Königsberg das Examen nicht gemacht habe, so bin ich mir doch eben bewusst, dass ich es da nicht machen durfte, weil ich keine Erlaubnis bekam. Diese Erlaubnis mir zu beschaffen, werde ich dieser Tage zum Minister gehen und werde sie erhalten.«[85]

Den Grund für die Verweigerung nannte er nicht, so dass man darüber nur spekulieren kann. Margot Krohn meinte, Schnitzer habe schlichtweg den Anmeldetermin verpasst[86] – eine allzu einfache Erklärung, die auch eine mögliche Wiederholung der Prüfung nicht verhindert hätte. Antijüdische Ressentiments haben hier wohl keine Rolle gespielt. Kraft hat diese mit dem Hinweis ausgeschlossen, Schnitzer sei als Konvertit solchen nicht mehr ausgesetzt gewesen.[87] Krafts Argumentation mag in diesem speziellen Falle richtig sein, ist aber nicht ohne weiteres allgemeingültig.

Ein anderer denkbarer Grund könnte der oben erwähnte Eintrag auf Schnitzers Breslauer Abgangszeugnis gewesen sein.[88] Möglicherweise hat die Prüfungskommission Schnitzer wegen seines schlechten Leumunds nicht zum Staatsexamen zugelassen. Ferner könnte die Ausmusterung aus dem Militärdienst wegen Dienstuntauglichkeit einen Makel bedeutet haben.[89]

Am wahrscheinlichsten ist jedoch Freißlers These, der zufolge die Universitäten Schnitzer aufgrund seines frühzeitigen Praktizierens ohne die vorhandene Approbation Steine in den Weg gelegt hatten.[90] Auch wenn Schnitzer in einem Brief an seinen Stiefvater nur Andeutungen machte, scheint der illegale Umstand des Hinarbeitens auf das Examen und des gleichzeitigen Praktizierens das Hauptproblem gewesen zu sein. Deshalb hatte der Onkel einen Wechsel der Universität vorgeschlagen,[91] jedoch nicht bedacht, dass innerhalb Preußens die gleichen Maßstäbe galten. Es ist möglich, dass Schnitzer durch sein gutes Verhältnis zu Hirsch gehofft hatte, dieser würde über das Problem hinwegsehen – oder es wegen seines Alters und seiner körperlichen Gebrechen nicht bemerken – und ihm dennoch das Examen abnehmen. Mit dem Rücktritt Hirschs war dieser Weg jedoch zu Ende.

Die Staatsexamensprüfung hat Schnitzer, obwohl er bis zuletzt darum focht,[92] definitiv nie vollständig abgelegt, gleiches gilt mit großer Wahrscheinlichkeit auch für die Promotionsprüfungen. Eine Dissertationsschrift ist bislang nicht ermittelbar.

Die Folgemonate verbrachte Schnitzer, ohne zu praktizieren. Stattdessen verfasste er einen kurzen Artikel für die medizinische Zeitschrift *Deutsche Klinik*[93] und plante nach eigener Aussage ein größeres Werk über Hautkrankheiten.[94] Kurze Zeit später war er spurlos verschwunden.

Aus dem Geschilderten sehen wir, dass bereits die Jugendzeit Schnitzers einige Ungereimtheiten und bis heute nicht aufzuklärende Widersprüche in sich barg, eine Tatsache, die sich bis zu seinem Lebensende fortsetzte. Anspruch und Wirklichkeit klafften bereits beim Studenten Schnitzer auseinander. Wurde er von seinen Ausbildern gelobt, so bewertete er dieses Lob über. Ebenso wenig konnte er mit Kritik umgehen. Kleinere persönliche Fehler verzieh er sich nicht und fürchtete stets, seinen Eltern in Neisse nicht mehr unter die Augen treten zu können. Schweitzer hat dieses Verhalten in seiner Emin-Biographie treffend als »gewisses haltloses Hinundherschwanken, ein Gemisch von ebenso unberechtigtem Optimismus wie Pessimismus«[95] bezeichnet, das Schnitzer bereits in seinen Lehrjahren gezeigt habe.

Dass das verwehrte Staatsexamen das Ende seiner Karrierepläne als Mediziner in Deutschland bedeutete und ihn weiterhin finanziell von seiner Familie abhängig machen würde, muss Schnitzer bald klar geworden sein. Das Eingestehen seines Scheiterns als Mediziner und die Scham über die damit verpasste Integration ins Bürgertum[96] kulminierten schließlich in dem Wunsch, einfach »fortzulaufen«[97] und, versehen mit einer Portion Abenteuerlust, anderswo neu zu beginnen. Für die gänzliche Verleugnung seiner Herkunft war es allerdings noch zu früh.

2. »LEHR- UND WANDERJAHRE« IM OSMANISCHEN REICH (1864-1874)

Zur Quellenlage und Bewertung in der Literatur

Diese Dekade ist gleichzeitig der am wenigsten bekannte Abschnitt in Schnitzers Leben. Quellen existieren aus dieser Zeit fast nur monoperspektivisch – nämlich aus Schnitzers Sicht. Schweitzer hat die umfangreiche Korrespondenz Schnitzers an seine Angehörigen in Neisse – die Originale sind bis auf einige Relikte im *Bundesarchiv* in Lichterfelde verschollen[1] – in Auszügen aufgeführt. Somit hat Schweitzer zweifellos eine bedeutende Editionsleistung vollbracht. Quellenkritisch zu bemerken ist jedoch, dass Schweitzer mit der Wiedergabe von Briefteilen bereits eine Vorauswahl getroffen hat, da die nicht ausgewählten Teile somit meist nicht mehr rekonstruiert werden können. Datierungen und Empfänger hat Schweitzer außerdem mehrfach nicht genannt.

Acht weitere, Schweitzer offenbar unbekannte Briefe, sind im *Bundesarchiv* in Koblenz erhalten geblieben.[2] Ein Tagebuch hat Schnitzer, nach allem was bekannt ist, zu diesem Zeitpunkt noch nicht geführt. Erinnerungen von Zeitgenossen sind, mit einer kleinen Ausnahme,[3] Mangelware, ebenso amtliche osmanische Dokumente. Somit ergibt sich die für den Historiker höchst unbefriedigende Situation, sich einzig auf Schnitzers Briefmaterial berufen zu müssen, das vielfach nur in von Schweitzer ausgewählten Auszügen vorliegt.

Weshalb existieren keine weiteren Dokumente? Soweit bekannt ist, hatte Schnitzer nur gelegentlich Umgang mit »Ausländern«.[4] Er pflegte zwar offenbar gute Kontakte zur kleinen, westeuropäischen Kolonie in Albanien (türk. Arnavutluk), war aber mit seiner Stellung, die man durchaus als Lehrjahre für spätere Aufgaben bezeichnen kann, noch keine herausgehobene Persönlichkeit. Insofern schien er den Zeitgenossen, die mit ihm verkehrten, nicht weiter erwähnenswert – ja, wir wissen nicht einmal, unter welchem Namen er seiner Umgebung tatsächlich bekannt war. Er selbst schreibt in einem seiner Briefe, er heiße bei seinen Patienten »Tabib Effendim«[5]. Diese Bezeichnung, die im Deutschen etwa mit »Herr Arzt« wiedergegeben werden kann, ist jedoch kein spezieller Name. Die Suche nach offiziellen Dokumenten gestaltet sich unter diesen Voraussetzungen so gut wie aussichtslos[6] – und bleibt vorerst ein Desiderat der Schnitzer/Emin-Forschung.

Eine eingehende Beschäftigung mit Emins Dienstzeit auf dem Balkan fand bislang nicht statt.[7]

ÜBER WIEN, LAIBACH UND TRIEST NACH ALBANIEN

Bereits während seiner Studienzeit hatte Schnitzer mit dem Gedanken gespielt, Deutschland eines Tages zu verlassen und sein Glück im Ausland zu versuchen. Eine Stelle in Buenos Aires hatte er seinerzeit angeblich mit der Begründung abgelehnt, er wolle zunächst sein Staatsexamen ablegen.[8] Rudolf Kraft hat vermutet, dass es dieses Stellenangebot nie gegeben habe und Schnitzer nur testen wollte, wie seine Eltern auf seine Idee einer Auslandsbeschäftigung reagieren würden.[9] Nun, einige Jahre später, war das Thema Staatsexamen passé und damit auch der Beruf des Mediziners – zumindest in Preußen.

Wollte er sich eine gesicherte Existenz aufbauen und nicht in einem anderen Berufsfeld tätig werden, musste Schnitzer der Heimat den Rücken kehren. Also verließ er Berlin am 9. November 1864 – ohne seine Familie in Neisse informiert zu haben – und reiste nach Wien.[10] Dort hatte Schnitzer ebenfalls weitläufige Verwandtschaft, zum Beispiel Ignaz Schnitzer (1839-1921), der später als Journalist und Librettist eine gewisse Berühmtheit erlangte.[11] Ob Schnitzer seine Verwandten während seines Aufenthaltes in Wien aufgesucht hat, ist ungeklärt.

Der Bruch mit der Heimat bedeutete jedoch, wie bereits angedeutet, noch nicht den Bruch mit der Familie in Schlesien. Im Folgenden unterrichtete Schnitzer seine Angehörigen über seine Erlebnisse, wobei er verschiedene Korrespondenzen führte – mit seinen Eltern, mit seiner Schwester Melanie und mit einem Onkel,[12] den er immer wieder um Geld bat.

Ein erster Kontakt mit der türkischen Gesandtschaft in Wien, welcher er seine Dienste anbieten wollte, verlief negativ. Darauf ersuchte er um Aufnahme in das Söldnerheer für Erzherzog Ferdinand Maximilian (1832-1867), Kaiser (als Maximilian I.) von Mexiko. Ein mexikanischer Offizier, Oberst Mathias Leisser, empfahl Schnitzer nach Laibach (heute: Ljubljana), wo er sich beim Hauptquartier des Söldnerheeres meldete.[13]

Begeistert vom bunten Treiben im Quartier fand Schnitzer, wie er an seine Eltern berichtete, freundliche Aufnahme und, nach eigenem Bekunden, auch schnell gute Freunde. Doch wie schon in Preußen war es erneut ein Truppenarzt, der Schnitzer den Militärdienst verweigerte.[14]

Alle Interventionen seiner Freunde, die er namentlich aufzählte,[15] nutzten nichts – enttäuscht über das erneute Scheitern verließ er am 29. November 1864 Laibach und reiste nach Triest weiter.[16]

Dort wohnte er in einer preisgünstigen Herberge namens *Albergo Felice* und suchte nach einer Anstellung als Schiffsarzt. Doch auch diese Hoffnung zerschlug sich. Obwohl Schnitzer noch einmal Geld von seinem Onkel erhalten hatte, vergrößerten sich die pekuniären Probleme. Eine Anstellung als Militärarzt in Ägypten lehnte er ab, weil er die Überfahrt nicht zahlen konnte.[17]

Schnitzer muss in dieser Zeit einige Not gelitten haben, die nur durch eine abermalige Geldsendung seiner Familie und einige Aushilfstätigkeiten bei einem nicht näher bezeichneten Triester Chirurgen gelindert wurde. Doch er gab nicht auf: Die nächste Hoffnung bestand in einer möglichen Anstellung in

Konstantinopel. Nun reichte das Geld zwar für die Fahrt, aber nicht, um sich dort einzuquartieren. Also beschloss Schnitzer zunächst eine Teilstrecke mit dem Dampfschiff zu fahren und dann, wenn er seine finanziellen Möglichkeiten verbessert hatte, auf dem Landweg die Stadt am Bosporus zu erreichen.[18]

Am 17. Dezember 1864 bestieg er in Triest den Dampfer *Arciduca Lodovico* mit dem Ziel Ragusa (heute: Dubrovnik/Kroatien). Ein namentlich nicht bekannter, unterwegs zugestiegener Passagier[19] riet Schnitzer, in Antivari (auch: Tivar; heute: Stari Bar[20]/Montenegro) an Land zu gehen. Nach dessen Ansicht schienen dort die Aussichten auf eine Stelle besser zu sein als im in der heutigen Republika Srpska gelegenen Trebinje, das Schnitzer ursprünglich von Ragusa aus mit der Pferdekutsche hatte erreichen wollen.[21]

Den Rat des Passagiers beherzigend, ging Schnitzer im damals zum osmanischen Vilayet Işkodra (ital.: Skutari; heute: Shkodër/Albanien) gehörenden Antivari drei Tage vor Heiligabend 1864 von Bord – mittellos und ohne ein Wort Türkisch zu sprechen. Schon die dortige Ankunft war ein Erlebnis für Schnitzer. Das Schiff konnte nicht direkt am Ufer anlanden, so dass er das Gestade auf dem Rücken eines Trägers erreichte.[22] Und die Schwierigkeiten, die man heute vielleicht mit dem Wort »Kulturschock« umschreiben würde, gingen weiter, wie Schnitzer belustigt in einem Brief nach Hause berichtete:

> »Nach unsäglichen Mühen fand ich einen Türken, der eifrig in meinem Passe las, ihn aber eigenthümlicher Weise verkehrt hielt. Ich pantomimte also vor 20 Soldaten, die den Franken anstarrten und fürchterlich nach Knoblauch stanken, mit diesem Jüs-Bashi, der nur türkisch konnte. Nach vielen fruchtlosen Bemühungen, meinen Pass zu lesen [...] riss ihm die Geduld, wir gingen zum Deputato, der etwas italienisch spricht, und dieser fing an zu fragen. Nome (Namen), Professione (Stand) [...] Dove? (Woher), della Prussia. Neue Schwierigkeit: wo liegt Preussen? Nun macht einmal einem Türken begreiflich, was Preussen ist und wo es liegt. Endlich leuchtete ein Strahl des Verständnisses über sein Gesicht und er fragte hastig: Molto freddo nella Prussia? (Ist es sehr kalt in Preussen?) Ich sagte natürlich: Adessi, Signore, si (Jetzt, Herr, ja) darauf wurde ich als k[aiserlich] russischer Unterthan eingetragen, er mag Russland wohl vom Kriege[23] kennen – [...].«[24]

Historischer Kontext

Mit Antivari war Schnitzers Wahl auf eine Region gefallen, die in den 1860er Jahren in mehrfacher Hinsicht im Fokus unterschiedlicher Machtinteressen lag. Das Osmanische Reich war bestrebt, seine Machtposition in Antivari und im Umland zu halten.[25] Dabei kam es zum Konflikt mit verschiedenen sezessionistischen Bewegungen, die sich auf dem Balkan gebildet hatten. Diese strahlten insbesondere von Bosnien, Montenegro[26] und Griechenland[27] (Thessalien, Epirus und Kreta) auf Antivari und Skutari aus.[28] Dabei spielten auch konfessionelle Fragen eine Rolle, denn die Region lag an der Nahtstelle zwischen Islam, West- und Ostkirche und wies zudem ethnische Bruchlinien auf. Zu den Unabhängigkeitsbestrebungen der einzelnen Ethnien auf dem Balkan gesellten sich Interessen verschiedener Großmächte: Neben Russlands Anspruch als Beschützer aller orthodoxen Christen kämpften Frankreich und Österreich um die Vormachtstellung als Beschützer der Katholiken. Frankreich hatte dem Osmanischen Reich bereits seit dem 16./17. Jahrhundert umfangreiche Schutzversprechen abgerungen, was die christliche Religionsausübung betraf. So war es Frankreich gelungen, den katholischen Fürsten der Mirditen,[29] Bib Doda Pascha (1820-1868) unter seinen Schutz zu stellen.[30] Zudem war Frankreich in Rom angesehen, weil es eine große Anzahl von Missionaren stellte.[31] Österreich sah sich zwar »als Anwalt für Katholiken in der Osmanischen Türkei«[32], musste sich jedoch wegen militärischer Unterlegenheit Frankreich gegenüber darauf beschränken, sein Kultusprotektorat zumindest in den grenznah zu Österreich gelegenen Gebieten gegen Frankreich zu behaupten.[33] Die österreichischen Konsulate dieser Region traten als Vermittler zwischen Rom und Konstantinopel auf,[34] Geistliche erhielten (regional unterschiedlich gestaffelte) Zuwendungen aus Wien.[35] Die österreichische Außenpolitik unter Friedrich Ferdinand Graf von Beust (1809-1886) unterstützte außerdem die Souveränitätsbestrebungen der christlichen Balkanvölker – eine Tatsache, die der österreichische Internuntius (ab 1867 Botschafter) Anton (Graf) Prokesch von Osten (1795-1876) in scharfem Gegensatz dazu als reale Gefahr für den Fortbestand des Vielvölkerstaates Österreich deutete.[36] Schnitzer stand als Angestellter des Osmanischen Reiches der österreichischen Außenpolitik zunehmend kritisch gegenüber.

Bild 10 Antivari (Stari Bar), August 1863[37]

Schnitzer als Haus- und Regierungsarzt in Albanien

Allen Eingewöhnungsschwierigkeiten zum Trotz fand Schnitzer schnell Anschluss an die lokalen Gegebenheiten, wobei er zunächst vornehmlich in westeuropäischen Kreisen verkehrte. Dazu gehörte der italienische Dragoman (Übersetzer) Terzetta, der mit einer Deutschen aus Hohenzollern verheiratet war.[38] In den Häusern des österreichischen Konsuls Cavaliere Bradasch sowie des Erzbischofs von Antivari,[39] Carl Pooten (1807-1886),[40] war Schnitzer anfangs offenbar ebenso gerne gesehener Gast.[41]

Schnitzer lernte später ferner den preußischen Konsul von Ragusa, Friedrich Freiherrn von Lichtenberg (Konsul 1855-1877; †1877), kennen und erwähnte auch dessen zweite Frau, Johanna Baroness von Lilien, eine Rheinländerin.[42] Außerdem traf Schnitzer den Balkan- und Irak-erfahrenen Schweizer Arzt Joseph Koetschet (1830-1898), der zeitweilig das Garnisonshospital in Skutari geleitet hatte.[43]

Als Hausarzt Bradaschs, Pootens und Terzettas erwirtschafte sich Schnitzer ein eigenes Einkommen. Bald kamen auch Einheimische zur Behandlung. Zu deren Versorgung importierte Schnitzer Medikamente über seinen Onkel aus Berlin.[44]

Diesen hatte er gebeten, die Medikamente in alte deutsche Zeitungen zu verpacken, um die deutsche Sprache nicht zu verlernen. Italienisch und Französisch konnte Schnitzer bereits sprechen, Türkisch, Griechisch und Illyrisch[45] eignete er sich nebenbei an, um Konversation betreiben zu können. Am 28. März 1865, seinem 25. Geburtstag, bezog Schnitzer ein eigenes Haus, dessen Einrichtung – besonders wichtig war ihm sein Arbeitszimmer – er seiner Schwester Melanie detailgetreu und nicht ohne Stolz schilderte. Er dünke sich »wirklich ein kleiner König zu sein.«[46] Auch sein Aussehen hatte sich geändert:

> »Ich bin so braun geworden, dass ich gar nicht mehr europäisch aussehe und der Fez und die Tracht vermehren das Fremdartige. Weissleinenes Beinkleid (gelbliche russische Leinwand), statt Hosenträger eine rothe seidene Binde, drei- bis viermal um den Leib geschlungen, mit gefranzten Enden, weisses Hemd, leinener Rock, Fez mit langer Quaste, grosser Schnurrbart: [...].«[47]

Nach getaner Arbeit ließ Schnitzer es sich gut gehen: Bei Tabak und Rotwein verbrachte er mit seinen Kollegen – zwei Griechen namens Aristoteli (Pharmazeut) und Elephterakis (Militärarzt) sowie einem italienischen katholischen Geistlichen, de Lavello – fröhliche Abende im Garten, wobei manches deutsche, griechische oder italienische Lied erklang. Schnitzer fühlte sich schon nach wenigen Monaten in Antivari heimisch geworden.[48]

Offenbar weckte der immer noch ledige »Tabib Effendim«[49] [sic] auch Begehrlichkeiten, denn er bekam zahlreiche Heiratsofferten. Diese lehnte er jedoch allesamt ab. Seinen Eltern berichtete er von einer Schwester der Frau des Dragoman Terzetta, Cathérine de Temple – »eine höchst liebenswürdige, gebildete Dame«[50] –, die jedoch nach einem kurzen Aufenthalt nach Griechenland weitergereist war.[51]

Wenig später ergab sich für Schnitzer die verlockende Aussicht auf eine dauerhafte Festanstellung: Weil die Levante von einer Cholera-Epidemie befallen und die Gefahr einer Ausbreitung gegeben war, wurde in Antivari eine Quarantäne-Station eingerichtet, in der alle Schiffspassagiere untersucht werden mussten, die in der Hafenstadt an Land gehen wollten. Die mit 1.000 Piastern[52] im Monat vergütete Leiterstelle war vakant.[53] Schnitzer zögerte nicht und bewarb sich. Er erhielt sofort den Zuschlag vom Gouverneur (Muşir) aus Skutari, İsmāʿīl Hakkı Pascha (osman.; fortan in der türkischen Form: Divitçi İsmail [Hakkı])[54] (†1873). Bevor er am 14. Juli 1865 mit modifiziertem Gehalt von 750 Piastern neuer Quarantänearzt in Antivari wurde, reiste er noch in eine nahegelegene montenegrinische Stadt – der Name wird nicht genannt – um auch dort Krankenbesuche vorzunehmen.[55]

Weil die Quarantänestation eine noch neue Einrichtung war, leistete Schnitzer Pionierarbeit und musste daher mit provisorischer Ausstattung auskommen. Nicht einmal einen Tisch gab es zunächst in der Station.

Schnitzer hatte inzwischen einen sozialen Aufstieg erfahren, ihm unterstanden ein »Deputirter«[56], ein Schreiber und zwei Wächter, davon einer dunkelhäutig,

> »[...] so dass ich jetzt, wie unsere preussischen Grafen, mich rühmen kann, im Besitze eines Mohren zu sein«.[57]

Die Arbeit in der Station, die ein gutes Stück Weges entfernt von der Stadt am Hafen lag, füllte ihn nicht aus, obwohl er alle Schiffsreisenden kontrollieren musste. Diejenigen, die aus den Cholera-Orten kamen, wurden unter eine 10-15tägige Quarantäne gestellt, ebenso Briefe und sonstige Waren aus der Levante. Unterstützung erhielt er von seinen Arzt-Kollegen Auerbach in Valona[58] (alban. Vlorë) und Perifanakis in Durazzo (alban. Durrës), die dort Quarantäne-Stationen leiteten. Parallel zu seiner Tätigkeit war Schnitzer auch für sanitäre Fragen im Distrikt Antivari zuständig und hatte daher für eine Verbesserung der hygienischen Verhältnisse zu sorgen. In einem Brief an seine Eltern seufzte er, es sei

> »[...] freilich ein hartes Stück Arbeit, in türkische Köpfe Vorschriften über Strassenreinigung, Anlegen von Kanälen, Tiefe von Gräben, Verkauf von unreifen Früchten einzubläuen, [...].«[59]

Divitçi İsmail hatte Schnitzer inzwischen den Bau eines Quarantäne-Hauses genehmigt, das die provisorische Station ablösen sollte. Trotz der Freude über seine Anstellung im Staatsdienst – »eine Anstellung in Staatsdiensten der Türkei pflegt gewöhnlich lebenslänglich zu sein, [...]«[60] klagte er über Einsamkeit und Verarmung in »geistiger Beziehung«[61], eine Tatsache, die er später noch häufiger beklagen sollte.[62] Die Station lag weitab der Stadt am Hafen, so dass er auf seine Krankenbesuche weitgehend verzichten musste. Innerlich träumte er bereits von einer Versetzung in eine größere türkische Stadt.[63]

Ganz abgeschlossen hatte er mit seiner Heimat noch nicht: Auch wenn er nun in türkischen Diensten stand, so wollte Schnitzer seinen deutschen Pass nur abgeben, wenn ihm die deutsche Regierung einen neuen (Pass) verweigerte. Zur Begründung schrieb er:

»Ich möchte aber mein preussisches Unterthanenrecht wahren und ich würde meinen regulären Pass an Papa⁶⁴ gesandt haben, um einen anderen dreijährigen ersuchend, wenn ich nicht fürchtete, er wird in den Quarantänen zerschnitten. [...], mein Pass ist mit dem 1. dieses Monats zu Ende und war in regulärer Form gelöst, jetzt würde natürlich mein neuer Titel ›kaiserl. türkischer Quarantäne- und Distrikts-Arzt‹ figurieren müssen. [...] Ich hätte mich an eines der Konsulate gewendet, wenn sie nicht zu fern wären, und das nächste in Triest ist nicht sonderlich verschrien. Wo es sonst königl[ich] preuss[ische] Konsuln im Orient gebe, weiss Gott und die Regierung allein; wollen sie mir keinen preuss[ischen] Pass geben, nun gut, so werde ich türkischer Unterthan – [...].«⁶⁵

Die Krankheit der Tochter des österreichischen Konsuls führte ihn – Schnitzer hatte ihr Seebäder zur Genesung verordnet – zu einem Ausflug in das damals österreichische, heute montenegrinische Perzagno (Prčanj) bei Càttaro (Kotor). Schnitzer freute sich, wieder einige Worte deutsch sprechen zu können, Eis zu essen und österreichische Militärmusik zu hören. Er nutzte die Zeit auch, um einen nicht näher bezeichneten österreichischen Offizier zu treffen. Trotz der Annehmlichkeiten in Perzagno war Schnitzer schließlich froh, wieder nach Antivari zurückzukehren.⁶⁶ Seine Schwester Melanie lud Schnitzer zu einem Besuch ein, warnte sie aber vor den Lebensbedingungen für unverheiratete Frauen:

»Hier ist's Sitte, dass jedes unverheirathete weibliche Wesen, sowie ein Mann in's Haus tritt, der Arzt immer ausgenommen, sich versteckt [...] Gehen die armen Geschöpfe über die Strasse oder in die Kirche, so nehmen sie einen grossen Mantel mit Kaputze über, der die ganze Figur bis auf die Füsse verhüllt, [...]«⁶⁷

Anfang 1866 schrieb Schnitzer drei Briefe en bloc, d.h. mehrere Briefe auf einem Bogen, nach Neisse. Den ersten Teil bestimmte er für die Mutter, den zweiten für seine Schwester Melanie, den dritten für seine Halbschwester Margarethe. Inhaltlich sind diese drei Briefe weniger bedeutend – Schnitzer bedankte sich u.a. für Weihnachtsgebäck seiner Mutter, welches jedoch teilweise von Mäusen bereits auf dem Schiff verzehrt worden war, rühmte sich seines guten Verhältnisses zu Divitçi İsmail, erläuterte Melanie den Gebrauch von Henna und richtete ansonsten Grüße an seine weitläufige Verwandtschaft aus. Bemerkenswert ist, dass er alle Briefe mit Dr. Schnitzer unterzeichnete.⁶⁸

Im Laufe des Jahres machte Schnitzer die Bekanntschaft des türkischen Vizeadmirals (İbrahīm?) Edhem Pascha, der mit sieben Kriegsschiffen vor Antivari ankerte.⁶⁹ An seine Eltern schrieb er, dass er sich alle in Antivari und Umgebung gesprochenen Idiome angeeignet habe und in offiziellen Schreiben den Titel Efendi verlangen dürfe. Ferner berichtete er von drei Reisen. Die erste hatte ihn nach Alessi und zum ersten Mal zu den Mirditen geführt. Den Reisezweck führte Schnitzer nicht auf, es ist jedoch denkbar, dass Divitçi İsmail ihn zu Aufklärungszwecken in die Mirdita entsandt hatte.⁷⁰ Bei der zweiten Reise ins italienische Brindisi hatte Schnitzer als Dolmetscher für »ein türkische[s] Rekognoszirungsgeschwader«⁷¹ fungiert. Der Zweck der der dritten Reise hatte in Schnitzers eigentlicher Betätigung – einem Austausch mit dem Fürsten Nikola von Montenegro (1841-1921) über Santitätsverhältnisse – gelegen. Schnitzer bemerkte zur ersten wie zur dritten Reise, dass diese »nicht ohne Gefahr waren.«⁷²

Überdies hatte Schnitzer im Laufe des Jahres offenbar einen Vorgesetzten erhalten, über den er sich beklagte. Er hoffe, bald »zur alleinigen Direktion«[73] der Quarantänestation zu gelangen. Ferner erwähnte Schnitzer die Bekanntschaft mit dem britischen Konsul Reade. Die Auswirkungen des Italienisch-Österreichischen Krieges von 1866 auf Antivari seien trotz der relativen Nähe zu Lissa[74] (heute: Viś/Kroatien) gering geblieben. Schnitzer betonte, dass sich sein Verhältnis zum österreichischen Konsul Bradasch durch die beiden Kriege des Jahres 1866 nicht verschlechtert habe.[75]

Einen großen Absatz widmete Schnitzer seiner neuen Ausgeh-Uniform, die ihm »geschmacklos«[76] erschien:

> »Schwarzer Pantalon mit gelben [sic] Besatz; schwarzer Rock, auf der Brust eine Reihe vergoldeter Knöpfe mit Mond und Stern; Kragen gelb; Arm- Aufschläge gelb in dieser Form A und darüber zwei Streifen Gold-Tresse, das Kapitäns-Abzeichen, Achselstreif von Gold, rothe Schärpe, Schleppsäbel und rother Fez mit schwarzer Quaste. Da hast Du die ganze Bescheerung.«[77]

Weil er wieder einmal mit seiner Bezahlung haderte, fügte er noch sarkastisch hinzu: »Viel Gold auf dem Rocke und nichts in der Tasche.«[78]

Zum Abschluss des Briefes ging Schnitzer wiederholt auf sein gutes Verhältnis zu Divitçi İsmail ein. Der Gouverneur hatte ihm ein Porträt und eine seiner Uhren geschickt und ihn zur Behandlung seines erkrankten Sohnes Fuʿād (fortan: türk. Fuad) bestellt.[79]

In einem Schreiben an seine Schwester Melanie berichtete Schnitzer von einer Reise nach Skutari.[80] Doch dort blieb er nicht lange: Als sich in Podgorica (heute: Hauptstadt Montenegros) Krankheitsfälle häuften, die nach Ansicht der türkischen Behörden auf Cholera hindeuteten, sei er zu einer Inspektionsreise dorthin berufen worden. Er habe Quarantänezonen eingerichtet, um die Krankheit einzuhegen. Bald sei er jedoch zu der Überzeugung gelangt, dass es sich hier nicht um eine Epidemie handelte. Um seine Eltern zu beeindrucken, berichtete Schnitzer ausführlich von der anstrengenden Reise im Gebirge und von der Armut der Bevölkerung, die sich im eintönigen Speiseplan ausdrücke. Er habe die Strapazen sehr gut überstanden, ihm mache dies alles nichts aus, berichtete er stolz nach Hause. Mit einigen Bemerkungen zum türkischen Habitus, den er sich inzwischen angewöhnt habe, schloss Schnitzer seinen Brief.[81]

Im nächsten Brief in die Heimat, datiert auf den 27. Januar 1867, deutete Schnitzer an, dass Kriegshandlungen drohten. Serbien, Montenegro (»unser lieber Nachbar«[82]) und Griechenland seien darin begriffen, gegen das Osmanische Reich aufzubegehren. Bedingt durch heftige Stürme sei Antivari für 14 Tage abgeschnitten gewesen von Nachrichten aus Europa. Zahlreiche Schiffe hätten in dieser Zeit im Hafen von Antivari Schutz gesucht. Seine eigene Rolle beschrieb er unbescheiden als »Held[en] des Tages«[83], weil er seiner hervorragenden Sprachkenntnisse wegen habe vermitteln können.[84]

Mehrfach erwartete Schnitzer Versetzungen in die Türkei oder in das Gebiet des heutigen Irak,[85] aber seine Hoffnungen zerschlugen sich. Bis zum Jahre 1870 sollte er seine Zeit als Stationsarzt in Antivari und Umgebung verbringen.

Schweitzer hat einige Briefe aus dem März 1867 als »belanglos[...]«[86] eingestuft und deren Wortlaut nicht wiedergegeben.[87] Der nächste Brief, den er für zitierfähig hielt, stammte vom 27. Mai 1867. Hier berichtete Schnitzer von einer »ebenso schwierigen als langweiligen«[88] Mission, die ihn in Cholera-Dörfer geführt hatte. Anders als zwei Ärzte-Kollegen, die unverrichteter Dinge nach Skutari zurückgekehrt waren und den Standpunkt vertreten hatten, es gehöre nicht in ihren Aufgabenbereich, Cholerakranke zu behandeln,[89] erklärte er die Mission in der Rückschau zu einem Musterbeispiel des ärztlichen Berufsethos:

> »Krankheit ist Krankheit, ob Cholera oder was anderes, und gegen sie zu kämpfen, ist unsere Pflicht. Aber in Aufgaben, wie die meine, kommt auch die Aufopferung in Betracht, die der Arzt, indem er völlig unzivilisirte Orte, die aller und jeder Kommunikation entbehren, fern vom Menschenverkehr, für Wochen und Monate einschliesst.«[90]

Die hier gewonnene Erfahrung im Verbund mit einer bemerkenswerten Einstellung zu seinem Beruf, adelte Schnitzer nicht nur in den Augen des Gouverneurs Divitçi İsmail, der Schnitzer sogleich für eine Auszeichnung vorschlug,[91] sondern prädestiniere ihn gleichzeitig für seine spätere Tätigkeit im Sudan.

In den nächsten Briefen berichtete Schnitzer über weitere Entsendungen in das Grenzgebiet nach Montenegro, die mit der dortigen Cholera zusammenhingen. Ferner schrieb er von wiederholten, heftigen Erdbeben in Antivari.[92] Indem er die türkische Schrift nun auch lesen konnte und sich die arabische Sprache aneignete, betrieb Schnitzer Vorbereitungen für seine spätere Karriere. Seine Stellung als Quarantäne-Arzt kündigte er wegen mangelnder Entlohnung bei starker Belastung – offenbar standen mehrere Monatsgehälter aus – und bewarb sich auf eine Stelle als Militärarzt in Podgorica. Gleichzeitig stand er in Unterhandlungen mit dem preußischen Konsul von Lichtenberg um eine Anstellung im preußischen Militärdienst als Agent und Dragoman (Übersetzer).[93]

Anfang Februar des Jahres forderte Hafız Bey, der die Festungen entlang des Grenzverlaufs gegen Bosnien, die Herzegovina und Montenegro – das Fürstentum forderte Gebietserweiterungen und drohte der Pforte mit Krieg – inspizieren sollte, Schnitzer als Dolmetscher an. Dieser nahm dankend an und konnte nun von seinen inzwischen erworbenen Sprachkenntnissen im Illyrischen Gebrauch machen.[94]

Nach seiner Rückkehr verblieb Schnitzer weiter in Antivari, wo er nun ausschließlich als Hausarzt tätig wurde und seinen eigenen Angaben nach die Summe von 5.000 Piastern verdiente.[95]

In einem Brief an seine Schwester Melanie beklagte Schnitzer die hohen finanziellen Belastungen, die zum einen aus dem Import wichtiger Gebrauchsgegenstände aus dem Ausland, zum anderen aus sozialen Zwängen herrührten:

> »Du kannst Dir nicht denken, was man hier ausgiebt, wo nach türkischer Sitte Haus und Küche Tag und Nacht offen stehen und Jedem, der kommt, allerwenigstens Kaffee, Limonade und Tabak servirt werden muss.«[96]

Außerdem vermisse er die Musik. Seine Finger seien »steif und ungelenkig«[97] geworden, weil er kein Klavier zur Verfügung habe. Das kleine Harmonium in der katholischen Kirche biete keinen Ersatz. So müsse er seine freie Zeit mit der Aufzucht von Tieren und dem Ausbau seines Gartens verbringen. Neuerdings baue er Erdbeeren an, welche bis dato in Albanien unbekannt gewesen seien.[98]

Inzwischen war der Generalgouverneur von Skutari, Divitçi İsmail im Mai 1868 – angeblich nach Intervention der österreichischen Botschaft in Konstantinopel als Reaktion auf eine »Kreuzaffäre«[99] – nach Konstantinopel abberufen worden.[100] Dieser hatte Schnitzer versprochen, ihn bald an den Bosporus nachholen zu wollen.[101] Nachfolger Divitçi İsmails wurde Küçük Ömer Fevzi Pascha (Gouverneur Mai-Dezember 1868, †1878), welcher aber in den wenigen Monaten seiner Amtszeit für Schnitzer keine Verwendung fand.

Stattdessen behandelte Schnitzer den »kapetan« der Mirditen, Bib Doda Pascha,[102] in dessen Haus er bereits mehrfach zuvor in Skutari verkehrt hatte. Das Oberhaupt der Mirditen starb dort am 18. Juli 1868 an einem Leberleiden und wurde mit französischen Ehren bestattet.[103] Da die Hohe Pforte fürchten musste, den Einfluss in der Mirdita – ähnlich wie Montenegro – zu verlieren, wurde Bib Doda Paschas Nachfolger, der noch minderjährige Prenk Bib Doda, in Skutari unter osmanischen Hausarrest gestellt und drei Jahre später unter der Begleitung seiner Großmutter nach Konstantinopel gesandt.[104] In der Mirdita blieben dessen Mutter Marcella (Margela) und Schwester Devidé zurück, welche fortan mit Unterstützung eines Cousin Bib Dodas, Geon (Gjon), die politische Führung übernahmen. Während die französische Botschaft Prenk Bib Doda finanziell unterstützte, buhlte Österreich aktiv um die Gunst der mirditischen Interimsführung und unterstützte diese mit Geldzahlungen.[105] Ob Schnitzer auch bei den Nachfolgern Bib Doda Paschas verkehrte, ist nicht bekannt.

Offenbar war Schnitzers Einkommen nicht so üppig wie gewünscht, da er bald erneut eine nicht weiter bekannte, amtliche Stelle vor Ort annahm, die ihm 650 Piaster einbrachte. Einen kleinen Teil verdiente er weiterhin durch Hausbesuche, so dass er auf ein Monatsgehalt von etwa 1.000 Piastern kam.[106]

Der neue Gouverneur von Skutari, Sakızılı Ahmed Esad Pascha (Gouverneur Dezember 1868-Dezember 1869; 1828-1875), welcher Ende 1868 Küçük Ömer Fevzi Pascha abgelöst hatte, brachte Schnitzer dazu, Agententätigkeiten aufzunehmen. Zunächst schrieb Schnitzer einige Berichte über die politische Lage in Albanien, die er – sehr zum Missfallen des österreichischen und des französischen Konsulates – an die österreichische Zeitung *Neue Freie Presse* in Wien sandte.[107] Dann fungierte Schnitzer unter der Tarnung seines Arzt-Berufs als politischer Agent und Informant, dessen Landes- und Sprachkenntnisse sich Esad Pascha zunutze machte.[108]

Der von Schnitzer schon länger prophezeite Aufstand der montenegrinischen Bevölkerung auf dem Plateau von Krivošije gegen die österreichische Okkupation war 1869 ausgebrochen. Österreich hielt die bevölkerungsarmen Höhen besetzt, um den strategisch wichtigen Hafen Cattaro zu sichern. Fürst Nikola von Montenegro hatte seine Außenpolitik nach einem Russlandbesuch gegenüber Österreich geändert und die orthodoxe Bevölkerung von Krivošije mit Waffenlieferungen und Hilfstruppen unterstützt.[109]

Schnitzer beobachtete die Kampfhandlungen aus einiger Entfernung und bemerkte nicht ohne Schadenfreude, dass der Aufstand vermeidbar gewesen wäre, wenn sich das österreichische Konsulat in Skutari in der Vergangenheit nicht »zu lässig«[110] verhalten hätte. Er habe in einem englischsprachigen Blatt in Konstantinopel[111] einen Beitrag über die Winkelzüge des österreichischen Konsuls Bradasch sowie des mittlerweile in Skutari residierenden Erzbischofs Pooten verfasst, welcher diesen großen Ärger eingebracht hätte.[112]

Weil der Beitrag nicht rekonstruierbar ist, muss hier offen bleiben, ob Schnitzer gegenüber seinen ehemaligen Gesellschaftern und Freunden Bradasch und Pooten mit offenem Visier kämpfte, den Beitrag also namentlich gekennzeichnet hatte, oder ob er den Beitrag anonym lanciert hatte.

Da Esad Pascha in Frankreich studiert hatte und eine Vorliebe für europäische Kultur zeigte, veränderte Schnitzer die Einrichtung seines Hauses und forderte für sich europäische Kleidungsstücke und Hygieneartikel an.[113] Offenbar wollte er dem Gouverneur mit dieser Geste imponieren.

Doch wenig später war die die Gouverneurstätigkeit Esad Paschas in Albanien Geschichte und mit Lofçalı İbrahim Derviş Pascha (Gouverneur Dezember 1869-1870; 1817-1896) sandte Konstantinopel einen neuen Gouverneur. Schnitzer kommentierte diesen Schritt sarkastisch:

>»Man wechselt eben hier die Gouverneure, wie bei uns die Hemden.«[114]

Auch mit dem neuen Gouverneur arrangierte Schnitzer sich schnell. Lofçalı İbrahim wünschte Schnitzers Versetzung nach Skutari und dessen völligen Übertritt in den Regierungsdienst. Schnitzer rechnete in diesem Zusammenhang mit einer Aufstockung seines Salärs auf 1.500 bis 2.000 Piaster monatlich. Zurückgekehrt von einer Mission in die Gegend von Cattaro, dem Gebiet des Aufstandes im Vorjahr, sandte er einige Photographien in die Heimat.[115]

Im April berichtete er von einer neuerlichen Mission, die ihn nach Durazzo führen sollte. Eine Kommission, welche aus sechs Konsuln, darunter dem preußischen von Lichtenberg bestand, sollte den Grenzverlauf Montenegros abstecken.[116] Schnitzer sollte dabei als Dolmetscher fungieren. Obwohl Lofçalı İbrāhīm Schnitzer förderte, plante dieser parallel zu seinem Regierungsauftrag eine Tätigkeit als Korrespondent für deutsche Zeitungen. In zwei Briefen erwähnte er die Namen Strousberg[117] und Kurnick[118] [sic], deren Kontakte er reaktiviert wissen wollte. Baruch Hirsch alias Bethel Henry Strousberg (1823-1884), wegen seiner Investitionen zum Eisenbahnbau bekannt als »Eisenbahnkönig«[119], war Mitherausgeber der Zeitung *Die Post*, Max Kurnik[120] (1819-1881) war Kritiker der *Breslauer Zeitung*. Da Verwandtschaft Schnitzers unter dem Namen Kurnik in Breslau wohnte, ist es möglich, dass hier eine familiäre Verbindung bestand.

Soweit bekannt ist, hat Schnitzer diesen Weg nicht weiter verfolgen müssen, denn als er von einer Mission nach Ragusa und Sarajevo, wo er den preußischen Konsul Otto Blau (1828-1879)[121] kennen gelernt hatte, zurückkehrte, trat ein weiterer Wechsel im Gouvernorat ein.[122]

Der neue Gouverneur war indes ein alter Bekannter: Divitçi İsmail Pascha (Gouverneur (2. Amtszeit), August 1870 – September 1871). Vom neuen Gouverneur berichtete Schnitzer zunächst nur wenig. Dafür erzählte er von einer geplanten Feierstunde bei Rheinwein mit dem preußischen Konsul von Lichtenberg in Ragusa. Anlass der Feier war der für Preußen günstige Verlauf des Deutsch-Französischen Krieges. Ausführlich erkundigte er sich bei seiner Schwester über die eingesetzten Neisser Truppen, die Gefallenen des Krieges sowie die französischen Kriegsgefangenen in Neisse.[123]

Im Oktober 1870 schrieb Schnitzer, dass er nach Skutari umgesiedelt sei und eine bessere Dotierung erwarte. Die ominöse, nicht näher bekannte Tätigkeit in Skutari endete jedoch bald. Schnitzer kehrte bereits im Dezember an seine alte Wirkungsstätte zurück und wurde erneut Quarantäne-Arzt in Antivari.[124]

Bild 11 Skutari, August 1863[125]

Sein nächster Brief datierte vom 19. Januar 1871 – es sollte der letzte für ein Jahr bleiben. In diesem Schreiben bemerkte Schnitzer, dass er sich der ungeteilten Gunst des neuen (alten) Gouverneurs erfreue. Divitçi İsmail habe ihn wegen der Erkrankung seiner Frau nochmals nach Skutari beordert und ihn für seine Arbeit fürstlich entlohnt. Er habe eine goldene Ankeruhr sowie ein arabisches Pferd zum Geschenk erhalten.[126]

In Anatolien, Konstantinopel und Epirus

Über den Zeitraum eines Jahres fehlen sämtliche Nachrichten aus dem Wirken Schnitzers. Sicher ist, dass er sich im Januar 1872 aus Trabzon (Trapezunt) am

Schwarzen Meer meldete. Er war, soviel ist gewiss, Divitçi İsmail Pascha dorthin gefolgt. Über die Geschehnisse des vergangenen Jahres wahrte Schnitzer auch in seinem nächsten Brief Stillschweigen:

> »Mehr als ein Jahr ist verflossen, seit ich Deinen letzten Brief bekommen, ebenso lange, dass ich nicht geschrieben! Frage mich nicht warum? Ich habe viel durchgemacht und hatte wohl ein Recht, auf ein Jahr zufriedenes und glückliches Leben – nun, in einem türkischen Harem hätte ich freilich nie mein Lebensziel vermuthet! Frage mich nicht nach dem, was ich durchlebt, und was gethan; mache mir keine Vorwürfe über mein Schweigen während dieses Jahres; [...].«[127]

EINE GESCHICHTE UND IHR WAHRHEITSGEHALT

Vita Hassan, Apotheker und Schnitzers späterer Mitarbeiter im Sudan, versuchte posthum Licht in das Dunkel dieses Jahres zu bringen: Vita zufolge war Schnitzer kurze Zeit in unbekannter Funktion im Libanon tätig. Nach Beendigung dieser unbekannten Tätigkeit sei Schnitzer nach Konstantinopel zurückgekehrt. Mit Freunden zusammen habe er Missstände – vermutlich Korruption – aufgedeckt und ein Oppositionsblatt namens *al-Ḥaqīqa* [›die Wahrheit‹] gegründet. Daraufhin sei Schnitzer exuliert worden. Nach vier Monaten im Exil habe er nach Konstantinopel zurückkehren dürfen, sei begnadigt worden und habe auch die Zeitungspublikation wieder aufgenommen. Er sei zwischenzeitlich Chefarzt in einem Regiment gewesen und habe seine Zeitung in England erscheinen lassen. Die Polizei sei ihm schließlich auf die Schliche gekommen, er sei nach Alexandria zu Ḫalīl Āġā, dem obersten Eunuchen der Königin-Mutter des Khediven Ismāʿīl Pascha (1830-1895), Ḥašāyār Ḫanım, verbannt worden. Man habe ihm dann verschiedene Stellungen angeboten. Schnitzer habe sich schließlich für den Gang in den Sudan entschieden.[128]

Zur Bewertung dieser Aussagen ist festzuhalten, dass viele der Angaben nicht verifizierbar sind. Zumindest die letzten Ereignisse sind verzerrt dargestellt, weil Schnitzer, wie wir noch sehen werden, zwischen seinem Engagement im Osmanischen Reich und dem Gang in den Sudan einige Zeit in Italien und in Schlesien verbracht hat.

Plausibel erscheinen auf den ersten Blick Schnitzers oppositionelle Tätigkeit – eventuell im Zusammenhang mit der Bewegung der Jungosmanen – und seine anschließende Verbannung. Den Aufenthalt in einem Harem hatte Schnitzer, wie oben zitiert,[129] auch gegenüber seiner Schwester erwähnt.

Die 1865 gegründete Bewegung der Jungosmanen strebte eine konstitutionelle Verfassung des Osmanischen Reiches an. Auslöser für die Aktivitäten der Untergrundbewegung waren zum einen die Tanzimat-Reformen gewesen, die nach Ansicht der Jungosmanen statt Demokratisierungsreformen eher eine Festigung der absoluten Herrschaft zur Folge gehabt hatte.[130] Zum anderen befürchteten die Jungosmanen ein Auseinanderbrechen des Reichsgefüges durch Souveränitätsbestrebungen einiger osmanischer Regionen wie beispielsweise Albanien, wo auch Schnitzer mit Sezessionsbewegungen in Kontakt gekommen war. Ihre Ideen zur Reichseinheit bezogen die Jungosmanen von den Einheitsbewegungen in Deutschland und Italien. Neben nationalistischem war auch liberales Gedankengut vertreten. 1867 mussten einige der führenden Köpfe der Jungosmanen, darunter Namik Kemal (1840-1888), der den Topos des »Vaterlandes« geprägt hatte, und Ziya Pascha (1829-1880), ins Exil flüchten. Für die Verbreitung ihrer Ideen nutzten die Jungosmanen eigene Zeitungen,[131] die wegen der Verfolgung der Bewegung häufig im Ausland erscheinen mussten[132] – ein Aspekt, der für das von Vita vorgebrachte Argument einer Zeitungsgründung spräche.

Unklar ist, ob Schnitzer zu Beginn der 1870er Jahre Kontakte zum jungosmanischen Autor und Verleger Ebüzziya Tevfik (1848-1913) unterhielt.[133] Dieser gab 1872/73 eine regierungskritische Zeitung namens *Ḥadīqa* heraus.[134] Beachtenswert ist die klangliche Ähnlichkeit von dem von Vita Hassan behaupteten Zeitungsnamen (Ḥaqīqa (Wahrheit))[135] und Ḥadīqa (Garten). Dass Vita Hassan als Arabisch-Muttersprachler eine Verwechslung der im Arabischen wie im Osmanischen gleich bedeutenden Worte unterlaufen wäre, ist allerdings eher unwahrscheinlich. Es ist jedoch naheliegend, dass Ebüzziya Tevfik zumindest ab einem späteren Zeitpunkt Kontakte zur Familie bzw. Witwe Divitçi İsmails unterhielt – andernfalls hätte er seinen Journalbeitrag von 1889, in dem er Detailwissen über Schnitzer offenbarte, nicht schreiben können.[136]

Nicht zusammenpassen damit will der Zeitpunkt der angeblichen Exulierung Schnitzers. Die führenden Jungosmanen hatten im Jahre 1870 im Zuge einer Amnestie wieder nach Konstantinopel zurückkehren dürfen,[137] während Schnitzers Nachrichtenloch auf das Jahr 1871 fiel.

Die konkrete Nennung Alexandrias will ebenfalls nicht recht in das Gefüge passen, doch Schnitzer bemerkte später in einem Brief, er habe die nach Neisse gesandten Ringsteine im März 1871 an der nordafrikanischen Küste bei Derna (Libyen) besorgt.[138] Bei seiner Rückkehr könnte er sich in Alexandria aufgehalten haben. Was ihn allerdings nach Nordafrika geführt hatte, ließ er im Dunkeln.

Die Frage der Verbannung in den Harem ist einfacher zu beantworten: Was dieses merkwürdig anmutende Argument betrifft, so erwähnte Schnitzer im oben zitierten Brief an seine Schwester, dass er sich in einem Harem aufhalte – und das ohne Eunuch zu sein! Doch enthielt die Äußerung, dass er sein Lebensziel nie in einem türkischen Harem vermutet habe,[139] eine ironische Färbung. Wie aus einem späteren Brief vom 21. Februar 1872 ersichtlich ist, hatte Schnitzer den »Harem« auf den Haushalt Divitçi İsmail Paschas und den Umgang mit dessen junger Ehefrau bezogen.[140]

Dass Vita die oben erwähnten Ereignisse frei erfunden hat, ist eher unwahrscheinlich. Wahrscheinlicher ist, dass Schnitzer, der zu diesem Zeitpunkt bereits als »Emin« auftrat und sehr darauf bedacht war, seine Vergangenheit zu verdunkeln, ihm seine Geschichte in Form einer »Räuberpistole« aufgebunden hat. Von dieser Warte her gesehen liegt der Verdacht nahe, dass Schnitzer auch seine frühere journalistische Tätigkeit (u.a. hatte er auch für ein englischsprachiges Journal in Konstantinopel publiziert,[141] dabei aber auf den Erzbischof von Antivari und dessen pro-österreichische Haltung gezielt) so dargestellt hat, dass sein Gegenüber meinen musste, er habe es mit einem Untergrundkämpfer zu tun.

Die Vermutung einer »aufpolierten« Geschichte erhält zusätzlich dadurch Nahrung, dass Schnitzer in einem Brief an seine Eltern schließlich doch zumindest einige Ereignisse des Vorjahres erwähnte. Offenbar hatte er bei einem weiteren Aufstand in Albanien die türkische Verwaltung verteidigt, und sich dadurch persönlich in Gefahr begeben.[142]

Der erneut als Generalgouverneur von Skutari tätige Divitçi İsmail Pascha sei nach dem Tod des Großwesirs Mehmed Emin Ali Pascha (1815-1871) in Ungnade gefallen, weil mit Mahmud Nedim Pascha (ca. 1818-1883) ein Kurswechsel an der Spitze der türkischen Regierung stattgefunden hatte. Deshalb sei auch Kriegsminister Hüseyin Avni Pascha (1819-1876) entlassen worden und ein einflussreicher Gegner Divitçi İsmails, Esad Pascha[143] zum Kriegsminister ernannt worden. Divitçi İsmail sei zunächst nach Konstantinopel abberufen und dann in seine Heimatstadt Trapezunt strafversetzt worden. Auf ausdrückliche Bitte des Paschas sei er, Schnitzer, ihm gefolgt und habe den in Konstantinopel zurückgelassenen Haushalt – inklusive Frau, vier Kindern und Bediensteten, sechs tscherkessischen Sklavinnen für Hausdienste, fünf Dienern und einer Wiener Köchin[144] – nach Trapezunt überführt. Trotz der Wirren schaue er wieder etwas optimistischer in die Zunkunft, da Esad Pascha inzwischen wieder abgesetzt worden sei und Çırpanlı Abdülkerim Nadir Paşa (auch: Abdi Pascha, 1807-1883), Esads Nachfolger als Kriegsminister, Anzeichen gegeben habe, Divitçi İsmail zu rehabilitieren. Desgleichen habe auch der russische Botschafter, General Graf Nikolai Pawlowitsch Ignatjew (1832-1908), seine Unterstützung zugesagt.[145]

SCHNITZER ALS SEKRETÄR UND VERTRAUTER DER FAMILIE DIVITÇI İSMAILS

Zwischen Schnitzer und der jungen Ehefrau des Gouverneurs scheint sich mehr als ein rein freundschaftliches Verhältnis entwickelt zu haben. Darüber berichtete Schnitzer andeutungsweise in verschiedenen Briefen an seine Familie.

In einem Brief vom 22. Februar 1872 an Melanie erwähnte Schnitzer eine, wie Schweitzer umschreibt, »Herzensangelegenheit«[146], und »ein kleines Medaillon,«[147] das eine Rolle »bei der so unverhofften Geschichte«[148] gespielt haben könne, ohne jedoch den Namen der Frau zu nennen. Die Vermutung, dass es sich um die Ehefrau Divitçi İsmails handelte, liegt nahe, wenn man die weiteren Ereignisse, die an späterer Stelle ausgeführt werden, betrachtet. Krafts Behauptung, Schnitzers Herzdame sei eine Mirditin gewesen, lässt sich nicht beweisen.[149]

In Trapezunt änderte Schnitzer seinen Namen in Hayrullah, um, wie er schrieb, besser mit Türken in Verkehr zu kommen und nicht wie ein Ausländer zu erscheinen:

»[...] dass hinter dem türkischen Namen, der mich deckt, (keine Furcht, es ist nur der Name, und ich bin nicht Türke geworden), kein Mensch einen ehrlichen Deutschen vermuthet!«[150]

Sollte Schnitzer tatsächlich zum Islam konvertiert sein – anders als im Christentum, wo die Taufe durch einen Eintrag in Kirchenbücher nachweisbar ist, vollzieht sich die »Konversion«[151] im Allgemeinen durch das dreimalige, bewusste Sprechen des Glaubensbekenntnisses unter Anwesenheit von zwei männlichen Muslimen, sowie das Zulegen eines muslimischen Namens –, dann wäre dieser vollzogene Namenswechsel dafür ein Indikator.

In den Briefen an seine Familie, die von der Nachricht des Namenswechsels und der Aussicht, ihr Sohn könne Türke geworden sein, verschreckt reagiert hatte, beschwichtigte Schnitzer, dass er den Namen aus rein opportunistischen Gründen angenommen habe. Am 21. Februar 1872 schrieb er seiner uneinsichtigen Mutter, die einst vom Judentum zum Christentum konvertiert war:

> »[…] weil aber das ganze Land hier türkisch ist und nur wenige Christen existiren, die alle sehr untergeordneten Ranges sind, habe ich den türkischen Namen adoptirt, […]«[152]

Am 5. Juni ergänzte er bezüglich der Religionsfrage:

> »Jedenfalls sei versichert, dass ich trotz der wenigen Sympathien für die bestehenden Religionsformen doch nur nach reiflichem Nachdenken und nur, wenn es mir Nutzen brächte, mich dazu [zu einer Konversion?] verstehen würde.«[153]

Sein Auftreten als Türke scheint indes überzeugend gewesen sein, denn Schnitzer berichtete von einem Zusammentreffen mit dem deutschen Konsul Graf Hippolyt von Bothmer (1812-1891), der auch nach einem längeren Gespräch nicht habe glauben wollen, dass Schnitzer aus Schlesien stamme.[154]

> »Meine Gesellschaft ist klein, aber gewählt: Graf v[on] Bothmer, der deutsche Konsul und sein Kanzler Herr Christmann, Dr. Spathan, der niederländische Konsul und einige türkische Beamte, […]«[155]

beschrieb Schnitzer seinen Umgang in Trapezunt. Ansonsten erkundigte er sich bei seiner Schwester nach früheren Liebschaften – »Ich spreche von der Berliner Maria, die einst so gut wie für mich bestimmt war«[156] – und Bekannten, so nach dem gebürtigen Neisser Arthur von Broecker (1846-1915), der später Hauptpastor von Hamburg wurde.[157] Seine Briefe an die Heimat unterzeichnete Schnitzer trotz des angezeigten Namenswechsels weiterhin mit Dr. Schnitzer, wie aus einem Original vom 7. August 1872 ersichtlich ist.[158]

Zum russischen Gesandten in der Türkei, General Ignatjew, hatte Schnitzer wie erwähnt Kontakte zwecks eines möglichen Karrieresprunges aufgenommen. Doch schließlich erreichte Schnitzer, der sich in Trapezunt ausschließlich um das Wohlergehen der Familie Divitçi İsmails kümmerte, selbst einen Orts-, nicht aber einen Anstellungswechsel: Divitçi İsmail hatte Schnitzer nach dem Sturz der Regierung Mahmud Nedim und der nicht erfolgten Rehabilitation den Auftrag gegeben, in Konstantinopel über eine Aufhebung der Verbannung zu verhandeln. Schnitzer reiste daher in die Hauptstadt und erreichte die Rückkehr Divitçi İsmails nach Konstantinopel. Von der erfolgreichen Mission kehrte Schnitzer nochmals nach Trapezunt zurück, wo er mit dem Hausstand auf eine Nachricht des inzwischen nach Konstantinopel abgereisten Paschas wartete. Im September 1872 erfolgte dann die Übersiedelung.[159]

Bild 12 Blick über den Bosporus in Richtung Üsküdar, Istanbul[160]

In seinem ersten Brief aus Konstantinopel vom 24. Oktober 1872 beschwerte sich Schnitzer zunächst über den »fortwährenden Wechsel von Personen und Prinzipien«[161] in der türkischen Politik und beschrieb seiner Schwester anschließend ausführlich die Stadt. Neben familiären Angelegenheiten in Neisse – die Ehefrau von Onkel Fritz, Tante Ida, war verstorben, von Broecker focht das Erbe an, was Schnitzer scharf verurteilte[162] –, vergaß er nicht, Ratschläge für seinen Halbbruder Arthur zu erteilen. Dieser solle »um Gottes Willen«[163] die neuen Sprachen Englisch, Französisch und Italienisch lernen, denn:

> »Die alten Sprachen sind eine gute Grundlage, aber die neuen sind ganz unentbehrlich für die Welt.«[164]

Der Aufenthalt im kostspieligen Konstantinopel – der Pascha besaß »ein hübsches, großes Terrain mit Gärten, Springbrunnen und Häusern«[165] in Scutari (Üsküdar) – gefiel Schnitzer nicht sonderlich:

> »Es ist entsetzlich theuer hier, und in der Provinz, wo es immer sein möge, lebt man freier.«[166]

Erst nach einigen Monaten Wartezeit fand er eine Anstellung am Marinehospital in Haydarpaşa. Dennoch sehnte er einen Abschied aus der Stadt herbei,[167] die er zwischenzeitlich nur für einen kurzen Ausflug zu zwei Landsitzen des Paschas in der Nähe von Varna verlassen konnte.[168]

Die ersehnte Gelegenheit des Abschieds vom Bosporus bot sich erst im Juni 1873. Divitçi İsmail Pascha wurde als Gouverneur nach Janina (türk.: Yanya, heute: Ióannina/Griechenland) in der Provinz Epirus berufen. Einen Monat später folgte Schnitzer ihm auch dorthin. Mit Familie und Dienerschaft reiste er auf dem Seeweg über Korfu und Preveza nach Arta, von dort auf dem Landweg nach Janina. In Janina unterstand Schnitzer dem Pascha zur »persönlichen Dienstleistung«[169] und wirkte als dessen Privatsekretär. Schnitzers Klagen, die in jedem Brief in Konstantinopel zu finden waren, hörten auch in Janina nicht auf: In einem Brief vom 23. Oktober 1873 schrieb Schnitzer:

> »Was nun Janina betrifft, so muss ich ehrlich gestehen, daß, je länger ich verweile und je besser ich die Leute kenne lerne, desto weniger es mir gefällt.«[170]

Bild 13 Ióannina, Einfahrt zur Burg[171]

Zum einen sei »absolut nichts zur Unterhaltung geboten«[172], zum anderen sei seine Stellung »sehr unangenehm«[173] und er sei ständigen »Intrigen und Belästigungen«[174] ausgesetzt. Diese Intrigen führte er nicht näher aus, es ist aber zu vermuten, dass die Bevölkerung den osmanischen Besatzern infolge der erstarkenden nationalistischen Kräfte feindlich gesinnt war.

Von langer Dauer war Schnitzers Beschäftigung in Janina ehedem nicht, denn Divitçi İsmail Pascha starb Ende des Jahres 1873 ebendort.[175]

Mehr wissen wir aus dieser Zeit nicht, auch die Suche vor Ort in Ióannina liefert keine neuen Erkenntnisse. Zwar sind die 1820er Jahre, als Ali Pascha

2. »Lehr- und Wanderjahre«   57

(Tepedelenli Ali Pascha, gen. »Löwe von Janina«; 1741-1821) dort regierte und europäische Reisende – darunter der Schriftsteller Lord Byron (George Gordon Noel Byron, 6. Baron Byron of Rochdale; 1788-1824) – an dessen Hofe weilten, gut bekannt,[176] die Phase bis zum Ausbruch des I. Weltkriegs ist jedoch kaum aufgearbeitet.[177]

Das Serail des osmanischen Dissidenten Ali Pascha in der Südöstlichen Zitadelle (Its-Kalé) wurde durch ein Feuer im Jahre 1870 völlig zerstört. Der heutige dort befindliche palastartige Museumsbau im Zentrum der Zitadelle ist bereits der Nach-Nachfolgebau. Er stammt aus dem Jahr 1958 und ersetzte das nach 1870 errichtete Militärhospital.[178] Daher ist es wahrscheinlich, dass Gouverneur Divitçi İsmail Pascha zusammen mit seiner Familie in einem offiziellen Gebäude im Inneren der Burgmauer gewohnt hat. Außer einer Synagoge und dem Pascha-Kalou-Haus sind jedoch keine Gebäude aus dieser Epoche mehr erhalten.[179]

Schon im Januar 1874 schrieb Schnitzer Melanie wieder aus Konstantinopel nach Schlesien:

> »Zwei Monate habe ich Alles gethan, was nur ein Sohn seinem Vater thun konnte, dann starb er und überließ mir als Lohn seine ganze Familie, so daß ich auf einmal reich geworden bin d.h. an Leuten aber nicht an Geld.«[180]

Schnitzer war folglich mit der Witwe Divitçi İsmails, deren Kindern und dem gesamten Hausstand zurück in die osmanische Hauptstadt umgesiedelt und musste nun, als Vermächtnis Divitçi İsmails, für die Familie sorgen. Schnitzer erkundigte sich deshalb bei Melanie nach einem guten Knabenpensionat, weil die ältesten drei Söhne [Nafiq (türk. Nevfik), Ǧalāl (türk. Celal), Fuʿād (türk. Fuad)[181]] die nur französisch und türkisch sprachen, eine ordentliche Erziehung genießen sollten. Dazu plante er, nach Süddeutschland, Württemberg oder Ober-Italien umzusiedeln.[182]

Die Nachlassregelungen des Paschas, die Schnitzer übernommen hatte, gestalteten sich schwieriger als anfangs gedacht. Jetzt, da der Pascha tot war, nahmen auch die Geldsorgen wieder zu. Für die Kinder handelte Schnitzer 2.500 Piaster Monatsrente heraus. Selbstkritisch räumte er ein, dass er »keinerlei Anlagen«[183] zum Bankier habe – eine Tatsache, die sich bereits in Schnitzers Studienzeit bewahrheitet hatte. Kapitalrücklagen für sich selbst scheint er in den Jahren seiner Anstellung in der Türkei nicht gebildet zu haben. Weil das Geld für Konstantinopel nicht reichte, rückte der Plan, nach Norditalien umzusiedeln, wieder stärker ins Blickfeld Schnitzers.[184]

Etwas Abwechslung von den lästigen Erbverhandlungen sollte in der Zwischenzeit ein Buchprojekt über den Jemen bieten, den Schnitzer auf einer nicht nachvollziehbaren Reise vier Monate lang besucht hatte.[185]

Das Buch, laut Schnitzer von einem nicht weiter spezifizierten »Ahmed Pascha«[186] befürwortet, ist offenbar nie vollendet worden. Es finden sich keine weiteren Hinweise in Schnitzers Nachlass und auch Schweitzer war von der Existenz eines solchen Buches nichts bekannt. Die von Schnitzer beschriebene »Kommission«[187] in den Jemen hatte vermutlich in der nachrichtenlosen Zeit zwischen Januar 1871 und Januar 1872 stattgefunden, als Ahmed Muhtar Pascha (†1919) Aufstände im Jemen niederschlug.[188]

Ein letzter Brief aus Konstantinopel vom 18. Juni 1874 erhellt, dass Schnitzer die Erbschaftsangelegenheiten beschleunigt zu Ende führen konnte, wohl, weil der ehemals preußische Leutnant und nun in osmanischen Diensten stehende Wilhelm Strecker Pascha (1830-1890) ihn unterstützt hatte. Wie schon von Bothmer, so hatte auch Strecker Schnitzer zunächst für einen Türken gehalten. Schnitzer berichtete über diesen Vorfall mit Belustigung und Genugtuung. Weitere Themen des Briefes waren ein erneutes Angebot, wieder eine Stelle in Antivari anzunehmen – Terzetta hatte ihm geschrieben und ihn über den Tod des österreichischen Konsuls Bradasch informiert –, sowie Erkundigungen über die Heimat. Besonders interessierte ihn, welche von den

> »jungen Damen übrig geblieben, die zu meiner Zeit florirten? Sie werden wohl ziemlich alle schon ehrbare Familienmütter sein und ihre eigenen Sorgen haben.«[189]

3. INTERMEZZI IN TIROL UND SCHLESIEN
(1874/75)

Die Jahre 1874/75 markieren in vielerlei Hinsicht Zäsuren in Schnitzers Leben. In diese Zeit fallen die Abreise aus Konstantinopel, seine vermeintliche Eheschließung mit der jungen Witwe Divitçi İsmail Paschas in Tirol, der Besuch bei seiner Familie in Neisse und die plötzliche, erneute Flucht aus Deutschland, bei der seine Frau mitsamt Kindern und Hausstaat allein zurückblieb.

Wir besitzen keine objektiven Schilderungen über die Geschehnisse dieser Zeit. In allgemeinen Biographien über Emin Pascha finden diese privaten Aspekte keine Beachtung, und auch aus heutiger Sicht würde man solche Begebenheiten eher in den Klatschspalten einschlägiger Illustrierten vermuten. Tatsächlich scheint sich hier eine wahrhafte Schmierenkomödie abgespielt zu haben, an der alle Beteiligten ihren Anteil hatten.

Trotz mangelhafter Quellenlage – Schnitzer hat in dieser Periode kein Tagebuch geführt – lassen sich Rückschlüsse auf Schnitzers Persönlichkeit ziehen. Wie schon für seine Zeit im Osmanischen Reich sind auch hier einige wenige Briefe Schnitzers an seine Eltern, die Schweitzer in seine Biographie eingebunden hat, zwei weitere Briefe, die im *Bundesarchiv* erhalten sind[1] sowie innerfamiliäre Schriftwechsel, die ein dubioser Autor (in wohl korrekter Weise) aufführt,[2] die einzigen Zeugnisse der Vorgänge. Ergänzungen liefert die von Jürgen W. Schmidt kürzlich in Auszügen publizierte Akte des Central-Bureaus des preußischen Innenministeriums aus dem *Geheimen Staatsarchiv* in Berlin.[3]

Insbesondere für die Darstellung der im Folgenden untersuchten Ereignisse gilt, dass Schweitzer kein objektiver Biograph war. Ihm war daran gelegen, das »Denkmal« Emin Pascha nicht zu beschädigen.[4] So setzte er sich – wie auch im weiteren Verlauf der Tätigkeit Schnitzers – über Widersprüche und Brüche im Leben seines Cousins hinweg, exkulpierte hier und da oder klärte Begebenheiten, die aus der Rückschau ohne ein gewisses Vorwissen nicht plausibel erscheinen, nicht auf.

Noch weniger objektiv urteilte jener Autor, der nicht seine Identität (A. B.), wohl aber seine Gesinnung preisgab. Er stand der Witwe des Divitçi İsmail Pascha nahe und verfolgte ihre finanziellen Ansprüche gegenüber Schnitzer. Nicht zuletzt, weil der Verfasser das Vorwort der Publikation in Konstantinopel geschrieben hatte, ist er dem unmittelbaren Umfeld der Witwe Divitçi İsmail Paschas zuzuordnen.[5] In seiner Argumentation führte er Privatbriefe und Informationen an, zu denen nur ein ihr Nahestehender Zugang hatte. Trotz subjektiver Färbung sind sie insofern von Wert, als sie die einzige bekannte genauere Schilderung der Ereignisse in Neisse bildeten. A. B.s vorgelegte »Beweise« lassen zweifellos ein eigentümliches Verhalten Schnitzers erkennen. In die Darstellung des anonymen Autors haben sich allerdings zahlreiche faktische Ungenauigkeiten und Fehler – Schnitzer sei in Neisse geboren[6] und habe nach seiner Errettung durch Stanley eine Deutschlandreise angetreten[7] – eingeschlichen. Die Sprache der Schmähschrift ist stellenweise äußerst blumig.[8] Es ist wahrscheinlich, dass derselbe Unbekannte auch eine Schrift des oben erwähnten jungosmanischen Autors und Journalisten Ebüzziya Tevfik in der türkischen Zeitschrift *Nevsalı marifet* lancierte.[9] Die Argumentationslinie dieses Beitrags verlief eng an der A. B.s, ohne neue Informationen bereit zu halten.

Der Schriftsteller Ehm Welk hat in seinem Werk *Die schwarze Sonne* Schnitzers Aufenthalt in Neisse fiktiv nacherzählt.[10]

Nachdem Schnitzer die Erbangelegenheiten in Konstantinopel geregelt hatte, reiste er über Venedig nach Italien ein. Dort hatte er geplant, ein Stück Land zu erwerben, um die Witwe und die Kinder des Divitçi İsmail versorgen zu können. Spätestens nach dem Tode des ihm wohlgesonnenen Paschas – wahrscheinlich aber auch schon früher – hatte er ein Liebesverhältnis zu dessen junger Frau geknüpft, einer Siebenbürgenerin, welche mit bürgerlichem Namen Emilie Leitschaft[11] hieß. Die gebürtige Hermannstädterin (rum. Sibiu) stammte aus armen Verhältnissen und hatte nach der Hochzeit mit dem reichen Divitçi İsmail Pascha und ihrer anzunehmenden, aber nicht zwangsläufig erfolgten Konversion zum Islam den Namen Emine angenommen.[12]

Nach dem Tod Divitçi İsmails habe die Witwe nun verlangt,

> »[...] daß Dr. Schnitzer sie zuerst zu seiner rechtmäßigen Gemahlin erhöbe, nachdem er bereits in intimen Beziehungen zu ihr gestanden hatte.«[13]

Noch war es aber nicht so weit. Schnitzer war mit der Familie nach Italien gereist, wo sich der Tross nach einer längeren Reise auf österreichischem Gebiet in Arco, nördlich des Gardasees, niederließ. Die Reise dorthin war nicht auf direktem Wege erfolgt, Schnitzer hatte, angeblich um Aufsehen zu vermeiden, um vielbesuchte Ortschaften einen Bogen gemacht. Er soll Emilie verboten haben, mit Fremden zu sprechen.[14]

In einem in Arco datierten Brief vom 21. September 1874 an Melanie berichtete Schnitzer, dass er vergeblich versucht habe, ein Landgut in Oberitalien zu erwerben. Wegen der günstigeren Lebenshaltungskosten sei er auf österreichisches Gebiet gewechselt und habe in Arco ein Haus mit zehn Zimmern gemietet.[15]

Auf eine Einladung seiner Eltern, doch nach Neisse zu kommen, wo zudem am 30. Oktober eine Stiefschwester (deren Namen nicht genannt wird), eingesegnet würde, reagierte Schnitzer zwar mit einer ablehnenden Antwort, verband dies jedoch mit dem Versuch, seinen Stiefvater gnädig zu stimmen:

> »Jedenfalls aber sehen wir uns wieder und wenn Du, wie wir Alle, gealtert bist, so hoffen und beten wir alle, deren Erhalter und Vater, deren Schützer und Ernährer Du gewesen und noch bist, für einen langen und heitern Lebensabend für Dich. Wenngleich ich fern von Euch gelebt und genug zu ringen gehabt, bis ich mir eine Existenz gegründet, so habe ich nie vergessen, mit welcher Liebe Du Dich der Waisen angenommen und für sie gesorgt und mit allen Widerwärtigkeiten des Lebens gestritten hast.«[16]

Die Hochzeit zwischen Schnitzer und Emilie Leitschaft soll in einem Bergdorf in der Nähe von Riva stattgefunden haben. Dieser Ort sei nicht rekonstruierbar, beklagte bereits A. B.[17] Tatsächlich liefert die Sichtung sämtlicher noch vorhandener Kirchenbücher der Region im *Archivio Diocesano Tridentino* (Diözesanarchiv Trient) keinen Hinweis auf eine solche Eheschließung.[18] Zu beachten ist ferner, dass Emilie Leitschaft katholischen Bekenntnisses war,[19] Schnitzer jedoch evangelisch – mögliche Konversionen beider zum Islam außen vorgelassen. Vor einer Eheschließung hätte ein Dispens eingeholt werden müssen. Zudem soll der Trauring in der späteren Not der Witwe versetzt worden sein, so dass kein Beweisstück der Ehe mehr existierte[20] – sehr zum Leidwesen des anonymen Autors.

Die Tatsache, dass Emilie Leitschaft den Ort ihrer Hochzeit vergessen hatte und sich auch der Namen ihrer Trauzeugen nicht mehr erinnern konnte, gibt Rätsel auf. Angenommen, die Hochzeit hat tatsächlich stattgefunden, kommen folgende Möglichkeiten in Betracht: 1.) Die Hochzeit hat in einem der Orte stattgefunden, deren Kirchenbücher nicht mehr existieren. 2.) Die Hochzeit hatte bereits vorher in der Gegend von Venedig stattgefunden und Emilie die Orte vertauscht. 3.) Schnitzer hatte wieder einmal seinen Namen gewechselt, der Eintrag war unter einem Pseudonym erfolgt. 4.) Schnitzer hatte den Priester bzw. den Schreiber des Kirchenbuches bestochen, so dass der Eintrag entweder nicht getätigt oder die betreffende Seite entfernt wurde.

Bild 14 Blick auf Arco und die Collegiata[23]

Nehmen wir an, die Eheschließung habe nicht stattgefunden, käme noch folgende Möglichkeit in Betracht: 5.) Schnitzer kümmerte sich aus Loyalität zu seinem früheren Förderer um die Witwe und gab nur vor, mit Emilie Leitschaft verheiratet zu sein, um Schwierigkeiten bei der Reise etc. auszuschließen. Die Hochzeit war lediglich eine spätere Erfindung Emilie Leitschafts, um Ansprüche gegen Schnitzer geltend zu machen.

Während wir bei der Beantwortung der Eheschließungsfrage keine klare Aussage treffen können, stellt sich der Sachverhalt bezüglich des nächsten Ereignisses eindeutig dar: Am Gardasee brachte Emilie Leitschaft eine Tochter namens Pauline Emilie Elisabeth zur Welt, welche am Folgetag in der katholischen *Collegiata* (Münster) zu Arco getauft wurde.[21] A. B. präsentierte eine später in Trient ausgestellte Kopie einer Taufurkunde, in der Eduard Schnitzer als Vater aufgeführt wurde.[22] Diese ist definitiv keine Fälschung, denn das Taufbuch der *Collegiata* weist tatsächlich den bei A. B. latinisierten Eintrag in italienischer Sprache auf.

Und noch etwas offenbarte der Eintrag vom 30. November 1874[24]: Pauline wurde in der Spalte »Legittimi«[25] eingetragen, was eine vorher vollzogene Eheschließung vorausgesetzt haben würde. Dies jedoch als unumstößlichen Beweis einer definitiv erfolgten Eheschließung gelten zu lassen, erscheint etwas dürftig.

So argumentierte später auch das *Leipziger Landgericht*, vor dem im Jahre 1897 – also fünf Jahre nach Schnitzers Tod – ein Prozess gegen Emins zweite Tochter Ferida (1884-1923) anhängig war. Nach der Strategie der Kläger sollte Paulines Halbschwester Ferida, die Schnitzer als Alleinerbin eingesetzt hatte,[26] mit dem gesetzmäßigen Pflichtteil, der einer unehelichen Tochter zustand, abgespeist werden. Weil für Ferida, die in der Äquatorialprovinz geboren war, kein Eintrag im Geburtenregister vorlag, sollte der Taufbucheintrag von Arco als Beweis für die Legitimität der erstgeborenen Tochter Pauline gelten.

Bemerkenswerterweise waren nicht Emine Leyla/Emilie Leitschaft oder ihre Tochter Pauline (später: Fatma Zehra) Klägerinnen in diesem Prozess, sondern eine »Gräfin Lavaux zu Bukarest«[27], an welche Emine Leyla/Emilie und Pauline/Fatma Zehra die Rechte an der Erbschaft mittels »Zession von 1895«[28] abgetreten hatten. Franks Behauptung, nach der Pauline inzwischen unter dem Namen Gräfin Lavaux firmierte, ist somit falsch.[29]

Die Leipziger Prozessunterlagen sind laut einem Schreiben des *Leipziger Staatsarchivs* vom 9. Mai 2008 nicht mehr vorhanden, dafür aber zwei Zeitungsartikel. Der *Berliner Lokal-Anzeiger* rollte am 7. Januar 1897 unter dem Titel »Emin Pascha's Tochter und sein Nachlaß« die gesamte Geschichte auf.[30] Am selben Tag erschien unter der Rubrik »Gerichtliches« eine Zusammenfassung des Prozesses in der *Vossischen Zeitung*.[31]

Den Artikeln zufolge hatte das Gericht erklärt, dass eine Hochzeit zwischen Schnitzer und Emine/Emilie Leitschaft nie stattgefunden hatte. Schnitzer habe die Witwe Divitçi İsmails sowohl in Italien als auch später in Neisse nur deshalb als seine Frau ausgegeben, um Schwierigkeiten zu vermeiden:

> »Hierin liegt aber offenbar nur eine conventionelle Lüge, durch die Dr. Sch[nitzer] den Verhältnissen Rechnung trug, um bei seiner Umgebung keinen Anstoß zu erregen und sich in der kleinen Stadt Neisse nicht unmöglich zu machen.«[32]

Das Gericht argumentierte weiterhin, die beiden bei der Taufe notwendigen Taufpaten (Zeugen) hätten vor dem mittlerweile verstorbenen Geistlichen wissentlich oder unwissentlich falsches Zeugnis über den Familienstand abgelegt. Da auch spätere Äußerungen Emine Leylas/Emilie Leitschafts in die Richtung einer unehelichen Verbindung gingen, wies das Gericht schließlich die Klage ab. Auch ein Berufungsversuch vor dem Kammergericht scheiterte. Emins Testament, das Ferida als Alleinerbin eingesetzt hatte, hatte somit Bestand.[33]

Kehren wir noch einmal zum Taufbucheintrag aus Arco zurück. Er offenbart eine Falschangabe Schnitzers. Die Angaben zu seiner Person lauten unter der Spalte

> »Genitori [Eltern]: Padre [Vater]: Dr. Odoardo Schnitzer Dr. in Medicina; dei fer Luigi et Paolina Schweizer dall'Oppel nelle Slesie Prussican. Dominicialiato ai Cairo, si crede protestante di religion.«[34]

Schnitzer hat also angegeben, in Kairo wohnhaft zu sein – was in keinem weiteren Dokument bestätigt wird und auch allen Kenntnissen widerspricht. Warum diese Falschangabe? Wollte Schnitzer bereits hier die Beziehung zu Emilie vertuschen, um etwaige spätere Unterhaltsforderungen auszuschließen? Die Angabe seines Geburtsortes war orthographisch ebenfalls nicht ganz richtig – der Stadtname kann aber auch durch Unkenntnis des Geistlichen falsch geschrieben worden sein.

Sicherlich wäre der richtige Name Oppeln bei eventuellen Recherchen leicht zu identifizieren gewesen. Da Schnitzer dort jedoch keine nahen Verwandten mehr wohnen hatte, war die Gefahr einer Enttarnung eher gering. Eine offensichtliche Sentimentalität bezüglich seiner Herkunft unterdrückte Schnitzer jedoch nicht: Er benannte sein erstgeborenes Kind nach seiner Mutter Pauline.

Reise in die Heimat und erneute Flucht

Im nächsten Brief nach Hause erbat Schnitzer Weihnachtsgebäck von seiner Schwester, um nach vielen Jahren einmal wieder einen Christbaum schmücken und Weihnachten feiern zu können.[35] Als Gegenleistung hatte Schnitzer Geschenke nach Neisse gesandt. Seinen für das Frühjahr geplanten Besuch in der Heimat wollte er »weil wir Viele sind, und ich nicht gern Euch geniren möchte«[36] verschieben.

In der Zwischenzeit hatte Schnitzer ein Angebot erhalten, in ägyptische Dienste im Sudan zu treten,[37] ein Umstand, der ein halbes Jahr später an Bedeutung gewinnen sollte.

In seinem nächsten Schreiben Anfang des Jahres 1875 an seinen Stiefvater entschuldigte Schnitzer sich für die Beleidigung, die Einladung nicht sofort angenommen zu haben, »um Euch meine Frau zuzuführen.«[38] Er gab jedoch zu bedenken, dass er sich in finanzieller Not befinde, weil ein Großteil der Erbmasse des Paschas erst in einigen Jahren frei würde. Deshalb bat er seinen Stiefvater um Rat:

>»Öfters habe ich daran gedacht endlich mein Herumirren aufzugeben und mich bei Euch niederzulassen: welchen Beruf aber ergreifen?«[39]

In den nächsten Briefen wurden die Reiseplanungen konkreter: Schnitzer zog es vor, zunächst nur seine Schwester auf die Ankunft von elf Personen vorzubereiten:

>»Wie viele wir sind ist bereits zu ermitteln: Emilie und ich nebst 3 Jungen und 3 kleinen Kindern, ein Mädchen, das uns von Konstantinopel begleitet, eine Dienerin und ein Diener. Rechne selbst zusammen!«[40]

Außerdem spannte er sie für weitere Vorbereitungen ein. So bat er Melanie, für eine Kindergärtnerin zu sorgen.[41]

Aus den weiteren Briefen an seine Familie wird ersichtlich, dass sich die Abreise mehrfach verzögerte. Einen Großteil des Gepäcks sandte Schnitzer bereits im Vorhinein nach Neisse. Neben mehreren Koffern reisten so zahlreiche lebende Papageien und Finken unterschiedlichster Arten vorab nach Schlesien.[42] »[...] halte sie mir gut und gieb ihnen Morgensonne.«[43], ermahnte er seinen Stiefvater.

Irgendwann im Frühjahr 1875 traf Schnitzer in Neisse ein. Das Erscheinen des exotischen »Hofstaats« in der oberschlesischen Provinz muss großes Aufsehen erregt haben – leider existieren keine bekannten Schilderungen darüber. Die örtliche Zeitung (*Neisser Tagblatt*)[44] war damals ein reines Verkündigungsorgan der nationalen wie lokalen Behörden. So ist nur gesichert, dass Familie Treftz alles andere als erfreut war über das Spektakel in der Kleinstadt und bald »in's Bad«[45] verreiste.

Kraft hat darauf hingewiesen, dass sich die Familie der Kuppelei schuldig gemacht hätte, wenn Schnitzer in ihr Haus eingezogen wäre.[46] Wohl deshalb hat Schnitzer Emilie bereits in seinen Briefen aus Tirol als seine Frau ausgegeben.

Allerdings zog Schnitzer nicht unter dem Dach von Familie Treftz ein, sondern wohnte nach Angaben des anonymen Autors zunächst im Hotel Urban, dann in einer Wohnung, die sich außerhalb der Stadt befand.[47] Auch wenn dies in den Briefen aus Konstantinopel und Arco bereits angeklungen war, hat Schnitzer spätestens in Neisse die volle Tragweite des Paschas Vermächtnis', für Emilie und die Kinder (die bis auf eines nicht von ihm stammten) sorgen zu müssen, erkannt.

Er war ohne realistische Aussicht auf eine Anstellung, die ihm auch nur im Entferntesten das Einkommen beschert hätte, welches der luxuriöse Lebenswandel Emilies erforderte.[48] Mit der Situation in Neisse kam Schnitzer nicht zurecht, was wohl auch an der kleinstädtischen Atmosphäre gelegen haben mag. Seine Familie war ihm keine Stütze und zeigte offenbar auch kein Ver-

3. Intermezzi in Tirol und Schlesien (1874/75)

ständnis für seine perspektivlose Lage. Es ist zu vermuten, dass es zwischen Schnitzer, seinem Stiefvater und seiner Mutter zu Streit gekommen ist, welcher schließlich in der Flucht und dem völligen Abbruch sämtlicher familiärer Beziehungen bis zum Jahr 1890 kulminierte. Das nicht näher bezeichnete Dienstangebot aus Ägypten, das Schnitzer bereits in Arco zugegangen war, muss dem desillusionierten Schnitzer immer stärker als Fluchttür erschienen sein. Und so setzte er seinen Plan in die Tat um:

Unter dem Vorwand, einige alte Studienfreunde in Breslau treffen zu wollen, reiste Schnitzer am 18. September 1875 dorthin. Er hat seine Freunde tatsächlich besucht, ist aber von dort aus nicht mehr nach Neisse zurückgekehrt. Emilie war zeitgleich nach Stettin zu Schnitzers Halbschwester Grethe (Margarethe) gereist, da diese ein Kind geboren hatte.[49] So gewann Schnitzer einige Tage Zeit, bevor sein Verschwinden auffiel.

Zwischen Schnitzers Schwester Melanie sowie einer Cousine namens Olga Kurnik in Breslau und der geprellten Emilie entwickelte sich ein Briefverkehr, in dem beide ihr Bedauern über das sonderbare Betragen Eduard Schnitzers äußerten. Melanie selbst, wie auch ihre Berliner Verwandtschaft, strengten umfangreiche Nachforschungen zum Verbleib Schnitzers an. Zunächst waren sie davon ausgegangen, dass ihm ein Unglück zugestoßen sein müsse.[50] Vom Schmuckdiebstahl, den der anonyme Autor Schnitzer unterstellte, war in den Briefen allerdings keine Rede. Nach den Schilderungen des anonymen Autors hatte Schnitzer Emilie vor seinem Verschwinden ihres Besitzes, vornehmlich ihres Geldes und ihrer Juwelen, beraubt.[51]

Auch die nächste Behauptung, nach der Schnitzer sich nach seinem Verschwinden nach Konstantinopel begeben habe, dort Gelder der »Ehefrau« unbefugt abgehoben und wertvolle Möbel veräußert habe,[52] entspringt wohl eher der Phantasie des Autors denn der Wahrheit.

Zum einen sprechen die von Schweitzer verifizierten Reisedaten dagegen: Demnach war Schnitzer Ende September 1875 aus Breslau verschwunden und hatte sich ab dem 15. Oktober in Triest aufgehalten. Acht Tage später war Schnitzer bereits in Kairo.[53] Sein Sudan-Tagebuch setzt am 28. Oktober in Korosko (arab. Kūruskū), einer heute wegen des Assuan-Staudammes nicht mehr existierenden nubischen Siedlung im Norden des Sudan, ein.[54] Wenn die Daten stimmen, hätte Schnitzer kaum Zeit gehabt, den langen Reiseweg von Breslau nach Konstantinopel zu unternehmen und gleichzeitig Besitz zu veräußern.

Zum anderen bestätigten Zeugen in Khartum, dass Schnitzer, wie im nächsten Kapitel näher ausgeführt wird, dort in ärmlichen Verhältnissen ankam und um finanzielle Hilfe bat. Es drängt sich der Verdacht auf, dass der Autor die Geschichte dramatisiert hatte, um Schnitzer vor Gericht diskreditieren zu können. Wenn Schnitzer Gelder für Emilie abgehoben hatte, dann wohl eher vor der Reise nach Italien und Schlesien, denn Unterkunft und Reise mussten schließlich aus irgendwelchen Mitteln bestritten werden.

NACHSPIEL

Eine moralische Wertung von Schnitzers Verhalten erfolgt hier – in Anlehnung an Peter Grupps Maxime[55] – nicht.[56] Fakt ist, dass für Emilie und die Kinder eine schwere Zeit anbrach. A. B. hat diese Folgen in dramatischen Farben geschildert: »Die Eltern [Schnitzers], welche sich der Familie gern entledigen wollten, bestärkten sie in dem Vorsatze [nach Konstantinopel zu gehen].«[57] So reiste die Frau mit ihren Kindern – Pauline sollte erst in Neisse zurückbleiben, was Emilie jedoch ablehnte[58] – nach Konstantinopel, wo sie alsbald »neue Schandthaten ihres Gatten«[59] entdecken musste. Ihr komplettes dort hinterlegtes Geld, 1.000 Türkische Pfund[60], seien bereits von Schnitzer abgehoben gewesen. Nun stand sie nach Auskunft A. B.s völlig allein da, so dass sie das ihr verbliebene Vermögen – u.a. eine Immobilie – veräußern musste. Keiner ihrer früheren Bekannten in Konstantinopel wollte ihr helfen, weil sie einen Ausländer geheiratet und das Land verlassen hatte. Ihre Pensionsansprüche hatte sie mit der Heirat Schnitzers verwirkt.[61]

Emilie standen nun schwere Zeiten bevor, denn »[d]urch ihre gänzliche Unkenntnis aller geschäftlichen und wirthschaftlichen Angelegenheiten und ihre im Harem angenommene Gewohnheit zum Müßiggang wurde dieser plötzliche Schicksalswechsel doppelt verhängnisvoll.«[62] Sie musste ihre Diener bis auf eine Getreue entlassen und verdiente sich den Lebensunterhalt mit Handarbeit. Offenbar hat Emilie, nachdem sie ihren Namen re-turkisiert hatte und sich erneut Emine Leyla nannte, zwei weitere Male geheiratet. Eine Ehe löste sie später durch Scheidung.[63] Ihr Todesjahr kennen wir nicht, sie soll jedoch nach Auskunft von Nachfahren hoch betagt gestorben sein.[64]

Ihre Söhne machten im Staatsdienst Karriere,[65] brachen jedoch den Kontakt zur Mutter wegen einer nicht standesgemäßen Ehe ab. Erst viele Jahre später, 1889, entdeckte sie, dass ihr ehemaliger Mann, Eduard Schnitzer, zu Ruhm und Ehre gelangt war.[66]

Emilie/Emine Leyla witterte nun ihre Chance auf ein Entschädigungsgeld. Nach Schilderungen des Kaiserlichen Generalkonsuls in Konstantinopel, Dionys Gillet (1838-1904), drohte Emilie/Emine Leyla den (angeblichen) Skandal von Schmuck- und Gelddiebstahl publik zu machen[67] – eine Tatsache, welche dem preußischen Innenministerium Anlass für geheime Nachforschungen gab.[68] Sie erreichte schließlich, dass Schnitzer/Emin, der um seine Reputation fürchtete, ihr am 15. Januar 1891 die stattliche Summe von 500 Pfund Sterling auszahlen ließ.[69] Der bereits erwähnte Prozess vor dem Leipziger Landgericht war offenbar ein Versuch Emilies/Emine Leylas, weitere Geldzahlungen zu erhalten.

4. FLUCHT IN DEN SUDAN (1875/76)

Mit der heimlichen Flucht aus Deutschland hatte Schnitzer sowohl mit seinem Herkunftsland als auch mit seinen familiären Wurzeln abgeschlossen, bis die Weltöffentlichkeit gut zehn Jahre später von ihm im Zuge der politischen Umwälzungen im Sudan wieder Notiz nahm.

Obwohl Schnitzer – fortan Emin – im Sudan auf den ersten Blick abgeschiedener lebte als auf dem Balkan, ist die Quellensituation besser als zuvor. Neben seinem fast durchgängig geführten und von Stuhlmann edierten Tagebuch liegen sowohl zahlreiche gedruckte Memoiren von Zeitgenossen, als auch auch private und offizielle Korrespondenzen vor, die im Folgenden jeweils genannt werden. Hinzu kommen wissenschaftliche Beiträge, sowie unzählige Zeitungsartikel zwischen 1885 und 1890, die über Emins Schicksal berichteten.

Eine detaillierte Übersicht über die Vorgeschichte des Türkisch-Ägyptischen Sudan ist an dieser Stelle nicht nötig, weil sie mit der Biographie Emins nicht in Zusammenhang steht. Deshalb soll hier der Verweis auf Überblicksliteratur genügen.[1]

Wichtiger in unserem Kontext ist jedoch die Beantwortung der Frage, weshalb Schnitzer überhaupt in den Türkisch-Ägyptischen Sudan ging. Für Europäer und Nordamerikaner bot das Spezialkonstrukt Sudan[2] (von Ägypten, das seinerseits autonomer Teil des Osmanischen Reiches war, okkupiert) gute Aufstiegschancen.

Die ersten Europäer waren um die Mitte des 19. Jahrhunderts in den Sudan gekommen. Für Forschungsreisende, die sowohl im Norden wie im Süden Expeditionen starteten, bot der Sudan ein reiches Betätigungsfeld. Daneben hatten sich christliche Missionare wie Pater Ignacij Knoblehar (1819-1858) oder europäische Händler wie Alphonse de Malzac (†1860) und Franz Binder[3] (1824-1875), die am reichlich vorhandenen Elfenbein oder, zumindest bei de Malzac nachgewiesen, an Sklaven interessiert waren, am oberen Nil etabliert. Geographisch günstig am Zusammenfluss von Blauem und Weißem Nil gelegen, erlangte Khartum Bedeutung als Handelsplatz. Die Zahl europäischer Handelsvertreter wuchs, so dass einige von ihnen bald konsularische Aufgaben für ihr jeweiliges Herkunftsland übernahmen.

Seit Muḥammad ʿAlī Pascha (1769-1849) nahm Ägypten Ausländer in den Staatsdienst auf. Für den Aufbau der ägyptischen Infrastruktur benötigten die osmanischen Vizekönige von Ägypten, die seit 1867 den Khediven-Titel trugen, beispielsweise Ingenieure, die sie häufig aus Europa oder aus den USA rekrutierten. Und schließlich fanden europäisch oder amerikanisch ausgebildete Militärs Verwendung für die Durchsetzung und die Sicherung ägyptischer Macht.

Die Hoffnung auf eine geachtete Anstellung in Ägypten bewog Schnitzer, Europa zu verlassen. Er sollte nicht wieder dorthin zurückkehren.

MITTELLOS IN KHARTUM

Von Triest aus begab sich Schnitzer über Alexandria (arab. al-Iskanderiyya) und Kairo (arab. al-Qāhira) nach Suez (arab. as-Suwaīs), wo er die nächstbeste Gelegenheit nutzte, zusammen mit Händlern nach Khartum zu reisen. Die Reiseroute ist nicht genau zu rekonstruieren, denn er begann sein Tagebuch erst am 28. Oktober 1875 in Korosko (arab. Kūruskū), einem Ort zwischen dem ersten und zweiten Nilkatarakt im Nordsudan.[4] Hier verweilte er einige Tage mit den Händlern und setzte seine Reise am 4. November mit der Handelskarawane durch die Nubische Wüste fort. In Berber (arab. Barbar) bestieg er ein Schiff und legte schließlich am 5. Dezember in Khartum (arab. al-Ḫarṭūm) an. Dort unterbrach er seine Aufzeichnungen und nahm sie erst wieder mit der Abreise in den Südsudan auf.[5]

In Khartum lebten damals nicht viele Europäer, so dass Schnitzer ohne Schwierigkeiten Anschluss an die dortige europäische Gesellschaft fand. Noch kleiner war die Zahl der deutschsprachigen Auswanderer, unter denen er den jungen Wiener Rudolf Slatin (später: Sir Rudolf Carl Freiherr von Slatin Pascha, 1857-1932) – später u.a. Gouverneur von Dara (arab. Dārā)[6] in Darfur (arab. Dār Fūr) –, den österreichisch-ungarischen Konsul Martin Ludwig Hansal[7] (1823-1885), den Schweinfurter Telegrapheninspektor Carl Christian Giegler (1844-1921) – später als Giegler Pascha Vize-Generalgouverneur des Sudan –, den aus Freiburg im Breisgau stammenden Konsularagenten Friedrich Rosset (†1878) sowie den deutsch-russischen Forscher Dr. Wilhelm Junker (1840-1892) aus St. Petersburg kennenlernte. Zusammen mit Schnitzer war ein weiterer Deutscher, ein nicht weiter bekannter Händler namens Karl von Grimm[8], nach Khartum gekommen, doch kehrte dieser bereits nach kurzer Zeit wieder nach Kairo zurück.

Bild 15 Im Zentrum von Khartum[9]

Da Schnitzer den ersten Khartum-Aufenthalt von 1875 in seinen Aufzeichnungen völlig ausgeblendet hat, müssen wir zur Rekonstruktion dieser kurzen Phase auf die Memoiren des gebürtigen Schweinfurters Carl Christian Giegler zurückgreifen.[10] Giegler hat zwar seine Erinnerungen erst Jahre später zusammenhängend zu Papier gebracht – sie sind deshalb mehrfach redigiert und stellen keine zeitnahe Beobachtung dar –, doch waren sie ausdrücklich nicht zur Veröffentlichung bestimmt.[11] Sie sind deshalb von besonderem Wert, weil Giegler in seinen Formulierungen keine Rücksicht auf Befindlichkeiten anderer genommen hat. Die Memoiren überraschen durch ihren lockeren, amüsanten, wenn auch grammatikalisch nicht immer korrekten Stil – eine Tatsache, die in der englischen Übersetzung von Hill/Küpper leider etwas verloren geht.[12] Aufgrund der Einzigartigkeit der Beschreibung seien hier einige längere Passagen wiedergegeben. Im ersten Teil berichtete Giegler, wie er Schnitzer kennen lernte:

> »Es war am 3. Dezember 1875, als mein Diener zu mir ins Zimmer kam und sagte, ein ›Franzawi‹ die gewöhnliche Bezeichnung für Europäer, wäre draußen und wollte mich sprechen. Ich frug, wer es sei. Der Diener sagte darauf, er kenne ihn nicht. Er hätte eine goldene Brille auf. Da dachte ich mir, das muß ein Bruderlandsmann sein und ließ ihn hereinkommen. Ein Herr mit dunklem Vollbart stellte sich mir tadellos gekleidet und tadellos deutsch sprechend, als Emin Effendi vor. Es war der später so bekannt gewordene Emin Pascha. Als ich mich verwundert darüber zeigte, dass er, der ein so vorzügliches und reines deutsch spräche, ein Türke sei, sagte er mir, dass er viele Jahre dort gelebt und dort studiert hätte.«[13]

Von Giegler nach dem Grund seines Aufenthaltes befragt, gab Schnitzer, der, wenn wir Giegler folgen, hier zum ersten Mal nachweisbar den Namen Emin führte, an, im Sudan reisen zu wollen oder aber eine Anstellung als Arzt in Khartum zu suchen. Giegler fuhr in seinen Memoiren fort:

> »Der Mann machte den Eindruck eines gebildeten Deutschen, wie ich seit meines Aufenthaltes im Sudan noch keinen gesehen hatte. Ich unterhielt mich längere Zeit mit ihm. Er erzählte mir von seinen Reisen, die er in Armenien und anderen türkischen Provinzen gemacht hatte, und er sprach gar viel von »mir« und »bei uns«, womit er Türken und die Türkei gemeint wissen wollte. Nach längerer Zeit verabschiedete er sich wieder, ebenso höflich und in guter Form, als es sein Kommen war.«[14]

Giegler war nun neugierig geworden, wer sich hinter dem merkwürdigen, tadellos deutsch sprechenden, angeblichen Türken verbarg. Kurz darauf ging er zum deutschen Konsularagenten Friedrich Rosset, bei dem sich Schnitzer inzwischen auch vorgestellt hatte und angedeutet hatte, sich in finanziellen Schwierigkeiten zu befinden. Die beiden Herren kamen überein, dass Emin kein Türke sein könne, sondern vielmehr ein Deutscher sei, der ein Versteckspiel betrieb.[15] Sie instruierten Slatin, Licht in das Dunkel zu bringen:

> »Slatin musste nun herausschnüffeln, was über den mysteriösen Türken und seinen Begleiter Grimm zu erfahren war. Das war nun ganz etwas für Slatin. Dazu konnte man niemand besseren finden. Des Abends berichtete dann Slatin über den Besuch, den er den beiden Herren gemacht hatte in äußerst humorvoller Weise.

Emin schimpfte über Grimm als einen dummen Jungen, der ihm schon so viel Ärger gemacht hätte und Grimm schimpfte über Emin als ein hochnäsiger und protziger Mensch, für den er gut genug gewesen wäre, als er unterwegs seiner bedurft hätte, hier in Khartum sei er ihm nun nicht mehr gut genug usw. Es war eine Gaudi, Slatin das alles erzählen zu hören.«[16]

Von Slatin sind keine Ausführungen zu seinem ersten Aufenthalt im Sudan (1874-1876) bekannt, er hat diese Zeit in seinem Bestseller *Feuer und Schwert im Sudan*[17] ausgespart.

Emins wahre Abstammung blieb Giegler nicht lange verborgen, denn Emin hatte Rosset seinen Pass zur Aufbewahrung übergeben. Rosset berichtete sofort an Giegler:

»›Denken Sie sich: Emin hat mir seinen Paß zum Aufbewahren gegeben, um sich als Deutscher Untertan damit zu legitimieren. Wir haben uns also nicht getäuscht.‹ In dem Paß war er als Dr. Eduard Schnitzler [sic] aus Breslau [sic] angeführt.
Er bat Rosette[18], nichts darüber verlauten zu lassen, aber Rosette, der noch neu in seinem Amt war und mir in allem vertraute, teilte mir dies sofort mit. Gleichzeitig ließ Emin bei Rosette wieder merken, dass er mittellos sei. Solange er nun den Türken spielen wollte, konnte es uns gleichgültig sein, was er in Khartum trieb. Jetzt, da er sich als einen Deutschen [sic] legitimiert hatte, galt es doch, etwas für ihn zu tun. Rosette und ich besprachen die Sache und beschlossen, ihm zu helfen; denn es ging doch nicht an, einen Deutschen, den gebildeten Ständen angehörig, bei Arabern oder Türken Hilfe suchen zu lassen!«[19]

Wenn wir Giegler Glauben schenken, ließ er seinen Worten bald Taten folgen, half dem in chronische Finanznot geratenen Schnitzer mit Wohnung, Hausstand und Verpflegung und integrierte ihn in die kleine europäische Kolonie.[20] Hansal erinnerte sich gerne an die Treffen mit Emin – dieser sei der einzige gewesen,

»[...] bei dem mein wissenschaftliches Streben Aufmunterung, meine schwachen Leistungen Anerkennung, und meine Intentionen und Pläne Verständnis fanden.«[21]

Bei Schach- und Klavierspiel auf Hansals Piano verlebte man gemeinsam angenehme Stunden in Khartum.[22] Giegler war – zumindest nach eigener Aussage – derjenige,[23] der schließlich den ersten Kontakt zu Gordon in der Äquatorialprovinz (auch: Equatoria; arab. Ḥaṭṭ al-Istiwā' oder Mudīriyyat al-Istiwā'iyya)[24] herstellte und somit den Weg für Schnitzers weitere Karriere ebnete:

»Da es in Khartum kaum eine genügende Anzahl Europäer gab, um einem zweiten europäischen (Arzt) eine Existenz zu bieten, zudem noch zwei ganz tüchtige ägyptische Ärzte zugegen waren, die doch immer bei Mohammedanern den Vorzug hatten, so konnte Emin kaum hoffen, dauernd in Khartum zu bleiben. Ich schlug ihm deshalb vor, dass ich an Gordon schreiben werde, um vielleicht in den Äquatorialprovinzen eine Anstellung zu erhalten. Er war natürlich sehr dankbar für diesen Vorschlag. Ich schrieb darauf an Gordon nach Gondokoro und empfahl ihm Emin auf das wärmste.«[25]

Weil Gordon selbst im Süden der Äquatorialprovinz unterwegs war, dauerte es mehrere Monate, bis Giegler Antwort erhielt. Emin plante bereits mit Leuten des einflussreichen Sklavenhändlers und späteren Gouverneurs von Baḥr al-Ġazāl az-Zubayr Raḥma Manṣūr (auch: Zobeir Pascha; 1830-nach 1899) nach Baḥr al-Ġazāl zu reisen, um dort naturwissenschaftliche Forschungen zu betreiben, als eines Tages eine Antwort von Gordon eintraf. Dieser forderte Giegler auf, er solle Emin in den Süden senden. Gordon wollte vor Ort entscheiden, wie er Emin einsetzen könne.[26]

Emin entschied sich zugunsten Gordons, bestieg am 17. April 1876 den Dampfer nach Lado und verließ Khartum in Richtung Süden.

Bild 16 Der Weiße Nil südlich von Khartum[27]

5. ERSTE JAHRE IN ÄQUATORIA ALS »DR. EMIN EFENDI« IN GORDONS DIENSTEN (1876-1878)

Ein erneuter Namenswechsel

Während seiner Dienstzeit auf dem Balkan und in der Türkei hatte Schnitzer – seiner Profession wegen – den Namen »Tabīb Effendī« angenommen. Nach seiner mutmaßlichen Konversion zum Islam hatte er sich den muslimischen Namen »Ḫayrullah« zugelegt, unter dem er jedoch nur kurzzeitig firmierte. Schnitzer benutzte seinen deutschen Nachnamen auch im Sudan nicht. Für die Wahl des Pseudonyms »Amīn« resp. »Emin Effendī«, gibt es zwei Erklärungen.

Die geläufigere Erklärung besagt, dass Schnitzers Amtsvorgänger als Arzt der Äquatorialprovinz den Namen »Amīn Efendi« getragen hatte. Nachdem dieser nach Kairo zurückgekehrt sei, habe Schnitzer kurzerhand dessen Namen in der turkisierten Form »Emin« – »der Getreue« – übernommen.[1] Ob dieser Vorgänger tatsächlich existiert hat oder von Emin erfunden wurde, um eine plausible Erklärung für seinen Namenswechsel vorweisen zu können, ist nicht mehr feststellbar.[2] Im arabischen Schriftverkehr fügte Emin noch den Namen Muḥammad hinzu, der auch in seinem Stempel vertreten war.[3] Schenken wir Giegler Glauben, benutzte Schnitzer seinen Namen schon bei seinem ersten Treffen mit dem Telegrapheningenieur in Khartum[4] und somit vor dem Eintreffen in der Äquatorialprovinz.

Die zweite, etwa bei Ebbüzziya Tevfik zu findende Erklärung lautet, dass Emin immer noch seiner Liebschaft mit der Witwe Divitçi İsmails nachtrauerte und aus diesem Grunde die maskuline Form ihres türkischen Namens »Emine« wählte.[5] Beide Varianten sind jedoch spekulativ.

Wichtiger ist die Frage, warum er überhaupt den Namen wechselte. Vielleicht waren pragmatische Gründe ausschlaggebend, schließlich war der Name ›Schnitzer‹ für die Bewohner der Provinz schwierig auszusprechen. Außerdem hätte ein deutscher Name in scharfem Kontrast zu Schnitzers vorgeblich türkisch(-muslimisch)er Abstammung gestanden. Diese hatte er zunächst, wie gesehen, in einer Art von »Mimikry«[6] sogar seinen Landsleuten wie Giegler[7] und Junker[8] gegenüber aufrechterhalten. Wahrscheinlich steckten aber andere Beweggründe dahinter, die, weil ungeklärt, nicht unwesentlich zum »Mythos Emin« beigetragen haben. Schon die Zeitgenossen rätselten über den Hintergrund der häufigen Namenswechsel. Kein anderer der im Sudan anwesenden Europäer fühlte sich als Türke oder Araber, niemand hätte seinen Namen ohne Zwang geändert. Baker, Casati, Gordon, Gessi, Giegler, Munzinger – sie alle behielten trotz teils langjähriger Anstellung in ägyptischen Diensten aus ihrem Selbstverständnis heraus ihre europäischen Namen bei.[9] Bei Slatin lag die Sache etwas anders. Er war nach der Gefangennahme durch den Mahdī und seine Zwangskonversion gezwungen, seinen Namen in ʿAbd al-Qādir zu ändern. Wer allerdings wie der lange in osmanischen Diensten in der Türkei stehende, ursprünglich aus Brandenburg an der Havel stammende Mehmet Ali Pascha (eigentl. Ludwig Karl Friedrich Detroit; 1827-1878) seinen Namen änderte, war aus freien Stücken zum Islam konvertiert und hatte mit seiner europäischen Vergangenheit abgeschlossen.

Ein Schlussstrich unter die Vergangenheit – darin ist wohl der Grund für das Vertuschen der früheren Lebensumstände zu suchen. Schnitzer war ein zweites Mal aus der Heimat geflüchtet, wollte im Sudan einen Neuanfang seines Lebens starten und die gescheiterte Persönlichkeit des Eduard Schnitzer »wie eine unangenehme Last«[10] von sich werfen. Auf die Unterstützung seiner Familie in Neisse konnte und wollte er nicht mehr zählen, seiner Liebschaft nicht das luxuriöse Leben ermöglichen, das diese gewohnt war. Vor dem Hintergrund drohender Unterhaltsansprüche und einem für Emin peinlichen Gerichtsprozess, könnte Schnitzer/Emin sein Versteckspiel inszeniert haben. Indem er sich einen anderen Namen gab, war es für die Witwe Divitçi İsmails lange Zeit unmöglich seinen Aufenthaltsort in Erfahrung zu bringen, um etwaige finanzielle Entschädigungen von Schnitzer zu verlangen.[11]

Ein Brief an Giegler vom 25. Juli 1878 – Emin hatte zwei Tage zuvor die Leitung der Äquatorialprovinz übertragen bekommen – verband Lebenslüge und Wahrheit:

> »Seit meiner frühen Jugend im Orient bin ich und bleibe ich Emin Effendi – als solchen hat mich Gordon engagirt u[nd] als solchen kann er mich verwenden. Falls er es wünscht: Mein europäischer Name hat für mich längst aufgehört zu existiren u[nd] kam hier nur durch Indiskretion zur Sprache.«[12]

Gordon selbst war allerdings schon lange im Bilde, wen er vor sich hatte. An seine Schwester hatte er bereits zwei Jahre vorher abwertend geschrieben:

> «[Emin] who, by the way, is a German Dr. Schnitzer, and who now professes Musulman religion, pretends to me he is an Arab, by birth & religion, he thinks, I do not know, but my dear Augusta. I am a Gordon; and little profess, that I do not know [...].«[13]

Politische Mission zu Mutesa, Kabaka von Buganda

Obwohl Emin formal seine Stelle als Provinzarzt (arab. Ḥakīmbāšī) angetreten hatte und fortan für alle medizinischen Belange der Äquatorialprovinz verantwortlich war, legte Gordon schon in Emins Ernennungsschreiben eine andere Verwendung für den Neuankömmling fest.[14] Keine drei Wochen in Lado (arab. Lādū), startete Emin seine erste politische Mission nach Buganda.[15] Er sollte Kabaka[16] M(u)tesa (ca. 1840-1884, reg. 1860-1884), den König des in südlicher

Richtung, jenseits des sudanesischen Einflussbereiches liegenden Buganda, der ägyptischen Regierung gnädig stimmen, um die formell nicht klar definierte Südgrenze zu sichern.[17] Dies war keine einfache Aufgabe, schließlich war es in diesem Bereich immer wieder zu Unruhen gekommen.[18] Zudem hatte Mutesa sich nach anfänglicher Offenheit gegenüber Fremden – neben den Forschungsreisenden John Hanning Speke (1827-1864) und James Augustus Grant (1827-1892) hatten auch Samuel White Baker (1821-1893), Charles Gordon und Henry Morton Stanley das Königreich besucht –, zuletzt sehr bedeckt gehalten und durch den kulturellen Austausch eingeführte Neuerungen[19] wieder rückgängig gemacht. Das Angebot des von Gordon entsandten Ernest Linant de Bellefonds, Buganda unter ägyptische Suzeränität zu stellen, hatte der Kabaka im Frühjahr 1875 verworfen.[20]

Noch wichtiger als die Grenzfragen war Gordon aber die Freilassung ägyptischer Soldaten unter dem Kommando von Nūr Āġā, die Mutesa nicht abziehen ließ und quasi als Gefangene hielt. Der Versuch Ägyptens, über militärische Präsenz in Uganda Einfluss zu gewinnen, war dadurch ins Gegenteil verkehrt.[21]

Da Gordon Mutesas Einladung, nach Uganda zu kommen, aus Sicherheitsbedenken nicht annehmen wollte, der Kabaka aber verdeutlicht hatte, nur einen Weißen als Verhandlungspartner zu akzeptieren, bot die Entsendung Emins sich als Lösung der diplomatischen Verwicklungen an.[22]

Mutesa, der den Thron Ugandas im Alter von etwa 18 Jahren bestiegen hatte, war für Gordon zum wichtigen Verhandlungspartner geworden.[23] Weil der Nil häufig durch Grasbarren verstopft[24] und das Gelände in Richtung Norden schwierig zu passieren war, suchte der Gouverneur nach einer Alternative für seine Handelsrouten und Kommunikationswege. Die naheliegendste Möglichkeit war der Weg durch Bunyoro und Uganda[25] in Richtung der afrikanischen Ostküste. Mutesa hatte sansibarischen Händlern ein Aufenthaltsrecht eingeräumt und den Islam gewissermaßen zur Staatsreligion erklärt. Den »Türken«[26] misstraute Mutesa, insbesondere seit Baker den Nachbarstaat Bunyoro formal unter den Schutz des Osmanischen Reiches gestellt hatte.[27] Außerdem sahen die Sansibaris in den Türken ungeliebte Konkurrenten. Sie befürworteten Mutesas Haltung.[28] Nach der Durchreise des Forschungsreisenden Henry Morton Stanley durch Uganda war der Monarch zugunsten des Christentums umgeschwenkt[29], hatte die Annahme der christlichen Religion befohlen und gleichzeitig den gerade eingeführten Islam verboten. Etwa 70 Muslime waren bei durch Mutesa angeordneten Verfolgungen ums Leben gekommen.[30] Emin erwartete daher eine heikle und unkalkulierbare Mission.

Am 3. Juni 1876 brach Emin von Lado aus nach Uganda auf. Bei der ägyptischen Station Dufilé machte er zunächst einige Abstecher in die nähere Umgebung und traf dann am 4. Juli in der Uganda am nächsten liegenden Station Mruli ein. Mutesa hatte Emin dorthin etwa 500 Mann entgegengesandt, die den Eindringling beobachten sollten. Sie hinderten Emin, der wie seine Leute am Fieber litt, am weiteren Vordringen:

> »Heute kommt Antwort, daß ohne Erlaubnis Mtesa's man mich nicht annehmen dürfe.«[31]

5. Erste Jahre in Äquatoria

Emin zeigte sich unbeeindruckt:

> »Darauf gebe ich Rückantwort: ich würde mit den ihm [Mutesa] gehörigen Sachen sofort abreisen.«[32]

Eilig vorgebrachte Schreckensmeldungen, die Emin vom Weitermarsch abhalten sollten –Kab[a]rega, der König von Bunyoro, auf dessen Gebiet sich Emin noch befand, habe beschlossen, »[...] alle Waganda [Einwohner Ugandas] und besonders jeden Weißen zu töten«, seine Leute lägen »[...] in Menge im hohen Grase versteckt«, Emin solle auf Geleit aus Uganda warten[33]–, entlarvte er als Vorwand und ignorierte sie geflissentlich:

> »Ich erwiderte einfach, ich würde trotz meiner fünf Leute vorwärtsgehen.«[34]

Offenbar waren die Warnungen nur ein Spiel Mutesas, der sein Land auf diese Weise vor Eindringlingen schützen wollte.

Nachdem Mremma, der Chef des Vorpostens, Emin auch am nächsten Tag nicht von dessen Plan abbringen konnte, zog um 6 Uhr morgens eine »stattliche Karawane[35]« in Richtung Uganda:

> »So marschierten wir denn, Männer, Frauen, Kinder (mit Lasten auf dem Kopfe), Ziegen, Schafe, meine zwei Ochsen, meine fünf Soldaten, mein Diener und ich von einer Anzahl völlig mit Schild und Lanzen bewaffneter Männer geleitet – nur der Chef besaß ein altes Perkussionsgewehr, leider aber nur zwei Schüsse! – in langer Reihe von über 300 Personen mit wehender Fahne, Trommeln und Pfeifen, die aber wohlweislich schwiegen, vorwärts durch hohes Gras mit vielen Bäumen.«[36]

Ungehindert zog die Karawane durch das Reich Mutesas, bis kurz vor die Hauptstadt. Hier wurde Emin aufgehalten, weil der oben erwähnte Mremma, der eigentlich mit der Leitung der Karawane betraut war, nicht zugegen war. Dieser hatte es vorgezogen, in den Seriben[37] Mrissa, ein aus Datteln und Sorghum gebrautes Getränk, zu sich zu nehmen.[38] Wieder zeigte sich Emin kompromisslos:

> »Da ich dies nicht gestatten will, fordre ich den Führer auf, zu gehen, und lasse ihn auf seine abschlägige Antwort mit den Sachen zurück, nehme den Kompaß in die Hand und marschiere mit meinen sechs Leuten ab. [...] Schon unterwegs war mir die ganze Bande von Matongali, Mremma an der Spitze nachgestürmt, auch die Träger gekommen und hatten mich bestürmt, zu halten, worauf ich einfach vorwärtsging.«[39]

Nach einem kurzen Aufenthalt in einer ägyptischen militärischen Niederlassung marschierte Emin, bedacht mit den Grüßen des Königs, weiter ins Land hinein und bekam am Abend des 27. Juli auf Nachfrage ein Haus zur Verfügung gestellt.[40]

Am nächsten Tag gewährte Mutesa Emin eine erste Audienz. Detailliert beschrieb Emin Palastanlage und das Hofzeremoniell. Die eigentlichen Verhandlungen scheinen darüber eher in den Hintergrund geraten zu sein – jedenfalls berichtete Emin darüber nur knapp:

> »[...] ich [gab] dann den Brief Seiner Exzellenz des Gouverneurs [Gordon] unter den üblichen Formalitäten dem ersten Sekretär, der nahe saß, und fing an, ihnen

arabisch den Zweck meiner Mission auseinanderzusetzen. Daß ich natürlich Komplimente nicht sparte, aber auch mir nichts vergab, ist sicher. [...] Meine Worte schienen dem Sultan zu gefallen, denn er legte wiederholt seine Hand aufs Herz und an die Stirn, [...]. Die Kisten [mit Geschenken] wurden fortgeschafft, und nachdem ich ein wenig gesprochen, bat ich um Urlaub, da ich vom Wege müde sei, stets aber den Befehl des Sultans, zu kommen, gern respektieren würde.[41]

Obwohl Mutesa gut Arabisch sprach, hatte dieser einen Dragoman (Übersetzer) bevorzugt. Emin gab an, dass ein Sansibari namens Šaīḫ Aḥmad diese Rolle übernahm.[42]

Bald nach der Verabschiedung erhielte Emin einen zweiten, in fehlerhaftem Englisch geschriebenen Brief Mutesas, der Emin, wie dieser vermutete, schmeicheln sollte.[43] Mutesa hielt Emin offenbar für einen Christen und war irritiert, dass Emin sich als Muslim ausgab:

»To my Dear friend! My Dear Friend hear what I say I am Christian and be thou Christian first I was the Mohamedeens[44] and find it is all lie and now I am away from them I am among the Christiantys[45] [and I had the wite man[46]] but I myself arsk the people that how is among the Christian[47] but I myself am Christian. From Mtesa king of Uganda.«[48]

Während der nächsten Audienzen unterhielten sich die beiden mehrfach über die islamische und die christliche Religion. Mit Emins Bekenntnis zum Islam wollte sich Mutesa aber nicht zufrieden geben. Der Kabaka, der wohl noch nie einen weißen Muslim gesehen hatte und nicht ganz zu Unrecht misstrauisch war, witterte immer noch ein Spiel hinter dem Gebaren Emins.[49] Davon zeugt das (schon im Tagebuch Emins) übersetzte Schreiben Mutesas vom 4. August 1876:[50]

»Mein theurer Freund! Ich ersuche Sie, mir die Wahrheit sagen zu wollen, ob Sie wirklich von den Türken und nicht der weisse Mann sind, welchen ich vom Pascha verlangte. Er schreibt mir, er habe ihn nun gesandt, und ich glaubte zuerst, dass Sie der gewünschte weisse Mann seien. Sie aber leugnen es beharrlich (Christ zu sein) und ich möchte deshalb, dass Sie mit die Wahrheit sagen, ob Sie jener weisse Mann sind und es mir beschwören.«[51]

Emin war ob dieses Schreibens verärgert und fühlte sich von Mutesa gewissermaßen als Lügner hingestellt.[52] Er hielt das Ganze für eine »Stilübung«[53] und antwortete spitz, aber klar:

»An Mtesa, König von Uganda, Sie haben von Seiner Exzellenz dem Pascha einen höhergestellten weißen Beamten verlangt. Se[ine] Exz[ellenz Gordon] hat mich gesandt, wie die Briefe und Geschenke beweisen, die ich gebracht habe. Habe ich meine Mission verfehlt oder etwas geändert oder getan, was Ihnen missfällt, so haben Sie nur sich bei Se[iner] Exz[ellenz] dem Pascha zu beschweren; verlangen Sie einen christlichen Beamten, so schreiben Sie darüber; vielleicht kommt einer. Ergebenst [...].«[54]

Auch wenn die Verhandlungsweise Emins unangebracht anmuten mag: Mit seiner kompromisslosen Haltung, sich auf etwaige Spielchen nicht einzulassen und dem stetigen Androhen mit dem Abbruch der Verhandlungen, schien der Verhandlungsführer den Kabaka beeindruckt zu haben.

Obwohl die Grenzstreitigkeiten nicht zur Sprache gekommen waren und somit auch nicht beigelegt werden konnten, hatte Emin, von Mutesa als harmlos eingeschätzt,[55] das Vertrauen des Kabakas so sehr gewonnen, dass dieser Gordon bat, Emin möge als ständiger Vertreter an seinem Hofe bleiben.[56] Außerdem hatte Emin erreicht, dass Mutesa der Entsendung einer ugandischen Abordnung nach Kairo zustimmte.[57] Emins größter Erfolg war jedoch die Einwilligung des Kabakas zum friedlichen Rückzug der ägyptischen Truppen. Durch seine Verhandlungen hatte Emin die Beziehungen zwischen Uganda und der Äquatorialprovinz stark verbessert.[58]

Konsolidierung in der Provinz

Am 31. August 1876 trat Emin gemeinsam mit Nūr Āġā und seinen Leuten den Rückweg nach Lado an. Unterwegs traf er Gordon und unternahm mit diesem eine Inspektionsfahrt auf dem Victoria-Nil.

Gordons Verbleib in der Äquatorialprovinz war nur noch von kurzer Dauer. Er war inzwischen zum Generalgouverneur des Sudan (arab. Ḥukumdār ʿām lil-Sūdān)[59] ernannt worden. Dies zog für Emin einen erstaunlichen Positionswechsel nach sich: Gordon entließ Emin aus dem Dienst – und zwar mit der Begründung, dass »ein anderer Arzt aus Kairo unterwegs nach Lado sei.«[60] Emin verstand den Hintergrund der Entlassung zunächst nicht und glaubte Gordon trotz dessen Lob über den politischen Ausgang der Uganda-Mission mit seiner Arbeit als Arzt unzufrieden. Tatsächlich hatte Gordon Emin mehrfach zurechtgewiesen, dass er einen Arzt und keinen Naturforscher eingestellt habe.[61]

Tatsächlich hatte Gordon jedoch nur eine andere Verwendung Emins im Blick. Damit sein Nachfolger Prout geordnete Zustände vorfände, ernannte Gordon Emin zum Chef sämtlicher Magazine der Äquatorialprovinz.[62]

Zurück in Lado, widmete sich Emin dennoch verstärkt seiner Tätigkeit als Arzt, beklagte aber die Eintönigkeit. Erst als der deutsch-russische Naturforscher Dr. Wilhelm Junker (1840-1892) und sein Begleiter Friedrich Kopp (Lebensdaten unbekannt) am 7. November in Lado ankamen, wich die Langeweile.[63] Zwischen Emin und Junker entwickelte sich im Folgenden eine enge Freundschaft.

Gordon war inzwischen bereits nach Khartum abgereist, um dort sein neues Amt als Generalgouverneur des Sudan anzutreten. Offenbar hatte Gordon die Übernahme des Amtes an die Bedingung geknüpft, dass Emin (Äquatorialprovinz), Romolo Gessi (Baḥr al-Ġazāl) und Friedrich Rosset (Darfur) vom Khediven jeweils zu Gouverneuren ernannt würden.[64] Obwohl diese Forderungen nur teilweise und nicht sofort erfüllt wurden, trat Gordon dennoch seine Stellung in Khartum an. Emin und Junker folgten Gordon dorthin, hatten jedoch mit Schwierigkeiten zu kämpfen, da das überladene Dampfschiff unterwegs mehrfach auf Grund lief.[65]

In Emins Augen hatte sich Khartum inzwischen zum Positiven verändert, Straßen waren angelegt und neue Häuser gebaut worden. Allerdings beklagte er mangelnde Gesellschaft, denn nur eine kleine Gruppe von Europäern befand sich zu diesem Zeitpunkt dort. Gordon war ebenso verreist wie Slatin und Giegler.[66]

So brach Emin am 11. Dezember 1876 wieder nach Lado auf, wo er am 2. Januar 1877 eintraf. Die nun einsetzende, weniger aufregende Zeit nutzte Emin zu ärztlicher Tätigkeit und zur Kultivierung der Station. Daneben blieb auch Zeit für wissenschaftliche Arbeiten. Ende April 1877 wurde er von Gordon erneut nach Khartum bestellt. Dieser bot ihm den Posten des Stationschefs von Lado an. Emin lehnte ab und bat stattdessen, Arzt aller Distrikte der Äquatorialprovinz zu bleiben. Gordon willigte ein,[67] beauftragte Emin aber mit einer weiteren Mission zu Mutesa und auch mit einem Besuch bei Kabarega, Kabaka von Bunyoro (1853-1923; reg. 1869-1898).

Weitere politische Missionen

Emins zweiter Besuch bei Mutesa dauerte vier Monate und fand zwischen Dezember 1877 und März 1878 statt. Emin hatte den Auftrag erhalten, die ägyptisch-bugandischen Beziehungen weiter zu verbessern und Handels- und Reisewege in Richtung der ostafrikanischen Küste zu sichern.

Am fünften Tag seines Aufenthaltes traf Emin in Rubaga den englischen Missionar Charles Thomas Wilson (CMS), dessen Anwesenheit Mutesa ihm bis dahin verschwiegen hatte.[68] Der Missionar lebte schon ein halbes Jahr am Hofe Mutesas, nachdem seine Begleiter G. Shergold Smith und O'Neill zum Victoria Nyanza aufgebrochen, jedoch nicht zurückgekehrt waren. Dass beide inzwischen ermordet worden waren, erfuhren Mutesa und Wilson erst später. Im Laufe der Zeit war Wilson bei Mutesa in Ungnade gefallen, weil er keine nennenswerten Tauschwaren bei sich führte und sich außerdem weigerte, dem Kabaka Waffen und Munition in Aussicht zu stellen.[69] Emin erwähnte in seinen Aufzeichnungen, dass Mutesa zunächst versucht hatte, ein Zwiegespräch mit Wilson zu unterbinden. Schließlich habe der Kabaka einem Treffen der beiden nur unter Bewachung zugestimmt.[70] Offenbar war Mutesa besorgt, Emin könne Gordon später von der schlechten Behandlung des Missionars berichten.[71] Wilson nutzte einen unbeobachteten Moment, um einige Briefe in Emins Kisten fallen zu lassen.[72] Für Emin war das Betragen des Missionars unverständlich. Er äußerte sein Erstaunen darüber, dass Wilson sich von Mutesas Anweisungen unnötigerweise stark beeindrucken ließ.[73] Nach einer Zeit monatelangen Wartens – der Kabaka litt an Blasenkatarrh und war nicht in Verhandlungsstimmung[74] –, drohte Emin zunächst mit einem negativen Bericht über »Mtesa's Taktlosigkeit«[75], und schließlich mit sofortiger Abreise.[76]

5. Erste Jahre in Äquatoria

So erzwang er am 7. Februar 1878 eine Audienz beim Kabaka. Hier verdeutlichte Mutesa, dass er zwar Emin schätze, jedoch Khartum nicht traue, denn – »ganz Afrika fürchtet Eure Annexionsgelüste«[77]. Auf seine Forderung, Emin solle seine Truppen bis weit hinter die Grenzen an den Nil zurückziehen, ging dieser nicht ein.[78]

Als Emin im März 1878 die Rückreise antrat, hatte er zwar das persönliche Verhältnis zu Mutesa vertieft, auf diplomatischem Wege jedoch wenig erreicht.

Erfolgreicher war die Reise zu Kabarega von Bunyoro verlaufen, die Emin bereits vor seinem zweiten Besuch bei Mutesa im September 1877 unternommen hatte.[79] Aufgebrochen war er im Juli, aber eine Krankheit des Königs hatte eine frühere Einreise nach Bunyoro verhindert. Unsicher, ob er Kabarega vertrauen könne,[80] erreichte Emin am 21. September dessen Residenz Mpáro Mjamóga. Wider Erwarten erhielt Emin bereits am Folgetag seine erste von vielen weiteren Audienzen. Die detaillierte – hier aber nicht weiter ausgeführte – Beschreibung des Königs zeigte einmal mehr die genaue Beobachtungsgabe Emins.[81]

Zu den Verhandlungen notierte Emin in sein Tagebuch:

> »Kabarega versicherte mich seiner besten Gesinnungen gegen das Gouvernement sowie seiner Bereitwilligkeit, auf die Vorschläge unsererseits einzugehen. Er drückte mir zur gleiche Zeit sein Bedauern über die Vorgänge im Lango-Gebiete (Niederlage unserer Soldaten) und seine Absicht aus, fortan in Frieden mit uns sein Gebiet kultivieren und auch die Umgebung unserer Seriben besiedeln zu wollen.«[82]

Daraufhin überreichte Emin seine mitgebrachten Geschenke, darunter einen Seidenschal und duftende Seife, die Kabaregas Interesse besonders weckte. Nachdem der Kabaka auch noch Emins Pferd inspiziert und den Revolver eines Begleiters auf dessen Funktionsfähigkeit hatte überprüfen lassen, wandte er sich wieder politischen Fragestellungen zu.[83] Dazu schrieb Emin weiter:

> »Noch wurde ich gefragt, ob ich es gewesen, der im Vorjahre allein nach Uganda und Usoga gegangen, und ob ich dieses Jahr wieder dorthin wolle. Da in all diesen Fragen ich eine versteckte Absicht zu erkennen glaubte, so erklärte ich, daß mir an der Reise nach Uganda nichts gelegen sein dürfte, wenn ich mit Kabrega in Ordnung kommen könne.«[84]

Die von Emin erwähnte versteckte Absicht lag im feindselig geprägten Verhältnis der beiden Kabakas, die sich dauerhaft bekriegten. Eine falsche Antwort hätte das gerade aufgebaute Vertrauensverhältnis zwischen Kabarega und Emin gefährden können.

Wie sehr Emin darauf bedacht war, dem Kabaka auf Augenhöhe zu begegnen, zeigt dieses kleine Detail: Nachdem der Kabaka Emin sitzend empfangen, seinem Gast jedoch eine Sitzgelegenheit verweigert hatte, ließ Emin tags darauf einen Stuhl mitführen. Peinlicherweise traf dieser erst mit einiger Verspätung im Audienzraum ein. So musste Emin seine Verhandlungen dennoch so lange stehend führen, bis die Sitzgelegenheit eingetroffen war.[85]

Im folgenden Gespräch gelang es Emin, Kabaregas Misstrauen gegen Ägypten abzubauen und ihm plausibel zu machen, weshalb andere Sultane vom Gouvernement gefördert worden seien. Emin stellte auch Kabarega ein Jahresgehalt und ein Geleit für Gesandte nach Kairo in Aussicht, verlangte aber im Gegenzug neben einer Zusage zur Beendigung seiner Kriegshandlungen gegen das ägyptische Gouvernement die Besiedelung und Bebauung des eigenen Landes.[86]

Fünf Wochen blieb Emin bei Kabarega. Als dieser – die Regenzeit war inzwischen angebrochen – endlich die versprochenen Träger stellte, reiste Emin, wie beschrieben, über Mruli weiter zu Mutesa.

Bild 17 a/b Zeichnung Mutesas von Buganda und Photographie Kabaregas von Bunyoro[87]

6. EMIN ALS MUDĪR ʿUMŪM VON ÄQUATORIA (1878-1889)

Nachdem Gordon als Generalgouverneur nach Khartum gegangen war, hatte er zunächst zwei Amerikaner, Henry Goslee Prout Bey (1845-1927) und Alexander Mason Bey (1841-1897), die aber jeweils schon nach wenigen Monaten wieder den Dienst quittierten, zu Gouverneuren der Äquatorialprovinz bestimmt. Auch Ibrāhīm Fawzī (später: Pascha, ca.1848-nach 1901), der Mason nachfolgte, blieb nicht lange im Amt. Er hatte die in ihn gesetzten Erwartungen nicht erfüllt und sich zudem zahlreicher Vergehen (u.a. des Sklavenhandels) schuldig gemacht – eine Tatsache, die er in seinen Memoiren *As-Sūdān bayna yadday Ġurdūn wa Kitšnir*[1] (»Der Sudan zwischen den Händen [Dualform] von Gordon und Kitchener«) geflissentlich überging.

Auf der Suche nach einem geeigneten Nachfolger war der in Khartum weilende Wilhelm Junker behilflich, der in einem Gespräch mit Gordon Emin für den Posten empfahl.[2] Obwohl, wie Vita Hassan und Schweitzer ausführten, nicht unbedingt Wunschkandidat Gordons,[3] wurde Emin zum Bey erhoben. Die Order erhielt Emin am 23. Juli 1878 auf dem Weg nach Khartum[4] und führte von nun an den Titel »Mudīr ʿumūm Ḫaṭṭ al-Istiwāʿ«[5] [etwa: »Oberster Direktor (Oberpräsident) der Äquatorialprovinz«].[6] Emin war fortan Gordon in Khartum und dem später zum Pascha beförderten Romolo Gessi (1829-1881), Gouverneur von Baḥr al-Ġazāl, untergeordnet.[7] Eine der ersten Amtshandlungen Emins war die unangenehme Aufgabe, seinen Vorgänger Ibrāhīm Fawzī für abgesetzt zu erklären und ihn an Gessi zu übergeben. Dieser brachte ihn nach Khartum, wo Gordon den ehemaligen Gouverneur trotz zunächst anderslautender Aussagen (»Fauzi [...] sera fusillé!«[8]) schließlich begnadigte.

Mit seinem Dienstantritt hatte Emin eine Mammutaufgabe übernommen: Die häufigen Gouverneurswechsel hatten das wegen der großen räumlichen Ausdehnung ohnehin instabile Gefüge der ägyptischen Hoheit in der Äquatorialprovinz weiter geschwächt. Außerhalb der vorhandenen Militärstationen – zumeist entlang des Nils gelegen – war die seit 1871 von Baker und Gordon etablierte ägyptische Herrschaft praktisch nicht vorhanden. Der formal verbotene Sklavenhandel blühte – Emin schrieb darüber: »[...] meine Ernennung ruft allgemeines Erstaunen und Bestürzung hervor[...], die Leute wissen, daß es jetzt mit dem Sklavenhandel zu Ende [ist]«[9] – und Steuerzahlungen blieben aus. Doch auch innerhalb der Stationen sah es nicht besser aus: Die Hierarchien funktionierten kaum, die Soldaten scherten sich wenig um erlassene Befehle.

Der düsteren Gesamtlage zum Trotz begriff Emin, der als Gouverneur sowohl Repräsentant als auch Oberster Richter war, seine Aufgabe als große Chance. Durch die räumliche Distanz zu Khartum und Kairo war er, ebenso wie seine Vorgänger, beinahe frei von jeglicher Kontrolle. Ohne gegenüber dem

Khediven illoyal zu werden, hoffte er, eigene Vorstellungen verwirklichen zu können.

Emins Hauptanliegen war es, die Unterprovinzen (arab. Mudīriyya (Sg.), Mudīriyāt (Pl.)) zu sichern und die Infrastruktur zu verbessern. Dazu plante er, die Unterprovinzen zu einfachen Distrikten (arab. Idārā (Sg.), Idārāt (Pl.)) herabzustufen, um Insubordinationen besser bekämpfen zu können.[10] Zur Überwachung seiner Anordnungen waren Inspektionsreisen zu den Repräsentanten der Regierung vor Ort, die aus einem Stellvertreter [arab. Wakīl (Sg.), Wukalā' (Pl.)], einer Anzahl regulären und irregulären Soldaten, einigen Richtern, sowie vier bis fünf Buchhaltern und einfachen Beamten bestanden, unerlässlich. Emin konnte bei diesen Reisen das Notwendige mit dem Erfreulichen verbinden und sich eifrig dem Erforschen der Regionen widmen. Fünf Jahre (zwischen 1878 und 1882) nahm Emin sich für die ersten Inspektionsreisen Zeit. Im Umkehrschluss bedeutete dies, dass die Stationen, die nicht am Nil lagen – hier kam der »Wandergouverneur«[11] Emin verhältnismäßig häufig vorbei – nur in sehr großen Zeitabständen inspiziert wurden,[12] eine Tatsache, die der Willkür der Stationsvorsteher und Offiziere Tür und Tor öffnete.

Ob Emin aus seiner Provinz ein »Muster an Ordnung und Rechtschaffenheit«[13] werden lassen wollte, sei dahingestellt, zumindest aber wollte er für einen gewissen Wohlstand der Bevölkerung sorgen und vor allem friedliche Lebensverhältnisse schaffen. Dazu gehörte auch die Bekämpfung und Unterbindung des Sklavenhandels. Mit seinem Idealismus stand Emin allerdings in starkem Gegensatz zu seinen Beamten und Soldaten, die sich meist in Ägypten strafbar gemacht hatten und nun in den äußersten Süden des türkisch-ägyptischen Reiches verbannt worden waren.[14]

Im Folgenden sollen Emins Äußerungen über Zustand und Verbesserungsmöglichkeiten der Verhältnisse in seiner Provinz im Mittelpunkt der Betrachtung stehen. Sie werden deshalb im Original-Wortlaut und in längeren Zusammenhängen wiedergegeben. Den ergiebigsten Bestand liefern Emins Briefe an Georg Schweinfurth, welche dieser mit Friedrich Ratzel in einem Sonderband gesammelt hat.[15] Mit den hier getätigten Aussagen Emins warb Schweinfurth später bei Kolonial-Enthusiasten um Unterstützung zur Rettung des im Zuge der Mahdiyya in Not geratenen Landsmannes. Emins Beobachtungen offenbaren auf der einen Seite seine analytische Fähigkeit, die Situation problemorientiert zu erfassen. In einem weiteren Schritt entwickelte Emin mögliche Vorgehensweisen zur Behebung von Mängeln. Damit ließ er Raum für innovative Ideen und mögliche Experimentierfelder. Auf der anderen Seite offenbaren Emins Analysen auch sein – für die damalige Zeit nicht unübliches – Weltbild. Obgleich er bemüht war, Sorgen und Nöte der Bevölkerung nachzuvollziehen und zu verbessern, konnte er sich trotz seiner Selbst-Stilisierung als »Türke« nicht von seiner eurozentrisch-westlichen Grundprägung lösen. Die unterschwellige Überzeugung von der Höherwertigkeit der europäischen Rasse klang sowohl in den genannten Briefen als auch in seinen Tagebüchern mal mehr, mal weniger deutlich an.

Schwierigkeiten mit der Verwaltung

Emin erkannte auf seinen Inspektionsreisen, dass viel Arbeit auf ihn wartete, wie seine folgenden Klagen zeigen. Über die Provinz Amādī schrieb Emin beispielsweise in sarkastischem Ton:

> »Die Gesamtzahl der unproductiven Bevölkerung in und um Amadi beläuft sich [...] auf sage [sic] 455 Mann, und rechnet man hierzu an Concubinen, rechtmäßigen Frauen – diese in zweiter Linie – Sklavinnen, Knaben zum Tragen des Gewehrs und der Rekwa (Wasserflasche), Kindern u.s.w. wenig gesagt das Vierfache, so erhält man die artige Summe von 2200 und mehr solcher ›Lilien auf dem Felde‹. Wenn übrigens der Ausdruck Uschurie, d.i. Zehntenzahler,[16] gebraucht wurde, so ist deswegen nicht etwa zu glauben, daß diese Leute den Zehnten oder auch nur den Tausendsten an das Gouvernement entrichten. Ich wüsste nicht, wovon. Sie zahlen nicht, sondern nehmen, was sie können, [...].«[17]

Außerdem stellte er niedergeschlagen fest:

> »Totschlag scheint hier etwas so Gewöhnliches gewesen zu sein, daß man danach kaum fragte: [...].«[18]

Für die Unterbindung des Sklavenhandels und zur Unterstützung der lokalen Wirtschaft kam Emin auf die innovative Idee, Arbeiter aus China einzuführen:

> »[...] Würde nicht durch Einführung von Chinesen die leidige Sklavenfrage sofort und gründlich gelöst werden? Ueberdenken Sie es recht und schreiben Sie mir darüber; ich glaube, daß man bisjetzt [sic] kaum die rechten Wege betreten, kaum die rechten Maßregeln getroffen. Es wäre mir leid, als Kritiker aufzutreten, ich habe aber gerade dieses Kapitel gründlich kennen zu lernen Gelegenheit gehabt.«[19]

Allerdings ließ Emin hier offen, ob diese Chinesen als Kulis in sklaven-ähnlichen Abhängigkeitsverhältnissen beschäftigt oder als freie Arbeiter angeworben werden sollten. Auch wenn die Sklavenfrage schon lange keine Rolle mehr spielt: Mit Blick auf das aktuelle chinesische Engagement im Norden wie im Süden des Sudan war Emin mit solchen Ideen seiner Zeit ein gutes Stück voraus.

Emins Überlegungen gingen jedoch noch weiter: Er forderte eine Umstrukturierung der südlichen Provinzen des Sudan, in letzter Konsequenz sogar eine Loslösung von Khartum:

> »Das aber kann ich Ihnen sagen, daß bei dem gegenwärtigen Verwaltungssystem man in ein paar Jahren über unsere Provinzen getrost das Kreuz wird machen können. So lächerlich die Idee ist, durch Errichtung eines Sklavenamts in Chartúm mit seinen Zweigen dem Sklaventreiben im Sudan steuern zu wollen, so haarsträubend ist die Idee, unsere Länder hier in den Frack ägyptischer Bureauroutine pressen zu wollen. Liegt es dem Gouvernement wirklich daran, außer der Ausbeutung für pecuniäre Zwecke, die in letzter Zeit das Stichwort geworden scheint, auch eine humanitäre Mission im Innern von Afrika durchzuführen – und das war ja Ismail-Pascha's Absicht – so bleibt meiner Ansicht nach keine anderer Ausweg übrig, als die Negerländer – Bahr el-Ghasal und Hat-el-Istiwa – zu vereinen und von dem arabischen Theile des Sudan völlig abzusondern.«[20]

Mit diesem Vorschlag stellte Emin bereits 1883 Überlegungen an, die erst mit dem von der überwiegend nicht-arabischen Bevölkerung des Südsudan positiv beschiedenen Referendum vom Januar 2011 eine Umsetzung erfuhren: Die am 9. Juli 2011 erfolgte Unabhängigkeitserklärung des Südsudan (arab. Ǧanūb as-Sudān), der zu großen Teilen aus den ehemaligen Provinzen Baḥr al-Ġasāl und Ḫaṭṭ al-Istiwāʿ besteht. Zwar waren zum Zeitpunkt des Referendums nicht mehr, wie unter Emin, Ägypten und die Kairiner Bürokratie beherrschende Staatsgewalt, aber an der Verantwortlichkeit Khartums für das Gebiet hatte sich bis dato nichts geändert.

Allerdings dachte Emin 1883 noch in anderen Kategorien als wir heute. Autonomie und Selbstbestimmung der südsudanesischen Bevölkerung standen bei ihm nicht auf der Agenda, vielmehr schien ihm ein europäischer Gouverneur zur Verwaltung unerlässlich. Man solle zusehen, schrieb er an Schweinfurth,

> »[…] einen tüchtigen europäischen Gouverneur für dieselben zu finden, der Liebe zur Sache und Interesse fürs Land hat [Emin dachte hier vornehmlich an seine Person] – nicht einen, dem es gleich ist ›ob am Albertsee Blaue oder Grüne wohnen‹ – ihm drei bis vier Dampfer zur Disposition zu stellen und ihn zu beauftragen, die Details der Verwaltung, Ausbeutung, Verwerthung der Producte, Sklavenangelegenheiten im Verein mit uns, den Localgouverneuren, auszuarbeiten. Eine Commission für Sklaven-angelegenheiten in Chartúm, zusammengesetzt aus dem Gouverneur des Sudan oder seinem Stellvertreter und den Consuln, sowie fünf bis sechs einheimischen ehrenhaften Leuten, Muhammedanern und Christen, würde dann mit dem Gouverneur der Negerländer, dessen Aufenthalt Sobat wäre, in directem Verkehr stehen. Faschoda wäre natürlich als Mudirie aufzugeben. Doch das sind alles Träume, deren Realisation vielleicht in spätern Jahren, wenn ich längst gestorben bin, sich zur Nothwendigkeit machen wird.«[21]

Die Kommunikation innerhalb der Provinz war ebenso schlecht wie die nach draußen: Telegraphenverbindungen nach Khartum existierten nicht – deshalb der dringende Appell Emins, Telegraphen zu bauen[22] –, Wege waren kaum vorhanden. Zu Lande bewegte sich der Transport zumeist auf Trampelpfaden – ebenso der Schriftverkehr, den Emin mittels Boten erledigte. Zuvor war Emins Versuch, Lasttiere wie Esel, Ochsen oder Kamele zum Posttransport einzusetzen gescheitert. Die Tiere hatten das Klima nicht vertragen oder waren an Krankheiten eingegangen.[23]

Der für die Provinz so wichtige Wasserweg in den Norden war auch nicht immer frei, Grasbarren oder Hochwasser erschwerten ein Durchkommen. Die Topographie der Provinz verhinderte, dass Emin die komplette Kontrolle über die Distrikte übernehmen konnte.[24] Der Einflussbereich seiner Verwaltung war also punktuell, oder, in den Worten Michael Peseks, auf »Herrschaftsinseln«[25] beschränkt.

Ein nennenswerter Handel konnte sich in der Provinz nicht entwickeln, weil die Korruption der ausführenden Beamten häufig das soeben Erwirtschaftete verschlang. Der komplette Ausfall des Handels war jedoch aus Emins Sicht ein hausgemachtes Problem, weil das Gouvernement in Khartum das Monopol auf Elfenbein[26], Gummi und Straußenfedern besaß. Private Handelsinitiative war nicht erwünscht – eine Tatsache, die Emin schwer beklagte.[27]

Erfolge und innovative Ideen

Trotz aller Schwierigkeiten trug Emins Arbeit auch Früchte. Er ließ in jeder Station Gärten anlegen mit dem Ziel, dass sich die Provinz in absehbarer Zeit selbst ernähren und auf die seltenen Nahrungstransporte aus Khartum verzichten konnte. Wiederum an Schweinfurth schrieb er:

> »Reis kommt in Ladó und Dufilé prächtig und soll nun auch in Makraká (Rimo) in Cultur kommen. Von Weizen brachte ich eine kleine Probe aus Chartúm mit, wo die Mission selben aus algerischem Samen zog. Das Resultat war gut, nur lassen die Vögel die Aehren nicht in Ruhe; [...] Die Weinrebe hat endlich gewurzelt, nachdem es mir wol zehnmal fehlgeschlagen. Die Carica Papaya hat sich von hier aus auch über das Bahr-el-Ghasalgebiet verbreitet. Gujaven kommen gut und tragen reich; ich versende jetzt die Ableger. [...] Von Oelfrüchten lasse ich Arachis extensiv cultiviren: ihr Oel ersetzt uns die Butter. Zwiebeln finden sich in allen Stationen cultivirt, gedeihen aber ganz besonders in Dufilé und Makraká. Im allgemeinen hat sich die Liebe zur Gärtnerei und Cultur im letzten Jahre bedeutend gehoben und täglich erhalte ich Briefe, um Sämereien und Pflanzen anhaltend. Unsere Soldaten und Offiziere verstehen ganz gut, daß ein gut gepflegter Garten dem Eigenthümer nicht allein Vergnügen, sondern auch greifbaren Nutzen abwirft, [...].«[28]

In einem Beitrag für die italienische Zeitschrift *l'Esploratore* warb Emin nicht nur für eine Ausweitung von Elefantenjagden, sondern beschrieb auch den wirtschaftlichen Nutzen von Zähnen der Flusspferde und Rhinozeros-Hörner.[29] In seiner Aufstellung wirtschaftlich nutzbarer Natur-Ressourcen fanden sich neben Straußenfedern und Bienenhonig auch Felle von Nutz- und Wildtieren wie Rinder bzw. Antilopen. Als Nutztier schlug Emin die Einführung zahmer Büffel vor, welche die anfälligen Ochsen ersetzen könnten.[30] Generell wollte Emin Europäer für die Wildtiere in seiner Provinz interessieren und plante, Zoologische Gärten mit Tieren zu beliefern.[31] Im zweiten Teil seiner Ausführungen kam Emin auf Nutzpflanzen zu sprechen. Er berichtete von Experimenten mit verschiedenen Getreidesorten und propagierte einen über das Gebiet der Stationen reichenden Anbau, um eine Produktion von Alkoholika und Ölen zu gewährleisten.[32] Ferner projektierte er die Ansiedlung von Industrie zur Herstellung von Seife und pharmazeutischen Produkten. Die lokale, bereits vorhandene Textilverarbeitung wollte er ebenfalls industriell fördern.[33]

Die so kühn entwickelten Pläne zum Erreichen einer Autarkie von Khartum mussten jedoch, das wusste Emin sicherlich auch, vielfach an der mangelnden Umsetzbarkeit scheitern.

Revirement im Sudan

Ende 1879 trat Gordon infolge der Demission des Khediven Ismāʿīl als Generalgouverneur des Sudan zurück. Raʾūf Pascha wurde sein Nachfolger. Weil

Emin sich gegenüber Gordon geweigert hatte, den durch Revolten gefährdeten Südteil seiner Provinz – also die Stationen südlich von Dufilī – aufzugeben,[34] hatte dieser noch eine Strafversetzung Emins in die Hafenstadt Suakin (arab. Sawākin) am Roten Meer angeordnet und stattdessen Emins Vorgesetzten Romolo Gessi mit der Umsetzung des Räumungsbefehls beauftragt. Emin sah durch diesen Befehl seine diplomatischen Verhandlungen mit Kabarega aus dem Herbst 1877 ad absurdum geführt und intervenierte erfolgreich. Gordons Nachfolger Ra'ūf Pascha zog die Strafversetzung Emins zurück, woraufhin dieser die Stationen wieder in Dienst nahm.[35]

Im Sommer 1880 trat Emin eine weitere Inspektionsreise an, die ihn in westlicher Richtung nach Makraka (arab. Makarakā) führte. Im Spätsommer kehrte er nach Lado zurück, um im Herbst in den Osten nach Latuka (arab. Lātūkā) aufzubrechen. Am 25. Dezember 1880 war Emin wieder in Lado.

Unterdessen war zwischen Emin und Gessi handfester Streit ausgebrochen. Emin, der sich offenbar nicht damit abfinden konnte, dass der Italiener ihm vorgesetzt war, hatte nach eigener Aussage nicht näher spezifizierte »großartige Fälschungen offizieller Dokumente«[36] entdeckt und den ahnungslosen Gessi darüber in Kenntnis gesetzt. Schadenfroh notierte Emin in sein Tagebuch, er wisse nicht, »was Gordon zu all den Leistungen seines Lieblings [Gessi]«[37] sagen werde. Insgesamt stellte er seinem Vorgesetzten ein vernichtendes Zeugnis aus:

> »Es scheint, dass Gessi am Bahr Ghazal völlig dasselbe leisten wird, was er bei seiner berühmten und von ihm selbst so pomphaft in Szene gesetzten Kaffa-Expedition geleistet – d.h. viel Redensarten, noch mehr Zeitungsartikel und weiter nichts.«[38]

Doch Emins Vorbehalte beruhten auf Gegenseitigkeit. So beschwerte sich Gessi später bei Junker, dass Emin ihn wegen ständiger Bagatellen belästige und im Übrigen eine Fehlbesetzung sei. Konkret warf er ihm Inkonsequenz bei der Verfolgung von Straftätern vor. Emin lasse manche Vergehen unbestraft, damit sein Theaterspiel eines muslimischen Gouverneurs nicht auffliege. Deswegen werde Emin von seinen Offizieren bereits verlacht.[39] Diesem Brief ließ Gessi einen weiteren an den Herausgeber des *l'Esploratore*, Manfredo Camperio[40] (1826-1899), folgen, in dem er sich über Emin in noch drastischerer Weise äußerte:

> »Emin Bey is a man full of deceit and without character, prentious and jealous – a German Jew [...].«[41]

Wir sehen also, dass beide Konfliktparteien übertrieben scharfe Geschütze auffahren ließen und sich gegenseitig der Unfähigkeit bezichtigten. Dies war ebenso richtig wie falsch. Gessi war mit der schwierigen Aufgabe betraut, Sulaymān, den Sohn des reichen Sklavenhändlers az-Zubayr, in die Schranken zu weisen. Dieser hatte sich gegen die ägyptische Regierung aufgelehnt und als Demonstration seiner Macht den designierten Gouverneur von Darfur, Friedrich Rosset, bei dessen Ankunft in Obeid vergiften lassen.[42] Während es Gessi gelungen war, den damit verbundenen Aufstand erfolgreich niederzuschlagen, scheiterte der wenig Arabisch sprechende und eher für militärische denn für zivile Aufgaben geeignete Gouverneur an den chaotischen Zuständen, die sich in der Folgezeit in Baḥr al-Ġazāl einstellten.[43] Wenngleich Gessi mit seiner Kritik bezüglich der Verfolgung von Straftätern wohl nicht ganz falsch lag, handelte es sich bei den Eingaben des akkuraten, und eher in verwaltungstechnischen Fragen bewanderten Emin an seinen Vorgesetzten keineswegs nur um Petitessen: Hier ging es um die Versorgung der Provinz mit Nahrungsmitteln.[44]

Sieger des Konflikts war Emin: Zu Beginn des Jahres 1881 erhielt er mit Monbutto (auch: Mangbettu oder Guruguru) einen weiteren Verwaltungsdistrikt zugewiesen, der bislang Gessis Baḥr al-Ġazāl-Provinz angehört hatte. Diese Tatsache führte nicht zu einer Verbesserung des Verhältnisses zu Gessi, welcher Emin aus verständlichen Gründen verdächtigte, Ra'ūfs Entscheidung maßgeblich beeinflusst zu haben.[45] Emin seinerseits berichtete über Panik bei den Einwohnern von Baḥr al-Ġazāl, weil durch die Verwaltungsänderung auch deren lukrative Bezugsquelle für Elfenbein weggefallen sei.[46]

In Emins Provinz stand ebenfalls eine Personaländerung an: Am 14. Januar 1881 kam der tunesische Apotheker Vita Hassan[47] (arab. Vītā/Fītā Ḥassan; 1858-1893) mit einem Nildampfer aus Khartum, um seine Stelle in der Äquatorialprovinz anzutreten. Damit folgte er Ḫalīl Wassīm nach, der das Amt des Provinzapothekers und, nach Emins Beförderung, auch das des Provinzarztes ausgeübt hatte, inzwischen jedoch in die Provinz Baḥr al-Ġazāl gewechselt war. Während Emin die Ankunft des in einem Empfehlungsschreiben fälschlich als Italiener ausgewiesenen Apothekers nicht in seinem Tagebuch vermerkt hatte, erinnerte sich Vita später gerne an seine Aufnahme in Lado zurück:

> »Die Leutseligkeit, mit der Emin mich im Diwan und zu Hause empfangen hatte, machte mich ganz aufgeräumt und bei Tafel waren wir wie alte Freunde.«[48]

Vitas Memoiren beschreiben Emin als einfühlsamen, väterlich für seine Untergebenen sorgenden Gouverneur. Obwohl zuweilen kritisch, überwiegt in Vitas – faktisch nicht immer korrekt wiedergegebener und zuweilen leicht aufschneiderischer – Darstellung die Bewunderung für seinen Vorgesetzten.

Wie einst Gordon Emin eingesetzt hatte, so setzte Emin nun auch Vita Hassan für zahlreiche Sonderaufgaben ein, die über die Tätigkeit eines Apothekers hinausreichten. So begleitete Vita Emin beispielsweise auf einer Inspektionsreise in den Bezirk Gondokoro (arab. Ǧundukurū). Die ehemalige Hauptstation der Provinz war von Gordon zwischenzeitlich aufgegeben worden, doch Emin hatte sie zur Sicherung der Straße nach Latuka (arab. Lātūkā) wieder in Betrieb genommen.

Ende 1881 standen weitere Personalveränderungen an: Der Brite Frank Miller Lupton Bey (1854-1888), bislang für den Bezirk Latuka als Statthalter zuständig, wurde Nachfolger des entlassenen und inzwischen verstorbenen Gessi als Gouverneur der Provinz Baḥr al-Ġazāl. Als neuer Statthalter für Latuka wurde Emin Jean Marcopulo, ein Bruder des Chef-Dragomans beim Generalgouverneur, zugeteilt.[50] Emin ärgerte sich über dessen Unfähigkeit und beklagte die Vetternwirtschaft, die eine solche Zuteilung möglich gemacht hatte:

Bild 18 Der Nil bei Gondokoro[49]

>»Es fällt mir dabei das alte Lied ein: Denn wer den Papst zum Vetter hat, kann Kardinal wohl werden.«[51]

Am 18. Februar 1882 reiste Emin in Begleitung Vitas nach Khartum, um das weitere Vorgehen in seiner Provinz mit dem Generalgouverneur des Sudan zu besprechen. Dass Emin, wie Oliva Manning schreibt, die Oberen in Khartum auf die Gefahr der Mahdī-Bewegung[52] aufmerksam machen wollte,[53] ist unwahrscheinlich. Emin war in seiner Provinz schlechter unterrichtet als das Gouvernement in Khartum und hatte sich vor seiner Reise nicht über den Mahdī geäußert. So hörte er vermutlich erst kurz vor dem Eintreffen in Khartum von der Bewegung.[54]

Bei seiner Ankunft in Khartum am 7. März 1882 traf Emin Ra'ūf Pascha nicht mehr an; dieser war wegen seines unglücklichen Vorgehens gegen den Mahdī[55] und dessen Bewegung bereits abberufen und durch 'Abd al-Qādir Pascha Ḥilmī ersetzt worden. Bei Emins Eintreffen war jener aber noch nicht in Khartum angekommen, so dass Giegler als Vize-Generalgouverneur die Amtsgeschäfte vorübergehend führte. Emin hatte gehofft, in Khartum das weitere Vorgehen bezüglich seiner Provinz zu besprechen. Doch offenbar hielt Giegler ihn hin, »da alle Augenblicke das Fehlen von Vollmachten vorgeschützt wurde,«[56] so dass Emin bereits daran dachte, wieder unverrichteter Dinge nach dem Süden abzureisen. Obwohl ʿAbd al-Qādir Pascha schließlich doch noch eintraf, änderte sich die Situation damit nicht zum Besseren. Entnervt über das langsame und bedächtige Vorgehen des Verantwortlichen in Khartum notierte Emin:

> »Obgleich er [ʿAbd al-Qādir Pascha] selbst ein sehr intelligenter Mensch scheint und eine völlig europäische Erziehung genossen hat, auch gut französisch und leidlich deutsch spricht, huldigte doch auch er dem Nichtübereilen-Prinzip, und es hieß wieder warten und täglich bitten.«[57]

Über die von Emin praktizierte Form der Verhandlungen mit ʿAbd al-Qādir Pascha hat Giegler sich in seinen Memoiren ausführlich geäußert:

> »Abd el Kader hatte ihn [Emin] bald durchschaut. Er [Emin] spielte nun den Unterwürfigen, setzte sich nur auf die Kante des Stuhls oder der Bank, mit den Fußspitzen nach innen gekehrt, die Hände auf der Brust aufeinandergelegt, nach türkischen Begriffen die Attribute der größten Unterwürfigkeit. Er hatte dies sogar bei mir im Divan angefangen, bis ich ihm einmal sagte: ›Sie sind doch ein Deutscher! Wie können Sie sich so hinsetzen? Sie können sich auch denken, dass mir so etwas nicht gefallen kann!‹ Dabei verlor er doch wieder sein Gleichgewicht, wenn in seinen Angelegenheiten nicht alles so ging, wie er es wünschte. Ich war Zeuge, als er Verschiedenes für seine Provinz verlangte, das ihm Abd el Kader Pascha zur Zeit einfach nicht geben konnte. Die Unterhaltung war zuerst in Türkisch, das Emin vorzüglich sprach. Als er aber erregt wurde und wahrscheinlich etwas Ungehöriges sagte, setzte Abd el Kader die Unterhaltung in Deutsch fort, zu dem Zweck, dass ich es hören sollte und kanzelte ihn ganz gehörig ab.«[58]

Die von Giegler sehr genau beobachtete übergroße Höflichkeit Emins Autoritäten gegenüber, die dieser noch mit einer Unterwürfigkeitsattitüde steigerte, ist ein Charakterzug Emins, der sich selbst in Emins privatem Schriftverkehr zuweilen äußerte.

Schweitzer zufolge war Emin außerdem verärgert, dass zwei seiner Mitarbeiter in der Äquatorialprovinz – es handelte sich um den Oberbefehlshaber seiner Truppen in Äquatoria, Nūr Bey Muḥammad, sowie um den Chef des Bezirks Makraká, Baḫit Bey Baṭrākī –, von ʿAbd al-Qādir Pascha abberufen worden seien.[59] Vita Hassan behauptete dagegen, Emin sei, trotz Vitas Warnungen um die Sicherheit der Provinz froh gewesen, diese beiden Beamten abschieben zu können.[60] Welche der beiden Seiten nun Recht hat, wissen wir nicht, da Emin selbst weder in seinem Tagebuch, noch in seinen Briefen auf diesen Vorfall Bezug nahm.

Doch für Emin kam es noch schlimmer: In Khartum trug sich eine Begebenheit zu, welche zum Bruch der einstigen Freunde Giegler und Emin führte. In seinen Memoiren wetterte Giegler:

> »Es widerstrebt mir eigentlich, alles dies niederzuschreiben. Aber, um den Mann zu kennzeichnen, für den später in völliger Unkenntnis seines Charakters und Wesens eine zeitlang Deutschland schwärmte, muß ich es tun. Er, der als ein Bettler nach Khartum kam, der alle Ursache hatte, seinen wahren Namen zu verheimlichen, [...], der durch mich allein, ich kann dies als vollkommen der Wahrheit gemäß sagen, zu einer Anstellung kam, er wollte später vor Neid bersten, als ich

Vizegeneralgouverneur des Sudans wurde und den Pascharang erhielt. Was er an Intrigen zu einer Zeit gegen mich leistete, in der ich ihm die Stange hielt und allein es durchsetzte, dass er nicht aus dem Dienst entlassen wurde,[61] das würde niemand für möglich halten.«[62]

Was war geschehen? Emins kurz nach dessen Rückkehr nach Lado geschriebener Brief erhellt die Vorgänge in Khartum: Giegler hatte die Mahdiyya als Kleinigkeit abgetan und als nicht geschulter Militäroffizier »in völliger Verkennung der obwaltenden Verhältnisse«[63] per Telegraph verbreitet, »man möge sich keine Sorgen machen, er sei imstande mit den im Sudan befindlichen Truppen und einigen Irregulären die ganze Komödie zu beenden.«[64]

Dass Giegler mit der Zurückweisung von 4.000, noch von Ra'ūf Pascha bestellten, Soldaten zur Aufstockung des Kontingents eine verhängnisvolle Fehlentscheidung getroffen hatte – tatsächlich gelang es dem Mahdī, rasant Anhänger zu gewinnen und das von ihm kontrollierte Territorium mittels erbeuteter Waffen zu vergrößern – steht außer Frage. In Folge dessen hagelte es harsche Kritik an der Amtsführung des in dieser Frage offenbar beratungsresistenten Giegler. Emin befand sich hier in bester Gesellschaft mit den europäischen Vertretern in Khartum, die Giegler einer »Interimsdiktatur«[65] ziehen und jegliche Zusammenarbeit mit dem Vize-Generalgouverneur aufkündigten.[66] 'Abd al-Qādir Pascha versetzte Giegler schließlich auf einen anderen Posten. Giegler war durch diesen Schritt tief gekränkt und machte Emin für seine Abservierung verantwortlich:

> »Nachmittags, als ich eben in den Divan gehen wollte, Emin Pascha, damals Emin Effendi war gerade bei mir – erhielt ich einen offiziellen Brief von Abd el Kader, den mir Emin übersetzte. Er brachte mir meine Entlassung als Vizegeneralgouverneur und meine Ernennung zum Generalinspekteur für die Unterdrückung des Sklavenhandels, ein neues Departement, das gegründet werden sollte. Meine Bezüge blieben dieselben wie früher. Ich sehe noch das schadenfrohe Gesicht Emins, als er mir den Brief vorlas. [...] Ich konnte merken, was meine guten Freunde, voran Emin und ein griechischer Arzt Georgi Bey ihm (Abd el Kader) eingeblasen hatten.«[67]

Bald darauf reiste Emin mit einem Dutzend gerade in Khartum eingetroffener strafversetzter ägyptischer Offiziere, die ihm 'Abd al-Qādir Pascha aufgedrückt hatte,[68] in den Süden ab. Emin sollte Khartum nie wieder sehen. Zurück in Lado erhielt Emin weitere Nachrichten über das Vordringen der Mahdiyya.

7. ABGESCHNITTEN VON DER AUSSENWELT – BEWÄHRUNGSPROBE IM ANGESICHT DES »MAHDĪ-AUFSTANDES«

Die Bedeutung der Mahdiyya für Emin

An dieser Stelle muss ein Überblick über Entstehung und Ausbreitung der in westlicher Rhetorik geringschätzig als »Mahdī-Aufstand« bezeichneten Bewegung unter dem selbst ernannten Mahdī Muḥammad Aḥmad erfolgen – auch wenn wir uns damit kurz von der Person Emins entfernen. Die historischen Ereignisse hatten eine solche Wirkung auf die Äquatorialprovinz und ihren Gouverneur, dass Emins Denk- und Verhaltensweisen ohne die folgenden Hintergrundinformationen nicht nachvollziehbar wären. Die Literaturlage bezüglich der Mahdiyya ist äußerst vielfältig, allerdings ist die einschlägige Fachliteratur nahezu ausschließlich englischsprachig.[1]

Wichtig ist in unserem Kontext insbesondere die schnelle Ausbreitung der Bewegung, die bald sogar bis in die unwegsamen Gebiete der südsudanesischen Provinzen vorstieß[2] und für Emin jegliche Verbindung zu Wasser und zu Lande nach Norden unmöglich machte. Die Anziehungskraft der Mahdiyya wurde für Emin auch insofern gefährlich, als die regulären ägyptischen Truppen ebenso wie sein Beamtenstab größtenteils aus Muslimen bestanden. Diese waren für die sozialreligiös motivierte Theologie des Mahdī unter Umständen empfänglich.

Der Mahdī und die Mahdiyya

Ihren spiritus rector fand die Bewegung in Muḥammad Aḥmad (1844-1885), einem tiefgläubigen Dongolaner, der sich im Juni 1881 auf der Insel Ābā im Weißen Nil zum Mahdī[3] ausgerufen hatte. Er hatte bei mehreren sudanesischen Gelehrten studiert und war in den Sammāniyya-Orden[4] eingetreten. Muḥammad Aḥmad zeichnete sich durch seinen asketisch-religiösen Lebenswandel aus und sammelte bald eine kleine Schar von Anhängern um sich.[5]

Bild 19 Der Mahdī[6]

Auf seinen Reisen durch Kordofan (arab. Kurdufān), insbesondere durch einen Aufenthalt in Obeid (arab. al-Ubayyid), bekam Muḥammad Aḥmad die Abneigung der lokalen Bevölkerung gegen die ägyptische Regierung zu spüren. Sein Schüler ʿAbdullahi b. Sayyid Muḥammad Ḫalīfa (1846-1899), der die zu dieser Zeit im Sudan verbreitete Naherwartung eines Mahdī teilte, soll Muḥammad Aḥmad dazu bewegt haben, sich als Mahdī auszurufen und eine Revolte gegen die turko-ägyptische Besatzungsmacht zu entfachen.[7]

Der anti-ägyptische Impetus war jedoch nur Mittel zum Zweck. Muḥammad Aḥmad plante eine Reform des Islam. Sein Programm kam in seinen drei Titeln zum Ausdruck: Imām (Vorbild/Vorbeter), Ḫalīfat ul-Nabbī (Nachfolger des Propheten (Muḥammad)) und Mahdī al-muntaẓir (Erwarteter Mahdī). Als Imam verkörperte er das Oberhaupt der rechtschaffenen Muslime, als Nachfolger des Gottesapostels nahm er für sich die Rolle des Propheten Muḥammad in Anspruch, in dem er die vom Propheten gegründete Gemeinschaft erneuerte, und als Mahdī bediente er die eschatologischen Heilserwartungen derjenigen Muslime, die das vorausgesagte Ende der Zeiten gekommen sahen.[8]

Dabei war Muḥammad Aḥmad nicht der erste, der sich in Krisenzeiten zum Mahdī ausrief und eine Theokratie begründete. Bereits im 10. und 12. Jahrhundert war es durch ʿUbaid Allah (909-934), den Begründer der Dynastie der Fatimiden (arab. Fāṭimiyyūn) in Ägypten und Muḥammad b. Tūmart (1077-1130) in Nordwestafrika zu vergleichbaren Entwicklungen gekommen.[9]

Der Erfolg der Mahdiyya gründete sich auch auf eine Schwächung des ägyptischen Staates, der durch eine Militärrevolte in Alexandria von den Ereignissen im Sudan abgelenkt war. Als Antwort auf die pro-europäische Politik Ismāʿīls war der sogenannte »ʿUrabī-Aufstand« in der bedeutenden Hafenstadt am Mittelmeer ausgebrochen.

Noch im Jahr 1878 hatte der der Khedive großspurig verkündet: »Mon pays n'est plus en Afrique, nous faisons partie de l'Europe actuellement.«[10] Tatsächlich hatte aber der zehnjährige Bau des Suez-Kanals von 1859-1869 das Land mit einer Summe von 21,5 Millionen Pfund finanziell überfordert. Nur vier Millionen Pfund nahm das Land durch den Verkauf der Kanalaktien an die englische Regierung wieder ein.[11] Drei große Auslandsanleihen sollten den Etat decken. Doch Ismā'īl konnte die Schuldenlast nicht zurückzahlen, obwohl er als voll zahlungsfähig eingestuft worden war. Um Mängel in der ägyptischen Verwaltung zu beseitigen, setzten die europäischen Gläubiger im März 1878 eine *Commission Supérieure d'enquête* ein, welche fünf Monate später entschied, eine neue Regierung zu berufen, in der ein Franzose als Minister für öffentliche Arbeiten und ein Engländer als Finanzminister wirkten. Faktisch bedeutete die neue, in Ägypten als »europäisch« bezeichnete Regierung eine Entmachtung des Khediven.[12]

Ismā'īl musste im Juni 1879 ins Exil an den Bosporus gehen, sein Sohn Tawfīq (reg. 1879-1892), »a puppet of the great powers«[13], folgte ihm im Amt. Die Staatsschuld wurde vertraglich auf 98,4 Millionen Britische Pfund festgesetzt.

Dagegen regte sich in Ägypten Widerstand: Um den ägyptischen Offizier Aḥmad 'Urābī (1841-1911) sammelten sich all diejenigen Kräfte, die »[g]egen dieses System einer verschleierten europäischen Kolonialherrschaft [...]«[14] wetterten. Die britische Regierung sah sich gezwungen, den Widerstand zu brechen, war dabei aber auf sich alleine gestellt: »This time the Austrians, French and Germans, who had previously lent their aid in similar circumstances, declined to support the British against this revolt; naturally, Turkey stood aside with a chuckle and watched.«[15] Dennoch gelang es britischen Truppen, 'Urābī und seine Anhänger am 13. September 1882 in der Wüste zwischen Kairo und Suez in der Schlacht bei Tall al-kabīr zu besiegen und damit den Aufstand niederzuschlagen.

Die gegen 'Urābī verhängte Todesstrafe wurde in eine Verbannung nach Ceylon umgewandelt, wo er bis an sein Lebensende blieb.[16]

Die zusätzliche Schwächung der ägyptischen Regierung kam Muḥammad Aḥmad sehr zupass. Muḥammad Aḥmads Bewegung blieb für etwa zwei Jahre auf Kordofan begrenzt. Ein Versuch Muḥammad Ra'ūf Paschas, die Mahdiyya-Bewegung im August 1881 niederzuschlagen, scheiterte. Den Sieg über die Truppen des General-Gouverneurs deuteten die Anhänger des Mahdī als Wunder, als Gottesurteil. Die Anhänger des Mahdī, die Anṣār[17], bestanden aus drei Gruppen:

Die erste Gruppe waren Gläubige, die sich bereits seit mehreren Jahren um Muḥammad Aḥmad geschart hatten und eine Theokratie befürworteten.

Die zweite Gruppe bildeten ägyptische und sudanesische Händler, die den Mahdī vornehmlich aus geschäftlichen Gründen unterstützten. Ihre Unterstützung sicherte sich der Mahdī, weil er das von Ismā'īl und Gordon erlassene Verbot der Sklaverei für ungültig erklärte und den den Sklavenhandel erlaubte.[18] Peter Malcolm Holt kommentierte: »These men were neither theologians nor devotees, but they could cover their political and economic interests with a veil of religion, (…).«[19]

Die dritte Gruppe schließlich waren Baqqara-Nomaden, die sich vornehmlich aus Hass gegen das turko-ägyptische Regime anschlossen und ihre Steuern nicht zahlen wollten. Sie hatten unter der Herrschaft az-Zubayrs gelitten und profitierten auch von der herausgehobenen Stellung ihres Gefolgsmannes 'Abdullahi b. Muḥammad.[20]

Der Mahdī hatte sich mittlerweile nach Qādir, einem schwer einnehmbaren Hügel, zurückgezogen. 'Abd al-Qādir Pascha Ḥilmī (1837-1908) hatte Ra'ūf Pascha im März 1882 auf dem Posten des Generalgouverneurs beerbt. Mehrere Vorstöße der Turkiyya gegen den Mahdī, darunter einer des Vize-Generalgouverneurs Giegler, waren gescheitert.[21] Mit jeder Niederlage der Regierungstruppen stieg das Prestige des Mahdī, so dass er sich schließlich wagte, auch offensiv vorzugehen. Er befahl die Eroberung Obeids und der gesamten Provinz Kordofan, mit deren Gegebenheiten er vertraut war.[22]

Das weitere Vorgehen der Mahdī-Truppen geschah nach einem immer gleichen Schema: Zunächst brachen lokale Unruhen in Form kleiner Erhebungen aus, welche die Regierungstruppen banden. Die Aufstände konnten meist schnell niedergeschlagen werden, doch flammten sie kurze Zeit darauf an anderer Stelle wieder auf. Weil schließlich auch Anṣār-Truppen eingriffen, mussten sich die turko-ägyptischen Truppen zurückziehen, da sie der Gesamtlage nun nicht mehr Herr wurden.[23]

Am 19. Januar 1883 gelang den Mahdisten die Einnahme Obeids, nachdem sie die Stadt belagert und Muḥammad Sa'īd Pascha, der Gouverneur Kordofans, sich unterworfen hatte.[24] Einen ersten Angriff am 8. September 1882 hatte er noch aufgrund der Waffenüberlegenheit der Verteidiger – die Ägypter kämpften mit Feuerwaffen gegen eine ungeordnete Schar, die nur mit Schwertern, Stöcken und Speeren bewaffnet war[25] – erfolgreich abgewehrt, den Sieg jedoch nicht zu einem Ausfall gegen die geschwächten Mahdiyya-Truppen genutzt. Beim zweiten Versuch verfügten die Anṣār ebenfalls über Feuerwaffen, die sie inzwischen aus Beutebeständen herbeigeschafft hatten.[26] Die zweitwichtigste Stadt Kordofans, Bāra, war bereits am 6. Januar durch kampflose Übergabe nach aussichtsloser Verteidigungssituation gefallen.[27]

Währenddessen war die Lage in den anderen Regionen noch weitwehend ruhig geblieben. Vereinzelte Aufruhre südlich von Khartum konnten durch die gute Erreichbarkeit mit den Nildampfern leicht von Giegler unterbunden werden. Generalgouverneur 'Abd al-Qādir Pascha Ḥilmī plante 1883 von Khartum aus eine Großoffensive gegen den Mahdī, konnte diese jedoch nicht durchführen, weil er wegen seiner Sympathien für 'Urabī vorzeitig aus dem Sudan abgezogen worden war. Die britische Regierung, die inzwischen die ägyptische Politik entscheidend mitbestimmte, konnte sich nicht zu einer Unterstützung des Sudan durchringen, denn: »the revolt in Sudan was regarded as something outside the sphere of British responsibilities.«[28]

Schließlich betraute man den britischen Offizier William Hicks (1830-1883), der bis dahin in der Britisch-Indischen Armee gedient hatte, mit der Aufgabe, einen Vorstoß nach Kordofan durchzuführen und die Mahdiyya-Bewegung auszuschalten.[29] Das Unternehmen endete in einem Desaster, weil die Truppen infolge Wassermangels bereits völlig ausgemergelt in Kordofan ankamen. Bei

Obeid (engl. »Battle of Shaykan«) unterlagen sie den Mahdisten am 5. November 1883. Hicks und der Nachfolger ʿAbd ul-Qādir Pascha Ḥilmīs im Amt des Generalgouverneurs, ʿAlāʾ ad-Dīn Pascha Ṣiddīq, fielen im Kampf.[30]

Bild 20 General Hicks fällt im Kampf[31]

Die Folgen der Niederlage von Obeid waren verheerend: Auch in den anderen Regionen verbreitete sich nun die Ansicht, dass die ägyptische Macht im Niedergang begriffen sei. Die Revolte griff auf Darfur über. Dort war Rudolf Slatin – Emin aus gemeinsamen Tagen in Khartum bestens bekannt – seit 1881 Gouverneur. Er musste sich am 23. Dezember 1883 Muḥammad Bey Ḫālid Zuġal (†1903) unterwerfen, der vom Mahdī zum Gouverneur erhoben worden war. Slatin geriet in zwölfjährige Gefangenschaft des Mahdī.[32] Gleiches geschah in Baḥr al-Ġazāl, wo der ehemals unter Emin tätige Brite Francis Lupton sich im April 1884 in seiner Hauptstadt Daym az-Zubayr unterwarf.[33] Er geriet ebenfalls in Gefangenschaft des Mahdī, überlebte diese jedoch nicht. Lupton verstarb 1888 in Omdurman (arab. Umm Durmān). Auch in anderen Regionen des Sudan übernahmen der Mahdī und seine Gefolgsleute die Kontrolle. Der wichtige Hafen Suakin am Roten Meer fiel nicht an die Mahdisten, wohl aber das Hinterland der Provinz.[34]

Das eigentliche Fanal stand allerdings noch bevor: Aufgrund einer Pressekampagne der *Pall Mall Gazette* entsandte der britische Premierminister William Ewart Gladstone (1809-1898) Gordon widerwillig nochmals in den Sudan. Über dessen genaue Aufgabe herrschte selbst im Vereinigten Königreich Unklarheit. Die eine Seite meinte, Gordon solle eruieren, wie die ägyptischen Regierungsbeamten und Truppen am besten zu evakuieren seien, die andere Seite sah ihn bereits mit der Evakuierung betraut. Der Khedive gab Gordon

Schriftstücke mit, die einerseits die Restaurierung der alten Regierung bekräftigten und andererseits die Räumung des Sudan vorsahen. Gordon veröffentlichte die Letzteren versehentlich, während er in Berber weilte. Damit schien es, als ob Ägypten den Sudan aufgeben wollte. Kurz zuvor hatte Gordon noch ein Schreiben an den Mahdī gerichtet, in dem er bereit war, diesen als Sultan von Kordofan anzuerkennen. Der Mahdī hatte abgelehnt.[35]

Gordon erreichte am 18. Februar 1884 Khartum. Dort angekommen, machte er sich daran, die Stadt zu halten und ein Gegengewicht zu Muḥammad Aḥmad und seinen Anhängern zu bilden. Er schlug vor, indische Truppen in den Sudan einmarschieren zu lassen um den Mahdī auszuschalten. Der Bevölkerung erklärte er, britische Truppen seien nicht fern und würden bald die Stadt verteidigen. Dem war aber nicht so. Das Vereinigte Königreich war gar nicht in der Lage, in kurzer Zeit Truppen bereitzustellen und Gladstone dazu auch nicht willens. Gordon entschied sich daraufhin, in Khartum zu bleiben, bis die Stadt entweder durch britische Truppen befreit, oder an den Mahdī gefallen war.[36]

An eine Evakuierung aller Eingeschlossenen war nicht mehr zu denken, zumal die Telegraphenleitungen nach Ägypten am 12. März 1884 von den Mahdisten gekappt worden waren. Zwei Monate später fiel Berber. Khartum war nun auch territorial völlig abgeschnitten von Ägypten. Am 23. Oktober setzte sich der Mahdī auf dem gegenüberliegenden Nilufer von Khartum fest, dort, wo sich heute das Zentrum der Stadt Omdurman befindet. Die englische

Bild 21 »General Gordon's last stand«[39]

Regierung Gladstone stellte eine Befreiungsexpedition auf, die unter den Mahdisten im Januar 1885 einigen Schrecken verbreitete, als sich die Nachricht von deren Heranrücken verbreitete. Die Anṣār kamen zu dem Schluss, Khartum schnell einzunehmen, bevor die Befreiungstruppen diese erreichen konnten. Am 26. Januar 1885 starteten sie ihren Angriff und überwältigten die ausgelaugte Besatzung der Stadt. Entgegen den Befehlen des Mahdī fand Gordon den in der Retrospektive vielfach verklärten Heldentod.[37] Als die Schiffe mit der Entsatz-Expedition Khartum zwei Tage später erreichten, mussten sie feststellen, dass die Stadt bereits gefallen war.[38]

Muḥammad Aḥmad starb überraschend nicht einmal ein halbes Jahr später, am 22. Juni 1885, an Typhus. Berichte, wie der des italienischen Missionars Alois Bonomi, welcher nach dem Tode der Integrationsfigur Auflösungserscheinungen in der Mahdī-Bewegung prophezeite,[40] nährten in Europa die Hoffnung, dass der böse Spuk alsbald vorbei sein würde. Richtig an dem Bericht war, dass nicht alle Sudanesen glühende Verfechter des Mahdismus waren. Viele hatten sich der Bewegung aus Opportunismus angeschlossen, schließlich war der Mahdī eine Identifikationsfigur, welche die ungeliebte Fremdherrschaft der Türken (Turkiyya) bekämpfte. Bis heute trägt der Mahdī, dessen Familie weiterhin politischen Einfluss im (Nord-)Sudan ausübt, deshalb den Nimbus eines »Abū l-Istiqlāl«[41] (»Vater der Unabhängigkeit«).

Bild 22 a/b Traditionelles Anṣār-Gewand und heutige Entsprechung[42]

Bild 23 a/b Symbol der Mahdiyya auf der alten Kuppel des Mahdī-Grabes und Flagge einer Sūfī-Bruderschaft[43]

Bonomi irrte aber in der zentralen Bewertung: Die Bewegung hatte zwar ihren Führer, nicht aber ihre Stärke verloren, wie man auch im Auswärtigen Amt bald feststellte:

> »Der Grundirrthum liegt eben darin, daß man die Revolution selbst für eine von Mohammed Ahmed angeregte religiöse Bewegung hielt, deren Princip und belebende Kraft sich in dem Führer vereinigen und mit diesem hinfällig werde. Wer auf die ersten Anfänge der Revolution zurückgeht oder in der Lage ist, die Meinung von Leuten zu vernehmen, welche in der Mitte derselben gestanden haben, muss erkennen, dass sie eine durchaus politische ist.«[44]

Muḥammad Aḥmad hatte nämlich vorgesorgt und getreu dem Vorbild der Nachfolger des Propheten Muḥammad bereits zu Lebzeiten vier Kalifen ernannt. Eine Position blieb unbesetzt, weil das Oberhaupt des Sānūsiyya-Ordens den Titel ablehnte.[45]

'Abdullāhi b. Sayyid Muḥammad Ḥalīfa, der die Position des rechtgeleiteten Kalifen Abū Bakrs (536-634) einnahm, wurde Nachfolger des Mahdī (Ḥalīfat ul-Mahdī) und leitete in der Folge den Aufbau theokratischer Staatsstrukturen. 'Abdullāhi versuchte den Einfluss der Mahdiyya, wenn schon nicht auf die gesamte arabisch-muslimische Welt, so doch zumindest auf Ägypten und Äthiopien auszuweiten.[47] Als Folge der Kämpfe in Äthiopien fiel Gallabat 1889 an die Anṣār. Bei der Schlacht wurde der äthiopische König Yohannes IV. (1831-1889) tödlich verwundet.

Doch die Anfangseuphorie der Mahdiyya war vorbei. 'Abdullāhi musste sich in der Folgezeit mehrfach gegen innere Feinde durchsetzen – ein Umstand, der möglicherweise die weitgehende Verschonung von Emins Provinz erklärt.

Bild 24 Grab des Mahdī, Omdurman[46]

'Abdullahis Streitkräfte waren vielmehr damit beschäftigt, zahlreiche von Muḥammad Aḥmad eingesetzte Würdenträger in die Schranken zu weisen. Einige hatten sich inzwischen selbst zu messianischen Protagonisten ausgerufen.[48]

Die Haltung der britischen Regierung blieb bezüglich eines Eingriffs im Sudan lange Zeit indifferent. Nach der Niederlage von Khartum wollte Gladstone sich komplett aus dem Sudan zurückziehen und nur Suakin halten.[49] Doch mit dem Wechsel zur Regierung unter Robert Gascoygne-Cecil, 3rd Marquess of Salisbury (1830-1903) wendete sich das Blatt. Der nigerianische Historiker Lawrence Apalara Fabunmi sah neben der Furcht vor einem Prestigeverlust Großbritanniens auch den unter dem Schlagwort »scramble for Africa« bekannt gewordenen Drang als Hauptgrund für das britische Engagement im Sudan. Mittels einer Rückeroberung des Sudan konnte sich das Empire wichtige Einflusssphären sichern und den interessierten europäischen Gegnern, hauptsächlich Frankreich und Italien, zuvorzukommen.[50]

Ausschlaggebend für die Forcierung der britischen Rückeroberung im Jahr 1896 war eine Niederlage der Italiener in Äthiopien gewesen. Großbritannien fürchtete einen Vorstoß 'Abdullahis, der sich die Schwächung der benachbarten Italiener hätte zunutze machen können. Bereits seit 1894 waren belgische Streitkräfte von Süden her in den Sudan einmarschiert.[51] 'Abdullahi hatte seinen Zenit schon lange überschritten. Neben den zunehmenden Angriffen hatten auch Hunger infolge von Missernten und Epidemien seinen Anhängern zu schaffen gemacht.⁵² Die britisch-ägyptische Rückeroberung gipfelte schließlich in der Schlacht von Kararī bei Omdurman. Die Zahlen vermitteln den klaren, aber nicht leicht erkämpften Sieg der anglo-ägyptischen Truppen am 2. September 1898 unter dem Sirdār Horatio Herbert Kitchener, 1ˢᵗ Earl Kitchener of Khartoum (1850-1916): 3.000 getöteten und 4.000 verwundeten Sudanesen standen nur 81 Tote und 487 Verwundete auf anglo-ägyptischer Seite gegenüber.⁵³ Zwar konnte 'Abdullahi mit einigen Getreuen vorerst entkommen – er fiel ein gutes Jahr später in der Schlacht von Umm Diwaykarāt (25. November 1899) –, doch markierte Kararī das Ende der Mahdiyya und den Beginn der anglo-ägyptischen Herrschaft über den Sudan.

Bild 25 Kararī, Omdurman⁵⁴

Auswirkungen der Mahdiyya auf die Äquatorialprovinz

Zunächst tangierten die Entwicklungen Emin nicht. Seine Provinz lag weit entfernt von den Einflussgebieten des Mahdī. So startete Emin Ende 1882 eine weitere Expeditionsreise nach Makraká. Am 16. März 1883 erreichte der Dampfer Talahani (arab. Tala'a Hānī) Lado, aus dem Norden kommend. Er verließ Lado am 14. April wieder. Mit den Dampfern kamen Produkte, die es in der Äquatorialprovinz nicht oder nur wenig gab. Dies waren Baumwolle, Waffen, Munition, aber auch Luxusgüter wie europäischer Alkohol, Zigarren etc. Emin hat die in seiner Amtszeit eingetroffenen Dampfer allesamt verzeichnet. Die nachstehende Liste gibt Auskunft, wie wenig Beachtung man offenbar der Provinz im Norden schenkte, denn zusätzlich zu der Tatsache, dass kaum

Schiffe überhaupt den Weg in den Süden fanden, waren meist auch keine Waren an Bord:

>»1878 Dampfer Ssafia brachte ein wenig Waare. Fluss geschlossen durch die ›Ssed‹ genannten Gras- und Schilfbarren.
>1880, 3. April: ›Bordein‹ nach Eröffnung des Flusses, keine Waaren
>1880, 5. August: ›Bordein‹, Waaren.
>1881, 14. Januar: ›Um-Baba‹, Waaren.
>1881, 29. Januar, ›Bordein‹, keine Waaren.
>1881, 4. Juli: ›Ssafia‹, Waaren.
>1881, 18. Dezember: ›Bordein‹, Waaren.
>1882, 13. Juli: ›Ismailia‹, keine Waaren.
>1883, 16. März: ›Talahani‹, wenig Waaren.«[55]

Der Auflistung ließ Emin folgende verbitterte Worte folgen:

>»Dass unter solchen Verhältnissen an einen Aufschwung zum Besseren in den hiesigen Provinzen nicht zu denken ist, scheint begreiflich, dass sich aber Jemand finden wird, später unter ähnlichen Verhältnissen hier sein Dasein wie ein Ausgestossener der menschlichen Gesellschaft hinzuschleppen, scheint mir doch mehr als fraglich.«[56]

Nachdem der Dampfer Talahani Lado verlassen hatte, begleitete Emin den italienischen Forschungsreisenden Gaetano Casati (1838-1902)[57], der zuvor an den Flüssen Uëlle und Baḥr al-Ġazāl geforscht hatte, in die neue Region Monbutto. Doch die friedliche Zeit in seiner Provinz war vorbei: Im Distrikt Rūl hatten sich Dinka erhoben und mehrere Stationen besetzt, darunter Bor. Mit Hilfe von Truppen Luptons aus Baḥr al-Ġazāl gelang es Emin, die Proviantzufuhr in die Stationen sicherzustellen. Schließlich konnte diese Erhebung zurückgeschlagen werden. Doch neue Gefahren waren in Verzug: In Baḥr al-Ġazāl brachen 1883 mehrere Aufstände aus, die Lupton nicht unter seine Kontrolle bekam. Emin beobachtete das dortige Vorgehen mit Sorge, weil er ein Übergreifen der Aufstände über seine Grenze nicht ausschließen konnte. Erste Anzeichen, dass es auch in der Äquatorialprovinz zu gären begann, stellte Emin am 28. November 1883 fest, als er Kenntnis von Bari in Gondokoro erhielt, die öffentlich geäußert hatten, »es sei nun an der Zeit, die ›Turk‹ zu beseitigen.«[58] Einen Bari-Dragoman, der mit solchen Äußerungen aufgefallen war, ließ Emin einsperren. Den Bari-Chief Loron (arab. Lūrūn), der bereits gegen Baker und Gordon mehrfach opponiert und nun aufgrund seines Waffen- und Munitionsbesitzes gedroht hatte, »bald Herr von Gondokoro und Ladó zu sein«[59], ließ Emin, Junker zufolge, sogar durch ʿAlī Efendi, den Verwalter von Rejaf, umbringen.[60] Die Vorgehensweise Emins, der zu diesem Vorfall keinen Eintrag in seinem Tagebuch hinterließ, erstaunt. Hatte Emin einen Mord in Auftrag gegeben, um Aufstände im Keim zu ersticken? Weil Casati zwar die Ermordung Lorons am 27. Juni 1884 erwähnte, die Tat jedoch einem anderen Mörder zuschrieb,[61] sind zumindest Zweifel an der Beschäftigung eines »Killer[s]«[62] angebracht. Doch ganz wegwischen lassen sich diese Gerüchte nicht, zumal Junker in seinen Memoiren einen zweiten Fall vortrug: Demnach hatte Emin im Herbst 1883 einen weiteren Aufrührer, Mambanga, in der Provinz Munbuttu erschießen lassen. Junker zeigte sich in seinen Memoiren peinlich berührt, dass gerade Emin, den er auch im Dialog mit Afrikanern als »milden und nachsichtigen europäischen Gouverneur«[63] dargestellt hatte, zu solchen Taten fähig war. Ob Emin tatsächlich für die genannten Morde verantwortlich war, oder ob Junker hier Zusammenhänge konstruierte, die nicht vorhanden waren, muss offen bleiben.

Ein wenig Spekulation ist jedoch angebracht: Für Emins Anwendung des politischen Auftragsmordes spräche das Schwinden des ohnehin porösen Gesamtgefüges in Bezug auf Ordnung, Sicherheit und Werte in der Provinz. Möglich, dass diese Entwicklung auch vor dem Gouverneur selbst nicht Halt machte. Es wäre auch denkbar, dass Emin sich dieses Mittels bediente, um seiner eigenen Ermordung zuvorzukommen. Immerhin ging das Gerücht um, sein Kollege Rosset sei in Darfur vergiftet worden[64] und schließlich entging Emin selbst wenig später nur knapp einer Vergiftung durch Karam Allah, welcher ihm einen kontaminierten Mantel sandte.[65]

Gegen Junkers Verdächtigungen spricht, dass potenzielle Mitwisser aus Emins Beamtenschaft, die sich später in äußerst kritischer Weise über ihren ehemaligen Vorgesetzten äußerten, kein Wort über die möglichen Auftragsmorde verloren. Hinzu kommt, dass Junker selbst später Dinge anders schilderte als er sie in seinen Memoiren veröffentlicht hatte. Dies ist aus dem Nachlass Gieglers ersichtlich.[66] Doch darauf wird noch zurückzukommen sein.

Anfang Januar 1884 war Wilhelm Junker, dem Emin nach Schwierigkeiten am Uëlle Unterstützung entgegengesandt hatte, wieder in Lado eingetroffen. Er plante, nach Khartum abzureisen und wartete in Lado auf das Eintreffen des nächsten Dampfers. Doch dieser kam nicht, weil die Truppen des Mahdī bereits jegliche Verbindung zwischen Khartum und den südlichen Provinzen abgeschnitten hatten. Das wussten Emin und Junker zu diesem Zeitpunkt freilich noch nicht. Junker beschrieb die trübe Zeit in seinem Tagebuch:

> »Und nun sollte der Dampfer kommen – aber er kam nicht! Immer häufiger erörterten wir dieses Ausbleiben in unsern Gesprächen. Anfangs wurden keine eigentlichen Befürchtungen laut, aber endlich begannen wir zu ahnen, dass die Verhältnisse in Chartum denn doch verwickelter sein müssten, als wir angenommen.«[67]

Über die Stimmungslage unter den Beamten Emins und dessen Umgang mit der Situation schrieb Junker an anderer Stelle:

> »Die kurzsichtigern Beamten glaubten immer noch das Ausbleiben des Dampfers liege an der Nachlässigkeit in der Abfertigung desselben, und kehrten ihren ganzen Groll gegen die Regierung. [...] Selbst eine Flasche Asti spumante, welche Emin Bey eines Tages als ganz geheimes Ersparnis hervorholte, um uns aufzuheitern, versagte ihren Dienst, wir standen alle zu sehr unter dem Druck der ungewissen Zukunft. [...] Wie eine Ironie beinahe erschien es mir, dass im innern Hof Emin Beys noch Neubauten aufgeführt wurden; [...].«[68]

Die Lage wurde zunehmend bedrohlicher. Zunächst gerieten Junker und Emin über einen Aufstand der Bewohner um Schambé (arab. Šambī), einer kleinen erst kürzlich wieder in Dienst genommenen Station in der Rūl-Provinz in Aufregung. Emin hatte Ende Januar eine Barke mit 12 Mann Besatzung und

Vorräten aus Bor dorthin gesandt. Wenig später erhielt Emin die Nachricht, die Station sei zerstört. Aus Sorge um die entsandte Besatzung der Barke schickte Emin Verstärkungen in alle angrenzenden Stationen – auch, um eventuell aus dem Norden eintreffenden Dampfern zu signalisieren, dass die Ordnung im Süden noch Bestand hatte und eine Weiterfahrt nach Lado lohnte.[69]

Am 26. März 1884 erhielten Emin und Junker Nachrichten von Lupton, der sie über die Vorgänge in Obeid informierte. Nun erhielten die beiden auch über die Frage Gewissheit, weshalb keine Dampfer in den Süden kamen.[70]

Inzwischen hatten die Mahdisten die im Norden an Äquatoria angrenzende Provinz Baḥr al-Ġazāl bedrängt. Luptons Verteidigungsstrategien hatten sich im März noch bewährt. Im Mai trafen jedoch Briefe Luptons ein, die Emin und Junker »jählings aus allen Illusionen aufrüttelten«[71]. Den Briefen zufolge hatte seine Unterwerfung am 12. April unmittelbar bevorgestanden.[72] Als Emin die Briefe erhielt, war die gesamte Provinz bereits an den Mahdī gefallen.

Karam Allah Muḥammad Kurkusāwī (†1903), einer der Feldherren des Mahdī, richtete drei Sendschreiben an Emin, seine Beamten und Dr. Junker. Darin forderte er im Namen des Mahdī, dass Emin ebenso wie Lupton seine Provinz an ihn übergeben, sich unterwerfen und zum Mahdī kommen solle, ansonsten werde es Emin wie Hicks ergehen:

> »Wenn du gehorchst, verbürge ich dir dein Leben, und du wirst unnützes Blutvergiessen vermeiden, wenn du aber nicht gehorchst, wirst du die Ursache des Unterganges deiner Leute und deines eigenen sein.«[73]

Nun war Emin gefordert, zu handeln. Er wusste nicht, ob er sich noch der uneingeschränkten Loyalität seines Personals – insbesondere der Danaqla, die aus derselben Ethnie wie der Mahdī stammten und teilweise sogar mit diesem verwandt waren – sicher sein konnte. Dazu nutzten andere, nicht-muslimische Ethnien das durch den Umsturz in Baḥr al-Ġazāl entstandene Machtvakuum zu Aufständen. Der Brief Karam Allahs hatte bei ihm tiefe Niedergeschlagenheit und das Gefühl von Hilflosigkeit ausgelöst. In seinen Tagebucheinträgen wird dies an der mehrfachen Anrufung Gottes deutlich. So fragte er Ende Mai 1884 verzweifelt:

> »Gibt es denn keinen Gott und keine Hilfe mehr?«[74]

Trotz aller gefühlten Hilflosigkeit versuchte Emin ein Krisenmanagement zu entwickeln, in dem er sein Führungspersonal inklusive Wilhelm Junker um ein Meinungsbild bat. Hierzu berief Emin einen Krisenrat ein, der den Angaben Vita Hassans zufolge aus folgenden Personen bestand: Tiya Āġā Aḥmad (Platzkommandant von Lado), Tiya Āġā Tinda (Leiter des Schlachthauses), Auwād ʿAbdallah (Vorsteher der Magazine), ʿUṯmān Arbāb (2. Sekretär der Provinz), Ḥaǧǧ Muḥammad ʿUṯmān (Schulmeister), Ḥaǧǧ ʿUṯmān Ḥamad (Richter), Basīli Buḫtūr (Chef des Personals), Miḫāʾīl Saʿad (Oberschreiber), Ismāʿīl Ḫalīfa (Chef des Rechnungswesens), Aḥmand Rāʾif (1. Muʿāwin der Provinz), Mūsā Āġā Kundā (Offizier), Maḥmūd al-ʿAġamī (2. Befehlshaber von Lado), Vita Hassan (Chefapotheker der Provinz) und Wilhelm Junker.[75]

Emin habe den Brief Karam Allahs mit lauter Stimme vorgelesen – wobei ihm, wie Vita Hassan schrieb, bald »die Stimme versagte und Thränen in die

Augen kamen«[76], so dass er das Lesen ʿUṯmān Arbāb überlassen musste. Nach einer langen Schweigepause habe Emin um ein Votum gebeten, wie weiter zu verfahren sei. Nach den üblichen Äußerungen, dass Emin als Mudīr zu entscheiden habe, und man sich dessen Befehlen unterordnen werde, habe Junker interveniert, indem er verdeutlichte, dass die Meinung der Beamten ausdrücklich erwünscht sei.[77]

Der Großteil des Rates stimmte schließlich für eine kampflose Unterwerfung, um Material und Leute zu schonen. Junker zufolge habe sich Emin sofort bereit gezeigt, nach Baḥr al-Ġazāl zu gehen[78] – eine Entscheidung, die später für großen Wirbel sorgte. Vita Hassan zufolge habe Emin seinen Plan, zu Karam Allah zu gehen, nur vorgeschoben, gleichzeitig jedoch einen anderen Weg verfolgt: Die Flucht in den Süden durch Kabaregas Land. Emins Worte seien dann absichtlich falsch wiedergegeben worden, so dass es den Anschein gehabt habe, Emin haben sich den Fluchtweg dadurch sichern wollen, dass er alle Soldaten an Kabarega verkaufte.[79]

Weil sich mehr Freiwillige für den Zug nach Baḥr al-Ġazāl bereit erklärten als benötigt, traf Emin eine Auswahl. Neben dem Lehrer Ḥaǧǧ Muḥammad ʿUṯmān, dem Richter Ḥaǧǧ ʿUṯmān Ḥamad und dem Offizier Mūsā Āġā Kundā sollten auch ʿUṯmān Arbāb, der Schreiber Bābā Efendi sowie der frühere Verweser Latukas, Ibrāhīm Āġā, zu Karam Allah entsandt werden. Der Gesandtschaft, die am 3. Juni 1884 aufbrach, gab Emin ein Unterwerfungsschreiben

Bild 26 Casati (mit Tochter), Vita Hassan und Wilhelm Junker[85]

mit, in dem das Nichterscheinen Emins mit dringend erforderlichem Aufenthalt in der Provinz und das Fernbleiben Junkers mit Reisemüdigkeit erklärt wurden.[80]

Junker, der hinter Karam Allahs Brief nur eine List vermutete, die Provinz in leichter Weise übertragen zu bekommen, hatte Emins Übergabebereitschaft nach Beendigung des Krisenrates heftig kritisiert[81] und ihn überzeugt, da »die Gemüter etwas ruhiger«[82] wurden, vorerst auf Zeit zu spielen. Junker selbst wollte seine schriftlichen und kartographischen Forschungsergebnisse retten und reiste am 7. Juni über Redjaf in Richtung Süden ab.[83] Weil ihm der Reiseweg durch den Süden zu abenteuerlich schien,[84] kehrte Junker im Herbst 1884 wieder nach Lado zurück.

Emin ein Feigling und Betrüger?

Die Beratung Emins mit seinen Offizieren und Beamten sowie sein weiteres Krisenmanagement nach Erhalt der Briefe verdienen aber noch eine nähere Betrachtung, weil neben den oben zitierten Memoiren Vita Hassans und Wilhelm Junkers weitere Quellen vorliegen. Wie gesehen, sind Emins Tagebücher nicht sonderlich aussagekräftig, weil Emin in diesen Tagen nur unregelmäßig Tagebuch geführt und mehrere Tage zusammengefasst hat. Von den Diskussionen rund um den Krisenrat, sein Schwanken und seine Zurechtweisung durch Wilhelm Junker erfährt der Leser der Tagebücher nichts.

Wertvolle Ergänzungen bieten anglo-ägyptische Geheimdienstakten, die sich in den *Khartoum Central Archives* erhalten haben. Sie enthalten Aussagen ehemaliger Beamter der Äquatorialprovinz.[86] Aufgezeichnet wurden diese Aussagen nach Abschluss der Stanley-Expedition im Frühjahr 1890. Die Aussage des ehemaligen Chefs des Personalwesens der Provinz, Baṣīli Buḫtūr, fand sogar den Weg in die internationale Presse. So berichtete der *New York Herald* am 5. Mai 1890 auf seiner Titelseite unter der Überschrift »Emin and the Mahdi. Grave accusations of treachery against the Pasha«[87] über Emins angebliches gemeinsames Spiel mit dem Mahdī. Baṣīli Buḫtūr bezichtigte Emin, nicht nur bereit gewesen zu sein, die Provinz an den Mahdī zu übergeben, sondern der Gouverneur habe überdies Anṣār-Gewänder bereitgehalten, um die Emissäre damit auszustatten und die Unterwerfung augenscheinlich werden zu lassen. Der Offizier Murǧān Āġā habe Emin daraufhin wissen lassen, dass er Emins Verhalten für Verrat halte. Er und die anderen Soldaten seien bereit für »Efendina«[88] zu sterben.[89]

Auch von Emin selbst existiert in den Geheimdienstunterlagen eine Stellungnahme. Der Bericht stammt aus dem Herbst 1885, wurde also eineinhalb Jahre nach dem Krisenrat verfasst. Hier präsentierte sich Emin als Taktiker: Er habe der Entscheidung des Krisenrates zugestimmt, damit aber lediglich Zeit zur Befestigung der Provinz gewinnen wollen.[90]

Wenn auch in der Nachschau mit letzter Sicherheit nicht mehr zu klären ist, ob Emin aus Furcht (Junker) oder aus List (Vita Hassan/Emin) eine Übergabe der Provinz für geboten hielt, so kann die Übergabe aus konspirativen Gründen (Baṣīli Buḫtūr) ausgeschlossen werden. Emin hat sich für die Sache der Mahdiyya nie begeistern können. Zu berücksichtigen ist bei den Aussagen Baṣīli Buḫtūrs ferner, dass es zwischen Emin und seinem Beamten erhebliche Antipathien gab. Besonders rechtschaffen scheint Baṣīli Buḫtūr nicht gewesen zu sein, schließlich war er Stanley zufolge wenig später einer der Drahtzieher von Unruhen in Kavalli.[91]

Sicherungsmassnahmen: Die schrittweise Verlagerung in den Süden

Ein mit Junker entworfenen Plan sah vor, den Schwerpunkt der Provinz in die südlicheren Stationen Dufilé und Wadilay zu verlagern. Dazu gab Emin die entferntesten Stationen Fauwera, Fadibék und Latuka auf und verteilte deren Soldaten und Bedienstete auf die übrigen Stationen.[92] Emin hob zudem die Distrikte auf und bildete an derer statt ein Nordgouvernorat, welches er Murǧān Āǧā unterstellte, sowie ein Südgouvernorat, zu dessen Verwalter er Hawāši Efendi ernannte.[93]

Die Ausführung der Umstrukturierungsmaßnahmen erfolgten jedoch langsam und mit »grenzenlose[r] Lässigkeit«[94], wie Junker bedauerte. Widersprüchliche Meldungen und das Wissen, dass anstatt des erwarteten Feindes von außen die Gegner eher im Umfeld der nördlichen Provinzstationen zu suchen waren,[95] ließen die Lage unübersichtlich werden.

Tatsächlich versuchten dongolanische, zum Mahdī übergelaufene Kleinhändler aus der Äquatorialprovinz mehrfach, die Station Amadi einzunehmen. Sie konnten jedoch von der dortigen Besatzung unter der Führung des wenig zuverlässigen Murǧān Āǧā mehrfach verlustreich zurückgeschlagen werden. Verstärkt von Dinka gelang es den Angreifern jedoch, am 2. Dezember 1884 zwölf Soldaten, darunter drei Offiziere zu töten. Vita Hassan, der von Emin nach Amadi, das als Bollwerk für Lado wichtige strategische Bedeutung hatte, entsandt worden war, um die Verwundeten zu versorgen, berichtete über das unkluge taktische Vorgehen Murǧān Āǧās. Durch eine Intrige sollte Marco Nicolo Gaspari[96], ein tüchtiger Soldat, wegen angeblicher Kollaboration mit den Mahdisten hingerichtet werden. Vita Hassan zufolge hatte Emin den Berichten aus Amadi vertraut und das Todesurteil gegen Gaspari und weitere Offiziere angeordnet. Doch Vita fing den Befehl nach eigener Darstellung rechtzeitig ab.[97]

Trotz des Wechsels von Murǧān Āǧā auf Sulaymān Āǧā konnte Amadi nicht auf Dauer gehalten werden und ging an die Mahdisten verloren. Murǧān Āǧā fiel im Kampf.[98]

In einer neuerlichen, nicht näher beschriebenen Ratssitzung, entschied sich Emin zum Rückzug in die weiter südlich gelegene Station Dufilé. Ausschlaggebend war wohl das Argument, dass die Nahrungsmittelversorgung in Lado nicht mehr gewährleistet war.[99] Junker war am 26. Januar 1885 – am gleichen Tag fiel Khartum an den Mahdī – bereits in den Süden abgereist, um über den Magongo-Chief Anfina († 1886) Verbindungen nach Buganda und an die Küste herzustellen.[100]

Doch schon vollzog Emin wieder eine Kehrtwende: Er blieb zunächst in Lado und ging sogar auf eine Petition seiner Beamten ein, nach der Makraka, Bor, Lado, Gondokoro, Redjáf und Kiri gehalten werden sollten.[101]

Die ständigen Schwankungen in Emins Entscheidungen waren sicherlich zum Teil der sich häufig wechselnden Sachlage geschuldet. Andererseits ließ Emin keine klare Linie erkennen. Den Vorwurf der Beratungsresistenz kann man Emin sicherlich nicht machen – im Gegenteil, er bezog ausgewählte Repräsentanten in seine Beratungen mit ein und fügte sich deren Entscheidungen. Doch noch bemerkenswerter war Emins Vorgehen am 24. April 1885: Hier nahm Emin an den Beratungen von Offizieren und Beamten gar nicht teil, sondern trat die Leitung des Rates an Rīḥān Āġā († 1886) ab. Der Beschluss des Rates lautete, dass Lado, Redjaf und Bedden so lange gehalten werden sollten, bis Frauen, Kinder und Güter evakuiert waren. Der Rückzug sollte eindeutig in Richtung Süden erfolgen, und zwar nach Wadelai und Dufilé. Dort sei die Nahrungsversorgung gewährleistet und notfalls stünden Kabarega oder Muanga II. (auch: Mwanga, 1868-1903, reg. 1884-1888 und 1890-1897), der Nachfolger Mutesas, zu Hilfestellung bereit.[102]

Nicht einverstanden mit dem Rückzug war insbesondere Casati, der ein Bleiben in Lado befürwortet hatte und zwischenzeitlich sogar einen riskanten Rückzug nach Nordosten favorisiert hatte, um Karam Allah eine Finte zu schlagen.[103]

Zur großen Überraschung Emins kam das Vordringen der Mahdisten, die sich mit Amadi nicht zufrieden gegeben hatten, auf der Route nach Lado zu einem Halt, weil aus Amadi entkommene Regierungssoldaten sich bei dem Dorf Rimo (arab. Rīmū) mit Truppen unter Rīḥān Āġā aus Monbuttu vereinigten und ihre Verfolger wirksam bekämpften. Der über die fast vollständige Auslöschung seiner Kämpfer entsetzte Karam Allah, der nun einen Angriff auf Amadi befürchten musste, ließ die Station daraufhin schleifen und zog sich nach Baḥr al-Ġazāl zurück.[104] Diese Nachricht erreichte Emin jedoch erst, nachdem er den Rückzug bereits in Gang gesetzt hatte. Emin hatte vorausgesehen, dass, sobald er Lado verließe, »das Kartenhaus zusammenklappt.«[105] Wie befürchtet ließ die Ordnung in den zurückbleibenden Stationen erheblich nach. Es drangen in der Folge kaum Nachrichten nach Wadelai durch.[106]

Von Junker erhielt Emin während seiner Reise nach Wadelai wenig günstige Nachrichten. Gerüchten zufolge war inzwischen ein Krieg zwischen Bunyoro und Buganda ausgebrochen.[107] Damit schien der südliche Fluchtweg für Emin ebenfalls gesperrt. Dennoch versuchte Emin erneut, diplomatische Verbindungen mit Kabarega aufzunehmen.[108] Aus dieser Zeit stammt der bereits im Zusammenhang mit dem Krisenrat zitierte, ausführliche Bericht Emins an das ägyptische Innenministerium, in welchem er den Zustand der Äquatorialprovinz zwischen April 1883 und Herbst 1885 erläuterte.[109]

Am 2. Januar 1886 sandte er die seit Mitte Dezember 1885 wieder in Wadelai weilenden Vita Hassan und Junker mit dem Dampfer »Khedive« nach Kibiro, von wo sie weiter zu Kabarega marschieren sollten. Junker gab er verschiedene Schreiben mit, darunter einen am 1. November 1885 verfassten Bericht an das ägyptische Gouvernement unter Būġūṣ Nūbār Pascha[110] (1825-1899), in dem er um militärischen Nachschub für seine Provinz bat. Junker transportierte dieses Schreiben an die Küste, wo es über Sansibar den Weg nach Kairo fand. In seinem – nicht auf Emins November-Brief bezogenen[111] – Antwortschreiben, das Emin im Februar 1886 erhielt, ließ Nūbār Emin wissen, dass die Regierung den Sudan aufgegeben habe und deshalb keine Hilfe senden könne. Emin könne tun, was er für richtig halte und über den britischen Konsul John Kirk in Sansibar die für seine Schritte nötigen Gelder beziehen.[112]

In der Folge litt Emins Befehlsgewalt erheblich – faktisch war Emin kein Bevollmächtigter des ägyptischen Khediven mehr –, die ohnehin schlechte Disziplin der Soldaten ließ weiter nach. Die Echtheit des in französischer Sprache verfassten Dokuments wurde sogleich bezweifelt – Emin gar als Fälscher vermutet.[113]

Der ägyptische Historiker Muḥammad Fūʾād Šukrī machte für Emins nachlassende Autorität nicht nur die mangelnde Unterstützung Kairos verantwortlich, sondern auch die innere Emigration Emins, der sich fortan auf seine naturwissenschaftlichen Forschungen konzentriert und für militärische Fragen kein Interesse mehr gezeigt habe.[114] Mit dieser Einschätzung lag Šukrī nicht ganz falsch, denn den Tagebüchern zufolge wandte sich Emin in dieser Zeit verstärkt der Erforschung von Naturphänomenen zu. Bezeichnend war auch, dass Emin nicht selbst zu Kabarega reiste, sondern Vita Hassan und später Casati entsandte. Andererseits blieben ihm nicht viele Möglichkeiten zu agieren. So verlegte er sich auf das Reagieren auf eintreffende Nachrichten, die meist wenig erbaulich waren. In Lado hatten Unteroffiziere versucht, die Besatzung der Station zu töten und ein eigenes Reich zu errichten.[115]

Vita Hassan, der Junker zu Kabarega begleitete, war von Emin als diplomatischer Vertreter entsandt. Er sollte Elfenbein gegen Stoffe tauschen und über den Handel Buch führen. Des Weiteren sollte er die Freundschaft zu Kabarega aufrechterhalten und gegebenenfalls einen Fluchtweg für Emin und seine Leute offen halten.[116]

Kabarega gestaltete seinen Gästen Junker und Vita Hassan den Aufenthalt wenig angenehm, da er sie unter Bewachung stellte und somit jeden Schritt der beiden verfolgte. Mit Hilfe Muḥammad Bīrīs, eines Libyers, der den belgischen Reisenden Jules Ramaeckers am Tanganyika betreut und dessen Nachlass nach Brüssel transportiert hatte, gelang es Junker, heimlich Briefe an den schottischen Missionar Alexander Mackay, der in Usambiro saß, weiterzuleiten.[117] Über Bīrī erfuhr Junker auch von der gescheiterten Expedition Gustav Adolf Fischers (1848-1886)[118], über die er dann Emin in Kenntnis setzte.

Am 1. März 1885 verließ Junker Kabaregas Hof. Der Kabaka drängte auf die Abreise des Deutsch-Russen, da eine militärische Auseinandersetzung mit

Buganda unmittelbar bevorstand. Nach Mutesas Tod hatte sich Kabarega nämlich geweigert, weiterhin Tributzahlungen an dessen Nachfolger Muanga zu leisten.[119] Nach Junker verließ auch Vita die Hauptstadt Kabaregas, die kurz darauf nach einem Waganda-Angriff in Flammen aufging. Vita floh auf die Insel Tunguru am Rande von Kabaregas Reich, und informierte Emin über seinen erzwungenen Rückzug. Nachdem Vita im Auftrage Emins einige Zeit den Fortgang des Kriegsverlaufs beobachtet hatte, erhielt Vita seine Rückbeorderung nach Wadelai.[120]

Eigentlich hatte Emin Vita nur weitere Instruktionen geben wollen, aber Kabarega hatte Emin einen Brief geschrieben, in dem er diesen bat, einen anderen Beamten anstatt Vita zu senden, weil dieser sehr redselig gewesen sei.[121]

So entschied sich Emin anstatt seiner Casati nach Bunyoro zu senden, damit dieser nach dem Rückzug der Waganda die diplomatischen Beziehungen zu Kabarega wieder aufnehmen und für die Einrichtung eines Briefverkehrs zur Küste sorgen konnte. Skeptischer war Emin über den Erfolg Junkers in Buganda, das Junker nach Beendigung der Kämpfe erreicht hatte:

> »Junker, der glaubt, nun in Muanga einen besseren Freund zu finden, wird sich nach kurzer Zeit wohl arg getäuscht fühlen [...]: schöne Formen, glatte Redensarten, viel Versprechungen und dahinter – Wind!«[122]

In einem Brief an Junker bat Emin, dieser solle keine diplomatischen Verhandlungen mit Muanga führen, da er, Emin, Versprechungen in seiner gegenwärtigen Lage ohnehin nicht einhalten könne. Junker solle lediglich erbitten, dass Muanga die Straße zu Kabarega offen halte und Ägypter, die aus der Äquatorialprovinz kämen, gut zu behandeln.[123]

Inzwischen hatte Emin die Zeit dazu genutzt, mögliche Rückzugsorte weiter südlich zu erkunden und dabei auch die von Vita Hassan entdeckte Insel Tunguru inspiziert. Neben mehreren weiteren Nachrichten hatte Emin inzwischen auch das arabische Original des Nūbār-Schreibens erhalten.

Nach Wadelai zurückgekehrt, erhielt er Nachricht von 'Alī Efendi, der interimistisch die Nachfolge des verstorbenen Rīḥān Āġā als Kommandant von Lado übernommen hatte. 'Alī hatte nach eigener Aussage keine Verfügungsgewalt über die Offiziere, die Beutezüge in die Umgebung unternahmen, und bat um Getreidelieferungen, um die Aufständischen zu beruhigen.[124]

Als Reaktion auf die Nachricht entsandte Emin den Dampfer *Nyanza* mit Vita, Aḥmad Āġā Ḥamad, der Lado übernehmen sollte, sowie Salīm Āġā nach Dufilé. Von dort aus sollten die drei Entsandten nach Lado vorstoßen, um die inzwischen verbreitete Ordre Nūbārs zu erläutern. Ihr Auftrag war, die Offiziere zu bitten, sich nach Wadelai zurückzuziehen. Die »dortigen Ägypter, die eigentlich an allem schuld sind, [...]«[125] sollten im Falle ihrer Weigerung einfach verlassen werden.[126]

Von der Ausführung der Mission berichtete Vita, dass sich die Soldaten in Lado dem Anschein nach loyal verhielten und einem Rückzug in Richtung Süden zugestimmt hätten – unter der Bedingung, dass die Besatzung von Makraka, die sich ebenfalls erhoben hatte, auch zurückgezogen würde. Sie hätten sich ferner beklagt, dass Emin sie im Stich gelassen habe. Den interimistischen

Kommandanten ʿAlī Efendi, der Vita nach Süden begleiten wollte, hätten die Soldaten nicht gehen lassen, da sie sonst »wie eine Herde ohne Hirten«[127] zurückgelassen würden. Anders habe sich die Situation in Redjaf dargestellt, wo die lese- und schreibunkundigen Soldaten den Brief Nūbārs ebenso wie zwei Autoritäten als Fälschung angesehen hätten.[128] Ohne konkretes Ergebnis kehrte Vita zu Emin zurück.

Derweil ließ Emin bei Wadelai Holz schlagen, um die Dampfer ausbessern zu können und eine zusätzliche Barke zu bauen.[129] Erstmals klagte Emin über gesundheitliche Probleme, die sich in Schlaflosigkeit äußerten. An eine Luftveränderung sei wegen der vielen Arbeit aber nicht zu denken.[130]

Unterdessen hatte Emin einen Brief des schottischen Missionars Alexander Mackay[131] (1849-1890, CMS) in deutscher Sprache erhalten, in dem dieser ihn zum einen über die glückliche Ankunft Junkers in Buganda unterrichtete, Emin aber zum anderen auch bat, in Wadelai zu bleiben und nicht nach Buganda zu kommen, denn der König sei »jung und böse«[132]. Emin solle warten, bis das Empire ihm helfe. Auch Deutschland und insbesondere Belgien stünden bereit, weil sie Interesse an Innerafrika bekundet hätten. Emin halte den »Schlüssel der ganzen Nachbarschaft in den Händen.«[133]

Mackay, der sich innerhalb kurzer Zeit zum wichtigsten Informanten und einflussreichen Ratgeber Emins entwickelte, informierte den Gouverneur hiermit erstmals über das europäische Interesse an Äquatoria. Nachdem Nūbār die Provinz offiziell aufgegeben hatte, lud das Schreiben Mackays Emin zu einer Neuorientierung ein, wie an späterer Stelle ausführlich gezeigt wird.

Zufrieden zeigte Emin sich über die Bemühungen Casatis, der Kabarega zur Fortdauer des brüchigen Friedens mit Buganda überredet hatte.[134] Unverständlich waren ihm dagegen die Loyalitätsbekundungen seiner Beamten, über die Vita ihm berichtet hatte. So akzeptierten die Soldaten Emin als Befehlshaber, weigerten sich jedoch seinem Rückzugsbefehl Folge zu leisten. Emin schrieb dazu:

> »Die Leute sind des Teufels! Beteuerungen ihrer Loyalität und dabei völliger Ungehorsam; Ausdrücke ihrer Anhänglichkeit und doch kein Verständnis für meine Absichten.«[135]

Weil Emin eine Hungersnot befürchtete – die Schuli im Bereich von Wadelai hatten ihre Getreidevorräte in Sicherheit gebracht, um sie nicht mit Emins Leuten teilen zu müssen – kam ihm das Angebot von Chief Kisa, eine Station anzulegen, nicht unrecht. Im Gegenzug versprach sich der Chief Schutz von Emins Truppen.[136] Doch dieser Schutzgedanke entpuppte sich als Illusion, denn Kabarega ließ Chief Kisa im März 1887 umbringen. Für Emin bedeutete dieser Vorfall neuerliche Sorgen um Casati und die Briefverbindung zur Küste.[137]

Einen knappen Monat zuvor war Wadelai von einer schweren Feuersbrunst heimgesucht worden, bei der es Emin nur mit Mühe gelungen war, seine Sammlungen und das Pulvermagazin zu retten.[138] Die Holz- und Strohbauten der Stationen waren häufiges Opfer von Bränden, die meist aus Unachtsamkeit ausbrachen.[139]

Die Hiobsbotschaften rissen nicht ab: Junker informierte Emin, dass er sich zwar glücklich auf dem Wege in Richtung Küste befinde, dass sich jedoch auch

Lenz und Fischer, die beide zu Emin hatten durchdringen wollen, kehrtgemacht hatten und sich ebenfalls zurück und auf dem Wege zur Küste befanden.[140]

Am 13. April 1887 empfing Emin eine Delegation von Kabarega. Emin nutzte die Gelegenheit vier Forderungen an den Kabaka zu stellen: So wollte er die volle Bewegungsfreiheit für Casati gewährleistet wissen und eine Blutsbrüderschaft zwischen diesem und einem Sohn des Kabakas schließen lassen. Auch Chief Songa, der mit Kisa zusammen zu Kabarega gezogen war, und in dessen Gebiet Emin ebenfalls eine Station eingerichtet hatte, sollte wieder in sein Land zurückkehren dürfen. Emin rügte die Ermordung Kisas, der sowohl unter Kabaregas wie auch seinem Schutz gestanden hatte, und verbat sich eine Einmischung in die Politik seines Gebietes.[141] Inzwischen war bei Emin die Erkenntnis gereift, dass ein künftiges Gouvernement über die Nilland auch Buganda und Bunyoro einbeziehen müsse. »Wieweit nun dies mit der Erhaltung des Friedens vereinbar ist, wage ich nicht zu entscheiden.«[142], fügte Emin seinen Aufzeichnungen hinzu. Gegenüber dem Kabaka schlug Emin nun eine andere Tonart an. Er warnte ihn ausdrücklich, in das Land der Schuli vorzudringen. Auch Kabaregas Beschwerde, Casati rede zu viel, wies er als »Kindereien«[143] zurück, weil er bereits Vita mit dem gleichen Argument ausgetauscht habe.[144]

Emins Verhältnis zu seinem Boten Muḥammad Bīrī verschlechterte sich, weil dieser Emins Zwangslage zu seinen Gunsten ausnutzte und für seine Botendienste hochkarätiges Elfenbein als Zahlungsmittel verlangte.[145] Emin war auch verärgert über die Tatsache, dass Bīrī in Bunyoro hatte verbreiten lassen, der Gouverneur Emin sei geizig.[146]

Weit größeres Kopfzerbrechen bereiteten Emin jedoch seine Soldaten in den nördlichen Stationen, die nun nach Auskunft von Boten daran gehen wollten, Kiri zu zerstören. Um für Ordnung zu sorgen, reiste Emin deshalb im Dezember 1887 selbst nach Norden. Seine Provinz bestand zu diesem Zeitpunkt nur noch aus einem Siebtel ihrer ursprünglichen Größe. Und auch dieses Gebiet war in Gefahr: Kaum in Kiri angelangt, musste Emin die Station auf Anraten des Ladoer Kommandanten Aḥmad Āġā Ḥamad fluchtartig wieder in Richtung Mugi verlassen, weil eine Intrige des Kommandanten von Makraka, ʿAlī Āġā Ġabūr, offenbar geworden war. Dieser wollte Emin verhaften lassen und in Gondokoro internieren. Tatsächlich konfiszierte der Kommandant Emins zurückgelassenes Gepäck, traf den Gouverneur jedoch nicht mehr selbst an. Nach einigen Tagen soll ʿAlī Āġā Ġabūr Emins Gepäck zurückgesandt und sich für den Vorfall entschuldigt haben.[147]

Im Sommer 1887 erlebte Emin einen »Festtag«[148]. Ein Brief des britischen Generalkonsuls in Sansibar, Frederic Holmwood, informierte Emin über seine Beförderung zum Pascha. Emin wurde nochmals autorisiert, sich aus der Mudīriyya zurückzuziehen und den Weg nach Sansibar anzutreten, wenn die Umstände es erlaubten. Emin solle jedem Flüchtling oder Truppenangehörigen, der zurückbleiben wolle, dieses Recht zugestehen.[149] Der Brief war ein halbes Jahr unterwegs gewesen.

In einem angefügten Schreiben informierte Holmwood Emin außerdem über eine Entsatzexpedition unter der Leitung Stanleys.[150] Dass Stanley die

Route über den Kongo nahm, erfuhr Emin später über einen weiteren Brief Holmwoods. Bei dieser Gelegenheit hatte Emin auch den Original-Brief des Khediven mit der Beförderung zum Pascha (osman. Mīr ī-Mīran) erhalten.[151]

Emin, der sich noch in der Nähe von Mugi befand, kehrte in die Station zurück und nahm einige Beförderungen verdienter Offiziere vor, zu denen der Khedive ihn autorisiert hatte.[152] Ebenso verfuhr er in Dufilé.[153] Durch diese Maßnahme stärkte Emin das Vertrauen seiner Soldaten in seine Person und das ägyptische Gouvernement und strafte alle diejenigen Lügen, die in seinen Anordnungen eine Falle gesehen hatten. Doch dieser Zustand sollte nicht lange anhalten.

Sieben Antwortschreiben an den ägyptischen Premierminister Būġuṣ Nūbār Pascha, die allesamt auf den 4. September 1887 datiert sind, haben sich im *Ägyptischen Nationalarchiv* in Kairo erhalten. In diesen Briefen dankte Emin Nūbār für den Erhalt der ägyptischen Direktiven und seine Beförderung und berichtete nach einer Übersicht über die aktuelle politischen Lage ferner, dass er zwei neue Stationen habe anlegen lassen – eine in Fadibek anstelle der dort befindlichen alten Station gleichen Namens, die durch die Unruhen zerstört worden sei, die andere in Berket Kibly[154]. Er plane weitere Stationen zu gründen »pour nous rapprocher des côtes de la Mer rouge«[155], wie es in der französischen Übersetzung der Briefe heißt.

Als Reaktion auf Holmwoods Andeutungen von Stanleys Expedition fuhr Emin Anfang Januar 1888 mit dem Dampfer *Khedive* zum Albert Nyanza, um dort nach der Vorhut Stanleys Ausschau zu halten. Auf der Fahrt zum Nyanza ereignete sich ein schweres Unglück, bei dem Emin am 11. Januar 1888 drei Frauen, vier Jungen und einen Bootsmann verlor. Das angeleinte Beiboot des Dampfers war wegen starken Wellengangs gekentert. Obwohl Emin selbst sofort über Bord sprang, um zu helfen, konnten nur vier Personen gerettet werden.[156]

Während Emin in den Folgetagen mit der Bergung der gekenterten Schaluppe beschäftigt war und zumindest Teile der Ladung retten konnte, kam Faḍl al-Mullā Āġā und berichtete von Casatis Zerwürfnis mit Kabarega. Die Lage für Casati sei lebensbedrohlich: Der Italiener sei von Kabaregas Leuten halbnackt an einen Baum gefesselt worden und erhalte nichts zu essen.[157]

Emin ließ die Bergungsarbeiten sofort abbrechen, lud stattdessen Proviant und Kleidung für Casati und dessen Begleiter in den Dampfer und befuhr den Albert-See in der von Faḍl al-Mullā Āġā angegebenen Richtung. Trotz einiger Orientierungsschwierigkeiten des Offiziers sichtete der Steuermann des Dampfers bald Personen am Ufer, die eine Fahne schwenkten. Emin notierte am 16. Januar 1888 erleichtert in sein Tagebuch:

> »Um 9 Uhr 52 Minuten vormittags stand ich an Land und beglückwünschte Casati zu seiner Rettung. An Bord hatte ich Essen vorbereiten lassen; dorthin sandte ich zunächst seine Leute, damit sie sich nach vier Fasttagen satt äßen. [...] Dann [nach dem Essen] ging es an seine [Casatis] Ausstattung, denn Kabrega's Leute hatten ihm herzlich wenig am Leibe gelassen.«[158]

Casati war durch die Gefangennahme psychisch stark angegriffen, so dass es einige Tage dauerte, bis der Vorfall aufgeklärt werden konnte. Kabarega, der

Casati nicht leiden konnte und dies Emin auch in seinem Brief mitgeteilt hatte, wollte sich den Italiener vom Halse schaffen. Dazu hatte er ihn und den ebenfalls in Ungnade gefallenen Muḥammad Bīrī in das Grenzgebiet der Schuli gesandt. Guakamatera, der Chief dieses Gebietes, nahm Casati und Muḥammad Bīrī gefangen und bezichtigte sie einer Verschwörung mit Muanga. Offenbar sollte der Chief die beiden beseitigen, ohne das Kabarega selbst in Verdacht gekommen wäre. Doch Casati gelang die Flucht. Ausgemergelt erreichten er und einige seiner Begleiter den See, wo sie schließlich Emins Dampfer sahen.[159] Emin, der sich in Sorge um seinen Kollegen zunächst über dessen Starrköpfigkeit beklagt hatte, war überglücklich über Casatis Rettung.[160]

Während Casati sich von den Vorfällen erholte, entbrannte ein Zwist zwischen Emin und seinem Wakīl ʿUṯmān Efendi über das von der gesunkenen Schaluppe geborgene Durrah (arab. Ḍura; dt. Sorghum, Hirse). Der Streit wirft ein bezeichnendes Licht auf Emins Umgang mit seinen Leuten: Emin hatte das Korn, das bereits zu keimen begonnen hatte, als nahrungsuntauglich eingestuft, es aber den Bediensteten wie auch den Einwohnern, die bei der Bergung geholfen hatten, kostenlos zur Herstellung von Mrissa (auch: Merisa, arab. Marīsa)[161] übergeben:

> »Das paßte aber Osman Efendi nicht, der jetzt aus einem Säufer ein Heiliger geworden ist und mir vorstellte, es sei ein Verlust für das Gouvernement, wenn ich das Korn gratis weggebe; statt die Leute zum Trinken und möglicherweise Exzessen zu verleiten, solle ich das Korn denselben als Rationen verabreichen.«[162]

Emin verweigerte sich jedoch gegen diese Eingabe, weil er es »mehr als unrecht«[163] befand, keimende Hirse, die acht Tage lang unter Flusswasser gelegen hatte, kostenpflichtig als Nahrung zu verteilen.

Emin unternahm nun Fahrten auf dem Albert Nyanza und ankerte schließlich in Massauwa (auch: Msva). Die Reise dorthin diente vor allem wissenschaftlichen Zwecken, da er sich nun auf das Warten verlegt hatte. Wenig erfreulich waren die Nachrichten, die seine Stationen im Norden betrafen. Emins Tagebucheintrag zeigt die Machtlosigkeit, mit der er den dortigen Entwicklungen gegenüberstand:

> »Daß die Herren [Offiziere] in Redjaf nach Mangbettu gehen wollen, ist mir längst bekannt, und daß sie gehen werden, ob ich es erlaube oder nicht, ist nach all den Vorgängen dort auch klar. Ich werde also die Erlaubnis zu geben haben, um den Schein zu retten.«[164]

Schon am 16. Februar 1888 hatte Emin einen Stoßseufzer in sein Tagebuch eingetragen:

> »Gott gebe, daß Stanley bald komme – es sieht hier für uns nicht glänzend aus.«[165]

Neuigkeiten von der Stanley-Expedition erfuhr er jedoch erst nach seiner Rückkehr nach Tunguru. Am 23. April 1888 erhielt Emin durch einen Boten einen englischen Brief überreicht, in dem Stanleys Begleiter James Mounteney Jephson seine Ankunft in Massauwa bestätigte. Emin notierte erleichtert:

> »Also doch endlich.«[166]

Über die Stimmung unter seinen Bediensteten schrieb er:

> »Heute nacht hat kein Mensch geschlafen, und heute ist alles festlich geschmückt: einer beglückwunscht den andern.«[167]

Inzwischen hatte er Vorkehrungen getroffen, zu Jephson nach Massauwa zu reisen, doch weil der Dampfer erst von Wadelai zurückkehren musste, erreichte er den ungeduldig wartenden Gesandten Stanleys (»We have toiled through so many difficulties to reach you, that it was a great disappointment to me arriving here to find you absent.«[168]) erst am 27. April. Noch in seinen später veröffentlichten Memoiren zeigte Jephson keinerlei Verständnis für die Verspätung des Paschas.[169]

Am Abend des 27. April[170] traf Emin in Massauwa ein, wo Jephson am Gestade auf ihn wartete und ihm einen Brief Stanleys überreichte, der ihn über die beabsichtigte Abmarschroute in Kenntnis setzte. Schon an diesem Tage notierte Emin in sein Tagebuch:

> »[…] mein Entschluß ist gefaßt: gehen werde ich nicht!«[171]

Nach eingehenden Gesprächen mit Jephson und einer Nacht in Massauwa reiste der Tross weiter in Richtung Süden, um Stanley zu treffen. Zwei Tagesreisen später erreichten Emin, Casati und Jephson Njamssanssi, wo sie mit Schüssen, die Emins Leute zunächst für feindliches Feuer hielten, begrüßt wurden. Südlich der Station erfolgte dann das legendäre Zusammentreffen von Entsatzer (Stanley) und Entsetztem (Emin). Emin schrieb dazu:

> »[… ich] wurde auf der Höhe mit knatterndem Gewehrfeuer von den nahezu frenetischen Zanzibar-Leuten begrüßt und stand endlich vor Stanley. Ich werde den Moment nie vergessen.«[172]

8. RETTUNG AUS DEM WALD? ENTSATZ UND ENTSETZEN

Die im folgenden Kapitel skizzenhaft beschriebenen Ereignisse bildeten die Rahmenbedingungen für Emins Reaktionen auf ein schwieriger werdendes Umfeld. Offizielle und private Korrespondenzen, sowie Memoiren und Zeitungsbeiträge stellen umfangreiches Quellenmaterial für diese Zeit bereit. Eine wissenschaftliche Aufarbeitung der Entsatz-Phase hat bereits stattgefunden, so dass im Folgenden nur einige Eckpunkte, sowie weniger beachtete Quellen zitiert werden sollen. Iain Smith (1972) hat mit seiner Studie über die *Emin Pasha Relief Expedition* britisches Quellenmaterial ausgewertet und teilweise auch Memoirenliteratur einfließen lassen.[1] Für die deutsche Entsatz-Expedition existieren neben den Peters-Studien von Arne Perras (2004) und einer Monographie von Henry Martin Bair Jr. (1968) weitere Überblickswerke, die teilweise beide Expeditionen nebeneinander betrachten.[2]

Deutsche Reaktionen auf das Schicksal Emins

Nach dem Fall Khartums und der Ermordung Gordons zu Beginn des Jahres 1885 durch die Truppen des Mahdī hatte sich das öffentliche Interesse in Europa vom Sudan weitgehend abgewandt. Nur in Forscherkreisen wurde die Frage nach dem Schicksal der vermissten Forscher Casati, Junker und Emin diskutiert. Der Name Junkers war im Jahre 1885 in Deutschland weitaus prominenter als der Emins, so dass sich die geographischen Gesellschaften in Deutschland mit einer Bittschrift an Reichskanzler von Bismarck wenden wollten, in der sie eine Expedition zur Befreiung des vermeintlich in die Hände der Mahdisten gefallenen deutsch-russischen Forschers erbaten.[3]
Erst die Veröffentlichung eines Beitrages in *Petermann's Geographischen Mitteilungen* rückte Emin Bey, der bislang eher als Forschungsreisender denn als Verwaltungsbeamter wahrgenommen wurde, 1885 in das Zentrum des öffentlichen Interesses. Darin hieß es:

> »Vor wenigen Tagen, am 14. Juli, ist dem Auswärtigen Amte in Berlin eine Depesche des italienischen Missionars Bononi [sic] aus Wadi Halfa zugegangen, welche mitteilt, dass Dr. W. Junker und Capit. Casati bei Dr. Schnitzler [sic] (Emin-Bei) in Ladó in Sicherheit seien. Diese Nachricht macht seitdem die Runde durch die Presse und erweckt in weiten Kreisen die frohe Zuversicht, dass die drei hochverdienten Forscher, um deren Schicksal gerechte Besorgnisse gehegt wurden, glücklich den Banden des Mahdi entkommen wären, und dass darum die Entsatzungsexpedition Dr. Fischers überflüssig geworden ist. Leider ist dies nicht der Fall [...].«[4]

Die Hilfsexpedition, die der hier erwähnte Barmer Forschungsreisende Dr. Gustav Adolf Fischer (1848-1886) noch 1885 zur Rettung Emins vornahm, scheiterte bald. Er hatte versucht, die Äquatorialprovinz von Sansibar aus zu erreichen. Auf dem Weg zum Victoria Nyanza war Fischer zum einen an einem Fieber erkrankt, dem er bald nach seiner Rückkehr in Berlin erlag.[5] Zum anderen hatte der bugandische Kabaka Muanga II. (reg. 1884-1888 und 1889-1897) – angeblich auf der Basis einer oralen Tradition – Fischer die Erlaubnis verweigert, durch Buganda zu ziehen.[6]

Eine zweite Expedition unter der Führung des Deutsch-Österreichers Oskar Lenz (1848-1925) musste ebenfalls unverrichteter Dinge umkehren. Lenz hatte versucht, von Léopoldville (Congo) aus über Monbutto zur Äquatorialprovinz zu gelangen. Die Route war ähnlich der, welche Stanley später benutzte. Lenz' Expedition war zum Scheitern verurteilt, als der Sklaven- und Elfenbeinhändler Ḥammad b. Muḥammad (gen. Tippu Tip[7], 1837/38-1905), auf den noch zurückzukommen sein wird, nicht die gewünschten Träger zur Verfügung stellte. Der Österreicher kehrte zwar mit reichen wissenschaftlichen Erkenntnissen zurück, hatte sein eigentliches Ziel aber nicht erreicht.[8] Damit waren die Bemühungen aus dem deutschprachigen Raum zum Entsatz Emins vorerst beendet.

Ein Brief Junkers, der Ende 1886 in der *Kölnischen Zeitung* erschien, brachte neue Bewegung in den Fall Emin. Obwohl Junker hier weniger gegen die Mahdisten, sondern vielmehr gegen König Muanga II. von Buganda Stellung bezog, ohne allerdings schon an das deutsche Nationalgefühl zu appellieren – er befürwortete einen europäischen Einsatz[9] –, verfehlten seine Worte ihre Wirkung nicht.

> »Emin Bey muss Unterstützung haben. [...] Das Prestige der Europäer geht hier verloren. Es wäre eine ewige Schande, wenn Europa keine Schritte thun würde! Wirken Sie doch im bessern Sinne! Den Strang, den Strang für Muanga und seine Bande! Befreiung Ugandas. Unterstützung Emin Beys und Neubesetzung jener Provinzen.«[10]

Junkers Worte fielen auf fruchtbaren Boden. Der Afrikaforscher Georg Schweinfurth wandelte Junkers europäischen Aufruf in einen Weckruf für ein deutsches Eingreifen um: Postwendend erschienen in der *Kolonialpolitischen Korrespondenz* zwei Briefe Schweinfurths an Carl Peters.[11] Im ersten beschrieb der in Kairo weilende Schweinfurth am 12. November 1886 die Dringlichkeit eines deutschen Eingreifens, bevor Emin von anderen Mächten eingebunden werde. Der von Ägypten befohlene Abzug Emins mit seinen 2.000 Soldaten sei nicht zu bewerkstelligen – Emin habe im Übrigen vermutlich

> »gar keine Lust [...], von dort wegzugehen. Er ist ja eigener Herr im Lande und wünscht nur neue Vorräthe zu erhalten.«[12]

Da Emin Schießpulver nicht selbst herstellen könne, müsse man ihm helfen. Als Kompensation für eine solche Expedition biete sich der Reichtum an Elfenbein an, der dort sehr groß sein müsse, da Emin in den vergangenen drei Jahren nichts in den Norden habe liefern können. Schweinfurth schloss den Brief mit dem Aufruf:

»Sie allein [Peters] sind jetzt in der Lage, das vor allen Mohammedanern und Wilden in Afrika so sehr im Sinken begriffene Prestige der Weißen wieder von Neuem aufzurichten.«[13]

In einem Postscriptum vom 24. November 1886 führte Schweinfurth an, er habe soeben mit dem ägyptischen Ministerpräsidenten Nūbār Pascha gesprochen. Dieser habe gegen eine deutsche private Unternehmung nichts einzuwenden gehabt, sofern keine Regierung durch deren Ausführung diskreditiert würde. Sollte die Expedition erfolgreich verlaufen, könne Emin mit der Provinz anfangen, was er wolle, das Elfenbein verkaufen und Verträge mit Jedermann nach Gutdünken abschließen.[14]

Diese Äußerungen blieben nicht unbeachtet. Schon wenig später, Anfang des Jahres 1887, erfolgte eine Reaktion des Forschungsreisenden Eugen Wolf (1850-1912). Wolf war der Meinung, dass Emin als gebürtigem Deutschen von Deutschen geholfen werden müsse. Anderenfalls sei das deutsche Prestige gefährdet, befürchtete er in einem Brief an Reichskanzler Otto von Bismarck.[15] Darüber hinaus erbot sich der mit dem Reichskanzler befreundete Wolf, selbst die Führung einer solchen Expedition zu übernehmen und konkretisierte seine Pläne:

»Ich werde innerhalb 14 Tagen nach Kamerun reisen (wo ich bereits war) und von dort aus den Versuch machen in Eilmärschen ohne Rast den muthmaeslichen Aufenthaltsort von Emin Bey zu erreichen – Ich verlange keinerlei materielle Unterstützung vom Deutschen Reiche, nur den nötigen Rath und gütigen Beistand E[h]w[ürdiger] Durchlaucht.«[16]

Doch Bismarck stand den Emin-Entsatzplänen ablehnend gegenüber. In einem Zwiegespräch mit Wolf soll der Reichskanzler gesagt haben:

»Sie kennen Emin Pascha nicht und ich auch nicht. Ist der Mann Mohammedaner, ist er Christ? Ist er Deutscher geblieben oder nicht? Will er überhaupt gerettet werden? Schicke ich einen preußischen Leutnant da hinein, so muß ich unter Umständen ihm noch mehrere nachschicken, um ihn herauszuholen. Das führt uns zu weit.«[17]

Die deutschen Kolonialenthusiasten begannen jedoch nun erst recht, Pläne zum Entsatz Emins vorzubereiten: Nachdem Peters im Februar 1888 aus Ost-Afrika zurückgekehrt war, hatte der Vorsitzende der Ostafrikanischen Gesellschaft, Karl von der Heydt, Peters eine Denkschrift überreicht, in welcher er diesem die Führung einer Emin-Expedition antrug.[18] Die Nürnberger Abteilung der *Deutschen Kolonialgesellschaft* griff diesen Gedanken auf und verfasste am 14. April einen Antrag, Emin Pascha zu Hilfe zu kommen.[19] Auf Vorstandssitzungen am 27. Juni 1888 in Berlin, auf der sich ein *Emin-Pascha-Comité* konstituierte,[20] und am 11./12. September 1888 in Wiesbaden wurden die Emin-Rettung propagiert[21] und die weitere Vorgehensweise erörtert. Da die Kolonialgesellschaft selbst nicht genügend Gelder für eine Expedition, die ungefähr 600.000 Mark kosten sollte, zusammenstellen konnte, entschied man sich dort für eine Unterstützung des Comités.[22] Diesem gelang es in kurzer Zeit, die finanzielle Grundlage für das Vorhaben zu legen. Auch der Kaiser hatte seine Zustimmung signalisiert.[23] Der Reichskanzler, unglücklich über diese Entwicklung, weil er einen Konflikt mit Großbritannien fürchtete, änderte nun, wie Perras überzeugend dargestellt hat, seine Taktik. Er versuchte, die allgemeine Entwicklung zu seinen Gunsten auszunutzen.[24] Dieser Plan ging jedoch nur teilweise auf: Bismarck entsandte Peters' Gegenspieler Hermann von Wissmann mit dem Auftrag der Niederschlagung des inzwischen an der ostafrikanischen Küste ausgebrochenen »Araberaufstandes«[25] und instruierte ihn überdies, die Agitationen für eine Emin-Pascha-Expedition zu beenden. Doch er hatte die Rechnung ohne Peters gemacht: Dieser fand nun, da Wissmann anderweitig gebunden war, den Weg für seine Expedition – »the first significant incident in which the government was confronted with a nationalist opposition«[26] – bereitet.[27]

Am 25. Februar 1889 brach Peters von Berlin aus zu seiner Expedition auf, die vom 17. Juni 1889 bis zum 16. Juli 1890 dauern sollte. Er sah sich bereits zu Beginn mit zahlreichen Schwierigkeiten konfrontiert. Von der Regierung des Kaiserreiches konnte Peters – trotz des Einverständnisses Kaiser Wilhelms II. – keine Hilfe erwarten, ebenso wenig von britischer Seite. Durch die Seeblockade, welche aufgrund des »Araberaufstandes« in einer gemeinsamen Aktion von Deutschen und Briten verhängt worden war[28] – Peters beschuldigte den Staatsekretär im Auswärtigen Amt, Herbert Fürst von Bismarck (1849-1904), diese gegen ihn eingerichtet zu haben –, gelang es Peters zunächst nicht, das ostafrikanische Festland zu betreten.[29]

Nach einer Verfolgungsfahrt durch deutsche und britische Kriegsschiffe landete Peters mit seinem gecharterten Dampfer schließlich an der Küste von Witu und zog, nachdem er in zahlreiche Kämpfe verwickelt worden war und Land annektiert hatte, weiter nach Mpwapwa, wo er schließlich auf Emin Pascha, den vorgeschobenen Grund seiner Expedition, traf. Dieser war inzwischen längst durch Stanley »befreit« worden und befand sich im Rahmen der von ihm geleiteten Seen-Expedition bereits auf dem Weg ins Landesinnere. Auch nach dem Abmarsch von Peters warb die DKG für ideelle wie finanzielle Unterstützung der Unternehmung, wie ein Vortrag Georg Schweinfurths und Spendenaufrufe in deutschen Zeitungen zeigen.[30]

Kurzzeitig hatten auch von französischer Seite Pläne zu einer Rettung Emins existiert. So hatte die französische Regierung versichert, dass sie im Notfall alles in ihrer Macht Stehende tun werde, damit die beiden Forscher Junker und Schnitzer wieder nach Europa zurückkehren konnten.[31] Offenbar war dies aber ein bloßes Lippenbekenntnis gewesen, ohne dass weitergehende Anstrengungen unternommen wurden. Zwei Jahre später berichtete die *Pall Mall Gazette* von einer geplanten französischen Unternehmung, die unter der Führung von Charles Soller Emin und Stanley zu Hilfe kommen sollte.[32] Soweit bekannt, ist es jedoch bei diesen grundsätzlichen Überlegungen geblieben.

Anders verhielt es sich dagegen mit den Anstrengungen in Großbritannien, wo nun weniger die persönliche Hilfe für Emin als vielmehr das Interesse an »nobody's country«[33] Motivation für ein Eingreifen war. Auslöser für die britische Aktivität waren auch hier die flammenden Appelle Wilhelm Junkers, der nach seiner Rückkehr aus Emins Provinz in Briefen ein sofortiges Eingreifen europäischer Mächte im Sudan und in Buganda gefordert hatte.[34] Junkers Worte fanden auch in Großbritannien Widerhall: Nach begeisterten und völlig unkritischen Berichten des schottischen Arztes und Forschungsreisenden Robert Felkin (1853-1926) über das Wirken Emins in dessen Provinz – Felkin hatte vor Ausbruch der Mahdiyya im Herbst 1878 einige Tage bei Emin in Lado verbracht und die Provinz im damaligen, vergleichsweise prosperierenden Zustand kennengelernt –, verfasste die *Scottish Geographical Society* in Edinburgh eine Resolution an den damaligen britischen Außenminister Stafford Henry Northcote, 1st Earl of Iddesleigh (1818-1887; Foreign Secretary von 1885-1886). Darin forderte die Gesellschaft eine friedliche, nicht-militärische Expedition zur Unterstützung Emins. Von einem solchen Unternehmen erhoffte sie sich ferner neue wissenschaftliche Erkenntnisse.[35]

Felkin wies mit Nachdruck darauf hin,

> »[...] that commercial speculations and philanthropic plans, other than for the aid of Emin Bey, should not be undertaken by any expedition sent to his succour.«[36]

Garnieren konnte Felkin seine Ideen mit einem am 6. Juli 1886 verfassten Brief Emins an den schottischen Missionar Mackay, in dem er die Annexion Äquatorias durch England sogar grundsätzlich sanktioniert hatte:

> »If England intends to occupy these lands and to civilise them, I am ready to hand over the government into the hands of England, [...].«[37]

Vielleicht war Emin bewusst geworden, dass er mit dieser Aussage die Grenzen der Loyalität zum ägyptischen Khediven überschritten hatte, indem er ohne dessen Zustimmung dem Empire ein Annexionsangebot unterbreitet hatte. Denn nur einen Tag später hatte er mit ähnlichem Tenor – nun aber deutlich vorsichtiger, und vor allem, ohne ein direktes Angebot zur Übergabe – in einem Brief an Felkin formuliert:

> »I have certainly some glimmerings of hope, that, as Egypt appears to be unable to send us aid, England may, at some future day, take advantage of the position in which we find ourselves, to remain true to her former traditions of a humanitarian and civilising mission.«[38]

Etwaige deutsche Interessen an der Äquatorialprovinz spielten für Emin offenbar zunächst keine Rolle, wie Iain Smith richtig festgestellt hat.[39] Kurioserweise war es der Schotte Mackay, der Emin bat, die Option Deutschland in der Hinterhand zu haben, sollte das britische Engagement scheitern.[40]

Tatsächlich nahm das Kaiserreich in den weiteren Überlegungen Emins nun durchaus einen Platz ein, wie sich durch die Genese der Korrespondenzen feststellen lässt. In einem Brief an Junker verwarf Emin dessen Idee von einer Verschmelzung mit dem Kongo-Staat, vielmehr präferierte er vorsichtig eine Annexion durch Deutschland oder Großbritannien:

> »Ihr Plaidiren für die Absorption unserer Länder in den Congo-Staat ist, ich gestehe es offen, nicht nach meinem Geschmacke. Neutrale Staaten sind Seifenblasen, die früher oder später explodiren müssen, weil Neutralität in der Politik eben so wohl für Individuen als für Staaten ein Unding ist. Mir wäre eine ehrliche Annexion durch Deutschland oder England lieber.«[41]

Bezeichnenderweise zog Emin sich schon zu diesem frühen Zeitpunkt auf eine passive Position zurück:

»Da ich jedoch leider zu einem ›Passivum‹ verdammt bin, will ich mich auf keinerlei Spekulationen einlassen sondern getrost der Zukunft harren, solange es meine geringen Vorräthe erlauben. Jedenfalls gehe ich von hier nicht fort, sondern bleibe mit meinen Leuten zusammen bis wir hören was man für uns zu thun gedenkt.«[42]

Zurück zu den Entwicklungen im Empire: Ende November 1886 berichtete der *Hamburgische Correspondent*, dass sich Henry Morton Stanley (1841-1904) erboten habe, eine nichtmilitärische Expedition in das Innere Afrikas anzuführen, um Emin Bey zu Hilfe zu kommen. Stanley habe 12-18 Monate veranschlagt und den ehemaligen konservativen Unterhausabgeordneten James Frederick Hutton (1826-1890) mit einem Überschlag der Kosten beauftragt, welchen dieser der englischen Regierung vorlegen sollte.[43]

Nicht die britische Regierung, die einer staatlichen wie nicht-staatlichen Expedition die Zustimmung verweigerte,[44] war Ausführende des Projektes, sondern eine Gesellschaft, an deren Spitze der schottische Finanzmagnat und Schiffseigner Sir William Mackinnon (1823-1893) stand.[45] Er hatte den Afrika-erfahrenen Amerikaner und gebürtigen Walliser Stanley für das Unterfangen gewinnen können. 20.000 Pfund Sterling, welche durch Aktienzeichnungen aufgebracht wurden, sollten zur Finanzierung der Expedition dienen. Die gleiche Summe wurde von Ägypten zur Verfügung gestellt.[46]

Der oben erwähnte Mediziner Robert Felkin setzte nun nach eigenen Angaben alle Hebel in Bewegung, um Emin für das Empire zu gewinnen. Seine zwischen Juli 1887 und Dezember 1889 mit Emin geführte Korrespondenz ist im *Hamburgischen Staatsarchiv* erhalten und insbesondere mit dem Wissen um Emins spätere Reaktion aufschlussreich. Waren Felkins Briefe anfangs noch von Verständnis und vorsichtigen Formulierungen geprägt, so setzte er Emin im Laufe der Zeit unverhohlen moralisch unter Druck. Nach allem, was er für Emin getan habe, könne sich dieser nicht gegen die britische Sache, und vor allem nicht gegen ihn, Felkin, entscheiden:

> »I am very reluctant to tell you that during the last two or three years I have spent a very great deal of time on your behalf and it has to a certain extent prevented me from accomplishing other work in connection with my profession. I think I know you well enough to be sure that you will be glad to give me a helping hand now that it is in your power to do so. This you can do very easily by making me necessary to the Company while at the same time I am sure it would be to their own advantage. […].«[47]

Gerade zu hysterisch nahm sich Felkins Brief an Emin aus, nachdem er einige Tage in Deutschland verbracht und mitbekommen hatte, dass auch in Deutschland nationale Interessen an Emin und seiner Provinz erwacht waren:

> »[…] I paid a short visit to Germany & found that at last for their own end they are now trying to get up an interest in you – up to five weeks ago they poo-pooed you & tried to run you down now however they think they can utilise you & so they are saying ›what a good man & what a German he is – we must get his country‹. I do hope that you will not be mislead by this humbug.«[48]

Diese Furcht garnierte er noch mit dem Schreckgespenst, man werde Emin, falls er denn in deutsche Dienste trete, mit Sicherheit an den Kongo senden[49]

– eine Prophezeiung, die Emin später – allerdings ohne deutschen Regierungsauftrag – tatsächlich erfüllte.

Wenig später riet er Emin, einen Zeitungsartikel zu erstellen, in dem dieser offen über sein Verhältnis zu Stanley und seine Entscheidungen Auskunft geben sollte. Stanley sollte von diesem Artikel selbstverständlich nichts erfahren. Seine Bitte begründete Felkin mit moralischen Verpflichtungen Emins ihm gegenüber.[50]

Zwar mit dem grundsätzlichen Einverständnis Emins, jedoch ohne dessen Kenntnis der Details, hatte Felkin inzwischen in Emins Namen sämtliche Rechte an der Äquatorialprovinz an die *Imperial British East Africa Company* vergeben und Emin dabei großzügig eingeräumt, weiterhin als Gouverneur fungieren zu dürfen.[51] Das längerfristige Ziel dieses Vertrages hatte er im zweiten Unterpunkt auch gleich mit festgelegt:

> »The Company shall use their best endeavour to establish a Government for the said Province and to cause the said Province to be duly declared a dependency of the British Crown and to administer the said Province and develop the resources thereof (...).«[52]

Dieser am 27. Oktober 1888 geschlossene Vertrag sollte etwa eineinhalb Jahre später den Grundstein für Verstimmungen in Großbritannien legen. Während die *Imperial British East Africa Company* auf die Einhaltung des rechtmäßig geschlossenen Vertrags pochte und sich von Emin hintergangen fühlte, sah dieser nämlich keine Veranlassung, den Klauseln des Vertrages Folge zu leisten. Er hatte den Vertrag, der im Übrigen eine Ausstiegsklausel enthielt,[53] zwar bei sich, aber nicht unterschrieben. Dass Emin in Großbritannien mittlerweile mit einem »halo of romance«[54] versehen worden war, hatte Felkin wegen seiner Propagandaarbeit zu einem wesentlichen Anteil zu verantworten.[55]

Stanley stellte die Expeditionsleitung aus dem Afghanistan- und Nordafrika-erfahrenen Major Edmund Musgrave Barttelot (1859-1888), Leutnant William Grant Stairs (1863-1892)[56], dem Afrika-erfahrenen Kapitän Robert Henry Nelson (1853-1892), den Ärzten Thomas Heazle Parke[57] (1857-1893) und William Bonny, dem Neuseeland- und Borneo-Forscher Herbert Ward[58], und John Rose Troop zusammen. Auf eigene Kosten beteiligten sich James S. Jameson und Arthur J. Mounteney Jephson an der Expedition.[59]

Von vier möglichen Routen wählte Stanley den Weg über den Kongo – eine Route, auf welcher seiner Meinung nach mit den geringsten Widerständen zu rechnen war, da ein großer Teil des Weges per Schiff zurückgelegt werden konnte.[60] Diese Route entsprach allerdings nicht der Empfehlung Felkins.[61] Zunächst machte Stanley in Sansibar Station, um den bekannten Sklaven- und Elfenbeinhändler Tippu Tip in seine Pläne einzubinden. Letzterer sollte für die Stellung der Träger verantwortlich zeichnen. Von der Kongo-Mündung aus, zog Stanley stromaufwärts. Bei Banalja, an der Mündung des Aruwimi in den Kongo, ließ er ein Lager errichten. Dieses stellte er unter den Befehl des Major Barttelot und beließ 271 Mann dort. Mit 389 Mann zog Stanley weiter. War Stanley bislang problemlos per Schiff auf dem Fluss vorangekommen, so musste er nun zu Fuß weitermarschieren. Ein Faltboot, das aus verschiedenen Teilen zusammengesetzt werden konnte, nahm er mit – es sollte zu Fahrten auf dem Victoria Nyanza dienen. Von den 389 Mann kamen später nur 174 am Victoria Nyanza an. Über Emin erfuhr er dort nichts, die Bewohner jener Region wussten nur, dass ein weißer Mann in Bunyoro lebte. Weil das Terrain zu unsicher war, Stanley das Boot zurückgelassen hatte und seine Leute sehr geschwächt waren, machte er, verärgert über die vermeintliche Untätigkeit Emins, kehrt. Stanley war davon ausgegangen, dass Emin ihn und seine Expedition im Süden des Albert Nyanza erwarten würden. Die Tatsache, dass Emin bei seinem Eintreffen jedoch nach wie vor im Norden des Sees weilte, konnte er sich nicht erklären. Jephson schloss sich der Meinung Stanleys an und schrieb:

> »Wenn Emin schon vor so langer Zeit gehört hatte, und daß wir kommen und wahrscheinlich am Südwestende des Sees eintreffen würden, weshalb er keine Schritte gethan hatte, um uns den Weg zu ebnen. Es würde für ihn doch so einfach gewesen sein, mit einem seiner Dampfer nach dem Südende des Sees hinabzufahren, sich mit den Eingeborenen in Verbindung zu setzen, […] und in den Händen eines befreundeten Häuptlings für Stanley einen Brief zurückzulassen, durch welchen er ihm seinen Aufenthalt bekannt gab und meldete, wie wir Emin am besten erreichen könnten[62].«

Nach seiner Rückkehr zu den Zurückgebliebenen ließ Stanley in Ibwiri ein Fort errichten. Dort hatte er bereits einige seiner Leute zurückgelassen. Vom ebenfalls neuerrichteten Fort Bodo zog Stanley im April 1888 nochmals an den Victoria Nyanza. Offenbar hatte Emin den See ein Stück weit abgefahren, denn die Einwohner erzählten Stanley von wundersamen schwimmenden Inseln. Chief Kavalli konnte Stanley ein kurzes Schreiben von Emin, welches vom 26. März 1888 datierte, überreichen.[63]

Zusammentreffen Stanleys und Emins

Am 29. April 1888 zog Emin gemeinsam mit Jephson und Casati zu Stanley, der südlich von Nyanzassi auf ihn wartete. Das Bild, das sich bot, muss ein Denkwürdiges gewesen sein. Ob es wirklich so extrem war, wie in der Nachschau kolportiert – die »Befreier« unter Stanley seien zerlumpt, ausgehungert und erschöpft, der zu »Befreiende« Emin mit sauberer Uniform und gut genährt erschienen –, ist angesichts von Stanleys Vorliebe für Inszenierungen fraglich. Im Gegensatz zu Stanley, auf dessen Schilderungen dieses Bild im Wesentlichen beruhte,[64] haben die übrigen Teilnehmenden die abendliche Szenerie des ersten Zusammentreffens zwischen Emin und Stanley in weitaus nüchterneren Worten beschrieben. Die sansibaritischen Begleiter Stanleys seien außer sich vor Freude gewesen und zur Feier des Tages habe es Champagner gegeben.[65]

Bild 27 Zeichnung von Stanleys Zusammentreffen mit Emin[66]

Allerdings berichteten Casati wie auch Stanley, dass Emin die Expedition am nächsten Tag mit Nahrungsmitteln und weiteren brauchbaren Materialien unterstützt hätte[67], und Vita Hassan schrieb, Jephson und Stairs seien so hungrig gewesen, dass sie einen Topf Honig von vier Kilogramm Gewicht innerhalb eines Tages verzehrt hätten.[68]

Anders als erhofft, erhielt Emin nicht den gewünschten Munitionsnachschub[69] – im Gegenteil, die Dinge, die Stanley ihm mitgebracht hatte, waren »durch die dauernde Nässe im bösen Zustande«[70] und nach genauerer Inspektion »nahezu unbrauchbar.«[71] So bekam Emin fleckige Kleidung, wissenschaftliche Lektüre aus Gotha und einen Packen Briefe, darunter ein weiteres Schreiben des Khediven überreicht.[72]

Vorschläge Stanleys

Der Brief des Khediven enthielt die Order, Emin solle mit seinen Soldaten nach Ägypten kommen, wo sie ihre Gehälter ausgezahlt bekämen. Falls er mit seinen Soldaten bleiben wolle, könne er dies tun, allerdings habe er in diesem Falle keinen Anspruch auf weitere Hilfe Ägyptens.[73]

Schon an diesem Tag versuchte Stanley, eine definitive Antwort Emins zu erhalten, ob dieser abzureisen gedenke oder nicht. Doch Emin wollte erst seine Soldaten um ihre Meinungen bitten und nicht über deren Köpfe hinweg entscheiden.[74]

Stanley gab sich mit dieser Antwort nicht zufrieden und fragte Emin bei jeder weiteren Begegnung, ob er inzwischen eine Entscheidung getroffen habe. Gleichzeitig versuchte er, weitere Vorschläge zu unterbreiten, wollte diese jedoch erst bekannt geben, wenn sich Emin definitiv über Verbleiben oder Abmarsch geäußert habe.[75]

Der erste der beiden Vorschläge Stanleys, den Emin als »Victoria-Nyanza-Projekt«[76] bezeichnete, sah eine Basis im Nordosten des Victoria Nyanza vor. Von dort aus sollten Teile Bugandas und Bunyoros, sowie schließlich auch die Äquatorialprovinz im Auftrag der britischen Ostafrika-Gesellschaft unter Kontrolle gebracht werden. Ziel dieses Vorschlages war es, die Länder langfristig der britischen Krone zuzuführen. Zur Unterstützung sollten Dampfboote aus Mombasa bereit stehen.[77]

Der zweite Vorschlag, den Stanley Emin am 4. Mai unterbreitete, beinhaltete ein Verbleiben Emins im Amt als Gouverneur der Äquatorialprovinz unter gleichzeitiger Angliederung derselben an den belgischen Kongo-Staat.[78]

Da Emin darauf beharrte, seine Soldaten vor die Wahl zu stellen und sich anschließend für Verbleib in der Äquatorialprovinz oder den Marsch an die Küste zu entscheiden, kehrte Stanley am 24. Mai 1888 zur Nachhut seiner Expedition, die in Fort Bodo zurückgeblieben war, zurück. Währenddessen traten Emin, Jephson und Vita Hassan zusammen den Landweg von Tunguru nach Wadelai an.

Meuterei und Absetzung Emins

Zur Vergeltung der schlechten Behandlung Casatis ließ Emin eine Strafexpedition gegen das zu Kabarega gehörige Kibiro ausführen.[79] Anschließend besuchten die drei die verschiedenen Stationen, um den dortigen Soldaten eine von Stanley formulierte und von Emin ins Arabische übersetzte Erklärung vorzutragen.[80]

Am 22. Juni verlas Jephson Stanleys Brief öffentlich in der Station Tunguru. Die Reaktion der Versammelten beschrieb Jephson in seinem Tagebuch:

> »[...] numbers of the men made hot speeches all expressive always the same ›We will follow our Pasha wherever he goes.‹«[81]

Ähnlich äußerten sich die Soldaten in Wadelai. Sie sagten Jephson, sie wollten sich Emin anschließen und gehen, wohin er gehe, auch wenn sie – da zumeist Sudanesen – keine Verbindungen nach Ägypten hätten.[82] Emin war diese Antwort unrecht,

> »[...] denn die ganze Verantwortlichkeit für die Zukunft fällt so auf meine Schultern.«[83]

In Wadelai empfing Emin eine Abordnung von Soldaten aus Rejaf, jener Station, deren Soldaten sich erhoben hatten. Aus diesem Grund weigerte sich Emin auch, Rejaf zu besuchen. Auf ihre Entschuldigungen – »sie seien unwissend und dumm, und seien von andern verführt worden; sie wüßten, ich [Emin] sei ihr Vater, und sie hoffen, ich wolle sie nicht zurückweisen.«[84] – gab Emin nichts.

Auch die Besatzung von Dufilé stimmte einer Verlegung nach Süden zu, sofern Frauen, Kinder und Sklaven nicht konfisziert würden.[85] Allerdings hatte Emin bereits vorher gegen Bedienstete auf seinem Dampfer durchgegriffen, die versucht hatten, andere zum Widerstand gegen den Abzug nach Süden aufzuwiegeln.[86]

Nachdem auch in Mugi keine Schwierigkeiten auftraten, war Emin guter Dinge, die Soldaten zum geordneten Rückzug nach Wadelai bewegen zu können. Doch nun stellten sich gravierende Probleme ein: Die Besatzung von Kiri forderte in einem Schreiben, das Baḥit Āġā unterschrieben hatte, Emin solle nach Makraka gehen, die dortigen rebellierenden Soldaten nach Redjaf führen und dann nach Kiri bringen. »Der Mensch muss toll sein!«[87] notierte Emin auf diese Anfrage, witterte er doch eine Verschwörung hinter diesem Vorschlag. Tatsächlich hatte er mit dieser Vermutung nicht unrecht. Schon in Laboré, der nächsten Station, in der Emin das Schreiben Stanleys von Jephson vortragen ließ, kam es zum Eklat. Nachdem Soldaten wiederholt für Ruhe unter den Zuhörenden hatten sorgen müssen – das Schreiben war als Fälschung bezeichnet worden –,

> »kam ein Soldat [...], aus der Front mit der Waffe in der Hand auf mich zu. Das war dann doch zu viel, und ich faßte ihn am Kragen und befahl meinen Leuten, ihm seine Waffe abzunehmen und ihn zu verhaften. Während sie sich noch mit ihm herumschlugen, erfolgte nun eine Szene unbeschreiblicher Verwirrung. Die Leute alle liefen seitwärts, luden ihre Waffen und standen im Anschlage auf uns, schreiend und brüllend, vermutlich ohne selbst zu wissen, was sie wollten.«[88]

Mit Mühe entrann Emin dem Tumult. Schon am nächsten Tag verließ er die Station eilig zurück in Richtung in Mugi. Obwohl vorsichtig geworden, entging Emin der gestellten Falle nicht: In Dufilé wurde Emin am 19. August 1888 unter Hausarrest gestellt. Ein Offiziersrat sollte über das weitere Vorgehen entscheiden, Emin wurde für abgesetzt erklärt. In den Wirren sickerte durch, dass Stanley zudem nach Tunguru gelockt und seiner Waffen und Munition beraubt werden solle.[89]

Aus Emins Tagebucheinträgen, die einen erstaunlich gelassen reagierenden entmachteten Gouverneur präsentieren, wird nicht recht klar, wer auf seiner Seite stand und wer gegen ihn kämpfte. Die Grenzen zwischen Aufständischen und Emin-Getreuen scheinen fließend gewesen zu sein, jedenfalls genoss Salīm Āġā das Vertrauen der einen wie der anderen Seite. Eine Beschwerdeschrift abgesetzter Offiziere leitete Emin an den herrschenden Offiziersrat weiter und erklärte die degradierten Offiziere für wieder eingesetzt.[90]

Emins Tagebuch enthält kaum Aufzeichnungen über den Monat September 1888. In dieser Zeit war Emin allein in Dufilé zurückgeblieben, weil Jephson die Station Anfang des Monats mit Billigung des Offiziersrates in Richtung Süden verlassen hatte, um nach Stanley Ausschau zu halten. Unverrichteter Dinge kehrte er am 23. September 1888 mit Casati zurück. Zwei Tage nach deren Ankunft wurde Emin seine Absetzung offiziell mitgeteilt. Ḥamīd Āġā wurde zum Kommandanten und Geschäftsführer der Provinz, 'Abd al-Wahāb Efendi zum Führer des ersten, Salīm Āġā zum Führer des zweiten Bataillons bestimmt. Die persönlichen Dinge des abgesetzten Stationsvorstehers von Dufilé, Ḥawāši Efendi, wurden konfisziert. Zu seinem eigenen Schicksal notierte Emin:

> »Was man mit mir beginnen werde, ist unklar.«[91]

Das von Emin zitierte Absetzungsdekret beschuldigte diesen, er habe »im Verein mit Hauwashi Efendi und Vita«[92] Unzulässigkeiten begangen, die untersucht und gegebenenfalls bei einem höheren Gericht zur Anklage gebracht würden. Bis zur Klärung dieser Vorwürfe sei er vom Dienst suspendiert.[93]

Den Offizieren fehlte ein klares Konzept. Mal überwog der eine, mal der andere Vorschlag. Kurzzeitig stand zur Diskussion, Emin nach Mugi bringen zu lassen, doch verwarfen die Offiziere diese Idee wieder.[94] Beispielhaft für die chaotischen Zustände war, dass sich der für die Untersuchung der Vorwürfe gegen Vita und Ḥawāši ausersehene 'Utmān Efendi in Suizid-Absicht in den Fluss stürzte. Er wurde aber rechtzeitig gerettet.[95]

Im Laufe des Oktober kristallisierte sich eine Emin-freundliche Partei unter den Offizieren heraus, zu denen Salīm Āġā, Baḫit Āġā und Hussayn Efendi zählten. Die Gegenpartei hielt Faḍl al-Mullā Āġā die Treue.[96]

Die Bemühungen der Emin-Partei, ihren alten Gouverneur wieder zu reinstallieren, waren durch das plötzliche Auftauchen von Anṣār in Lado begünstigt worden. Als man ihm am 18. Oktober einen Brief der Fundamentalisten vorlegte, und um seinen Rat bat, lehnte Emin mit dem Hinweis ab, er sei schließlich seines Postens entsetzt.[97]

Die Stimmung kippte endgültig zugunsten Emins, als die Anṣār Redjaf überfielen und dort ein Blutbad anrichteten.[98] Nicht zuletzt durch großen persönlichen Einsatz Casatis wurde Emin am 15. November 1888 aus dem Hausarrest entlassen und durfte nach Wadelai abreisen. Zögerlich stimmten die aufständischen Offiziere zu, weil sie befürchteten, Emin werde sich für die Schmach beizeiten rächen.[99]

Emin kehrte daraufhin nach Wadelai zurück. Nicht ohne Ironie stellte er fest, dass dieselben Leute, die erklärt hatten, ihn nicht mehr sehen zu wollen, ihn nun frenetisch begrüßten.[100] Wieder hörte Emin, dass man ihm folgen wolle, wohin er gehe.[101]

Die Katastrophennachricht von der Einnahme Fabbos und Dufilés durch die Anṣār erreichte Emin am 4. Dezember 1888. Beide Stationen seien zerstört, die Besatzung ermordet und die Dampfer in feindliche Hände gefallen. Ein Angriff auf Wadelai sei nur eine Frage der Zeit. Entscheiden, was zu tun sein, wollte Emin jedoch nicht – schließlich sei er kein Gouverneur mehr. Nach eindringlichem Bitten und der Zusicherung, alles zu tun, was Emin befehlen würde, organisierte dieser die Flucht aus Wadelai.[102]

Am Folgetag marschierte die Karawane, die entgegen Emins Erwartungen umfangreich war, aus Wadelai ab. Soldaten waren kaum darunter. Um Nachzügler,

Frauen und Kinder aufzunehmen, legte Emin unterwegs eine Rast ein. Am 6. Dezember ging das Gerücht um, ein Dampfer sei auf dem Fluss unterwegs – eine Tatsache, die sich bald bestätigte. Doch entgegen der Befürchtung, die Mahdisten hätten Wadelai erobert, war das Gegenteil der Fall: Bei der zerstörten Station Dufilé war es Emins ehemaligen Truppen gelungen, die Anṣār vorübergehend zu vertreiben. Der Dampfer, der am Ufer wartete, sollte Emin und seine Begleiter wieder nach Wadelai bringen, um dort den Sieg über die Feinde zu feiern.[103]

Emin lehnte das Angebot jedoch ab, weil ein weiteres Schreiben den Zusatz enthielt, die Gefolgsleute des Mahdī hätten in einem Brief behauptet, Emin habe sie eingeladen, in seine Provinz zu kommen. »Dieser Zusatz bedeutet nichts Gutes für mich.«[104] notierte Emin und versuchte mit Casati, die Leute zum Gang in Richtung Süden zu bewegen. Er erreichte schließlich, dass der überfüllte Dampfer in Richtung Tunguru aufbrach.[105]

Die »Revolutionspartei«[106], wie Emin sie nannte, hatte in der Zwischenzeit in den noch erhaltenen Stationen ein Schreiben verbreiten lassen, in dem Emin, Vita und Ḥawāši Efendi als Urheber allen Übels bezichtigt wurden. Sie hätten Intrigen angestachelt, Beamte eingesperrt, Vermögen konfisziert und das Gouvernement bestohlen. Emin habe die zurückbleibenden Soldaten nicht unterstützt und sei stattdessen geflohen. Diese Verfehlungen wollten sie dem Souverän (d.h. dem Khediven) eines Tages mitteilen.[107]

In die für Emin unangenehme Zeit fiel Weihnachten, das Emin Jephson zu Liebe mitfeiern wollte. Doch infolge Unwohlseins verzichtete er darauf.[108]

Schon bald nach dem Jahreswechsel verschärfte sich die Situation wieder für Emin: Der Offiziersrat forderte Salīm Āġā auf, Emin, Casati und Jephson festzunehmen. 15 Soldaten, die zu Emin gestanden hatten, sollten zum Tode verurteilt werden, Emin selbst in Ketten gelegt und dem Khedive überstellt werden. Damit war die Revolutionspartei einen Schritt zu weit gegangen: Salīm schritt nämlich nicht zur Ausführung, sondern befragte die Soldaten in Wadelai zu den Vorwürfen. Weil diese die Vorwürfe gegen Emin für nichtig erklärten, forderte Salīm den Offiziersrat auf, seine Intrigen zu beenden. Daraufhin wurde Salīm für abgesetzt erklärt – eine Tatsache, die zur Zersplitterung der Revolutionspartei führte. Baḫit Āġā und ʿAbdallah Āġā liefen zur Emin-Seite über und von Offizieren des Revolutionsrates eingesperrte Soldaten, die sich für Emin entschieden hatten, wurden von ihren Kameraden befreit.[109]

Wenige Tage zuvor hatte Emin Kenntnis von Stanleys erneuter Ankunft in Msawa erhalten. Die Briefe, die der Expeditionsleiter an ihn schrieb, waren wenig schmeichelhaft. Vermutlich dienten die Briefe auch als Ventil für das, was Stanley in der Zwischenzeit in Fort Bodo erlebt hatte. Major Barttelot war wenige Tage vor Stanleys Ankunft von einem der Leute Tippu Tips erschossen worden, Jameson und Troop inzwischen nach Europa zurückgekehrt. Ward war zwischenzeitlich nach São Paolo dí Loanda abgezogen, um telegraphischen Kontakt mit dem Komitee in England aufzunehmen, dann aber zu Barttelot zurückgekehrt. Von den ursprünglich 274 Mann hatte Stanley nur noch 94 aufgefunden, die übrigen waren desertiert oder verstorben. Am 31. August war Stanley wieder in Richtung Albert Nyanza aufgebrochen, wo er ungeduldig auf den noch immer nicht zurückgekehrten Emin wartete.

Emin selbst wollte sich aus sämtlichen politischen Aktivitäten zurückziehen und weder zurück nach Wadelai gehen, um die Soldaten zu überzeugen, noch zu Stanley ziehen:

> »Beides lehne ich ab, da ich gegenwärtig wohl de iure, nicht aber de facto Gouverneur sei und deshalb mich in ihre Angelegenheiten nicht zu mischen habe. Folgten die landesüblichen Redensarten, daß ein Vater seinen Kindern vergeben solle usw. Man kann bei solchen Gelegenheiten sich nicht genug wundern über einerseits die Elastizität der Charaktere, die heute einem das Messer an die Kehle setzen und morgen das als einen Scherz betrachten, andererseits aber auch über die völlige Abwesenheit eines selbstbewußten Denkens.«[110]

Als Emin auf die Frage, was sie denn von Stanley erwarteten, lediglich zur Antwort bekam, diese Verhandlungen seien seine Sache, fügte er hinzu:

> »Es sind eben Kinder – starke Männer mit kindischer Intelligenz.«[111]

Salīm Āġā ging daraufhin allein zurück nach Wadelai, während Emin sich weiter südlich in Richtung Msawa begab. Hier erreichte ihn ein weiterer Brief Stanleys, der ihn über die Ankunft Jephsons bei Kavalli unterrichtete. Dieser habe ihm von der aussichtslosen Lage Emins berichtet. Nun sei es an der Zeit, das Gebiet zu verlassen, denn nach Wadelai würden Tunguru und Msawa sicherlich die nächsten Ziele der Mahdisten-Angriffe abgeben.[112]

Tags darauf, am 12. Februar 1889 bestieg Emin erneut den Dampfer und begab sich weiter südlich in Richtung Kavalli. Am 14. Februar traf Emin auf Jephson, der ihm einen weiteren Brief Stanleys überbrachte, der »[a] sudden dawning of good time« gekommen sah und Emin Träger für alle Reisewilligen in Aussicht stellte.[113]

Doch die Träger-Frage gestaltete sich schwierig. So schrieb Emin nicht ohne Ironie, dass »Casati, der immer davon spricht, daß er absolut nichts besitze«[114] 80 Träger verlangte, andere seiner Leute gar die Reibsteine für Korn transportieren wollten.[115] Dieser Umstand veranlasste Stanley, wenig später genaue Vorgaben zu erlassen.

Am Abend des 17. Februar 1889 erreichte Emin auf dem Landweg das Lager Stanleys bei Kavalli. Kurz vor dem Lager hatte Emin anhalten lassen und allen ein Bad und saubere Kleidung verordnet.[116]

Emins Verhalten

Emin wurde später von mehreren Seiten vorgeworfen, er habe während der Zeit der Offizierserhebung zu passiv reagiert. In der Nachschau profilierte sich Stanley, der bekanntermaßen gar nicht dabei war, zu seinem schärfsten Richter.[117] Nun kann der mehrfach kritisierten Untätigkeit Emins in dieser Phase mit dem Argument Stuhlmanns begegnet werden, dass in einer Phase des Aufruhrs und der Enthebung seines Amtes für Emin schlicht nichts zu verwalten gewesen sei.[118]

Aber sogar von Emins Freund Casati wurde Kritik an dessen Verhaltensweise laut:

> »[...] Casati says, he [Emin] has been a good governor, but he is not & has not been good for the present crisis, to use Casati's words ›il n'a pas de courage‹ [...].«[119]

War Emin wirklich mutlos in der Sache vorgegangen? Seine Tagebucheinträge, die überraschend optimistisch wirken, scheinen sich mit Vita Hassans Beobachtungen zu decken. Dieser hatte Emin wegen dessen Enthusiasmus, bald aus der Gefangenschaft freizukommen, zunächst belächelt.[120]

Da er seine Offiziere gut und lange genug kannte, muss jedoch Emin schnell klar geworden sein, dass die Rebellion nicht von langer Dauer sein konnte. Das Wissen um die Kluft zwischen Offizieren und einfachen Soldaten, mit denen sich Emin stets gut gestellt hatte, die ständig wechselnden Ansichten der nicht klar definierten Führungsebene, ein nicht vorhandenes Konzept, müssen Emin in seiner Ansicht bestärkt haben, dass seine Freilassung nur eine Frage der Zeit sei – eine Einschätzung, mit der er schließlich richtig lag.

Als die erhoffte Wende jedoch auf sich warten ließ und sich die Situation durch den Einfall der Anṣār verschlechterte, scheinen Emin Zweifel gekommen zu sein. Er setzte ein Testament auf, das Casati zum vorläufigen Vormund für seine Tochter Ferida bestimmte und den Khediven Tawfīq (1852-1892) zum Testamentsvollstrecker.[121]

Tief blicken lässt die Tatsache, dass die Frage einer Hinrichtung Emins – die ja zweifelsohne in den Wirren möglich gewesen wäre und die Offiziere ihres Problemfalles entledigt hätte – nie wirklich im Raume stand. Dazu wurde Emin als Person zu sehr geachtet. Allenfalls eine höhere Instanz – namentlich der weit entfernte Khedive –, sollte über Emin richten. »Wir wollen ihm nichts böses thun, wollen ihn aber auch nicht mehr regieren lassen.«[122], brachte ein entschiedener Emin-Gegner, der wegen seiner 'Urabi-Anhängerschaft in den Sudan verbannte 'Abd al-Wahāb, die Meinung vieler auf den Punkt. Für Casati oder Vita Hassan waren drakonischere Strafen vorgesehen, die jedoch nicht vollstreckt wurden.[123]

STANLEY SETZT SICH DURCH: ENTSCHEIDUNG ZUM ABMARSCH AN DIE KÜSTE

Der Empfang im Lager war erneut ein herzlicher. Hier traf Emin Stanleys Begleiter Robert Henry Nelson, Thomas Heazle Parke und William Grant Stairs zum ersten Mal. Stanley sicherte Emin zu, genügend Zeit zu lassen, um allen Reisewilligen den Abmarsch zu ermöglichen. Nachdem Stanley Emins

Offizieren die Reisemission erläutert hatte, erklärten diese, ihm folgen zu wollen, wohin er sie führe. Von der Zusage der Träger wich Stanley jedoch ab – nur Emin, Casati und Gaspari Marco[124] sollten Träger erhalten, alle anderen selbst für Träger sorgen.[125]

Die Antwort aus Wadelai kam bald: Dort hatte sich der geschrumpfte Revolutionsrat, bestehend aus zehn Mann, zusammengetan und Faḍl al-Mullā zum Bey befördert. Salīm hatten sie wegen Konspiration mit Emin für abgesetzt und sich dem Gouvernement in Ägypten für treu erklärt.

Emin sah sich nun doch zum Handeln gezwungen, berief nördlich von Kavalli einen Gegenrat ein und gab Salīm die Weisung, die Bewegung mit Waffengewalt zu unterdrücken. Während die Dampfer nach Norden fuhren, um die Reisewilligen aufzunehmen, marschierte Emin zurück zu Stanleys Lager.[126]

Dort wurde Emin Zeuge, wie Stanley mit »Meuterern«[127] – Soldaten, die Nelson bei einem Marsch verlassen hatten –, umging. Stanley hatte diese entwaffnen lassen und prügelte selbst auf sie ein.[128] Eine Wertung ist aus Emins Tagebucheintrag nicht ersichtlich, es ist jedoch anzunehmen, dass Stanleys Kompromisslosigkeit auf Emin einen gewissen Eindruck machte.

Die folgenden Tage bis zum 10. April – dieses Datum hatten Emin und Stanley zum Abreisetermin erkoren – vergingen mit Vorbereitungen zum Abmarsch, Trägerakquise und kleineren wissenschaftlichen Exkursionen. Gänzlich aus der Fassung brachten Stanley die vielen persönlichen Gegenstände (»Gerümpel«[129]), welche Emins Leute mit an die Küste transportieren wollten. Deshalb hatte Stanley für Emin einen Transportplan aufgestellt, der genau festlegte, welche Waren Emin mitnehmen durfte. Emin ließ sich diese Bevormundung durch Stanley augenscheinlich gefallen, jedenfalls findet sich keine Kritik in seinem Tagebuch.

Kurz vor dem vereinbarten Abreisedatum kippte die positive Stimmung Emins, der Stanley bis dahin hatte gewähren lassen und sich beeindruckt von der praktischen Veranlagung des Expeditionsleiters gezeigt hatte.[130] Anlass war ein Brief aus Wadelai, der über Tumulte unter denjenigen Soldaten berichteten, die zur Abreise bestimmt waren. Sie wollten auf ihre Kameraden aus Makrakra warten. Stanley richtete daraufhin eine »Strafpredigt«[131] an Emin und gab diesem eine Mitschuld an den Verhältnissen, weil er an seine Soldaten geglaubt habe.[132]

Doch dies war nur ein Vorspiel zur »Tollhausszene«[133] am nächsten Tag. In der Nacht hatten Emins Soldaten versucht, Stanleys sansibarischen Begleitern Gewehre zu entwenden. Stanley machte Emin deutlich, dies nicht dulden zu können.

> »Als aber, nach der vorzunehmenden Handlung gefragt, er mir die Alternative stellte, ich solle entweder meine Leute alle zusammenrufen, und beim geringsten Widerstand würde er nicht zögern, sie zu massakrieren, oder ich solle mich entschließen, morgen früh [...] meine Sachen zusammenpacken und abmarschieren [...] – da wurde ich stutzig und schüttelte den Kopf, worüber er so ergrimmte, daß er mir äußerst harte Worte sagte und, auf den Boden stampfend, aus dem Hause stürmte.«[134]

Immerhin gelang es Emin, mit der Eingabe, sofort abzureisen, den »wie ein Toller wütenden Mann«[135] ansatzweise zu beruhigen, so dass das Abreisedatum vom 10. April weiter Bestand hatte. Durch Einschüchterung – einige Verdächtige wurden entwaffnet und gefesselt, Stanley kündigte an, jeden Reiseverweigerer über den Haufen schießen zu lassen – beendete der Expeditionsleiter die Szene. Emin notierte dazu:

> »Nicht daß ich ihn wegen seiner Fürsorge tadele, aber dasselbe Resultat hätte mit einer weit geringeren Aufwendung szenischer Mittel und journalistischer Eloquenz erreicht werden können. Schade, daß der so hochbegabte Mann so häßliche Ecken aufweist.«[136]

Auch dieser Vorfall wurde später gegen Emin verwendet: Der bereits im Zusammenhang mit Emins angeblichem Verrat am Khediven genannte Baṣīli Buḫtūr behauptete, Emin habe die oben geschilderten Ereignisse angezettelt, um nicht abreisen zu müssen.[137] Die diesbezüglichen Aussagen des Beamten in den Geheimdienstakten fanden ebenfalls den Weg auf die erste Seite des *New York Herald*. So hieß es dort im Untertitel, Emin »instigated an attack on Stanley«[138].

Einige kleinere weitere Vorfälle, die hier nicht ausgeführt werden sollen, trugen nicht dazu bei, das Verhältnis zwischen Emin und Stanley zu bessern. Am 10. April marschierte die Expedition – summa summarum zwischen 1.000[139] und 1.510[140] Leuten in Richtung Küste ab, ohne das Eintreffen Salīm Āġās mit einer Fuhre Angehöriger abzuwarten. Emin, der eine Absicht Stanleys dahinter vermutete, widersprach nicht und überließ die Leitung Stanley.[141]

Spannungen im Umgang zwischen Stanley und Emin

Es dauerte, wie gesehen, nicht lange, bis sich Spannungen zwischen Emin und Stanley bemerkbar machten. Dass Emin es vorziehen könnte, in seiner Provinz zu bleiben, hatte Stanley bereits vor dem Start seiner Expedition in Betracht gezogen, wie ein Interview mit der belgischen Zeitung *Indépendance Belge* zeigte.[142] Dennoch hatte Stanley erwartet, dass Emin sich – aus höchster Not errettet – freudig seiner Expedition in Richtung Sansibar anschließen würde. Denn anders als bei der Livingstone-Expedition wollte Stanley diesmal nicht wieder allein an die Küste zurückkehren. Jephson hatte Emin in angeheitertem Zustand geschildert:

> »Nun komme für ihn [Stanley] alles darauf an, mich [Emin] mit sich zu führen, weil nur dann man seine Expedition als völlig gelungen betrachten werde, wenn man mich vor Augen habe; er habe zu seinem Schaden bei der Expedition zur Aufsuchung LIVINGSTONE'S[143] erfahren, was es bedeute, das Hauptobjekt der Expedition in Afrika zu lassen, und er wolle diesmal eher zugrunde gehen, als ohne mich abzureisen.«[144]

Doch obwohl Stanley Jephson ersucht hatte, auf Emin einzuwirken – Emin kommentierte dies mit der Bemerkung »Also auch hier nur Egoismus unter dem Mantel von Philanthropie.«[145] – gestaltete sich das Unterfangen schwieriger, als von Stanley erhofft. Emin wollte, das hatte er vorher bereits mehrfach zum Ausdruck gebracht, seine Leute und sein Land, über das er zwar noch dem Titel nach, faktisch aber nur noch zu einem kleinen Teil herrschte, nicht im Stich lassen. Zudem wollte er seine Soldaten an der Entscheidung beteiligen. Für Stanley bedeutete Emins fürsorgliches, aber zauderndes Gebaren, das Stanley als Wankelmütigkeit auslegte, ein Ärgernis:

> »[…] naturally, the topic as to whether he would stay in Equatoria, or accompany me to the coast, came up for discussion frequently. But, from the beginning to the end of our meetings, I was only conscious that I was profoundly ignorant of his intentions. On some days, after a friendly dinner the night previous, he held out hopes that he might accompany me; but the day following he would say, ›No, if my people go, I go; if they stay, I stay.‹«[146]

Anders als Emin hatte Stanley nicht erkannt, dass Emins Soldaten aus Höflichkeit und wahrscheinlich auch aus Mangel an Bildung immer der aktuellen Autorität ihre Zustimmung gaben. Andererseits war es aus Sicht des Expeditionsleiters verständlich, in einem gewissen Zeitrahmen zu einer pragmatischen Lösung zu kommen.

Es ist nötig, das sich zunehmend schwieriger gestaltende Verhältnis der beiden unterschiedlichen Charaktere zueinander einer eingehenderen Prüfung zu unterziehen. Dies soll jedoch an späterer Stelle geschehen.

Der Marsch an die Küste

Von Mitte April bis zum 8. Mai musste die Expedition unterwegs pausieren, da Stanley an Gastritis erkrankt war und nicht weitermarschieren konnte. Emin besuchte den Kranken und tauschte sich mit dem behandelnden Arzt Parke über Diagnose und Linderungsmöglichkeiten aus.[147]

Zu dieser Zeit musste Emin eine delikate Angelegenheit klären, denn Casati erhob Ansprüche auf ein in seinem Hause geborenes und von ihm aufgezogenes Kind, das er nicht an den rechtmäßigen Vater zurückgeben wollte. Ein von Emin eingesetztes Gremium entschied nach islamischem Recht gegen Casati, der sich mit der Entscheidung jedoch nicht abfinden wollte und Emin eine »Vergewaltigung seiner Rechte«[148] vorwarf. Emin hegte zwar Sympathien für seinen Freund Casati, machte ihm jedoch deutlich, dass die Entscheidung des Gremiums rechtmäßig und bindend sei. Die einzige Möglichkeit, die er sähe, wäre, »den Soldaten privatim zu ersuchen, das Kind häufig zu Casati senden zu wollen.«[149]

Emin berichtete im Folgenden über zunehmende Fluchten von Dienern und Trägern, die, wenn wieder aufgegriffen, mit Stockschlägen bestraft wurden. In einem Fall ließ Stanley einen ehemaligen Diener namens Rīḥān, der ein Gewehr gestohlen und weitere Bedienstete zum Widerstand aufgewiegelt hatte, hinrichten.[150]

In Streit mit Stanley geriet Emin am selben Tag über die gewaltsame Akquise von Dienern und Trägern:

»Ich habe [...] meine persönliche Abneigung gegen die Sklavenjagden ausgesprochen und in zwölf Jahren meiner Verwaltung nie solche geduldet oder gar erlaubt. Stanley hatte als das einzige Mittel, die Ägypter mit Trägern zu versehen, zweimal seine Offiziere – Engländer – beordert, solche Affären zu unternehmen [...].«[151]

Inzwischen war Salīm Āġā am Südende des Albert Nyanza angekommen und verwundert, dass Stanley sich bereits in Marsch gesetzt hatte. Er sandte Ayyūb Efendi mit einem Schreiben an Stanley, in dem er diesen zum Warten aufforderte. Stanley antwortete ihm, er wolle am Ruwenzori und am Albert-Edward Nyanza zwischen zehn und 20 Tagen rasten, damit Salīm nachkommen könne.[152] Doch auch nachdem Kabaregas Land unter Kämpfen durchquert war, marschierte Stanley weiter, ohne die versprochenen Aufenthalte einzulegen. Lediglich am Ruwenzori-Massiv ließ Stanley halten, um die »Mountains of the Moon« erkunden zu können.[153]

Nach einer gewissen Ruhephase in den Auseinandersetzungen zwischen Stanley und Emin, flammten diese wieder auf. Zunächst hatte Stanley Emin für eine Wegverfehlung, die ihn weiter in Kabaregas Land geführt hatte als geplant, verantwortlich gemacht. Er habe Emins Freunden zu »seinem Schaden getraut.«[154]

Im Laufe des Marsches ergossen sich dann weitere Schimpfreden über Emin:

»[...] alles Unheil in der Provinz und alle Schwierigkeiten, die ihn [Stanley] befallen – obenan seine Krankheit [...] – [seien] nur die Schuld meiner Zauderhaftigkeit, Nachlässigkeit und Nachgiebigkeit, meiner völligen Unfähigkeit [...].«[155]

Außerdem setzte Stanley Emin unter Druck, indem er ihn bat, zu bedenken,

»[...] auf welcher Seite das Brot mit Butter bestrichen sei; wie ich [Emin] in Europa entehrt dastehen würde usw.«[156]

Für den Fall, dass Emin, wie von diesem als Lösungsvorschlag angeboten, seiner Wege ziehe, drohte Stanley gar mit Arrest.[157]

In der Folge beteiligte Stanley Emin nicht mehr an Entscheidungsprozessen, sondern setzte ihn nach Abschluss lediglich von deren Ausgang in Kenntnis. So empfing Stanley am 9. Juli eine Gesandtschaft des Missionars Mackay, welche ihn über die Situation des Bürgerkriegs in Buganda aufklärte. An diesen Verhandlungen beteiligte Stanley Emin nicht.[158] Als Konsequenz daraus hegte auch Emin keine Ambitionen mehr, Diskussionen mit Stanley zu führen. So nahm er es hin, dass Stanley einen ägyptischen Soldaten als Strafe für dessen Fehlverhalten eigenmächtig an Bewohner eines Dorfes auslieferte.[159]

Inzwischen war die Karawane vorbei am Salzsee Kihio und weiter durch Nkole, Karagwe und Usindja in Richtung der Missionsstation Usambiro gezogen. Der Marsch war mehrfach unterbrochen worden, weil der erkrankte Stanley tageweise Pausen benötigte. Auch Emin selbst hatte mit Fieberanfällen zu kämpfen, so dass ihm die von Stanley verordneten Pausen ebenfalls gut bekamen. Am 16. August 1889 bekam die Karawane erstmals den Victoria Nyanza zu sehen. Elf Tage später, am 27. August 1889 war das Etappenziel, die Missionsstation Usambiro, erreicht. Hier traf Emin den Missionar Mackay, den er bis dato nur aus Korrespondenzen kannte, erstmals persönlich.

Die Zeit in der Missionsstation nutzte die Karawane, um wieder zu Kräften zu kommen: »Es kommt einem recht eigen vor, europäisch zu speisen und zu wohnen!«[160], notierte Emin in sein Tagebuch. Stanleys Laune habe sich stark gebessert, er sei »jetzt so geschmeidig wie nie zuvor«[161], fügte er hinzu. Auch habe Stanley sich bei einem Foto neben ihn gesetzt, was Emin als Steigen seiner Aktien deutete.[162]

Doch dieser Zustand hielt nicht lange an. Zunächst geriet Stanley heftig mit Casati aneinander, weil dieser mit der Trägerzuteilung unzufrieden war.[163] Und schließlich ließ er Emin am 16. September von der Station abmarschieren, blieb jedoch selbst noch einen Tag bei Mackay zurück. Emin kommentierte angesäuert:

> »Wir sind also als überflüssige Gäste an die Luft gesetzt worden, während Stanley mit seinen Getreuen [...] in Mackay's Station bleiben.«[164]

Mit Mackay, dessen Freigebigkeit Emin imponierte, hatte dieser in der Zeit seines Aufenthaltes in der Station kaum verkehren können, zu sehr war der Missionar mit anderen Aufgaben beschäftigt gewesen. Hierzu hatte auch die Anordnung Stanleys beigetragen, alle im Gefolge mitgeführten Sklaven an die Mission abzugeben, da man mit diesen unmöglich an der Küste auftauchen könne.[165]

Nach dem Abmarsch aus Usambiro zog die Karawane weiter südlich in Richtung Tabora. Der Marsch gestaltete sich als schwierig, weil kaum Wasser zu finden war und die Nahrungsrationen drastisch eingeschränkt waren. Aus Angst vor der Expedition hatten die Bewohner der passierten Dörfer ihre Häuser verlassen. Zwischenzeitlich gab Emin zu Protokoll, dass sich die Anzahl seiner Gefolgsleute seit dem Abmarsch im Frühjahr beinahe halbiert habe. Bei Kavalli waren ihm 570 Personen gefolgt, nun waren 311 übrig.

> »Natürlich sind in die Zahl der Fehlenden nicht allein Verstorbene und Kranke, die zurückgelassen wurden, sondern auch alle eingeschlossen, die fortliefen oder an Eingeborene verschachert worden sind.«[166]

In Ussungo stand ein Wechsel der Träger an, da die verpflichteten Wanyema zurück in ihr Herkunftsgebiet ziehen durften. Emin räsonierte:

> »Was sie ihren Landsleuten alles werden zu erzählen haben von ihrem Marsche durch unbekannte Länder und von ihren Abenteuern im Seengebiete!«[167]

In der Nähe des Ortes Ikungu stießen die Patres August Schynse (M.Afr., 1857-1891) und Ludovic Girault (M.Afr.), die Emin schon kurz in der Station Usambiro kennengelernt hatte, zu der Expedition. Schynse hatte in Kipalapala bei Tabora gewirkt, die Mission aber wegen der unsicheren Gegend in Richtung des Victoria-Nyanza verlassen. Schynse, der gebürtig aus Wallhausen (bei Bad Kreuznach) stammte – Emin bezeichnete ihn fälschlicherweise als Elsässer[168] –, freundete sich bald mit Emin an. Seine hinterlassenen Memoiren und Briefe sind auch für das Verhältnis zwischen Emin und Stanley aufschlussreich.[169] Vom Marsch an die Küste berichtete er:

»An der Spitze der Karawane marschirt Stanley mit zwei Compagnien Wangwana, dann folgt Dr. Emin Pascha mit seinen Leuten und dem Troß ägyptischer Offiziere und Kaufleute. Die ganze Karawane zählt gegen 600 Seelen, darunter 180 Mangwana in drei Compagnien 70-80 Manyahmuezi-Träger, den Rest bilden die Leute von Wadelai, ein buntes Gemisch: ein Jude von Tunis [Vita Hassan], Apotheker von Wadelai, ein griechischer Kaufmann [Marco], ägyptische Offiziere, koptische Schreiber, Soldaten aus der Sudanprovinz, von denen die höherstehenden einen Troß von Sklaven, Weibern und Kindern mitführen, alle mit massenhaftem Plunder beladen, mit durchlöcherten kupfernen Kaffeekannen, großen Wasserbecken, leeren Conservenbüchsen […] und einer sonstigen Masse unbrauchbaren Zeuges. Außerdem sind wir eine ganze Anzahl Europäer. Stanley mit fünf Offizieren, und einem Bedienten, Emin Pascha, Casati, wir Beide, ein so buntes Gemisch aller Stämme von Africa und Mazungu[170], europäischer Nationen: Engländer, Americaner, Italiener, Franzosen, Deutsche, Griechen, Türken, daß die Eingeborenen vor Schreck und Staunen sich kaum fassen können. Alles dieses marschirt zusammen unter der rothen Flagge und dem Halbmond des Islam, die Stanley vorangetragen wird.«[171]

Über Ugogo zog die Karawane weiter nach Mpwapwa (auch: Mpapua), wo sie Anfang November eintraf. Einige Tage zuvor hatte unvermittelt die erste Begegnung mit deutschsprachigen Afrikanern stattgefunden.[172]

Schon vor dem Erreichen Mpwapwas registrierte Emin einen Wandel in Stanleys Verhalten. Stanley war Emin gegenüber plötzlich übertrieben zuvorkommend. Emin schrieb dazu:

»[…] ich weiß nicht, warum all die Leute sich einbilden, daß das Deutsche Gouvernement mich in Ostafrika beschäftigen werde!«[173]

Auch wenn Emin an dieser Stelle noch nicht wahrhaben wollte, dass das Deutsche Gouvernement sich für seine Dienste interessieren könnte – der Verlauf der Ereignisse gab Stanleys Bedenken Recht.

Der deutsche Reichskommissar Hermann von Wissmann hatte in Mpwapwa Leutnant Rochus Schmidt mit dem Empfang der Expedition beauftragt. Wissmann selbst hatte Mitte Oktober wieder nach Sansibar zurückkehren müssen, aber zwei Briefe zurückgelassen, die Emin Ende des Monats erreichten. In einem Brief unterrichtete er Emin über eine deutsche Emin-Pascha-Hilfsexpedition, die unter Carl Peters aufgebrochen war und legte kurz die Umstände dar. Auch über den Tod der beiden deutschen Kaiser Wilhelm I. und Friedrich III. wurde Emin hier informiert.[174]

Nach kurzer Krankheit Emins erwartete die Expedition in Mpwapwa ein fürstlicher Empfang mit Champagner, Cognac und Zigarren.[175] Die Stimmung wurde nur durch eine Dysenterie-Epidemie (Ruhr) getrübt, von der auch der Stationschef Leutnant Erich von Medem (1861-1889) betroffen war. Emin widmete sich dessen Behandlung.[176]

Noch ehe die Gesundheit des Stationschefs wiederhergestellt war – er verstarb wenige Tage später –, rüstete Stanley am 13. November zum Abzug der Expedition, der sich nun auch Rochus Schmidt anschloss. Die Expedition hatte nun zwar noch einen langen Marsch, aber keine großen Schwierigkeiten mehr zu überstehen, da sie sich im deutschen Schutzgebiet befand. Emin berichtete im Folgenden sehr positiv über die Deutschen[177] und ärgerte sich über Stanley, der seine britische Sichtweise nicht ablegen wolle.[178] Seine Tagebuchaufzeichnungen endeten vorläufig am 3. Dezember 1889, einen Tag bevor die Expedition auf den gerade zum Major beförderten Hermann von Wissmann traf, der die letzte Teilstrecke mit der Karawane zu Pferde nach Bagamoyo zurücklegte.

In der festlich geschmückten Hafenstadt erwarteten Emin zwei Glückwunschschreiben – eines des ägyptischen Khediven, der berichtete, dass ein Schiff zur Rückkehr nach Ägypten bereitstehe und ein zweites von Kaiser Wilhelm II., welcher Emin zur geglückten Rettung gratulierte. Das Schreiben des Kaisers machte auf Emin besonderen Eindruck, wie noch zu sehen sein wird.

Vertreter der internationalen Presse waren nach Bagamoyo gekommen, um von der glücklichen Rückkehr der beiden Reisenden zu berichten. Besondere Erwähnung verdient eine Karikatur der englischen Satirezeitschrift *Punch*. Die Karikatur mit dem einfachen Titel »Rescued!« spielte auf die unklare Frage an, ob der zur Rettung Emins entsandte Stanley nicht vielmehr durch Emin gerettet worden sei. Die Zeichnung zeigt die beiden mit Schaftstiefeln, Expeditionskleidung und Pistole ausgestatteten und körperlich gleich großen Protagonisten, die sich gegenseitig stützend aus der hinter ihnen liegenden Wildnis befreien. Der an Brille, Vollbart und Fez zu erkennende Emin hat den linken Arm um Stanley geschlungen, um sich abzustützen. Gleichzeitig zieht Emin seinen Retter Stanley, der an seinen Gesichtszügen und dem charakteristischen Helm, den dieser in der weit abgespreizten linken Hand hält, erkennbar ist, mit seiner rechten Hand entschlossen nach vorne aus der Gefahrenzone.

Bild 28 Punch-Karikatur[179]

Der Fenstersturz von Bagamoyo und Spekulationen über das »Unglück«

Zu Ehren der Reisenden wurde am Abend im Offizierscasino im sogenannten *Ratu-Haus* ein großes Festbankett veranstaltet. Nachdem zahlreiche Toasts auf die Expeditionsteilnehmer ausgesprochen worden waren, zog sich Emin zurück. Wenige Minuten später platzte die Nachricht von einem Unglücksfall in die gesellige Runde: Emin war aus einem Balkontür-ähnlichen Fenster, an das jedoch kein Balkon angeschlossen war, vom Ersten Stockwerk in die Tiefe gestürzt.

Beim Aufprall auf das Vordach hatte Emin eine Schädelfraktur erlitten, welche ihn längere Zeit an das Krankenbett fesseln sollte.

Bild 29 Ratu Haus, Bagamoyo[180]

Was war geschehen? Augenzeugen gab es für das Unglück nicht. Die allgemeine – durchaus plausible – Darstellung war, dass Emin aufgrund seiner Kurzsichtigkeit das große Fenster mit einer Balkontür verwechselt habe und deshalb abgestürzt sei.[181]

Einige wenige Stimmen verdächtigten zunächst Stanley, Emin aus Ärger über die Ballustrade gestoßen zu haben[182] – ein nicht haltbarer Vorwurf.

Der mit dem Wissen um Emins psychische Schwankungen[183] durchaus naheliegende Gedanke, Emin habe sich absichtlich schwer verletzen, wenn nicht sogar seinem Leben ein Ende setzen wollen, wurde, soweit dies überprüfbar ist, erst viel später geäußert.[184] Einen Grund für eine solche Handlung hätte das zerrüttete Verhältnis zwischen Emin und Stanley vielleicht geboten.[185] Emin fürchtete nämlich nicht zu Unrecht, künftig als »Trophäe« Stanleys in England vorgeführt zu werden und danach, wenn das Interesse an ihm erloschen sein würde, in eine wenig lukrative Stellung abgeschoben zu werden. Wenn er nun für gewisse Zeit reiseunfähig wäre, müsste Stanley, der stets zur Eile drängte, ihn in deutscher Obhut belassen.

Eine zweite Erklärung wäre die »Affäre« mit der Witwe Divitçi İsmail Paschas. Emine Leyla hatte mittlerweile aus der Zeitung entnehmen können, dass sich hinter dem viel bewunderten Emin Pascha ihr ehemaliger Lebensgefährte Eduard Schnitzer verbarg.[186] Sie stellte nun schriftlich finanzielle Forderungen an Emin. Dieser musste fürchten, dass die delikate Angelegenheit durch ein Gerichtsverfahren in die Öffentlichkeit gelangen und seinem eben erst erworbenen Ruf schaden könnte.[187]

Der Emin wohlgesonnene Expeditionsarzt Thomas Heazle Parke versuchte dessen Sturz mit dem Hinweis zu erklären, dieser sei an mehrstöckige Häuser nicht mehr gewöhnt gewesen, weil er 14 Jahre lang nur in einstöckigen Häusern gelebt habe.[188]

Dass Emin den Champagner nicht vertragen habe und wegen Trunkenheit aus dem Fenster gestürzt sei, vermutete süffisant die *Los Angeles Times* und schloss sich der ironischen Folgerung des *Liverpool Mercury* vom Vortrag an:

> »For many years Emin had been deep in Africa, far from champagne. [...] No sooner is he brought back to civilization than the cup is set before him again, with such consequences that he who was rescued from death in the wilds is nearly a prey to death on the confines of Christendom.«[189]

Wie der damalige Generalkonsul in Kairo, Karl Ludwig Wilhelm Arthur von Brauer (1845-1926), in seinen Memoiren festhielt, soll auch Stanley bei einem zu dessen Ehren veranstalteten Bankett in Ägypten

> »[...] taktloserweise durchblicken [haben lassen], daß der Sturz in Bagamoyo durch Trunkenheit verschuldet wäre, [...].«[190]

Vermutlich liegt die Wahrheit in dieser Frage in der Mitte der ersten und der letzten Deutung: Eine Mischung aus Kurzsichtigkeit und der ersten Wirkung des zuvor genossenen Champagners mögen zu dem Unfall geführt haben. Auch wenn die These einer absichtlich herbeigeführten Verletzung oder im Extremfall eines geplanten Suizids einige Attraktivität besitzt, so bleibt sie doch spekulativer als die anderen beiden.

Wie vorgesehen wurde das gesamte Expeditionskorps – mit Ausnahme des verletzten Emin – in einer vorher festgelegten Zeremonie von britischen wie deutschen Kriegsschiffen von Bagamoyo nach Sansibar überführt, wo weitere Empfänge stattfanden.[191]

Die ägyptischen Soldaten wurden auf Stanleys Befehl hin bereits am Tag nach Emins Unfall nach Mombasa gebracht, ohne dass sie Emin noch einmal zu

Gesicht bekommen hätten. Von dort reisten sie über Suez nach Kairo, wo der Großteil von ihnen schließlich in einer Kaserne in al-ʿAbbāsiyya unterkam.[192] Beamte und Offiziere erhielten eine Audienz beim Khediven, der sich bei ihnen für die Ägypten gezeigte Treue bedankte und die ausstehenden Gehälter begleichen ließ. Einige der Beamten gaben dem anglo-ägyptischen Geheimdienst Auskünfte über die Verhältnisse in der Äquatorialprovinz.[193]

Wie aus den Akten ersichtlich ist, hatte Stanley für den Geheimdienst eine Liste mit den Namen der Beamten und der Zahl ihrer Begleiter (Familie, Diener etc.) angefertigt und bei einigen Namen in einer Separatspalte Beurteilungen über deren Verhalten und Möglichkeiten der Weiterverwendung notiert.[194]

9. EMINS KOPFVERLETZUNG STÖSST DAS EMPIRE VOR DEN KOPF

Obwohl Emin in dieser Phase seinen Höhepunkt an internationaler Aufmerksamkeit erlebte, ist die Quellenlage erstaunlich wenig aufgearbeitet. Er selbst hat wegen seines Krankenhausaufenthaltes keine Aufzeichnungen hinterlassen und sich rückwirkend nicht zum Unfallgeschehen geäußert, dessen Ursachen mangels Zeugen daher nicht mit letzter Sicherheit geklärt werden können. Die Zeit zwischen Unfall und Abmarsch der Seen-Expedition ist nur durch Aktennotizen und wenig bekannte Zeitzeugenberichte belegt, die im Folgenden zur Geltung kommen sollen.

In den bereits erwähnten Publikationen, die sich mit Stanleys *Emin Pasha Relief Expedition* auseinandersetzen, wird in groben Linien auch Emins spätere Entscheidung pro Deutschland und gegen das Empire thematisiert. Weniger Beachtung fand bislang die Tatsache, dass englischsprachige Zeitungen in ihren Bewertungen durchaus unterschiedlich urteilten und auch auf britischer Seite vereinzelt sogar Verständnis für Emins Entscheidung geäußert wurde.

Wie sensibel manche britische Diplomaten auf die Causa Emin reagierten, zeigt die Korrespondenz über Verwicklungen in Sansibar.

Behandlung und Genesung des Kranken

Die Nachricht vom Unfall Emins verbreitete sich über die europäische Tagespresse.[1] Folglich gingen zahlreiche Genesungswünsche – darunter auch von hochrangigen Persönlichkeiten wie der britischen Königin Victoria (1819-1901, reg. 1837-1901)[2] und ihrem Enkel, dem deutschen Kaiser Wilhelm II. –, in den Konsulaten in Sansibar ein.[3] Der Patient wurde während seines Krankenhausaufenthaltes mit Ehrungen förmlich überschüttet.[4]

Behandelt wurde Emin von Dr. Brehme und Dr. Thomas Heazle Parke,[5] sowie Marine-Assistenzarzt Dr. Götsch, welcher einen Schädelbruch und einen chronischen Bronchialkatarrh diagnostiziert hatte. Weil der durch langes Sprechen ausgelöste Husten einen »störenden Glutandrang nach dem Gehirn«[6] verursache, verbot Götsch Emin zunächst strikt »jedes wissenschaftliche und politische Gesprächsthema«[7] – eine Tatsache, die insbesondere den ungeduldigen Stanley sehr verärgerte.

Während seines Krankenhausaufenthaltes führte Emin aus nachvollziehbaren Gründen kein Tagebuch. Über Unfallhergang und Krankenhausaufenthalt hat er sich aber auch an späterer Stelle nicht mehr geäußert.

Sanitätsschwester Auguste Hertzer (1855-1934), die zunächst in Deutsch-Ostafrika, später in der Deutschen Südsee ihren Dienst versah, kümmerte sich besonders intensiv um den Kranken. Eigentlich hätte Hertzer wegen gesundheitlicher Probleme vorzeitig nach Deutschland zurückkehren sollen, ließ es sich aber nicht nehmen, »zur Beihülfe an der Pflege Emin Paschas in Bagamoyo auszuharren,«[8] wie die Zeitschrift des Deutschen Frauen-Vereins für Krankenpflege in den Kolonien, *Unter dem rothen Kreuz*, berichtete. Hertzer hat einige Jahre später ihre Lebenserinnerungen verfasst, die sie trotz Vorkehrungen zu einer Edition jedoch nie veröffentlichte.[9] Die Angaben im dritten Notizbuch betreffen die Krankenzeit Emins. Die Notizen offenbaren einige Details, die von anderer Seite her anders geschildert oder verschwiegen wurden. Bemerkenswert ist, dass die Aufzeichnungen Hertzers die einzigen bekannten Denkwürdigkeiten in der gesamten Emin-Historiographie darstellen, die von einer Frau verfasst wurden. Quellenkritisch ist zu bemerken, dass Auguste Hertzer in Bezug auf Emin sehr wohlwollend und bewundernd, von daher unkritisch urteilte. Hertzer lag das veröffentlichte Tagebuch des Emin ebenfalls überaus positiv gegenüberstehenden Paters Schynse vor; sie hat im betreffenden Abschnitt Passagen daraus übernommen.

Aus ihren Aufzeichnungen erfahren wir, dass Hertzer in Sansibar vom Unfall Emins gehört hatte. Daraufhin war sie am Tag nach dem Unglück, am 5. Dezember 1889, mit einem Wissmann-Dampfer nach Bagamoyo zurückgekehrt. Eigentlich sei ihre Anwesenheit gar nicht erforderlich gewesen, schrieb sie, da neben den drei bereits genannten Ärzten, dem Leiter der Station, Dr. Brehme, dem englischen Arzt Dr. Parke und dem Schiffsarzt des Kreuzers *Schwalbe*, Dr. Götsch, auch ihre Kollegin Schwester Helene von Borcke den Kranken gepflegt hätten.[10]

Emin, der anfangs ganz in »Watte und Bandagen«[11] eingepackt gewesen sei, habe bald Heilungsfortschritte gemacht. Seine Gedanken seien stets um seine Tochter Ferida gekreist, die er häufig zu sehen wünschte. Die Kleine, die von Casati bei der italienischen Familie Mariano untergebracht worden war, sei immer nur widerwillig vom Krankenbett ihres Vaters gewichen.[12] Voll väterlicher Fürsorge habe er es erreicht, dass sein Kind zur Mittagsessenszeit bei ihm war:

> »Für Dr. Emin durften wir nur etwas Pudding verabfolgen, am liebsten aus Reisgries der leicht schluckbar war, weil die ganzen Halsorgane noch entzündet und angegriffen waren. Ich denke, dass das Essen, welches er ja gar nicht selbst gebrauchen konnte, nur herkam, damit sein Kind unter seinen Augen verpflegt wurde.«[13]

Als Kaiser Wilhelm II. Emin mit dem Kronenorden II. Klasse auszeichnete, habe sich Emin wie ein Kind gefreut:

> »Als dieses Angebinde in seine überraschten Augen gefallen, saß er lange still wie verklärt und sah nichts weiter von den übrigen Sachen, sondern das Etui mit dem Sterne im Schoße, die Hände in einander gefaltet, so saß er lange da und schaute mit weltfremden Lächeln in die Weite. Aus diesem Traume erwacht, sagte er zu mir: ›Wie werde ich das Majestät danken können! Nichts habe ich bisher für ihn getan! – Ich freue mich ja ungemein, über diese unverdiente Ehre und Auszeich-

nung, aber noch mehr hätte ich mich gefreut, wenn sie unserem Major [Wissmann] zu Theil geworden wäre.‹«[14]

Die Gelegenheit, sich dem Kaiser dankbar zu erweisen, sollte Emin bald erhalten. Zunächst berichtete Hertzer noch über einen Krankenbesuch bei einer Inderin, die der eigentlich noch zu Bettruhe verpflichtete Emin nachts mit ihr, Hertzer, heimlich unternahm. Emin habe die schwer erkrankte Frau behandelt und deren Schmerzen gelindert.[15]

Nach ihren Aussagen machte Hertzer Emin mit dem Zoologen Franz Stuhlmann bekannt.[16] Hieraus erwuchs eine Freundschaft, die weit über den Tod Emins Bestand hatte, denn in den 1920er Jahren edierte Stuhlmann Emins Tagebücher.

Emins Entscheidung für Deutschland durchkreuzt britische Erwartungen

Auguste Hertzer zufolge spielte Emin bereits während seines Krankenaufenthaltes mit dem Gedanken, nach Deutschland zurückzukehren, um persönliche Angelegenheiten zu regeln.[17]

Doch es sollte anders kommen: Hermann von Wissmann plante eine Expedition in das Innere Ostafrikas, um die Karawanenrouten zu sichern. Zu diesem Zweck sollten Stationen jenseits von Mpwapwa eingerichtet werden – der damals westlichsten Station des deutschen Einflussbereichs.

> »Als Dr. Emin nur von diesem Plane hörte, hatte er sich sofort dem Kommandanten dazu angeboten und gesagt: dies werde ich tun, dies ist der Weg der es mir zeigt, wie ich meinen Dank an Majestät und dem deutschen Volke bringen kann! Nur um eins bat er, dass alle seine Entschließungen zunächst geheim bleiben möchten, damit Stanley nicht so schnell über seine neuen Pläne erfahren möchte. Jedenfalls wollte er ihm nicht wehe tun mit dem Entschlusse Deutschland seine Dienste zu geben,[…]«[18]

Wissmann nahm die Botschaft erfreut auf und telegraphierte Emins Wunsch umgehend, aber voreilig nach Berlin. Bismarck antwortete prompt:

> »Emin Pascha's Dienste werden uns willkommen sein wenn derselbe gesund ist. Bitte eventuell über Wünsche desselben Näheres zu berichten.«[19]

Emin hatte sich zu diesem Zeitpunkt aber keineswegs mit letzter Sicherheit für ein deutsches Engagement entschieden, wie aus einer Korrespondenz mit Bismarck vom 8. April 1890 sichtbar wird.[20]

Auch wenn die offiziellen Korrespondenzen noch nicht den Weg an die Öffentlichkeit gefunden hatten, gab es auf deutscher Seite auch außerhalb von Reichsbehörden Befürworter für eine Anstellung Emins. So veröffentlichte Gerhard Rohlfs seine Gedanken in der Morgenausgabe der *Kölnischen Zeitung* vom 12. Februar 1890. Er regte Emins Rückkehr nach Deutschland an, um ein neues *Emin-Pascha-Comité* zu gründen und die verlorengegangenen ägyptischen Provinzen für das Kaiserreich zu gewinnen.[21]

In Ägypten sorgte wenig später ein Telegramm Emins für Wirbel, in dem er seine Entlassung beantragte und den Khediven bezichtigte, ihn bloß gestellt zu haben. Über diesen Vorfall berichtete der deutsche Generalkonsul in Kairo, Arthur von Brauer, am 11. März 1890 an Reichskanzler von Bismarck:

> »Kurz vor Postschluß erfahre ich, daß soeben an den Oberzeremonienmeister des Khediven ein Telegramm Emin Pascha's ungefähr folgenden Inhalts eingetroffen ist: ›Nachdem die ägyptische Regierung mich nach fünfzehnjähriger Dienstzeit in Central-Afrika desavouirt hat, gebe ich hiermit meine Entlassung, meine Pensionsrechte mir vorbehaltend, Seiner Hoheit dem Khediven für Seine Freundlichkeit dankend.‹«[22]

Von Brauer berichtete im Folgenden ferner, dass niemand den Grund für den Ärger Emins verstehe und nicht klar sei, was mit der Desavouierung seitens der ägyptischen Regierung gemeint sei. Der Khedive seinerseits habe verwundert reagiert:

> »Der Khedive hat die Vermuthung ausgesprochen, daß der Pascha vielleicht in Folge des Sturzes gehirnleidend geworden sei. Ich möchte eher annehmen, daß ihm falsche und übertriebene Gerüchte über die Rede Stanley's[23], [...], zu Ohren gekommen sind, oder daß ihn der Entschluß der ägyptischen Regierung gekränkt hat, einen Teil der noch ungedeckten Kosten der Stanley-Expedition zu übernehmen, [...].«[24]

Stuhlmann zufolge lag die Ursache für Emins Verärgerung bereits einige Zeit zurück. Emin soll über den in französischer Sprache abgefassten Rückzugsbefehl des Khediven, den Stanley mitgebracht hatte, aufgebracht gewesen sein.[25] Dieses Befehls wegen war Emin in Dūfīlī abgesetzt worden.

Auf Stuhlmanns Nachfrage, ob Emin auch in Erwägung gezogen habe, in Diensten des Khediven zu verbleiben, hatte dieser geantwortet:

> »Gewiss, aber ich glaube nicht, dass augenblicklich eine mir zusagende Stellung vakant ist. Man hat mich, wie ich höre, zum Civil-Gouverneur von Massaua oder von Wadi Halfa bestimmen wollen, aber an beiden Orten wäre ich nicht selbständig, sondern hätte mich den Anordnungen des englischen Militär-Gouverneurs zu fügen, was meiner Neigung durchaus zuwiderläuft.«[26]

Während Emin langsam genas, erntete sein »Befreier« die Lorbeeren seiner Arbeit. Wo immer Stanley auftrat – ob in Ägypten oder Großbritannien – die ungeteilte Aufmerksamkeit war ihm gewiss.[27] Er eilte von Empfang zu Empfang und nahm Ehrungen entgegen. Einige Expeditionsartefakte vermachte Stanley der *Royal Geographical Society*.[28] Noch im selben Jahr veröffentlichte Stanley sein Werk *In Darkest Africa*.[29] Seine Sicht der Ereignisse hatte großen Einfluss auf die öffentliche Meinung in England. Erst Monate später wurden erste Vorwürfe wegen Stanleys Verhalten bezüglich der Nachhut (›Rear Column‹) seiner Expedition erhoben.[30]

Auf britischer Seite ging man fest davon aus, dass Emin fortan in die Dienste der englischen Krone übertrete – aus Dankbarkeit und als Kompensation der Ausgaben, die für die Stanley-Expedition bereitgestellt worden waren. Die vermuteten sagenhaften Elfenbeinvorräte Emins sollten dafür verwendet werden.[31] Hierzu schrieb der *Globus* in der Rückschau:

> »Man weiß, daß von Gefährten Stanleys diesem vorgeworfen ist, er habe in gewinnsüchtiger Absicht die ›Befreiung‹ Emins unternommen. Namentlich habe der ungeheure Elfenbeinvorrat Emins ihn gereizt, dessen Wert nicht allein die ganze Expedition gedeckt haben, sondern dessen Besitz auch noch einen großen Gewinn abgeworfen haben würde.«[32]

Der Vorwurf gegen die *Emin Pasha Relief Expedition* war ebenso berechtigt, wie gegen das *Emin Pascha Comité* der *Deutschen Kolonial-Gesellschaft*. Auch diese hatte – wenn auch im Konjunktiv formuliert – die Elfenbeinvorräte wie selbstverständlich als Kompensation für die Expeditionskosten eingeplant. Im Propagandablatt der Nürnberger Abteilung der *Deutschen Kolonial-Gesellschaft* mit dem Titel »Eine deutsche Aufgabe« hatte es zu Emins Vorrat an Naturprodukten geheißen:

> »[…] nicht ausgeschlossen, daß die Erreichung Emin Pascha's durch eine deutsche Expedition von der Ostküste Afrika's aus obendrein noch ein lohnendes Geschäft für die Interessenten würde und mithin die idealsten Zwecke der deutschen Kolonialpolitik mit dem Bestreben nach materiellen Erfolgen zusammen träfen.«[33]

Allerdings existierten diese Vorräte schon bei Stanleys Ankunft nicht mehr. Emin hatte einen Teil im Nil und im Albert Nyanza versenken lassen,[34] ein weiterer Teil war in die Hände der Mahdisten geraten und der restlichen Vorräte hatten sich die Rebellen während Emins zwischenzeitlicher Absetzung bemächtigt. Nach Falkenhorst belief sich der Wert des Elfenbeins auf umgerechnet 1,2 Mio. Mark, die Menge soll 75 Tonnen betragen haben.[35]

Der britischen Option hatte Emin jedoch seinen Landsleuten gegenüber bereits während des Marsches eine Absage erteilt, da er die der Expedition eigentlich zugrunde englischen Interessen auf dem Marsch mit Stanley erkannt hatte. In einem Gespräch mit Pater Schynse soll Emin geäußert haben:

> »›Ich bin den Herren ja recht dankbar für das, was sie für mich getan haben‹, schloss Emin Pascha, aber der Endzweck der Expedition war mir bereits klar geworden, als ich mit Stanley meine erste Unterredung hatte. Machte er mir damals auch keine direkten Vorschläge, so fühlte ich doch sofort heraus, dass etwas Anderes dahinter steckte, als der einfache Wunsch, ein paar ägyptische Beamte heimzuholen.«[36]

Weil Emin – aus vorgeschobener Rücksichtnahme auf Stanley, tatsächlich aber wohl aus Furcht vor unangenehmen Folgen seines Sinneswandels – auf Zeit spielte und sich Großbritannien gegenüber bedeckt verhielt,[37] steigerte er das Missfallen der Briten nach Bekanntwerden seiner Entscheidung umso stärker.

Emins Satz »Seine Majestät hatte mich doch geehrt und hier war eine Gelegenheit, mich dankbar zu zeigen.«[38], musste in britischen Ohren wie Hohn klingen. Die Dankbarkeit, die aus dem britischen Verständnis heraus dem Empire bzw. der *British East Africa Company* gebührte, zeigte Emin nun gegenüber dem Deutschen Kaiserreich. Folgerichtig brach in der britischen Presse Anfang April 1890 ein Sturm der Entrüstung aus.

Das Presseecho ist im Hinblick auf Emins damalige und nachherige Rezeption im anglophonen Raum, insbesondere aber in Großbritannien, von großem Interesse. Dieser Umstand kann hier jedoch nur ansatzweise Berücksichtigung erfahren. Bemerkenswert waren auch die damit einhergehenden Interpretationen bezüglich des britisch-deutschen Verhältnisses im Allgemeinen, welche in den Zeitungskommentaren anklangen. Sicher wäre es verwegen, den Emin-Konflikt in eine Reihe mit den späteren deutsch-britischen Auseinandersetzungen des frühen 20. Jahrhunderts zu setzen. Auch wenn sich die Wogen bald glätteten und der Emin-Konflikt etwa bei der »Daily Telegraph-Affäre« oder in der Weltkriegspropaganda keine Rolle mehr spielte,[39] so reagierten britische Presse und Politik doch schon um 1890 sehr sensibel auf deutsche Entwicklungen, die in möglichem Widerspruch zu eigenen Interessen standen – eine Tatsache, die die Personalie Emin keinesfalls als »[…] pittoreske, völlig folgenlose Fußnote der Geschichte […]«[40] erscheinen lässt.

Als eine der ersten Zeitungen meldete sich die *Saint James Gazette* am 2. April 1890 zu Wort. Sie zieh Emin der Undankbarkeit und nannte sein Verhalten ablehnenswert:

> »The Gratitude of Emin Pasha – It would be going too far, perhaps, to describe the news from East Africa this morning as disquieting; but it is certainly disagreeable. Disagreeable, indeed, it must always be, either for man or nations, to discover ground for suspecting that they have been befooled – […].«[41]

Am nächsten Tag berichtete *The Times*:

> »The news of Emin Pasha's decision is received very unfavourable here. His present position is almost unparalleled in history. […] His present employers are active, jealous rivals of the English, who organised his rescue, […].«[42]

Am Folgetag steigerte sich die Erbitterung:

> »[…] Emin Pasha, after a long period of inactivity and hesitation, has accepted the proposals made to him by Major Wissmann and is to accompagny a German military expedition from Bagamoio to Lake Victoria, and then onwards to his late province, where alone his presence can be supposed to be of much real service to his employers. […] In taking a prominent place in an expedition of this kind, which is frankly hostile to British interests, Emin Pasha will be thought by many to make a very unworthy return for the heavy expenditure of British lives and British money on the task of extricating him from a position of a decidedly precarious kind […].«[43]

Die Wut des Redakteurs steigerte sich zu sarkastischen Äußerungen wie diesen:

> »Emin Pasha stood in desperate need of rescue, yet it is conceivable that he would rather have been left to his fate and the halo of martyrdom than saved to face the disillusionment of the world. […].«[44]

Ähnlich wie der ägyptische Khedive, welcher Emin ein Hirnleiden unterstellt hatte, argumentierte der Korrespondent des *Leeds Mercury*:

> »Much is probably due to his accident at Bagamoyo, much to ill-health […].«[45]

Eine Karikatur in der englischen Satire-Zeitschrift *Punch*, führte – basierend auf Äußerungen Stanleys, die unter der Karikatur wiedergegeben waren –, Emins bevorstehende Expedition in das Landesinnere schon vorab ad absurdum.

Bild 30 Punch-Karikatur[46]

Als Kulisse der Zeichnung dient üppige afrikanische Vegetation, die sich dem Betrachter durch zwei abgewandte halbnackte Träger am linken Bildrand und eine angedeutete Palme im Bildhintergrund als solche erschließt. Im Zentrum der Zeichnung läuft Emin vergnügt von rechten zum linken Bildrand, Pfeife rauchend. Auf dem Kopf trägt der vollbärtige Emin einen Fez, über der Schulter einen Kescher und auf dem Rücken eine Botanisiertrommel. Rechts hinter ihm folgen entspannt die von Emin angeführten deutschen Expeditionsteilnehmer – alle ebenfalls Pfeife rauchend. Der Zweck der Expedition wird als rein wissenschaftlich dargestellt – Emin wolle »nur einige Schmetterlinge und Blumen für den lieben Kaiser sammeln.«[47]

The Standard nahm am 4. April die Sicht der deutschen Printmedien ins Visier:

> »Some of the Radical Papers, however, represent the matter as certain to cause a new Anglo-German quarrel; but these organs do not meet with the approval even of their own Party.«[48]

Auch die US-Amerikanische Presse beobachtete die Ereignisse um Emin sehr genau, wie beispielsweise die Überschrift der *Washington Post* »Emin Bey is an ingrate. At least all Englishmen put him in that category«[49] zeigt.

Aber es gab in der englischsprachigen Presse durchaus auch Stimmen, die Verständnis für Emins »Umkehr« zeigten. So schlussfolgerte der Korrespondent der New Yorker Zeitung *The Nation*,

> »[...] that if he [Emin] had joined Stanley, he would have gone to England in the rôle of second fiddle to that explorer.«[50]

Sir Samuel White Baker (1821-1893), von 1871-1874 Vorgänger Emins als Gouverneur der Äquatorialprovinz und Sir Francis de Winton (1835-1901), zwischen 1884 und 1886 Adminstrateur général des Kongo-Freistaats,[51] sprangen dem Gescholtenen ebenfalls zur Seite. Sie gingen mit der britischen Politik während der Mahdiyya mitunter hart ins Gericht, warfen ihr Feigheit vor und sahen Emins Verhalten als alles andere als verwerflich an. In der Zeitung *The Times* erschienen am 5. April zwei Leserbriefe von ihnen, welche ihre Stimmung wiedergaben. So echauffierte sich Baker:

> »England has taken a wet sponge and completely effaced this picture of successful development and attempt at civilization. Emin was clinging to the last floating spar of the general wreck when Stanley appeared upon the scene to this relief. [...] It was only natural that Emin, as a German, should prefer to act in alliance with his own people, especially as Wißmann is commanding a Government expedition, which will never imitate the fatal example of England by advancing only to retreat.«[52]

Der Leserbrief de Wintons versuchte eine vermittelnde Position zwischen England und Deutschland einzunehmen:

> »Emin is the best judge of his own affairs, and we are quite content to have rescued him [...] The sacrifice of two valuable English lives, the money that has been expended, and the privations and sufferings that have been cheerfully undergone to rescue a noble subject of the German Empire from his fate worse than death, are, I am sure, rightly appreciated by the German people, and they should tend to bring the two nations together in their efforts to subdue the Dark Continent rather than to create what may be termed miserable efforts at rivalry.«[53]

Botschafter Hatzfeld sandte die beiden Leserbriefe am gleichen Tage an den neuen Reichskanzler von Caprivi und kommentierte:

> »Die Nachricht von der Expedition, welche Emin Pascha im Dienste der Kaiserlichen Regierung oder der deutsch-ostafrikanischen Gesellschaft zu unternehmen begriffen ist, rief hier zunächst einen Sturm der Entrüstung hervor. Man zieh Emin der <u>groben Undankbarkeit gegen das</u>[54] Land, welches ihn soeben erst mit ungeheuren Kosten errettet[55] hat. Allmählich bricht[?] sich jetzt indessen die Ansicht, daß die Handlungsweise Emin's im Grunde doch nur natürlich und berechtigt sei.«[56]

Ob Hatzfeld mit der Einschätzung des Leserbriefs von de Winton richtig lag, ist fraglich. Zwei Tage vor dem Erscheinen seines Leserbriefs an die Times hatte de Winton Emins Entscheidung in einem Interview mit der *Pall Mall Gazette* nämlich durchaus mit Enttäuschung betrachtet. Den Zweck der Stanley-Expedition hatte er mit solchem Nachdruck als rein humanitären Akt präsentiert, dass es schon an Übertreibung grenzte:

»We have gained nothing by rescuing him [Emin] – I mean no territory; nor did we seek to gain anything. The whole expedition was an act of pure charity.«[57]

Hatzfeld berichtete im Folgenden, dass auch *The Times* sich einer gemäßigten Haltung angeschlossen habe. Stanley habe in einem Interview

»[...] betont, daß die englischen und deutschen Interessensphären an der Ostküste genau abgegrenzt seien, folglich <u>könne Emin, ohne mit</u> England in Konflikt zu gerathen Ugoge, Unyamwezi, Ukha, Ukinga pp. ja das ganze Land bis Ujiji <u>besetzen.</u>[58][...]«[59]

Es folgte die oben bereits zitierte Kritik, die Baker und de Winton an der englischen Politik geäußert hatten. Hatzfeld schloss den Pressespiegel mit der Einschätzung Bakers ab, welche den Werth der Besitzung betraf:

»Den Werth der Eroberung, welche Emin machen würde, stellt allerdings Sir Samuel als sehr gering ein, da nach seinen persönlichen Erfahrungen keine Naturerzeugnisse dort zu finden wären, deren Transport an die Küste lohnen würde. [...]«[60]

Hatzfeld gab dem Reichskanzler am 12. April 1890 einen weiteren Überblick über die englische Presse und kommentierte:

»Die englische Presse verfolgt mit großer Aufmerksamkeit alle Mittheilungen und Aeußerungen, welche mit dem beabsichtigten Vormarsche Emin Paschas in Zusammenhange stehen. [...] Der ›Daily Telegraph‹ verleiht [...] einem gewissen Mißtrauen gegen Deutschland Ausdruck und begründet dasselbe auf die jüngsten Aussprüche Stanleys, des besten Kenners Afrikas.«[61]

Auch Stanley schwieg nicht lange und äußerte sich über Emin in folgender Weise:

»Daß Emin jetzt in deutsche Dienste getreten ist, das ist nur natürlich. Während seiner Krankheit ist er stark gegen mich beeinflußt worden.«[62]

Gleichzeitig kritisierte er Emins Fähigkeiten: Emin wäre in Khartum ein Sklave geworden, wenn er ihn nicht gerettet hätte.[63] Falls er, Stanley, anstelle Emins in der Provinz regiert hätte, würde er die Provinz binnen eines Monats zurückerobert haben. Dagegen verwahrte sich der Kommentator des *Berliner Tagblattes*:

»Emins Lage war nie so prekär, wie Stanley uns, um seine ›Rettung‹ ins rechte Licht zu setzen, glauben machen will, und dann dürfte es in der That für Emin nicht allzu schwer werden, seine alte Stellung wieder zu erringen.«[64]

Das Presseecho in Deutschland war überwiegend positiv, teilweise geradezu enthusiastisch, wie dieses Beispiel aus der *Weser-Zeitung* zeigt:

»Wenn dieser ausgezeichnete Kenner des äquatorialen Afrika dort eine Mission übernimmt, so ist es von vornherein ausgeschlossen, daß sie abenteuerlich sei und mit den Unternehmungen des Herrn Peters Aehnlichkeit habe.«[65]

Nachdenkliche Stimmen kamen aus Königsberg. Die Zeitung zog eine Verbindung zwischen dem Aufbruch Emin Paschas in Richtung des Victoria Nyanza und der Entlassung des Reichskanzlers von Bismarck:

»Hiermit stehen wir vor einem bedeutsamen Wendepunkt unserer gesamten Kolonialpolitik. Daß derselbe zeitlich zusammenfällt mit dem Rücktritt des Fürsten Bismarck, ist mehr als Zufall. [...] Unzweifelhaft ist es, daß die neue Richtung unserer Kolonialpolitik dem deutschen Volke ganz erhebliche Opfer auferlegen wird. [...] Die Kosten für den Zug Emins sind ganz unberechenbar. Dem neuen Reichstage erwächst daher die ernste Aufgabe, unsere gesammte Kolonialpolitik einer gründlichen und vorurtheilsfreien Prüfung zu unterziehen.«[66]

Diplomatische Verwicklungen in Sansibar

In Sansibar spielte sich unterdessen eine diplomatische Posse ab, welche zu zahlreichen Briefwechseln zwischen dem britischen Konsul Charles Bean Euan-Smith (1842-1910) und dem deutschen Vertreter Gustav Michahelles Anlass gab.

Ein vom britischen Konsularrichter Crackwell verfasster Anschlag am Zollgebäude in Stone Town (Sansibar) hatte demnach bekannt gegeben, dass Emin Pascha einen Prozess gegen Tippu Tip führe. Hier handelte es sich in jedem Falle um einen Irrtum, da in Wirklichkeit Stanley Tippu Tip wegen Nichteinhaltung vertraglicher Abmachungen (in Bezug auf Trägerbeschaffung etc.) verklagt hatte. Der Begriff »*Emin-Pascha-Comité*« war in Folge eines Übersetzungsfehlers aus dem Französischen fälschlich mit »Emin Pascha und seine Leute« wiedergegeben worden.[67]

Emin, der zu diesem Zeitpunkt darauf bedacht war, Träger für seine Expedition in Sansibar zu akquirieren, musste fürchten, durch diesen Übersetzungsfehler bei den »Arabern« auf der Insel diskreditiert zu werden und dadurch nicht genügend Träger für die Expedition zu finden. Ob es sich hier um Vorsatz handelte – immerhin konnte die englische Regierung kein Interesse an einer deutschen Expedition in das Landesinnere haben, welche die Aufgabe hatte, den deutschen Einflussbereich zu erweitern, außerdem war Großbritannien aufgrund der geschilderten Vorfälle alles andere als gut auf Emin zu sprechen – oder ob es eine versehentliche Unachtsamkeit war, lässt sich nicht mehr klären.

Ein fader Beigeschmack blieb jedoch, weil Euan-Smith cholerisch auf eine informelle Anfrage des deutschen Generalkonsulats bezüglich einer Kopie des fehlerhaften Anschlags reagierte und den offensichtlichen Fehler seines Konsulates dadurch ins Gegenteil zu verkehren suchte, dass er seinen Kollegen Michahelles wegen Nichteinhaltung des Dienstweges mehrfach maßregelte und darüber hinaus seine Regierung in London über den Vorfall informierte.[68] Michahelles versuchte seinerseits, die »Poor Emin Pasha's foolish circular«[69]-Affäre und die folgenden konsularischen Verwicklungen kleinzuhalten und informierte Bismarck, dass er Euan-Smiths überzogene Reaktion nur auf dessen »leidenden Zustand [durch] gesteigerte Nervosität«[70] erklären könne.[71]

Dass Bismarck Mitte April 1890 nicht mehr zuständig war, war offenbar noch nicht nach Sansibar vorgedrungen.

Zur Bereinigung des Casus ließ Emin im Gegenzug Flugblätter mit einer Erklärung drucken, in der er darauf hinwies, dass er keinen Prozess gegen Tippu Tip führe, sondern vielmehr Stanley derjenige sei, welcher vor Gericht geklagt habe. Für Verärgerung in Großbritannien sorgte, dass Emin ausdrücklich darauf hinwies, dass das britische Konsulat einen Fehler begangen habe.[72]

10. MIT DEUTSCHER FAHNE ZURÜCK INS INNERE AFRIKAS (1890-92)

Mit den Vorbereitungen für die sogenannte Seen-Expedition begannen die letzten zweieinhalb Lebensjahre Emins, die nach anfänglich euphorischem Start schließlich in der Katastrophe endeten. Hinsichtlich der Quellensituation ist zu bemerken, dass der Umfang der Schriftquellen in dem Maße abnahm, in dem sich Emin von der Küste ins Landesinnere entfernte. Je mehr Marschkilometer zwischen Bagamoyo und Emin lagen, desto schlechter funktionierte auch die Kommunikation zwischen dem Reichskommissariat und dem Expeditionsleiter, bis sie schließlich ganz abbrach.[1] Neben Emins zunehmend pessimistischeren und immer knapper werdenden, wenig aussagekräftigen Tagebucheinträgen[2] bilden seine Briefe, die Franz Stuhlmann (1863-1928) später mit an die Küste brachte, wichtige Quellen. Neben ausgewählten Tagebucheinträgen hat Schweitzer diese Briefe in seiner Biographie publiziert. Stuhlmanns Erinnerungen, die dieser 1894 in seinem Buch *Mit Emin Pascha ins Herz von Afrika* zusammengeführt hat, stellen bis zur Trennung der beiden Freunde im Dezember 1891 die umfassendste Nebenquelle dar.[3] Flankierend bieten die Erinnerungen Wilhelm Langhelds (1867-1917),[4] Pater Schynses,[5] Carl Peters'[6] und Adolf von Tiedemanns[7] wertvolle Ergänzungen.

Die politischen Verhältnisse in den einzelnen von der Seen-Expedition durchquerten Gebieten werden im Folgenden nur dann thematisiert, wenn sie mit Emin in direktem Zusammenhang stehen. Hinweise auf Quellen und weiterführende Literatur sind an den jeweiligen Stellen vermerkt.[8]

Die Vorbereitungen der Seen-Expedition

Von den ausstehenden Bezügen, die Casati für ihn in Kairo ausgehandelt hatte, kaufte Emin nach seiner Entlassung aus dem Krankenhaus zunächst ein Grundstück in Bagamoyo. An seine Schwester Melanie schrieb er:

> »Ich habe mir hier eine Besitzung gekauft und will ein Haus darauf bauen lassen, damit, wenn Du mich einmal besuchst, Du hier ein Heim findest. Es ist ein dicht neben der Stadt gelegenes, grosses Grundstück, bepflanzt mit Kokospalmen, Mangobäumen, viel Ananas und jetzt ein wenig Vanille; mit der Zeit will ich die angrenzenden Landstücke aufkaufen und dann Baumwolle, Erdnüsse u.s.w. bauen, immer vorausgesetzt, dass ich gesund zurückkehre.«[9]

Lage und Größe der »Besitzung« sind nicht bekannt, es ist daher auch unklar, was mit dem Grundstück nach Emins Tod geschah.

Ab März 1890 traf Emin Vorkehrungen für seine Expedition ins Landesinnere, zu deren Ausarbeitung er von Wissmann in Sansibar besucht.[10] Reichskanzler von Bismarck hatte inzwischen per Telegramm Emins

> »kommissarische Uebernahme in den auswärtigen Dienst [...] vorbehaltlich künftiger Anstellung«[11]

genehmigt. Es ist bemerkenswert, dass Emin keinen Vertrag mit dem Kaiserreich unterzeichnete und die Anstellung somit über den von Bismarck geäußerten Vorbehalt nie hinausging. Zunächst unterstand Emin kommissarisch dem Auswärtigen Amt in Berlin. Er wünschte jedoch, Wissmann direkt untergeordnet zu sein, da er, wenn er

> »[...] über den Kopf des Reichskommissars hinweg an das AA berichten würde, [...] das nur zu Unzuträglichkeiten führen [könne].«[12]

Emin musste als Teilführer der Expedition – der militärische Teil der Truppe unterstand ihm nicht – an den Reichskommissar Bericht erstatten, seine Teilnahme an der selben aber sollte streng geheim bleiben.[13] Selbstverständlich blieb Emins Seen-Expedition – wie schon am Presseecho zu erkennen war – nicht geheim. Darüber hinaus führte Emin weiterhin eifrig Korrespondenzen. In einem später veröffentlichten Schriftwechsel mit Eugen Wolf nahm er wie folgt Stellung zu seinem ungeklärten Status:

> »Ich befinde mich in der merkwürdigen Lage, eine deutsche Expedition zu leiten, ohne zu wissen, ob ich überhaupt angestellt sei oder nicht. Es ist mir nie ein Wort darüber zu Händen gekommen, und ich habe, da ich mich Herrn v. Wißmann für seine Güte erkenntlich zeigen wollte, die Reise angetreten, ohne Schwierigkeiten zu machen.«[14]

Für ein zugesagtes Jahresgehalt von 20.000 Mark erhielt Emin – bei vollständiger Übernahme der Expeditionskosten inklusive der Ausrüstung durch das Kaiserreich – seinen Auftrag, den von Wissmann im Auftrage des (neuen) Reichskanzlers Leo von Caprivi (1833-1899, Reichskanzler 1890-1894) am 30. März folgendermaßen formulierte:

> »[...] Euer Exzellenz haben die südlich um den Viktoria-Nyanza gelegenen Gebiete von der Kavirondo-Bucht ab, und die Länder zwischen Viktoria-Nyanza und Tanganyika bis zum Muta Nsige und Albert-Nyanza für Deutschland zu sichern derart, dass die Versuche Englands, in diesen Gebieten Einfluss zu gewinnen, scheitern. – Ich sehe als deutsch-englische Grenze die Verlängerung der Linie Kilima Ndscharo-Kavirondo-Bucht nach Nordwesten bis zur Grenze des Kongo-Staates an. Jede durch die Verhältnisse erlaubte Erweiterung der beschriebenen Sphäre würde ich als ein besonderes Verdienst Euer Exzellenz betrachten. Euer Exzellenz wollen auf dem Marsch zum Viktoria-See überall die Bevölkerung wissen lassen, dass sie unter deutscher Oberhoheit und deutschem Schutze steht. Ich bitte geneigte und geeignete Häuptlinge zu gewinnen und den Einfluss der Araber überall nach Möglichkeit zu brechen oder zu untergraben. [...]«[15]

Die weiteren Ausführungen der Direktive betrafen Personalangelegenheiten und die Station Mpwapwa, wo Emin einen Zwischenstopp einlegen sollte. Neben Rochus Schmidt kommandierte Wissmann Franz Stuhlmann, drei Unteroffziere und hundert Mann aus der Schutztruppe zur Begleitung der Expedition ab. Rochus Schmidt (später General; 1860-1938) war als Chef des Truppenkommandos vorgesehen, zu seiner Vertretung Feldwebel Kay kommandiert.[16]

Die Teilnahme Franz Stuhlmanns geschah auf ausdrücklichen Wunsch Emins, weil er einen zuverlässigen Naturforscher als Begleitung um sich wissen wollte.[17] Stuhlmann hatte sich zuvor durch seine zoologischen Forschungen im Bereich der »niederen Thierwelt«[18] einen Namen gemacht. Die Feldwebel Krause und Kühne sollten sich um das Anwerben der Träger in Sansibar kümmern. Stuhlmann warb etwa 80 Sansibaris selbst an.[19]

Für die Expedition waren »Tausende von Gegenständen«[20] nötig, darunter Kisten, Stühle oder Feldbetten. Bargeld nahm die Expedition nicht mit, da es im Inneren Afrikas ohnehin wertlos war. Stattdessen wurden Stoffe und Messingdraht mitgeführt, ebenso einige Luxusgüter, wie z.B. Seife. Als Lasttiere fungierten etwa ein Dutzend Esel.

An wissenschaftlicher Ausrüstung waren Messgeräte wie Thermometer vorgesehen. Jagdgewehre und Mauser-Karabiner[21] sowie ein Krupp'sches Schnellfeuergeschütz sollten Jagd und Verteidigung der Expedition sichern. Die ebenfalls vorgesehenen Remington-Gewehre konnten nicht rechtzeitig geliefert werden.[22]

Feldwebel Kay und Rochus Schmidt wurden kurz vor dem Aufbruch der Expedition wieder abkommandiert – Letzterer offenbar wegen nicht genauer bekannter Differenzen zu Emin.[23] Als Ersatz diente Wilhelm Langheld (1867-1917), der sich innerhalb von vier Tagen auf eine für zwei Jahre vorgesehene Reise vorbereiten musste.[24] Den Zustand im Hauptquartier der Expedition, einem alten indischen Haus in Bagamoyo, beschrieb Langheld als »unglaubliches Chaos«[25].

Stuhlmann zufolge bestand die Truppenstärke aus 54 regulären Soldaten – 28 Sudanesen, 15 Zulus, 11 Küsten-Askaris. 87 Sansibaris folgten als Träger,[26] weitere 162 Wanyamwesi-Träger bis Ussongo und etwa 100 Personen, die bis Mpwapwa mitmarschieren sollten.[27] Die Patres August Schynse und Auguste Achte (M.Afr., 1861-1905) traten den Marsch ebenfalls mit an.

Nach einem großen Abschiedsgelage am Vorabend, von dem Stuhlmann beeindruckt von Emins »jugendliche[r] Frische«[28] berichtete, brach die Karawane am 26. April 1890 ins Landesinnere auf.

Der Marsch ins Landesinnere

Über Morogoro (15. Mai) und Ferhami (26. Mai) zog Emin, die verschiedenen Stationen inspizierend und weiter eifrig auf botanischem und zoologischem Gebiet sammelnd, nach Mpwapwa weiter, wo er am 3. Juni eintraf. Dort war Albrecht Freiherr von Bülow (1864-1892) für die Verwaltung der Station zuständig. Emin lobte die Tätigkeit von Bülows sehr und bat von Wissmann, diesen auf seinem Posten zu belassen. Bülow solle nicht, wie vorgesehen, an der Expedition teilnehmen, da sich sonst das gute Verhältnis zu den Wahehe entzweien könne. Von Bülow stand kurz davor, einen Freundschaftsbund mit dem Chief der Wahehe zu schließen.[29] Dennoch folgte von Bülow der Expedition, wenn auch krank. So musste er in Hängematten mitgetragen werden.[30]

Bild 31 Zentrum von Mpwapwa[31]

In Mpwapwa, der bis dato östlichsten Station des deutschen Einflussgebietes, kam es nach einigen Tagen zufällig zur Begegnung mit Carl Peters (1856-1918) und dessen ursprünglich vorgeblich zum Entsatze Emins aufgestellter Expedition. Drei Tage verbrachte Emin mit Peters – es sollte das einzige Treffen der beiden Männer bleiben. Während Emin über das Rendezvous mit dem berüchtigten Konquistadoren und seinem Begleiter Adolf von Tiedemann außer Ankunft und Abschied am 19. bzw. 22. Juni 1890 lediglich den Wunsch »möge es ihnen gut gehen«[32] in sein Tagebuch notierte und erst viel später in einem Brief an seine Schwester Melanie kurze Worte der Anerkennung über Peters und von Tiedemann fand,[33] erinnerten sich Peters und von Tiedemann später ausführlicher an das Zusammentreffen. Von Tiedemann war gerührt von der großen Liebenswürdigkeit des Pascha, der ihm gleich nach der Ankunft vier Pakete der feinsten ägyptischen Zigaretten überließ und ihn zum Feiern einlud.[34] Am nächsten Tag versorgte Emin Tiedemann noch mit allerhand anderen brauchbaren Dingen wie Strümpfen oder Parfum.³⁵ Tiedemann nahm aus den Händen des Pascha außerdem eine Erinnerungskarte mit persönlicher Widmung an das Treffen in Mpwapwa entgegen, deren Text die »dringende Bitte um einige Mitarbeiterschaft in der Sache Deutsch-Ostafrikas«³⁶ enthielt. Nach langer Zeit ohne europäische Gesellschaft war Tiedemann ganz überwältigt von der Tatsache, dem lange verschollenen Emin Pascha gegenüber zu stehen, sowie von der Ausgelassenheit der kleinen, aus 13 Personen bestehenden, deutschen Gruppe um ihn herum.

> »Von Stanley erzählt er [Emin] tolle Geschichten; ich kann noch nicht recht daraus klug werden, wie die Sache eigentlich liegt, und mag auch nicht allzuviel fragen.«³⁷

Auch Carl Peters äußerte sich in der Rückschau positiv über das Treffen mit Emin Pascha. Seinen Angaben nach konfrontierte er Emin mit der Notwendigkeit, nach Tabora zu ziehen und gab ihm Instruktionen, die Emin eifrig notierte.³⁸ Allerdings ist bei den Aussagen des Imperialisten Vorsicht geboten – denn: »Many of the statements have the flavour of being rather what Peters thought Emin should have said or would have said and did not.«³⁹

Emins Marsch nach Tabora

Auch wenn Emin das Zusammentreffen mit Peters in seinem Tagebuch kaum erwähnte und Peters Emins Aussagen zugespitzt oder frei arrangiert hat – die gemeinsam mit dem Imperialisten in Mpwapwa verbrachten Tage haben nachhaltigen Eindruck bei Emin hinterlassen. So ist eine auffällige Veränderung in Emins Verhalten feststellbar, die sich auch in seiner Diktion niederschlug. Emin trat entschlossener und kompromissloser auf und seine Wortwahl radikalisierte sich. Bislang war Emin – abgesehen von beschriebenen Disziplinierungsmaßnahmen – überwiegend besonnenen und friedfertig aufgetreten. Mit dem in den folgenden Wochen angedeuteten Eroberungsdrang offenbarte Emin eine völlig neue Seite.

Ursprünglich hatte Emin nur kurz in Mpwapwa verweilen wollen, aber ein starkes Fieber seines Begleiters Stuhlmann verzögert die Abreise zunächst. Daher verließ die Expedition Mpwapwa erst am 22. Juni. Bald darauf geriet sie in Gefechte mit Massai. In Nsassa wurden zwei Soldaten von Massai verschleppt und getötet. Emin ließ mit Waffengewalt gegen die Übeltäter vorgehen und verschaffte sich auf diese Weise Respekt, wie er Wissmann mitteilte:

> »Früh Morgens marschirte ich mit Lieutenant Langheld gegen die Wagogo, verbrannte elf Temben, tödtete den Chef und einige seiner Leute und erlangte ein Mausergewehr zurück, während das zweite verschwunden blieb. Die Leiche eines Sulus wurde aufgefunden und beerdigt. Das gewonnene Vieh wird an gutgesinnte Ortschefs vertheilt. Jetzt herrscht überall Ruhe und die Wagogo kommen von weit her, um Schutzbriefe und Flaggen zu erbitten.«⁴⁰

In einem Brief an seine Schwester Melanie, in dem er über den gleichen Vorfall berichtete, fügte er – auch dies augenfällig für eine veränderte Haltung – hinzu:

> »[…] die Leute haben gelernt, dass der ›Bwana Pascha‹ nicht spasst.«[41]

Am 2. August 1890 erreichte Emin Tabora, eine swahili-arabische Handelssiedlung, die er zunächst gar nicht hatte ansteuern wollen. In einem Brief an seine Schwester schrieb Emin, dies sei ein Zugeständnis an seine Träger gewesen, denn andere habe er nicht finden können.[42] Anders liest sich dies bei Peters. Er habe Emin von der Notwendigkeit, Tabora für Deutschland zu sichern, überzeugt:

> »Über die Frage der Zweckmäßigkeit, zunächst Tabora zu besetzen, braucht gar nicht lange beraten zu werden. Tabora ist der Mittelpunkt des ganzen arabischen Einflusses für das Seengebiet. Gerade wegen seiner zentralen Lage ist es zum Hauptsitz des Arabertums geworden. Wer Tabora beherrscht, hat damit den Schlüssel zu den drei Seen in der Hand, und deshalb ist das Erste, was deutscherseits zu geschehen hat, die Besetzung Taboras. Wenn Sie [Emin] sich entschließen sollten, vorher eine Station an einem der Seen zu machen, würden Sie dadurch immer nur örtliche Wirkungen erzielen. Mit Tabora wirken Sie auf alle drei Seen zusammen zurück.«[43]

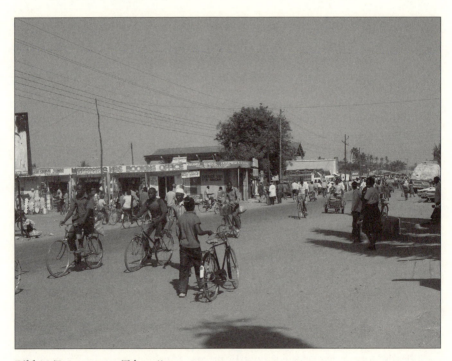

Bild 32 Zentrum von Tabora[44]

Versehen mit Informationen aus der Hand von Peters versuchte Emin nun den stark bewaffneten Chief Sike – dieser war im Besitz von etwa 1.000 Gewehren

10. Mit deutscher Fahne zurück ins Innere Afrikas (1890-92)

– zu überzeugen, die deutsche Flagge zu hissen, um das Land Unyanyambe für Deutschland zu sichern. In einem Brief an Melanie vom 2. August 1890 schrieb er:

> »Am 29. Juli bin ich mit fliegenden Fahnen in Tabora eingezogen, bewillkommnet von allen Arabern des Landes. Ich habe seitdem mit denselben im Namen des Reiches ein Bündnis geschlossen, einen Gouverneur ernannt und hoffe, schon morgen die deutsche Flagge aufziehen zu können. Inzwischen habe ich an Sultan Sike ein Ultimatum gestellt und Auslieferung des der Firma Meyer in Hamburg gestohlenen Elfenbeins,[45] sowie seiner beiden Kanonen – einer Mitrailleuse und eines glatten Geschützes – sowie die Uebergabe seines Landes an Deutschland verlangt. Ich erwarte die Antwort morgen früh, und fällt dieselbe nicht nach meinem Wunsche aus, so greife ich schon morgen Abend an. Ich bin jedoch fest überzeugt, dass es dessen nicht bedürfen wird und dass morgen Geschütze und einiges Elfenbein vor meinem Zelte erscheinen werden.«[46]

Ganz frei von Gewissensbissen war Emin jedoch nicht, wie er im selben Brief andeutete. Die Legitimation für sein Handeln im Nachsatz orientierte sich allerdings wieder an gängiger Kolonialrhetorik:

> »Es ist eigentlich eine Unverschämtheit von mir, den Leuten so ins Haus zu fallen und ihnen ohne Weiteres Land und Leute zu annektiren; es geht aber nicht anders, und wir können hier nicht so sanft verfahren, wie man in Europa wohl thut.«[47]

Verhandlungen und Unterzeichnung des Vertrages von Tabora beschrieb Emin wie folgt:

> »Heute große Versammlung der Araber zur Verwaltung meiner Vorschläge. Ali bin Sultan, der größte Christenhasser, als mein persönlicher Freund, sendet reiche Geschenke [...] Um 4h p.m. Antwort von Arabern: meine Vorschläge angenommen; Deutschlands Wahrheit anerkannt. Morgen wird auf meinen Vorschlag ein Vali-Gouverneur gewählt und dann die Verträge schriftlich abgefasst und die Flagge gehisst. Dann wollen wir noch Udjidji schreiben um die Araber dort uns zu gewinnen. Dann Gesandtschaft von Sikke, der sehr viel Geschenke an stinkiger Butter, Mehl, [...], einige Schaafe etc. sendet. Ich stelle Bedingungen: Herausgabe des Elfenbeins der Firma Meyer; Herausgabe [von] zwei Kanonen und Munitionen und [...] (eine Mitrailleuse) – Anerkennung deutscher Oberhoheit und Abtretung des Landes an Deutschland.«[48]

Zur Flaggenhissung, die drei Tage später stattfand, schrieb Emin kurz und knapp in sein Tagebuch:

> »[...] Flaggenmast errichtet. Alle Araber u. Rev[erend] Shaw mit Frau sowie die französischen Missionäre gegenwärtig. Noch im letzten Moment Schwierigkeiten der Sklavenfrage, dann Briefe gezeichnet. Ich ergreife Besitz vom Land. Deutsche Flagge hoch; 3 Salven – Dann Kaffee bei Seif bin Saad u. später Scherbet und Thee bei mir [...].«[49]

Etwas ausführlicher berichtete Stuhlmann von Vertragsunterzeichnung und Flaggenhissung. Wie Emin berichtete er von den Verhandlungen mit den »Arabern«[50], welche wider Erwarten glatt verlaufen seien. Dank der diplomatischen Kunst Emins hätten sich die »Araber« trotz anfänglicher Einwände bezüglich der Abschaffung der Sklaverei mit allen Punkten einverstanden erklärt und den Vertrag unterschrieben.⁵¹

> »Nach Vollzug dieses Aktes liess der Pascha zur Bekräftigung sämmtliche Anwesende die Fatha – die erste Sure des Korans – beten. Einige Tage später nahmen unsere Soldaten an einem hohen, Tags vorher errichteten Flaggenmaste Aufstellung. Begleitet von allen anwesenden Europäern und Arabern erschien der Pascha, mit seiner hohen deutschen Dekoration geschmückt, auf dem Platze. ›Im Namen Seiner Majestät des deutschen Kaisers ergreife ich Besitz von diesem Lande und hisse als äusseres Zeichen die deutsche Flagge. Seine Majestät, er lebe hoch.‹ Unter den brausenden Hochrufen sämmtlicher Anwesenden stieg die schwarz-weiss-rothe Flagge langsam in die Höhe, von drei Salven unserer Soldaten begrüsst. Bei einem frohen Festmahl feierten wir zusammen mit den englischen Missionaren diesen wichtigsten Tag unserer Expedition.«⁵²

Aus der Mitte der »Araber« Taboras ließ Emin einen Gouverneur (Wālī) wählen und übertrug dem auserkorenen Seyyif b. Saʿad die Aufsicht über die Rechtsgeschäfte vor Ort, wie auch die Verantwortung für ankommende und eingehende Karawanen.⁵³

Emin verhandelte in den nächsten Tagen auch mit Sike (auch Isike, Sīke oder Usike), Chief der Wanyamwesi, und befahl diesem – laut Reichskommissariat »ein alter Feind der Europäer«⁵⁴ – der Firma Heinrich Adolf Meyer das geraubte Elfenbein zurückzusenden. Sike ließ daraufhin verlauten, er wolle die »Araber« bestrafen, sobald Emin abgezogen sei, weil sie die Hissung der deutschen Flagge ohne seine Genehmigung erlaubt hätten. Emin ließ daraufhin sicherheitshalber die Stadt befestigen und Geschütze in Stellung bringen.⁵⁵

Sike zeigte sich durch die Chuzpe Emins beeindruckt und erklärte Tags darauf, am ganzen Leibe zitternd, dass er niemals feindliche Absichten gegen die Deutschen gehegt habe.⁵⁶

Der Vertrag von Tabora

Wenden wir uns kurz dem Vertrag von Tabora zu. Eine Ausfertigung der arabischen Vertragsurkunde befindet sich im *Bundesarchiv* in Berlin.⁵⁷ Langheld hat eine ungenaue deutsche Übersetzung in seinen Memoiren wiedergegeben.⁵⁸

Folgt man dem Wortlaut des Vertrages, so wird zwar Tabora selbst noch nicht explizit annektiert, allerdings akzeptierten und genehmigten alle »Araber« die Herrschaft der Deutschen innerhalb Unyanyambes, des Gebietes um Tabora. Den »Arabern« des Ortes war es gestattet, einen Wālī aus ihrer Mitte zu wählen, der als ihr Oberhaupt fungieren sollte. Dessen finanziellen Ausgaben sollten von der deutschen Regierung getragen werden. Im Gegenzug verpflichtete sich der Wālī, gemäß deutschen Weisungen zu agieren, Handelskarawanen gegen Bezahlung bei all ihren Bedürfnissen zu unterstützen sowie in Anlehnung an religiöse Rechtsvorschriften und seine erlassenen Weisungen

Recht zu sprechen. Bei Bedarf bekam er einen Qāḍī gestellt. Freitags musste er die deutsche Flagge vor seinem Hause hissen und dies auch tun, wenn Karawanen oder offizielle Gesandte eintrafen. Die deutsche Regierung sicherte Autonomie in religiös-rechtlicher Hinsicht zu und gewährte die Unverletzlichkeit des Besitzstandes. Der Handel als solcher war unter Aufsicht und nur mit Wissen des Wālī genehmigt. Streng verboten war der Handel mit Sklaven. Die Möglichkeit einer Annexion Taboras – vielleicht dachte Emin hier an das Peters-Zitat: »Wer Tabora beherrscht, hat damit den Schlüssel zu den drei Seen in der Hand.«[59] – hielten sich die Deutschen offen. Für diesen Fall war bereits geregelt, dass der Wālī dem Stationskommandanten unterstellt sein würde.[60]

Es erstaunt, dass die swahili-arabische Gemeinschaft diesem Vertragswerk ohne Weiteres zustimmte. Immerhin bedeutete der Vertrag eine erhebliche Einschränkung ihrer Freiheiten.

Allerdings blieb der Vertrag weitgehend wirkungslos. Er führte zu keinem Aufschwung in der Stadtentwicklung Taboras. Die Stadt war lediglich von militärisch-strategischem und politischem Interesse, ohne dass sich hieraus direkte Impulse ergeben hätten.[61]

Der DDR-Historiker Achim Gottberg hat die geringe Bedeutung des Vertrages auf den Umstand zurückgeführt, dass die »Araber« zwar von deutscher Seite als »rechtmäßige[ø] Besitzer[ø] des Landes«[62] bezeichnet worden wären, tatsächlich aber nur einen Teil der Macht in Unyamwesi besessen hätten.[63]

Fehlentscheidungen und Schwierigkeiten mit dem Reichskommissariat

Das eigenmächtige Vorgehen Emins bezüglich Tabora stieß in Bagamoyo auf Ablehnung. Carl Wilhelm Schmidt, der als Stellvertretender Reichskommissar Wissmann für einige Wochen vertrat, hatte an Emin geschrieben:

> »Mr. Stokes hat den Befehl, wenn irgend möglich, in Tabora eine Station anzulegen und von dort aus mit den verschiedenen Chefs von Unamwesi in Verbindung zu treten und Verträge mit ihnen zu schliessen. An Ort und Stelle, meint er, würde es ihm gelingen, eine verlässliche Truppe von vielleicht hundert Mann zu engagiren und diese sollen dann mit dem Mausergewehr und den Vorderladergewehren bewaffnet werden. Der Vorschlag Ew. Exzellenz zur weiteren Entsendung von hundert Mann Soldaten, um speziell auch in Tabora eine Station anzulegen, dürfte hiermit gleichfalls seine Erledigung gefunden haben.«[64]

Entweder setzte sich Emin über die Direktive hinweg oder er erhielt das Schreiben Schmidts tatsächlich erst, wie Schweitzer schreibt, nachdem er Tabora bereits erreicht,[65] dort die Flagge hatte hissen lassen und auch der Vertrag bereits abgeschlossen war. So könnte sich auch manches Missverständnis der Folgezeit aufklären, denn was in Bagamoyo oder in Europa entschieden wurde, erreichte die Akteure vor Ort (the »men on the spot«[66]) mangels Telegraphenleitungen erst mit einiger Verzögerung. So wurde begünstigt, dass Emin unwissend Fakten schuf, die gerade geschlossenen Verträgen widersprachen. Auch Falschmeldungen waren bei den außerhalb des kontrollierten Gebietes schlechten Kommunikationswegen häufig auftretende Phänomene.[67] Sie entstanden nicht unbedingt willkürlich, manchmal reichten schon Verzögerungen, den oder die Empfänger in Aufregung zu versetzen oder Abmachungen nichtig zu machen. Der oben beschriebene Befehl war, wenn von Emin nicht absichtlich missachtet, ein Beispiel für schlechte Kommunikation. Sollte Emin das Schreiben vorsätzlich missachtet haben – wofür die Gespräche mit Peters durchaus Anlass gegeben haben würden – so hätte Thomas Nipperdey mit seiner Behauptung, Emin sei wie Carl Peters ein »abenteuernde[r] Subimperialist«[68] gewesen, Emins Vorgehen bereits an dieser Stelle treffend analysiert.

Die einseitigen Verstimmungen des Reichskommissariats über Emin nahmen zu, als aus Bagamoyo Befehle kamen, welche Emins Handlungsspielraum beschnitten. Hatte Wissmann Emin in seinen Expeditionsinstruktionen vom 30. März 1890 noch relativ freie Hand gelassen, so schränkte Schmidt diese nun – auch aufgrund des inzwischen geschlossenen sogenannten »Helgoland-Sansibar-Vertrages«[69] – stark ein:

> »Beigeschlossen empfangen Ew. Exzellenz den Wortlaut des englisch-deutschen Abkommens, das bereits von den beiderseitigen Regierungen sanktionirt und in Kraft getreten ist. Damit sind Ew. Exzellenz natürlich verpflichtet, sich an die dort festgesetzten Bestimmungen zu halten. Ich ersuche Ew. Exzellenz ganz ergebenst, sich auf die Anlage von Stationen und Anknüpfungen von Beziehungen mit den in unseren Interessensphären ansässigen Häuptlingen beschränken zu wollen. Eine Verwendung der Expedition und der Truppen des Reichskommissariats zu anderen Zwecken ist vollständig ausgeschlossen.«[70]

Ursprünglich hatte Emin in Verlängerung der Linie Kilimandscharo-Kavirondo bis zum 30. Grad östlicher Breite in das Innere Afrikas vordringen und daher die größten Teile Bugandas, Bunyoros und der Albert Nyanza-Region für Deutschland gewinnen sollen.[71] Diese Pläne waren angesichts der neuen Verhältnisse größtenteils nichtig, ohne dass dieser davon wusste.

Konfliktverschärfend wirkte sich ein zwischenmenschliches Problem aus. Der im ersten Schreiben Schmidts bereits erwähnte Nordire Charles Stokes (1852-1895), welcher sich ein stattliches Handelsimperium im Dreieck Tabora-Victoria Nyanza-Kongo aufgebaut hatte und für die Deutschen in Tabora Amtshilfe leistete, fühlte sich von Emins Vorgehen in Tabora übergangen und in seinen Handelsinteressen beeinträchtigt.[72] Schmidt hatte an Emin geschrieben:

> »Ich bitte Ew. Exzellenz des Ferneren, sich mit Mr. Stokes in Verbindung zu setzen und über die Anlage von Stationen zu einigen. Der Wunsch des Mr. Stokes und auch der meinige ist es, dass Mr. Stokes die Station am Viktoria-See (Mkombi) übernimmt, während Ew. Exzellenz bei der Grösse der Expedition in der Lage sein werden, zwei Stationen, vielleicht in Tabora und Udjiji (Karema) zu errichten. Jedenfalls aber bitte ich, sich das Arbeitsterrain theilen und über die getroffenen Vereinbarungen baldmöglichst nach hier berichten zu wollen [...].«[73]

Zu einer Einigung mit dem schillernden Geschäftsmann – er wurde 1895 wegen illegaler Waffenlieferungen an Araber von Belgiern hingerichtet und war wegen seiner Vorgehensweise ein Vorbild für Joseph Conrads »Mr. Kurtz«[74] – kam es zunächst nicht. Im Gegenteil – Stokes sandte eine Beschwerdeschrift an von Wissmann, in der er schrieb:

> »From what I gather from Lieutenant Langheld of the terms of his [Emin's] treaty, I could never have assented to it or allow the German flag to be hoisted on such terms.«[75]

Im Gegenzug versuchte Emin aktiv Stokes' Handelsimperium zu torpedieren, in dem er an die Firma Hansing & Co. schrieb:

> »Es ist Ihnen bekannt, wie seit einer Weile von Jahren Mr. Stokes die hiesigen Länder mit größtem Vorteil ausgebeutet und ihm gemachte Anerbietungen deswegen zurückgewiesen hat, weil sein Handel ihm mehr einbringt als 1200 Brit. Pfund – die man ihm sicherlich anbot. Mr. Stokes bringt 2 englische Commis mit sich ein genügender Beweis, dass sein Handel im Zunehmen begriffen ist. Es ist eigentümlich, dass bis heute sich Niemand gefunden hat, um mit ihm auf diesem Gebiete zu rivalisieren. [...] Ich erlaube mir diese Notizen Ihrer gefälligen Beachtung um so mehr zu empfehlen als gerade auf diesem Gebiete arabische Concurrenz nicht mehr existiert und vermuthlich nie wieder existieren wird. Der einzige Concurrent im Felde ist Mr. Stokes.«[76]

Von Tabora zum Victoria Nyanza

Zunächst plante Emin, Tabora wie von Schmidt ausdrücklich gewünscht[77] westlich in Richtung Udjidji (auch: Udschidschi; heute: Ujiji) zu verlassen, um auch dort die deutsche Flagge zu hissen, denn »so wäre der Araber- Schwindel auf einmal beigelegt u[nd] wir hätten den Rücken frei.«[78]

Doch er entschied anders: Über Urambo wollte er den Victoria Nyanza erreichen, wo das Reichskommissariat ebenfalls eine Station eingerichtet wissen wollte – allerdings von Stokes.[79]

Von Bülow, der von Emin wegen besserer klimatischer Bedingungen nach Urambo verlegt worden war, schrieb am 15. August 1890, dass Urambo bald ein Angriff von Wangoni bevorstehe.[80] Deshalb sandte Emin am 20. August 1890, nachdem er einen Kriegsrat einberufen hatte, Leutnant Langheld und Feldwebel Kühne mit 50 Soldaten als Vorhut dorthin.[81]

Langheld war gerade einige Tage abmarschiert, als Emin einen Brief des aus dem Elsaß stammenden Missionars Msgr. Johannes Joseph Hirth (1854-1931), Pater der Algerischen Väter der Missionsstation Bukumbi (auch: Ukumbi)[82] am Victoria Nyanza, erhielt. Demnach hatte sich die Lage in Buganda verschärft, drohte ein Bürgerkrieg zwischen Kabaka Muanga, der Carl Peters Neutralität zugesichert hatte, und seinem Katikiro, welcher sich auf

Bild 33 Missionsstation Bukumbi[84]

Bild 34 Kirche der Missionsstation Bukumbi[85]

die Seite einer britischen Expedition unter Führung Frederic J. Jacksons geschlagen hatte. Jackson suchte Buganda für das britische Empire zu gewinnen. Aufgeschreckt – und wahrscheinlich noch nicht informiert über den britisch-deutschen Vertrag – entschied Emin, Urambo nicht anzusteuern, sondern vielmehr direkt an den Victoria Nyanza zu eilen, um sich dort ein Bild von der Lage zu machen und gegebenenfalls zu verhandeln. Langheld wurde instruiert, nach Erledigung seiner Aufgabe in Urambo nach Ussongo zu marschieren, wo er mit dem bei Emin verbliebenen Teil der Expedition zusammentreffen sollte.[85]

Die beiden Patres Schynse und Achte waren unabhängig von Langheld und Emin mit einigen Wasukuma, die als Träger fungierten, am 20. August nach Bukumbi vorausmarschiert.[86]

Am 27. September 1890 traf Emin in Busisi am südlichen Ende des Victoria Nyanza ein. In Bukumbi, wo Schynse und Achte bereits in der ersten Septemberwoche eingetroffen waren, erfuhr er Näheres über den Bürgerkrieg in Buganda.[87] Die französischen Missionare sollen Stuhlmann zufolge enttäuscht reagiert haben, als Emin ihnen mitteilte, er könne wegen anders lautender Direktiven von der Küste nicht mehr in Buganda eingreifen – dieses Gebiet liege außerhalb des deutschen Wirkungsbereiches.[88]

Welchen Einfluss die bereitwillig mit der Expedition kooperierenden Missionare auf Emin ausübten, lässt sich an den folgenden Ereignissen ablesen: Zunächst stifteten sie ihn unverhohlen zu kriegerischen Maßnahmen an. So äußerte sich Emin mehr als erstaunt über einen Vorschlag des Missionars Hirth:

>»M[onsi]g[no]r[e] Hirth schlägt vor, Muansa anzugreifen, um Reis zu bekommen! Schöne Wirthschaft hier zu Lande.«[89]

Von größerer Tragweite entpuppte sich die nächste Information der Missionare. Sie unterrichteten Emin von einem bis dahin unentdeckten swahili-arabischen Sklavenhändlernest, das sich in Massansa (auch: Massanza) befand. Im Vorjahr seien etwa 600 Sklaven von dort nach Tabora gebracht worden. Die Lage sei derart bedrohlich, dass sich die Waganda der Umgebung hüteten, zu nahe an diese Stationen heranzukommen, weil sie befürchten mussten, dass ihre Frauen und Kinder versklavt würden. Außerdem blühe der Waffenhandel rund um die Station.[90] Emin entschied sich, einzugreifen, und entsandte, nachdem mehrere seiner Briefe unbeantwortet geblieben waren, am 2. Oktober 1890 Stuhlmann nach Massansa.[91] Er erfuhr über Stuhlmann, dass etwa 40-50 »Araber« Sklaven in großer Menge hielten, die sie anschließend verkauften.[92]

Stuhlmann gab den Befehl, das Dorf zu stürmen, was ihm auch ohne große Hindernisse gelang. Er befreite insgesamt 43 Sklaven, welche er an die französische Missionsstation überwies.[93] Der Großteil der Sklaven war aber bereits von den »Arabern« evakuiert worden, nachdem sich das Anrücken der mit einer Kanone bewaffneten Truppe angekündigt hatte.

Unter den gefangenen »Arabern« waren auch zwei Beludschen, die bei einem Fluchtversuch von Stuhlmanns Soldaten erschossen wurden. Trotz aller Versuche gelang es Stuhlmann nicht, Plünderungen seiner Leute und von Anwohnern, die insbesondere an den Viehbeständen der »Araber« interessiert waren, zu verhindern. Stuhlmann konfiszierte nach eigenen Angaben 130 Elfenbeinzähne, 80 Lasten Stoffe, 12 Lasten Perlen und Zündhütchen, 87 Gewehre, zwei Revolver und 550 Pfund Pulver.[94]

Ernest Gedge (1862-1935), Vertreter der *British East Africa Company*, berichtete voller Empörung über die Konfiszierung nach London. Seiner Schilderung nach seien seine Verhandlungen mit den »Arabern« bereits sehr weit gediehen gewesen und er habe unmittelbar vor einem Handelsabschluss gestanden. Den vermeintlichen Grund für Emins Durchgreifen lieferte Gedge gleich mit:

> »[…] the whole affair is significant of the high handed proceedings of the German Company, and Emin is apparently only too glad to give vent to his bitterness against the English a propos of the remarks made about his weakness and lack of administrative power by Stanley.«[95]

In der Zwischenzeit war Emin allerdings ein entscheidender Fehler unterlaufen, der sich später verhängnisvoll auf sein Schicksal auswirken sollte. Sein Tagebuch blieb zu den Vorfällen stumm, dafür äußerte sich Stuhlmann in seinen Aufzeichnungen detailliert. Demnach waren vier Sklavenhändler, Beludschen und »Araber«, in der Missionsstation Bukumbi erschienen und von den Missionaren entwaffnet worden. Die Missionare hatten die entwaffneten Sklavenhänder in das wenige Kilometer entfernte Busisi gesandt, wo Emin lagerte.

> »Dieser wollte sie […] Mr. Stokes zur Weiterbeförderung an die Küste übergeben, damit dort über sie entschieden werden sollte. Da jedoch Mr. Stokes noch nicht anwesend war, so beabsichtigte der Pascha, wie er mir sagte, sie zunächst bei den Missionaren in Bukumbi unterzubringen. Er sandte, als ich ihn nach Bukumbi begleitet hatte, einen Befehl an Sergeant Kühne, die Leute in eine mit Waganda bemannte Barke zu bringen, die sie über den Seearm nach dem anderen Ufer übersetzen sollte.«[96]

Die zur Bewachung abgestellten Mwanga ließen sich die Gelegenheit nicht entgehen und übten Selbstjustiz. Die Sklavenhändler wurden erschlagen und ertränkt. Angeblich habe Feldwebel Kühne diesen Vorfall beobachtet.[97] Stuhlmann kommentierte diesen Zwischenfall kritisch, versuchte aber auch Emin in Schutz zu nehmen, indem er ihm Naivität unterstellte:

> »Mir scheint es immerhin etwas gewagt gewesen zu sein, diese Gefangenen ihren schlimmsten Feinden zu Beförderung, sei es auch nur auf eine kurze Strecke, zu übergeben. Aber durch das grenzenlose Vertrauen, das der Pascha in alle Menschen setzte, ist dieses Unglück wohl zu erklären.«[98]

Ungeachtet dieses Vorfalls marschierte Emin weiter.[99] Mit etwa 20 kleinen Booten befuhr Emin den Victoria Nyanza und landete auf verschiedenen Inseln, darunter Kome und Meswa, an. Am 1. November 1890 erreichte er die Kafuti-Bucht, wo er an Land ging. Das Fischerdorf Bukoba hielt er für geeignet, um dort eine deutsche Station zu errichten.

10. Mit deutscher Fahne zurück ins Innere Afrikas (1890-92) 165

Bild 35 Victoria Nyanza bei Bukoba[100]

Bild 36 Duka Kubwa, Bukoba[101]

Sofort ließ er mit dem Bau von Häusern und einer provisorischen Befestigung (Boma) beginnen. Schon knapp zwei Wochen später notierte Emin in sein Tagebuch:

> »[…] Fleißig gebaut: vollendet: 3 Häuser, das 4. (Unteroffiziere) noch zu decken, […]«[102]

Die von Emin und Langheld errichtete Boma in Bukoba existiert heute nicht mehr,[103] an ihrer Stelle befindet sich heute eine Kirche.[104] Dafür stehen noch eine ganze Reihe später erbauter Gebäude aus deutscher Kolonialzeit sowie Reste des deutschen Friedhofs, der sich im Herbst 2009 in sehr schlechtem Zustand befand.[105]

Weihnachten feierte Emin in Bukoba:

> »Heute Arbeit, morgen Feiertag: ich hatte gehofft, dass meine Sachen von Bukumbi zum Weihnachtsfeste hier seien, um den Unteroffizieren etwas geben zu können, aber die Patres haben es nicht eilig. Abends den Unteroffizieren eine Kiste Cigarren u. eine Flasche Champagner gegeben.«[106]

Bemerkenswert ist, dass Emin, einem Einheimischen namens Rehse zufolge, bei der Bevölkerung wenig positiv nur als »Herr Basha«[107] in Erinnerung blieb, der kam, um Krieg gegen Chief Kiziba zu führen.

Emin habe dessen Befestigung in Flammen aufgehen lassen, Vieh gestohlen und anschließend das Land verlassen.[108]

RÜCKBEORDERUNG

Emins eiliges Vorgehen wurde an der Küste mit Missfallen aufgenommen. Anfangs hatten es Wissmann bzw. Schmidt bei Ermahnungen belassen, doch ab Herbst 1890 brodelte es hinter den Kulissen gewaltig, wie aus dem überlieferten Aktenmaterial ersichtlich ist. Anfang Dezember 1890 beorderte Wissmann Emin schließlich an die Küste zurück.[109]

Durch seine, je nach Situation wechselnden Vorhaben, hatte Emin den Unmut des Reichskommissariats auf sich gezogen. Flexibilität wie Emin sie praktizierte, war in Bagamoyo nicht erwünscht.[110] Emin hätte seine Vorgehensweise jeweils mit Wissmann abstimmen sollen, was zweifelsohne langwierige Wartezeiten zur Folge gehabt hätte.

Die Tatsache, dass Emin seine Expedition mehrfach teilte, um verschiedene Aufgaben gleichzeitig zu erledigen, wurde mit Entsetzen aufgenommen. Emin habe seine Expedition dadurch großen Gefahren ausgesetzt und über Gebühr Munition verbraucht. Die schnelle Inbesitznahme und Gründung von Stationen – die mit Verwaltungsbeamten und Militärs bestückt werden mussten – überforderte die Personaldecke und reizte die finanziellen Mittel des zu Sparsamkeit verpflichteten Reichskommissariats aus.[111]

Einen gehörigen Anteil an dem »Dilemma«[112] hatte somit nicht zuletzt auch das Reichskommissariat unter Wissmann selbst. Dieser ließ in seinen Direktiven keine klare Linie erkennen. Selbst in seinem Schreiben an Reichskanzler Caprivi, in welchem er die Maßnahme der Rückbeorderung Emins rechtfertigte, argumentierte Wissmann widersprüchlich. So bewertete er die Befreiung der Sklaven von Massansa als Erfolg, um danach mit Bedauern festzustellen, dass mit diesem Schlag gegen die swahili-arabischen Sklavenhändler der Tabora-Vertrag hinfällig geworden sei.[113] Die Flaggenhissung von Tabora wiederum bezeichnete er wenige Zeilen später als damals noch nicht »opportun«[114]. Zudem hatte Wissmann offenbar nicht-aktenkundige Vereinbarungen mit Stokes getroffen, von denen Emin nicht oder nur verspätet erfuhr.[115] Außerdem trug das Reichskommissariat den langen Kommunikationswegen zwischen Küste und Landesinnerem keine Rechnung. So äußerte Schmidt beispielsweise am 7. September 1890, Emin solle zunächst in Tabora und anschließend in Ujiji Stationen errichten.[116] Zu diesem Zeitpunkt hatte Emin die Station in Tabora bereits eingerichtet und war seit gut 14 Tagen anstatt westlich in Richtung Ujiji nördlich in Richtung Victoria Nyanza unterwegs.

Schließlich hatte auch Stokes mit seinen Beschwerdebriefen an Wissmann zu einer verzerrten Wahrnehmung an der Küste und somit zu einer Parteienbildung – pro Stokes und gegen Emin – beigetragen. Es gewannen nun diejenigen an Einfluss, die Emins Eignung zur Durchführung einer Seen-Expedition schon länger hinter vorgehaltener Hand in Frage gestellt hatten. Schwester Auguste Hertzer hatte bereits in Zusammenhang mit Emins Auszeichnung durch Kaiser Wilhelm II. aufgeschrieben:

>»Zuweilen hörte ich auch ein unwillig Murmeln ›und dieser Mann ist von Majestät so ausgezeichnet worden? Er ist doch nur ein Gelehrter!‹«[117]

Emin hatte seine Bedeutung für das Reichskommissariat offensichtlich überschätzt. Was zählte, waren Machtinteressen, wie aus einem Schreiben Karl von Gravenreuths (1858-1891) an den Ehrenpräsidenten der *Deutschen Kolonialgesellschaft*, Hermann Fürst zu Hohenlohe-Langenburg (1832-1913), deutlich wurde. Zwar sei die Sache zwischen Emin und Wissmann, ein »herber Schlag«[118], doch könne Emin auch nach seiner Rückkehr an die Küste Weiterverwendung finden,

>»und in engsten Kreisen kann man sich ja zugestehen, dass der Ruf wohl größer [ist] als der Mann selbst. Ich sage dies trotz persönlich hoher Zuneigung für Emin. Vertrug er sich mit Stokes wirklich nicht, so musste Wißmann sie trennen u[nd] Stokes ist zur Zeit unstreitbar der einflussreichere und wichtigere.«[119]

Nach einem besorgten Schreiben Hermann zu Hohenlohe-Langenburgs schaltete sich auch Kaiser Wilhelm II. in die Debatte ein, in dem er zunächst fälschlich versicherte, Emin sei »[…] gar nicht in Ungnade gefallen und […] desshalb auch nicht zurückberufen.«[120] Gleichzeitig sicherte er, wenn er auch keinen näheren Einblick in Wissmanns Entscheidungsgänge habe, diesem sein uneingeschränktes Vertrauen zu. Was Befehle angehe, stellte der Kaiser klar, so werde bei Emin keine Ausnahme gemacht:

> »Wenn also einer mit Instruktionen vom Kommissar entsandt ist, denselben nachher nicht Folge leistet, so muß er pariren lernen, möge er nun Emin, Schulze oder Lehmann heißen.«[121]

Reaktionen in der deutschen Presse auf die Rückbeorderung Emins fielen zugunsten Wissmanns aus. Emin habe zu wenige Berichte nach Bagamoyo gesandt[122] und Befehle missachtet.[123] Mit seinem Vorschlag, das Seengebiet vom Küstenland verwaltungstechnisch abzutrennen und ihm, Emin, die Verwaltung dieses neu geschaffenen Gebietes zu überlassen,[124] sei er in Gegensatz zu Wissmann getreten.[125]

Emin habe feststellen müssen,

> »daß die deutsche Verwaltung nicht die ägyptische ist, welche sich um ihre Beamten auf vorgeschobenen Posten nicht weiter kümmert, sondern daß sein Thun scharf beobachtet wird, und er nicht den eigenen Willen sondern den Willen seiner Vorgesetzten auszuführen hat.«[126]

Ähnlich argumentierte Brix Förster in den *Münchner Neuesten Nachrichten*:

> »Ich glaube, wir müssen die Lösung der hier auftauchenden Räthsel in dem durch Jahre lange Einsamkeit eigenthümlich gebildeten Charakter Emins suchen, in seiner Angewöhnung an die vollständige Selbstherrlichkeit, die zwar gern auf Wünsche eingeht, aber an ein Gebundensein an strikte Befehle im Momente des Handelns nicht mehr denkt.«[127]

Wie sehr die Realitätswahrnehmung zwischen den »men on the spot«[128] und der Küste respektive Deutschland differierte, zeigt ein Privatbrief Emis vom 28. Januar 1891. Hier schrieb er, dass er mit den Ergebnissen der Expedition bislang sehr zufrieden sei:

> »Nicht allein, dass wir im Stande gewesen sind, mit den Arabern in Tabora und Udjidji zu einem leidlichen Einverständniss zu kommen und so viel Geld und Blut zu sparen, nicht allein, dass Lieutenant Langheld die räuberischen Wangoni völlig vernichtet hat und nun ganz Unyamwesi in Frieden lebt, ich bin auch ausserdem im Stande gewesen, einige tausend Mark Elfenbein zur Küste zu senden. Rechnen wir hierzu den grossen moralischen Einfluss, den wir gewonnen haben und der uns von allen Seiten Freunde gewinnt, so können, denke ich, Wissmann und die Regierung voll zufrieden sein.«[129]

Für die mit Emin zusammenarbeitenden Stuhlmann und Langheld, die erst viel später von dem Rückberufungsbefehl erfuhren, waren die Gründe des Reichskommissariats nicht plausibel. Sie waren wie Emin davon ausgegangen, dass die bisherige Expedition überaus erfolgreich verlaufen sei.[130] Auch in Deutschland gab es nach wie vor Fürsprecher Emins, jedoch waren diese in der Minderzahl. Karl von Hofmann (1827-1910), Ministerpräsident des Großherzogtums Hessen und Stellvertretender Vorsitzender der Deutschen Kolonialgesellschaft, nahm Emin mit Verweis auf die unterschiedlichen Angaben Wissmanns in Schutz:

> »Gesetzt aber auch Emin sey von den ihm gegebenen Weisungen abgewichen, so wird es sich doch einer noch fragen, ob eine solche Abweichung nicht durch die Umstände gerechtfertigt war.«[131]

Ähnlich nachsichtig äußerte sich später Conrad Weidmann,[132] der Emin in Bagamoyo kennengelernt hatte. Bedingungslose Unterstützung erfuhr Emin auch aus den Reihen seiner Familie.[133]

Bevor Emin die Ordre zur Rückkehr erhielt – bis dahin sollten vier weitere Monate vergehen – war es zwischen Stokes und Emin im Januar 1891 zur Aussöhnung gekommen: Bei seinem Zusammentreffen mit Emin in Bukoba soll Stokes eingeräumt haben, dass mancher Bericht »übereilt«[134] gewesen sei und sich für das Vorgefallene entschuldigt haben.[135] Für eine Rücknahme von Wissmanns Entscheidung war es jedoch zu spät.[136]

Souveränitätsgedanken

Von Bukoba aus schrieb Emin einige Briefe, und äußerte sich erfreut über Stanleys Buch *In darkest Africa*, in welchem er, Emin, wohlwollend beurteilt werde. Allerdings gestehe er eher Casati und Junker »die Fähigkeit einer richtigeren Beurtheilung der Verhältnisse zu, als Stanley.«[137]

Belustigt nahm er ferner Stellung zu Gerüchten an der Küste:

> »Als ein Kuriosum lese ich ferner, dass man in Sansibar sich erzählt hat, ich ginge ins Innere, um mir ein eigenes Reich zu gründen. Was die Leute nicht Alles wissen!«[138]

Diese Reaktion Emins erstaunt, denn schließlich hatte er selbst die Grundlage für solche Annahmen gelegt. In einer in Tabora verfassten Stellungnahme, die als Abdruck in der *Deutschen Kolonialzeitung* erschienen war, hatte Emin die »Abtretung dieser Landesteile vom Küstengebiete und Gestattung einer eigenen Verwaltung mit zweckentsprechender Vertretung an der Küste«[139] gefordert. Die genannten Landesteile sollte Emin zufolge nicht nur Tabora, sondern auch das Gebiet am Tanganyikasee und am Victoria Nyanza umfassen.[140]

Dass Emin plante, sich von den Direktiven der Küste unabhängig zu machen, hatte auch Carl Peters bereits in Mpwapwa festgestellt, nur war es hier noch um Emins ehemalige Provinz im Sudan gegangen. So hatte Peters über ein Gespräch mit Emin in Mpwapwa festgehalten:

> »[...wir] sprachen [...] über die Verhältnisse der Äquatorialprovinz. Emin Pascha wies darauf hin, daß er sich jetzt im Dienste des Deutschen Reiches befinde, daß er dagegen bereit sei, wenn er später durch irgendwelche Umstände wieder in sein altes Land zurückgelange, dann für solches dieselben Verpflichtungen zu übernehmen, welche Muanga für Uganda auf sich genommen habe.«[141]

Da Muanga, Mutesas Sohn, König von Buganda war, hätte die Übernahme derselben Verpflichtungen auf die Äquatorialprovinz bezogen ein Königtum unter Emin bedeutet.[142]

Gut möglich, dass Emin sich hier auch wieder an die Worte Felkins erinnerte, der ihm 1889 geschrieben hatte:

> »Your own position is a unique one. You have the power in your hands to fulfil the great object of your life, and I am perfectly certain that you will use every effort to consolidate your power and to make a Great Central African kingdom which will not only banish slavery but introduce civilisation in the best sense of the word.[143]«

Unter diesen Voraussetzungen scheint der von Freißler geprägte Begriff eines Emin'schen »Königstraum[es]«[144] durchaus denkbar. Schließlich hatte Emin bis zu seiner »Befreiung« durch Stanley, abgeschnitten von der Außenwelt und unkontrolliert von ägyptischer Staatsseite, in gewissem Maße bereits absolut geherrscht – ohne dies freilich in tyrannischer Form auszunutzen. Der Wunsch des Bleibens in der Äquatorialprovinz würde in diesem Licht anders erscheinen, denn wenn er mit Stanley ging, waren wieder andere Autoritäten für ihn und seine Leute zuständig.

Von einem anders gearteten Plan Emins berichteten schließlich Stuhlmann wie auch Langheld übereinstimmend. Emin habe den Plan gefasst, in seine Provinz zurückzukehren und über Monbuttu in die Hinterländer Kameruns vorzustoßen und so

> »[...] ein Kolonialreich zu gründen, das von Osten nach Westen, vom Indischen Ozean bis zum Atlantic reichen sollte.«[145]

Tatsächlich würde der Versuch einer Umsetzung dieses Plans den später vollzogenen Westschwenk der Expedition erklären.

Von Bukoba ins Ungewisse

Langheld, der Emin nur für den Fall eines ausdrücklichen Befehls, jedoch nicht freiwillig weiter folgen wollte, blieb wie Feldwebel Kühne in Bukoba zurück, übernahm zum 1. Februar 1891 die Leitung der Station und organisierte deren weiteren Aufbau.[146] Er gründete später eine weitere Station in Mwanza.

Anders war die Lage bei Stuhlmann, der von Wissmann lediglich aus formalen Gründen zum Leutnant erhoben worden war. Er schloss sich Emin an.

Nun begann der lange, scheinbar planlose Zug, der Emin schließlich in den Kongo-Staat führen sollte: Am 12. Februar 1891 verließen Emin und Stuhlmann Bukoba in Richtung Karague.[147] Wenige Kilometer westlich von Bukoba »entdeckten« sie den Ikamba-See. Die Route verlief nun nordwestlich in Richtung Kitunguru, dann südlich nach Bugenne. Langheld, der mit 34 Soldaten in Bukoba zurückgeblieben war, weil er Emin gegen die Direktiven von der Küste nicht weiter folgen wollte, berichtete diesem von Problemen mit dem König Mutatembwas, woraufhin Emin 68 Mann nach Bukoba zurücksandte. Am

10. Mit deutscher Fahne zurück ins Innere Afrikas (1890-92)

24. Februar 1891 erreichten Emin und Stuhlmann Kafuro zwischen Albert Nyanza und Victoria Nyanza. Emin nahm Verhandlungen mit dem König Ndagara auf, der in der Nähe dieses Ortes residierte.[148]

Nachrichten aus dem Norden zufolge hatten sich Türken und Leute aus Ussungoro, dem Gebiet nördlich des Albert Edward Nyanza, Kämpfe geliefert. Emin war der Meinung, dass es sich bei den Türken um seine alten Untergebenen handelte.[149] Er gab nun seine Absicht auf, nach dem Tanganyika-See zu gehen und schlug stattdessen den Weg nach Norden ein – in Richtung der britischen Interessenspähre.

Frederic Lugard (später: 1. Baron Lugard; 1858-1945), der Buganda für die Briten verwaltete, informierte Emin über den Verlauf des Bürgerkriegs in Buganda. Während die Streitigkeiten zwischen Katholiken und Protestanten weitgehend beigelegt werden konnten, waren inzwischen Kämpfe mit Muslimen entflammt.[150]

Trotz der Schwierigkeiten der Regensaison zog Emin weiter. Erst in Kavingo am Kagera, unmittelbar an der Grenze zwischen dem deutschen und dem britischen Einflussbereich, erreichte Emin ein Schreiben von Wissmanns, welcher ihn aufforderte, umgehend an die Küste zurück zu gehen. Emin kommentierte den Brief mit Enttäuschung und Verbitterung:

> »Dahin ist es eben gekommen, und mir wird in höflichster Weise der Stuhl vor die Thüre gesetzt. Nun, ich kann es den Leuten nicht verdenken; sie haben mich nicht nöthig und damit basta.«[151]

Doch Emin wollte nicht abreisen, weil er Stuhlmann zu einer Inspektionsreise entsandt hatte.[152] Da sich die Nachrichten über seine ehemaligen Leute verdichteten, versuchte Emin entgegen Wissmanns Weisungen weiter nördlich zu ziehen und in das Gebiet zu gelangen, in dem er seine Leute vermutete. Mit einer gewissen Trotzigkeit begründete er seine Entscheidung wenige Tage später:

> »Sollte ich nun nach der Küste zurück, ohne wenigstens einen Versuch gemacht zu haben, sie zu erreichen? Nein! Und so entschloss ich mich zum Weitermarsch auf die Gefahr hin, später vor ein Kriegsgericht zu kommen.«[153]

So zog er von der dünn besiedelten, von einer Königin namens Njavingi regierten Landschaft Mpororo weiter nordwestlich in Richtung des inzwischen formal zu Belgien gehörenden Kongo-Gebietes. Hier »entdeckte« er, da bislang keine Europäer in dieser Gegend gewesen waren, neue Landschaften und Seen.[154] Mit der Landschaft Butumbi durchquerte Emin anschließend kurzzeitig einen zur britischen Interessensphäre gehörenden Abschnitt. Das Etappenziel Vitschumbi am Albert Edward Nyanza, das Emin am 10. Mai 1891 erreichte, lag bereits in belgischem Gebiet. Tatsächlich hatte sich die belgische Herrschaft hier jedoch noch nicht etabliert. In Vitschumbi ließ Emin vier Tage rasten, bevor er weiter in Richtung Karevia und Kitome zog.[155] Vorbei an den Schneebergen, die Emin im Juni 1891 passierte, und deren Geologie ihn besonders interessierte,[156] streifte Emin kurzzeitig Kabaregas Land, wo er Mitte Juli in Mboga lagerte. Weil lokale Führer Emins Tross an einem Tage mehrfach fehlleiteten und dieser dadurch in die falsche Richtung marschierte, riss Emin der Geduldsfaden

»[…] und erst meine Reitpeitsche brachte sie zum Einlenken.«[157]

Offenbar hatte der Ortschef den Führern verboten, Emins Leute durch die umliegenden Dörfer zu führen.[158]

Weiter ging es durch Ulegga, wo Emin anfangs kleinere Angriffe seitens der Bevölkerung abwehren musste.[159] Am 24. Juli 1891 feierte Emin ein Wiedersehen mit seinen ehemaligen Soldaten unter Salīm Āġā. Nach eigenen Aussagen bedeutete Emin ihnen, dass er nicht mit der ägyptischen Regierung in Verbindung stehe und nicht gekommen sei, um ihnen zu helfen.[160] Dennoch ließ ihn das Schicksal seiner ehemaligen Untergebenen nicht kalt. Als erneut eine Diskussion entbrannte, ob sie Emin begleiten sollten oder nicht – Salīm Āġā erklärte sinngemäß, er wolle lediglich dem Khediven und keinen anderen Farben dienen[161]–, befand sich Emin in der gleichen Lage wie im Januar 1889. Obwohl er schrieb, dass er den Leuten nicht traue und keinesfalls erneut in die Falle zu gehen gedenke,[162] bekannte er doch:

> »[…] es muss schon ein Narr wie ich sein, der sich trotz Allem für die Leute dieses Schlags zu interessiren weiss.«[163]

Anfangs hatte Emin durchaus Bereitschaft signalisiert, einige seiner ehemaligen Getreuen auf seinem weiteren Marsch mitzuführen. Weil Emin aber seinen zwischenzeitlich gefassten Plan, nach Buganda zu marschieren wieder änderte und zudem Gerüchte von einer Verschwörung gegen den Pascha laut wurden,[164] marschierte Emins Tross ab – erweitert um 182 Personen (29 ehemalige Beamte und Soldaten der Äquatorialprovinz, 72 Frauen und 81 Kinder). Insgesamt kam die Expedition somit auf eine Stärke von 494 Personen.[165]

Am 21. August 1891 erreichte Emin das Kongo-Gebiet im Bereich des Ituri. Am Ufer des Flusses kam sein Marsch zum Stillstand. Ernährungsprobleme und Verständigungsschwierigkeiten mit den Wambuba waren die Ursachen.[166]

Erst eine Woche später war Besserung in Sicht – der vorausgesandte Stuhlmann hatte Nahrung aufgetrieben.[167]

RÜCKSCHLÄGE UND RESIGNATION

Da er nicht vorankam, entschied Emin sich zur Umkehr nach Undussuma und gegen seine vagen Kamerun-Pläne. Er wollte nun entweder zurück nach Bukoba, oder, gemäß den ursprünglichen Befehlen Wissmanns, Ujiji am Tanganyika erreichen.

Doch diese Pläne wurden durch weitere Krankheiten aufgeschoben. Unter Emins Begleitern war eine Blatternepidemie ausgebrochen. Emin blieb zwar zunächst von den Pocken verschont, hatte sich aber eine Wunde am Knie zugezogen, deren Infektion ihm große Schmerzen bereitete und ihn zeitweise bettlägerig werden ließ. Zudem litt er an Atembeschwerden, die mit Bluthusten

einhergingen. Auch Emins Sehvermögen hatte sich stark vermindert – er war offenbar an Grauem Star erkrankt.[168]
Durch die erlittenen Strapazen und seine körperlichen Leiden hatte Emins psychische Verfassung gelitten. Stuhlmann beobachtete zunehmende Depressionen Emins und schrieb, dieser sei »hyper-nervös«[169] geworden:

> »Er begann die Lust am Leben mehr und mehr zu verlieren und meinte, es sei schon am besten, wenn er zu Grunde gehe.«[170]

In der Truppe hatte sich inzwischen ebenfalls Resignation breitgemacht: Neben der Blatternepidemie hatte auch ständiger Regen nicht nur die Ausrüstung, sondern auch die Moral aufgeweicht. Gravierende Nahrungsengpässe trugen ebenfalls nicht zur Verbreitung von Optimismus bei. Symptomatisch waren diese beiden Tagebucheintragungen Emins vom 29. und 30. November 1891:

> »Das Böseste aber ist das Wetter. Von halb drei bis halb acht hatten wir einen Gewittersturm mit argem Hagel, die ganze Gegend schwamm und im Innern der Zelte selbst war es so nass, dass man kein Plätzchen fand, wo man hinflüchten konnte.«[171] – »Was ich längst gefürchtet habe, ist eingetroffen; die Träger, von ihren Aufsehern geführt, haben den weiteren Vormarsch verweigert, und wir sind nun auf dem Rückmarsche. Hunger ist das dafür gegebene Motiv, und gewiss ist, dass die Leute einige Tage wenig zu essen hatten. [...] Wie ich an die Küste soll, nach solchem Vorfall, ist mir völlig unklar; es wird wohl auch nie dazu kommen.«[172]

Am 7. Dezember 1891 erkannte Emin, dass er Maßnahmen ergreifen musste. Er traf eine bemerkenswerte Entscheidung: Zur Vermeidung eines Übergreifens der Epidemie auf die gesunden Träger und Soldaten instruierte er Stuhlmann, den Marsch fortzusetzen. Er selbst wolle mit den Kranken zurückbleiben, bis eine Besserung eingetreten sei und dann nachkommen:

> »Sollten Ihnen einige Monate vom Datum ihres Abmarsches keine Nachrichten von mir bei Ihnen angelangt sein, so wollen Sie ohne jeden Aufenthallt die Station Bukoba zu erreichen suchen und nicht auf unser Kommen warten.«[173]

Trotz Einspruchs vonseiten Stuhlmanns, der den Pascha ungern allein lassen wollte – er verlangte speziellere Instruktionen[174] und meinte, dass die Ansteckung sicher auch schon auf den Teil übergegangen sei, der ihn nun begleiten solle[175] – fügte er sich schließlich den Befehlen Emins.
In Undussuma verblieben drei sudanesische Offiziere, 19 Soldaten (davon 18 Sudanesen, ein Swahili), zwei Aufseher, ein Dolmetscher, neun Träger, außerdem Frauen, Kinder, Köche und Haushaltshilfen.
Zur Verteidigung ließ Stuhlmann Emin Waffen und Munition zurück. Durch Tod und Rücksendung einiger Leute verblieben Emin insgesamt 20 Mann und die »unbrauchbaren Ägypter«[176]. Stuhlmann kommentierte:

> »Dass er mit dieser schwachen Ausrüstung nicht an grosse Unternehmungen denken konnte, sondern ein Spielball in den Händen der Manyéma [Wanyama] sein musste, ist klar; besonders muss man sich bei Erwägung seines Schicksals vergegenwärtigen, dass diese Leute von einem fast blinden Mann kommandirt wurden, und dass es wohl kaum anzunehmen ist, dass er auf eigene Veranlassung und allein mit ihnen nach Norden oder Westen gezogen ist.«[177]

Erschwerend wirkte sich nach Stuhlmanns Abmarsch – er sollte den Expeditionschef nicht wiedersehen – eine Verschwörung unter den ehemals ägyptischen, von Stuhlmann gerade als »unbrauchbar« bezeichneten Offizieren aus, jenem Kreise, der sich schon vor dem Abmarsch Stanleys erhoben hatte. Die Soldaten planten, Emin seiner Ausrüstung zu berauben und ihn allein weiter marschieren zu lassen. Diesem kamen die Pläne aber rechtzeitig zu Ohren, so dass die Aktion scheiterte.[178]

Soweit rekonstruierbar ist, bot sich inmitten der Schwierigkeiten ein Ausweg für Emin: Der Sklavenhändler Saʿīd b. Sālim wünschte eine Vermittlung Emins zwischen ihm und den Leuten Tippu Tips. Saʿīd erklärte sich bereit, Emin Träger zu stellen, falls dieser nach Westen marschiere. Emin stimmte zu.

Wie groß die Not gewesen sein muss, ist an dieser Bereitschaft Emins zu erkennen, denn in ägyptischen Diensten, ja sogar noch am Victoria Nyanza, war Emin strikt gegen Sklavenhändler vorgegangen. Nun schloss er sich ihnen um des Überlebens willen an.

Am 6. März 1892 erreichten Saʿīds Träger Emins Lager. Zwei Tage später marschierte die Karawane in den Kongo-Staat und erreichte die Manyuema-Station in den Pisgah-Bergen, wo Emin auf Ismāʿīl (genannt »Ismaili«), einen weiteren Sklavenhändler, traf. Nach anfänglich freundlicher Aufnahme, stellten sich aber auch hier Schwierigkeiten ein, denn der bei dem Sklavenhändler vorrätige Alkohol ließ die Disziplin unter seinen Leuten aufweichen.

Als Emin Nachrichten erreichten, denen zufolge Stuhlmann angeblich bei einem Gefecht mit Many(u)emakämpfern getötet worden sei, entschloss er sich – gegen den starken Widerstand Ismāʿīls – zum Aufbruch von der Station. Emin schloss sich der Karawane Saʿīd b. Sālims an, der ihn in die Station Ipoto zu Kilonga-longa, dem dortigen Statthalter, führte.

Am Ende ihrer Kräfte angelangt, kamen Emins Leute am 18. Juni dort an. Nach einer Ruhephase von sechs Wochen setzte sich der Zug am 1. August 1892 nochmals in Bewegung. Ziel war Kinena.[179]

Hoffnungslosigkeit und Ermordung

Emin und seine Leute liefen nun, ohne es zu merken, in eine von Chief Kibonge (arab.: Ḥammādī b. ʿAlī) gestellte Falle. In einem Brief hatte Kibonge Emin aufgefordert, zu seiner Hauptstation Kirundu zu kommen, in einem zweiten Schreiben an Chief Kinena aber die Liquidation Emins befohlen.[180]

Warum wurde Emin ermordet? Vermutlich waren zwei Gründe ausschlaggebend. Zum einen hatte sich die politische Situation im Aruwimi-Gebiet durch den im Juni 1892 einsetzenden Eroberungsfeldzug von belgischer Seite entscheidend geändert. Die swahili-arabischen Händler waren in Aufruhr und sahen ihre Pfründe schwinden. Weil die belgischen Truppen kompromisslos und mit großer Härte vorgingen – zur Rechtfertigung wurde von offizieller

Seite philantropisch die Bekämpfung des Sklavenhandels vorgebracht[181] – stellte ein kranker Europäer mit schlecht bewaffneten Gefolgsleuten ein leichtes Rache-Ziel dar.[182] Mit großer Sicherheit hat Emin auch für belgische Kolonialagitationen gebüßt.

Es wäre jedoch zu einfach und falsch, Emin lediglich in der Opferrolle zu sehen. Mit seiner Fehlentscheidung am Victoria Nyanza, gefangene swahili-arabische Sklavenhändler an ehemalige Gefangene auszuliefern, welche diese Gelegenheit zur Rache genutzt hatten, hatte Emin seinen Kredit bei den Swahili-Arabern verspielt.[183] Dass jemand, der sich ihnen gegenüber stets als Muslim ausgegeben hatte, muslimische Glaubensbrüder an »heidnische« Sklaven ausgeliefert hatte, war unverzeihlich.

Muḥammad b. Hassan »Rumaliza« (ca. 1850-unbekannt), ein berühmter swahili-arabischer Händler in Ujiji, erklärte dem Missionar Alfred J. Swann (LMS), Emin habe mehrere Araber kaltblütig gehängt, weil diese sich geweigert hätten, Kaliko[184] zu verkaufen. Deshalb hätten diese sich geschworen, Emin zu töten.[185]

Die genauen Gründe für Emins Ermordung haben auch die Gerichtsverfahren gegen die Mörder, die Stanleys ehemaliger deutschstämmiger Diener William Hoffmann (1867-1941) – inzwischen in belgischen Diensten –, nach eigenen Aussagen leitete,[186] nicht liefern können. Die beiden Angeklagten im ersten Prozess, Mamba und Ismāʿīl, berichteten sinngemäß, sie hätten auf Geheiß Kibonges gehandelt und nicht nach den Gründen gefragt.[187] Nach Aussagen Ismāʿīls fanden er und Mamba den wehrlosen Emin – seine Leute waren unbewaffnet zu einer Pflanzung gesandt worden – am Schreibtisch sitzend und eröffneten ihm, dass er sterben müsse. Auf dessen erstaunte und verärgerte Nachfrage hin hätten sie ihm das Schriftstück Kibonges gezeigt. Sie hätten Emin, der keinen Widerstand leistete, festgehalten, während Mamba diesem anschließend die Kehle durchgeschnitten habe.[188] Später habe Kinena Emins Kopf abgeschnitten und diesen in einer Kiste an Kibonge gesandt, um diesem zu zeigen, dass sie den Befehl ausgeführt hatten.[189]

Was mit dem Kopf weiter geschah, ist unbekannt, Mamba und Ismāʿīl mutmaßten jedoch, dass Kibonge den Kopf an Chief Mohara weitergesandt habe, um diesem zu signalisieren, dass seine Leute in der Lage seien, Weiße zu töten. Den Körper wollen die Mörder angeblich ins Gebüsch geworfen[190] und den wilden Tieren überlassen haben, einer anderen Version zufolge wurde er von Kannibalen verspeist. Auch Emins Begleiter seien ohne Ausnahme massakriert worden.[191]

Hoffmann schrieb seinem alten Dienstherren 1896 einen Brief aus Stanley Falls, in dem er die nur in Nuancen von der offiziellen Fassung abweichenden Details schilderte.[192] Außerdem berichtete Hoffmann von einer Frau, die sich in Stanley Falls als Emin Paschas Ehefrau ausgegeben hatte. Sie sei bei der Abreise Emins 1887 noch ein junges Mädchen gewesen, sei dann aber nach seiner Rückkehr Emins Frau geworden und habe mit ihm ein Kind gezeugt, das aber inzwischen verstorben sei.[193] In der Emin-Literatur findet sich nur bei Gustav Uhl ein entsprechender Hinweis, jedoch nennt der Autor seine Quellen nicht. Nach Uhl sei die Frau, eine gebürtige Sansibaritin mit Namen Asimia, von den Belgiern aus der Gefangenschaft der »Araber« befreit worden und habe einen einjährigen Knaben als den Sohn Emin Paschas präsentiert. Sa'īd habe das gesamte Gefolge Emin Paschas ermorden lassen, aber Mutter und Sohn am Leben gelassen, um aus dem Kind eines Tages einen »intelligenten Häuptling«[194] machen zu können. Uhl selbst äußerte sich skeptisch, ob die Aussagen der Frau der Wahrheit entsprachen.[195]

Detaillierter berichtete der amerikanische Konsul im Kongo-Freistaat, Richard Dorsey Loraine Mohun (1865-1915), über die Frau, die er jedoch als gebürtige Südsudanesin einordnete und ihr statt eines Sohnes eine Tochter zuschrieb:

> »His woman, a rather ugly, but well-build copper-colored native of the Equatorial Provinces, who had been his companion ever since he left the east coast, and his two-year old daughter, who is of yellow complexion, are now in Kibonge and are being cared for by the officer in command of the post. When the child arrives at the proper age she will be placed in a mission school at the expense of the Kongo Free State where her education will be assured.«[196]

Auch diese Angaben sind mysteriös und nicht verifizierbar. Von einer Frau, die Emin seit der Küste begleitete, berichteten weder Stuhlmann, noch Langheld oder Schynse.

11. NACHGESCHICHTE

Belgische Funde

Nach mehreren Todesmeldungen, die allerdings nicht auf Tatsachen beruhten, und einigen Meldungen, nach denen Emin in den Bereich des Tschadsees gezogen sei, kristallisierte sich im Sommer und Herbst 1893 allmählich heraus, dass mit einer Rückkehr Emin Paschas nicht mehr zu rechnen war. Jeglichen Zweifel beseitigte eine Meldung aus Belgien, nach der Capitaine Ponthier (†1897) mit Truppen den Norden des Kongobeckens und Lieutenant (später: Baron) Francis Dhanis (1861-1909) den Süden bis zum Tanganyika durchzogen und sämtliche swahili-arabische Sklavenhändler vertrieben hatten.[1] Diese hätten sich im Hauptort des Chief Kibonge, Kirundu, verschanzt und Emin, der sich der Stadt genähert hatte, ermordet. Nach der Eroberung Kirundus wurden die Sklavenhändler Ende August 1893 in Gefechte verwickelt, in denen sie entweder gefangengenommen oder getötet wurden. Unter den etwa 8.000 Gefangenen waren auch die Hauptbeteiligten des Mordes an Emin. Sie wurden umgehend vor ein Kriegsgericht gestellt und erschossen. Dhanis fand im Februar 1893 in Nyangwé, dem Hauptort Manyuemas, Utensilien Emins auf, einen Reisekorb, eines seiner Tagebücher, Urkunden, Handschriften und Bücher aus seiner Bibliothek, ein arabisches Buch und einen Koran.[2]

Die belgischen Soldaten zogen weiter nach Kassongo, um die letzte Stadt Tippu Tips zu erobern. Nachdem sie die Stadt erobert hatten, fanden sie unter anderem Emins letztes Tagebuch, nach dem das Todesdatum ungefähr rekonstruiert werden konnte (23. oder 24. Oktober 1892).[3]

Kibonge ereilte im Folgejahr sein Schicksal, als er durch Verrat bei der Station Kilonga-longa den Belgiern unter Lieutenant Brecx übergeben wurde. Auch Kibonge wurde nach eingehendem Verhör und seinem Geständnis am 1. Januar 1895 hingerichtet[4] – wenige Tage bevor Hubert Lothaire, Force-Publique Captain, Charles Stokes wegen Waffenlieferungen an Araber hinrichten ließ (15. Januar).

Entgegen Berichten einiger in Gefangenschaft befindlicher »Araber« wurden zahlreiche wissenschaftliche Aufzeichnungen Emins nicht vernichtet, sondern konnten gerettet werden,[5] so dass sie bis heute in verschiedenen Archiven zur Verfügung stehen. Die Tagebücher wurden im Jahr 1912 vom Hamburgischen Staat übernommen, so dass sie bis heute im *Staatsarchiv der Freien und Hansestadt Hamburg* aufbewahrt liegen.[6] Emins letzte Uniform, Orden und Urkunden der verschiedenen wissenschaftlichen Gesellschaften sowie einige weitere persönliche Gegenstände gingen nach Auskunft Schweitzers an das *Museum für Völkerkunde in Berlin*.[7] Der Rechtsnachfolger, das *Ethnologische Museum* in Berlin-Dahlem, besitzt zwar nach wie vor einen reichen Emin-

Fundus, jedoch handelt es sich hier vorwiegend um Speere und andere Artefakte, die Emin von seinen Reisen nach Berlin senden ließ. Uniform, Orden und Büste sind spätestens seit dem II. Weltkrieg verschollen. Wenn sie nicht vernichtet sind, befinden sie sich vielleicht noch als Kriegsbeute an einem unbekannten Ort.

Leibliche Nachkommen Emin Paschas

Über Familie und Nachkommen Emin Paschas war bislang wenig bekannt. Die Suche nach Nachkommen ist überaus kompliziert – leider lichtet sich der Nebel diesbezüglich nur an wenigen Stellen.

Emins Vater war, wie im ersten Kapitel ausgeführt, verstorben, als Schnitzer noch ein Kind war. Sein Stiefvater, Bernhard Treftz hat wohl bis zu seinem Tode im Jahre 1881 in Neisse gelebt und ist vermutlich auch dort begraben worden, ebenso Schnitzers Mutter Pauline. Diese soll in den 1880er Jahren noch gelebt haben. Grabstellen sind in Neisse nicht mehr auffindbar, da die drei bekannten Friedhöfe – bis auf einzelne, wenige Grabstellen, darunter das Grab Joseph von Eichendorffs – nach dem II. Weltkrieg geräumt und neu belegt bzw. zerstört und aufgegeben wurden. Dieser Zerstörung ist auch der an den Rochusfriedhof grenzende Neue Jüdische Friedhof in Neisse zum Opfer gefallen, auf dem vermutlich Louis Schnitzer begraben lag. Die Ortung des Friedhofs bereitete mir im Jahre 2008 noch erhebliche Probleme – einmal lokalisiert, fanden sich nurmehr Steinfragmente.[8]

Die vermeintliche Ehefrau Emin Paschas, die Witwe Emilie Leitschaft/Emine Leyla, hat nach der Liaison mit Emin angeblich noch zweimal geheiratet, sich durch eine nicht-standesgemäße Eheschließung jedoch isoliert. Obwohl sie diese Ehe später annulieren ließ, brachen die Söhne aus der Ehe mit Divitçi İsmail Pascha den Kontakt zu ihrer Mutter ab. Ein Familienbild, auf dem neben dem Pascha (links) und ihr (rechts) die drei Söhne Nevfik, Celal und Fuad zu sehen sind, hat sich in privaten Unterlagen der Familie Aykan erhalten.

Der mittlere Sohn, Celal (1862-1925), ist in verschiedenen türkischen Enzyklopädien mit einem Eintrag genannt. Er studierte Medizin an der Kriegsakademie in Istanbul und verbrachte einige Zeit in Paris. Nach seiner Rückkehr nach Istanbul wirkte er als Spezialist für Tuberkulose und Kurmedizin. Wie sein Vater erhielt er den Pascha-Rang.[9] Über seine Familie erschien vor wenigen Jahren ein Beitrag in einem Istanbuler Kulturmagazin.[10]

Die aus dem Verhältnis Emilies mit Schnitzer entsprungene Pauline trat in dem bereits erwähnten Leipziger Prozess um den Nachlass im Jahre 1897 indirekt in Erscheinung. Sie heiratete später einen Türken und änderte ihre Vornamen in Fatma Zehra. Fatma Zehra Emiroğlu wurde 91 Jahre alt, lebte für einige Jahre in Bursa und starb 1965 in Istanbul.[11]

11. Nachgeschichte

Bild 37 Die Familie des Divitçi İsmail Hakkı Pascha[12]

Bild 38 Fatma Zehra (links) mit Selma Emiroğlu-Aykan (rechts), ohne Datum[13]

Ihre Enkelin, die Opernsängerin und renommierte Karikaturistin Selma Emiroğlu-Aykan (1927-2011), lebte bis zu ihrem Tod mit ihrem Mann Aydın Aykan in Tutzing am Starnberger See. Deren Tochter, Aylin Aykan, ist ausgebildete Pianistin und organisiert regelmäßig künstlerische Projekte zum deutsch-türkischen Kulturaustausch in München und Umgebung.

Bild 39 Familie Emiroğlu-Aykan[14]

Die einzige mit Emin nachweisbar verheiratete Ehefrau,[15] die Abessinierin Saffran (arab. Zaʿafarān bint Dādim), war bereits in der Nacht vom 4. auf den 5. Juli 1886 an den Folgen einer schweren Unterleibserkrankung (Metroperitonitis) verstorben.[16]

Mit ihr hatte Emin zwei Kinder – Fachri und Ferida. Während der Junge bereits im Kindesalter starb – genaue Lebensdaten sind nicht bekannt –,[17] überlebte das Mädchen Ferida (*18. November 1884)[18] ihren Vater. Die Stanley-Expedition brachte sie an die Küste. Ferida wurde während des Marsches in einer Hängematte vor ihrem Vater hergetragen.[19] Sie blieb zunächst in Bagamoyo. Emin sah seine Tochter am Tage seines Abmarsches ins Innere Deutsch-Ostafrikas zum letzten Mal. Zwischen 1890 und 1892 lebte sie in Sansibar, wo Emin ein Kindermädchen namens Fatuma für sie angestellt hatte. Fatuma hatte Ferida bereits seit dem Tod der Mutter betreut.[20] Von Wissmann erkundigte sich in regelmäßigen Abständen nach dem Befinden Feridas und war auch für die Auszahlung des Gehalts an das Kindermädchen zuständig.[21]

Fatuma gab sich nach Emins Tod gegenüber den deutschen Behörden als Emins Ehefrau aus und meldete unberechtigten Anspruch auf dessen Erbe an.[22] Zudem ging sie angeblich sehr nachlässig mit Ferida um, weshalb ihr schließlich das Sorgerecht entzogen wurde.[23] In den Augen der europäischen Kolonie sei Ferida gar von der Kinderfrau »missbraucht«[24] worden, weil ihr von dieser Messerschnitte an der Haut zugefügt worden seien.[25]

Ferida hat in Bagamoyo keinen Unterricht genossen, sprach jedoch Arabisch, Französisch, Italienisch und Swahili – zunächst aber kein Deutsch. Sie gelangte kurzzeitig zur Familie des Italieners Josef Mariano, welcher für die Deutsch-Ostafrikanische Gesellschaft (DOAG) tätig war. Emin beklagte sich in einem Schreiben an Schwester Auguste Hertzer, dass er von Mariano nur »das Notwendigste«[26] erfahre, ansonsten keinen Kontakt nach Bagamoyo habe. Zwar sei es ihm lieb, Ferida nach Deutschland zu senden, jedoch sei sie ihm noch zu klein für die weite Reise.[27] Bis zur seiner Trennung von Franz Stuhlmann ermahnte Emin seine Schwester Melanie stets schriftlich, sie solle sich später gut um Ferida kümmern.[28] Nach dem Tode Emins nahm die Diakonisse Lies Bader die kleine Ferida mit nach Deutschland. Ferida kam in die Obhut von Emins unverheiratet und kinderlos gebliebener, noch in Oberschlesien lebender Schwester Melanie. Um 1894 muss die Übersiedlung Melanie Schnitzers von Neisse, wo sie bis dato am Ring 43 wohnte,[29] nach Berlin-Schöneberg erfolgt sein.

Im Februar 1894 erhielt Emins Vetter Georg Schweitzer (1850-1940) die Vormundschaft über Ferida und ließ sie in seinem Hause An der Stechbahn ¾ in Berlin-Mitte[30] evangelisch taufen. Als Taufpaten nannte Schweitzer neben Georg Schweinfurth und Franz Stuhlmann auch Paul Kayser (1845-1898), Leiter der Kolonialabteilung unter Bismarck.[31]

Zuvor waren in der *Gartenlaube* Holzschnitte erschienen – darunter der hier links abgebildete –, die das Exotische Feridas herausstellten.

Bild 40 a/b Ferida[32]

Über das weitere Leben Feridas wissen wir nur sehr wenig. Schwester Auguste Hertzer erwähnte, dass sie Ferida 1896 im Rahmen eines Heimaturlaubs zusammen mit Alwine Kayser, Feridas Patin,³³ besucht hatte. Doch das Treffen war kurz:

> »Sie [Ferida] kannte mich nicht wieder und wollte überhaupt nach Kinderart – weder vom Vater – noch sonst von mir was hören, sondern sprang auf und davon.«³⁴

Nach Angaben von Geoff Neuhaus (*1926), einem gebürtig aus Ulm stammenden entfernten, mittlerweile in New Jersey lebenden Verwandten, hat Ferida in Berlin die Lette-Schule besucht.³⁵ Ein Klassenphoto zeigt sie in der ersten Reihe sitzend.

Bild 41 Ferida (vorderste Reihe, links) im Kreise von Lette-Schülerinnen (um 1900)³⁶

Weil das Archiv der *Lette-Stiftung* im II. Weltkrieg komplett zerstört worden ist, gestalten sich weitere Nachforschungen schwierig. Über die nächsten Lebensjahre Feridas ist nichts bekannt. Alt ist sie nicht geworden, denn Ferida starb am 2. Mai 1923 um 8.00 Uhr vormittags in der Münchener Straße 9b in Berlin-Schöneberg an Schwindsucht (Tuberkulose). Das Totenregister der *Evangelischen Kirchengemeinde zum Heilsbronnen* in Schöneberg gibt als Profession der 38jährigen »Frieda Emin«, »Bankbeamtin«³⁷ an. Sie wurde von Pfarrer Krüger drei Tage später, am 5. Mai 1923 auf dem Stahnsdorfer Südwestkirchhof beerdigt. Ihre letzte Ruhestätte, die sich im Schöneberger Block V, Straße 3, Grabstelle 91, befand, ist dort nicht mehr auffindbar, weil der Friedhof zu DDR-Zeiten zunehmend verwilderte. Das Grab ihrer Tante Melanie, das sich im benachbarten Schöneberger Block I, 55 befand, wurde vermutlich Ende 1972, und nicht erst 1973, wie auf der Karte angegeben, eingeebnet und ist seitdem wieder belegt.[38]

Melanie Schnitzer wohnte ebenfalls in der Münchner Straße 9 und lebte bis zu ihrem Tod am 11. November 1931[39] verarmt im Hinterhaus, das bis heute den Namen »Gartenhaus« trägt. Bedingt durch die Inflation hatte Melanie ihr gesamtes Vermögen verloren, weshalb das in Leipzig erscheinende Kolonialblatt *Afrika-Nachrichten* im Herbst 1924 zu einer Spende für die alte Dame aufrief.[40] Ein Jahr vor ihrem Tod besuchte ein Redakteur der *Vossischen Zeitung* Melanie in ihrer Wohnung, welche sie mit zahlreichen Photographien und Andenken ihres Bruders ausgeschmückt hatte:

> »Sie hat hier, inmitten der Großstadt eine Welt erhalten, die hinter der rauschenden Gegenwart um Jahrzehnte zurückbleibt.«[41]

Melanie Schnitzer verstarb an einem plötzlichen Herzstillstand, auch sie wurde in Stahnsdorf beerdigt, und zwar am 16. November 1931 durch Pfarrer Hildebrandt.[42]

Rudolf Kraft hat mit Recht darauf verwiesen, dass sowohl Ferida – aufgrund ihrer Hautfarbe – als auch Melanie – als gebürtige Jüdin – nur wenige Jahre später mit großer Wahrscheinlichkeit erheblich unter der NS-Verfolgung zu leiden gehabt hätten.[43] Bemerkenswerterweise ist Ferida nie als »Kolonialdeutsche« aufgeführt worden, sie taucht in keiner der zahlreichen Publikationen, die sich mit (Halb-) Afrikanern in Berlin auseinandersetzen, auf.[44] Dennoch ist das Leben für sie, die als kleiner Vollwaise vom Südsudan über Ostafrika nach Berlin kam – ohne ein Wort Deutsch zu sprechen – sicher nicht einfach gewesen.

Dass Ferida als exotische Heldin für kleine Mädchen entdeckt wurde, zeigt ein heute völlig in Vergessenheit geratenes Kinderbuch.[45]

Lebensdaten und Werdegang von Schnitzer/Emins Halbbruder Arthur Treftz sind nicht bekannt. In einem Brief an Auguste Hertzer schrieb Emin 1891, Arthur sei als Divisions-Auditeur (Militärjurist) nach Graudenz (heute: Grudziądz) versetzt worden.[46]

Der bereits mehrfach erwähnte, aus der mütterlichen Linie stammende Vetter Schnitzer/Emins, Georg Schweitzer (1850-1940), trat nicht nur als Autor der Biografie Emins und eines weiteren Buches über seine Orient-Reise im Jahre 1890 in Erscheinung,[47] er wirkte auch über Jahre hinweg als Börsen-Journalist für die *Norddeutsche Allgemeine Zeitung*, die *Frankfurter Zeitung* und den *Berliner Aktionär*. Die Aufnahme in die Liste Berliner Berühmtheiten verdankte er allerdings seinem Engagement bezüglich des Berliner Presseballs, als dessen Mitbegründer er in die Annalen einging.[48] Schweitzer liegt in einem Familiengrab auf dem Alten St. Matthäus-Friedhof in Berlin-Schöneberg begraben. Er hatte mindestens zwei Kinder, Grethe und Hans, letzterer wohnhaft im thüringischen Schnepfenthal.[49]

Zu einem »nahe[n] Verwandten«[50] Emins, Wilhelm Schnitzer, Geheimer Sanitätsrat und Armenarzt in Berlin, erschien im Juli 1918 eine Sterbenotiz in der *Norddeutschen Allgemeinen Zeitung*.[51]

Mit hoher Wahrscheinlichkeit leben auch heute noch Nachfahren der Familien Schnitzer und Schweitzer in Deutschland. Weil jedoch beide Nachnamen deutschlandweit relativ häufig auftreten, kam eine weitere Recherche im Rahmen dieses Projekts nicht in Betracht.

Außerhalb Deutschlands sind weitläufige Nachfahren, wie der oben bereits erwähnte Geoff Neuhaus, in der gesamten Welt – vielfach in den USA und sogar in Südafrika – vorhanden. Ein amerikanischer Nachfahr, der Kalifornier »Spark« Schnitzer, hat in den 1960er Jahren eine Tour auf den Spuren seines berühmten Vorfahren unternommen und diverse Orte im Südsudan und in Uganda besucht. Er hat darüber einen Beitrag verfasst.[52]

Theoretisch besteht die Möglichkeit weiterer Nachfahren aus nicht bekannt gewordenen Verbindungen mit weiteren Frauen in Europa oder Afrika. Das Kind aus einer Verbindung mit der im vorigen Kapitel bezeichneten Asimia[53] hat offenbar nicht überlebt. Im November 2011 startete der König von Bunyoro, Omukama Solomon Igiru I. (*1948, reg. seit 1994), Medienberichten zufolge eine Anfrage an die Stadt Nysa, da er »mehr über die Vergangenheit seines Großvaters, dem Entdecker Emin Pasha«[54] in Erfahrung zu bringen wünschte. Zwischen dem Omukama und Emin besteht jedoch keine leibliche Verwandtschaft.[55]

II. TEIL:

ANNÄHERUNGSVERSUCHE AN EINE SCHILLERNDE PERSÖNLICHKEIT

1. EMIN IN DER WAHRNEHMUNG VON ZEITGENOSSEN

Photographien und Abbildungen Emins versus reale Wahrnehmungen

Die wenigen Photographien, die von Schnitzer existieren – insgesamt sind es etwa ein Dutzend, meist aus den letzten Jahren seines Lebens, sind wieder und wieder publiziert worden. Oft handelt es sich um Porträt-Aufnahmen, die einen kleinen, schlanken Mann zeigen.

Das älteste bekannte Bild von Schnitzer/Emin hat Georg Schweitzer in seiner Biographie abgedruckt. Es zeigt Schnitzer im Alter von etwa sieben Jahren zusammen mit seiner Mutter Pauline und seiner Schwester Melanie.

Bild 42 Pauline Treftz, verw. Schnitzer (Mitte) mit Isaak/Eduard (links) und Melanie (rechts)[1]

Das nächste Bild zeigt Schnitzer im Wichs der Burschenschaft Arminia, stammt also aus der Breslauer Studienzeit. Bereits hier zeigt sich dem Betrachter eine leichte Schiefstellung des rechten Auges, welche auch auf weiteren Aufnahmen feststellbar ist.

Bild 43 Schnitzer im Wichs der Burschenschaft Arminia (Breslau)[2]

Schnitzer schrieb zwar von Portraitaufnahmen aus seiner Zeit im Osmanischen Reich, doch ist über den Verbleib dieser Originalbilder nichts bekannt. Eine kolorierte Darstellung des türkischen Beamten Emin findet sich in der von Schweinfurth herausgegebenen Briefsammlung Emins[3], nachgedruckt bei Kirchhoff.[4]

Bild 44 Schnitzer als türkischer Beamter[5]

Aus den sudanesischen Jahren liegen nur wenige Photographien Emins vor. Ein Exemplar hat sich im *Staatsarchiv Hamburg* erhalten. In bearbeiteter Form fand es auch Aufnahme in einigen Publikationen.

Bild 45 a/b Dr. Emin Bey[6]

Vermutlich vom gleichen Tag stammt eine Photographie, auf der Casati in weißem Leinenhemd, links hinter dem sitzenden Emin steht. Emin trägt darauf seine weiße ägyptische Uniform mit Fez.

Bild 46 Casati und Emin[7]

Eine vorwiegend in Großbriannien zirkulierende Photographie Emins zeigt diesen barhäuptig in die Kamera blickend. Sie ist hier ebenso wenig aufgeführt wie eine Photographie Emins, die diesen am Eingang seines Zeltes sitzend zeigt. Nicht genau datierbar ist die folgende, weniger bekannte Photographie Emins, die aber nach Eintreffen Stanleys entstanden sein dürfte.

Bild 47 Emin mit Fez und leicht ergrautem Bart[8]

Im Rahmen der Vorbereitung auf seine Seen-Expedition muss die bekannteste Photographie Emins aufgenommen worden sein. Sie ist vermutlich im Jahre 1890 in Bagamoyo oder in Sansibar entstanden und zeigt Emin in einer blauen Uniform mit deutschem Tropenhelm.

Bild 48 Emin Pascha in blauer Uniform (Bagamoyo oder Sansibar, 1890)[9]

Vom 21. Juni 1890 stammen zwei Bilder von Emin. Beide wurden in Mpwapwa angefertigt. Eines zeigt Emin zusammen mit der Expedition Carl Peters', ein anderes zu zweit mit Carl Peters.[10]

Bild 49 Emin Pascha mit der Expedition Carl Peters' (Mpwapwa, 1890)[11]

Bild 50 Emin Pascha (links) mit Carl Peters (rechts)[12]

Auf dem letzten bekannten Foto von Emin ist dieser vor dem Überqueren eines Flusses inmitten einer Karawane zu sehen. Es ist wohl 1892 am Ituri entstanden.

Bild 51 Emin an einem Fluss (Ituri, 1892)[13]   *etwa 30 Bewaffnete, 70 Frauen, 80 Kind S 172 u. 173*

Einige dieser Fotos dienten als Vorlagen zu Zeichnungen, die sich in Zeitungspublikationen wie in Büchern wiederfanden. Diese kolorierten Darstellungen sollten das Bild eines unverletzlichen, strammen Deutschen zeigen, der, wie in der Belletristik dargestellt, seinen Mann stand und klug allen Gefahren widerstand.

Bild 52 Emin (nachgezeichnet)[14]

1. Emin in der Wahrnehmung von Zeitgenossen

Wie sehr anders sah jedoch das Bild aus, das Personen aus seinem Umkreis von Emin zeichneten. Geradezu erschrocken reagierte Stanley, der sich Emin nach Felkins Briefen als »zweiten Gordon«[15] vorgestellt hatte.

Und auch sein Begleiter Jephson schrieb:

> »[...]; anstatt des ›großen Mannes von militärischem Aussehen‹ sah ich einen kleinen, sehnigen, nett, aber wenig militärisch aussehenden Mann von unverkennbarer deutscher Höflichkeit im Benehmen.«[16]

Emins starke Kurzsichtigkeit war den meisten Zeitgenossen eine Erwähnung wert. So beschrieb Junker seinen Kollegen Emin:

> »Dr. Emin ist ein schlanker, fast magerer Mann von etwas mehr als Mittelgröße, mit schmalem, von einem dunklen Vollbart umrahmten Gesicht mit tiefliegenden Augen, welche durch die starken Krystallgläser der Brille beobachtend hervorschauen. Seine starke Kurzsichtigkeit zwingt ihn zur Konzentrierung seines Sehvermögens auf die vor ihm befindliche Person, was seinem Blick einen harten, mitunter scheinbar lauernden Ausdruck verleiht.«[17]

Und Vita Hassan ergänzte:

> »Wenn man mit ihm [Emin] spricht, fühlt man seine kleinen Augen scharf auf sich ruhen, wie um die feinsten Ausdrücke des Gesichtes seines Gegenüber zu erforschen.«[18]

Nach Bekanntwerden der Biographie Emins kamen auch antijüdische Ressentiments in manchen Beschreibungen von Zeitgenossen mehr oder weniger offen zum Ausdruck.[19] Besonders auffällig war dies bei Werner Steuber, der Emin im Frühjahr 1890 in Sansibar getroffen hatte:

> »Wer Emin je sah, vergißt ihn nicht, dieses kleine, durch die Sonne Afrikas und endlose Strapazen vollständig ausgetrocknete und verhozelte Männlein, mit spinnenartigen Händen und Fingern und erschreckend dünnen Waden, die zusammen mit semitischen Füßen wie braune Stöcke aus den zu kurzen Kakeyhosen hervorsahen.«[20]

Neben den physiognomischen Beschreibungen liegen auch eine Reihe von Verhaltensschilderungen vor. Besonders häufig rühmten Zeitgenossen Emins Gastfreundschaft und die Sorge um seine Gäste. So schrieb Felkin über Emin:

> »Dr. Emin ist einer der liebenswürdigsten und selbstlosesten Menschen, die mir je vorgekommen sind; er unterstützt jeden Fremden nach Kräfte und teilte jede Bequemlichkeit mit uns.«[21]

Felkin, der nur kurze Zeit in Lado blieb, hatte mit seinen positiven Schilderungen über Emins hervorragende Fähigkeiten als Gouverneur großen Anteil an dessen Heroisierung. Er weckte damit, wie gesehen, Hoffnungen in Großbritannien, die Emin später nicht erfüllen konnte bzw. wollte.

Über Emins Zähigkeit und seinen asketischen Lebenswandel schrieb Pater Schynse:

> »Ein Räthsel ist es mir, wie der Mann leben und die Reise aushalten kann. Des Morgens eine türkische Tasse Kaffee ohne jede Zukost, dann folgt der Marsch, während dessen er freilich nicht vom Esel steigt; im Lager wird es dann oft Abend, bis seine Leute ihm etwas zurecht gemacht haben; bisher habe ich in Africa noch keinen Europäer gesehen, der mit so Wenigem ausgekommen wäre.«[22]

Emins Verschrobenheit beschrieb Vita Hassan:

> »[...] Wenn er mit jemand familiär wird, was sehr selten geschieht, ist er von einer ausserordentlichen Leutseligkeit und Herablassung, ohne jedoch seiner Würde etwas zu vergeben, mit der er sich stets umgiebt.«[23]

Augenfällig war ferner, glaubt man den Zeitgenossen, Emins an Pedanterie grenzende Ordnung und Sauberkeit.[24]

EMIN IM VERGLEICH ZU ZEITGENOSSEN

Inwiefern passte Emin in seine Zeit? Welche Charakteristiken sind ihm eigen, welche tauchen auch in anderen Biographien auf?

Ein grundlegender Vergleich Emins mit solchen Zeitgenossen, die unter vergleichbaren Umständen und ungefähr zu seiner Zeit in Afrika tätig waren, könnte hier für Aufklärung sorgen und wäre sicher ein eigenes reizvolles Forschungsthema. Bislang existiert eine Studie zu deutschen Reisenden im Sudan,[25] kurze Vergleichsstudien sind bezüglich der Anfänge deutscher Entwicklungshilfe[26], Juden im Imperialismus[27] und im medizinischen Bereich[28] vorhanden. Der Vergleich von Emin mit Zeitgenossen, die außerhalb Afrikas tätig waren, könnte im Hinblick auf den bereits erwähnten James Brooke (Malaysia) fruchtbar sein.[29]

BURTON, GIEGLER, GORDON, SLATIN

Oberflächlich werden im Folgenden Richard Burton, Charles Gordon Pascha, Rudolf (von) Slatin Pascha, Carl Christian Giegler Pascha und, etwas ausführlicher, Henry Morton Stanley Emin Pascha gegenübergestellt, um Gemeinsamkeiten und Unterschiede exemplarisch darzulegen.

Aus der Reihe ist Richard Francis Burton[30] (1821-1890) der einzige der Genannten, welcher mit Emin Pascha nicht persönlich bekannt war und keine leitende Tätigkeit ausübte. Gemeinsamkeiten mit Schnitzer/Emin bestanden bezüglich seiner Herkunft – einer gut situierten Familie –, seiner Sprachbegabung, des nicht abgeschlossenen Studiums, dem Drang, unbekanntes geographisches Terrain zu erforschen und sich, wenn nötig, dazu eine andere Identität zuzulegen – etwa beim Besuch der Stadt Mekka.

Ähnlich Emin diente Burtons Biographie später auch als literarische Vorlage.[31] Im Unterschied zu Emin verfügte Burton über eine militärische Ausbildung und ein ausgeprägtes Selbstwertgefühl, das etwa beim Bruch mit seinem ehemaligen Reisegefährten Speke zum Vorschein kam. Inwieweit Burtons Rassismus mit dem Emins vergleichbar war, muss hier offen bleiben.

Bild 53 Richard Burton³²

Mehr Unterschiede als Gemeinsamkeiten lassen sich zwischen den Biographien Charles Gordon Paschas und Emins feststellen. Gordon verdankte sein militärstrategisches Denken seiner Ausbildung an der *Royal Military Academy* und seiner Kampferfahrung in China. Emins sprachliche und kulturelle Kompetenzen wusste er nur insoweit zu schätzen, als sie für dessen diplomatische Aufgaben in Buganda und Bunyoro von Vorteil waren. Symptomatisch ist folgender Satz von Gordon überliefert:

»As I do not talk Arabic and they [two little Shillook boys] do not talk English, our converse is nil. It is the same with the authorities; they come, and instinct tells me what they want, and then they go. It is much shorter, and saves a mint of trouble.«³³

Der von Emin in seiner Amtszeit als Gouverneur der Äquatorialprovinz ebenfalls betriebene, von Gordon aber seinerzeit unerbittlich geführte Kampf gegen den Sklavenhandel wurzelte in Gordons bereits angesprochenem christlichen Glaubensverständnis. Mit Emins Auffassung von Religion konnte er deswegen ebenso wenig anfangen wie mit Emins wissenschaftlicher Beschäftigung.

Bild 54 Gordon Statue, Victoria Embankment, London³⁴

Bemerkenswerte Parallelen zeigen sich zum Österreicher (Sir) Rudolf (Freiherr von) Slatin (Pascha). Slatin entstammte ebenfalls einer Konvertitenfamilie – sein Vater war vom Judentum zum katholischen Glauben konvertiert. Auch Slatin hatte seine Ausbildung abgebrochen, war wie Emin an Kultur und Sprachen interessiert und übte mit dem Gouvernorat in Darfur eine Emin vergleichbare Stellung aus. Nach seiner erzwungenen Konversion zum Islam und dem damit verbundenen Namenswechsel verbrachte er zwölf Jahre in Gefangenschaft des Mahdī bzw. des Kalifen in Omdurman, hatte also wie Emin für eine gewisse Zeit keinen Kontakt mit der Außenwelt. Mit seinem Wissen war er bei der britischen Rückeroberung des Sudan behilflich und wurde zum Dank zum Colonel befördert und nach Verleihung des ägyptischen Pascha-Titels sowohl in den britischen als auch in den österreichischen Adelsstand erhoben. Anders als Emin waren ihm – trotz seines Eintretens für Österreich im I. Weltkrieg – hohe internationale Anerkennung und ein ruhiger Lebensabend in Südtirol beschieden.

Bild 55 Slatin in jungen Jahren[35]

Mit Carl Christian Giegler Pascha hatte Emin außer der deutschen Herkunft und fehlender militärischer Ausbildung nicht viel gemein. Giegler, gelernter Uhrmacher, später in London bei *Siemens Brothers* ausgebildet, war als Ingenieur für den Aufbau der Telegraphenleitungen in den Sudan gekommen. Er hatte Emin bei dessen Ankunft in Khartum herzlich aufgenommen und für ihn gesorgt. Umso größer war später seine Verstimmung, als er in Emins Verhalten

Neid und Schadenfreude zu erkennen meinte. Zwischenzeitlich zum Vizegouverneur des Sudan aufgestiegen traf Giegler eine folgenschwere militärische Entscheidung, als er eine Einheit unter General Hicks gegen die Mahdisten schickte. Die Einheit war den Eiferern hoffnungslos unterlegen und wurde vollständig vernichtet. Die europäische Kolonie lastete Giegler diese Fehlentscheidung an, obwohl er sich mit seiner Einschätzung in bester Gesellschaft befand. Schließlich hatte man auch in Kairo die Bewegung lange Zeit unterschätzt und falsche Vorkehrungen getroffen. Im Vergleich zu Emin ging Giegler Konflikten nicht aus dem Weg und hat, schenken wir den Äußerungen Hansals Glauben, manchen Streit ausgefochten.[36]

Bild 56 Giegler Pascha[37]

EMIN UND STANLEY

Am schärfsten zeichnet sich der Kontrast zwischen Emin und Stanley ab. Ein Vergleich der beiden Biographien, der hier nur im Ansatz erfolgen kann und der die bereits im Kapitel »Stanley setzt sich durch« angesprochenen Punkte ergänzt, ist deshalb besonders ertragreich, weil die beiden Männer 1½ Jahre miteinander verbrachten und eine solide Quellenbasis zum Vergleich vorhanden ist.

Im Folgenden sollen vier ausgewählte Aspekte gegenüber gestellt werden. Zunächst sticht eine Gemeinsamkeit der Biographien hervor: Wie Emin verschleierte auch »Africa's Greatest Explorer«[38] seine Herkunft. Wegen Vernachlässigung durch seine Mutter und seine anderen Angehörigen war John

Rowlands in einer sozialen Einrichtung aufgewachsen. Später legte er sich den Nachnamen eines ihm nur flüchtig bekannten Mannes namens Stanley zu. Seinen Lebenslauf frisierte er – je nach Bedarf – in kleinerem oder größerem Maße und erdichtete in Anlehnung an Charles Dickens Anekdoten, die sich niemals ereignet hatten.[39]

Stanley ging sogar soweit, dass er seine walisische Abstammung gänzlich verleugnete und sich als gebürtiger US-Amerikaner ausgab. Später wurde er die Geister, die er gerufen hatte, nicht mehr los. Die *Royal Geographical Society* versagte Stanley anfangs ihre Unterstützung mit Hinweis auf seine amerikanische Abstammung. Da er kein Brite sei, werde man nicht für ihn eintreten. Dies änderte sich erst durch William Mackinnon, Präsident der *Imperial British East Africa Company*, der sich dem Lockruf der sagenhaften Elfenbeinschätze nicht dauerhaft verschließen konnte und wollte.

Fassen wir kurz zusammen: Stanley versuchte seine Abstammung aus der Unterschicht und somit auch seine Minderwertigkeitsgefühle zu kaschieren – letzteres eine frappante Parallele zu Emin, der sich mit dem Spiel eines gebürtigen Türken vor seinen Misserfolgen in Deutschland verstecken wollte. Im Gegensatz zu Emin diente Stanleys Taktik jedoch auch zu marktstrategischen Zwecken, um den Verkauf seiner Bücher anzukurbeln.

Vergleichbar mit Emin war Stanleys Drang, Neues zu entdecken und Unbekanntes zu erforschen.[40] Sehr unterschiedlich war jedoch die Ausführung. So kritisierte Stanley Emins wissenschaftliche Methoden:

> »If to collect dead birds, and stuff them, to gather beetles & bottle them, to place butterflies in little paper bags [...] is to be a naturalist, then Emin was one. But I candidly confess that this has never been my opinion.«[41]

Beobachtungen auf der Mikroebene, wie das Sammeln und Präpaparieren von Vögeln, nach dem »Modell Hausfrauenordnung«[42] lagen ihm nicht. Der Makrokosmos, große Entdeckungen, wie die des legendären Mond-Gebirges – waren wissenschaftliche Leistungen nach Stanleys Geschmack, schließlich sicherten sie ihm eine breite Öffentlichkeit und hohe Reputation.

Hatte Stanley sich eine Meinung gebildet, war jedes Argumentieren zwecklos:

> »Man kann [...] mit ihm nicht disputieren.«[43], stellte Emin verdrossen fest.

Stanleys Notizbücher enthalten auch auf anderer Ebene eine ganze Litanei an Abwertungen Emin Paschas. Obwohl er Emins Tätigkeit als Gouverneur nie kennen gelernt hatte und dessen Leistung als solche auch nicht bewerten konnte, nahm er sich – stark beeinflusst von den Schilderungen seines Vertrauten Jephson – heraus, Emins Arbeit in der Provinz regelrecht zu verreißen und ihn der totalen Unfähigkeit zu bezichtigen. In sein Notizbuch schrieb er:

> »As a Governor of Equatoria his letters in the Parliamentary blue books indicate that he regarded himself as the fittest man for the province, but unless we preach from Europe were wrong he was the worst man that could be put over it.«[44]

In seinem Buch schrieb er vorsichtiger:

»The ideal Governor whom I had imagined, had been altogether replaced by a man who had other views than those of his Government.«[45]

Dass Stanley Emin schon vor der Annahme des deutschen Engagements Opportunismus vorwarf,[46] verwundert insofern, als er selbst in seiner Biographie mehrfach die Seiten gewechselt hatte. Als es dann tatsächlich soweit war, konnte Stanley seinen Ärger nicht verhehlen. In verschlüsselten Telegrammen nach London wählte er als Platzhalter für Begriffe, die mit Emin in Zusammenhang standen, Wörter wie »blindfold« oder »blindness«.[47]

Wie oben in Bezug auf Emins Fähigkeiten als Gouverneur bereits angedeutet, bestand in der Regel eine Diskrepanz zwischen gesprochenem und geschriebenem Wort Stanleys. Während dieser in seinen Vorträgen über Emin mit drastischer Wortwahl spottete, präsentierte er sich in seinen veröffentlichten Texten bedeutend konzilianter. Hier wählte er abgeschwächte Formulierungen, um Emin als liebenswerten, aber nicht ganz zurechnungsfähigen weltfremden Mann erscheinen zu lassen. Das Resultat waren Aussagen wie diese:

> »We cannot proceed by force to save him from himself and rudely awake him out of his dream, without his permission«[48] – »We cannot, at a moment when his own fate lies trembling on the balance, but admire him when we see him availing himself of every opportunity to increase his store of lancustrine shells, or tropic plants, eager for the possession of a strange bird without regard to its colour or beauty, as ready to examine with interest new species of rat as he is in the measurements of a human skull.«[49]

Warum ereiferte sich Stanley in diesem Maße über Emin, den »isolated snowdrop«[50], der zum Schmelzen verurteilt gewesen wäre, wenn Stanley ihn nicht errettet hätte? Die handschriftlichen Notizen lassen erahnen, dass der nach außen hin indolent wirkende Stanley durch das Niederschreiben Frustbewältigung betrieb. Der abermalige Verlust »seiner Trophäe« – auch David Livingstone war damals nicht mit Stanley zurückgekehrt – hatte ihn tief getroffen. In dem er Emin kleiner erscheinen ließ, erhöhte er seine eigene Leistung.

Stellen wir Emins Äußerungen über Stanley gegenüber, fielen diese bedeutend weniger scharf aus. Dies lag zum einen an der subjektiv höflicheren Umgangsform Emins, zum anderen an der Tatsache, dass Emin keine Plattform suchte, sich über Stanley öffentlich zu äußern. Die veröffentlichten Aussagen Emins resultieren aus Privatgesprächen, Briefen oder aus seinen Tagebucheinträgen. Zuweilen wurde Emin auch deutlich, wie etwa aus den bereits zitierten Gesprächen mit Pater Schynse oder einem Brief an Stuhlmann aus dem Jahr 1880 – also lange bevor sich die beiden Forscher zum ersten Mal getroffen hatten – hervorgeht:

> »Stanley, für den ich gewiss die größte Hochachtung habe, hat leider über Uganda soviel von Unwahrem u[nd] Falschem veröffentlicht, dass es gerade an der Zeit ist, den Herren in England ein wenig die Wahrheit klar zu machen. [...] P.S. Ich sende die mir aus Uganda zugekommenen Briefe alle, weil in England bezugs Uganda geradezu lächerlicher Schwindel getrieben wird u[nd] Leute vom Fach wie Grant [?] oder Stanley sich nicht entblöden einzustimmen...«[51]

Emins Tagebucheinträge wie auch von Zeitzeugen überlieferte Äußerungen Emins lassen jedoch erkennen, dass Emin keine eindeutig negative Haltung gegenüber Stanley bezog.[52] Einerseits bewunderte er Stanley für dessen Durchsetzungsvermögen – eine Gabe, die Emin bis 1890 fehlte. So schrieb beispielsweise Auguste Hertzer in ihren Lebenserinnerungen, Emin habe Stanley bewundert:

> »So sehr verschieden diese beiden Männer waren und sie keinerlei Seele(n)verwandtschaft miteinander hatten, hatte Emin Pascha doch eine unbegrenzte Hochachtung für ihn [Stanley], nie genug konnte er seinen persönlichen Mut und seine Tapferkeit und Umsicht in stets zäher Ausdauer rühmen. Alle seine Erforschungen im schwarzen Erdteil wären große nicht gekannte Errungenschaften.«[53]

Andererseits hatte Emin unter dem Regiment Stanleys stark gelitten und sich – gewissermaßen innerer Emigrant – zurückgezogen.[54]

Sehr bald wurde auch im Umgang mit Untergebenen deutlich, dass sich die beiden Charaktere in grundsätzlichen Fragen unterschieden. Während Emin sich für seine Belegschaft verantwortlich zeigte und seinen Offizieren trotz mehrfach erlittener Enttäuschungen die Möglichkeit geben wollte, sich dem Zug an die Küste anzuschließen – Stanley wertete dieses Verhalten als Führungsschwäche Emins –, dachte und agierte Stanley egozentrisch. Dies wurde beispielsweise auf dem Rückmarsch zur Küste deutlich. Nur wenn Stanley selbst erkrankt war, pausierte die Expedition. Auf andere Krankheitsfälle nahm er keine Rücksicht,[55] was nicht zuletzt die hohe Zahl an unterwegs zurückgelassenen Kranken erklärt. Sinnbildlich für die Wahrnehmung unter den mitmarschierenden Afrikanern der Stanley-Expedition mag die von Falkenhorst in Erinnerung gebrachte Unterscheidung zwischen »Vater« (Emin) und »Meister« (Stanley) stehen.[56]

Wohl aus seiner Berufung als Arzt heraus konnte Emin nicht so handeln wie Stanley. Dies zeigte sich insbesondere bei seiner bemerkenswerten Entscheidung, sich von Stuhlmann und dem gesunden Teil der ursprünglichen Seen-Expedition zu trennen und selbst bei den Kranken zu bleiben.

Wie sahen Außenstehende das Verhältnis der beiden Männer?

> »Es giebt in der That wohl kaum zwei grundverschiedenere Charakterer, als der selbstlose, wissenschaftliche und bescheidene Emin und der egoistische, anmassende und unwissenschaftliche Stanley. Der Pascha aber war der Klügere, der nachgab und sich zurückzog.«[57],

lautete das panegyrische Urteil des »Eminist[en]«[58] Stuhlmann. Erstaunlicherweise hielt sich die Gegenseite, »Stanleyist[en]«[59], mit Vergleichen zurück. William Hoffmann, Stanleys ehemaliger Diener, verwies lediglich auf den Umstand, dass Stanley und seine Leute ihr Leben für Emins Rettung riskiert hätten und dieser sich nicht würdig erwiesen habe.[60]

Einen Vergleich Emins und Stanleys haben auch Rochus Schmidt und Werner Steuber unternommen, jedoch nur, um ihren ›Helden‹ Hermann von Wissmann (»Deutschlands größte[m] Afrikaner«) gleichzeitig zu erhöhen, bei dem im Gegensatz zu den beiden Vorgenannten

»[…] alles in klarem Sonnenlicht erglänzte, […].«[61]

Die sich immer wiederholende Antipodenbeschreibung wusste auch die zeitgenössische, überdies stark tendenziöse Sekundärliteratur nicht zu durchbrechen.[62]

Bild 57 a/b Henry Morton Stanley – Photographie und Büste[63]

2. MYTHISCHER STAMMVATER, HELD ODER VERSAGER? DAS NACHLEBEN

Wir haben gesehen, dass Emin Paschas Position wie auch die ihm zugeschriebene Aura von verschiedenen Parteien instrumentalisiert wurde. Umso größer war die Enttäuschung auf britischer, später auch auf deutscher Seite, als sich abzeichnete, dass der vermeintliche »Held« die Zielvorgaben nicht erfüllen konnte oder sich willentlich von diesen emanzipierte.

Dies galt jedoch nicht für den Mythos, mit dem Emin Pascha durch Felkin, Junker oder Schweinfurth umgeben worden war.[1] Dieser lebte – nun jedoch ohne politische Aufladung – unterschwellig weiter.

Nach seinem Tod, spätestens aber mit dem Untergang des Deutschen Kaiserreiches, geriet Emin Pascha langsam in Vergessenheit. Trotz zahlreicher Publikationen über ihn weiß der Großteil der deutschen Bevölkerung heute mit dem Namen »Emin Pascha« nichts anzufangen oder verwechselt ihn mit anderen Personen, die den Pascha-Titel trugen. Zuweilen herrscht hierzulande sogar die Annahme, Pascha sei ein eigenständiger Nachname gewesen.

Bild 58 Emin-Pascha-Straße in München-Zamdorf[2]

Da es im Osmanischen Reich auch andere bedeutende Emin Paschas gab, etwa den unter Sultan Abdülmecid I. amtierenden Großwesir Kıbrıslı Mehmed Emin Pascha (1813-1881), ist die Möglichkeit einer Verwechslung in der Tat hoch. So ist beispielsweise die kleine Gasse namens »Dr. Emin Paşa Sokak« in Istanbul nahe der Metro-Station »Sultanahmet« nicht nach Schnitzer/Emin benannt.

Im gesamten Bundesgebiet trägt nur eine Straße seinen Namen: Die ›Emin-Pascha-Straße‹ befindet sich im Münchner Stadtteil Zamdorf. Zwei weitere Straßen, die eine befand sich in Dar es Salaam,[3] die andere in Oppeln,[4] sind aus politischen Gründen längst umbenannt worden.

Emin gewidmete Schulen gab es nie, ebenso keine Denkmäler.[5] Der Berliner Bildhauer Harro Magnussen (1861-1908) schuf 1895 eine Büste von Emin Pascha, die einst im *Berliner Museum für Völkerkunde* ausgestellt war.[6] Sie gilt als verschollen. Vermutlich wurde sie im II. Weltkrieg eingeschmolzen.

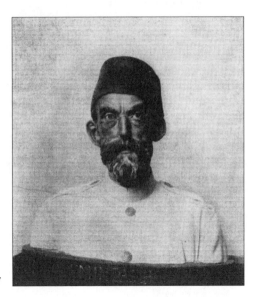

Bild 59 Emin-Pascha-Büste[7]

Eine Gedenkmedaille, deren Entstehungsdatum unbekannt ist, zeigt auf der Vorderseite eine Profilansicht Kaiser Wilhelms II. mit der Inschrift »Wilhelm II. Deutsch. Kaiser«, auf der Rückseite ein Halbprofil Emins, der einen türkischen Fez und ägyptische Uniform trägt, neben der Inschrift »EMIN PASCHA – DEUTSCH AFRICA« bzw. in arabischer Swahili-Schrift »Amīn Pāšā – Ifrīqīya Almānīyā«.

Bild 60 Emin-Pascha-Medaille[8]

Ein kurzlebiges Kuriosum, über das keine weiteren Schriftstücke mehr vorhanden sind, stellte der *Touristen-Club Emin Pascha* zu Berlin dar. Die Existenz dieser Vereinigung ist lediglich durch einen einzelnen Brief an Emin Pascha ersichtlich, dessen Anschreiben vom 15. März 1892 sich in den Akten des Deutschen Generalkonsulats in Sansibar erhalten hat.[9] Der Präsident des Vereins, ein Herr M. Jung, Berlin N.O., Neue Koenigstraße 27 (heute: Otto-Borsig-Straße) wollte einen Kontakt zu Emin Pascha herstellen.[10] Doch da Emin sich bereits wieder auf dem Wege ins Innere Ostafrikas befand, wurde der Brief am 13. April 1892 als unzustellbar zurückgesandt.[11] Über den Inhalt des Briefes wissen wir daher nichts.

Bild 61 Stempel Touristen-Club Emin Pascha[12]

Ob die Gaststätte *Zum weißen Pascha*, die sich nach Angaben Piotr Grzelaks, Kurator am *Museum des Oppelner Schlesiens* (*Muzeum Śląska Opolskiego, Opole*), zu Beginn des 20. Jahrhunderts in Oppeln befunden hat, dem Andenken Emins gewidmet war, oder allgemein der durch Karl May hervorgerufenen Orient-Begeisterung des Eigentümers entsprang, konnte bislang nicht geklärt werden.

Der Erwachsenenwelt bekannt durch eine Fülle von Zeitungsartikeln und ersten veröffentlichten Memoiren, hielt Emin bald auch als Held und Vorbild Einzug in europäische Kinderzimmer.[13]

Bild 62 Liebig's Fleisch-Extract[14]

Emin-Sammelbilder als Beilage zu Lebensmitteln[15] und ein nicht genau datierbares, aber vermutlich um 1890 konzipiertes britisches Abenteuer-Brettspiel[16] für Kinder, bei dem die Spieler die Stanley-Expedition nachspielen konnten – neben Stanley bildeten Emin Pascha, Tippu Tip, Jephson, etc. die weiteren Spielfiguren –, dürften Emins Bekanntheitsgrad bei der damaligen Jugend gesteigert haben.[17] Das *Museum des Oppelner Schlesiens* besitzt eine hier abgedruckte Photographie des Spielbretts.

Emin Paschas Biographie, insbesondere aber seine Abenteuer im Sudan, haben Generationen von Autorinnen und Autoren – und ebenso Leserinnen und Lesern –, in ihren Bann gezogen. Das ist bis heute so geblieben. Die vielfach unklare Quellen- und Nachrichtenlage, und nicht zuletzt der Umstand, dass Emin nach seinem Afrika-Abenteuer nie mehr nach Europa zurückkehrte, bot einen idealen Nährboden für Spekulationen und Phantasiespiele aller Art. Dies wussten Emin wohlgesonnene als auch Emin-kritische Autoren für ihre Belange zu nutzen. Gegen manchen Angriff von Seiten seiner Gegner konnte sich Emin aus diesem Grund auch nicht mehr verteidigen. Die Möglichkeit einer Selbstinszenierung im Stile eines Henry Morton Stanley blieb ihm versagt. In der literarischen Rezeption trug die Verknüpfung von Tatsachen und Fiktion schließlich zur Bildung eines gewissen »Emin-Pascha-Mythos'« bei.

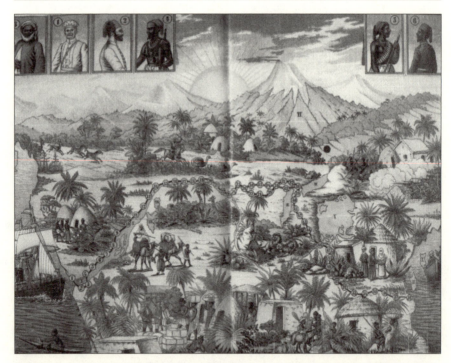

Bild 63 Brettspiel (Titel unbekannt, ca. 1890) zur Emin-Relief-Expedition[18]

Obwohl die Art der Anleihen aus der Biographie Emins durchaus verschieden waren, lassen sich kategorisierbare Muster erkennen. In die erste Kategorie (non-fiktional) fallen Mischformen aus populären Biographien und Nacherzählungen. Diese bewegen sich eng an der Ereignisgeschichte und binden vielfach Memoiren der Beteiligten mit ein. Über Lücken in der Überlieferung gehen sie hinweg, müssen sich jedoch bei der Interpretation von unterschiedlichen Schilderungen auf eine bestimmte festlegen.

Zur zweiten Kategorie zählen fiktionale Werke. Hier stimmt zwar die Rahmenhandlung, jedoch führen die Autoren zusätzliche Akteure für eine Nebenhandlung ein. Mittels eines für den Historiker unmöglichen Kunstgriffs fügen sie fiktive Dialoge ein, um die erwähnten Lücken in der Überlieferung zu schließen. Einige Autoren lassen ihre fiktive Geschichte zwar auf der Folie der historischen Ereignisse (z.B. der »Mahdī-Bewegung«) spielen, jedoch agiert Emin Pascha lediglich als Held im Hintergrund, ohne dass dieser aktiv ins Handlungsgeschehen eingreift. Andere Autoren nehmen Anleihen aus Emins Biographie oder verfremden seinen Charakter insoweit, als sie ihren Protagonisten einzelne Attribute Emins zuordnen bzw. reale Ereignisse seiner Biographie verwenden. In einigen Büchern spielt auch Emins Tochter Ferida eine wichtige Rolle.

Abgesehen von Journalbeiträgen und Zeitungsartikeln, sowie edierten Briefen Emins, die ab dem Dreikaiserjahr in den Buchläden erhältlich waren, setzt die Emin-Belletristik um das Jahr 1890 ein. Zu den Pionieren der (unkritischen) Nacherzählungen von Emin Paschas Erlebnissen im Sudan zählen im deutschsprachigen Raum Carl Falkenhorst und Ludwig Staby, die 1890 ihre Bücher *Emin Pascha. Gouverneur von Hatt-el-Estiwa*[19] bzw. *Emin Pascha. Ein deutscher Forscher und Kämpfer im Innern Afrikas*[20] veröffentlichten. Weitere Publikationen ähnlichen Stils, die zum Teil speziell für die Jugend geschrieben waren,[21] folgten bis Anfang der 1930er Jahre. In Großbritannien waren erste Emin-Bücher bereits 1889 erhältlich.[22]

Weitgehend non-fiktionale Werke sind auch Nachkriegs-Veröffentlichungen wie Olivia Mannings *The remarkable Expedition*[23] (1947) oder Hans-Otto Meissners Nacherzählung *An den Quellen des Nils*[24]. Die beiden bekannten Publizisten Emil Ludwig (1881-1948) und Gerhard Konzelmann (1932-2008), veröffentlichten beide jeweils ein Buch namens *Der Nil*[25] (1935 bzw. 1982) und widmeten Emin Pascha einige Seiten. Sie bewegten sich in gleichem Fahrwasser wie Arthur Berger, der bereits 1924 sein Buch *Der Heilige Nil* veröffentlicht hatte.[26] In seinem Buch *Erinnerung und Abschied* nannte Bogislav von Archenholz Emin im Zuge der »Peregrinatio«[27], den Wanderjahren der von Fernweh ergriffenen, aus dem Oderland stammenden Söhne. Bis in die heutige Zeit wird Emin Paschas Lebensgeschichte in Publikationen schlesischer Heimatvertriebener[28] bzw. deutschprachiger Schlesier in Polen thematisiert.[29]

Weniger unter regionalen Aspekten, aber nicht minder überschwänglich gefeiert, fand Emin insbesondere zu Beginn des 20. Jahrhunderts auch Einzug in zahlreiche Publikationen von jüdischer Seite.[30]

Eine Besonderheit stellt Ehm Welks *Die schwarze Sonne*[31] (1933) dar. Während der Autor im ersten Teil seines Romans Handlungen und Dialoge von Schnitzers schriftlich nicht dokumentiertem Aufenthalt in Neisse im Jahre 1874 komplett erfinden musste,[32] konnte er in den weiteren Kapiteln auf reiches Memoirenmaterial zurückgreifen und bewegte sich deshalb eng an den Ereignissen.

Auch im anglophonen Sprachraum war Emin Pascha ein Thema: Den Anfang machte Alan Caillou mit seinem Buch *South from Khartoum. The Story of Emin Pasha* (1974).[33] Reich an fiktiven Dialogen orientierte sich Caillou in seiner Geschichte im Wesentlichen an der englischen Ausgabe von Schweitzers Biographie. Hier und da erfand er Charaktere hinzu und wich, wo es ihm handlungstechnisch sinnvoll erschien, von den realen Ereignissen ab. Dazu ließ er sein Buch mit Illustrationen versehen und fügte neben historischen Bildern auch eigene Aufnahmen, die von einer Afrika-Reise stammten, in sein Buch ein.

Sein amerikanischer Kollege Peter Forbath kleidete Emins Entsatzgeschichte Ende der 1980er Jahre in einen weiteren Roman. Erst vor wenigen Jahren ist eine Übersetzung seines Buches *The last hero* in deutscher Sprache (*Der letzte Held*) erschienen.[34] Forbath folgte den chronologischen Abläufen der Stanley-Expedition in seinem knapp 900-seitigen Buch recht genau und lockerte die Geschichte mit fiktiven Dialogen auf. Aus dramaturgischen Gründen stellte er die gerade dem Kleinkindalter entwachsene Tochter Emins, Faridah [sic], als jugendliche Schönheit dar. Anders als die meisten anderen Autoren ließ Forbath seinen Roman 1890 ausklingen und fasste die Ereignisse der letzten beiden Jahre auf einer Seite zusammen.³⁵

Das jüngste Werk in dieser Reihe ist die im Herbst 2010 erschienene Biographie der britischen Journalistin Patricia Clough. Clough entwickelte eine auf wenigen Memoiren basierende, gut lesbare und spannende Abenteuer-Geschichte ohne Anspruch auf neuen Erkenntnisgewinn.³⁶

Das Genre Kinderbuch hatte Emin schon früh entdeckt. Conrad Fischer-Sallsteins *Emin Pascha. Sein Leben und seine Reisen. Der reiferen Jugend dargestellt*³⁷ oder die mit farbigen Bildern versehenen Bücher von W. Christian, *Im dunklen Weltteil* (ca. 1893),³⁸ und das diesem ähnelnde, um die Expedition von Carl Peters erweiterte Jugendbuch mit dem fast gleichen Titel *Im dunkeln [sic] Weltteil* eines anonymen Autors (ca. 1900),³⁹ stellen weitere Beispiele in dieser Kategorie dar. Ein weiteres deutsches Kinderbuch von Emilie Ludwig mit dem Titel *Ferida und andere Erzählungen für Mädchen von zehn bis fünfzehn Jahren* beschäftigte sich mit der nunmehr »zivilisierten« exotischen Tochter Emin Paschas und erwähnte ihren Vater nur am Rande.⁴⁰

In den Niederlanden interessierte sich ein Kinderbuchautor für die Entsatz-Expedition Stanleys und verfasste eine Abenteuer-Nacherzählung unter dem Titel *Stanley de Padvinder. Aventoren van Stanley in Afrika bij het opsporen van Emin Pacha*.⁴¹

Die bekanntesten Autoren der zweiten Kategorie sind Karl May⁴² (1842-1912) und Frieda Freiin von Bülow (1857-1909). Mays *Die Sklavenkarawane* erschien zwischen Oktober 1889 und September 1890 als Fortsetzungsroman in der Jugendzeitschrift *Der gute Kamerad*.⁴³ Emin Pascha wurde in dem Abenteuerroman, der von der Zerschlagung einer Sklavenkarawane und der Bestrafung der beiden Sklavenjäger Abu el Mot (Abū l-maūt) und Abd el Mot ('Abd al-maūt) durch den Forschungsreisenden Dr. Emil Schwarz und seine Begleiter handelte, mehrfach namentlich erwähnt.⁴⁴ Der Elefantenjäger Said Ifjal (eigentlich: Saʿīd Ifyāl) pries Emin Pascha, den Beherrscher des Landes Wadelai, als Lebensretter, sein Gegenüber Emil Schwarz beschrieb ihn als einen

> »hochberühmte[n] Mann, welcher alles thut, um den Wohlstand seiner Unterthanen zu begründen und zu heben.«⁴⁵

Auch dulde Emin Pascha keinen Sklavenhandel.⁴⁶ Neben der namentlichen Erwähnung des nicht aktiv in das Geschehen eingreifenden Emin Paschas hat Karl May in einem Kunstgriff andere Figuren des Buches mit Charaktereigenschaften Emin Paschas ausgestattet. Hierzu existieren mehrere Publikationen Johannes Zeilingers, welcher nicht nur auf die identischen Initialen des Helden der Geschichte, Dr. Emil Schwarz zu Dr. Eduard Schnitzer, hingewiesen hat.⁴⁷ Mays Emil Schwarz war zum einen der allwissende Ornithologe, zum anderen aber auch der gewiefte germanische Taktiker, der für jede noch so ausweglose Situation eine Lösung parat hielt und im Kampfe gegen sämtliche Feinde stets obsiegte. Auch in der liebenswerten Verschrobenheit seines Begleiters, des »Vogel-Nazi« Ignatius Pfotenhauer, den May dem slowenischen Missionar und Vogelkundler Ignacij Knoblehar (Ignatius Knoblecher, 1819-1858) nachempfunden hat, sind Charakterzüge Emins zu finden.

Frieda von Bülow[48] gilt als Vorreiterin des Kolonialromans in Deutschland und beschrieb ihre Sehnsucht nach Afrika in zahlreichen Romanen, mit denen sie »kolonial-literarische Propagandaarbeit«[49] betrieb. Auf zwei Reisen nach Sansibar und Deutsch-Ostafrika war sie mit dem Umfeld Emin Paschas in Berührung gekommen, freilich ohne diesen jemals persönlich getroffen zu haben. Ihr Bruder, Albrecht von Bülow, war in der Schutztruppe für Deutsch-Ostafrika tätig; er hatte Emin in Mpwapwa bzw. Bagamoyo kennengelernt. Mit Carl Peters, den von Bülow bei ihrer ersten Reise antraf, verband sie eine tiefe, zeitweise intime Freundschaft. Ihre persönlichen Erfahrungen und Empfindungen hat von Bülow in ihrem Roman *Im Lande der Verheißung* verarbeitet. Schon auf den ersten Seiten des Romans ahnt der Leser, dass von Bülows Charaktere weitgehend authentisch waren.[50] Sie hatte lediglich deren Namen geändert. Neben Hauptdarsteller Ralf Krome (Carl Peters), dem sie folglich Peters'sches Gedankengut in den Mund legte, waren sie selbst (Gräfin Maleen Dietlas) und ihr Bruder Albrecht (Graf Rainer Waltron) gut wiederzuerkennen. Der Leser mag sich jedoch wundern, ausgerechnet im schrulligen Missionar Anton Beta Charakterzüge Emins wiederzufinden. Stellt man die Offenheit des realen Emin bezüglich seines Religionsbekenntnisses dem fiktiven Beta gegenüber, so ist es bemerkenswert, dass Beta im Roman ausgerechnet als Missionar tätig war. Doch von Bülow schwächte diese Tatsache wenig später ab:

> »Von Anton Beta, der aus Versehen Missionar geworden zu sein schien, behauptete die böse Welt, er habe nie einen Heiden bekehrt [...].«[51]

Die Beschreibung des Missionars war stark abwertend:

> »Er steckte in einem schlecht sitzenden, viel gewaschenen Anzug, dessen Stoff um die Handgelenke und den Halsausschnitt ausfaserte. [...] Rock und Hose waren keineswegs blütenweiß, [...].«[52]

Hier hatte von Bülow die übereinstimmenden Augenzeugenberichte von der Makellosigkeit der Kleidung Emins ins Gegenteil verkehrt. Zur Erinnerung: Stanley hatte den vermeintlich hilfebedürftigen Emin in einem »schneeweißen Anzug« – »[...] a clean suit of snowy cotton drilling, well-ironed and of perfect fit.«[53] – vorgefunden. Die weitere Beschreibung des Missionars fußte wohl auf jenem Bild, dessen Abdruck sich in mehreren zeitgenössischen populären Veröffentlichungen zu Emin fand:

> »Ein langer, gelber, vertrockneter Hals ragte aus dem Kragen empor und trug einen fast kahlen Kopf, dessen Gesicht einen nicht sehr gepflegten Vollbart und eine vorspringende starksattelige rote Nase zeigte. Die Stirne war stark gewölbt und hoch und die kurzsichtigen, hinter großen Brillengläsern steckenden Augen waren echte Gelehrten- und Forscheraugen.«[54]

Weitere Charakteristika verdeutlichen, dass Emin hier Pate für von Bülows Anton Beta stand: Der als Missionar wenig erfolgreiche Beta arbeitete ferner als Vogelkundler und Kartograph,[55] der dem auf Effizienz bedachten Krome mit seiner wissenschaftlichen Genauigkeit einerseits Respekt abverlangte, mit seiner unsicheren und umständlichen Art andererseits auch abstoßend wirkte.[56]

Betas junge Tochter Maria, eine wilde Schönheit, war aus der Ehe mit einer bereits verstorbenen Abessinierin hervorgegangen.[57] Die äußerliche Beschreibung Marias passte ungefähr zu Feridas in der *Gartenlaube* abgedrucktem Bild. In ihrer Novelle benutzte von Bülow Maria-Ferida geschickt als Beispiel für die sexuelle Versuchung, welche die männlichen Europäer in den Kolonien erwartete, und welche sie im Verein mit anderen Frauen der Kolonialbewegung anprangerte: Hier war Maria das einerseits unschuldig-kindliche, andererseits aber durchtriebene Mädchen von 17 Jahren (die tatsächliche Ferida war noch um einige Jahre jünger), das allen Männern in Ungudja den Kopf verdrehte. Der Held der Geschichte, Ralf Krome, war ebenso wenig vor der Halb-Exotin sicher wie der Bruder der Gräfin Dietlas, Waltron. Dieser erkannte zur Beruhigung seiner Schwester bald, dass durch eine Heirat mit Maria die Reinheit des Waltronschen Geschlechts gefährdet wäre:

> »Die Stammmutter der künftigen Grafen Waltron darf kein Abessinierblut in den Adern haben. Lieber will ich gar keine Kinder, als solche verpfuschte Rassenbastarde.«[58]

Von Bülow spielte die rassistische Karte weiter: Wegen Maria kam es zwischen Maleen und Krome zum Disput. Krome sah seine Fehler ein und trennte sich schließlich von der »schmaläugige[n], blöde[n], junge[n] Wilde[n]«[59], die zunächst untröstlich reagierte,[60] aber wenig später mit einem Italiener (Cavaliere Despini) anbandelte, zu dessen Vorbild möglicherweise der DOAG-Angestellte Mariano diente, bei dessen Familie Ferida zeitweilig zur Pflege wohnte. Maleen Dietlas, die zwischen Mitleid und Eifersucht schwankte,[61] sah es nun als ihre Pflicht, Maria eine Moralpredigt zu halten, wie sich eine Frau zu verhalten habe.[62] Nebenbei fädelte Dietlas, die Schutzwürdigkeit Marias heuchelnd, eine für sie zufriedenstellende Lösung des Problems ein, in dem sie gegenüber Despini die Bedeutung einer baldigen Verheiratung Marias betonte.[63] Ihre Bemühungen verfehlten ihre Wirkung nicht,[64] neben Maleen Dietlas[65] stimmte es auch Anton Beta glücklich, dass mit der geplanten Ehe für seine Tochter Maria gesorgt war. Er gab seinen Segen zu der Hochzeit und ließ Ferida mit Despini in die Stadt ziehen, wo dieser Maria vorläufig bei Missionsschwestern unterbrachte.[66] Schon in der Folgenacht wurde Betas Missionsstation im Zuge des Araberaufstandes eingeäschert;[67] er kam mutmaßlich dabei ums Leben. Seine Leiche wurde nicht gefunden. Die Parallelen zum realen Geschehen waren auch in diesem geschilderten Abschnitt unverkennbar, auch wenn von Bülow leichte Modulationen vorgenommen hatte. Der historische Zeitrahmen passte nicht und Ferida war noch zu jung, um Liebschaften einzugehen. Allerdings gab der treu sorgende Vater Emin Ferida vor seiner Abreise in das Landesinnere bei der italienischen Familie Mariano zur Pflege. Eine Missionsschwester begleitete Ferida schließlich nach Deutschland. Emin selbst starb bekanntlich durch die Hand von swahili-arabischen Händlern. Zwar kam er nicht in einem Feuer um, doch wurde seine Leiche nach seiner Ermordung ebenfalls nicht gefunden.

Zwei Kinderbücher aus Polen runden den Überblick über die Emin-Belletristik ab. Es handelt sich hier zum einen um Henryk Sienkiewicz' *Durch*

Wüste und Wildnis, zum anderen um ein Buch aus Alfred Szklarskis erfolgreichen »*Tomek*«-Serie – in diesem Falle *Tomek na Czarnym Lądzie*.[68]

Der 1905 mit dem Literatur-Nobelpreis ausgezeichnete Sienkiewicz hat Emin Pascha mit seinem Werk ein kleines literarisches Denkmal gesetzt. Der Junge Stás und Mädchen Nel wurden in seinem zweifach verfilmten Werk *W pustyni i w puszczy*[69] [dt.: »Durch Wüste und Wildnis«] durch Mahdisten aus der ägyptischen Oasenstadt al-Fayoum (arab. al-Fayyūm) entführt und in den Sudan gebracht. Dort hatten sie bis zu ihrer Rettung zahlreiche Abenteuer zu bestehen. An verschiedenen Stellen des Buches bezeichnete Sienkiewicz Emin Pascha als Vorboten der Zivilisation und idealen Gouverneur, ohne dass dieser selbst in die Handlung eingriff.

Emin Pascha hat auch in eine heute populäre polnische Kinderbuchreihe, in deren Bänden der Protagonist Tomek verschiedene Länder der Erde bereiste und Abenteuer erlebte, Einzug gehalten. Im Band *Tomek na czarnym lądzie*[70] erfuhren die jungen Leser, dass Emin Pascha aus Schlesien stammte und im Südsudan tätig war.

Dass der gebürtig aus Polen stammende Joseph Conrad (eigentlich Józef Teodor Nałęcz Konrad Korzeniowski, 1857-1924) für einen der Protagonisten seiner bekanntester Novelle, *Heart of Darkness* (deutsche Übersetzung: *Herz der Finsternis*)[71], Mr. Kurtz, Anleihen aus der Biographie Emins genommen hat, ist möglich, jedoch keineswegs so evident wie zuweilen kolportiert. In der Geschichte erzählte Kapitän Marlow rückblickend von seinen Erlebnissen, die er als Kapitän eines Flussdampfers auf dem Kongo unternommen hatte. Während seiner Reise, auf der Marlow die Schrecken der kolonialen Ausbeutung kennengelernt hatte, war er auch auf Mr. Kurtz getroffen, der, als Wegbereiter der Zivilisation gerühmt, in seinem Herrschaftsgebiet Elfenbeinhandel gewinnbringend betrieben hatte. Bald entdeckte Marlow die dunkle Seite des Mr. Kurtz, da dieser Massaker an der Zivilbevölkerung zu verantworten hatte.[72]

Die Abgeschiedenheit des Mr. Kurtz, der sich ein eigenes, autarkes Reich geschaffen hatte – er war ein Jahr ohne Nachrichten von außen geblieben – und die Beteiligung am Elfenbeinhandel bilden in der Tat Parallelen zu Emin. Auch die Tatsache, dass Conrad eigene Erlebnisse aus dem Kongo-Gebiet aus der Zeitspanne 1888 bis 1890 in sein späteres literarisches Werk einfließen ließ, als Stanleys Expedition unterwegs zu Emin Pascha war, deutet auf einen Zusammenhang hin.

Nicht recht auf Emin passen mag jedoch die Kritik am belgischen Kolonialsystem, in dem Emin nie beschäftigt war. Während Emin im ägyptischen Verwaltungsdienst tätig war, trat Mr. Kurtz als Agent einer Handelskompanie auf, eine Tätigkeit, wie sie beispielsweise der bereits erwähnte Charles Stokes bekleidete. Massaker an der kongolesischen Bevölkerung, wie sie Kurtz zugeschrieben wurden, hatte es unter Emin nicht gegeben, wohl aber unter den Teilnehmern von Stanleys Entsatzexpedition. Der bei der Bevölkerung verhasste und später ermordete Major Edmund Musgrave Barttelot (1859-1888), dessen Grab Conrad im Kongo besucht hatte, war für seine grausamen Exzesse bekannt. Zahlreiche Afrikaner starben an überharter Arbeit oder an den Folgen der körperlichen Züchtigungen Barttelots.[73] Schließlich deutet das Erscheinungsdatum (1898) der Novelle eher auf eine generelle Kritik an der belgischen kolonialen Praxis hin. Sie hatte sich im Kongo-Freistaat erst im Laufe der 1890er Jahre etabliert und war zehn Jahre zuvor in vielen Regionen noch eher schwach ausgeprägt gewesen.

Vor diesem Hintergrund scheint Ian Watts These, Conrad habe Anleihen von einem oder von allen der Genannten – Emin, Barttelot, Stokes und einem weiteren Elfenbeinhändler namens Arthur Hodister, den Conrad am Kongo kennengelernt hatte – am plausibelsten.[74]

Die schier unzähligen Zeitungs- und Magazinbeiträge über Emin Pascha sollen an dieser Stelle erwähnt, aber nicht weiter ausgeführt werden. Ende der 1880er Jahre, etwa zur Zeit der Stanley-Expedition, waren Meldungen über Emin fast täglich in der europäischen Presse zu finden, nach 1890 flaute das Interesse ab. Die späteren Beiträge entstanden häufig in Verbindung mit Jahrestagen, neben Tageszeitungen verstärkt in Magazinen heimatvertriebener Schlesier.[75]

Eine Verfilmung von Emin Paschas Biographie oder seiner Tätigkeit im Sudan hat es – im Gegensatz zu Gordon[76], Peters[77] oder Stanley[78] – erstaunlicher Weise nie gegeben. Eine TV-Dokumentation über Emin Pascha ist über die Konzeptionsphase nicht hinaus gekommen. Allerdings war Emin noch zu seinen Lebzeiten Teil eines 1891 in England vorgeführten Myrioramas über die zu seiner »Rettung« gesandte Stanley-Expedition,[79] zu deren erfolgreichen Ende sogar ein in Vergessenheit geratenes Musikstück komponiert wurde.[80]

Rezeption Emin Paschas in Afrika

In afrikanischen Staaten hat, soweit das feststellbar ist, mit der Ausnahme Ugandas keine nennenswerte Emin-Rezeption stattgefunden. Insofern ist auch die Frage einer Perpetuierung im afrikanischen Dialog weitgehend negativ zu beantworten. Dennoch gibt es einige Beispiele, die im Folgenden Erwähnung finden sollen.

Touristenführer zeigen dem interessierten Besucher im tansanischen Bagamoyo noch gerne das *Ratu-Haus* – jenes Gebäude, aus dessen Fenster Emin im Dezember 1889 stürzte – und erwähnen auf Nachfrage einige aus Enzyklopädien gewonnene Details aus seinem Leben.[81] Zudem zeigt das *Museum der Katholischen Mission* (*Congrégation des Pères du Saint Esprit*)[82] eine Zeichnung der Sturzszene. Außerhalb Bagamoyos ist Emin jedoch völlig unbekannt, selbst Anrainer des *Emin-Pasha-Gulf*, einer nach ihm benannten Aussparung im Südwesten des Victoria-Sees, können mit dem Namen nichts anfangen.[83] Die auch in aktuellen europäischen Landkarten vermerkte Bezeichnung ist hier nicht geläufig, Geschäfte oder Restaurants tragen nicht seinen Namen.

Anders stellt sich die Situation in Uganda dar. Unweit der kongolesischugandischen Grenze befindet sich das Mount Emin-Massiv (4.791 Meter), das zu den legendären Mond-Bergen, dem *Ruwenzori-Gebirge* gehört. Nahe Kampala existiert ein nach Emin Pascha benanntes Nobel-Hotel, das auf seiner Webseite auch ein Bild Emins präsentiert.[84] Bei den Gräbern der Bunyoro-Könige erinnert eine kleine Gedenktafel an das Treffen Emins mit Kabarega im Jahre 1877 in Mparo bei Hoima.[85] Bei Wadelai ließ die *Uganda Historical Society* einen pyramidenähnlichen Steinblock errichten, auf dem ein Schild an Emin Paschas ehemalige Station erinnerte.[86]

Aber auch darüber hinaus ist der Name Emin Paschas in Uganda durchaus geläufig, auch wenn sich nur vage Erinnerungen damit verbinden. Bei der muslimischen Minderheit in Uganda, welche verstärkt in der nordwestlichen Provinz West Nile zu finden ist und sich als »Nubi« bezeichnet, gilt Emin gar als eine Art mythischer Stammvater. Unter dem vermeintlich ethnischen Begriff Nubi werden die ehemaligen Bewohner der unter der »Ismailiyya« gegründeten Militärstationen entlang des Nils subsumiert, genauer die sich im Laufe der Zeit gebildete Mischbevölkerung aus den Stationierten, vornehmlich Ägyptern und Danaqla sowie den verschiedenen *Qabāʾil* in der Umgebung dieser Stationen.[87]

Der von B. A. Wanji eingeführte Begriff der »Nubianization«[88] – bei Florens Eckert: »Nubisierung«[89] – eignet sich zur Beschreibung der Verhältnisse besonders gut, weil die ethnisch gemischte indigene Bevölkerung aus den umliegenden Dörfern keineswegs freiwillig den Schutz der Stationen aufsuchte, sondern, bedrängt durch die Mahdisten, das für sie kleinere Übel wählten: Sie begaben sich lieber in die Abhängigkeit von den ägyptisch-(nord-)sudanesischen Besatzern. Die Folgen waren zum einen die Adaption der fremden Religion (des Islam), zum anderen des »schwammigen Identifikationskonzept[s] ›Sudan.‹«[90]

Die Mischehen zwischen sudanesischen Soldaten und Frauen aus der indigenen Bevölkerung waren ein wichtiger Hinderungsgrund für die von Stanley ins Auge gefasste Evakuierung der Truppen zur Küste.[91]

Diejenigen Beamten und deren Familien, die schließlich nicht in Stanleys Gefolge zur Küste reisten, blieben in dem heute zu Uganda gehörenden Gebiet zurück. Emin traf einen Teil, darunter seinen ehemaligen Offizier Salīm Āġā, bei seiner Mission 1891 wieder. Einige wenige der Nubi schlossen sich ihm an, während der Großteil vor Ort blieb und noch im selben Jahr in die Streitkräfte des britischen Kolonialbeamten für Militärangelegenheiten in Buganda, Frederick Lugard, übertrat.

Als der später für seine Theorien zur *Indirect Rule* bekannt gewordene Lugard im August 1891 mit Salīm in Kafālī zusammentraf, pochte jener nach wie vor auf seine Verpflichtung dem Khediven und der ägyptischen Flagge gegenüber – eine Tatsache, die Lugard sehr imponierte.[92] Erst als Lugard einen Brief an den Khediven sandte, in dem er um die Erlaubnis zum Eintritt der sudanesischen Soldaten in die Dienste der *Imperial British East Africa Company* bat, willigte Salīm ein. Insgesamt gelangten auf diese Weise gut 7.000 Sudanesen nach Buganda.[93]

Mehrfach ist kolportiert worden, Ugandas Diktator Idi Amin (1928-2003), der selbst der muslimischen Minderheit entstammte, habe als Ausdruck historischer Verklärung seinen Namen von Emin Pascha übernommen,[94] dabei lediglich die türkische (Emin) durch die arabische Form (Amīn) ersetzt. Weil dieser Beweis bislang nicht erbracht wurde, bleibt dieser durchaus attraktive Gedanke einstweilen Spekulation.[95]

Ein neuer Weg afrikanischer Rezeption deutete sich an, als der Regent von Bunyoro, Omukama Solomon Igiru I., im November 2011 Medienberichten zufolge Emin Pascha als seinen Großvater bezeichnete und die Stadt Nysa um Unterstützung bei der Suche nach Informationen über seinen Vorfahr bat.[96] Jedoch handelte es sich offensichtlich um ein Missverständnis von Medienseite, da der König lediglich um Auskünfte über den Freund (Emin Pascha) seines Großvaters (Kabarega) gebeten hatte.[97]

Osumaka Likaka, der jüngst Namensgebungen der indigenen Bevölkerung für die Kolonialzeit im Kongo untersucht hat, verfolgte einen gewinnbringenden sprachhistorischen Ansatz.[98] Likaka führt in seinem Buch verschiedene Beispiele von Europäern (Forscher, Kolonialbeamte, Missionare) auf, die aufgrund ihres Aussehens[99] oder ihrer Verhaltensweisen[100] Bei- bzw. Spitznamen erhielten. Manche dieser Namen waren positiv, andere negativ besetzt – je nachdem, wie der betreffende Europäer von den Einheimischen wahrgenommen wurde.

Auch Emin Pascha taucht in der Liste auf – sein Beiname, »Eminimbi«[101], wurde jedoch Likaka zufolge als ausdrücklich negativ gebrandmarkt, weil das Suffix »–mbi« oder »–mbe« in Bantu-Sprachen »schlecht« bedeute. Bei wörtlicher Übersetzung des Kognomens habe Eminimbi also »Emin the wicked«[102] (»Emin der böse/boshafte/schlimme/gefährliche«) geheißen. Eine Erklärung für diesen Namen lieferte Likaka gleich mit:

> »This connotation of the name associated the governor with stories of horrors, plunder of ivory, and the kidnapping of slaves committed by predatory traders and preying Anglo-Egyptian government officials in Uele.«[103]

Es ist sehr gut verständlich, dass die Einwohner am Uel[l]e Missbräuche dieser Art – die es unleugbar gegeben hat –, wahrnahmen und beklagten. Doch angesichts der Tatsache, dass Emin wie Casati (der im Übrigen laut Likaka positiv benannt wurde[104]) stets versuchten, solchen Umtrieben Einhalt zu gebieten, Plünderungen und insbesondere den Sklavenhandel zu unterbinden, mutmaßt diese Erklärung der Namensgebung fragwürdig an. Bis zu diesem Beispiel hatte der Autor verdeutlicht, wie fein die verschiedenen Ethnien zwischen unterschiedlichen Typen von Europäern differenziert hätten – ganz abgesehen davon, dass Emin sich nicht als solcher ausgab. Die gegebene Erklärung erscheint auch vor dem vom Autor außer Acht gelassenen Aspekt, dass »Eminimbi« klanglich sehr nahe an Emins offiziell firmierendem Namen, »Emin Bey«, liegt, etwas vorschnell. Naheliegender wäre eine Sprachassimilierung – negativ ausgedrückt: »a mispronunciation«[105].

Nicht von Likaka aufgeführte zeitgenössische Beinamen Emins waren in Uganda »Muzungu«[106] (»Weißer«) oder »mrusándoro« (»dessen Augen funkeln«)[107], sowie in Deutsch-Ostafrika »Herr Basha«[108].

In Ägypten und im Bereich des ehemaligen anglo-ägyptischen Sudan ist heute kaum etwas über Emin Pascha bekannt, selbst heutige Mitarbeiter der

Historischen Seminare der Universitäten Kairo und Khartum können mit dem Namen Emin Pascha nichts anfangen. Das Wissen über Emin Pascha scheint mit der älteren Generation an Historikern – die teilweise, wie Peter Malcolm Holt, aus Europa stammten –, verloren gegangen zu sein, so dass Emin Pascha nur noch in deren Büchern aus den 1960er/1970er Jahren zu finden ist.

Verlässliche Informationen über den heutigen Bekanntheitsgrad Emin Paschas im Gebiet der ehemaligen Äquatorialprovinz ließen sich nicht einholen, es ist jedoch zu vermuten, dass der Name Emin Paschas mit der Zeit in Vergessenheit geraten ist. Selbst die Ortsbezeichnung der ehemaligen Hauptstation Lado, nur wenige Kilometer außerhalb der heutigen südsudanesischen Hauptstadt Juba gelegen, ist nur noch in Verbindung mit den nahen Lado-Bergen bekannt.[109]

Sichtbare Überreste der ehemaligen Stationen Emins sind ohnehin kaum mehr vorhanden, da sie entweder dem Siedlungsbau weichen mussten, oder dem Verfall preisgegeben wurden, so dass die Vegetation die ehemaligen Spuren allmählich verwischte. Eine britische Expedition, die 1965 Aufnahmen der ehemaligen Stationen Dufile und Fadibek machen wollte, hatte größte Mühe, deren spärlichen Überreste ausfindig zu machen.[110]

3. EMINS VERDIENSTE UM DIE WISSENSCHAFTEN

Eine fundierte Auseinandersetzung mit Emin Paschas Leistungen und Verdiensten um verschiedene Disziplinen in den Wissenschaften hat bislang nicht stattgefunden. Das mag auch daran liegen, dass Emins wissenschaftliches Werk sich nicht nur einer Disziplin zuordnen lässt und es Emin nach eigener Aussage nicht so sehr danach drängte, Monographien zu publizieren. In einem Brief an Ernst Behm (1830-1884), Mitherausgeber von *Petermann's Geographischen Mitteilungen* in Gotha, bekundete er: »Bücher zu schreiben ist nicht jedermanns Sache und besonders nicht die meine.«[1]

Ungeachtet dieser Tatsache hat Emin jedoch eine ganze Reihe von Beiträgen in Periodika unterschiedlichster Fachdisziplinen verfasst.[2] Die Fachgrenzen waren damals noch nicht klar definiert, der klassische Forschungsreisende war – ausgebildet in einem Fach, autodidaktisch gebildet in weiteren Disziplinen – Universalgelehrter.[3] Auch hier kann nur ein grober Abriss von Emins Forscherleben erfolgen.

Biologie (Botanik, Ornithologie, Zoologie)

Mehr als andere Wissenschaften spielte die Biologie im Leben Schnitzers eine besondere Rolle. Bereits im Kindesalter war er im Besitz eines Herbariums, einiger ausgestopfter Vögel und einer kleinen Fachbibliothek, mit Hilfe derer er die Grundlagen für sein späteres taxonomisches Wissen legte. Während seines Medizinstudiums unternahm Schnitzer erste ornithologische Exkursionen. In Breslau knüpfte er bald Kontakt zum *Zoologischen Museum* der Stadt und half dort aus.

Schon während seiner Tätigkeit in Albanien – nicht erst in der Äquatorialprovinz – legte er einen Kräutergarten an, wie aus einem Brief an seine Eltern ersichtlich wird:

> »Wenn ich hier nur ein wenig von den hübschen Blumensamen der Villa Heckel hätte, so wäre ich wohl glücklich; so sieht mein Garten, bis auf die Melonen und Artischocken, Rettige und Salat, ziemlich traurig aus, weil es trotz allen Geldes hier unmöglich ist, etwas Blumensamen zu erlangen [...].«[4]

Doch Schnitzer ging einen Schritt weiter. Er experimentierte nicht allein aus Eigennutz und Spielerei mit verschiedenen Samen und Pflanzentypen, sondern stellte schon hier die Frage nach dem *cui bono*:

> »Ich habe, so Gott will und ich im nächsten Jahre noch hier bin, vor, einige grosse Anpflanzungen zu machen und womöglich den Leuten zu zeigen, was der hiesige

Boden, wenn man nur irgendwie ein wenig arbeiten will, im Stande ist, zu produziren. So will ich's zum Beispiel mit dem Lupinenanbau versuchen und auch Kartoffeln anzupflanzen versuchen, die wir hier für schweres Geld aus Montenegro kommen lassen müssen. Meine naturhistorischen Sammlungen vermehren sich mehr und mehr von Tag zu Tag, und wenn ich genug haben werde, so werde ich eines Tages den ganzen Schwindel nach Breslau oder nach Berlin an irgend ein Museum schicken, um so den Stätten meiner Ausbildung zu danken.«[5]

Äußerungen wie diese belegen, dass Schnitzer/Emin keinesfalls der weltfremde Wissenschaftler war, als den Stanley oder auch die britische Zeitung *Punch* ihn später zu karikieren versuchten. Ihm ging es neben eigenem wissenschaftlichem Interesse auch darum, der Bevölkerung einen Nutzen zu erwirtschaften.

Später wurde ein ostafrikanischer Waldbaum nach Emin benannt (*Maesopsis eminii engl.*).[6]

In Tagebuchband VI sind Emins zoologische Aufzeichnungen aus dem Sudan und seine Korrespondenzen mit dem in Bremen und Helgoland arbeitenden Gustav Hartlaub aufgeführt. Letztere enthalten neben Privatnotizen zahlreiche ornithologische und zoologische Daten. Nach Hermann Schubotz, der Emin »das Zeugnis eines ausgezeichneten Systematikers[7]« ausstellte, darf Emin als »Entdecker« des Okapi gelten.[8]

Schubotz' Kollege Hartlaub urteilte offiziell über Emin Paschas wissenschaftliche Erträge:

»Was Emin Pascha geleistet hat auf dem Gebiet zoologischen Sammelns, Beobachtens und Notierens, ist bewunderungswürdig im höchsten Grade. Es konnte nur geleistet werden von einem Manne, der sich durchglüht fühlt vom heiligen Feuer lautersten wissenschaftlichen Bedürfnisses, von enthusiastischer, absolut uneigennütziger Liebe zur Natur und von dem unwiderstehlichen Drange, zur Kenntnis ihrer Schätze nach äußerten Kräften beizutragen. [...].«[9]

Über Emins Gründlichkeit bei der Arbeit berichtete auch Auguste Hertzer in ihren Memoiren:

»Wenn er bei seiner Arbeit saß, seine Diener schossen und präparierten Vögel, andere brachten Käfer und Schmetterlinge, so musste er immer wieder das Centimetermaß anlegen, weil er durch die Besucher abgelenkt wurde. Wenn dann gar einer einmal sagte: Ach das könnte doch nun schon stimmen, warum Excellenz, denn gar so peinlich bei so kleinen Dingen wäre? So erwiderte dann Dr. Emin: ›Die Wissenschaft kann nicht peinlich und exakt genug bedient werden, sonst wäre jede Arbeit wertlos und die Wissenschaft hörte damit auf.‹«[10]

Die für manch Außenstehenden unverständliche und von Stanley kritisierte Emin'sche Genauigkeit und dessen Liebe zum Detail lobte Gustav Hartlaub ausdrücklich:

»Wie Emin Pascha zu sammeln versteht, das lehren die Tausende mustergültig präparierter und größtenteils von ihm eigenhändig fertiggestellter Bälge, welche von Ladó oder Wadelay aus durch ihn nach Europa gelangt [...]. Kein Stück ist von Emin Pascha versandt worden, das nicht das Datum der Erlegung, die genaue Angabe des Fundortes, die ebenso gewissenhafte des Geschlechts nach anatomischer Untersuchung, der Maße am frisch erlegten Tier und der Farbe der Weichteile sauber und deutlich verzeichnet an sich trüge. Dabei verweist die jedem Exemplar beigefügte Nummer auf die entsprechende des Hauptkatalogs, den wir einer jeden Sammlung beigegeben fanden und der sehr zahlreichen Arten wichtige biologische Bemerkungen hinzufügt [...].[11]

Die hohe Wertschätzung seitens der führenden Biologen rührte auch daher, dass Emin taxonomische Pionierarbeit leistete.[12] Begierig notierte er jede noch so kleine Information in akkurater Schrift in seine Kladden und Tagebücher. Keine Mühen scheuend sammelte er bis dato unbekannte Pflanzen und Kleintiere, präparierte und beschrieb sie und sandte sie anschließend an viele Museen in Europa. Diese Arbeit war zentral für das Wesen und Denken Emins. Mit diesen Fähigkeiten wäre er heute wieder ein gefragter Wissenschaftler.[13]

Das *Verzeichnis derjenigen zoologischen Arbeiten, die ganz oder teilweise auf Emin Pascha's Sammlungen und Beobachtungen beruhen*, dokumentiert, dass Emin sein Material nicht nur nach Deutschland, sondern an zahlreiche europäische Wissenschaftler gesandt hat, die vornehmlich in den *Proceedings Zoological Society of London*, dem *Osborne Journal for Ornithology*, dem *Journal für Ornithologie*, den *Abhandlungen des Naturwissenschaftlichen Vereins Bremen*, im *Ornithologischen Zentralblatt*, im *Ibis* und in den *Verhandlungen der Zoologischen und Botanischen Gesellschaft in Wien* publizierten.[14]

Philip Lutley Sclater (1829-1913), der führende britische Vogelforscher seiner Zeit und Herausgeber der Zeitschrift *Ibis*, beschrieb Emin im Einklang mit seinen oben zitierten Kollegen als »one of the most careful and observant naturalists who ever worked in Africa.«[15]

Als Anerkennung seiner Leistungen auf dem Gebiet der Ornithologie wurden zwei Vogelarten, der Emin-Sperling (*Passer eminbey*) und der Schwarzschnabelturako (*Tauraco emini*) sowie die Gattung Eminia (*Eminia lepida*) nach Emin benannt.[16] 1891 kamen mindestens zwei weitere Arten hinzu, der *Trachyphonus emini* und der *Nigrita emini* – beide hatte Emin auf der von ihm geführten Expedition von Bagamoyo nach Tabora entdeckt.[17]

Doch nicht immer herrschte eitel Sonnenschein. Dass es auch zwischen Ornithologen zu Eifersüchteleien kommen konnte, zeigt das Beispiel Hartlaub. Solange Emin den deutschen Ornithologen über Kairo und Khartum exklusiv mit Vögeln beliefert hatte, war das Verhältnis zwischen den beiden Wissenschaftlern ein freundschaftliches gewesen. Hartlaub zeigte sich jedoch pikiert, dass Emin nach dem Wechsel von Lado nach Wadelai auch die Konkurrenz mit neuen Erkenntnissen und Präparaten versah.[18]

GEOGRAPHIE

Kaum weniger große Verdienste hat sich Schnitzer um die Geographie erworben. Zum einen hat er zahlreiche geographische Periodika in Deutschland und im europäischen Ausland bereichert – zuvörderst die bis Dezember 2004 in

3. Emins Verdienste um die Wissenschaften

Gotha erscheinenden, bis zum Ende der Ersten Berliner (»Weimarer«) Republik weltberühmten *Petermanns Geographische(n) Mitteilungen* –, zum anderen lieferte er mittels seiner Peilungen, Messungen und Zeichnungen wertvolles Material für die Kartographie. Der Sudan war bis dahin weitgehend unbekanntes Gebiet, so dass die Kartographen des in der thüringischen Residenzstadt Gotha ansässigen Perthes-Verlages in großem Maße von Emins Ergebnissen profitierten. Detailliert beschrieb Emin seinen Ausflug nach Lūr[19] und seine Reisen im Osten[20] und Westen[21] des Baḥr al-Ǧabal sowie durch die Mudīriyyat Rūl[22] in *Petermann's Geographischen Mitteilungen*.

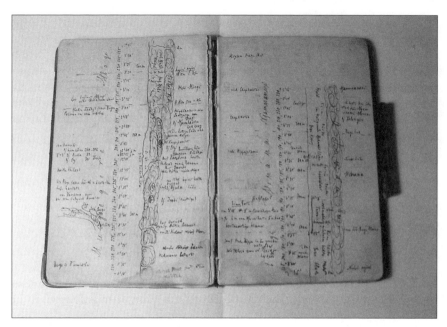

Bild 64 Routenbuch Emin Paschas[23]

Auch seine Messungen zum Niederschlag zwischen dem 1. August 1881 und dem 27. Februar 1890 stellte er dem nach dem »Wissenschaftsmanager«[24] August Petermann (1822-1878) benannten Periodikum zur Verfügung.[25] Damit hat er klimatische Vergleichsdaten zu heute geliefert.

Von geographischer Seite hat eine gewisse Aufarbeitung von Emins wissenschaftlichen Erkenntnissen stattgefunden. Der ehemalige Ordinarius des deutschlandweit einzigen geographiehistorischen Lehrstuhls an der *Rheinischen Friedrich-Wilhelms-Universität* in Bonn, Hanno Beck, hat Emin Pascha nicht nur seine unveröffentlichte Antrittsvorlesung im Jahre 1963 gewidmet, er hat ihn auch in drei kleinen Publikationen porträtiert.[26] Beck hat Emins geographische Forschungsleistung dezidiert gewürdigt und damit den NS-Geographen Ewald Banse (1883-1953) widerlegt, der seinerzeit versucht hatte,

Emins Leistungen zu bagatellisieren.[27] In einem Beitrag seines Buches über Große Reisende hatte sich Banse zu folgender Bewertung herabgelassen:

> »Er [Emin] war ein Gelehrter von bescheidenem Rang, der Sammlungen anlegte und gelehrte Kleinarbeit betrieb, als eigentlicher Forschungsreisender aber nicht angesehen werden darf.«[28]

Banse beließ es nicht bei diesem Satz, den auch Stanley geäußert haben könnte, sondern führte statt wissenschaftlicher Gründe die von Walter Frank bekannten Stereotypen seiner ideologisch begründeten Ablehnung auf. Bezüglich des »stark verkafferten Juden«[29] Emin Pascha war ihm besonders hervorhebenswert, dass dieser

> »[...] dunkle Punkte in seiner Vergangenheit zu verbergen hatte, [...] den abgelegenen Sudan als seine neue Heimat betrachtete, [...] mit einer Eingeborenen verheiratet war und [...] farbige Kinder hatte.«[30]

Emins Leistungen auf dem Gebiet der Kartographie wurden 2005 in einer Ausstellung unter dem Titel *Der Erde ein Gesicht geben* in Gotha nochmals gewürdigt. Beispielhaft wurde dort die Entstehung einer Routenkarte, welche der Kartograph Bruno Hassenstein (1839-1902) im Jahre 1887 nach Emins exakten Skizzen angefertigt hatte, erläutert.[31]

Ethnologische und sprachwissenschaftliche Aufzeichnungen

Emins Tagebücher bieten, insbesondere in den ersten Bänden, eine ganze Reihe von völker-beschreibenden Einträgen, die auf seine Inspektionsreisen in Distrikten der Äquatorialprovinz und insbesondere in Buganda und Bunyoro zurückgehen.[32] Außer den oben bereits genannten Beiträgen in Journalen wie *Petermanns Geographische(n) Mitteilungen* hat auch Franz Stuhlmann in seinem Buch *Mit Emin Pascha ins Herz von Afrika* Beiträge Emins über die A-Lur und Latuka publiziert.[33]

Da Emin sich, gemessen an den Maßstäben heutiger ethnologischer Feldforschungen, nur für kurze Zeit (Tage, Wochen, Monate) in den jeweiligen Gebieten aufgehalten hat, würden Ethnologen seine Aufzeichnungen allenfalls als Vorformen der heute in der Ethnologie üblichen »Teilnehmenden Beobachtung« werten. Interessant sind sie als Quelle dennoch, weil Emin auch hier Pionierarbeit geleistet hat und Lebensgewohnheiten und -umstände zahlreicher verschiedener Ethnien zum ersten Mal überhaupt notiert hat. Hanno Beck hat Emins Arbeitsweise auf den Punkt gebracht:

> »Jede Dienst- und Inspektionsreise wurde zur Forschungsreise; [...] seine Umwelt war sein Forschungsfeld.«[34]

Dass das Sammeln von Informationen nicht immer von allen Informanden goutiert wurde, ist leicht verständlich. Emin berichtete in seinem Tagebuch, dass er ein Gespräch mit Fangai, dem Chief aus A-Lendu, ärgerlich beendete, weil dieser offenbar keine Lust hatte, Fragen zu Brauchtum, Tierwelt und Geographie in A-Lendu zu beantworten. Selbstkritisch – aber mit rassistischem Unterton – fragte Emin:

> »Und doch, habe ich ein Recht, ärgerlich zu sein? Kann ich von Negern Interesse und Verständnis für Zoologie und Geographie verlangen?«[35]

Dass die Fachgrenzen noch fließend waren – die Ethnologie entwickelte sich erst zum Ende des 19. Jahrhunderts zu einem Universitätsfach –, ist auch daran zu erkennen, dass ein Teil von Emins Aufzeichnungen, welche die Sprache der Madi und Schuli betrafen, in der *Zeitschrift für Ethnologie* erschien.[36] Bereits in Albanien will er für die sprachwissenschaftlich tätige renommierte Pariser *Societé Asiatique* einen Beitrag verfasst haben.[37] Dieser ist jedoch nicht nachweisbar.

Medizin

Die wissenschaftlichen Leistungen Emins im Bereich der Medizin sind überschaubar. Außer einem knappen Beitrag in der Zeitschrift *Deutsche Klinik* hat Emin keine weiteren nachweisbaren Veröffentlichungen auf diesem Gebiet hinterlassen.[38] Dennoch zeigte sich Emin seinem einstigen Studienfach gegenüber stets interessiert und notierte auch empirische Daten, die er in Folge praktischer Ausübung gewonnen hatte. So beobachtete er zum Beispiel Veränderungen im Charakter von Krankheitsbildern im Zusammenhang mit der Kultivierung des Landes in der Äquatorialprovinz. Häufig auftretende tödliche Fieberanfälle seien mit dem Trockenlegen von Boden und dem Anlegen von Gärten in Zahl und Stärke signifikant zurückgegangen. Gleichzeitig registrierte Emin ein verstärktes Auftreten von Katarrhen, die er auf das Aufschütten von Erdreich und Be- und Ausstrahlung des Bodens zurückführte.[39]

Für Medizinhistoriker war Emin offenbar dennoch interessant – schließlich liegen von dieser Seite einige Beiträge über Emin vor.[40]

Die zahlreichen Auszeichnungen von wissenschaftlichen Gesellschaften aus Europa und die Verleihung der Ehrendoktorwürde der Universität Königsberg zeugen von einer breiten Anerkennung von Emins Leistungen. Auch wenn Emin das ordentliche Promotionsverfahren, soweit wir es wissen, nie abgeschlossen hat, so hat er zum Ende seines Lebens hin zumindest auf diese Weise rechtmäßig mit »Dr. Emin« unterzeichnet.

4. EMINS VERHÄLTNIS ZUR RELIGION

Nähere Aufmerksamkeit verdient Emins liberale, ja sogar für die heutige Zeit bei aller ökumenischer Offenheit schwer definierbare Auffassung von Religion. Schnitzer war, jeweils lebensabschnittsbedingt, Angehöriger aller drei großen monotheistischen Weltreligionen. Als Kind war er Jude (1840-1845), dann nominell evangelischer Christ[1] (1845-ca. 1872) und – offenbar auch – sunnitischer Muslim (ca. 1872-1889). Welches Bekenntnis er in den letzten drei Jahren seines Lebens als das seinige betrachtete, ist unklar.

Wir haben gesehen, dass Schnitzer in einer Zeit aufwuchs, in der hinsichtlich des Judentums gewaltige Umbrüche festzustellen waren. Das Aufbrechen der Traditionen führte bei den Betroffenen vielfach zu einem Gefühl der Entwurzelung, die in Schnitzers Falle durch die unfreiwillig geschehene Konversion zum Christentum möglicherweise besonders stark zum Ausdruck kam.

Schon zu Studienzeiten war Schnitzer kein Kirchgänger mehr, wie er in einem Brief an Melanie im Januar 1863 einräumte. Außer der Teilnahme an einem Totensonntagsgottesdienst habe er keine Kirchenbesuche aufzuweisen.[2] Umso mehr erstaunt es, dass Schnitzer/Emin Jahre später eines katholischen Feiertags, Allerseelen, gedachte.[3]

In den Jahren zuvor hatte der christliche Glaube keine Rolle in Emins Leben gespielt. Hier feierte er die muslimischen Hochfeste – etwa das ʻAīd al-kabīr.[4]

Im Angesicht der Bedrohung durch den Mahdī (1883/1884) ist in Emins Tagebucheinträgen eine Tendenz zu stärkerer religiöser Bezugnahme auffällig. So schrieb er verzweifelt:

> »Gibt es denn keinen Gott und keine Hilfe mehr?«[5].

Einen Tag später, nach der Abreise Junkers:

> »Das war ein böser Abschied und jetzt bin ich wirklich allein, verlassen von den Menschen, und wie es scheint – von Gott.«[6]

Schon vorher hatte er in seinen Briefen und Tagebüchern häufig Redewendungen benutzt, die das Wort »Gott« enthielten. Allerdings kann man sich des Eindrucks nicht erwehren, dass er diese eher formelhaft gebraucht hatte – so, wie es im Osmanischen Reich üblich war und in zahlreichen Nachfolgestaaten bis heute üblich ist. Vielleicht ist in seinem Fall eher von einer »Akonfessionalität« zu sprechen, da er keine Konfession ernsthaft für sich angenommen zu haben schien.

Für Emins europäische Zeitgenossen war dieser Umstand schwer vermittelbar, sie schwankten zwischen blankem Unverständnis, Exkulpierung und Negierung. So bestritt Emins Zeitgenosse, Paul Reichard, die Konversion vehement und führte als Beweis einen Brief Schnitzers an seine Schwester Melanie an:

> »Es ist nothwendig, hier auf einen Punkt zu kommen, der in vieler Augen einen Makel auf Emins Charakter zu werfen geeignet ist: auf seinen angeblichen Uebertritt zum Islam. Schon bei Emins Aufenthalt in Konstantinopel Ausgang der sechziger Jahre, war der Vermuthung Ausdruck gegeben worden, er sei zum Islam übergetreten. Aber schon damals, 1871, schrieb er an seine Schwester: ›Keine Furcht, es ist nur der Name (Emin) und ich bin nicht Türke geworden.‹«⁷

Derselbe Autor schrieb in seinem Buch, Emin habe aus opportunistischen Gründen gegenüber den Bewohnern der Äquatorialprovinz den Anschein aufrechterhalten, er sei zum Islam übergetreten. Denn, so behauptete Reichard zu wissen, der »Araber«⁸ (sic) mache mit seinem würdevollen Auftreten einen viel größeren Eindruck auf die Urbevölkerung als der Weiße.⁹

Falkenhorst, der in Emin ein leuchtendes Vorbild für die Zivilisierung Afrikas sah, wies eine Konversion ebenso in den Bereich der Legende:

> »Der lange Aufenthalt im Orient war an ihm [Emin] nicht spurlos vorübergegangen; er kannte auf das Genaueste alle Sitten, Gebräuche und Religionsgeheimnisse der Mohammedaner, so dass ein nicht Eingeweihter wohl glauben konnte, er habe in dem kleinen brünetten Manne etwa einen Türken vor sich.«¹⁰

Stuhlmann, der Emin bekanntlich auf der Expedition in das Landesinnere Deutsch-Ostafrikas begleitete, ihn jedoch erst 1890 und somit erst zu einer Zeit kennengelernt hatte, in der Emin – sollte er jemals Muslim gewesen sein –, die Religion nicht mehr praktizierte, schrieb:

> »Allerdings hat Emin alle Gebräuche und Vorschriften des Koran genau gekannt und auch dessen Satzungen den Mohammedanern gegenüber gehalten. Dadurch hat er den Anschein erweckt, als sei er ein Bekenner des Islam. So erklärt es sich auch, dass ihn Vita Hassan ebenso wie Doktor Junker thatsächlich für einen Mohammedaner hielten.«¹¹

Dass Emin in Gegenwart von Europäern gerne den Türken spielte und ihm dies sichtlich Vergnügen bereitete,¹² ist an anderer Stelle bereits ausgeführt worden. Meist war dieses Versteckspiel jedoch nicht von langer Dauer, denn Giegler, Gordon oder Junker durchschauten die Posse unabhängig voneinander bereits nach kurzer Zeit.

Vita Hassan, selbst Jude, berichtete von einem Tischgespräch zwischen Emin und seinem Schreiber. Letzterer hatte sich über Konvertiten beschwert. Emin soll folgendes gesagt haben:

> »Wenn ein Mann seine Religion eines Weibes wegen aufgibt, ist er tadelnswert; tut er es des Geldes wegen, ist er verächtlich; aber wenn ihm das Messer an der Kehle sitzt, so ist er, wenn auch nicht ganz zu rechtfertigen, so doch zu entschuldigen und zu beklagen.«¹³

Ob Emin hier auf eine eigene Bedrohungslage anspielte, wissen wir nicht. Vita Hassan vermutete, dass ein »trauriges Ereignis«¹⁴ zum Übertritt Emins geführt haben müsse. Schnitzers »Konversion« hatte in jener Zeit stattgefunden, als er Divitçi İsmail nach Trapezunt gefolgt war. Gegenüber seinen Eltern hatte Schnitzer erläutert, er habe dies aus opportunistischen Gründen getan. Als Begründung führte er die unrichtige Aussage an, Christen könnten im Osmanischen Reich keine Karriere machen.¹⁵ Dass es auch schon in den 1870er Jahren eine wachsende Zahl (europäisch-) christlicher Militärs und Verwaltungsbeamter im Reich gab, die sogar bis zum Pascharang aufstiegen – der Mirdite Bib Doda war ein ihm bekanntes Beispiel –, schrieb er nicht.

Erstaunlich tolerant kommentierte Carl Peters die Aussage Vitas:

> »Mit mir hat Emin Pascha über diesen heiklen Punkt nicht gesprochen. Ich würde auch hierüber, wie über das Aufgeben eines deutschen Namens, eine wesentlich entgegengesetzte Meinung haben vertreten müssen. Aber die Anschauungen wechseln, und das was einer Generation als recht und billig erscheint, gilt der kommenden als würdelos und verwerflich.«¹⁶

Aus diesen Zitaten wird deutlich, dass Emin hier eine weitgehend singuläre Auffassung vertrat, die der der meisten Zeitgenossen entgegenstand. Emin wusste um den Nutzen aus der »Konversion« für sich selbst, dokumentierte mit der offensichtlichen Grenzüberschreitung aber auch seine Anpassungsfähigkeit an die Verhältnisse. Was bei Exil-Europäern Anlass zu Kopfschütteln gab, verhalf ihm bei der Bevölkerung in der Äquatorialprovinz zu einer Sonderstellung und auch nicht-europäische Verhandlungspartner – Mutesa vielleicht ausgenommen – honorierten diese Andersartigkeit.

Nicht in Frage gestellt wird die Konversion Emins in der arabischen Literatur. Hier wird stets darauf hingewiesen, Emin habe »den Islam angenommen [arab. »iʿtanaqa al-Islām«].«¹⁷

5. EMINS IMPERIALISTISCHE TENDENZEN VOR 1890

Die Frage, ob Emin ein (Sub-)Imperialist[1] war, stellt sich nicht erst ab dem Wendepunkt des Jahres 1890, als Emin in glühender Begeisterung für die »deutsche Sache« auftrat und durch Deutsch-Ostafrika marschierte. Auch wenn die Osmanen von der Bevölkerung Griechenlands und Montenegros als Besatzer wahrgenommen wurden, griffe es wohl zu weit, wollte man Emin schon in seinen Lehr- und Wanderjahren, in denen er für das Osmanische Reich tätig war, als Imperialisten bezeichnen.

Seit dem Eintritt als Beamter mit besonderem Aufgabenbereich (Medizinalwesen) war Emin aktiver Teil der ägyptischen Besatzung im Sudan und als Emissär nach Buganda und Bunyoro außenpolitischer Repräsentant Ägyptens, eine Rolle, die er stolz – »flatternd spielen Ägyptens Farben im Sonnenlicht«[2] – wahrnahm. Als Gouverneur (Mudīr) war er später sogar oberster Verwalter der Äquatorialprovinz und somit auch erster Repräsentant der »Besatzermacht«.

Ob das Ausgreifen Ägyptens bis in den Südsudan vergleichbar war mit dem später einsetzenden europäischen Imperialismus, ist eine eigene Frage, die hier nicht abgehandelt werden kann.[3] Fakt ist, dass die Infrastruktur der Provinz nur rudimentär ausgebildet war und Ägypten abseits der Militärstationen, die sich meist entlang des Weißen Nils befanden, nur über eine schwache Machtbasis verfügte. Das ägyptische Interesse an der Provinz bestand vornehmlich in wirtschaftlicher Hinsicht – Elfenbein, Hölzer und, obwohl offiziell vom Khediven Ismāʿīl verboten, dem Sklavenhandel.

Was Sklaven betrifft, so ist eine Differenzierung nötig: Nach allem, was wir wissen, hat Emin Sklavenrazzien stets zu unterbinden versucht, weil er das Geschäft des Sklavenhandels als unmenschlich betrachtete.[4] Dass Emin im Gegensatz zu Gordon in dieser Frage aber auch bereit war, Zugeständnisse zu machen, zeigen Berichte über seine Soldaten in der Äquatorialprovinz, die ihre Hausbediensteten in zumindest sklavenähnlichen Umständen hielten.[5]

Vielleicht war dies auch ein notwendiger Kompromiss, den er, da er auf das Militär angewiesen war, eingehen musste. In deutschen Diensten kannte er keine Gnade gegenüber Sklavenhändlern – wie gesehen eine Ursache seines gewaltsamen Todes.

Emin stilisierte sich selbst gerne als mildtätiger Gouverneur, der eine Art Vaterfunktion ausübte. Dem Zeitgeist entsprechend war auch Emin – bei allem Respekt vor fremden Kulturen – von der Superiorität der europäischen Rasse überzeugt. In seinem Tagebuch finden sich eine Reihe von Aussagen wie diese:

> »Jedenfalls sollen sie [Frauen eines Lendu-Chiefs] den wunderlichen weißen ›Turk‹ ansehen, der den Leuten ihre Kühe zurückgibt und keine Sklaven annimmt, sondern nur Vögel sammelt.«[6]

Emins Vorschläge zur wirtschaftlichen Nutzbarmachung der Äquatorialprovinz –»was müßte dies Land in der Hand kundiger, liebevoller Bebauer fruchten!«[7] – und, damit implizit in Ansätzen verbunden, Vorstellungen von einer Herrschaft unter europäischer Suprematie, sind bereits im Zusammenhang mit seinen Briefen an Schweinfurth behandelt worden.

Wenn Emin ärgerlich war, bedachte er seine Untergebenen mit wenig schmeichelhaften Worten. Bei der Durchsicht der Tagebücher fällt auf, dass Sudanesen im Verhältnis besser wegkamen als Ägypter, »schauerliche Gesellen«[8], die er pauschal mit Faulheit in Verbindung brachte:

> »Es ist ganz sonderbar, wie all diese jungen ägyptischen Offiziere faul sind: ein Buch in die Hand zu nehmen, zu schreiben oder sich sonst irgendwie zu beschäftigen, fällt keinem ein.«[9]

Besonders wenig hielt Emin offenbar von Kopten. Seinen Ärger über einen Baškātib (Oberschreiber) drückte er einmal so aus:

> »Diese Kopten sind doch die verächtlichsten, niederträchtigsten Geschöpfe auf Afrikas Boden. Feig und servil höhergestellten Leuten gegenüber, anmaßend und herrisch gegen Untergebene, freche Lügner und Schurken im Handel, Sklavenhändler und Eunuchenfabrikanten!«[10]

Aber auch schwarzafrikanische Ethnien bekamen zuweilen seinen Ärger zu spüren:

> »Ich habe nie erbärmlicheres Volk gesehen als die Magungi-Träger, die unter der leichtesten Last […] seufzen, oft weinen und sich samt der Last hinfallen lassen.«[11]

FAZIT: EMIN PASCHA – WANDERER ZWISCHEN DEN WELTEN

Versuchen wir zum Abschluss noch einmal, die vielen verschiedenen Stränge des multiplen Grenzgänger-Lebens Schnitzer/Emins zusammenzuführen und dabei implizit der Frage nachzugehen, wie sich die Sicht auf Emin durch die Auswertung bislang nicht oder wenig beachteten Quellenmaterials verändert hat.

Seine Person, sein Schaffen, in binäre Muster (gut/schlecht, schwarz/weiß etc.) zu pressen und somit klar zu determinieren und zu kategorisieren, gestaltet sich wenig erfolgsversprechend. Glaubt man, eine Erklärung gefunden zu haben, finden sich genügend Gegenbeispiele, welche die aufgestellte These widerlegen. Zeitgenossen wie spätere Generationen standen vor ähnlichen Erklärungsproblematiken. So hatte Gustav Hartlaub einst formuliert:

> »In Emin's Leben spielt viel von dem mit, was Goethe das Dämonische nennt, mit anderen Worten von dem, was Verstand und Vernunft nicht auflösen kann.«[1]

Ähnlich dramatisch formulierte ein halbes Jahrhundert später auch Collins:

> »A man where the world[s] of East and West met together or rather collided with a cataclysmic result. That result, an enigma – Emin Pasha.«[2]

Collins unterstellte Emin im gleichen Atemzug eine gewisse Schizophrenie, wenn er von einem Mann sprach,

> »[…] which in himself was an opposite.«[3]

Sehr wohl aber weisen gewisse Verhaltensmuster im persönlichen Bereich Kontinuitäten durch die verschiedenen Lebensabschnitte hindurch auf: Da wäre zum einen Schnitzer/Emins viel beschriebener Ordnungssinn zu nennen, der in starkem Gegensatz zu seinen wenig geordneten Lebensverhältnissen stand. Schnitzer/Emin legte seit seiner Studienzeit stets Wert auf Reinlichkeit, ein gepflegtes, sauberes Äußeres[4] und einen gewissen, aber maßvollen Lebensstandard.[5] Bei Inspektionsreisen durften ein Stuhl und ein Arbeitstisch nicht fehlen, damit er seine Aufzeichnungen vornehmen konnte.[6] Sein Ordnungssinn und seine Disziplin gingen aber über den privaten und wissenschaftlichen Bereich[7] hinaus und fanden nicht zuletzt auch Ausdruck in der Gestaltung seiner Stationen in der Äquatorialprovinz. Besonders wichtig war ihm die Anlage von gepflegten Gärten, in denen er mit Samen der unterschiedlichsten Pflanzensorten experimentierte. Die Experimente nahm er nicht nur aus – zweifellos vorhandenem – persönlichem Vergnügen vor, sondern erzielte Ergebnisse, die auch der Bevölkerung »seiner« Provinz von Nutzen waren. Anders als von Stanley dargestellt, hatte die *cui bono*-Frage bei Schnitzer/Emin durchaus Bedeutung. Sein großes Engagement für den Aufbau und die Kultivierung »seiner« Provinz stach aus damaliger wie aus heutiger Sicht positiv hervor. Emin hat hier unter schwierigsten politischen Rahmenbedingungen

Herausragendes geleistet[8] – auch wenn, wie manche Kritiker zur Recht betonen, manches Stückwerk blieb und einige Vorhaben letztlich nicht umgesetzt werden konnten. Schließlich versah Emin seinen Dienst für das Osmanische Reich in einer Region, der man in Istanbul gar keine, und in Kairo nur in Maßen Beachtung schenkte.

Mit seinen Kultivierungsideen war er seiner Zeit voraus und mancher heutige Entwicklungshelfer in Afrika oder in anderen Teilen der Welt ist mit ähnlichen Problemen befasst. Mit der Umsetzung des Planes, eine Provinz im Inneren Afrikas autark von Nahrungsmittelzufuhr zu machen und in wirtschaftlicher Hinsicht einen Exportüberschuss zu erreichen, hat er europäische koloniale Hoffnungen und Träume bedient, tatsächlich erfüllt und zum Teil übertroffen. Das war keineswegs selbstverständlich, denn die meisten Kolonien in Afrika und anderen Teilen der Welt entpuppten sich in wirtschaftlicher Hinsicht langfristig als Misserfolge, auch deswegen, weil die jeweilige Kolonialmacht sich ihrer bediente, ihre Ressourcen ausbeutete, nicht aber auf ihre Entwicklung bedacht war. Seine »Rettung« verdankte Emin in erster Linie der Erwartung schnellen Profits durch das Sichern seiner sagenhaften Elfenbeinvorräte, mit denen die Ausgaben für die Entsatzexpeditionen erstattet und übertroffen werden sollten.

Einen religiösen Antrieb hatte der nicht-konfessionsgebundene Emin im Gegensatz zu den ebenfalls »Entwicklungshilfe« leistenden Missionaren nicht, wohl spricht aus den von Schweinfurth veröffentlichten Emin-Briefen zur Kultivierung der Äquatorialprovinz aber ein gewisses europäisches Sendungsbewusstsein, das Emin trotz seiner langen Zeit im »Orient« nicht abgelegt hatte. Robert O. Collins' Urteil »Emin was an Oriental. He thought as an Oriental. He lived like an Oriental.«[9] greift unter diesen Umständen eindeutig zu kurz. Collins, der sich in seinem Urteil ausschließlich auf Memoiren- und Sekundärliteratur bezog, hatte jedoch insofern Recht, als Emin durchaus die Fähigkeit hatte, seine »orientalische« Maskerade glaubhaft zu tragen – auch wenn wir gesehen haben, dass er sich mit der Grenzverletzung zwischen Lüge und Tatsache zuweilen zum Gespött anderer machte. Diese Kompetenzen spielten aber bei der Verhandlung mit Ethnienoberen seiner Provinz und den Königen und Chiefs der Nachbarreiche eine große Rolle: Schnitzer war sprachlich und kulturell lern- und anpassungsfähig, gab sich für seine Gastgeber auffallend uneuropäisch – eine Tatsache, die, wie bei Mutesa gesehen, mitunter für Verwirrung sorgte, aber durchaus nicht bei Jedermann – etwa bei Giegler oder Gordon – verfing. Emin präsentierte sich während seiner Dienstzeit in der Äquatorialprovinz nicht als Verfechter der abendländisch-christlichen Kultur und machte europäische Moralvorstellungen – etwa, was die Vielehe anbelangte – nicht uneingeschränkt zur Maßgabe jedweden Handelns. Unterschwellig waren rassistische Ansichten jedoch vorhanden, wie gelegentlich anhand seiner Briefe nach Europa oder seiner Tagebucheinträge sichtbar wird. So muten seine Tagebucheinträge befremdlich an, in denen er pauschal die Faulheit dieser oder jener Ethnie anprangerte. Auch wenn ein latenter Rassismus zu jener Zeit weit verbreitet war, hätte ein gebildeter Mann wie Emin sich von solchen Gesamturteilen fern halten können.

Dennoch ging Emin auf seine afrikanischen Verhandlungspartner ein,[10] zeigte reges Interesse an deren Kultur und Sprache. Wenn möglich versuchte er ohne Übersetzer auszukommen. Sein Äußeres, die auffällige weiße Bekleidung, sein ganzer türkischer Habitus, trugen zu seiner Selbstinszenierung bei und erweckten beim afrikanischen Verhandlungspartner den Eindruck einer herausgehobenen Person. Emin gab sich bescheiden, höflich, manchmal sogar unterwürfig.[11] Wenn er allerdings den Eindruck hatte, dass man ein Spiel mit ihm trieb, konnte Emin scharf verhandeln und sich seinem Gegenüber nötigenfalls auch stur oder beleidigt präsentieren. Dies wurde insbesondere in den Verhandlungen mit Mutesa deutlich, in denen Emin sehr darauf bedacht war, seinen Status als gleichwertiger Verhandlungspartner nicht zu verspielen.

Zu seiner Popularität unter den Einwohnern Lados trug sicherlich seine Funktion als Arzt bei. Schnitzer hegte keinen Standesdünkel. Er war sich nicht zu schade, Kranke jeden Standes zu empfangen und sie ärztlich zu versorgen. Manche Unterstützung lokaler Ethnien – etwa bei der Befreiung von Familienangehörigen aus der Sklaverei – sicherte ihm großes Ansehen und öffnete ihm Türen, die Europäern sonst in der Regel verschlossen blieben.

Trotz seiner oft beschriebenen und auch kritisierten Milde ließ sich Emin zuweilen zu aus heutiger Sicht überzogenen Disziplinar-Maßnahmen hinreißen, die in Peitschenhieben oder vereinzelten Kettenstrafen mündeten. Ob er für die von Junker kolportierten Auftragsmorde verantwortlich zeichnete, muss, da quellenmäßig nur unzureichend belegt, offen bleiben.

So gut er auf ziviler Ebene im Umgang mit Indigenen und Europäern auskam, so unglücklich agierte er oft in militärischen Fragen. In diesem Bereich mangelte es ihm an Durchsetzungskraft und Verständnis. Dabei muss allerdings bedacht werden, dass Schnitzer/Emin nie militärisch ausgebildet worden war, er hatte trotz seiner offiziellen militärischen Ränge nie in einer Armee gedient und war Menschenführung auf dieser Ebene nicht gewohnt. Anlasten kann man ihm das schwerlich, schließlich hatte er zweimal vergeblich versucht in den Militärdienst einzutreten.

Somit besaß er für seine Gouverneurstätigkeit aus damaliger Sicht eigentlich nur eine Halbqualifikation. Nicht zuletzt deshalb wollte der Khedive auf Stanleys Betreiben Emin im Jahre 1890 nur als Zivilgouverneur wieder einstellen und ihm einen übergeordneten Militärgouverneur zur Seite stellen. Es war allerdings verständlich, dass Emin diese Offerte nicht akzeptierte.

Spätestens mit dem Auftauchen Stanleys fiel der Schleier. Hier trafen zwei Charaktere aufeinander, die – trotz frappierender Ähnlichkeiten in Bezug auf ihre Art der Vergangenheitsbewältigung – unterschiedlicher nicht sein konnten. Hinsichtlich der Fähigkeiten eines »idealen Gouverneurs« haben sich die Vorstellungen von 1890 und heute dramatisch verändert, ja sogar ins Gegenteil verkehrt. Nicht martialisches Auftreten, sondern diplomatisches Geschick – wozu auch das Ernstnehmen des Gegenübers gehört – wäre heute zweifellos die gefragtere Fähigkeit. Somit wäre Emin heute ein Stück weit rehabilitiert. Mit seiner Aussage – »To develop an extensive province, of over one hundred thousand square miles, lacking in communication and inhabited by volatile tribes required more than one Emin.«[12] – hat ʿAbdīn Muṣṭafā von arabischer

Seite indirekt die Frage angeschnitten, ob das Kolonialzeitalter in Afrika nicht in anderen Bahnen hätte verlaufen können, wenn mehr Charaktere vom Typ Emins in den Provinzen ihren Dienst verrichtet hätten. Diese Frage ist bedenkenswert, greift jedoch zu kurz. Auch der ägyptische Versuch einer Herrschaft über die Nilländer war ein gewaltsamer und durchsetzt mit zivilisatorischen Interessen. Dass diese auch vor Emin nicht Halt machten, zeigt seine publizierte Briefkorrespondenz mit Georg Schweinfurth zur Entwicklung der Nilländer.

Bemerkenswert ist Emins Verhalten in höchster Gefahr: Anstatt eigenmächtig zu entscheiden, bezog der militärisch nicht geschulte Emin seine Offiziere in die Beratungen mit ein und beugte sich sogar Mehrheitsentscheidungen. Diese demokratischen Elemente riefen bei Personen wie Stanley, die gewohnt waren, selbständig zu entscheiden, Verachtung hervor. Dass Emin diffizile Entscheidungen gerne auch anderen überließ und damit persönliche Schwächen kaschieren wollte, ist wohl ebenso richtig.

Wie ein roter Faden zieht sich das, was man mit dem negativen Begriff »Rastlosigkeit« bezeichnet, durch sein Leben. Selten hielt es ihn lange an einem Ort – abgesehen von seiner Jugendzeit in Neisse und seiner Anstellung in Antivari, war er kaum längere Zeit an einem Ort geblieben. Aufgrund der heutigen Mobilität mag dies nicht sonderlich hervorhebenswert erscheinen, aber im Spiegel der Zeit war dies sicherlich eine Besonderheit. Schon während des Studiums lernte er mit Breslau, Königsberg und Berlin drei deutsche Städte kennen, danach zog es ihn in für damalige Bürger Schlesiens ferne und unbekannte Provinzen des Osmanischen Reiches. Mit seiner Tätigkeit im Sudan betrat er endgültig *Terra incognita*. Mit zahlreichen Inspektionsreisen in die verschiedenen Gegenden der Äquatorialprovinz versuchte er seine innere Unruhe zu kompensieren. In einem Brief an seine Eltern aus dem Jahre 1867 hatte er diesen Antrieb einmal folgendermaßen beschrieben:

> »Der Mensch ist nicht dazu geboren, immer auf einem Flecke zu sitzen, wie eine angeborene Auster. Der liebe Gott hat ihm Beine und Augen gegeben, um vorwärts zu gehen und auszuschauen, wie es in der Welt aussieht.«[13]

Äußerungen Emins, er komme sich vor wie der »ewige Jude«[14], fielen bei NS-Ideologen wie Walter Frank auf fruchtbaren Boden und wurden entsprechend ausgewalzt. Aber auch Kritiker ohne antijüdische Ressentiments sahen in Schnitzer/Emins Verhaltensweise nicht zu Unrecht auch ein Fortlaufen vor Problemen und bezogen sich insbesondere auf seine beiden überstürzten Abreisen aus Schlesien 1864 und 1875. Offensichtlich war ihm die von Divitçi İsmail Pascha übertragene Verantwortung, künftig für dessen Familie Sorge zu tragen, zu groß geworden, so dass er in der Flucht seine letzte Rettung sah. Motive Emins dürften dessen ungeachtet auch die Aussicht auf eine bessere soziale Stellung, verbunden mit Abenteuerlust und der Neugier des Forschers gewesen sein.

Schließlich ist Emins Vorgehen nach 1890 noch einmal einer kurzer Diskussion wert, da sich durch die Übernahme der Expeditionsleitung, und erst recht nach dem Schädelbruch auch ein Bruch zu seiner früheren Verhaltensweise ergibt. Das ist auch Zeitgenossen schon aufgefallen, welche – ungläubig oder böswillig – tatsächlich die Folgen des durch den Fenstersturz erlittenen Schädeltraumas für sein Gebaren verantwortlich machen. Ausgestattet mit lockeren Direktiven von Wissmanns machte sich Emin auf den Weg in Richtung Buganda auf, jedoch wurde er den Vorschusslorbeeren nicht gerecht. Zunächst voller Enthusiasmus für die neue Aufgabe und beflügelt von den Worten Carl Peters', trat Emin bald in Gegensatz zu von Wissmann. Auch der Reichskommissar verfolgte keine klare Linie. Die langen Nachrichtenwege trugen ein Übriges zur Verstimmung zwischen Reichskommissariat und dem »man on the spot«[15], der sich nicht unterordnen wollte, bei. Vielleicht war Emin in der Gewissheit, dass ihm unter deutscher Flagge und mit guter Ausrüstung an Soldaten und Material kein Leid geschehen konnte, über die ihm von deutscher Seite gesteckten Ziele hinausgeschossen. Von Peters überlieferte Äußerungen Emins deuten darauf hin, dass er sich unter deutscher Hoheit das ermöglichen wollte, was ihm vorher versagt geblieben war. Freißler hat diese, wie gesehen, als »Königstraum[16]« Emins gedeutet.

Ein Bruch hatte sich um 1890 aber nicht nur im Verhalten Emins vollzogen. In den Anfangsjahren von Emins Tätigkeit waren die Nilländer noch weitgehend unberührtes, unbekanntes Territorium. Je mehr Kenntnisse Forschungsreisende und Missionare nach Europa vermittelten, desto stärker stieg in Europa und den USA das Interesse an Einflusszonen. Mit dem Ringen um Interessensphären erhöhten sich auch die Spannungen zwischen den Staaten, wie nicht zuletzt auch am britisch-deutschen diplomatischen Possenspiel in Sansibar und der Pressekampagne nach Emins Entscheidung ablesbar war. Kaiser Wilhelm II., der 1888 nach dem kurzen Intermezzo seines Vaters, dem »99-Tage-Kaiser« Friedrich III., seinem Großvater Wilhelm I. auf den Thron nachfolgte, gehörte einer anderen Generation als der Bismarcks an. Imperialem Gedankengut war er nicht abgeneigt, er unterstützte im Gegensatz zum zunächst zögernden Bismarck[17] sogar eine deutsche Emin-Expedition. Emin, bislang loyal zum Osmanischen Reich, wurde plötzlich zum Kristallisationspunkt europäischer kolonialer Interessen: Vorher kaum beachtet, buhlten nun Belgien und das Britische Empire um seine Gunst. Der Khedive unterbreitete Emin ebenfalls ein Angebot, ohne besonderes Interesse an einer Weiterbeschäftigung zu haben. Insofern stand Emin an der Schnittstelle eines »Wandel[s], der die Abkehr vom romantisch idealen Forschungsimpetus der ersten zwei Drittel des Jahrhunderts und die Zuwendung zu imperialen, europäisierenden, vornehmlich aber kulturexportierenden Gedanken kennzeichnet.«[18]

In die Phase des Umbruchs und der damit einhergehenden Herausbildung eines »Neuen Curses« in Deutschland, fiel Emins Ankunft an der Küste, wie auch sein Abmarsch zur Seen-Expedition. Auf dem Zug nach Sansibar führte der Weg zwangsläufig durch deutsches Gebiet, das Carl Peters inzwischen mit Schutzverträgen an das Reich gebunden hatte. Peters hatte Vorarbeit geleistet, in dem er Emin als Aushängeschild für seine kolonialen Pläne nutzte. Emin, der sich von Stanley betrogen fühlte, ließ sich nun von den Deutschen vereinnahmen und entdeckte seine nationale Ader. Es gelang den Deutschen, Stanley die sichergeglaubte »Trophäe« Emin zu entreißen und für ihre Zwecke zu gewinnen. Bismarck nahm im Februar 1890 noch die inoffizielle Ernennung Emins vor, wenig später musste er wegen Differenzen mit dem Kaiser seinen Posten für Leo von Caprivi räumen.

Die starke Rezeption in der Weltpresse, welche mit dieser Entscheidung verbunden war, und die diplomatischen Korrespondenzen zwischen dem Kaiserreich und Großbritannien sprechen dafür, dass es sich bei der Personalie Emin Pascha und dessen Gouverneursamt in Äquatoria keineswegs um eine, wie Kluy behauptet hat, völlig belanglose Fußnote der Geschichte handelte.[19] Begünstigt durch den Wendepunkt in der deutschen Außenpolitik war Emin aus dem marginalen in den zentralen Bereich von Politik und Öffentlichkeit gerückt, wie die zahlreichen Quellen belegen.

Mit dem Abschluss des sogenannten »Helgoland-Sansibar-Vertrages« änderte sich die Ausgangslage bedeutend. Emin, dem es eigentlich nur um die Rückgewinnung seiner Provinz ging, konnte und durfte seine Pläne nicht verwirklichen. Er wurde von deutscher Seite mehrfach energisch ermahnt, erkannte, dass ihn bei einer Rückkehr an die Küste wohl ein Gerichtsverfahren erwarten würde und entschloss sich zum Bruch des (nie schriftlich geschlossenen) Vertrages mit dem Reich. Stattdessen zog er weiter an den Kongo – anscheinend ohne klaren Plan, verlassen von den meisten seiner Getreuen, schlecht ausgerüstet, krank und schwach. Vermutlich steckte hinter seinem Tun noch die Idee, einen Korridor nach dem ebenfalls unter deutscher Herrschaft stehenden Kamerun zu treiben. Stuhlmann wie auch Langheld berichteten, Emin habe gerne einen Satz der Gräfin Terzky aus Schillers Wallenstein rezitiert:

> »Und wenn es glückt, so ist es auch verziehen: Denn aller Ausgang ist ein Gottesurtheil.«[20]

Vielleicht wollte der ehrgeizige Emin dem Deutschen Reich einen Dienst erweisen, der jegliche Kritik an seiner Person hätte verstummen lassen und ihm den Zutritt in das »Lager der Lacher«[21] gewährt hätte. Eine solche Tat wäre aus seiner Sicht die Verbindung durch das Landesinnere nach Kamerun gewesen. Letztlich scheint es aber, als ob er den (Helden-)Tod gesucht oder zumindest billigend in Kauf genommen hat. Tendenziell erfüllt Emin daher die Rolle eines tragischen Helden. Ein reiner »Anti-Held«[22] war Emin nicht, auch wenn er sich vielleicht selbst in dieser Rolle gefiel. Er hatte trotz aller Schwierigkeiten mehrfach die Möglichkeit, sein Schicksal selbst, und vor allem anders, zu bestimmen. Dessen ungeachtet verehrte die Belletristik – von wenigen Ausnahmen (z.B. Frieda von Bülow) abgesehen – Emin als Helden.

Die Tatsache, dass Emins einstige Provinz einen Großteil des heutigen Staates Südsudan ausmacht und einige seiner Prognosen sich auf ihre Weise erfüllt haben, verhilft Emin aus unserer Sicht zu einer plötzlichen Aktualität. Ob diese Tatsache heute in Juba und Umgebung thematisiert wird, konnte für diese Arbeit nicht geklärt werden, bis 2010 war sie dort, soweit überprüfbar, nicht (mehr) bekannt. Im afrikanischen Kontext hat Emin somit – mit Ausnahme von Teilen Bugandas – keine heute noch sichtbaren Spuren hinterlassen.

Als Nebenprodukt der hier vorgelegten Emin-Biographie lassen sich auch Rückschlüsse auf Emins europäisch-westliche Zeitgenossen, mit denen er in

Afrika verkehrte, ziehen. Auch wenn diese nur ansatzweise mit in die Untersuchung einbezogen wurden, lässt sich feststellen, dass auch eine Größe wie Henry Morton Stanley nicht so indolent war, wie er sich gerne sah. Neid und Missgunst über Erfolge der Anderen waren in der kleinen europäischen Männergesellschaft zweifellos stark vertreten.

Auch wenn manche Rätsel gelöst oder Details spezifiziert werden konnten – vieles bleibt nach wie vor unter dem Nebelschleier der Vergangenheit verborgen – vermutlich sogar für immer. Es ist jedoch nicht auszuschließen, dass einige kleinere Puzzleteile durch verbesserte Behördenkooperation in Ägypten oder Überraschungsfunde noch eingesetzt werden können. Vielleicht erweist sich auch der ein oder andere hier vernachlässigte Seitenzweig noch als fruchtbar.

Was bleibt, ist die ungewöhnliche Lebensgeschichte eines in vielen Bereichen überdurchschnittlich begabten Mannes, dessen Person in mehrfacher Weise »Kreuzungspunkt für Kultursysteme«[23] war. Die Vermarktbarkeit seines Lebenslaufs hatten schon zeitgenössische Autoren erkannt, die hier einen dankbaren Stoff für ihre Abenteuerromane sahen. Auch wenn das Interesse an Emin über die Jahrzehnte hinweg abnahm und nur phasenweise wieder auflebte: Linkische Versuche von NS-Wissenschaftlern wie Banse oder Frank, Emin der *damnatio memoriae* zu unterwerfen, scheiterten kläglich. In dem sich die beiden Autoren mit Emin auseinandersetzten, erreichten sie das genaue Gegenteil.

DANKSAGUNG

Eine Dissertation gleicht einer Reise, die nach vielen Stationen schließlich zum Ziel gelangt. Dort angekommen, möchte ich nun all jenen danken, die mich und mein Projekt über die Jahre hinweg unterstützt haben.

Dies waren zuvörderst meine Eltern, die meine Dissertation stets wohlwollend und interessiert begleitet haben. Ohne ihre finanzielle Unterstützung in der Anfangszeit wäre mein Vorhaben früh zum Scheitern verurteilt gewesen. Eine besondere Rolle nahm meine Frau Dr. Anne-Sophie Beckedorf (Bayreuth) ein, die, parallel mit dem Verfassen ihrer Dissertation beschäftigt, mir insbesondere im Sudan und in der Schlussphase des Projekts eine wertvolle Stütze war.

Für die weitere ideelle und finanzielle Förderung zwischen Ende 2007 und Ende 2010 danke ich – stellvertretend für die Begabtenförderung der Konrad-Adenauer-Stiftung e.V. –, Dr. Daniela Tandecki und Dr. Michael Schmitz (Sankt Augustin). Der Universität Bayreuth, vertreten durch Vizepräsident Prof. Dr. Hans-Werner Schmidt und Robert Debusmann, danke ich für eine dreimonatige Zwischenfinanzierung von Dezember 2010 bis Februar 2011.

Auf fachlicher Ebene danke ich meinem Doktorvater Prof. Dr. Hermann J. Hiery (Bayreuth) für Projektbegleitung und wertvolle Hinweise, ebenso Prof. Dr. Achim von Oppen (Bayreuth) für seine kritischen Anmerkungen zum afrika-bezogenen Teil meiner Arbeit. Ferner danke ich Prof. Dr. Thomas Bargatzky (Bayreuth), Dr. Christiane Czygan (Hamburg), Dr. Christian Weber (Berlin), sowie allen Institutionen, deren Archivalien oder Literatur ich benutzen durfte. Besonders hervorheben möchte ich Detlev Gassong, stellvertretend für den stets hilfsbereiten Benutzerservice der Universitätsbibliothek Bayreuth.

Dank zolle ich ferner Dr. Maciej Borkowski (Oppeln), Friedrich Damrath (Lich), Familie Emiroğlu-Aykan (Tutzing), Heidi Groha (Schweinfurt), Piotr Grzelak (Oppeln), Dr. Andreas Jacobs und seinem Team von der Konrad-Adenauer-Stiftung e.V. (Kairo), Franz-Christian Jarczyk (Ludwigshafen), Dr. Andreas Leipold (Bayreuth), Livia Loosen (Leipzig), Dr. Astrid Menz (Istanbul), Lukas Moj (Bayreuth), Geoff Neuhaus (Montclair, New Jersey), Till Scholtz-Knobloch (Oppeln), Ruth Schubert (München), dem WAMAK-HAIR-Projektteam (Bayreuth/Khartum/Paris), Michael Wegener (Bayreuth), Prof. Dieter J. Weiß (Bayreuth) und schließlich Prof. Dr. Ulrike Wanitzek, Dr. Kennedy Gastorn und PD Dr. Harald Sippel vom Tansanisch-deutschen Fachzentrum für Rechtswissenschaft (TGCL; Dar es Salaam/Bayreuth).

Für kritische Anmerkungen bezüglich ausgewählter Textpassagen bzw. des Endmanuskripts danke ich neben meinen Betreuern auch Wilhelm Beckedorf (Augsburg) und Ulrich Kirchen (Wiesbaden), außerdem Sebastian Kirchen (Stuttgart), Anna Oertwig (Bayreuth) und Daniela Reh (Bayreuth).

Dar es Salaam/Bayreuth, im Oktober 2012

ANMERKUNGEN

Einführung

1. Biographie und Geschichtsschreibung

1 Bödeker, Hans Erich: Biographie. Annäherungen an den gegenwärtigen Forschungs- und Diskussionsstand, in: Ders. (Hrsg.): Biographie schreiben (Göttinger Gespräche zur Geschichtswissenschaft, Bd. 18), Göttingen 2003, S. 9-63, hier: S. 12.
2 Bödeker: Biographie, S. 12.
3 Raulff, Ulrich: Das Leben – buchstäblich. Über neuere Biographik und Geschichtswissenschaft, in: Klein, Christian (Hrsg.): Grundlagen der Biographik. Theorie und Praxis des biographischen Schreibens, Stuttgart u.a. 2002, S. 55-68; hier: S. 57.
4 Raulff: Leben, S. 57.
5 Kraus, Hans-Christof: Geschichte als Lebensgeschichte. Gegenwart und Zukunft der politischen Biographie, in: Ders./Nicklas, Thomas (Hg.): Geschichte der Politik. Alte und neue Wege (Historische Zeitschrift, Beiheft 44) München 2007, S. 311-332; hier: S. 318. – Vgl. Fest, Joachim C.: Hitler. Eine Biographie, Frankfurt am Main u.a. 1973.
6 Ullrich, Volker: Die schwierige Königsdisziplin. Das biografische Genre hat immer noch Konjunktur. Doch was macht eine gute historische Biografie aus? in: Die ZEIT, 4. April 2007. – Vgl. auch Jacques Le Goffs Äußerung: »[...] la biographie historique est une des plus difficiles façons de faire de l'histoire.« (Le Goff, Jacques: Saint Louis, Paris 1996, S. 14f.)
7 Lässig, Simone: Die historische Biographie auf neuen Wegen?, in: Geschichte in Wissenschaft und Unterricht, Bd. 10 (2009), S. 540-553; hier: S. 541.
8 Dennoch scheint es naheliegend, dass es sich bei den biographisierten Personen eher um Persönlichkeiten von einem spezifischem Interesse als um Durchschnittsmenschen handelt (vgl. Jacques Le Goff: Wie schreibt man eine Biographie, in: Braudel, Fernand/Febvre, Lucien u.a. (Hg.): Der Historiker als Menschenfresser. Über den Beruf des Geschichtsschreibers, Berlin 1990, S. 103-112; hier: S. 104).
9 Vgl. z.B. Jessen, Olaf: Die Moltkes. Biographie einer Familie, München 2010.
10 Vgl. in Auswahl: Kuhl, Christoph: Carl Trimborn (1864-1921). Eine politische Biographie (Veröffentlichungen der Kommission für Zeitgeschichte, Reihe B, Bd. 120), Paderborn u.a. 2011; Michels, Eckard: »Der Held von Ostafrika«. Paul von Lettow-Vorbeck. Ein preußischer Kolonialoffizier, Paderborn u.a. 2008; Müller, Klaus-Jürgen: Generaloberst Ludwig Beck. Eine Biographie, Paderborn u.a. 2008; Pyta, Wolfram: Hindenburg. Herrschaft zwischen Hohenzollern und Hitler, München 2007; Weiß, Dieter J.: Kronprinz Rupprecht von Bayern. Eine politische Biografie, Regensburg 2007; Müller, Thomas: Konrad Krafft von Dellmensingen (1862-1953). Porträt eines bayerischen Offiziers (Materialien zur Bayerischen Landesgeschichte, Bd. 16) Kallmünz 2002; Afflerbach, Holger: Falkenhayn. Politisches Denken und Handeln im Kaiserreich (Beiträge zur Militärgeschichte, Bd. 42) München ²1996.
11 Vgl. z.B. Bommarius, Christian: Das Grundgesetz. Eine Biographie, Berlin ²2009. – Ob es sich hier allerdings überhaupt um eine Biographie im eigentlichen Sinn handelt, ist diskussionswürdig. Immerhin ist *bíos* (griech. Leben) essentieller Bestandteil einer Biographie.
12 Zu biographischen Quellen vgl. Fetz, Bernhard: Der Stoff, aus dem das (Nach-)Leben ist. Zum Status biographischer Quellen, in: Ders. (Hrsg.): Die Biographie – Zur Grundlegung ihrer Theorie, Berlin u.a. 2009, S. 103-154.
13 Diese unveröffentlichte Äußerung entstammt einem Diskussionsbeitrag des unter der Federführung von Lucian Hölscher, Ute von Lüpke und Yvonne Pulla (alle Ruhr-Universität Bochum) veranstalteten Workshops mit dem Titel »Identität und Lebenswelt. Praxis der historischen Biographieforschung«, die vom 11.-13. Dezember 2009 in Bochum stattfand.

14 Schweiger, Hannes: »Biographiewürdigkeit«, in: Klein, Christian (Hrsg.), Handbuch Biographie, Stuttgart u.a. 2009, S. 32-36; hier: S. 34.
15 Die Verwendung fiktionaler Mittel zur Überbrückung von Überlieferungslücken hatten Engelberg und Schleier noch kategorisch abgelehnt (vgl. Engelberg, Ernst/Schleier, Hans: Zu Geschichte und Theorie der historischen Biographie. Theorieverständnis – biographische Totalität – Darstellungstypen und –formen, in: Zeitschrift für Geschichtswissenschaft, Bd. 38 (1990), S. 195-217; hier: S. 212. – Gradmann dagegen schloss die Verwendung fiktionaler Elemente nicht aus (vgl. Gradmann, Christoph: Geschichte, Fiktion und Erfahrung – kritische Anmerkungen zur neuerlichen Aktualität der historischen Biographie, in: Internationales Archiv für Sozialgeschichte der deutschen Literatur, Bd. 17/2 (1992), S. 1-16; hier: S. 13f.). – Zusammenfassend: Vgl. Lässig, Simone: Biographie, S. 549f. – Man könne und müsse nicht immer jede Handlung eines Protagonisten deuten, schrieb Victoria Glendinning, denn: »*I believe we know, as any historian does, that history can deliver no final truth about motives or anything else. [...] All writers, whether of so-called fact or so-called fiction, are in the lies and silences business.*« (Glendinning, Victoria: Lies and Silences, in: Homberger, Eric/Charmley, John (Hg.): The Troubled Face of Biography, Houndsmill u.a. 1988, S. 49-62; hier: S. 49).
16 Unveröffentliche Äußerung aus einem Vortrag Frank Möllers bei oben bezeichnetem Workshop zur Biographieforschung in Bochum (Möller, Frank: Joseph Caspar Witsch (1906-1967): Als Bibliothekar im Nationalsozialismus, als Verleger und Netzwerker im Kalten Krieg. Versuch und Problem einer Rekonstruktion. Vortrag im Rahmen des Workshops Identität und Lebenswelt. Praxis der historischen Biographieforschung, Bochum, 11. Dezember 2009).
17 Vgl. Ullrich: Königsdiziplin; vgl. auch: Engelberg/Schleier: Geschichte und Theorie, S. 212.
18 Vgl. deMause, Lloyd: Grundlagen der Psychohistorie, hg. und übersetzt von Ende, Aurel u.a. (Edition Suhrkamp, Neue Folge, Bd. 175) Frankfurt am Main 1989.
19 Vgl. Pyta, Wolfram: Geschichtswissenschaft, in: Klein: Handbuch Biographie, S. 331-338; hier: S. 337. – Pyta griff damit eine Forderung Röckeleins auf (vgl. Röckelein, Hedwig: Der Beitrag der psychohistorischen Methode zur »neuen historischen Biographie, in: Dies. (Hrsg.): Biographie als Geschichte (Forum Psychohistorie, Bd. 1) Tübingen 1993, S. 17-38).
20 Ullrich: Königsdiziplin.
21 Erikson, Erik H.: Der junge Mann Luther. Eine psychoanalytische und historische Studie (Suhrkamp Wissenschaft, Bd. 177) Frankfurt am Main 1975, S. 14.
22 Bödeker: Biographie, S. 31.
23 Vgl. Bödeker: Biographie, S. 35.
24 Fetz, Bernhard: Die vielen Leben der Biographie. Interdisziplinäre Aspekte einer Theorie der Biographie, in: Ders., Biographie, S. 3-66; hier: S. 54. – Zur sogenannten »biographischen Illusion« vgl. Bourdieu, Pierre: L'illusion biographique, in: Actes de la recherche en sciences sociales, Bd. 62/63 (1986), S. 69-72.
25 Vgl. Schweiger, Hannes/Holmes, Deborah: Nationale Grenzen und ihre biographischen Überschreitungen, in: Fetz, Bernhard: Biographie, S. 385-418.
26 Kirk-Greene, Anthony: West African Historiography and the Underdevelopment of Biography, in: The Journal of Commonwealth Literature, Bd. 21 (1986), S. 39-52. – Dies gilt jedoch nicht für Europäer, die in Afrika gewirkt haben (vgl. z.B. Diawara, Mahmadou/Moraes, Paulo Fernando de u.a. (Hg.): Heinrich Barth et l'Afrique (Studien zur Kulturkunde, Bd. 125) Köln 2006).

2. Warum ist Emin Pascha interessant?

1 Dialog zwischen dem Elefantenjäger Sejad ifjal und dem deutschen Gelehrten Ludwig Schwarz, in: May, Karl: Die Sklavenkarawane. Erzählung (Historisch-kritische Ausgabe. Karl Mays Werke, Abteilung III. Erzählungen für die Jugend, Bd. 3) Nördlingen 1987, S. 227.
2 Vgl. z. B.: Fritscher, Franz: Emin Pascha oder Träume im Schatten des Mahdi. Wie aus dem schlesischen Arzt Eduard Schnitzer der ungekrönte König von Äquatoria wurde, in: DIE WELT, 12. April 1982; Harendza, Wilhelm: Schicksalvolles Leben des Neisser Gymnasiasten Eduard Schnitzer. Emin Pascha, in: Neisser Heimatblatt, Nr. 92, April 1964, S. 1f.

3 Clough, Patricia: Emin Pascha, Herr von Äquatoria. Ein exzentrischer deutscher Arzt und der Wettlauf um Afrika. Aus dem Englischen von Peter Torberg, München 2010.
4 Fritz-Vannahme, Joachim: Der Herr von Äquatoria. Agent, Vogelkundler, Kämpfer gegen den Sklavenhandel: Das abenteuerliche Leben des Arztes Emin Pascha aus Oppeln in Schlesien, in: DIE ZEIT, Nr. 44, 27. Oktober 2005, S. 106. – Er habe diesen Satz ironisch gemeint, schrieb Fritz-Vannahme in einem Brief an Jürgen W. Schmidt (vgl. Schmidt, Jürgen W.: Eine dunkle Episode aus dem Leben des schlesischen Arztes und Forschungsreisenden Eduard Schnitzer (Emin Pascha), in: Jahrbuch der Schlesischen Friedrich-Wilhelms-Universität zu Breslau, Bd. L/2009 (2011), S. 315-327; hier: S. 315, Fußnote 1). Womit er seine Ironie begründete, erläuterte Fritz-Vannahme nicht.
5 Lerch, Wolfgang Günter: Emin Pascha, in: Frankfurter Allgemeine Zeitung, 8. Januar 2011.
6 Kluy, Alexander: Der Antiheld aus Äquatoria. Die Journalistin Patricia Clough erzählt von einem wenig bekannten Kapitel des Kolonialismus, in: Rheinischer Merkur, Nr. 46, 18. November 2010. Ob Emin Pascha und der mit ihm verbundene Stoff tatsächlich nur eine folgenlose Fußnote war, wird im Folgenden noch zu diskutieren sein.
7 Vgl. z.B. Kraft, Rudolf: Emin Pascha. Ein Deutscher Arzt als Gouverneur von Äquatoria, Darmstadt 1976.
8 Schweitzer, Georg: Emin Pascha. Eine Darstellung seines Lebens und Wirkens mit Benutzung seiner Tagebücher, Briefe und wissenschaftlichen Aufzeichnungen, Berlin 1898. Anfang der 1930er Jahre veröffentlichte Schweitzer eine Kurzfassung seiner umfassenden Emin-Pascha-Biographie: Vgl. Schweitzer, Georg: Von Khartum zum Kongo. Emin Paschas Leben und Sterben (Deutschlands Kolonialhelden, Bd. 1), Berlin o.J. [ca. 1932].
9 Vgl. Lordick, Harald: Isaak Eduard Schnitzer – Emin Pascha. Erinnerungssplitter aus einem Jahrhundert Literatur, in: Klein, Birgit E./Müller, Christiane E. (Hg.), Memoria – Wege jüdischen Erinnerns. Festschrift für Michael Brocke zum 65. Geburtstag, Berlin 2005, S. 431-442; hier: S. 442. – Für eine kurze Vorstellung dieses, auf meiner unveröffentlichten Magisterarbeit aufbauenden Projekts vgl. Kirchen, Christian: Emin Pascha. Versuch einer historisch-kritischen Würdigung, in: Jahrbuch für Europäische Überseegeschichte, Bd. 10 (2010), S. 217-220.
10 Zur Frage der Chronologie in einer Biographie vgl. Kinkead-Weekes, Mark: Writing Lives Forwards: A Case for Strictly Chronological Biography, in: France, Peter/St Clair, William (Hg.): Mapping Lives. The Uses of Biography, Oxford 2002, S. 235-252.
11 Fetz, Die vielen Leben der Biographie, 53.
12 Die Verwendung dieser Namen sind bezeugt.
13 Zur Mythenforschung vgl. in Auswahl: März, Peter: Mythen. Bilder. Fakten. Auf der Suche nach der deutschen Vergangenheit, München 2010; Münkler, Herfried: Die Deutschen und ihre Mythen, Berlin 2009; Hein-Kircher, Heidi: Politische Mythen, in: Politische Psychologie (Aus Politik und Zeitgeschichte 11/2007), S. 26-31; vgl. Gniffke, Franz: Mythos – »ein schönes Wagnis«, in: Bussmann, Claus/Uehlein Friedrich A. (Hg.): Wendepunkte. Interdisziplinäre Arbeiten zur Kulturgeschichte Pommersfeldener Beiträge 11), Würzburg 2004, S. 81-138.
14 Zu diesem Mythos vgl. Flitner, Michael (Hrsg.): Der deutsche Tropenwald. Bilder, Mythen, Politik, Frankfurt am Main u.a. 2000.
15 Beispielhaft sei hier Reichard herausgegriffen: Reichard, Paul: Dr. Emin Pascha, ein Vorkämpfer der Kultur im Innern Afrikas, Leipzig 1891.
16 Meissner, Hans-Otto: An den Quellen des Nils. Die Abenteuer des Emin Pascha. Nach alten Dokumenten neu erzählt, Gütersloh o.J.
17 Frank, Walter: »Ahasverus«. Das Leben des Dr. Eduard Schnitzer, genannt Emin Pascha (1840-1892), in: Ders. (Hrsg.): »Höre Israel«. Studien zur modernen Judenfrage, Hamburg 1943, S. 15-127; Banse, Ewald: Große Forschungsreisende. Ein Buch von Abenteurern, Entdeckern und Gelehrten, München 1933.
18 Zum Beispiel: B., A.: Enthüllungen über Emin Paschas Privatleben. Nach authentischen Quellen, Leipzig o.J.
19 Vgl. Lässig: Biographie, S. 547.
20 Vgl. z.B. Brief Emins an Melanie (?), Bukoba, 15. November 1890, in: Schweitzer: Emin, S. 577-580; hier: S. 578. – Ob Emin auch noch die Buchsendungen von F. A. Brockhaus vom 7. November 1890 bzw. 25. Februar 1891 erhalten hat, ist fraglich (vgl. ZNA AL 2/96, 2).
21 Engelberg, Ernst: Bismarck. Das Reich in der Mitte Europas, Berlin 1990, S. 547.

22 Neben dem bereits zitierten Ernst Engelberg behandelte auch Achim Gottberg (Gottberg, Achim (Hrsg.): Unyamwesi. Quellensammlung und Geschichte (Studien zur Geschichte Asiens, Afrikas und Lateinamerikas, Bd. 21), Berlin 1971) Emin Pascha nur am Rande. – Konrad Reich äußerte sich in seiner Abhandlung über Leben und Werk des Schriftstellers Ehm Welk indirekt negativ über Emin. Reichs Hauptkritik zielte jedoch vor allem auf den Autor des Buches *Die schwarze Sonne* (Welk, Ehm: Die schwarze Sonne. Leben, Schaffen und Sterben deutscher Kolonialhelden, Berlin 1933). Dessen Buch sei eine »*einzige Beschönigung des Kolonialismus.*« (Reich, Konrad: Ehm Welk. Stationen eines Lebens, Rostock⁴1980, S. 213).

3. Quellenlage, Quellendiskussion und Forschungsstand

1 Emin Pascha: Die Tagebücher von Dr. Emin Pascha, hrsg. von Stuhlmann, Franz, Bde. 1-4, Hamburg/Stuttgart/Berlin 1916/1919/1922/1927. – In englischer Sprache sind Auszüge aus den Tagebüchern Emins im *Uganda Journal* erschienen. Diese betreffen jedoch ausschließlich Emins Verhandlungen mit den Königen von Buganda und Bunyoro: Emin Pasha: The Diaries of Emin Pasha – Extracts I and II, hrsg. von Gray, John, in: The Uganda Journal, Bd. 25 (1961/62), S. 1-15 und S. 149-170.
2 Ein Archivar des *Staatsarchivs der Freien und Hansestadt Hamburg* hat im betreffenden Findbuch vermerkt, dass die Druckplatten für Band 5 im Jahr 1946 im Westermann-Verlag vorgelegen haben sollen. Diese seien aber verschollen. Die letzten Tagebücher Emins, die für Band 5 vorgesehen waren, lagern im Staatsarchiv (StArchHH 622-2/16 A VII und A VIII). Sie erscheinen aber im Vergleich zu den vorhergehenden Bänden weniger attraktiv. Während Emin in den ersten publizierten Bänden seine Beobachtungen und Erlebnisse sehr detailgetreu zu Papier brachte, beschränken sich diese Tagebucheinträge meist auf Kurznotizen, welche den Ort, das Wetter und sein persönliches Befinden beschreiben.
3 Emin Pascha: Die Tagebücher von Dr. Emin Pascha, Bd. 6. Zoologische Aufzeichnungen Emin's und seine Briefe an Dr. Gustav Hartlaub, hrsg. von Schubotz, Hermann, Hamburg u.a. 1921.
4 Vgl. Whitehead, G.O.: Some Authors of the Southern Sudan, in: Sudan Notes and Records, Bd. XI (1928), S. 83-101; hier: S. 92.
5 Vgl. Schweitzer: Emin.
6 Diese Artikel werden im Folgenden – sofern vorhanden – mit Archivsignatur aufgeführt.
7 Routenaufnahmen Ostafrika, in: IfL Splitter K 275.
8 Zu osmanischen Quellen allgemein vgl. Faroqhi, Suraiya: Approaching Ottoman History. An introduction to the sources, Cambridge 2000.
9 Vgl. Beck, Kurt: Bemerkungen zu Staat, Tradition und tribaler Organisation im Sudan, in: Waldmann, Peter/Elwert, Georg (Hg.): Ethnizität im Wandel (Spektrum, Bd. 21) Saarbrücken 1989, S. 81-92; hier: S. 89.
10 Vgl. Meffert, Erich: German Records in the Zanzibar Archives. 1867-1914. Ergänzt mit einer Liste der ernannten Konsule und Liste der Akten des Staatsarchivs Hamburg betr. Sansibar, Zanzibar 1999.
11 Hier: Emin, Tagebücher III, Vorblatt (Seitenausschnitt).
12 Anonym: Notiz, in: Berliner Börsen Courier, 18. Februar 1897.
13 Hartlaub, Gustav: Ueber einige neue von Dr. Emin Pascha im inneren Ostafrika entdeckte Arten, in: Journal für Ornithologie, 38. Jg., 4. Folge, Bd. 18 (1890), S. 150-154; hier: S. 150. Das Wort »Fundorte« ist im Original in gesperrter Schrift aufgeführt.
14 StArchHH 622-2/16, A VII, 47. Abdruck mit freundlicher Genehmigung des Staatsarchivs Hamburg.
15 Zur Verbindung von Biographie und Oral History vgl. Yow, Valerie Raleigh: Biography and Oral History, in: Charlton, Thomas L./Myers, Lois E. u.a. (Hg.): Handbook of Oral History, Lanham u.a. 2008, S. 425-464.
16 Die Sichtung, Auswertung und Einarbeitung der *Gelehrtenbibliothek Hanno Beck* in die Bestände des *IfL Leipzig* waren zum Zeitpunkt des Projektendes noch nicht abgeschlossen.
17 Vorarbeiten für dieses Projekt hatte ich bereits in meiner unveröffentlichten Magisterarbeit (Emin Pascha – Versuch einer historisch-kritischen Würdigung, Bayreuth 2006) unternommen.

18 Vgl. z.B. Ṭūsūn, ʿAmar: Tārīḫ Mudīriyyat Ḫaṭṭ al-Istiwāʾ al-miṣriyya, 3 Bde., al-Iskandariyya 1937, bes. Bd. III, S. 98-104. Ṭūsūn bietet im Großen und Ganzen auch nur eine Aufzählung der Ereignisse ohne große Interpretationen. Er hat jedoch einige arabische Briefe, deren Inhalte sonst nur auszugsweise bzw. zusammengefasst veröffentlicht wurden, transkribiert und in voller Länge aufgeführt. Darunter zählen offizielle Briefe der ägyptischen Regierung und ein Schreiben der Mahdisten an Emin. – Dirār Dirār Ṣāliḥ hingegen schenkte dem Wirken Emin Paschas in seinem Buch über die moderne Geschichte des Sudan kaum Beachtung (vgl. Ṣāliḥ, Dirār Dirār: Tārīḫ as-Sūdān al-ḥadīṯ, Beirut 1968).

19 Vgl. Sharkey-Belasubramanian, Heather: The Egyptian Colonial Presence in the Anglo-Egyptian Sudan (1898-1932), in: Spaulding, Jay/Beswick, Stephanie (Hg.): White Nile, Black Blood War, Leadership and Ethnicity from Khartoum to Kampala, Lawrenceville u.a. 2000, S. 279-283; hier: S. 283. – Dies gilt sogar häufig für Dokumente, die von ägyptischer Seite angefertigt wurden. Die Geheimdienstakten wurden auf Druck Großbritanniens angelegt. Die dort aufgeführten Informationen waren vor allem den britischen Interessen zuträglich.

I. Teil: Eine Lebensgeschichte

1. Jugendjahre und Studienzeit (1840-1864)

1 Beispielhaft für die Veränderungen des Stadtbildes: Postkarte von Neisse aus dem 19. Jahrhundert (Privatbesitz Kirchen) und private Aufnahme (Kirchen, 2007). – Für weitere historische Stadtansichten vgl. Jarczyk, Franz-Christian: Neisse. Kleine Stadtgeschichte in Bildern, Würzburg 1994 und Ders.: Neisse um 1900 auf alten Postkarten, Hildesheim 1986.

2 Vgl. beispielsweise: Henze, Dietmar: Emin Pascha, in: Enzyklopädie der Entdecker und Erforscher der Erde, Bd. 2 (1983), S. 166-170. – Zur biographischen Aussagekraft von wissenschaftlichen Lexika vgl. Yeo, Richard: Alphabetical lives: scientific biography in historical dictionaries and encyclopedias, in: Shortland, Michael/Yeo, Richard (Hg.): Telling lives in science. Essays on scientific biography, Cambridge 1996, S. 139-169.

3 Schweitzer datierte Schnitzers Geburt auf den 28. März 1840 (vgl. Schweitzer, Emin, 1). Er bezog sich damit vermutlich auf eine missverständliche *Abschrift der Taufurkunde* Schnitzers, die am 31. August 1859 in Neisse ausgestellt worden war. In ihr hatte der evangelische Pfarrer zu Neisse, Metzwald (?), Schnitzers Geburt auf den 28. März datiert. Jedoch sah es nach der Abschrift so aus, als ob Schnitzer in Neisse geboren sei (vgl. BArch N 2063/1, 2).

4 Glaubwürdiger als die oben genannte Abschrift der Taufurkunde ist eine am 5. November 1900 amtlich in Oppeln angefertigte Abschrift der *Geburtsurkunde Emin Paschas*. Sie bestätigt die Geburt Eduard Schnitzers am 29. März 1840. Die Schrift wurde vom dortigen Magistrat nach Akteneinsicht in das Geburtenregister der jüdischen Bevölkerung angefertigt und befindet sich heute im Besitz des *Museums des Oppelner Schlesiens* (Opole). – Der Synagogenname Isaak ist dort nicht genannt. – Die Verschiebung um einen Tag ergibt sich vermutlich aus der Umrechnung vom Jüdischen in den Gregorianischen Kalender, da nach jüdischem Brauch der Abend eines Tages bereits zum nächsten gezählt wird. Es ist allerdings nicht bekannt, zu welcher Stunde des Tages Schnitzer auf die Welt kam.

5 Vgl. beispielsweise: Anonym: Die Lage Emin Beys, in: Kolonial-Politische Korrespondenz No. 48, 27. November 1886, S. 349f.; hier: S. 349. Dieser Irrtum hat sich teilweise bis in heutige Publikationen erhalten.

6 Vgl. Zucchinetti, [Paul Virginio]: Souvenirs de mon séjour chez Emin Pacha el Soudani. Lue par le Commandeur Tito Figari á la séance de la Société Khedivale de Géographie du 25 Novembre 1887, Le Caire 1890, S. 12.

7 Zuweilen auch: Isaac. Ausgerechnet ein antijüdisches Nachschlagewerk bereitete Schnitzers Geburtstag auf: Vgl. Anonym: Emin Pascha, in: Sigilla veri. Lexikon der Juden, -Genossen und

-Gegner aller Zeiten und Zonen, insbesondere Deutschlands, der Lehren, Gebräuche, Kunstgriffe und Statistiken der Juden sowie ihrer Gaunersprache, Trugnamen, Geheimbünde usw. [= Philipp Stauff's Semi-Kürschner] (²1929), S. 367-377; hier: S. 367.

8   Das Sterbejahr geht aus einem Schreiben des Neisser Bürgermeisters Emanuel Warmbrunn (1849-1915) an das »Central Bureau« des preußischen Innenministeriums hervor (vgl. Warmbrunn an das Central-Bureau, Neisse, 21. November 1890, in: Schmidt: Dunkle Episode, S. 324; im Original: GStA PK I. HA Rep. 77, Ministerium des Innern, Tit. 874, Nr. 30, 8f.; hier: 8).

9   Steinert führte den 28. März 1841 als Geburtsdatum Melanies auf (vgl. Steinert, Alfred: Geschichte der Juden in Oppeln. Fest- und Gedenkschrift der Oppelner Synagogengemeinde zur Erinnerung an das fünfundzwanzigjährige Bestehen der neuen Synagoge, Oppeln 1922, S. 36), also auf den Tag genau ein Jahr nach Isaak/Eduards Geburt. – Vgl. auch: Beerdigungsbuch Stahnsdorf, Nr. 32147, Melanie Schnitzer.

10 Vgl. Zajączkowska, Ursula: Pasza, Emin – opolanin z urodzenia, in: Almanach Miejski – Opolanin, Bd. 98 (1998), S. 32f.; hier: S. 32; abrufbar unter: <http://www.opole.pl/lavina/people/print?id=10121 &lang=pl> (Stand: 30. November 2012); vgl. Borkowski, Maciej: Największy opolski podróżnik (Spacerkiem po dawnym Opolu), in: Gazeta w Opolu (OPO), Nr. 74, 24./25. Juni 2000; vgl. Ders., Biografie opolskich Żydów, in: Gazeta w Opolu (OPO), Nr. 84, 10./11. April 1999. – Steinert beschrieb die Lage des Hauses so: »*Das Geburtshaus stand an der evangelischen Kirche als drittes Gebäude auf der Westseite der Verbindungsstraße zwischen der Ringecke an der Löwenapotheke und dem Regierungsplatz und wurde 1884 mit den anderen Häusern abgerissen.*« (Steinert, 36). Alle drei Beschreibungen verweisen auf eine ähnliche Lage des Hauses, doch ganz genau lässt es sich heute nicht mehr lokalisieren. Sicher ist jedenfalls, dass es nicht mehr steht.

11 Private Aufnahme (Kirchen, 2007).

12 Vgl. Steinert: Juden, S. 36. Steinert datierte das Geburtsjahr Joseph Abraham Schnitzers auf 1771.

13 Joseph Schnitzer ist hier mehrfach erwähnt – zuerst im Jahre 1822, zuletzt im Jahre 1841 (AP Op. AmO 870, hier: 127). Joseph Abraham Schnitzer taucht außerdem in einem Gesamtverzeichnis der Juden in Schlesien von 1812 unter der laufenden Nummer 3124 auf – als einziger Träger seines Nachnamens (vgl. Beilage zum 45sten Stück Amtsblatt der Königlich Breslauischen Regierung. Verzeichnis sämmtlicher in der Provinz Schlesien Breslauer Regierungs-Departements befindlichen jüdischen Staatsbürger, 39).

14 Am 3. Februar 1839 unterzeichnete Joseph Schnitzer die »*Statuten der israelitischen Beerdigungs-Anstalt und Beerdigungs-Gesellschaft zu Oppeln*« (AP Op. AmO 2647, 37).

15 Vgl. Steinert: Juden, S. 36. Außerdem soll Joseph Abraham Schnitzer ab 1799 zeitweise als Lehrer für die jüdischen Kinder fungiert haben (ebd., 40), 1805 zudem als Schächter (ebd., 36).

16 Vgl. Steinert: Juden, S. 36.

17 Itzig Pappenheim ist zwischen 1828 und 1835 in der Kaufmannsliste als Inhaber einer »*Galanteriewaarenhandlung*« und einer »*Leihbibliothek*« aufgeführt (AP Op. AmO 870).

18 Vgl. Steinert: Juden, S. 36. – Falls Steinert kein Fehler unterlaufen ist, handelt es sich bei seiner Aufzählung zumindest teilweise um Synagogennamen. Einer der genannten Söhne Joseph Schnitzers, der Parallele zu Schnitzer/Emin wegen vermutlich Isaak, muss mit amtlichem Namen Eduard geheißen haben und war somit gleichnamiger Onkel von Schnitzer/Emin. Dieser Onkel, geboren 1805, erwähnte in Vorwort und Lebenslauf seiner Berliner Dissertation seine Eltern: »*Ego Eduardus Schnitzer fidei veteris testamenti addictus natus sum Oppolii, Silesiae superioris oppido, anno millesimo octingentesimo quinto, patre Josepho et matre e gente Pappenheimiana, [...]*« (Schnitzer, Eduard: De praestantissimo emeticorum uso [»Über den besten Gebrauch von Brechmitteln«] (med. Diss.), Berlin 1831). – Margot Krohn behauptete, der Name des Onkels sei Wilhelm Schnitzer gewesen (vgl. Krohn, Margot: Emin Pascha im Spiegel seiner Zeit, in: Jahrbuch der Schlesischen Friedrich-Wilhelms-Universität zu Breslau VIII (1963), S. 172-209; hier: S. 176). Der Sanitätsrat und Armenarzt Wilhelm Schnitzer (†1918) ist jedoch vermutlich ein Sohn Eduard Schnitzers und ein Cousin Schnitzer/Emins gewesen.

19 Das Geburtsdatum Louis Schnitzers ist bekannt, weil er bei seinem Bürgerrechtsantrag einen amtlichen Geburtsnachweis beifügen musste, der am 10. August 1837 ausgestellt wurde (AP Op. AmO 2627, 193). Die Bestätigung der Aufnahme Louis Schnitzers als Bürger der Stadt

Neisse vom 20. Dezember 1841 gibt ein anderes Geburtsdatum an: 19. Februar 1807, allerdings scheint dem Schreiber hier ein Fehler unterlaufen zu sein (vgl. AP Op. AmN 740, 128).

20   Ein Lageplan des Friedhofs mit Benennung der Grabstätten findet sich bei: Łabęcka, N./ Łabęcki, L.: Studium Konserwatorskie Rozszerzone Cmentarza Żydowskiego w Opolu, Opole 1987, S. 59. – Für die Unterstützung bei der Auffindung des Grabsteines danke ich Herrn Dr. Maciej Borkowski (Opole). – Die unten aufgeführte Transkription hat Friedrich Damrath (Lich) nach meiner Photographie angefertigt. Damrath hat den Todestag Margaliot Schnitzers auf den 22. Tewet 601 nach der kleinen Zählung datiert. Somit ergibt sich als Sterbedatum der 14./15. Januar 1841.

21   Private Aufnahme (Kirchen, 2008).

22   Die Schlusszeile fehlt. Die Formel wurde von Damrath ergänzt, weil sie üblicherweise die Steininschrift abschließt.

23   In den Akten ist ein Arbeitszeugnis vom 12. Mai 1837 erhalten (AP Op. AmO 2627, 190).

24   AP Op. AmO 2627, 188f.

25   AP Op. AmO 2627, 191.

26   Ebd. – Eine Abschrift des Bürgerbriefes befindet sich auf dem folgenden Faszikel (192), das Originaldokument hat Louis Schnitzer beim Neisser Magistrat eingereicht, es ist deshalb auch erhalten (AP Op. AmN 740, 126).

27   Vgl. Schweitzer: Emin, S. 1.

28   Der Nachweis, dass Louis Schnitzer seinen Bürgerpflichten in Oppeln nachgekommen war, wurde am 14. Oktober 1841 ausgestellt (AP Op. AmN 740, 125). Von der Liste der Oppelner Kaufmannschaft wurden im Jahre 1841 sowohl Joseph als auch Louis Schnitzer gelöscht (AP Op. AmO 870, 127f.), ein Hinweis darauf, dass Joseph Schnitzer vermutlich in diesem Jahr verstorben war – und nicht um 1844, wie Steiner schrieb (vgl. Steiner: Juden, S. 36).

29   Vgl. Einlegeblatt, in: Nachlass Giegler (NGG).

30   In einer Erhebung der Neisser Stadtbewohner aus dem Jahre 1847 wird ein über sechzigjähriger Kaufmann Schweitzer als Familienoberhaupt, wohnhaft in einem Haus Nr. 13 – die Straße ist nicht genannt – erwähnt. Der Haushalt zählte neun Personen, alle mosaischen Glaubens (AP Op. AmN 824, 114f.). Im Jahre 1812 (Stichtag 24. März) sind ein Eduard Schweitzer, Neiße sowie Moritz Schweitzer, Neiße, unter den laufenden Nummern 3191 und 3208 im Verzeichnis jüdischer schlesischer Staatsbürger genannt (vgl. Beilage zum 45sten Amtsblatt der königlich Breslauischen Regierung. Verzeichnis sämmtlicher in der Provinz Schlesien Breslauer Regierungs-Departements befindlichen jüdischen Staatsbürger, ca. 1812, S. 40). Laszlo Vajda bezeichnet Moritz Schweitzer als Vater Pauline Schweitzers (Vgl. Vajda, Laszlo: Emin Pascha, in: Neue Deutsche Biographie, Bd. 4 (1959), S. 479-482; hier: S. 479).

31   AP Op. AmN 740, 127.

32   Die Bestätigung des Eides ist am 20. Dezember 1841 ausgestellt (AP Op. AmN 740, 128).

33   Nachforschungen vor Ort haben ergeben, dass der jüdische Friedhof in Neisse-Rochus nach 1945 komplett zerstört wurde. Es ist anzunehmen, dass sich Louis Schnitzers Grab dort befunden hat. Ein Internet-Projekt hat den brach liegenden Friedhof, der direkt an den ebenfalls verwüsteten christlichen Friedhof grenzt, 2009 in sein Programm aufgenommen: <http://www.sztetl.org.pl/pl/article/nysa/12,cmentarze/1594,nowy-cmentarz-zydowski-w-nysie-ulkaczkowskiego-/view=1> (30. November 2012).

34   Vgl. Geburts- und Taufbescheinigung Eduard Schnitzer, Neisse, 31. August 1859, in: BArch, N 2063/1, A2; vgl. Schweitzer: Emin, S. 1.

35   Ein Abdruck der Tauf- und Konfirmationsbescheinigung Schnitzers in der *Norddeutschen Allgemeinen Zeitung* datiert dessen Taufe auf den 7. April 1846 (vgl. Tauf- und Konfirmationsbescheinigung Eduard Schnitzers in: Norddeutsche Allgemeine Zeitung, 6. Januar 1890, zit. n. Lordick, Harald: »Nur Weihnachten fehlt mir sehr«. Eduard Schnitzer (1840-1892), Gouverneur der Äquatorialprovinz, in: Kalonymos, Bd. 10/4 (2007), S. 13-15; hier: S. 14).

36   Schweitzer verschweigt Vor- und Nachnamen von Eduards Stiefvater. Den Familiennamen Treftz erfahren wir zuerst aus zwei im *Neisser Stadtblatt* der Jahrgänge 1876 und 1880 abgedruckten Listen der stimmberechtigten Bürger der Stadt. Diese Listen liefern uns dann auch den Vornamen (Bernhard) und den Beruf (Kaufmann). In einem Artikel der *Deutschen Geographischen Blätter* präzisiert Wolkenhauer sieben Jahre später den Beruf Bernhard Treftz' als »Kaufmann und Vorsteher der Königlichen, später Reichsbanknebenstelle in Neisse« (vgl.

Wolkenhauer, W[ilhelm]: Emin Pascha, in: Deutsche Geographische Blätter, Bd. 10 (1887), S. 63-66; hier: S. 64). Im *Vierundzwanzigsten Bericht der wissenschaftlichen Gesellschaft Philomathie in Neisse*, Neisse 1888, S. 219, wird das Todesjahr Bernhard Treftz' auf 1881 datiert.

37 Vgl. Theilhaber, Felix Aaron: Emin Pascha – Um die seelische Heimat, in: Ders. (Hrsg.): Judenschicksal. Acht Biographien, Tel Aviv o.J. (ca. 1946), S. 71-112, hier: S. 74.

38 Vgl. Borkowski, Maciej: Gmina żydowska w Opolu w latach 1812-1944, Opole 2009, S. 51, Anm. 44.

39 Vgl. Schwerin, Kurt: Die Juden im wirtschaftlichen und kulturellen Leben Schlesiens, in: Jahrbuch der Schlesischen Friedrich-Wilhelms-Universität zu Breslau XXV (1984), S. 93-177; hier: S. 120.

40 Lässig, Simone: Jüdische Wege ins Bürgertum. Kulturelles Kapital und sozialer Aufstieg im 19. Jahrhundert (Bürgertum Neue Folge. Studien zur Zivilgesellschaft, Bd. 1) Göttingen 2004, S. 563. – Vgl. auch: Volkov, Shulamit: Die Verbürgerlichung der Juden in Deutschland. Eigenart und Paradigma, dt. Übersetzung von Gunilla Friedereike Budde, in: Kocka, Jürgen (Hrsg.): Bürgertum im 19. Jahrhundert. Deutschland im europäischen Vergleich, München 1988, S. 343-371. – Zum Judentum in Schlesien vgl. Heitmann, Margret/Lordick, Harald: Zur Geschichte des Judentums in Schlesien/Przyczynek do historii Żydów na Śląsku, in: »Wach auf, mein Herz, und denke«. Zur Geschichte der Beziehungen zwischen Schlesien und Berlin-Brandenburg von 1740 bis heute/»Przebudź się, serce moje, i pomyśl«. Przyczynek do historii stosunków mi dzy Śląskiem a Berlinem-Brandenburgią od 1740 roku do dziś, hrsg. von der Gesellschaft für interregionalen Kulturaustausch Berlin/Stowarzyszenie Instytut Śląski Opole, Berlin u.a. 1995, S. 52-60; vgl. Schwerin: Juden. Schwerin widmete Emin einige Zeilen (vgl. Schwerin: Juden, S. 151).

41 Theilhaber: Seelische Heimat, S. 74.

42 Der Nachname Bohl geht aus der nachträglich hinzugefügten Überschrift eines Briefes Schnitzers an seine Schwester Margarethe hervor: »*Emin Pascha an seine Schwester Margarete Bohl geb. Schnitzer*« (BArch N 2063/2, 45RS). – Da Margarethe die Halbschwester Schnitzer/Emins war, ist ihr hier aufgeführter Geburtsname Schnitzer falsch. Margarethe war eine geborene Treftz, wie auch aus dem Schreiben des Neisser Bürgermeisters Warmbrunn an das Centralbureau des preußischen Innenministeriums vom 21. November 1890 ersichtlich ist (vgl. GStA PK I. HA Rep. 77, Ministerium des Innern, Tit. 874, Nr. 30, 8).

43 Vgl. B., A.: Enthüllungen, S. 16.

44 Schweitzer zitiert Schnitzers Brief vom 28. November 1861 aus Berlin: »*Tief erschüttert von dem ebenso ungeahneten als entsetzlichen Verluste, der uns betroffen, erschreckt vom Eintreten eines Unglückes, das ich wohl ahnte, doch nicht glauben konnte und mochte, befinde ich mich hier in völliger Unklarheit und wäre [...] unzweifelhaft hingekommen, um einiges Genauere über unser dahingeschiedenen Lieblinges Krankheit und Behandlungsweise (ich bitte das wohl zu bemerken) zu erfahren.*« (Schweitzer: Emin, S. 12).

45 Schweitzer: Emin, S. 12.

46 Vgl. Schweitzer: Emin, S. 92.

47 Infolge der schweren Zerstörungen der Stadt Neisse im II. Weltkrieg sind nur noch wenige Häuser der ursprünglichen Bebauung vorhanden. Die Neubauten vermitteln nurmehr ein ungefähres Bild der alten Bausubstanz. Die Häuserzählung wurde nach 1945 verändert, so dass die Adresse Ring/Rynek 44 heute nicht mehr existieret. Aufgrund der Auswertung alter Postkarten muss sich das Haus auf der von der Breslauer Straße (ul. Wrocławska) aus gesehen rechten Seite des Ringes befunden haben. – In der oben zitierten Erhebung der Neisser Stadtbewohner von 1847 lebten neun Personen (davon sechs evangelisch, drei katholisch) in der Wohnung von Kaufmann Treftz. Dies waren nach der Alterstatistik zu urteilen er selbst (33-39 Jahre), drei weibliche Personen zwischen 17 und 45 Jahren – darunter seine Ehefrau Pauline, zwei Männer zwischen 26 und 32 Jahren, sowie drei Kinder, darunter ein Mädchen zwischen einem Jahr und fünf Jahren, vermutlich Margarethe, ein Mädchen zwischen dem sechsten und dem vollendeten siebten Jahr, Melanie, und ein Knabe zwischen acht und 14 Jahren, Eduard. Arthur war offenbar noch nicht geboren (AP Op. AmN 824, 102f.).

48 Private Aufnahme (Kirchen, 2007). – Soweit bekannt, wohnte Familie Treftz-Schnitzer im Bereich des heutigen rechten Wohn- und Geschäftskomplexes.

49 Private Aufnahme (Kirchen, 2007).

50 Schweitzer: Emin, S. 2.
51 Anonym: Der Tod Emin Paschas. Was die neunzigjährige Schwester erzählt, in: Vossische Zeitung, 6. Juli 1930 (= HWWA Emin Pascha 9, 6. Juli 1930).
52 Vermutlich handelt es sich um den Bruder Louis' Schnitzers, den Berliner Arzt Dr. Eduard Schnitzer.
53 Vgl. Schweitzer: Emin, S. 2.
54 Vgl. Tauf- und Konfirmationsbescheinigung, in: Norddeutsche Allgemeine Zeitung, 6. Januar 1890, in: Lordick: Weihnachten, S. 14.
55 Im betreffenden Jahresbericht ist Eduard Schnitzer nach der alphabetischen Reihenfolge als 15. der 16 Absolventen genannt. Neben seinem achtjährigen Gymnasialbesuch, davon zwei Jahre in der Prima, ist vermerkt, Schnitzer wolle Naturwissenschaften studieren. Kurz darauf hat sich Schnitzer jedoch anders entschieden (Vgl. Zastra, Julius: Jahres-Bericht des königl. katholischen Gymnasiums zu Neisse für das Schuljahr 1858/59, Neisse 1859, S. 32).
56 Private Aufnahme (Kirchen, 2007).
57 In einem Brief an seine Schwester schrieb Schnitzer 1890, er wolle gerne die Linden auf dem Neisser Rochusberg noch einmal sehen (vgl. Schindler, Karl: Emin Pascha – der getreue Schlesier, in: Der Schlesier, 15. August 1968).
58 Vgl. UWA M 146, 193.
59 Diese Briefe finden sich in Auswahl bei Schweitzer (vgl. Schweitzer: Emin). – Zwei Briefe aus Schnitzers Studienjahren sind im Bundesarchiv in Lichterfelde erhalten (vgl. BArch N 2063/2).
60 Brief Schnitzers an seine Mutter, Breslau, 27. Mai 1859, in: Schweitzer: Emin, S. 7.
61 Schnitzer nahm in einem Brief an seine Eltern darauf Bezug (vgl. Brief Schnitzers an Melanie, Breslau, ohne Datum [Frühjahr 1864], in: Schweitzer: Emin, S. 21f.
62 Ein Brief, in dem Schnitzer seinen Vater um eine Geldsendung bat, hat sich im *Bundesarchiv* erhalten: Schnitzer an seinen Stiefvater [Bernhard Treftz], Br[eslau], 14. Januar 1861, in: BArch N 2063/2, 2.
63 Vgl. UWA M 146, 194.
64 Eine Ausnahme bietet der Brief Schnitzers an seine Mutter, Breslau, 11. November 1861 [nicht: 1865], in: BArch N 2063/2, 3.
65 Vgl. Schweitzer: Emin, S. 8f. (Zwischenblatt). – Siehe Bild Nr. 43 in dieser Publikation.
66 Vgl. Theilhaber: Seelische Heimat, S. 74f.
67 Vgl. Schweitzer: Emin, S. 9.
68 Vgl. Schindler: Emin Pascha.
69 Private Aufnahme (Kirchen, 2007).
70 Die Exmatrikulation in Breslau erfolgte am 27. Januar 1862 (UWA M 146, 193).
71 Vgl. Anm. 15. – Ein weiterer Verwandter Schnitzers war Sanitätsrat Dr. Pappenheim.
72 Vgl. Brief Schnitzers an seine Eltern, Berlin, 8. Juli 1862, in: Schweitzer: Emin, S. 13; vgl. Brief Schnitzers an seine Eltern, Berlin, 24. Oktober 1862, in: Schweitzer: Emin, S. 14.
73 Diese Ungereimtheiten waren auch schon Kraft aufgefallen (vgl. Kraft: Emin, S. 30f.).
74 Vgl. HUA Acta d. Kgl. Friedrich-Wilhelms-Universität zu Berlin, betr. Abgangszeugnis pro April 1864, Bd. 441, AZ v. 9.4. 1864, E. Schnitzer, 92.
75 Vgl. Brief Schnitzers an seine Eltern, Berlin, 23. Januar 1863, in: Schweitzer: Emin, S. 19.
76 Vgl. Brief Schnitzers an seine Eltern, Berlin, 3. März 1863, in: Schweitzer: Emin, S. 19.
77 Vgl. Brief Schnitzers an seine Eltern, Berlin, 23. März 1863, in: Schweitzer: Emin, S. 19f.
78 Brief Schnitzers an seine Eltern, Berlin, 23. März 1863, in: Schweitzer: Emin, S. 19f.
79 Vgl. Brief Schnitzers an seine Eltern, Berlin, 23. März 1863, in: Schweitzer: Emin, S. 19f., hier: S. 20.
80 Vgl. HUA Acta d. Kgl. Friedrich-Wilhelms-Universität zu Berlin, betr. Abgangszeugnis pro April 1864, Bd. 441, AZ v. 9.4. 1864, E. Schnitzer, 89f. – In der Liste der Medizin-Studierenden ist notiert: »*rite abgegangen, 9./4. 64*« (HUA, Med. Stud. Liste, 48.-58. Rektorat, o.P.). Die Bewertung *rite* wird hier nicht in Zusammenhang mit einer erfolgreich abgelegten Promotionsprüfung verwendet.
81 Vgl. HUA Stud. Verz. 1863, 33. – In Berlin existierten damals zwei Straßen unter diesem Namen, zum einen die heutige Tucholskystraße in Berlin-Mitte, zum anderen der heutige Obermeierweg in Spandau. Von der Nähe zur Charité her ist anzunehmen, dass die erste Adresse die damalige Anschrift Schnitzers war.

Anmerkungen zu S. 37-39

82 Brief Schnitzers an seine Eltern, Königsberg, undatiert, in: BArch N 2063/2, 6f.; hier: 6RS. – Als Schriftadresse gab Schnitzer an: »*K[önigsberg] in Pr[eußen], Monkengasse 23*« (ebd. 7RS).
83 Brief Schnitzers an seine Mutter, Königsberg, 7. Juli 1864, in: Schweitzer: Emin, S. 26f.; hier: S. 26.
84 Schnitzer hatte die Erblindung seines Mentors bereits in einem Brief an seine Familie erwähnt (vgl. Brief Schnitzers an seine Familie, 11. Juni 1864, in: Schweitzer, Emin, 25f.; hier: 25). Hirschs Nachfolger, Ernst von Leyden, schrieb in seinen Memoiren, dass die »*fast vollständige Erblindung [Hirschs] zum Teil die Schuld trug, daß das Ansehen und die Leistungen der Klinik etwas gesunken waren.*« (Leyden, Ernst von: Lebenserinnerungen, hrsg. von Clarissa Lohde-Boetticher, Stuttgart u.a. 1910, S. 95f.)
85 Brief Schnitzers an seine Eltern, 28. September 1864, in: Schweitzer: Emin, S. 28.
86 Vgl. Krohn: Emin, S. 177.
87 Vgl. Kraft: Emin, S. 51.
88 Vgl. UWA M 146, 194.
89 Schnitzers Musterungsakten sind nicht mehr auffindbar. Von Seiten der *Breslauer Universität* (Breslau, 22. August 1859) und der *Königlichen Departements Comission zur Prüfung der Freiwilligen zum einjährigen Militärdienste* (Oppeln, 6. September 1859) haben sich zwei Schreiben im *Bundesarchiv* erhalten, welche Schnitzer die formale Tauglichkeit bescheinigten (vgl. BArch N 2063/1, 3f.). Das (negative) Urteil des Truppenarztes war hier allerdings noch nicht enthalten.
90 Vgl. Freißler, Ernst W.: Emin Pascha (Stern und Unstern. Eine Sammlung merkwürdiger Schicksale und Abenteuer, Bd. 6) München ²1925, S. 16.
91 Vgl. Brief Schnitzers an seinen Stiefvater, Berlin, 23. März 1864, in: Schweitzer: Emin, S. 22f.
92 Vgl. Brief Schnitzers an seine Eltern, Berlin, 28. September 1864, in: Schweitzer: Emin, S. 28; vgl. Brief Schnitzers an seinen Stiefvater, Berlin, 12. Oktober 1864, in: Schweitzer: Emin, S. 28.
93 Der Artikel über eine Hautflechte (Lupus) ist am 8. Oktober in der in Berlin verlegten Zeitschrift erschienen: E[duard] Schnitzer, Zur Histologie des Lupus, in: Deutsche Klinik. Zeitung für Beobachtungen aus deutschen Kliniken und Krankenhäusern, Bd. 16 (1864), S. 400. – Für eine Dissertationsschrift ist der einseitige Artikel definitiv zu kurz.
94 Vgl. Schweitzer: Emin, S. 28f.
95 Schweitzer: Emin, S. 5.
96 Bemerkenswert ist in diesem Zusammenhang das von Volkov analysierte Muster bei jüdischen Staatsbürgern im Reich, das auch auf Schnitzer/Emin zutrifft: »*Einlaß in die bürgerliche Gesellschaft zu finden, in sie integriert zu werden und sich ihr anzugleichen, stellte für viele Juden im 19. Jahrhundert [...] ein wichtiges Lebensziel und den einzigen, alles entscheidenden Prüfstein für Erfolg oder Versagen dar.*« (Volkov: Verbürgerlichung, S. 344f.). – Zum Aspekt des Scheiterns in Biographien vgl. Zahlmann, Stefan/Scholz, Sylka (Hg.): Scheitern und Biographie. Die andere Seite moderner Lebensgeschichten (Reihe Psyche und Gesellschaft) Gießen 2005.
97 In einem Brief Schnitzers an seine Eltern (?) aus Albanien vom 1. Februar 1868 spielte Schnitzer auf sein »Fortlaufen« wie folgt an (Schweitzer: Emin, S. 63): »*Wenn der fortgelaufene Mediziner soviel leistet, was hätte er nach ordentlicher Durchbildung geleistet?*«

2. »LEHR- UND WANDERJAHRE« IM OSMANISCHEN REICH (1864-1874)

1 Vgl. BArch N 2063/2.
2 Vgl. BArch Koblenz, Kl. Erw. 118.
3 Die Erinnerungen des Schweizers Joseph Koetschet wurden in der Ausgabe vom 18. Juni 1894 in der *Vossischen Zeitung* abgedruckt. Sie waren zuvor bereits in der *Bosnischen Post* in Sarajevo erschienen. Rudolf Kraft hat bereits große Teile des Beitrags in seinem Buch aufgeführt (vgl. Kraft: Emin, S. 64-66). Grundsätzlich neue Erkenntnisse zu Schnitzer bot der Zeitungsartikel jedoch nicht.
4 Ein Suchregister kraftu Ausländern, die im Osmanischen Reich tätig waren bieten: Kornrumpf, Hans-Jürgen/Kornrumpf, Jutta: Fremde im Osmanischen Reich (1826-1912/13). Bio-bibliographisches Register, Stutensee 1998.

5   Schnitzers Brief an seine Eltern, Antivari, 12. August 1865, in: Schweitzer: Emin, S. 45-48; hier: S. 45. – Im Original: BArch N 2063/2, 14-16; hier: 14.
6   Recherchen im Istanbuler Staatsarchiv an der Hohen Pforte (*Başbakanlık Osmanlı Arşivleri Genel Müdürlüğü*) lieferten keine Treffer. Ebenso war die Suche in einer vom Archiv herausgegebenen Quellenedition von osmanischen Dokumenten mit Betreff Albanien erfolglos (vgl. Sarınay, Yusuf: Osmanlı Arşiv Belgelerinde Arnavutluk/Shqipëria Ne Dokumentet Arkivale Otomane, İstanbul 2008).
7   Einen kurzen Überblick über diese Jahre bietet ein Beitrag für türkische Leser (vgl. Kirchen, Christian: Osmanlı İmparatorluğu'nda Bir Alman Doktor Emin Paşa (Eduard Schnitzer), aus dem Englischen übersetzt von Halil Kanadıkırık, in: Toplumsal Tarih Dergisi, Bd. 213 (9/2011), S. 50-54).
8   Vgl. Schweitzer: Emin, S. 5.
9   Vgl. Kraft: Emin, S. 20.
10 Vgl. Schweitzer: Emin, S. 34.
11 Ignaz Schnitzer schrieb die Libretti für die Oper *Muzeddin* (1883) und die Operette *Husarenblut* (1894), sowie ein zweibändiges Werk über Johann Strauß und seine Zeit (vgl. Schnitzer, Igna[t]z: Meister Johann. Bunte Geschichten aus der Johann-Strauß-Zeit, 2 Bde., Wien 1920).
12 Schweitzer hat den Empfänger nicht genau benannt. Er erwähnt bei der Ausführung des ersten Briefes von Mitte November 1864, es handele sich um »*einen in Oberschlesien wohnenden Onkel*« (vgl. Schweitzer: Emin, S. 34). Schnitzer schreibt in einem von Schweitzer falsch datierten Brief von Ende 1864, dass er keinen anderen Rat gewusst habe, »*als an Onkel Fritz zu telegraphiren*«, um nochmals Geld zu erbitten (Brief Schnitzers an seine Mutter, Antivari, 24. Dezember 1864, in: Schweitzer: Emin, S. 36).
13 Vgl. Brief Schnitzers an »einen in Oberschlesien wohnenden Onkel«, Laibach, Mitte November 1864, in: Schweitzer: Emin, S. 34.
14 Vgl. Brief Schnitzers an »einen in Oberschlesien wohnenden Onkel«, Laibach, Mitte November 1864, in: Schweitzer: Emin, S. 34; vgl. Brief Schnitzers an seine Mutter, Laibach, ohne Datum, in: Schweitzer: Emin, S. 35. Schweitzer kürzte den Namen des Truppenarztes Arztes mit »*Dr. H.*« ab.
15 Schnitzer nannte die Namen der Soldaten in den beiden oben zitierten Briefen: Braun, Kromp, Madgau, Oswadicz, Petzold, Pospischil, Prantt, Suck und della Sala (vgl. Schweitzer: Emin, S. 34f.). Der Letztgenannte, Eduardo [Edward] della Sala (Pascha), fungierte später als Bevollmächtigter der Anti-Sklaverei-Bewegung in Ägypten (vgl. Robinson-Dunn, Diane: The harem, slavery and British imperial culture. Anglo-Muslim relations in the late nineteenth century, Manchester 2006, S. 53f.).
16 Vgl. Schweitzer: Emin, S. 35.
17 Vgl. Brief Schnitzers an »*seinen Oheim*«, Triest, 30. November 1864, in: Schweitzer: Emin, S. 35; vgl. Brief Schnitzers an seine Mutter, Triest, 24. Dezember 1864, in: Schweitzer: Emin, S. 35f. Letzterer Brief aus Triest konnte nicht vom Heiligabend 1864 stammen, da Schnitzer die Stadt bereits am 17. Dezember per Schiff wieder verlassen hatte.
18 Vgl. Brief Schnitzers an seine Eltern, Triest, ohne Datum [Dezember 1864], in: Schweitzer: Emin, S. 36; vgl. Schweitzer: Emin, S. 36f.
19 Schnitzer erwähnt in seinem ersten Brief aus Antivari den Namen »*Bolzo*« – möglich, dass der Passagier diesen Namen trug (vgl. Brief Schnitzers an seine Eltern, Antivari, 7. Januar 1865, in: Schweitzer: Emin, S. 37-39; hier: S. 39).
20 Die alte Stadt Bar (Stari Bar) wurde 1979 durch ein Erdbeben schwer zerstört und von den Bewohnern nicht wieder bezogen. Sie dient heute als Touristenattraktion. Am Hafen entstand schon Ende des 19. Jahrhunderts eine neue Stadt, (Novi) Bar.
21 Vgl. Brief Schnitzers an seine Eltern, Antivari, 7. Januar 1865, in: Schweitzer: Emin, S. 37-39; hier: S. 37.
22 Vgl. Schweitzer: Emin, S. 38.
23 Schnitzer spielt hier auf den Krimkrieg (1853-1856) an.
24 Brief Schnitzers an seine Eltern, Antivari, 7. Januar 1865, in: Schweitzer: Emin, S. 37-39; hier: S. 38f.
25 Zu Regionen und Provinzen des Osmanischen Reiches vgl. Birken, Andreas: Die Provinzen des Osmanischen Reiches (Beihefte zum Tübinger Atlas des Vorderen Orients, Reihe B, Nr.

13) Wiesbaden 1976. Vgl. Adanir, Fikret/Faroqhi, Suraya (Hg.): The Ottomans and the Balkans. A Discussion of Historiography, Leiden u.a. 2002.
26 Das Osmanische Reich beanspruchte während Schnitzers Jahren in Antivari *de iure* noch die Herrschaft über Montenegro. Diese war jedoch *de facto* nicht mehr gegeben. Der montenegrinische Fürstbischof Nikola regierte wie ein Souverän und erreichte 1878 auf dem Berliner Kongress nach faktischer Autonomie die vollständige Unabhängigkeit. Montenegro verzeichnete außerdem einen Gebietszuwachs, in dem es Antivari und somit einen Zugang zum Mittelmeer erhielt. Vgl. dazu: Reinkowski, Maurus: Die Dinge der Ordnung. Eine vergleichende Untersuchung über die osmanische Reformpolitik im 19. Jahrhundert (Südosteuropäische Arbeiten, Bd. 124) München 2005, S. 159-161.
27 Zum Fallbeispiel Griechenland vgl. Zelepos, Ioannis: Die Ethnisierung griechischer Identität (1870-1912). Staat und private Akteure vor dem Hintergrund der »Megali Idea« (Südosteuropäische Arbeiten, Bd. 113), München 2002. Zur Geschichte Griechenlands allgemein vgl. Clogg, Richard: Geschichte Griechenlands im 19. und 20. Jahrhundert. Ein Abriß, Köln 1997.
28 Zum Balkan allgemein: vgl. Boyar, Ebru: Ottomans, Turks and the Balkans. Empire Lost, Relations Altered (Library of Ottoman Studies 12) London 2007; vgl. Hösch, Edgar: Geschichte der Balkanländer. Von der Frühzeit bis zur Gegenwart, München 2002; vgl. Jelavich, Barbara: History of the Balkans, 2 Bde., Cambridge 1983; zum Osmanischen Reich allgemein: vgl. Kreiser, Klaus: Der Osmanische Staat. 1300-1922 (Oldenbourg Grundriss der Geschichte, Bd. 30) München 2001; vgl. Shaw, Stanford Jay/Shaw, Ezel Kural: History of the Ottoman Empire and modern Turkey, 2 Bde., Cambridge 1976/77; vgl. Jorga, Nicolae: Geschichte des Osmanischen Reiches, 5 Bde., Gotha 1913, ND Frankfurt am Main 1990.
29 Zu den Mirditen vgl. Bartl, Peter: Die Mirditen. Bemerkungen zur nordalbanischen Stammesgeschichte, in: Münchner Zeitschrift für Balkankunde, Bd. 1 (1978), S. 27-69; vgl. Robel, Gert: Bemerkungen zur Geschichte Nordalbaniens (1853-1875), in: Dissertationes Albanicae (Beiträge zur Kenntnis Südosteuropas und des Nahen Orients, Bd. XIII), München 1971, S. 29-45.
30 Vgl. Deusch, Engelbert: Das k.(u.)k. Kultusprotektorat im albanischen Siedlungsgebiet in seinem kulturellen, politischen und wirtschaftlichen Umfeld (Zur Kunde Südosteuropas, Bd. II/38), Wien u.a. 2009, S. 669. – Der französische Konsul in Skutari, Wiet, sandte 1866 eine Lagebeschreibung über die Mirdita nach Paris. Darin beschrieb er die Mirditen als barbarisch, weil sie unerbittlich die Blutrache ausübten. Sie seien außerdem heißgläubige Christen: *»Le caractère et les mœurs des habitants du diocèse sont en rapport avec l'état de barbarie [...] La vendetta, ce fléau terrible de l'Albanie, s'y exerce d'une façon inexorable. [...] Les villageois font consister le service divin dans l'élévation, [...]«* (vgl. M. Wiet, französischer Konsult in Skutari: Le Diocése d'Alessio et la Mirditi. Extrait d'un Mémoire, 1866, in: Bartl, Peter (Hrsg.): Albania Sacra. Geistliche Visitationsberichte aus Albanien, Bd. 1: Diözese Alessio, (Albanische Forschungen, Bd. 26/1) Wiesbaden 2007, S. 390-400; hier: S. 397. – Auch Schnitzer äußerte sich in einer Schrift, die er unter dem Titel *Albanisches Leben* offenbar einem Brief beigefügt hatte, zu Blutrache und Familienstreitigkeiten (vgl. BArch N 2063/2, 20-23; hier: 22f.).
31 Vgl. Deusch: Kultusprotektorat, S. 22f.
32 Deusch: Kultusprotektorat, S. 21.
33 Vgl. Deutsch: Kultusprotektorat, S. 22.
34 Eine genaue Auflistung der Rechte und Pflichten des österreichischen Kultusprotektorates in Albanien erfolgt bei Deusch: Kultusprotektorat, S. 72f.
35 Vgl. Deusch: Kultusprotektorat, S. 104.
36 Vgl. Bertsch, Daniel: Anton Prokesch von Osten (1795-1876). Ein Diplomat Österreichs in Athen und an der Hohen Pforte. Beiträge zur Wahrnehmung des Orients im Europa des 19. Jahrhunderts (Südosteuropäische Arbeiten, Bd. 123) München 2005, S. 403f.
37 Tivar, bei Regen aufgenommen, ca. 25. August 1863 (Sammlung Josef Székely, in: ÖNB VUES IV 41055). Abdruck mit freundlicher Genehmigung der Österreichischen Nationalbibliothek. Ferner abgedruckt bei: Elsie, Robert: Writing in Light. Early Photography of Albania and the Southwestern Balkans/Dritëshkronja. Fotografia e hershme nga Shqipëria dhe Ballkani, Prishtina 2007, S. 27.
38 Vgl. Schweitzer: Emin, S. 39.
39 Auf Weisung Roms verlegte der Erzbischof von Antivari seinen Amtssitz am 15. März 1867 nach Skutari, das von Papst Pius IX. vom Suffraganbistum ebenfalls zum Erzbistum erhoben

wurde. Dieser war somit Erzbischof von Antivari und Skutari. Nach dem Tod des Erzbischofs Pooten 1886 wurde Antivari von der Erzdiözese Skutari gelöst und bildete fortan ein eigenes Erzbistum (vgl. Deusch: Kultusprotektorat, S. 91).

40 Pooten stammte gebürtig aus Teveren (Geilenkirchen), hatte seine kirchliche Ausbildung in Rom genossen und war im August 1855 zum Erzbischof von Antivari ernannt worden. Auf Weisung Roms verlegte er seinen Amtssitz 1867 nach Skutari, wo er fortan das Amt eines Erzbischofs der Vereinigten Bistümer von Antivari und Skutari bekleidete. 1870 nahm Pooten am I. Vatikanischen Konzil teil. Ob Lebenserinnerungen Carl Pootens existieren, ist nicht bekannt (vgl. Kutsch, Karl Josef: Carl Pooten. Erzbischof von Antivari und Skutari und Primas von Serbien, ein Kind des Kreises Geilenkirchen-Heinsberg, in: Heimatkalender des Selfkantkreises, Bd. 1 (1951), S. 54-57).

41 Vgl. Brief Schnitzers an seine Eltern, Antivari, 7. Januar 1865, in: Schweitzer: Emin, S. 37-39; hier: S. 39.

42 Vgl. Schweitzer: Emin, S. 74.

43 Vgl. Koetschet, Josef: Aus Bosniens letzter Türkenzeit. Hinterlassene Aufzeichnungen, hrsg. von Georg Grassl, Wien u.a. 1905, S. VI. – Außer der Bemerkung des Herausgebers im Vorwort finden sich keine weiteren Beschreibungen vom Zusammentreffen Koetschets mit Schnitzer. – Koetschet hat seine Erinnerungen an Schnitzer, wie am Anfang des Kapitels geschildert, 1894 in einem Zeitungsartikel veröffentlicht. Zu Koetschet allgemein vgl. Auberson, David: Joseph Koetschet (1830-1898) : un Suisse dans l'Empire ottoman, in: Actes de la Société Jurasiene d'Emulation (2008), S. 219-236.

44 Vgl. Brief Schnitzers an seine Eltern, Antivari, 7. Januar 1865, in: Schweitzer: Emin, S. 37-39; hier: S. 39.

45 Alte Bezeichnung für Serbisch und Kroatisch.

46 Brief Schnitzers an seine Eltern, Antivari, 1. Mai 1865, in: Schweitzer: Emin, S. 41-44; hier: 42. – Im Original: BArch N 2063/2, 8-10; hier: 8RS.

47 Brief Schnitzers an seine Eltern, Antivari, 1. Mai 1865, in: Schweitzer, Emin, S. 41-44; hier: S. 42. Im Original: BArch N 2063/2, 9.

48 Vgl. Brief Schnitzers an seine Eltern, Antivari, 1. Mai 1865, in: Schweitzer: Emin, S. 41-44; hier: S. 43. Im Original: BArch N 2063/2, 9.

49 In einem weiteren Brief schrieb Schnitzer, dass ihn die Bevölkerung »*Tabib Effendim*« (»Herr Arzt«) nenne (Schnitzers Brief an seine Eltern, Antivari, 12. August 1865, in: Schweitzer: Emin, S. 45-48; hier: S. 45). – Im Original: BArch N 2063/2, 14-16; hier: 14. – Die hier benutzte Form »Ef[f]endim« bedeutet eigentlich »mein Herr«.

50 Brief Schnitzers an seine Eltern, Antivari, 1. Mai 1865, in: Schweitzer: Emin, S. 41-44; hier: S. 43. Im Original: BArch N 2063/2, 9RS.

51 Vgl. Brief Schnitzers an seine Eltern, Antivari, 1. Mai 1865, in: Schweitzer: Emin, S. 41-44; hier: S. 43. Im Original: BArch N 2063/2, 9RS.

52 Zahlungsmittel im Osmanischen Reich war der Piaster (arab./osm. Sg. Qirš, Pl. Quruš). Im süddeutschen Raum blieb der Silbergulden (lat. florenus aureus, abgekürzt: fl.) bis 1875 bzw. 1876 und in Österreich bis 1892 als Zahlungsmittel gültig. Nach Georg Schweitzer betrug die Umrechnung damals etwa 10:1 (10 Piaster = 1 Gulden; vgl. Schweitzer: Emin, S. 62). – Um einen ungefähren Vergleich zwischen Schnitzers Monatsgehalt (1864: 100 Gulden) als Leiter einer Quarantäne-Station im Osmanischen Reich und einem Einkommen in Deutschland herzustellen: Ein Assistenzarzt an der »Ständischen Land-Irren-Anstalt« in Neu-Ruppin bezog bei freier Wohnung, Heizung, Wäsche etc. 500 Thaler Jahresgehalt (vgl. Sponholz, Dr.: Bekanntmachung, in: Deutsche Klinik. Zeitung für Beobachtungen aus deutschen Krankenhäusern, Bd. 16 (1864), S. 72), was nach Umrechnung in Gulden (1 Thaler = 1,5 Gulden) etwa ein Monatsgehalt von 62,5 Gulden bedeutete. Der Komponist Richard Wagner (1813-1883) soll im gleichen Jahr vom Bayerischen König Ludwig II. (reg. 1864-1886) ein Jahresgehalt von 4.000 Gulden bewilligt bekommen haben, was einem Monatseinkommen von 333 Gulden entsprochen hätte (vgl. Heim, Stefanie: Richard Wagners Kunstprogramm im nationalkulturellen Kontext. Ein Beitrag zur Kulturgeschichte des 19. Jahrhunderts, Würzburg 2006, S. 131).

53 Vgl. Brief Schnitzers an seine Eltern, Antivari, ohne Datum [Frühjahr 1865], in: Schweitzer: Emin, S. 42-44; hier: S. 43.

54 Über das Leben Divitçi İsmail Paschas existieren kaum Informationen. Summarisch erwähnt wird er bei Kornrumpf (vgl. Kornrumpf, Hans-Jürgen: Ismail Hakkı Bey, kaiserlich osmanischer Militärattaché in Wien 1909-1910, und seine zeitgenössischen Namensbrüder, in: Wiener Zeitschrift des Morgenlandes, Bd. 81 (1991), S. 177-185; hier: S. 183), ausführlicher aus den Zusammenhängen heraus bei Reinkowski (vgl. Reinkowski: Dinge der Ordnung), oder Deusch (vgl. Deusch: Kultusprotektorat). Eine knappe Datengerüst bietet die Türk Ansiklopedisi: Anonym: İsmail Hakkı Paşa, Divitçi, in: Türk Ansiklopedisi 20 (1972), Sp. 308f. Allerdings wurde hier das Sterbejahr (1873) mit 1874 falsch angegeben. Vgl. auch: Anonym: Divitçi İsmail Paşa, in: Aläettın, İbrahim (Hrsg.): Meşhur Adamlar. Hayatları – Eserleri, Bd. 1, İstanbul ²1935, Sp. 339. – In osmanischer Schrift: Vgl. Anonym: Ismā'īl Ḥaqqı Bāšā Dīwītčī, in: Ṭarīya, Muḥammad: Saġil 'Utmānī, Bd. 1, o.O. 1308h. [1890], Sp. 385.
55 Vgl. Brief Schnitzers an seine Eltern, Antivari, ohne Datum [Frühjahr 1865], in: Schweitzer: Emin, S. 42-44; hier: S. 43; vgl. Brief Schnitzers an seine Eltern, Antivari, 15. Juli 1865, in: Schweitzer: Emin, S. 45.
56 Schnitzer in einem Brief an seine Eltern, Antivari, ohne Datum [August 1865], in: Schweitzer: Emin, S. 46-48; hier: S. 46. Schnitzer nennt hier nur den Namen des Deputierten: Schakyr Efendi.
57 Schnitzer in einem Brief an seine Eltern, Antivari, ohne Datum [August 1865], in: Schweitzer: Emin, S. 46-48; hier: S. 46.
58 Die von Schweitzer aufgeführte Form »*Arolona*« (Schweitzer: Emin, S. 46) ist nicht nachweisbar. Vermutlich handelt es sich um einen Transkriptionsfehler.
59 Schnitzer in einem Brief an seine Eltern, Antivari, 12. August 1865, in: Schweitzer: Emin, S. 46-48; hier: S. 47. – Im Original: BArch N 2063/2, 14-16; hier: 15.
60 Schweitzer: Emin, S. 47; BArch N 2063/2, 15.
61 Schweitzer: Emin, S. 48; BArch N 2063/2, 15RS.
62 Vgl. z.B. Brief Schnitzers an seine Eltern, ohne Datum [1866], in Schweitzer: Emin, S. 52.
63 Vgl. Schnitzer in einem Brief an seine Eltern, Antivari, ohne Datum [August 1865], in: Schweitzer: Emin, S. 46-48; hier: S. 47f.
64 Gemeint ist Schnitzers Stiefvater, Bernhard Treftz.
65 Brief Schnitzers an seine Eltern, Antivari, 17. November 1865, in: Schweitzer: Emin, S. 50f.
66 Vgl. Brief Schnitzers an seine Eltern, Antivari, 12. November 1865, in: Schweitzer: Emin, S. 48f.
67 Brief Schnitzers an seine Schwester, Antivari, ohne Datum [August 1865], in: Schweitzer: Emin, S. 49f.
68 Vgl. BArch Kl. Erw. 118, 1-2 (RS), Briefe Schnitzers an seine Familie, Antivari, 13. Januar 1866. – Die Vorgängerbriefe hat Schnitzer vermutlich auch mit Dr. Schnitzer unterzeichnet. Da diese jedoch nur in Auszügen bei Schweitzer wiedergegeben sind, ist jener Brief der erste, bei dem diese Eigenart nachvollziehbar ist. – An Verwandten hat Schnitzer ferner Onkel Fritz, August und Richard aufgezählt, ein herzlicher Gruß geht an »*meinen lieben kleinen Kronprinzen Arthur*« (BArch Kl. Erw. 118, 1-2 (RS), Briefe Schnitzers an seine Familie, Antivari, 13. Januar 1866, 2 RS).
69 Vgl. Schweitzer: Emin, S. 51f.
70 Divitçi İsmail hatte im August 1866 ein Schreiben nach Konstantinopel gesandt, in dem er über geheime Aufklärungsoperationen in Montenegro und der Mirdita berichtete. Zur Beschenkung der Mirditenoberen wie zur Bezahlung der Geheimagenten verlangte der Gouverneur zusätzliche Mittel in Höhe von 4.000-5.000 Kuruş. Diese wurden ihm von der Hohen Pforte mit der Auflage gewährt, sparsam damit umzugehen (vgl. Reinkowski: Dinge der Ordnung, S. 86).
71 Brief Schnitzers an seine Eltern, Antivari, ohne Datum [1866], in: Schweitzer: Emin, S. 52.
72 Brief Schnitzers an seine Eltern, Antivari, ohne Datum [1866], in: Schweitzer: Emin, S. 52. – Obwohl die dritte Reise vorgeblich Sanitätszwecken gedient hatte, wie Schnitzer berichtete, wäre auch hier denkbar, dass ein Auftrag von Divitçi İsmail über weitere Aufklärungen hatte.
73 Brief Schnitzers an seine Eltern, Antivari, 10. Oktober 1866, in: Schweitzer: Emin, S. 52-54; hier: S. 53.
74 Bei Lissa unterlag am 20. Juli 1866 die italienische der österreichischen Flotte in einer Seeschlacht.

75 Vgl. Brief Schnitzers an seine Eltern, Antivari, 10. Oktober 1866, in: Schweitzer: Emin, S. 52-54; hier: S. 53. – Schnitzer spielte hier neben dem erwähnten Italienisch-Österreichischen auch auf den Preußisch-Österreichischen Krieg an.
76 Brief Schnitzers an seine Eltern, Antivari, 10. Oktober 1866, in: Schweitzer: Emin, S. 52-54; hier: S. 54.
77 Brief Schnitzers an seine Eltern, Antivari, 10. Oktober 1866, in: Schweitzer: Emin, S. 52-54; hier: S. 54.
78 Brief Schnitzers an seine Eltern, Antivari, 10. Oktober 1866, in: Schweitzer: Emin, S. 52-54; hier: S. 54.
79 Vgl. Brief Schnitzers an seine Eltern, Antivari, 10. Oktober 1866, in: Schweitzer: Emin, S. 52-54; hier: S. 54.
80 Vgl. Brief Schnitzers an Melanie, Antivari, 13. November 1866, in: Schweitzer: Emin, S. 54f.; hier: S. 55.
81 Vgl. Brief Schnitzers an seine Eltern, Antivari, ohne Datum, [Dezember 1866], in: Schweitzer: Emin, S. 55f.
82 Schnitzers Brief an seine Eltern, Antivari, 27. Januar 1867, in: Schweitzer: Emin, S. 57f.; hier: S. 57.
83 Schnitzers Brief an seine Eltern, Antivari, 27. Januar 1867, in: Schweitzer: Emin, S. 57f.; hier: S. 57.
84 Vgl. Schnitzers Brief an seine Eltern, Antivari, 27. Januar 1867, in: Schweitzer: Emin, S. 57f.; hier: S. 57.
85 Vgl. Brief an »*seinen Oheim*«, Antivari, 3. März 1867, in: Schweitzer: Emin, S. 58.
86 Schweitzer: Emin, S. 58.
87 Im Bundesarchiv ist ein Brief von Ende April 1867 erhalten geblieben, in dem Schnitzer seinem Vater zum Geburtstag gratulierte und vage einen besuchsweisen Aufenthalt in der Heimat in Aussicht stellte. Dauerhaft zurückkehren wolle er nicht, weil er seinen »[…] *eigentlichen Wirkungskreis, wie ich ihn hier gefunden, nicht gern missen möchte.*« (Brief Schnitzers an seinen Stiefvater, A[ntivari], 27. April 1867, in: BArch N 2063/2, 28f.; hier: 29).
88 Brief Schnitzers an seine Mutter, Antivari, 27. Mai 1867, in: Schweitzer: Emin, S. 59f.; hier: S. 59. – Im Original: BArch N 2063/2, 30.
89 Vgl. Schweitzer: Emin, S. 59; vgl. BArch N 2063/2, 30.
90 Schweitzer: Emin, S. 59; BArch N 2063/2, 30.
91 Vgl. Schweitzer: Emin, S. 59.
92 Vgl. Brief Schnitzers an seine Eltern, Antivari, 2. Juli 1867, in: Schweitzer: Emin, S. 60f.; vgl. Brief Schnitzers an Melanie, Antivari, 1. Oktober 1867, in: Schweitzer: Emin, S. 61f.; hier: S. 61. – 1979 wurde die alte, am Berg gelegene Stadt Antivari bei einem solchen Erdbeben zerstört und nicht wieder aufgebaut.
93 Vgl. Brief Schnitzers an Melanie, Antivari, 1. Oktober 1867, in: Schweitzer: Emin, S. 61f.; vgl. Schnitzers Brief an seine Mutter, 10. Dezember 1867, in: Schweitzer, Emin, S. 62; vgl. Brief Schnitzers an seine Eltern (?), Antivari, 9. April 1868, in: Schweitzer, Emin, S. 65f.; vgl. Brief Schnitzers an Melanie, Antivari, 17. März 1868, in: Schweitzer, Emin, S. 64f.; hier: S. 64.
94 Vgl. Brief Schnitzers an seine Eltern, Antivari, 1. Februar 1868, in: Schweitzer: Emin, S. 63. Über den genannten Hafız Bey sind keine weiteren Informationen verfügbar.
95 Vgl. Brief Schnitzers an seine Eltern, Antivari, 20. Februar 1868, in: Schweitzer: Emin, S. 64.
96 Brief Schnitzers an Melanie, Antivari, 17. März 1868, in: Schweitzer: Emin, S. 64f.; hier: S. 64.
97 Brief Schnitzers an Melanie, Antivari, 17. März 1868, in: Schweitzer: Emin, S. 64f.; hier: S. 65.
98 Vgl. Brief Schnitzers an Melanie, Antivari, 17. März 1868, in: Schweitzer: Emin, S. 64f.; hier: S. 65.
99 Offenbar waren christliche Wegkreuze im albanischen Bergland von jungen Muslimen als Zielscheibe benutzt und zerstört worden. Im konkreten Fall ging es um ein Kreuz in Prekal(i), einem Dorf in den Bergen nordöstlich von Skutari gelegen. Deusch führt Quellen auf, nach denen der Bischof von Pulati, Paulus Beriscia (1821-1869), in Zusammenarbeit mit dem österreichischen Konsul Dubravich von Divitçi İsmail als Wiedergutmachung die Errichtung einer Kapelle am ehemaligen Standort des zerstörten Kreuzes gefordert hatte. Im Zuge des Konflikts habe Divitçi İsmail die Absetzung des Bischofs verlangt, war nach Intervention der österreichischen Botschaft in Konstantinopel jedoch selbst abberufen worden (vgl. Deusch: Kultu-

sprotektorat, S. 243 u. S. 670). Demnach hatte das österreichische Kultusprotektorat an dieser Stelle seine Stärke demonstriert.
100 Ein Schreiben mit dem Befehl für das Revirement zwischen Divitçi İsmail und Küçük Ömer Fevzi Pascha hat sich im *Başbakanlık Arşivleri Genel Müdürlüğü* erhalten. Demnach erhielt Divitçi İsmail eine Abfindung von 10.000 kuruş. Sein Dienstgrad blieb von der Entlassung unberührt. Das gleiche Schriftstück enthält auch die Ernennung Ömer Fevzi Paschas. Besonders bemerkt ist die Bedeutung der Aufgabe wegen der geographischen Lage Skutaris (vgl. BEO Sadaret Evraki, A.}MKT.MHM, 407-96). – Für Unterstützung bei der Übersetzung danke ich Ahmet Kaylı (Istanbul).
101 Vgl. Brief Schnitzers an Melanie, Antivari, 3. Juni 1868, in: Schweitzer: Emin, S. 66.
102 Vgl. Schweitzer: Emin, S. 66.
103 Vgl. Der Tod Bib Dodas und das Problem seines Nachfolgers. Die Anzahl der Familien und der Bevölkerung in Mirdita. Bericht 8, Dubravcich [österreichischer Konsul in Skutari] an de Beust, Skutari 21. Juli 1868, in: Baxhaku, Fatos/Kaser, Karl (Hg.): Die Stammesgesellschaften Nordalbaniens. Berichte und Forschungen österreichischer Konsuln und Gelehrter (1861-1917), Wien u.a. 1996, S. 40f.; vgl. Deusch: Kultusprotektorat, S. 669f.
104 Vgl. Reinkowski: Dinge der Ordnung, S. 152.
105 Vgl. Bericht von einer Reise in die Mirdita. Bericht 14. Wassitsch an [den österreichischen Außenminister Julius] Andrássy (1823-1890), Skutari, 6. August 1872, in: Baxhaku/Kaser: Stammesgesellschaften, S. 48-55.
106 Vgl. Brief Schnitzers an seine Familie, Antivari, 27. April 1869, in: Schweitzer: Emin, S. 67.
107 Ein solcher Bericht konnte bislang nicht verifiziert werden. Eventuell kommt Schnitzer als Autor eines auf den 4. Juli 1865 datierten Korrespondentenberichts aus Cattaro über montenigrinische Verhältnisse in Betracht (vgl. Anonym: Montenegrinisches, in: Neue Freie Presse, 13. Juli 1865).
108 Vgl. Brief Schnitzers an seine Familie, Antivari, 12. Oktober 1869, in: Schweitzer: Emin, S. 68. – Amtliche Dokumente über Schnitzers Tätigkeit sind bislang nicht bekannt.
109 Vgl. Borozan, Đorđe: Montenegro vom 16. Jahrhundert bis 1918, in: Lukan, Walter/Trgovcevic, Ljubinka u.a. (Hg.): Serbien und Montenegro: Raum und Bevölkerung, Geschichte, Sprache und Literatur, Kultur, Politik, Gesellschaft, Wirtschaft, Recht, Münster 2006, S. 177-192; hier: S. 187. – Über das Verhältnis Nikolas zu Österreich und Russland vgl. aus zeitgenössischer Sicht: Gopčević, Spiridion: Geschichte von Montenegro und Albanien, Gotha 1914, S. 455.
110 Schnitzers Brief an seine Familie, Antivari, 20. November 1869, in: Schweitzer: Emin, S. 68-70; hier: S. 69.
111 Den Namen des Journals verriet Schnitzer nicht. Möglicherweise handelte es sich um den *Levant Herald*.
112 Vgl. Brief Schnitzers an seine Familie, Antivari, 20. November 1869, in: Schweitzer: Emin, S. 68-70; hier: S. 69.
113 Vgl. Brief Schnitzers an seine Familie, Antivari, 20. November 1869, in: Schweitzer: Emin, S. 68-70, hier: 68f.
114 Vgl. Brief Schnitzers an seine Eltern, Antivari, 21. Dezember 1869, in: Schweitzer: Emin, S. 70.
115 Vgl. Brief Schnitzers an seine Eltern, Antivari, 24. März 1870, in: Schweitzer: Emin, S. 71. – Vermutlich handelt es sich hier um die im zweiten Teil wiedergegebene Photographie (Bild 44).
116 Vgl. Brief Schnitzers an seine Eltern, Antivari, 5. April 1870, in: Schweitzer: Emin, S. 72.
117 Vgl. Brief Schnitzers an seine Eltern, Antivari, 4. Mai 1870, in: Schweitzer: Emin, S. 72.
118 Vgl. Brief Schnitzers an Melanie, Antivari, 5. August 1870, in: Schweitzer: Emin, S. 73.
119 Zu Bethel Strousberg vgl. Borchart, Joachim: Der europäische Eisenbahnkönig Bethel Henry Strousberg, München 1991.
120 Zu Max Kurnik vgl. Jessen, Hans: Max Kurnik. Ein Breslauer Journalist (1819-1881), Breslau 1927.
121 Otto Blau trat neben seiner Konsulartätigkeit insbesondere als Numismatiker in Erscheinung. Seine Münzsammlung befindet sich heute in der Universität Leipzig. Als Beispiel für seine Publikationen sei die Monografie Blau, Otto: Reisen in Bosnien und der Herzegowina, Berlin 1877, genannt.
122 Vgl. Brief Schnitzers an seine Eltern, Antivari, 29. Juni 1870, in: Schweitzer: Emin, S. 72f.
123 Vgl. Brief Schnitzers an seine Eltern, Antivari, 10. September 1870, in: Schweitzer: Emin, S. 74.

124 Vgl. Brief Schnitzers an seine Eltern, Antivari, 23. November 1870, in: Schweitzer: Emin, S. 75. Vgl. Brief Schnitzers an seine Eltern, Antivari, 10. Dezember 1870, in: Schweitzer: Emin, S. 75.
125 Shkodra: Südansicht der Festung, Ende August 1863 (Sammlung Josef Székely, in: ÖNB VUES IV 41056). Abdruck mit freundlicher Genehmigung der Österreichischen Nationalbibliothek. Ferner abgedruckt bei: Elsie: Writing, S. 28.
126 Vgl. Brief Schnitzers an seine Eltern, Antivari, 19. Januar 1871, in: Schweitzer: Emin, S. 76.
127 Schnitzer an seine Schwester Melanie, Trapezunt, 14. Januar 1872, in: Schweitzer: Emin, S. 79.
128 Vgl. Hassan, Vita: Die Wahrheit über Emin Pascha, die ägyptische Aequatorialprovinz und den Ssudān. Aus dem Französischen von B. Moritz, 2 Bde., Berlin 1893; hier: Bd. I, S. 18f.
129 Schnitzer an seine Schwester Melanie, Trapezunt, 14. Januar 1872, in: Schweitzer: Emin, S. 79.
130 Vgl. Matuz, Josef: Das Osmanische Reich. Grundlinien seiner Geschichte, Darmstadt ⁶2010, S. 237. – Zum Thema vgl. auch: Czygan, Christiane: Reformer versus Reformen: Zum Gehalt jungosmanischer Tanẓīmāt-Kritik, in: Fenz, Hendrik (Hrsg.): Strukturelle Zwänge – Persönliche Freiheiten. Osmanen, Türken, Muslime: Reflexionen zu gesellschaftlichen Umbrüchen. Gedenkband zu Ehren Petra Kapperts (Studien zur Geschichte und Kultur des islamischen Orients. Beihefte zur Zeitschrift »Der Islam«. Neue Folge, Bd. 21) Berlin u.a. 2009, S. 65-79.
131 Vgl. Melinz, Gerhard: Vom Osmanischen Mosaik zur türkischen Staatsnation. Aspekte der Nationalstaatsbildung und des Nationalismus im mittleren Osten, in: Bruckmüller, Ernst/Linhart, Sepp u.a. (Hg.): Wege der Staatenbildung in der außereuropäischen Welt (Beiträge zur Historischen Sozialkunde, Bd. 4, Beiheft) Wien 1994, S. 51-75; hier: S. 59.
132 So sind jungosmanische Zeitungen wie die Zeitungen *Hurriyet* und *Muḫbir* in den 1860er Jahren zeitweise in London und Genf gedruckt worden (vgl. Czygan, Christiane: From London back to Istanbul: The Channel of Communication of the Young Ottoman Journal ḥurriyet (1868-1870), in: Sadgrove, Philip (Hrsg.): History of Printing and Publishing in the Languages and Countries of the Middle East, Oxford 2005, S. 59-68); vgl. Dies.: Zur Ordnung des Staates. Jungosmanische Intellektuelle und ihre Konzepte in der Zeitung Ḥurrīyet (1868-1870) (Studien zum Modernen Orient, Bd. 21) Berlin 2012.
133 Zu Eb(b)üzziya Tevfik vgl. Gür, Âlim: Ebüzziya Tevfik. Hayatı, Dil, Edebiyat, Basın, Yayın ve Matbaacılığa Katkıları, Ankara 1998; vgl. Canelli, Mustafa: Ebüzziyâ Tanzimat aydınlarından renkli bir sima, Ankara 1994. Auch Christiane Czygan erwähnt Ebüzziya im Zusammenhang mit der Jungosmanischen Bewegung (vgl. Czygan, Christiane: The Self-portrait of the Yeñi 'Os̱mānlılar Cem'īyeti in the Journal Ḥurrīyet, in: Unbehaun, Horst (Hrsg.): The Middle Eastern Press as a Forum for Literature (Heidelberger Studien zur Geschichte und Kultur des modernen Vorderen Orients, Bd. 30) Frankfurt am Main u.a. 2004, S. 39-50). – Welche Kontakte Ebbüzziya vor 1871 zu den Jungosmanen unterhielt, ist nach schriftlicher Auskunft von Christiane Czygan (Stand: Juni 2011) unklar.
134 Vgl. Mardin, Şerif: The Genesis of Young Ottoman Thought. A Study in the Modernization of Turkish Political Ideas (Princeton Oriental Studies, Bd. 21), Princeton 1962, S. 64f.
135 Eine Zeitung dieses Namens (*Ḥakikat*) existierte nach schriftlicher Auskunft von Christiane Czygan (Stand: Juni 2011) tatsächlich, jedoch erst 1876 unter der Herausgeberschaft von Rüştü Bey. Sie wurde wegen mangelnden Erfolgs bald eingestellt.
136 Weitere Erläuterungen über den Beitrag von Ebüzziya Tevfik folgen am Ende des Kapitels.
137 Vgl. Matuz: Das Osmanische Reich, S. 237.
138 Vgl. Brief Schnitzers an seine Eltern, Trapezunt, 3. April 1872, in: Schweitzer: Emin, S. 82f; hier: S. 83. – Vgl. auch: Jephson, Arthur J. Mounteney: The Diary of A. J. Mounteney Jephson. Emin Pasha Relief Expedition (1887-1889), hrsg. von Dorothy Middleton, Cambridge 1969, S. 276.
139 Vgl. Brief Schnitzers an seine Schwester Melanie, Trapezunt, 14. Januar 1872, in: Schweitzer: Emin, S. 79.
140 Vgl. Brief Schnitzers an seine Mutter, Trapezunt, 21. Februar 1872, in: Schweitzer: Emin, S. 80f.
141 In Konstantinopel existierten in dieser Dekade verschiedene englischsprachige Blätter, darunter *The Levant Herald*.
142 Möglicherweise hat Schnitzer an einer von Divitçi İsmail befohlenen Strafexpedition gegen albanische Bergethnien teilgenommen. Auslöser war die Ermordung des Distriktvorstehers Suleiman Hota. Einem Bericht des österreichischen Konsularbeamten in Skutari, Wassitsch, zufolge war nicht klar, ob Divitçi İsmail mit der Strafexpedition eine Vorgabe der Hohen

Pforte umsetzte und jegliche Auflehnung mit militärischer Härte bestrafte, oder ob Ränkespiele bzw. Selbstbereicherung ausschlaggebend waren (vgl. Eine Expedition gegen die Bergstämme. Bericht 8, Wassitsch an Beust, Scutari, 25. Mai 1871, in: Baxhaku/Kaser: Stammesgesellschaften, S. 47f.).

143 Jener war nicht identisch mit dem gleichnamigen frankophilen ehemaligen Gouverneur von Nordalbaniens, der Schnitzer zu einer Agententätigkeit für das Osmanische Reich gewonnen hatte.
144 Vgl. Brief Schnitzers an Melanie, 22. Februar 1872, in: Schweitzer: Emin, S. 81f.; hier: S. 82.
145 Vgl. Brief Schnitzers an seine Mutter, Trapezunt, 21. Februar 1872, in: Schweitzer: Emin, S. 80f.
146 Schweitzer: Emin, S. 81.
147 Brief Schnitzers an Melanie, Trapezunt, 22. Februar 1872, in: Schweitzer: Emin, S. 81.
148 Brief Schnitzers an Melanie, Trapezunt, 22. Februar 1872, in: Schweitzer: Emin, S. 81.
149 Vgl. Kraft: Emin, S. 76. Kraft hatte ein Liebesverhältnis zwischen der Tochter Bib Doda Paschas, Devidé, und Schnitzer konstruiert.
150 Schnitzer an seine Schwester Melanie, Trapezunt, 14. Januar 1872, in: Schweitzer: Emin, S. 79.
151 Der Begriff der »Konversion« für den Übertritt zum Islam ist aus islamischer Sicht problematisch, da nach dem fiṭra-Konzept alle Menschen als Muslime geboren werden und ein späterer Übertritt von einer anderen Religion allenfalls eine Rückkehr darstellt.
152 Brief Schnitzers an seine Mutter, Trapezunt, 21. Februar 1872, in: Schweitzer: Emin, S. 81.
153 Brief Schnitzers an seine Mutter, Trapezunt, 5. Juni 1872, in: Schweitzer: Emin, S. 84.
154 Vgl. Brief Schnitzers an Melanie, Trapezunt, 14. Januar 1872, in: Schweitzer: Emin, S. 79f.; hier: S. 79.
155 Brief Schnitzers an Melanie, Trapezunt, 7. August 1872, in: BArch, Kl. Erw. 118, 3f; hier: 4.
156 Brief Schnitzers an Melanie, Trapezunt, 7. August 1872, in: BArch, Kl. Erw. 118, 3f; hier: 4.
157 Vgl. Hering, Rainer: Broecker, Theodor Paul Oskar Arthur von, in: Biographisch-Bibliographisches Kirchenlexikon, Bd. 16 (1999), Sp. 231-245.
158 Vgl. Brief Schnitzers an Melanie, Trapezunt, 7. August 1872, in: BArch, Kl. Erw. 118, 3f., hier: 3.
159 Vgl. Brief Schnitzers an Melanie, Trapezunt, 10. September 1872, in: Schweitzer: Emin, S. 84f.
160 Private Aufnahme (Kirchen, 2010).
161 Brief Schnitzers an seine »liebe gute Schwester« (Melanie?), Konstantinopel, 24. Oktober 1872, in: BArch Kl. Erw. 118, 5-6 RS; hier: 5.
162 Vgl. Brief Schnitzers an seine »liebe gute Schwester« (Melanie?), Konstantinopel, 24. Oktober 1872, in: BArch Kl. Erw. 118, 5-6 RS; hier: 6.
163 Brief Schnitzers an seine »liebe gute Schwester« (Melanie?), Konstantinopel, 24. Oktober 1872, in: BArch Kl. Erw. 118, 5-6 RS; hier: 6RS.
164 Brief Schnitzers an seine »liebe gute Schwester« (Melanie?), Konstantinopel, 24. Oktober 1872, in: BArch Kl. Erw. 118, 5-6 RS; hier: 6RS.
165 Brief Schnitzers an seine »liebe gute Schwester« (Melanie?), Konstantinopel, 24. Oktober 1872, in: BArch Kl. Erw. 118, 5-6 RS; hier: 6RS.
166 Brief Schnitzers an Melanie, Konstantinopel, 29. November 1872, in: Schweitzer: Emin, S. 85f.; hier: S. 85; vgl. Brief Schnitzers an Melanie, Konstantinopel, 8. Dezember 1872, in: Schweitzer: Emin, S. 86.
167 Vgl. Brief Schnitzers an seine Mutter, Konstantinopel, 13. Januar 1873, in: BArch N 2063/2, 37f.; hier: 37; vgl. Brief Schnitzers an Melanie, Konstantinopel, 13. Februar 1873, in: Schweitzer: Emin, S. 86f.; hier: S. 86.
168 Vgl. Brief Schnitzers an seine Mutter, Konstantinopel, 20. Januar 1873, in: BArch N 2063/2, 39f.; hier: 40.
169 Brief Schnitzers an Melanie, Konstantinopel, 3. Juli 1873, in: Schweitzer: Emin, S. 88.
170 Brief Schnitzers an Melanie, Janina, 23. Oktober 1873, in: BArch Kl. Erw. 118, 7f.; hier: 8.
171 Private Aufnahme (Kirchen, 2010).
172 Brief Schnitzers an Melanie, Janina, 23. Oktober 1873, in: BArch Kl. Erw. 118, 7f.; hier: 8.
173 Brief Schnitzers an Melanie, Janina, 23. Oktober 1873, in: BArch Kl. Erw. 118, 7f.; hier: 8.
174 Brief Schnitzers an Melanie, Janina, 23. Oktober 1873, in: BArch Kl. Erw. 118, 7f.; hier: 8.
175 Vgl. Schweitzer: Emin, S. 86f.

176 Zum Philhellenismus Byrons vgl. Leask, Nigel: Byron and the Eastern Mediterranean: Childe Harold II and the ›polemic of Ottoman Greece‹, in: Bone, Drummond (Hrsg.): The Cambridge Companion to Byron, Cambridge 2004, S. 99-117.

177 Das mag auch am »*ungenügenden Gebrauch osmanischer Quellen*« liegen, wie Nathalie Clayer kürzlich in einem Beitrag für die Darstellung der spätosmanischen Geschichte kritisierte (Clayer, Nathalie: Religion, Nationsbildung und Gesellschaft, in: Schmitt, Oliver Jens/Frantz, Eva Anne (Hg.): Albanische Geschichte. Stand und Perspektiven der Forschung (Südosteuropäische Arbeiten, Bd. 140), München 2009, S. 107-117; hier: S. 114). – Einer der wenigen Beiträge zur Geschichte von Epirus im späten 19. Jahrhundert bietet Johann Strauß (vgl. Strauß, Johann: Das Vilayet Janina 1881-1912. Wirtschaft und Gesellschaft einer »geretteten Provinz«, in: Majer, Hans Georg/Motika, Raoul: Türkische Wirtschafts- und Sozialgeschichte (1071-1920), Wiesbaden 1995, S. 297-317).

178 Vgl. Konstantios, Dimitris: The Kastro of Ioannina (Ministry of Culture Archaeological Receipts Fund) Athen ²2000, S. 31.

179 Vgl. Konstantios: Kastro, S. 40.

180 Brief Schnitzers an Melanie, Konstantinopel, 15. Januar 1874, in: BArch Kl. Erw. 118, 9f.; hier: 9.

181 Vgl. Brief Schnitzers an »Nevik Bey«, Trapezunt, ohne Datum [Sommer 1872], in: B., A.: Enthüllungen, S. 9f.

182 Vgl. ebd., 10. – Im *Bundesarchiv* hat sich der Brief einer deutschen Bonne (Kindermädchen) namens Betti Aulinger an Melanie Schnitzer erhalten. Aulinger war eigenen Angaben zufolge vier Monate Betreuerin der beiden jüngeren Knaben gewesen. Sie schrieb, Schnitzer, »*eine Stütze in trüben Tagen*« (vgl. Brief Betti Aulingers an Melanie Schnitzer, Untereichen bei Altenstadt/Iller, 8. Oktober 1893, in: BArch N 2063/11, 8f.; hier: 8), habe ihr damals die Anstellung in Konstantinopel vermittelt. Sie habe Konstantinopel zusammen mit der Familie verlassen und sei bis Triest mitgereist. Weitere Einzelheiten dieser Zeit nannte sie nicht.

183 Brief Schnitzers an Melanie, Konstantinopel, 12. März 1874, in: Schweitzer: Emin, S. 90f.; hier: S. 90.

184 Vgl. Brief Schnitzers an Melanie, Konstantinopel, 12. März 1874, in: Schweitzer: Emin, S. 90f.; hier: S. 90.; vgl. Brief Schnitzers an Melanie, Konstantinopel, 5. Februar 1874, in: Schweitzer: Emin, S. 90; vgl. Brief Schnitzers an Melanie, Konstantinopel, 12. März 1874, in: Schweitzer: Emin, S. 90.

185 Vgl. Schweitzer: Emin, S. 91f.

186 Brief Schnitzers an Melanie, Konstantinopel, 29. April 1874, in: Schweitzer: Emin, S. 91f.; hier: S. 92.

187 Brief Schnitzers an Melanie, Konstantinopel, 29. April 1874, in: Schweitzer: Emin, S. 91f.; hier: S. 92.

188 Zum Jemen vgl. Farah, Caesar E.: The Sultan's Yemen. Nineteenth-Century Challenges to Ottoman Rule, London u.a. 2002.

189 Brief Schnitzers an Melanie, Konstantinopel 28. Juni 1874, in: BArch Kl. Erw. 118, 11f.; hier: 11RS.

3. Intermezzi in Tirol und Schlesien (1874/75)

1 Hier handelt es sich wiederum um die Koblenzer Briefsammlung (BArch Kl. Erw. 118).

2 Vgl. B., A.: Enthüllungen.

3 Schmidt hat den Inhalt der Akte GStA HA I tit. 874 E Nr. 8, *Acta betr. das Vorleben des Emin Pascha (Dr. Schnitzer)* [neue Signatur: GStA PK I. HA Rep. 77, Ministerium des Innern, Tit. 874, Nr. 30], in einem kürzlich veröffentlichten Beitrag wiedergegeben (vgl. Schmidt: Dunkle Episode, S. 315-327).

4 Zu dieser typischen Vorgehensweise schrieb Glendinning: »*In the past the lies of biography tended to be those of omission. [...] Material to the subject's discredit, professional and personal failures, misjudgements, and domestic black spots tended to be glossed over or omitted.*« (Glendinning: Lies, S. 55).

5   Der Kaiserliche Generalkonsul in Konstantinopel, Gillet, gab als Informanten in der Affäre einen nicht näher beschriebenen, Emilie nahestehenden Deutschen namens Eckerlin an (vgl. Schreiben Gillets an Kayser, Pera (Konstantinopel), 3. November 1890, in: Schmidt: Dunkle Episode, S. 320f.; hier: 320; im Original: GStA PK I. HA Rep. 77, Ministerium des Innern, Tit. 874, Nr. 30, 2f.). Auch wenn der Name es nicht unbedingt vermuten lässt, könnte Eckerlin zur Tarnung die Initialen A. B. verwendet haben.
6   Vgl. B., A.: Enthüllungen, S. 6.
7   Vgl. B. A.: Enthüllungen, S. 30.
8   »Wer wird mich arme verlassene Frau zu seiner Gattin erheben, nachdem mein treuloser Mann mich verstoßen und die Welt mich mit Verachtung behandelt hat?« (B., A.: Enthüllungen, S. 27).
9   Tevfik, Ebüzziya: Doktor Şiniçer nam-ı değer Emin Paşa, in: Nevsalı marifet (1889?), S. 208-213 (als Transkription und Übersetzung im Hill-Nachlass: SAD G//S 1103/4, 4 (ii)). – In Kairo erschien 1948 ein französischer Artikel, der sich mit dem Beitrag Ebüzziya Tevfiks auseinandersetzte. Der seinerseits ebenfalls anonyme Autor dieses Artikels gab die heutige übliche Namensumschrift Ebüzziya Tevfik mit »Dr. Abul Zya Tevfik Bey« wieder (Édouard Schnitzer, alias Émin Pacha, jugé par un historien turc, in: Cahiers d'histoire égyptienne : histoire, ethnographie, documents, (1948), S. 234-237; hier: S. 236). Das Kürzel des anonymen Autors A. B. könnte demnach für »A[bul Zya Tevfik] B[ey]« gestanden haben. – In Âlim Gürs Biographie über Ebüzziya Tevfik finden dessen o.g. Schrift wie auch sämtliche Aspekte der Geschichte um Schnitzer und Emine/Emilie keine Erwähnung (vgl. Gür: Ebüzziya).
10 Vgl. Welk: Schwarze Sonne.
11 Bei Frank hieß sie vor der Heirat angeblich Emilie Freund (vgl. Frank: Ahasverus, S. 32) – ein Umstand, der durch andere Quellen widerlegt wird. Richtig war der Name Leitschaft.
12 Joseph Koetschet zufolge hatte Divitçi İsmail seine Frau über den ehemaligen Stabsarzt von Antivari, Atta Bey, kennengelernt. Atta hieß eigentlich Ludwig Novotny und stammte aus Böhmen. In Bukarest hatte er eine Siebenbürgerin geheiratet, deren Nichte Emilie Leitschaft war. In Antivari waren Atta und Divitçi İsmail um 1862 Nachbarn gewesen (vgl. Kraft: Emin, S. 64).
13 B., A.: Enthüllungen, S. 12.
14 Vgl. B. A.: Enthüllungen, S. 13.
15 Vgl. Brief Schnitzers an Melanie, Arco, 21. September 1874, in: Schweiter: Emin, S. 92.
16 Brief Schnitzers an seinen Stiefvater, Arco, 30. Oktober 1874, in: Schweitzer: Emin, S. 93.
17 Vgl. B., A.: Enthüllungen, S. 13f.
18 Das Diözesanarchiv Trento verwahrt sämtliche noch vorhandene Kirchenbücher der Region in digitaler Form. Die in unmittelbarer Nähe zu Riva und Arco gelegenen Pfarreien verzeichnen keine Eheschließung Schnitzers mit Emilie Leitschaft.
19 Auch diese Tatsache erstaunt, da deutschstämmige Siebenbürger überwiegend evangelisch waren. – Eine Trauung in einer der evangelischen Gemeinden am Gardasee scheidet aus, da sie nach Auskunft der *Chiesa Evangelica Luterana in Italia* zu diesem Zeitpunkt noch nicht existierten.
20 Vgl. B., A.: Enthüllungen, S. 14.
21 Vgl. B., A.: Enthüllungen, S. 16.
22 A. B. hat die Urkunde vollständig abdrucken lassen (B., A.: Enthüllungen, S. 15).
23 Private Aufnahme (Kirchen, 2008).
24 Pauline Schnitzer wurde am 29. November 1874 um neun Uhr morgens geboren und einen Tag später, am 30. November 1874 in der *Collegiata* katholisch getauft (vgl. Taufbuch der Collegiata, Arco, Nati 1874-84, Bd. XXII (256), 19f.).
25 Ebd.
26 Schnitzer hat mindestens zwei Testamente verfasst. Das spätere Testament, das laut Findbuch im Nationalarchiv von Sansibar unter der Archivsignatur ZNA AL 2/95 (=G 2/95), 22 aufbewahrt wurde, ist dort nicht mehr vorhanden.
27 Anonym: Emin Pascha's Tochter und sein Nachlaß, in: Berliner Lokal Anzeiger, 7. Januar 1897.
28 Gerichtliches, in: Vossische Zeitung, 7. Januar 1897.
29 Frank zufolge führte Pauline später den Titel »Gräfin Lavaux« (vgl. Frank: Ahasverus, S. 34).
30 Vgl. Anonym: Emin Pascha's Tochter und sein Nachlaß, in: Berliner Lokal Anzeiger, 7. Januar 1897.

31 Vgl. Anonym: Gerichtliches, in: Vossische Zeitung, 7. Januar 1897.
32 Anonym: Emin Pascha's Tochter und sein Nachlaß, in: Berliner Lokal Anzeiger, 7. Januar 1897.
33 Vgl. Anonym: Emin Pascha's Tochter und sein Nachlaß, in: Berliner Lokal Anzeiger, 7. Januar 1897.
34 Über Emilie Leitschaft erfahren wir in derselben Spalte Eltern und Herkunftsort: »*Madre [Mutter] [...] dei fer Teofilo e Giuseppina nate Stalbkapp da Hermannstadt, et religione catholicam.*« (Taufbuch der Collegiata, Arco, Nati 1874-84, Bd. XXII (256), 19f.).
35 Vgl. Brief Schnitzers an Melanie, Arco, 4. Dezember 1874, in: Schweitzer: Emin, S. 93.
36 Brief Schnitzers an Melanie, Arco, 12. Dezember 1874, in: Schweitzer: Emin, S. 93f.; hier: S. 94.
37 Vgl. Brief Schnitzers an Melanie, Arco, 30. Oktober 1874, in: Schweitzer: Emin, S. 93; vgl. Brief Schnitzers an Melanie, Arco, 12. Dezember 1874, in: Schweitzer: Emin, S. 93f.
38 Brief Schnitzers an seinen Stiefvater, Arco, 2. Januar 1875, in: BArch Kl. Erw. 118, 13f.; hier: 13.
39 Brief Schnitzers an seinen Stiefvater, Arco, 2. Januar 1875, in: BArch Kl. Erw. 118, 13f.; hier: 13.
40 Brief Schnitzers an Melanie, Arco, 2. Januar 1875, in: BArch Kl. Erw. 118, 15f.; hier: 16.
41 Vgl. Brief Schnitzers an Melanie, Arco, 2. Januar 1875, in: BArch Kl. Erw. 118, 15f.; hier: 16.
42 Vgl. Brief Schnitzers an Melanie (?), Arco, 15. Februar 1875, in: Schweitzer: Emin, S. 94; vgl. Brief Schnitzers an seine Mutter, Arco, 28. März 1875, in: Schweitzer: Emin, S. 94f.; vgl. Brief Schnitzers an seinen Stiefvater, Arco, 16. April 1875, in: Schweitzer: Emin, S. 95.
43 Brief Schnitzers an seinen Stiefvater, Arco,16. April 1875, in: Schweitzer: Emin, S. 95.
44 Banke, Fritz: Geschichte der Neisser Presse bis zum Jahre 1870. Ein Beitrag zur Geschichte des Neisser Landes (Wissenschaftliche Schriften des Vereins für Geschichte Schlesiens, Bd. 2), Würzburg 1996.
45 Schweitzer: Emin, S. 95. – Als Badeort in der Umgebung von Neisse war Bad Landeck (heute: Lądek-Zdrój) bekannt. – Nannina Matz zufolge reiste Familie Treftz an die Ostee (vgl. Matz, Nannina: Eduard Schnitzer alias Emin Pasza: pełne przygód życie lekarza z Opola/Eduard Schnitzer alias Emin Pascha: das abenteuerliche Leben eines Arztes aus Oppeln, in: Wojewódzka Biblioteka Publiczna (Hrsg.): Czym byłaby Opolszczyzna bez nich?/Was wäre das Oppelner Land ohne sie?, Bd. 2, Opole 2010, S. 136-141; hier: S. 137).
46 Vgl. Kraft: Emin, S. 84.
47 Vgl. B., A.: Enthüllungen, S. 16. – Der Neisser Bürgermeister Emanuel Warmbrunn berichtete an das Central Bureau, ein gewisser Gottlieb Mayer, der für Schnitzers Vermögensverhältnisse zuständig war, habe ihm berichtet, dass Schnitzer und die Witwe Divitçi İsmail Paschas ohne polizeiliche Meldung in der Festungsstadt in der Nähe des Eichendorff'schen Hauses gewohnt hätten (vgl. Warmbrunn an das Central-Bureau, Neisse, 21. November 1890, in: Schmidt: Dunkle Episode, S. 324-326; im Original: GStA PK I. HA Rep. 77, Ministerium des Innern, Tit. 874, Nr. 30, 8f.).
48 Vgl. B., A.: Enthüllungen, S. 16; vgl. Kraft: Emin, S. 85.
49 Vgl. B., A.: Enthüllungen, S. 17.
50 Vgl. Brief Melanies an Emilie, Stettin, 25. September 1875, in: B., A.: Enthüllungen, S. 19; Brief Melanies an Emilie, Berlin, 27. September 1875, in: B., A.: Enthüllungen, S. 19f.; vgl. Brief Olga Kurniks an Emilie, Breslau, 20. September 1875, in: B., A.: Enthüllungen, S. 21; vgl. Brief Olga Kurniks an Emilie, Breslau, 28. September 1875, in: B., A.: Enthüllungen, S. 21f.
51 Vgl. B., A.: Enthüllungen, S. 18.
52 Vgl. B., A.: Enthüllungen, S. 24f. – Der Kaiserliche Generalkonsul in Konstantinopel, Gillet, berichtete in einem Schreiben an das Auswärtige Amt, Schnitzer habe 1.000 Türkische Pfund abgehoben, in dem er der Witwe einen gefälschten Depositschein hinterließ, den richtigen aber an sich genommen habe (vgl. Abschrift Schreiben Gillets an die Kolonialabtheilung des Auswärtigen Amtes [Kayser], Pera (Konstantinopel), 3. November 1890, in: GStA PK I. HA Rep. 77, Ministerium des Innern, Tit. 874, Nr. 30, 2f.; hier: 2RS. – Die Aussagen Gillets beruhen jedoch einzig auf den Schilderungen Emilies.
53 Vgl. Schweitzer: Emin, S. 99.
54 Vgl. Emin: Tagebücher I, S. 73.
55 Vgl. Grupp, Peter: Europäische Kolonialexpansion, Imperialismus und Kolonialkontakte, in: Neue Politische Literatur, Bd. 34 (1989), S. 189-215; hier: S. 214.

56 Dies ist dessen ungeachtet in anderen Publikationen geschehen, so bei Schmidt, der das Verhalten Emins als »schäbig« (Schmidt: Dunkle Episode, S. 327) bezeichnet hat.
57 B., A.: Enthüllungen, S. 23.
58 Vgl. B., A.: Enthüllungen, S. 23.
59 B., A.: Enthüllungen, S. 24.
60 Lira (1 Lira = 100 Quruš).
61 Vgl. B., A.: Enthüllungen, S. 25.
62 B., A.: Enthüllungen, S. 25.
63 Vgl. B., A.: Enthüllungen, S. 26f.
64 Gespräch mit Selma Emiroğlu-Aykan, 8. Mai 2011 in Tutzing.
65 Vgl. B., A.: Enthüllungen, S. 28.
66 Vgl. B., A.: Enthüllungen, S. 29.
67 Vgl. Abschrift Schreiben Gillets an die Kolonialabtheilung des Auswärtigen Amtes [Kayser], Pera (Konstantinopel), 3. November 1890, in: GStA PK I. HA Rep. 77, Ministerium des Innern, Tit. 874, Nr. 30, 2f.; vgl. Schmidt: Dunkle Episode, S. 320f.
68 Vgl. GStA PK I. HA Rep. 77, Ministerium des Innern, Tit. 874, Nr. 30, 6-9; vgl. Schmidt: Dunkle Episode, S. 321-326.
69 Eine Ausfertigung der Quittung, die von »*Emine Leila Ismaïl*« im Generalkonsulat in Istanbul unterzeichnet wurde, hat sich im *Nationalarchiv von Sansibar* erhalten (ZNA AL 2/96, 26). Ob es sich hier um eine nachträgliche Alimentierung der gemeinsamen Tochter oder eine Art Schweigegeld handelte, ist nicht ersichtlich. – Wenige Tage später, am 2. Februar 1891 erhielt auch Melanie Schnitzer in Neisse 200 Pfund Sterling, was einem Gegenwert von 4.000 Mark entsprach (vgl. ZNA AL 2/96, 27). – Emins Tagebucheintrag vom 9. September 1890 zufolge, erhielt neben Melanie und Emine Leyla, die Emin nicht namentlich, sondern mit »*General Consul 500 Pfund Constantinopel*« (StArchHH 622-2/16 A VII, 39) bezeichnete, auch seine Tochter Ferida einen Betrag von 300 Pfund Sterling.

4. Flucht in den Sudan (1875/76)

1 Vgl. Dunn, John P.: Khedive Ismail's Army (Cass Military Studies), London u.a. 2005; vgl. Warburg, Gabriel R.: The Turco-Egyptian Sudan: A recent historiographical Controversy, in: Die Welt des Islams, Bd. XXXI (1991), S. 193-215; vgl. Hill, Richard: Egypt in the Sudan; vgl. Ọlọmọla, Isọla: The Turco-Egyptian Regime in the Sudan, in: Oroge, Adeniyi: Egypt and the Nile Valley (Tarikh, Bd. 5/2) London u.a. 1977, S. 40-53; vgl. Collins, Robert O./ Tignor, Robert L.: Egypt & the Sudan, Englewood Cliffs 1967; vgl. Holt, Peter Malcolm: Egypt and the Fertile Crescent (1516-1922). A Political History, London 1966. – Mit Fokus auf den südlichen Sudan und die Lado-Enklave vgl. auch: Maselis, Patrick/Schoubrechts, Vincent u.a (Hg.): Histoire Postale de l'Enclave Lado/Postal History of the Enclave Lado, Monaco 2009; vgl. Collins, Robert O.: The Southern Sudan in historical perspective, Tel Aviv 1975; vgl.: Stigand, Chauncy Hugh: Equatoria. The Lado Enclave (Cass Library of African Studies. General Studies, Bd. 56), London 1923, ND 1968. – Biographisch: Vgl. Hill, Richard: A Biographical Dictionary of the Sudan, London ²1967; vgl. Robinson, Arthur E.: The Rulers of the Sudan since the Turkish Occupation until the Evacuation by Order of the Khedive, in: Journal of the Royal African Society, Bd. 24, Nr. 93 (Oktober 1924), S. 39-49.
2 Zur Perspektive des Osmanischen Sultans auf den Sudan vgl. Yasamee, Feroze A. K.: The Ottoman Empire, the Sudan and the Red Sea Coast (1883-1889), in: Deringil, Selim/Kuneralp, Sinan (Hg.): The Ottomans and Africa (Studies on Ottoman Diplomatic History, Bd. 5), Istanbul 1990, S. 87-102.
3 Vgl. Binder, Franz: Reise im Orient und Afrika, hrsg. von Paul Kainbacher (Sammlung von Afrika-Reisebeschreibungen österreichischer Forschungsreisender, Bd. 6), Baden bei Wien 2006; vgl. Stiansen, Endre: Franz Binder. Ein europäischer Araber im Sudan, in: Sauer, Walter (Hrsg.): k.u.k. kolonial. Habsburgermonarchie und europäische Herrschaft in Afrika, Wien 2002, S. 111-126; vgl. Stiansen, Endre: Franz Binder: A European Arab in the Sudan. 1852-1863,

in: Spaulding, Jay/Stephanie Beswick (Hg.): White Nile, Black Blood. War, Leadership and Ethnicity from Khartoum to Kampala, Lawrenceville u.a. 2000, S. 3-21.
4 Vgl. Tagebucheintrag Schnitzers, 28. Oktober 1875, in: Emin: Tagebücher I, S. 73. – Die Siedlung existiert seit dem Bau des Assuan-Staudammes nicht mehr.
5 Vgl. Emin: Tagebücher I, S. 81.
6 Die genaue Lokalisierung des historischen Ortes Dārā ist widersprüchlich. Anhand von Emin notierter Positionsdaten scheint der Hauptort in der Nähe der heutigen Hauptstadt von West-Darfur (arab. Ġarb Dār Fūr), al-Ġunayna, gelegen zu haben.
7 Vgl. Hansal, Martin Ludwig: Hansal's Briefe aus Chartum, hrsg. von Paul Kainbacher (Sammlung von alten Afrika- Reisebeschreibungen österreichischer Forschungsreisender, Bd. 1) Baden bei Wien 2001; vgl. Zach, Michael H.: Martin Ludwig Hansal, 1823-1885. Das Leben eines Österreichers im Sudan des 19. Jhdts. und sein Beitrag zur Erforschung und Geschichtsschreibung Nordostafrikas [phil. Diss. masch.], Wien 1986.
8 Slatin gab den Vornamen Grimms mit Karl an, außerdem, dass Grimm einen Adelstitel getragen habe (vgl. Slatin, Rudolf: Feuer und Schwert im Sudan. Meine Kämpfe mit den Derwischen, meine Gefangenschaft und Flucht. 1879–1895, Leipzig 1896, S. 2). Eventuell könnte es sich entweder um den späteren promovierten Juristen, badischen Justizminister, nationalliberalen Reichstagsabgeordneten und Mitglied des Deutschen Kolonialrates, Karl von Grimm (1830-1898), gehandelt haben, oder um Karl Grimm (1826-1893), Reichstagsabgeordneter und Mitbegründer der Deutsch-Konservativen Partei.
9 Private Aufnahme (Kirchen, 2009).
10 Giegler Pascha, Carl Christian: Aus meinem Leben, in: Nachlass Giegler [im Folgenden: NGG] – Eine Abschrift befindet sich im Nachlass Hill im *Sudan Archive Durham* (vgl. SAD G//S 1103/3, 2).
11 Vgl. Giegler: Leben, 497, in: NGG.
12 Vgl. Giegler, Carl Christian: The Sudan Memoirs of Carl Christian Giegler Pasha, 1873-1883, hrsg. von Richard Hill, engl. Übersetzung von Thirza Küpper (Fontes Historiae Africanae. Series Varia, Bd. 2) London 1984.
13 Giegler: Leben, 246, in: NGG. – Auch Hansal erwähnte die Tatsache, dass Emin sich als Muslim aus Konstantinopel ausgab (vgl. Zach: Hansal, S. 162).
14 Giegler: Leben, 246f., in: NGG.
15 Vgl. Giegler: Leben, 247, in: NGG.
16 Giegler: Leben, 247, in: NGG.
17 Vgl. Slatin: Feuer und Schwert. Slatins Buch, zunächst 1895 in Wien unter dem Titel »Auf der Flucht« verlegt, entwickelte sich zum Bestseller und erlebte allein in Deutschland bis 1921 13 Auflagen. Die britische Erstausgabe erschien ebenfalls 1896, eine Reihe von Übersetzungen in europäische Sprachen, sowie ins Arabische folgten.
18 Giegler bedient sich hier einer falschen Schreibweise.
19 Giegler: Leben, 248, in: NGG.
20 Giegler: Leben, 248f., in: NGG.
21 Zit. n. Zach: Hansal, S. 163.
22 Vgl. Giegler: Leben, 249, in: NGG.
23 In der Emin-Literatur ist zuweilen aufgeführt, dass die »*deutsche Kolonie*« eine Empfehlung gegeben habe (vgl. z.B. Freißler: Emin, S. 53 oder Meissner: Quellen, S. 40).
24 Zu Lage und politischer Ordnung der Provinz sowie angrenzender Gebiete vgl. Karten 3 und 4. Eine Beschreibung der politischen Verhältnisse der Äquatorialprovinz sowie Literaturhinweise folgen an späterer Stelle.
25 Vgl. Giegler: Leben, 249f., in: NGG.
26 Vgl. Giegler: Leben, 264f., in: NGG.
27 Private Aufnahme (Kirchen, 2009).

5. Erste Jahre in Äquatoria als »Dr. Emin Efendi« in Gordons Diensten (1876-1878)

1 Vgl. Hassan: Wahrheit I, S. 20.
2 Gordon verwies in seinen Tagebüchern bereits vor Schnitzers Ankunft auf einen einfachen, nicht mit Namen genannten Arzt, doch dieser war inzwischen verstorben. – Symons präsentierte mit dem 7. Mai 1876 sogar ein Datum für Schnitzer/Emins Namenswechsel – allerdings ohne Beleg (vgl. Symons, A[lphonse] J[ames] A[lbert]: Emin. The Gouvernor of Equatoria, London 1928, S. 7).
3 Vgl. Bild 1. – In der Literatur wird Emin zuweilen auch in der türkischen Form mit *Dr. Meh[e]met Emin«* bezeichnet (vgl. beispielsweise Liebowitz, Daniel/Pearson, Charles: The Last Expedition. Stanley's Mad Journey through the Congo, New York u.a. 2005, S. 3).
4 Vgl. Giegler: Leben, 246, in: NGG. Das Vollzitat ist bereits im vorherigen Kapitel aufgeführt.
5 Vgl. Ebüzziyya Tefvik (in Übersetzung), in: SAD G//S 1103, 4, 4 (ii).
6 Der aus der Biologie entlehnte Begriff bezeichnet im Grunde die Ähnlichkeit einer Tierart mit einer anderen, so dass eine weitere Tierart die beiden anderen nicht unterscheiden kann. Durch diese Nachahmung kann das Tier, welches die Mimikry betreibt, eventuelle Feinde verwirren und dies entweder zum Fangen von Beute oder zur Abwehr von Feinden nutzen (vgl. beispielsweise: Lunau, Klaus: Warnen, Tarnen, Täuschen. Mimikry und andere Überlebensstrategien in der Natur, Darmstadt 2002). – Im übertragenen Sinne ist hier die Nachahmung einer Kultur durch den Vertreter einer anderen gemeint. So ermöglicht Mimikry vorgeblich die Anpassung an veränderte Umstände durch Nachahmung fremder Verhaltensweisen. Ein solches Beispiel findet sich in einem Beitrag von Markus Schmitz (vgl. Schmitz, Markus: Orientalismus, Gender und die binäre Matrix kultureller Repräsentationen, in: Göckede, Regina/Karentzos, Alexandra (Hg.): Der Orient, die Fremde. Positionen zeitgenössischer Kunst und Literatur, Bielefeld 2006, S. 39-66; hier: S. 61). Die hier vollzogene Adaption eines für die Tierwelt gebräuchlichen Begriffs für den Menschen ist jedoch zumindest diskussionswürdig.
7 Vgl. Giegler: Leben, 246, in: NGG.
8 Mit Junker verkehrte Emin anfangs nur in französischer Sprache (vgl. Junker, Wilhelm: Dr. Wilhelm Junkers Reisen in Afrika. 1875-1886, hrsg. von Richard Buchta, 3 Bde., Wien u.a. 1889-1891; hier: Bd. I, S. 381).
9 Dass Europäer zuweilen Beinamen erhielten, ist beispielsweise an Ernest Linant de Bellefond, der sich auf Gordons Geheiß 1875 bei König Mutesa in Buganda aufhielt, sichtbar. Er wurde – zumindest von Seiten der Einwohner des Ortes Rubaga – 'Abd al-'Azīz genannt. Unklar ist, ob er auch selbst diesen Namen verwendete. Bei der Rückkehr von seiner Mission wurde er am 4. August 1875 bei Laboré ermordet. – Diejenigen Europäer, die in Gefangenschaft des Mahdī gerieten, bekamen muslimische Namen zugeordnet, benutzten diese aber selbst nicht.
10 Theilhaber: Seelische Heimat, S. 73.
11 Die These, Emin habe sich in Afrika wegen finanzieller Ansprüche Emilies/Emine Leylas versteckt und vor allem deshalb seinen Namen geändert, vertrat auch der Stanley-Biograph Tim Jeal (vgl. Jeal, Tim: Stanley. The Impossible Life of Africa's Greatest Explorer, London 2007, S. 378).
12 Brief Emins an Giegler, Faschoda, 25. Juli 1878, in: NGG.
13 Brief Gordons an seine Schwester Augusta, 16 Meilen südlich von Mruli, 11. September 1876, in: BL Moffitt & Bell Collections, 51293, 240-246; hier: 241 RS. Gordon verwendete hier Araber und Türke in synonymer Weise. Emin hat sich nach Dokumentenlage stets als Türke, nie als Araber ausgegeben. – In französischer Übersetzung: vgl. Lettres de Gordon à sa sœur. Écrites du Soudan, hrsg. von Philippe Daryl, Paris ³1886, S. 183.
14 Das Ernennungsschreiben hat sich in Emins Nachlass erhalten und ist als Faksimile in Stuhlmanns Edition von Emins Tagebüchern abgedruckt (vgl. Schreiben Gordon's an Emin, 8. (10?) Oktober 1876, in: Emin: Tagebücher I, S. 515 (nicht nummeriert)). Hier wird auch der Titel Hakīmbāšī genannt.
15 Emin führte die zwischen dem 16. Mai (Ankunft in Lado) und dem 3. Juni 1876 (Abreise nach Buganda) kein Tagebuch. – In Gordons Aufzeichnungen finden wir kaum Aussagen über die Zusammenarbeit mit Emin. Gordon berichtete hier nur über heitere Aspekte von Emins Mis-

sion zu Mutesa (vgl. George Birkbeck Hill (Hrsg.): Colonel Gordon in Central Africa. From Original Letters and Documents, London 1885, ND der 4. Auflage, New York 1969, S. 186-189).

16 Kabaka ist der traditionelle Titel der Könige von Bunyoro und Buganda.
17 Vgl. al-Ğamal, Šūqī: Tārīḫ Sūdān Wādī an-Nīl. Ḥaḍāratuhu wa 'Alāqātuhu bi Miṣr min aqdam al-'Uṣūr ila al-Waqt al-ḥāḍir, 2 Bde., al-Qāhira 1979, S. 265. – Al-Ğamāl hatte seinerzeit Einsicht in die offziellen Mitteilungen Gordons an den Khediven, eine Quelle, deren Einsicht mir in Kairo leider verwehrt wurde.
18 Vgl. Moore-Harell, Alica: The Turco-Egyptian Army in Sudan on the Eve of the Mahdiyya. 1877-1880, in: International Journal of Middle East Studies 31, No.1 (Feb. 1999), S. 19-37, hier: S. 32.
19 Als Beispiel für durch Kulturkontakt hervorgerufene Innovationen hat Thomas Bargatzky die Regentschaft Mutesas in Buganda herausgegriffen: Bargatzky, Thomas: Buganda unter Muteesa I (ca. 1856 bis 1884), in: Ders.: Die Rolle des Fremden beim Kulturwandel (Hamburger Reihe zur Kultur- und Sprachwissenschaft, Bd. 12), Hamburg 1978, S. 326-347.
20 Vgl. Collins, Robert O.: Eastern African History (African History, Bd. 2), New York ³1997, S. 145.
21 Vgl. Rowe, John Allen: Revolution in Buganda 1856-1900. Part One: The Reign of Kabaka Mukabya Mutesa 1856-1884 (Diss.), Wisconsin 1966/67, S. 107f.; Zum Thema vgl. auch: Pirouet, Marie Louise: Historical Dictionary of Uganda (African Historical Dictionaries 64) London 1995.
22 Vgl. Šukrī, Muḥammad Fū'ād: Miṣr wa as-Sūdān. Tārīḫ wa Haiyyā Wādī an-Nīl as-siyāsiyya fil-qarn at-tās'a 'ašar, al-Qāhira 1939, S. 113.
23 Vgl. Roberts, Edward Louis: The Raison d'être for the persecutions in the kingdom of Buganda under Kabaka Mutesa I and Kabaka Mwanga I, [M.A.-Thesis] Duquesne 1969, S. 22f.
24 Diese Verstopfung wurde, je nach Vokalisierung sidd, sadd oder sudd genannt (arab. Sperre, Blockade; auch: Staudamm). Schon im 19. Jahrhundert existierte ein Kanalprojekt zur Umgehung dieses einzigartigen, für die Schifffahrt aber störenden Naturschauspiels. Der Kanalbau ist bis heute nicht verwirklicht, aber als »*Jonglei Canal*« nach wie vor projektiert. Offenbar wurden die seit den 1980er Jahren ruhenden Bauarbeiten seit 2008 wieder aufgenommen.
25 Das hier genannte »*Buganda*« umfasste nur ein Teilgebiet des heutigen Staates Uganda. Der damalige Hauptort war Kibuga (von Emin Rubaga genannt), gleichzeitig Residenz von König Mutesa. Bunyoro, heute auch Teil Ugandas, unterstand König Kabarega. Sein Residenzort hieß Mparo. – Zur Geschichte Bugandas vgl. Kiwanuka, Semakula: A History of Buganda. From the Foundation of the Kingdom to 1900, London 1971.
26 Synonym für das ägyptisch-sudanesische Gouvernement.
27 Vgl. Roberts: Raison, S. 40.
28 Vgl. Roberts: Raison, S. 29.
29 Großen Anteil an dieser Neuausrichtung Mutesas hatte ein von Stanley zurückgelassener, in Sansibar an der Universities Missionary School ausgebildeter Übersetzer namens Dallington Mufta, der das Vertrauen des Kabakas genoss. Dallington verband seine Rolle als Schreibers Mutesas mit der eines christlichen Instruktionengebers (vgl. Rowe: Revolution, S. 112).
30 Vgl. Roberts: Raison, S. 52f.
31 Tagebucheintrag Emins, 6. Juli 1876, in: Emin: Tagebücher I, S. 116.
32 Tagebucheintrag Emins, 6. Juli 1876, in: Emin: Tagebücher I, S. 116
33 Tagebucheintrag Emins, 15. Juli 1876, in: Emin: Tagebücher I, S. 120f.
34 Tagebucheintrag Emins, 15. Juli 1876, in: Emin: Tagebücher I, S. 121.
35 Tagebucheintrag Emins, 16. Juli 1876, in: Emin: Tagebücher I, S. 121.
36 Tagebucheintrag Emins, 16. Juli 1876, in: Emin: Tagebücher I, S. 121.
37 Mit Palisaden befestigter Ort. Sklavenhändler und -jäger nutzten diese geschützten Orte als Zwischenlager und Versorgungsstationen für ihre Razzien.
38 Vgl. Tagebucheintrag Emins, 27. Juli 1876, in: Emin: Tagebücher I, S. 131f.
39 Tagebucheintrag Emins, 27. Juli 1876, in: Emin: Tagebücher I, S. 132.
40 Vgl. Tagebucheintrag Emins, 29. Juli 1876, in: Emin: Tagebücher I, S. 138.
41 Tagebucheintrag Emins, 28. Juli 1876, in: Emin: Tagebücher I, S. 135f.
42 Vgl. Tagebucheintrag Emins, 28. Juli 1876, in: Emin: Tagebücher I, S. 135f.

43 Vgl. Tagebucheintag Emins, 29. Juli 1876, in: Emin: Tagebücher I, S. 137.
44 Etwa: »I was a Muslim once.«
45 Etwa: »I have now become a Christian.«
46 Etwa: »I hate the white man.«
47 Unverständlich. Möglicherweise wollte Mutesa ausdrücken, dass er seine Leute zum Christentum bekehrt hatte.
48 Tagebucheintrag Emins, 29. Juli 1876, in: Emin: Tagebücher I, S. 137. Der Brief ist in dieser fehlerhaften Form aufgeführt.
49 Es ist bemerkenswert, dass Mutesa als Afrikaner Emin die Muslimrolle nicht abnahm. Europäische Zeitgenossen Emins taten dies – wie im Folgenden noch zu sehen sein wird – ebenfalls nicht.
50 Emin hat das Schreiben nach eigenem Bekunden aus dem Gedächtnis wiedergegeben (vgl. Emins Tagebucheintrag, 9. August 1876, in: Emin: Tagebücher I, S. 151).
51 Vgl. Schreiben Mutesas an Emin, 4. August 1876, in: Tagebucheintrag Emins: 9. August 1876, in: Emin: Tagebücher I, S. 151f.; hier: S. 151f.
52 Vgl. Emin: Tagebücher I, S. 152.
53 Tagebucheintrag Emins, 9. August 1876, in: Emin: Tagebücher I, S. 151f.; hier: S. 152.
54 Antwortbrief Emins an Mutesas, in: Tagebucheintrag Emins, 9. August 1876, in: Emin: Tagebücher I, S. 152.
55 Gray, John M.: Mutesa of Buganda, in: The Uganda Journal, Bd. 1 (1934), S. 22-50; hier: S. 38f.: *»(Emin) was bespectacled and not of at all imposing appearance. Therein he stood in striking contrast to Gordon's previous emissaries to Buganda. [...] Moreover, the curious European, who spent all his spare time in camp botanising did not seem very dangerous. He therefore offered no opposition when Emin struck camp.«*
56 Vgl. Brief Emins an Hansal, Mruli, 10. September 1876, in: Schweitzer: Emin, S. 120.
57 Emin erwähnte das Eintreffen der einer aus 15 Personen bestehenden Gesandtschaft in Mruli (vgl. Tagebucheintrag Emins, 12. September 1876, in: Emin: Tagebücher I, S. 177).
58 Vgl. Rowe: Revolution, S. 109. – Ingham würdigte Emins Verhandlungserfolg, auch wenn er *»little more than a state of armed neutrality«* erreicht habe (Ingham, Kenneth: A History of East Africa, London u.a. 1965, S. 120). Anders dagegen Jensen, der Emins Auftritt als *»diplomatisch völlig überspielt«* bewertete (Jensen, Jürgen: Kontinuität und Wandel in der Arbeitsteilung bei den Baganda (Afrika-Studien des IFO-Instituts für Wirtschaftsforschung) Berlin u.a. 1967, S. 100).
59 Vgl. al-Ǧamal: Tārīḫ Sūdān II, S. 269.
60 Tagebucheintrag Emins, 7. September 1876, in: Emin: Tagebücher I, S. 176.
61 Über den Tenor dieser Äußerungen Gordons berichtete Stanley (vgl. Stanley, Henry Morton: In Darkest Africa. Or, the Quest, Rescue, and Retreat of Emin Pasha. Governor of Equatoria, 2 Bde., London 1890; hier: Bd. II, S. 212).
62 Vgl. Tagebucheintrag Emins, 8. September 1876, in: Emin: Tagebücher I, S. 176f.
63 Vgl. Emins Tagebucheintrag vom 16. Oktober – 13. November 1876, in: Emin: Tagebücher I, S. 187.
64 Vgl. Emins Tagebucheintrag vom 16. Oktober – 13. November 1876, in: Emin: Tagebücher I, S. 269f.
65 Vgl. Tagebucheintrag Emins, 13. November 1876, in: Emin: Tagebücher I, S. 188.
66 Vgl. Tagebucheintrag Emins, 24. November 1876, in: Emin: Tagebücher I, S. 191f.
67 Zu diesen Verhandlungen führte Falkenhorst in seinem Buch ein (fiktives) Zwiegespräch zwischen Gordon und Emin an, in dem die unterschiedlichen Lebenseinstellungen der beiden Männer deutlich zum Ausdruck kamen (vgl. Falkenhorst, Carl: Emin Pascha, Gouverneur von Hatt-el-Estiwa (Bibliothek denkwürdiger Forschungsreisen, Bd. 2) Stuttgart 1890, S. 101-103).
68 Vgl. Tagebucheintrag Emins, 27. Dezember 1877, in: Emin: Tagebücher I, S. 362-364.
69 Vgl. Wilson, Charles T./Felkin, Robert W.: Uganda und der aegyptische Sudan, 2 Bde., Stuttgart 1883; hier: Bd. II, S. 54.
70 Vgl. Tagebucheintrag Emins, 27. Dezember 1877, in: Emin: Tagebücher I, S. 362-264; hier: S. 363.
71 Vgl. Roberts: Raison, S. 97.
72 Vgl. Wilson/Felkin: Uganda II, S. 116.

73 Vgl. Tagebucheintrag Emins, 27. Dezember 1877, in: Emin: Tagebücher I, S. 362-264; hier: S. 363.
74 Vgl. Tagebucheintrag Emins 7. Januar 1878, in: Emin: Tagebücher I, S. 371-374; hier: S. 373.
75 Tagebucheintrag Emins, 16. Januar 1878, in: Emin: Tagebücher I, S. 387-389; hier: S. 388.
76 Vgl. Tagebucheintrag Emins, 7. Februar, in: Emin: Tagebücher I, S. 416-418; hier: S. 416.
77 Tagebucheintrag Emins, 7. Februar 1878, in: Emin: Tagebücher I, S. 416-418; hier: S. 417.
78 Vgl. Tagebucheintrag Emins, 7. Februar 1878, in: Emin: Tagebücher I, S. 416-418; hier: S. 417.
79 Zu Emin Pascha und Bunyoro vgl. Dunbar, A. R.: Emin Pasha and Bunyoro-Kitara (1877 to 1889), in: The Uganda Journal, Bd. 24/1 (1960), S. 71-83.
80 Vor seinem Treffen mit Kabarega war ein Teil von Emins Begleitern in ein Gefecht mit Kabaregas Leuten geraten. Zwei Tote und zehn, zum Teil schwer Verletzte auf Emins Seite resultierten aus dem Scharmützel (vgl. Tagebucheintrag Emins, 8. September 1877, in: Emin: Tagebücher I, S. 250f.). – Nach diesem Zwischenfall rechnete der verunsicherte Emin damit, dass Kabarega »[...] zuerst meine Geschenke annimmt und dann die ausgepreßte Zitrone wegwirft.« (Tagebucheintrag Emins, 11. September 1877, in: Emin: Tagebücher I, S. 251f.; hier: S. 252.
81 Vgl. Tagebucheintrag Emins, 22. September 1877, in: Emin: Tagebücher I, S. 263-266; hier: S. 264.
82 Tagebucheintrag Emins, 22. September 1877, in: Emin: Tagebücher I, S. 263-266; hier: S. 265.
83 Vgl. Tagebucheintrag Emins, 22. September 1877, in: Emin: Tagebücher I, S. 263-266; hier: S. 265.
84 Tagebucheintrag Emins, 22. September 1877, in: Emin: Tagebücher I, S. 263-266; hier: S. 266.
85 Vgl. Tagebucheintrag Emins, 23. September 1877, in: Emin: Tagebücher I, S. 266-269; hier: S. 267.
86 Vgl. Tagebucheintrag Emins, 23. September 1877, in: Emin: Tagebücher I, S. 266-269; hier: S. 268.
87 Moorehead, Alan: The White Nile, London 1960, ND 1971, S. 147. – Während von Mutesa keine Photographien existieren, ist Kabarega während seiner Verbannung auf die Seychellen abgelichtet worden (Moorehead: White Nile, S. 324).

6. Emin als Mudīr ʿUmūm von Äquatoria (1878-1889)

1 Faūzī Bāšā, Ibrāhīm: As-Sūdān bayna yadday Ġurdūn wa Kitšnir, 2 Bde., al-Qāhira 1901, neu ediert von ʿAbd ul-Wahāb Bakr, al-Qāhira 2008.
2 Vgl. Junker: Junkers Reisen I, S. 576.
3 Vgl. Schweitzer: Emin, S. 145f.; vgl. Hassan: Wahrheit I, S. 39. – Im Gegensatz dazu schrieb al-Ǧamal, Gordon habe darauf bestanden, dass seine Gouverneursvorschläge, darunter auch Emin, Voraussetzung für seine Annahme des Generalgouverneursamtes gewesen seien (vgl. al-Ǧamal: Tārīḫ Sūdān II, S. 269f.). – Dass mit Prout, Mason und Ibrāhīm Fawzī jedoch zunächst drei andere Gouverneure den Vorzug erhielten, bis die Wahl schließlich auf Emin fiel, spricht sicher nicht für eine unbedingte Unterstützung Emins durch Gordon.
4 Vgl. Tagebucheintrag Emins, 23. Juli 1878, in: Emin: Tagebücher I, S. 509f.; hier: S. 510.
5 Schweitzer hat den Titel missverständlich wiedergegeben (vgl. Schweitzer: Emin, S. 146); richtig dagegen bei al-Ǧamal (vgl. al-Ǧamal: Tārīḫ Sūdān II, S. 273).
6 Die militärische Beförderung zum dritten Militärdienstgrad (arab. ar-Rutba aṯ-ṯālita) erhielt Emin erst am 29. Mai 1879 (vgl. Tagebucheintrag Emins, 26. Mai bis 1. Juni 1879, in: Emin: Tagebücher II, S. 46f.). Die Beförderung ist als Faksimile in der Stuhlmann-Edition der Emin-Tagebücher abgedruckt (Emin: Tagebücher II, Zwischenseite 46/47).
7 Vgl. Gessi, Romolo: Seven Years in the Sudan. Being a Record of Explorations, Adventures, and Campaigns against the Arab Slave Hunters by Romolo Gessi Pasha, hrsg. von Felix Gessi, London 1892 [ital.: Ders., Sette Anni nel Sudan Egiziano. Esplorazioni, guerra e caccie contro i Negrieri, Milano 1891], S. 191; vgl. Zaghi, Carlo (Hrsg.): Gordon, Gessi e la reconquista del Sudan, Firenze 1947, S. 292 (Fußnote).
8 Zitat aus einem Brief Gordons an Junker, undatiert, in: Junker: Junkers Reisen I, S. 576.
9 Tagebucheintrag Emins, 5. August 1878, in: Emin: Tagebücher I, S. 513.

10 Über ein Beispiel berichtete Vita Hassan ausführlich. Demnach weigerte sich der aus Faschoda bereits strafversetzte, von Gordon aber begnadigte Ma'mūr (Distriktchef) von Bor (arab. Būr), Muḥammad Ibrahīm, trotz wiederholter Aufforderungen, Emin als seinen Vorgesetzten anzuerkennen. Emin erschien selbst in Bor und ließ den Ma'mūr festnehmen. Nach dieser Aktion wurden die Soldaten von Bor bei Emin vorstellig und sicherten ihm ihre Gefolgschaft zu (vgl. Hassan: Wahrheit I, S. 40f.). Emin äußerte sich in seinem Tagebuch nur knapp über das Ereignis (vgl. Tagebucheintrag Emins, 31. März 1879, in: Emin: Tagebücher II, S. 44).
11 Demhardt, Imre Josef: Aufbruch ins Unbekannte. Legendäre Forschungsreisen von Humboldt bis Hedin, Darmstadt 2011, S. 77.
12 Vgl. Mustafa, 'Umar 'Abdin: Emin Pasha in the Equatorial Province: A Study of challenges and achievements [M.A.-Thesis unv.], Beirut 1971, S. 33.
13 Zeilinger, Johannes: »Ich, ein einzelner Mensch gegen ein Land von Blut, Mord und Verbrechen.« Dr. Emin Pascha, ein Held Karl Mays, in: Jahrbuch der Karl-May-Gesellschaft (2003), 237-312; hier: S. 288.
14 Vgl. Mustafa: Emin, S. 34. – Doch dies war in der Regel nur bei den ägyptischen Soldaten der Fall. Unter den sudanesischen Soldaten Emins befanden sich einige, die unter französischer Führung bereits in Mexiko gekämpft hatten (vgl. Hill, Richard/Hogg, Peter: A Black Corps d'Élite. An Egyptian Sudanese Conscript Battalion with the French Army in Mexico, 1863-1867, and its Survivors in Subsequent African History, East Lansing 1995).
15 Emin Pascha: Eine Sammlung von Reisebriefen und Berichten Dr. Emin Paschas aus den ehemals ägyptischen Aequatorialprovinzen und deren Grenzländern, hg. von Georg Schweinfurth/Ratzel, Friedrich, Leipzig 1888.
16 Von arab. 'ašara (zehn).
17 Der Zustand der Seriben-Wirthschaft in der Rohlprovinz im Jahre 1881; aus einem Schreiben an Georg Schweinfurth, in: Emin: Sammlung, S. 407-413; hier: S. 408.
18 Der Zustand der Seriben-Wirthschaft in der Rohlprovinz im Jahre 1881; aus einem Schreiben an Georg Schweinfurth, in: Emin: Sammlung, S. 407-413; hier: S. 411.
19 Emin Pascha: Ueber Culturzustände und Politisches, Brief an Schweinfurth, Bedden, 25. Mai 1881, in: Emin: Sammlung, S. 414-418; hier: S. 418. Zur Chinesen-Frage: Vgl. Hassan: Wahrheit I, S. 84.
20 Emin Pascha: Ueber Cultur, Handel und Verwaltung in der Aequatorialprovinz, Brief an Schweinfurth, Lado 3. und 18. März 1883, in: Emin, Sammlung, S. 421-431; hier: S. 424f.
21 Emin Pascha: Ueber Cultur, Handel und Verwaltung in der Aequatorialprovinz, Brief an Schweinfurth, Lado 3. und 18. März 1883, in: Emin, Sammlung, S. 421-431; hier: S. 425. – An anderer Stelle des Briefes führte er noch detailliertere Vorschläge an: »*Denken Sie gefälligst den Unsinn, Bahr-el-Ghasal und Dongola mit Darfur und Kordofan zu vereinigen! Wollte man schon Centralisation, gut, warum nicht so: 1) Darfur und Kordofan, 2) Dongola und Berber, 3) Chartum und Sennar, 4) Oestl. Sudan (Kassala, Suakin, Massaua), 5) Harar, 6) Bahr-el-Ghasal und Hat-el-Istiwa. Jeder naturgemäße Bezirk hat einen Mudir und zwei Localbeamten, einen Rechnungshof etc. Ist's nicht sparsamer so? Und statt 30000 Pfund Sterling für das Sudanministerium auszugeben, unterstellt man die Mudire dem Minister des Innern und baut für jenes Geld Telegraphen! Doch genug der Klagen...*« (Emin Pascha: Ueber Cultur, Handel und Verwaltung in der Aequatorialprovinz, Brief an Schweinfurth, Lado 3. und 18. März 1883, in: Emin, Sammlung, S. 421-431; hier: S. 431).
22 Vgl. Emin Pascha: Ueber Cultur, Handel und Verwaltung in der Aequatorialprovinz, Brief an Schweinfurth, Lado 3. und 18. März 1883, in: Emin, Sammlung, S. 421-431; hier: S. 431.
23 Vgl. Mustafa: Emin, S. 36.
24 Vgl. Mustafa: Emin, S. 36 und 49.
25 Pesek widmet den »*Inseln der Herrschaft*« ein Kapitel seiner Studie über Ostafrika. Die Annahme, dass Stationen diese Funktion in Ostafrika wahrnahmen, lässt sich auch auf den Süden des Sudan übertragen (vgl. Pesek, Michael: Koloniale Herrschaft in Deutsch-Ostafrika. Expeditionen, Militär und Verwaltung seit 1880, Frankfurt am Main u.a. 1995, S. 190-265, bes. S. 244ff.).
26 Zum Elfenbein in Ostafrika vgl. Sheriff, Abdul: Ivory and Commercial Expansion in East Africa in the Nineteenth Century, in: Liesegang, G./Pasch, H. u.a. (Hg.): Figuring African Trade, Berlin 1986, S. 415-449 und Beachey, R. W.: The East African Ivory Trade in the nineteenth century, in: Journal of African History VIII, Nr. 2 (1967), S. 269-290.

27 Vgl. Emin über die wirtschaftlichen Verhältnisse der Äquatorialprovinz, in: Schweitzer: Emin, S. 161-170.
28 Emin Pascha: Ueber Cultur, Handel und Verwaltung der Aequatorialprovinz, Brief an Schweinfurth, Lado, 3. und 18. März 1883, in: Emin: Sammlung, S. 421-431; hier: S. 423.
29 Vgl. Emin über die wirtschaftlichen Verhältnisse, in: Schweitzer: Emin, S. 161f.
30 Vgl. Emin über die wirtschaftlichen Verhältnisse, in: Schweitzer: Emin, S. 164f.
31 Vgl. Emin über die wirtschaftlichen Verhältnisse, in: Schweitzer: Emin, S. 166.
32 Emin über die wirtschaftlichen Verhältnisse, in: Schweitzer: Emin, S. 166f.
33 Vgl. Emin über die wirtschaftlichen Verhältnisse, in: Schweitzer: Emin, S. 168f.
34 Emin verwies auf die aus seiner Sicht »*unsinnige Order*« Gordons in seinem Tagebuch (Tagebucheintrag Emins, 8. November 1878, in: Emin: Tagebücher II, S. 14f.; hier: S. 15).
35 Vgl. Hassan: Wahrheit I, S. 42. – Allerdings scheint die Verstimmung Gordons nicht von langer Dauer gewesen zu sein, denn er erkundigte sich bei Emin aus Hongkong über den Fortgang von dessen Arbeit. Das französischsprachige Antwortschreiben Emins vom 15. Januar 1881 ist erhalten geblieben. Darin setzte Emin seinen ehemaligen Vorgesetzten über die aktuelle Lage in der Äquatorialprovinz in Kenntnis (vgl. BL ADD 52388 Gordon Papers, Bd. III)
36 Tagebucheintrag Emins, 19. September 1878, in: Emin: Tagebücher II, S. 9f.; hier: S. 9.
37 Tagebucheintrag Emins, 19. September 1878, in: Emin: Tagebücher II, S. 9f.
38 Tagebucheintrag Emins, 19. November 1878, in: Emin: Tagebücher II, S. 17.
39 Brief Gessis an Junker, Wau, 16. Juni 1880, in: Gessi: Seven Years, S. 381-383; hier: S. 382f. Einige Wochen vorher hatte sich Gessi bei Gordon über Emins andauernd eintreffenden Papierkram beschwert: »*[...] chaque huit jours m'arrivent de lui des caisses de paperasses [...]*« (Gessi an Gordon, Dembo, 8. Mai 1880, in: Zaghi: Gordon, S. 466-469; hier: S. 468).
40 Vgl. Camperio, Manfredo: Autobiografia (1826-1899), hrsg. von Sita Mejer Camperio, Milano 1917. – Im 13. Kapitel seiner Autobiografie äußerte sich Camperio kurz über seine Landsleute Gessi und Casati (vgl. Camperio: Autobiografia, S. 114-116).
41 Brief Gessis an Manfredo Camperio, verfasst an Bord des Dampfers Safia [arab. Safiyya] auf dem Weg nach Khartum, 1880, in: Gessi: Seven Years, S. 389f. Mit seinen Äußerungen, welche Emins Verhaltensweise mit antijüdischen Ressentiments verbanden, stand Gessi nicht allein. Weitere zeitgenössische Bewertungen Emins folgen an späterer Stelle.
42 Zur Frage, ob Rosset vergiftet wurde, oder an der Ruhr verstarb (vgl. Anonym: Lebensbilder aus Afrika (Teil 3/4), in: Freiburger Zeitung, Nr. 84, 11. April 1879 (Tagesausgabe)), hat sich Rolf Herzog in einem Beitrag ohne klare Parteinahme geäußert: Vgl. Herzog, Rolf: Eine alte ethnographische Sammlung aus dem Sudan in Freiburg. Günther Spannaus zum 75. Geburtstag, in: Tribus, Bd. 25 (1976), S. 137-147; hier: S. 139.
43 Vgl. Collins: Southern Sudan, S. 24; vgl. Hill: Egypt in the Sudan, S. 147.
44 Vgl. Tagebucheintrag Emins, 28. Juli bis 3. August 1879, in: Emin: Tagebücher II, S. 51f.; hier: S. 51.
45 Vgl. Brief Gessis an Junker, Auf dem Weg nach Faschoda, 11. Januar 1881, in: Gessi: Seven Years, S. 409f.; hier: S. 410. – Gessi verließ Baḥr al-Ġazāl zu Beginn des Jahres 1881 und verstarb im Mai in Suez.
46 Vgl. Tagebucheintrag Emins, 10. Januar bis 16. Januar 1881, in: Emin: Tagebücher II, S. 166.
47 Vita Hassan war uns bereits im Zusammenhang mit der ungeklärten Tätigkeit Schnitzers auf dem Balkan begegnet. Er wurde zu einem engen Mitarbeiter und Vertrauten Emins. – Das Einlegeblatt aus dem Nachlass Gieglers bezeichnet Vita Hassans jüdischen Geburtsnamen als »Haim« Hassan (Einlageblatt, in: NGG).
48 Hassan: Wahrheit I, S. 15.
49 Private Aufnahme (Beckedorf, 2009).
50 Vgl. Schweitzer: Emin, S. 212.
51 Tagebucheintrag Emins, 19. Dezember 1881, in: Emin: Tagebücher II, S. 331.
52 Zum sogenannten »Mahdī-Aufstand« s. nächstes Kapitel.
53 Vgl. Manning, Olivia: The Remarkable Expedition. The Story of Stanley's Rescue of Emin Pasha from Equatorial Africa, div. Orte 1947/1985/1991, S. 15. Dieser Arbeit liegt die Penguin-Book-Ausgabe, Harmondsworth 1991, zugrunde.
54 Ob Lupton in seinem Brief an Emin diesen bereits über den Mahdī informiert hatte, wie Schweitzer (vgl. Schweitzer: Emin, S. 212f.) behauptet hat, ist nicht nachweisbar, da der Brief nicht erhalten ist.

55 Ra'ūf wird vielfach als Hauptschuldiger für die fehlgeschlagene Einhegung der Anfänge der Mahdi-Bewegung genannt. Doch die Lage war komplexer – es handelte sich hier um eine ganze Reihe von Fehlentscheidungen auf höchsten Ebenen.
56 Tagebucheintrag Emins, 10. März bis 15. Juni 1882, in: Emin: Tagebücher II, S. 339.
57 Tagebucheintrag Emins, 10. März bis 15. Juni 1882, in: Emin: Tagebücher II, S. 339.
58 Giegler: Leben, 493, in: NGG.
59 Vgl. Schweitzer: Emin, S. 216.
60 Vgl. Hassan: Wahrheit I, S. 95.
61 Giegler bezog sich hier auf das oben erwähnte »Abkanzeln« seitens des Generalgouverneurs, der Emin nach diesem Gespräch entlassen wollte. Giegler hatte jedoch nach eigenen Angaben ein gutes Wort für Emin eingelegt (vgl. Giegler: Leben, 493f., in: NGG).
62 Giegler: Leben, 250, in: NGG.
63 Brief Emins an Junker, Lado, 15. Juli 1882, in: Emin: Tagebücher II, S. 342-344; hier: S. 343.
64 Brief Emins an Junker, Lado, 15. Juli 1882, in: Emin: Tagebücher II, S. 342-344; hier: S. 343.
65 Hansal über Giegler, in: Zach: Hansal, S. 196.
66 Vgl. ebd. Kritik an Giegler äußerten auch Missionare (Léon Hanriot nannte Gieglers Entscheidung »un gran fallo« (Hanriot, Léon: La Ribellione del Sudan, in: La Nigrizia. Annali dell'Associazione del Buon Pastore. Bolletino della Missione Cattolica dell'Africa Centrale, Gennaio 1884, No. 1 (1884), S. 98-113; hier: S. 108), ferner Casati (vgl. Casati, Gaetano: Zehn Jahre in Äquatoria und die Rückkehr mit Emin Pascha, dt. Übersetzung von Karl von Reinhardstöttner, 2 Bde., Bamberg 1891; hier: Bd. II, S. 3) und Gordon in einem Schreiben an Gessi, der Giegler sogar bezichtigte, am Sklavenhandels profitiert zu haben (vgl. Zaghi: Gordon, S. 335f., Fußnote 440) – eine nicht nachweisbare Beschuldigung, die Georg Schweinfurth veranlasste, dem gescholtenen Giegler zur Seite zu springen (vgl. Zaghi: Gordon, S. 335f., Fußnote 440).
67 Giegler: Leben, 489, in: NGG. – Vita schrieb in seinen Memoiren, Giegler habe am Ankunftstag Emins in Khartum von seiner Demission als Vizegeneralgouverneur erfahren, zu einem Zeitpunkt, als 'Abd ul-Qādir noch gar nicht in Khartum weilte und Emin somit auch noch nicht empfangen haben konnte (vgl. Hassan: Wahrheit I, S. 93). Es ist sehr wahrscheinlich, dass Vita sich hier geirrt hat.
68 Vgl. Hassan: Wahrheit I, S. 94. – Bei den Offizieren handelte es sich um Anhänger Aḥmad 'Urābīs.

7. Abgeschnitten von der Aussenwelt – Bewährungsprobe im Angesicht des »Mahdī-Aufstandes«

1 Quellen und Memoirenliteratur (in Auswahl): Churchill, Winston: The River War. A Historical Account of the Reconquest of the Soudan, London u.a. 1899 [dt. Fassung: Ders.: Kreuzzug gegen das Reich des Mahdi, übersetzt und ediert von Georg Brunold (Die Andere Bibliothek), Frankfurt am Main 2008]; Neufeld, Charles [Karl Neufeld]: Soudan (1887-1899). Prisonnier du Khalife. Douze ans de captivité à Omdurman, Paris u.a. 1998; Ohrwalder, Joseph: Ten Years' Captivity in the Mahdi's Camp. 1882-1892. From the original manuscripts of Father Joseph Ohrwalder, hg, von Francis R[eginald] Wingate, o.O. 1892, ND London 1986; Pleticha, Heinrich (Hrsg.): Der Mahdiaufstand in Augenzeugenberichten, Düsseldorf 1967, ND München 1981; Shaked, Haim (Hrsg.): The Life of the Sudanese Mahdi, New Brunswick 1978, ND New Brunswick 2008; Slatin: Feuer und Schwert im Sudan. – Forschungsliteratur (in Auswahl): Holt, Peter M[alcolm]/Daly, M[artin] W.: A History of the Sudan. From the coming of Islam to the present day, London u.a. 62011; Searcy, Kim: The Formation of the Sudanese Mahdist State. Ceremony and Symbols of Authority: 1882-1898 (Islam in Africa, Bd. 11) Leiden u.a. 2011; Kramer, Robert S.: Holy City on the Nile. Omdurman during the Mahdiyya, 1885-1898, Princeton 2010; Warburg, Gabriel R.: Islam, Sectarism and Politics in Sudan since the Mahdiyya, Madison 2003; Moore-Harell, Alice: Gordon and the Sudan. Prologue to the Mahdiyya 1877-1880, London u.a. 2001; Holt, Peter M[alcolm]: The Mahdist State in the Sudan, Oxford ²1970; Fabunmi, Lawrence Apalara: The Sudan in Anglo-Egyptian Relations. 1800-1956, Lon-

don u.a. 1960; Theobald, A. B.: The Mahdīya. A History of the Anglo-Egyptian Sudan. 1881-1889, London u.a. 1951. – Unter den wenigen deutschsprachigen Publikationen zum Thema sind die Überblickswerke von Oeser und Westphal zu nennen: Oeser, Erhard: Das Reich des Mahdi. Aufstieg und Untergang des ersten islamischen Gottesstaates, Darmstadt 2012; Westphal, Wilfried: Sturm über dem Nil. Der Mahdi-Aufstand. Aus den Anfängen des islamischen Fundamentalismus, Sigmaringen 1984.

2 Sir Reginald Wingate zufolge war die Äquatorialprovinz Ende 1885 auf ein Siebtel ihrer ursprünglichen Größe [diese betrug 375 Meilen von Ost nach West und 275 Meilen von Nord nach Süd (vgl. Dunbar: Emin, S. 81)] geschrumpft (vgl. Baring, Evelyn (Earl of Cromer): Modern Egypt, 2 Bde., London 1908, S. 45; Neudruck in: Turner, Bryan S. (Hrsg.): Orientalism: Early Sources. Modern Egypt, Part 2, Bd. VI, London u.a. 2000.
3 Der Mahdī ist der ersehnte ›Rechtgeleitete‹, der vor dem Tag des Jüngsten Gerichts erscheinen, den Islam erneuern und eine Islamische Gesellschaft errichten wird.
4 Orden, der in der Kufra-Oase (Libyen) seine Wurzeln hat.
5 Vgl. Holt/Daly: A History, S. 64.
6 Weit verbreitete Zeichnung des Mahdī, von dem keine Photographie existiert. Abgedruckt z.B. bei Moorehead: White Nile, S. 216.
7 Vgl. Holt: Mahdist State, S. 51; vgl. Holt/Daly: A History, S. 64. – 'Abdullahi hatte vorher bereits az-Zubayr die Rolle des Mahdī angetragen, welche dieser aber abgelehnt hatte.
8 Vgl. Holt/Daly: A History, S. 64f.; vgl. Searcy: Formation, S. 29. – Zu Parallelen zwischen Islam (Mahdī) und Christentum (Endkaiser-Weissagungen) vgl. Möhring, Hannes: Der Weltkaiser der Endzeit. Entstehung, Wandel und Wirkung einer tausendjährigen Weissagung (Mittelalter-Forschungen, Bd. 3) Stuttgart 2000.
9 Vgl. Holt/Daly: A History, S. 65.
10 Zit. nach Schölch, Alexander: Der arabische Osten im neunzehnten Jahrhundert. 1890-1914, in: Haarmann, Ulrich/Halm, Heinz (Hg): Geschichte der arabischen Welt, München ⁴2001, S. 365-431; hier: S. 391.
11 Vgl. Schölch: Der arabische Osten, S. 392.
12 Vgl. Schölch: Der arabische Osten, 393f.
13 Holt/Daly: A History, S. 63.
14 Schölch: Der arabische Osten, S. 395.
15 Fabunmi: Sudan, S. 29.
16 Vgl. Hill: Egypt in the Sudan, S. 163.
17 Bezeichnung für die Unterstützer des Propheten Muḥammad in Medina (arab. al-Madīna), welche analog von den Anhängern des Mahdī gebraucht wurde.
18 Vgl. Warburg: Islam, S. 12f.
19 Holt/Daly: A History, S. 65.
20 Vgl. Holt/Daly: A Histor, S. 65f.
21 Vgl. Holt: Mahdist State, S. 57f.; vgl. Holt/Daly: A History, S. 66.
22 Vgl. Holt: Mahdist State, S. 59.
23 Vgl. Holt/Daly: A History, S. 66.
24 Zum Fall der Stadt Obeid vgl. Ausführungen in der Zeitung *Die Post*, 1. Mai 1883 (=PAAA R 15105); vgl. Holt/Daly: A History, S. 66f.
25 Vgl. Holt: Mahdist State, S. 62.
26 Vgl. Holt: Mahdist State, S. 63.
27 Vgl. Holt: Mahdist State, S. 64.
28 Holt/Daly: A History, S. 67.
29 Hicks Briefe liegen ediert vor: Vgl. Hicks Pasha, William: The Road to Shaykan. Letters of General William Hicks Pasha written during the Sennar and Kordofan Campaigns, hrsg. von M[artin]W. Daly (University of Durham Occasional Papers Series, Bd. 20) Durham 1983.
30 Vgl. Holt/Daly: A History, S. 68.
31 Das Gemälde eines unbekannten Künstlers im *Zitadellen-Museum* in Kairo zeigt die Szene, in der Hicks von Mahdisten getötet wird. Das Bild trägt den Titel: ›Maqtal Hiks Bāšā/Killing of Hax [sic] Pasha‹. Privataufnahme (Kirchen, 2008).
32 Slatin schrieb am 31. Mai 1888 aus Omdurman einen (von den Mahdisten erzwungenen) Brief an Emin, in dem er diesen zur Aufgabe überredete (vgl. SAD 438/651/1-4).

33 Luptons Abschiedsbriefe (12./20./26. April 1884) an Emin, kurz vor der Eroberung des Bahr al-Ġazāl durch die Mahdisten geschrieben, lösten bei diesem tiefe Verzweiflung aus (vgl. KCA Cairint. 1/5/30).
34 Vgl. Holt/Daly: A History, S. 68f.; vgl. Theobald: The Mahdīya, S. 63.
35 Vgl. Holt/Daly: A History, S. 69. Detailliert: Vgl. Holt: Mahdist State, S. 87-95.
36 Vgl. Holt/Daly: A History, S. 69.
37 Neben der reichlich vorhandenen Gordon-Literatur, über die Richard Hill 1955 einen ersten Überblick bot (vgl. Hill, Richard: ›The Gordon Literature‹, in: Durham University Journal, NS, Bd. XVI (1955), 97-101), stilisierte insbesondere der Film »Khartoum« (vgl. Dearden, Basil/Eliot Elisofon: Khartoum, GB 1966) Gordon zum tragischen Helden. – Zum Tod Gordons vgl. auch: Reid, J.A.: The Death of Gordon. An Eye-witness Acount, in: Sudan Notes and Records, Bd. XX (1937), S. 172f.;
38 Vgl. Holt/Daly: A History, S. 69f.
39 Bild von George W. Joy (1885). Das Bild wurde vielfach nachgedruckt – z.B. in: Ziegler, Philip: Omdurman, New York 1974, S. 18.
40 Vgl. PAAA R 15116, Bde. 12/13, Politische Correspondenz, No. 3011, Wien, 11. August 1885.
41 Holt/Daly: A History, S. 64.
42 Private Aufnahmen aus dem *Khalifa-Museum*, Omdurman und auf den Straßen von Omdurman (beide Kirchen, 2009).
43 Private Aufnahmen (Kirchen, 2009).
44 PAAA R 15116, Bde. 12/13, Politische Korrespondenz, 7. September 1885.
45 Vgl. Holt/Daly: A History, S. 70. –Vgl. auch: Reid, J.A.: The Mahdi's Emirs, in: Sudan Notes and Records, Bd. XX (1937), S. 308-312.
46 Private Aufnahme (Kirchen, 2009).
47 Ein Kuriosum stellte 'Abdullahis Brief an Queen Victoria dar, in dem er diese zur Annahme des Islam aufforderte (vgl. Sir Evelyn Baring to the Marquis of Salisbury, Kairo, 21. April 1887, in: F.O. 633/58).
48 Vgl. Holt/Daly: S. 75.
49 Vgl. Theobald: The Mahdīya, S. 49.
50 Vgl. Fabunmi: Sudan, S. 44f. und S. 46f. Fabunmi wies darauf hin, dass Großbritannien auch die USA als mögliche Konkurrenz ansah.
51 Vgl. Holt/Daly: A History, S. 80.
52 Vgl. Holt/Daly: A History, S. 77.
53 Vgl. Holt/Daly: A History, S. 81. – Vgl. auch: Black, Jeremy: 70 Große Schlachten der Weltgeschichte. Von Marathon bis Bagdad, Leipzig 2005, bes. S. 218-221. – Die Angaben zu Opferzahlen der Schlacht bei Kararī schwanken von Publikation zu Publikation beträchtlich. Black gibt höhere Opferzahlen als Holt an: 48 Gefallene, 434 Verwundete auf anglo-ägyptischer Seite, 9.700 Gefallene und zwischen 10.000 und 16.000 Verwundete auf Seiten des Ḫalīfa (vgl. Black: Große Schlachten, S. 53).
54 Privataufnahme (Kirchen, 2009).
55 Brief Emins an Junker, ohne Datum, in: Schweitzer: Emin, S. 247f.; vgl. in leicht veränderter Schreibweise auch: Junker: Junkers Reisen III, S. 400.
56 Junker: Junkers Reisen III, S. 400
57 Pippo, Vigoni: Emin Pascha e il capitano Casati, in: Bolletino della Società Geografica Italiana 25 (1888), S. 1007-1011.
58 Tagebucheintrag Emins, 28. November 1883, in: Emin: Tagebücher III, S. 3f.; hier: S. 3.
59 Tagebucheintrag Emins, 28. November 1883, in: Emin: Tagebücher III, S. 3f.; hier: S. 3.
60 Vgl. Junker: Junkers Reisen III, S. 413.
61 Vgl. Casati: Zehn Jahre I, S. 270.
62 Baron, Ulrich: Als ein deutscher Pascha in Afrika regierte, in: Welt Online, 10. Juli 2011 <http://www.welt.de/kultur/history/article13440639/Als-ein-deutscher-Pascha-in-Afrika-regierte.html> (30. November 2012).
63 Junker: Junkers Reisen III, S. 335. – Casati berichtete, dass Emin 1883 zwei aufrührerische Araber in Monbuttu zum Tode verurteilt habe – einer davon sei Mambanga gewesen (vgl. Casati: Zehn Jahre I, S. 260). – Stuhlmann schrieb später, Emin habe stets versucht, Frieden zu stiften und Lösungen auf dem Verhandlungsweg zu erreichen. Falls dies nicht möglich gewesen

sei, habe Emin durchaus zu gewaltsamen Maßnahmen gegriffen (vgl. Stuhlmann, Franz: Mit Emin Pascha ins Herz von Afrika. Ein Reisebericht mit Beiträgen von Dr. Emin Pascha, in seinem Auftrage geschildert, Berlin 1894, S. 610).

64   Vgl. Herzog: Ethnographische Sammlung, S. 139.
65   Von einer Vergiftung ist nicht ausdrücklich die Rede, jedoch lassen sich aus den Schilderungen derartige Rückschlüsse ziehen: Vgl. Hassan: Wahrheit II, S. 31; vgl. Tagebucheintrag Emins, 16. Februar 1885, in: Emin: Tagebücher III, S. 72-74; hier: S. 73.
66   Vgl. Giegler: Leben, 495, in: NGG.
67   Junker: Junkers Reisen III, S. 394f.
68   Junker, Junkers Reisen III, S. 400.
69   Vgl. Junker, Junkers Reisen III, S. 397f. und S. 482. – Emin erhielt später Nachricht, dass den Entsandten nichts geschehen war. Sie hatten sich nach Bor zurückgezogen (vgl. Brief Emins an Junker, Lado, 23. August 1884, in: Buchta, Richard (Hrsg.): Der Sudan unter ägyptischer Herrschaft. Rückblicke auf die letzten sechzig Jahre. Nebst einem Anhange: Briefe Dr. Emin-Pascha's und Lupton-Bey's an Dr. Wilhelm Junker. 1883-1885, Leipzig 1888, S. 187).
70   Vgl. Junker: Junkers Reisen III, S. 402f.
71   Junker: Junkers Reisen III, S. 414.
72   Vgl. Tagebucheintrag Emins, 19. Mai 1884, in: Emin: Tagebücher III, S. 15. – Vgl. Briefe Luptons an Emin, 12./20./26. April 1884, in: KCA Cairint. 1/5/30). Im Brief vom 12. April hatte Lupton geschrieben: »*Perhaps this is my last letter to you. My position is desperate as my own men have gone in numbers. I am known now by the name of Abdullah. I win the day or die, so Good bye.*« (Briefe Luptons an Emin, 12. April 1884, in: KCA Cairint. 1/5/30).
73   Hassan: Wahrheit II, S. 2. Vita hat den Inhalt des Briefes übersetzt aufgeführt. Diesen und weitere arabische Briefe hat Junker in deutscher Übersetzung vollständig aufgeführt. Die Datierungen Junkers sind jedoch fehlerhaft: Brief Nūr 'Aīn an die Bewohner von Baḥr al-Ġazāl, undatiert, in: Junker: Junkers Reisen III, S. 414f.; Brief in Luptons Namen an Emin, 2. Mai 1884 [eigentl. 28. März 1884], in: Junker: Junkers Reisen III, S. 417; Abschrift eines Briefes des Mahdī an die Bevölkerung von Baḥr al-Ġazāl, undatiert, in: Junker: Junkers Reisen III, S. 418-421; Brief Karam Allahs an Junker, 8. Mai 1883 [eher: 1884], in: Junker: Junkers Reisen III, S. 421f.
74   Tagebucheintrag Emins, 26. Mai bis 1. Juni 1884, in: Emin: Tagebücher III, S. 15f.; hier: S. 16.
75   Vgl. Hassan: Wahrheit II, S. 3f. – Junker beschrieb den Krisenrat ebenfalls, jedoch weniger detailliert (vgl. Junker: Junkers Reisen III, S. 424f.). Emin erwähnte nur, dass man Rat gehalten habe (vgl. Tagebucheintrag Emins, 26. Mai 1884, in: Emin: Tagebücher III, S. 15f.
76   Hassan: Wahrheit II, S. 4.
77   Hassan: Wahrheit II, S. 4.
78   Vgl. Junker: Junkers Reisen III, S. 425.
79   Vgl. Hassan: Wahrheit II, S. 6f.
80   Vgl. Tagebucheintrag Emins, 2.-8. Juni 1884, in: Emin: Tagebücher III, S. 16-18; vgl. Junker: Junkers Reisen III, S. 425f.
81   Junker versteckte sein Nichteinverständnis in seinen Memoiren hinter neutralen Formulierungen. Giegler berichtete in seinen Memoiren jedoch, Junker habe sich ihm gegenüber ganz anders zu den Vorgängen geäußert und Emin damals die »*heftigsten Vorwürfe*« gemacht (Giegler: Leben, 495, in: NGG).
82   Junker: Junkers Reisen III, S. 427.
83   Vgl. Junker: Junkers Reisen III, S. 426f. – Vorher hatten er und Emin noch eine Geheimsprache mit arabischen Buchstaben generiert, um im Notfall auf diese Art korrespondieren zu können (vgl. Junker: Junkers Reisen III, S. 430).
84   Vgl. Brief Junkers an Emin, Dufilé, 12. Juli 1884, in: Tagebucheintrag Emins, 20. Juli 1884, in: Emin: Tagebücher III, S. 32.
85   Casati: Wahrheit II, S. 249.
86   Vgl. KCA Cairint. 1/11/56.
87   Anonym: Emin and the Mahdi. Grave Accusations of Treachery against the Pasha, in: The New York Herald, 5. Mai 1890, 1. (= KCA Cairint. 3/14/238).
88   »Unseren Herren« – gemeint ist der Khedive.
89   Vgl. KCA Cairint. 1/11/56; vgl. Anonym: Emin and the Mahdi, 1 (= KCA Cairint. 3/14/238).

90 Vgl. Grenfell Report on Equatoria (Report of Emin Bey), 1. September 1885, in: KCA Cairint. 3/14/236, 1-27; hier: 9. Emin legte in diesem Dokument außerdem dar, dass der Qāḍī (Richter) ein glühender Mahdist gewesen sei. Dieser habe ihm sogar verboten, Geld der Provinz wie auch – mit Ausnahme weniger Waren – Magazinbestände anzurühren, da nun alles Eigentum des Mahdī sei. – Das beschädigte arabische Original liegt der Akte bei. – Eine Transkription des arabischen Textes findet sich bei ʿAbīd, Ǧamīl: Al-Mudīriyyat al-Istiwāʾiyya, al-Qāhira 1967, S. 498-556.
91 Vgl. Stanleys Randbemerkungen in der Liste »Names of officers & others who came with M. Stanley from the Equatorial Provinces«, in: KCA Cairint. 1/12/75.
92 Vgl. Junker: Junkers Reisen III, S. 428f.
93 Vgl. Hassan: Wahrheit II, S. 21.
94 Junker: Junkers Reisen III, S. 459.
95 Vgl. Junker: Junkers Reisen III, S. 460.
96 Über Gaspari, vermutlich italienisch-stämmig und später mit der Stanley-Expedition an die Küste geführt, sind keine weiteren biographischen Angaben verfügbar.
97 Vgl. Hassan: Wahrheit II, S. 35 und S. 37. – Emin erwähnte diesen Vorfall nicht.
98 Vgl. Tagebucheintrag Emins, 23. März 1885, in: Emin: Tagebücher III, S. 77f.; vgl. Tagebucheintrag Emins, 31. März 1885, in: Emin: Tagebücher III, S. 83f.; vgl. Brief Emins an Junker, Lado, 1. April 1885, in: Buchta: Sudan, S. 202-205; hier: S. 202.
99 Vgl. Tagebucheintrag Emins, 23. März 1885, in: Emin: Tagebücher III, S. 77f.
100 Vgl. Junker: Junkers Reisen III, S. 493. – Tatsächlich ließ Anfina, der fürchtete, Kabarega könne sich sein Land einverleiben, nicht gehen. Solange Junker bei ihm war, fürchtete er keinen Angriff des Kabakas von Bunyoro (vgl. Hassan: Wahrheit II, S. 63).
101 Vgl. Tagebucheintrag Emins, 31. März 1885, in: Emin: Tagebücher III, S. 83.
102 Vgl. Tagebucheintrag Emins, 24. April 1885, in: Emin: Tagebücher III, S. 93f.; zu Kabaka Muanga vgl. auch: Steinhart, Edward I.: Conflict and Collaboration. The kingdoms of Western Uganda, 1890-1907, Kampala 1999.
103 Vgl. Casati: Zehn Jahre I, S. 288-293. – Vita Hassan kommentierte Casatis Entscheidung in seinen Memoiren ausführlich (vgl. Hassan: Wahrheit II, S. 45f.).
104 Vgl. Hassan: Wahrheit I, S. 47f.
105 Auszug aus Brief Emins an Junker, Lado, 1. April 1885, in: Junker: Junkers Reisen III, S. 529.
106 Vita Hassan schrieb von sich ausbreitender Insubordination – die Soldaten hätten sich erzählt, der Mudīr sei »*ausgerissen*«. (Hassan: Wahrheit II, S. 50).
107 Auszüge aus einem Brief Junkers an Emin, Anfina, 27. Mai 1885, in: Tagebucheintrag Emins, 5. Juni 1885, in: Emin: Tagebücher III, S. 104. – Der Krieg war noch nicht ausgebrochen, jedoch rüsteten sich beide Seiten für einen bewaffneten Konflikt.
108 Vgl. Brief Emins an Kabarega, in: Tagebucheintrag Emins, 19.-25. Oktober 1885, in: Emin: Tagebücher III, S. 130-134; hier: S. 131f.
109 Vgl. Grenfell Report on Equatoria (Report of Emin Bey), 1. September 1885, in: KCA Cairint. 3/14/236.
110 Nūbār Pascha hat seine Memoiren französischer Sprache verfasst. Da sie mit dem Jahr 1879 enden, sind sie für die Zeit der Mahdiyya ohne Belang (vgl. Nūbār Bāšā, Būġuṣ: Mémoires de Nubar Pacha, hrsg. von Mirrit Boutros Ghali, Beyrouth 1983. Inzwischen sind die Memoiren erstmals auch ins Arabische übertragen worden: Nūbār Bāšā: Muḏakirrāt Nūbār Bāšā, hg. und übersetzt von Garo Robert Tabaqian, o.O. ca. 2010.
111 Hierfür wäre die Transportzeit zu knapp gewesen. Das Schreiben hatte Nūbār bereits im Mai 1885 verfasst.
112 Vgl. Brief Nūbārs an Emin, 27. Mai 1885, in: Emin: Tagebücher III, S. 170f.; vgl. Šukrī: Miṣr, S. 405.
113 Vgl. Tagebucheintrag Emins, 1.-7. März 1886, in: Emin: Tagebücher III, S. 172f.; hier: S. 173.
114 Vgl. Šukrī: Miṣr, S. 405.
115 Vgl. Tagebucheintrag Emins, 19. April 1886, in: Emin: Tagebücher III, S. 184.
116 Vgl. Hassan: Wahrheit II, S. 71-73.
117 Vgl. Brief Junkers an Emin, Kab[a]rega, 17. Februar 1886, in: Emin: Tagebücher III, S. 161-167; hier: S. 162.

118 Fischer hat eine Denkschrift zur Kolonisation Afrikas hinterlassen: Vgl. Fischer, Gustav Adolf: Mehr Licht im dunklen Weltteil. Betrachtungen über die Kolonisation des tropischen Afrika unter besonderer Berücksichtigung des Sansibar-Gebiets, Hamburg 1885.
119 Vgl. Hassan: Wahrheit II, S. 100. – Ein Memorandum, das nach einem Telegramm von John Kirk, dem britischen Konsul in Sansibar, vom 28. Mai erstellt, und am 3. Juni 1886 Graf Berchem zugestellt wurde, enthielt die abwegige Behauptung, dass vermutlich Emin der Grund für den Krieg zwischen Buganda und Bunyoro sei. Emin sollte in dem Krieg vernichtet werden (BArch R 1001/246, 18f.).
120 Vgl. Hassan: Wahrheit II, S. 102-105.
121 Vgl. Tagebucheintrag Emins, 21. Mai 1886, in: Emin: Tagebücher III, S. 193-203; hier: S. 194.
122 Tagebucheintrag Emins, 4. Juni 1886, in: Emin: Tagebücher III, S. 221-223; hier: S. 223.
123 Vgl. Tagebucheintrag Emin, 5. Juni 1886, in: Emin: Tagebücher III, S. 223-225; hier: S. 223.
124 Vgl. Tagebucheintrag Emins, 21.-27. Juni 1886, in: Emin: Tagebücher III, S. 236-238; hier: S. 237.
125 Tagebucheintrag Emins, 19. Juli 1886, in: Emin: Tagebücher III, S. 244.
126 Vgl. Tagebucheintrag Emins, 19. Juli 1886, in: Emin: Tagebücher III, S. 244.
127 Hassan: Wahrheit II, S. 116.
128 Vgl. Hassan: Wahrheit II, S. 117.
129 Vgl. Tagebucheintrag Emins, 9.-15. August 1886, in: Emin: Tagebücher III, S. 246-248; hier: S. 247f.
130 Vgl. Tagebucheintrag Emins, 23.-29. August 1886, in: Emin: Tagebücher III, S. 249-252; hier: S. 249.
131 Zu Mackay existiert eine verklärende Biographie eines unbekannten Autors (vgl. Anonym: Alexander Mackay. Missionary Hero of Uganda, London o.J.).
132 Brief Mackays an Emin, Natite Buganda (CMS-Station), 2. Juni 1886, in: Emin: Tagebücher III, S. 239f.; hier: S. 239.
133 Brief Mackays an Emin, Natite Buganda (CMS-Station), 2. Juni 1886, in: Emin: Tagebücher III, S. 239f.; hier: S. 240.
134 Vgl. Tagebucheintrag Emins, 23.-29. August 1886, in: Emin: Tagebücher III, S. 249-252; hier: S. 255.
135 Tagebucheintrag Emins, 6.-12. September 1886, in: Emin: Tagebücher III, S. 258-260; hier: S. 260.
136 Vgl. Tagebucheintrag Emins, 13. September 1886, in: Emin: Tagebücher III, S. 260f.
137 Vgl. Tagebucheintrag Emins, 22. März 1887, in: Emin: Tagebücher III, S. 326.
138 Vgl. Tagebucheintrag Emins, 19. Februar 1887, in: Emin: Tagebücher III, S. 318f.
139 Auch in Lado und Mugi hatte es im Februar 1887 gebrannt (vgl. Tagebucheintrag Emins, 26. Februar 1887, in: Emin: Tagebücher III, S. 320f.).
140 Vgl. Brief Junkers an Emin, Mpwapwa, 8. November 1886, in: Tagebucheintrag Emins, 9. April 1887, in: Emin: Tagebücher III, S. 335f.
141 Vgl. Tagebucheintrag Emins, ca. 10. April 1887, in: Emin: Tagebücher III, S. 339.
142 Tagebucheintrag Emins, 9. Mai 1887, in: Emin: Tagebücher III, S. 346.
143 Emins Übersetzung eines arabischen Briefs an Kabarega, in: Emin: Tagebücher III, S. 351f.; hier: S. 352.
144 Vgl. Emins Übersetzung eines arabischen Briefs an Kabarega, in: Emin: Tagebücher III, S. 351f.; hier: S. 352.
145 Vgl. Tagebucheintrag Emins, 25.-31. Juli 1887, in: Emin: Tagebücher III, S. 392-294; hier: S. 393.
146 Vgl. Tagebucheintrag Emins, 14. Dezember 1887, in: Emin: Tagebücher III, S. 439f.; hier: S. 440.
147 Vgl. Hassan: Wahrheit II, S. 123f.
148 Tagebucheintrag Emins, 27. Juni bis 1. Juli 1887, in: Emin: Tagebücher III, S. 355-361; hier: S. 355.
149 Vgl. Brief Holmwoods an Emin, Sansibar, 1. Dezember 1886, in: Tagebucheintrag Emins, 27. Juni 1887, in: Emin: Tagebücher III, S. 355.
150 Vgl. Privatbrief Holmwoods an Emin, Sansibar, 28. Dezember 1886, in: Tagebucheintrag Emins, 27. Juni 1887, in: Emin: Tagebücher III, S. 356; vgl. Brief John Kirks an Emin, London, 21. Januar 1886, in: Tagebucheintrag Emins, 27. Juni 1887, in: Emin: Tagebücher III, S. 356f.

151 Vgl. Tagebucheintrag Emins, 14. Dezember 1887, in: Emin, Tagebücher III, S. 439-441; hier: S. 440.
152 Vgl. Tagebucheintrag Emins, 14. Dezember 1887, S. 439-441; hier: S. 441.
153 Vgl. Tagebucheintrag Emins, 26. Dezember 1887, in: Emin: Tagebücher III, S. 446.
154 Vermutlich: Baraqāt Qiblī.
155 Briefe Emins an Nūbār, Nr.1-7, 4. September 1887, in: CNA İ/1/9 0075-032032; hier: Brief Nr. 7.
156 Vgl. Tagebucheintrag Emins, 11. Januar 1888, in: Emin, Tagebücher IV, S. 2-4; hier: S. 3f.
157 Vgl. Tagebucheintrag Emins, 15. Januar 1888, in: Emin: Tagebücher IV, S. 6f.; hier: S. 6.
158 Tagebucheintrag Emins, 16. Januar 1888, in: Emin: Tagebücher IV, S. 7-9; hier: S. 8.
159 Eine ausführliche persönliche Darstellung der Vorfälle findet sich bei Casati: Zehn Jahre II, S. 88-113.
160 Vgl. Hassan: Wahrheit II, S. 129.
161 Biersorte, hergestellt durch das Vergären von Sorghum.
162 Tagebucheintrag Emins, 20. Januar 1888, in: Emin: Tagebücher IV, S. 11.
163 Tagebucheintrag Emins, 20. Januar 1888, in: Emin: Tagebücher IV, S. 11.
164 Tagebucheintrag Emins, 3. April 1888, in: Emin: Tagebücher IV, S. 83-85; hier: S. 84.
165 Tagebucheintrag Emins, 16. Februar 1888, in: Emin: Tagebücher IV, S. 38f; hier: S. 38.
166 Tagebucheintrag Emins, 23. April 1888, in: Emin: Tagebücher IV, S. 96f.; hier: S. 97.
167 Tagebucheintrag Emins, 24. April 1888, in: Emin: Tagebücher IV, S. 97.
168 Nachricht Jephsons an Emin, 26. April 1888, in: Emin: Tagebücher IV, S. 97.
169 Vgl. Jephson, James M./Stanley, Henry Morton: Emin Pascha und die Meuterei in Äquatoria, Leipzig ²1922, S. 1f. und S. 16f.
170 Nach Jephson am 26. April (vgl. Jephson: Diary, S. 248f.)
171 Tagebucheintrag Emins, 27. April 1888, in: Emin: Tagebücher IV, S. 97f.; hier: S. 98.
172 Tagebucheintrag Emins, 29. April 1888, in: Emin: Tagebücher IV, S. 98.

8. RETTUNG AUS DEM WALD? ENTSATZ UND ENTSETZEN

1 Vgl. Smith, Iain: The Emin Pasha Relief Expedition. 1886-1890 (Oxford Studies in African Affairs), Oxford 1972. – Überblickswerke (in Auswahl): Pakenham, Thomas: The Scramble for Africa, 1876-1912, London 1991, ND 2009. – Unter medizinischen Aspekten: vgl. Konczacki, Janina: The Emin Pasha Relief Expedition (1887-1889): Some Comments on Disease and Hygiene, in: Canadian Journal of African Studies/Revue Canadienne des Études Africaines 19, No.3 (1985), S. 615-625; Shee, James Charles: Report from Darkest Africa (1887-1889), in: Medical History, January 10(1) (1966), S. 23-37.
2 Vgl. Perras, Arne: Carl Peters and German Imperialism 1856-1918. A Political Biography, Oxford 2004; vgl. Bair Jr., Henry Martin: Carl Peters and German Colonialism: A Study in the Ideas and Actions of Imperialism (PhD Diss), Stanford 1975. Zu Peters vgl. auch: Reuss, Martin: The Disgrace and Fall of Carl Peters: Morality, Politics, and Staatsräson in the Time of Wilhelm II, in: Central European History 14, No.2 (Jun. 1981) S. 110-141; vgl. Winfield, Judith A.: Carl Peters and Cecil Rhodes: A comparative study of imperialist theory and practice [Diss. phil.], Univ. of Connecticut 1972. – Überblickswerke (in Auswahl): Vgl. Bückendorf, Jutta: Schwarz-Weiß-Rot über Ostafrika. Deutsche Kolonialpläne und afrikanische Realität (Europa-Übersee. Historische Studien, Bd. 5) Münster 1995, bes. S. 410-423; Collins, Robert O./Burns, James McDonald u.a. (Hg.): Historical Problems of Imperial Africa, Princeton 2000; Wehler, Hans-Ulrich: Bismarck und der Imperialismus, München 41976; Gifford, Prosser/Louis, W. Roger (Hg.): Britain and Germany in Africa. Imperial Rivalry and Colonial Rule, New Haven u.a. 1967. – Zeitgenössisch: Wagner, J.: Deutsch-Ostafrika. Geschichte der Gesellschaft für deutsche Kolonisation, der Deutsch-Ostafrikanischen Gesellschaft und der Deutsch-Ostafrikanischen Plantagengesellschaft, Berlin ²1888.
3 Vgl. Schweitzer: Emin, S. 383.
4 Anonym: Die Lage von Dr. Emin-Bei und Dr. Wilh[elm] Junker in Ladó, Petermann's Geographische Mitteilungen 31 (1885), S. 305-307. Der Beitrag enthält Informationen zur Mahdi-

yya-Bewegung und Vorschläge, über welche Routen Emin zu Hilfe gekommen werden könnte.
5   Vgl. Schweitzer: Emin, S. 386f.
6   Einer oralen Tradition nach sollte das Königtum in Buganda dereinst durch Eindringlinge von Südosten her gestürzt werden. Aus diesem Grund hatte schon Muwangas Vater Mutesa darauf geachtet, keine Fremden von Osten oder Süden her in sein Reich eindringen zu lassen. Diese Tradition ist bei Falkenhorst erwähnt, vgl. Falkenhorst, Carl: Schwarze Fürsten. Bilder aus der Geschichte des dunklen Weltteils, Leipzig 1891, S. 130.
7   Vgl. Hahner-Herzog, Iris: Tippu Tip und der Elfenbeinhandel in Ost- und Zentralafrika im 19. Jahrhundert, München 1990; vgl. Brode, Heinrich: Tippu Tip. The Story of his career in Zanzibar & Central Africa, engl. Übersetzung von H. Havelock, ND Zanzibar 2000.
8   Vgl. Uhl, Gustav: Emin Pascha und die deutschen Besitzungen in Ostafrika, Leipzig 1894, S. 9f.
9   Dass Junker sich hier »europäisch« verhielt, könnte auf seine deutsch-russische Sozialisation zurückzuführen sein.
10 Brief Junkers an Schweinfurth, Victoria Nyanza, 17. November 1886, in: Schweitzer: Emin, S. 387f.; hier: S. 388. Die Aufregung Junkers erklärt sich auch aus der Erschütterung über die Ermordung des Bischofs Hannington, der sich den Weisungen Muangas widersetzt und trotz zahlreicher Warnungen eigenmächtig nach Buganda eingedrungen war.
11 Anonym: Lage Emin Beys, S. 349f.
12 Anonym: Lage Emin Beys, S. 349.
13 Anonym: Lage Emin Beys, S. 349.
14 Vgl. Anonym: Lage Emin Beys, S. 349f.
15 Vgl. Cornelius Eugen Armin Wolf an Bismarck, Dresden, 6. Februar 1887, in: BArch R 1001/246, 69.
16 Cornelius Eugen Armin Wolf an Bismarck, Dresden, 6. Februar 1887, in: BArch R 1001/246, 69.
17 Zwiegespräch Bismarcks mit Eugen Wolf über die Emin-Pascha-Expedition, 5. Dezember 1888, in: Bismarck zu Wolf, in: Wolf, Eugen: Vom Fürsten Bismarck und seinem Haus. Tagebuchblätter, Berlin 1904, S. 7. – Der Gesprächsausschnitt ist auch zu finden in: Bismarck, Otto von: Bismarck Gespräche, Bd. 2: Von der Reichsgründung bis zur Entlassung, hrsg. von Willy Andreas, Basel ca. 1970, S. 523-526; hier: S. 525. – Direkt im Anschluss daran folgten Bismarcks berühmte Worte, mit denen er seine Prioritäten veranschaulichte: »›Ihre Karte von Afrika ist ja sehr schön, aber meine Karte von Afrika liegt in Europa. Hier liegt Rußland, und hier – nach links deutend – ›liegt Frankreich, und wir sind in der Mitte; das ist meine Karte von Afrika.‹« (Bismarck: Gespräche II, S. 525).
18 Vgl. Peters, Carl: Die deutsche Emin-Pascha-Expedition. Volksausgabe, Hamburg u.a. 1907, S. 2.
19 Der Grund, weshalb ausgerechnet die Nürnberger Abteilung der Deutschen Kolonialgesellschaft die Initiative zu einer Hilfsexpedition Emins übernahm, lag vermutlich in der Tatsache begründet, dass Hermann Peters, ein Bruder von Karl Peters, dort Schriftführer war (vgl. Seemann, Markus: Kolonialismus in der Heimat. Kolonialbewegung, Kolonialpolitik und Kolonialkultur in Bayern (1882-1943), Berlin 2011, S. 31f.). – Ein kleiner Teil von Unterlagen der Abteilung Nürnberg hat sich im *Stadtarchiv Nürnberg* (Abteilung Vereinspolizeiakten) erhalten. Die Dokumente, bei denen es sich um Aufrufe an die Bevölkerung und die Sammlung von Spenden für die geplante Expedition handelt, datieren allerdings erst aus den Monaten Oktober und November 1888 (vgl. StadtAN C 7/V Nr. 1300).
20 Vgl. Peters: Emin-Pascha-Expedition, S. 2f.
21 Vgl. Sachse, [Adolf?]: Vortrag des Herrn Direktors im Reichs-Postamt Sachse über die Emin Pascha Expedition, gehalten in der Vorstandssitzung der Deutschen Kolonialgesellschaft am 11. September 1888 zu Wiesbaden, o. O. 1888.
22 Über die Inhalte der Wiesbadener Sitzung vgl. Anonym: Vorstandssitzung der Deutschen Kolonialgesellschaft zu Wiesbaden am 11. September, in: Rheinischer Kurier, 12. September 1888.
23 Vgl. Schweitzer: Emin, S. 452f.
24 Vgl. Perras: Carl Peters, S. 141f.
25 Vgl. Zwiegespräch Bismarcks mit Wolf, 5. Dezember 1888, in: Bismarck: Gespräche II, S. 525.

26 Perras: Carl Peters, S. 167.
27 Vgl. Perras: Carl Peters, S. 144.
28 Die Empörung über die britische Blockade fand u.a. in der Deutschen Kolonialzeitung Widerhall: Anonym: Emin Pascha und die Engländer, in: Deutsche Kolonialzeitung, 15. Juni 1889.
29 Vgl. Peters, Carl: Wie Deutsch-Ostafrika entstand! Persönlicher Bericht des Gründers, Leipzig 1940, S. 143f.
30 Vgl. Schweinfurth, Georg: Deutschlands Verpflichtungen gegen Emin Pascha. Vortrag gehalten in der von der Abteilung Berlin der Deutschen Kolonialgesellschaft veranstalteten Versammlung vom 17. August 1889, in: BArch R 1001/250, 116; vgl. beispielsweise: Deutsches Wochenblatt, Nr. 35, 29. August 1889 (=BArch R 1001/250, 96).
31 Vgl. Abschrift eines Telegramms des deutschen Botschafters in Paris, Graf Georg Herbert zu Münster (1820-1902), welches dieser von der Regierung (gez. Freycinet) am 27. September 1886 erhalten und am Folgetag an den Fürsten Bismarck weitergeleitet hatte, in: BArch R1001/246, 27-29: »*Je m'étais empressé d'acceder á ce désir, en recommandant á nos représentants sur les côtes orientales et occidentales d'Afrique de se mettre, le cas échéant, á la disposition des explorateurs allemands, pour leur faciliter, par tous les moyens possibles, leur retour en Europe.*«
32 Vgl. Anonym: A French Expedition to succour Stanley. More News from Major Barttelot's Camp, in: Pall Mall Gazette, 3. Juli 1888 (= BL 19th Century Newspaper Collection).
33 Peters: Wie Deutsch-Ostafrika entstand!, S. 141.
34 Vgl. Smith: Relief Expedition, S. 40. – Auf den Wortlaut der Briefe wird im Folgenden noch eingegangen.
35 Vgl. Appendix 1, zu: Felkin, Robert: The position of Dr. Emin Bey, in: The Scottish Geographical Magazine (Dez. 1886), S. 705-719, hier: S. 718.
36 Felkin: Position, S. 714.
37 Brief Emins an Mackay, 6. Juli 1886, in: Smith: Relief Expedition, S. 34f.
38 Felkin: Position, S. 715.
39 Vgl. Smith: Relief Expedition, S. 35.
40 Vgl. Auszug aus einem Brief Mackays an Emin, Church Missionary Station, Buganda, 15.11.1886, in: Emin: Tagebücher III, S. 307-311; hier: S. 309f.
41 Brief Emins an Junker, Wadelai 29. November 1886, in: Keltie Correspondence, in: RGS CB7.
42 Brief Emins an Junker, Wadelai 29. November 1886, in: Keltie Correspondence, in: RGS CB7.
43 Vgl. Hamburgischer Correspondent, 27. November 1886, Nr. 329, Mittagsblatt (=BArch R 1001/247, 4).
44 Das britische Kabinett um Lord Iddesleigh lehnte im November 1886 das Projekt einer Hilfsexpedition ab mit der Begründung: »*[T]hey [(the minister)s]could not take part in sending out an expedition, even of a peaceful character, to rescue Emin Bey, without exposing the country to the risk of having to rescue the rescuers*« (zit. n. Fröhlich, Michael: Von Konfrontation zur Koexistenz: Die deutsch-englischen Kolonialbeziehungen in Afrika zwischen 1884 und 1914 (Arbeitskreis Deutsche England-Forschung, Bd.17) Bochum 1990, S. 71). – Für die innerbritische Haltung, Diskussionen und Korrespondenzen vgl. Smith: Relief Expedition, S. 37-65.
45 Zu Mackinnon vgl. Munro, J. Forbes: Maritime Enterprise and Empire. Sir William Mackinnon and his Business Network, 1823-1893, Woodbridge u.a. 2003; vgl. Galbraith, John Semple: Mackinnon and East Africa (1878-1895). A Study in the ›New Imperialism‹, Cambridge 1972.
46 Vgl. Brief Holmwoods an Emin, 28. Dezember 1886, in: Emin: Tagebücher III, S. 356.
47 Brief Felkins an Emin, Edinburgh, 14. Juni 1888, in: StArchHH 622-2/16 C III, 6.
48 Brief Felkins an Emin, Edinburgh, 30. August 1888, in: StArchHH 622-2/16 C III, 7. Die Unterstreichungen hat Felkin vorgenommen.
49 Vgl. Brief Felkins an Emin, Edinburgh, 30. August 1888, in: StArchHH 622-2/16 C III, 7.
50 Brief Felkins an Emin, Edinburgh, 28. November 1889, in: StArchHH 622-2/16 C III, 12.
51 Vgl. SOAS Mackinnon Papers PP MS 1/EPRE/91, 48.
52 SOAS Mackinnon Papers PP MS 1/EPRE/91, 48.
53 Vgl. SOAS Mackinnon Papers PP MS 1/EPRE/91, 48.
54 Brief Felkins an Emin, Edinburgh, 28. November 1889, in: StArchHH 622-2/16 C III, 12.
55 Vgl. beispielsweise Wilson/Felkin: Uganda II, S. 49.
56 Vgl. Stairs, William: African Exploits. The Diaries of William Stairs (1887-1892), hrsg. von Roy Maclaren, Liverpool 1998.

57 Vgl. Parke, Thomas Heazle: My personal experiences in Equatorial Africa as Medical Officer of the Emin Pasha Relief Expedition, London 1891.
58 Vgl. Ward, Herbert: A Voice from the Congo. Comprising Stories, Anecdotes, and Descriptive Notes, London 1910; vgl. Ders.: My life with Stanley's Rear Guard, London 1891.
59 Vgl. Schweitzer: Emin, S. 394f.
60 Ursprünglich hatte Stanley von Sansibar aus durch das Innere Ostafrikas zum Victoria Nyanza marschieren wollen, seine Pläne aber kurzfristig wegen König Leopolds »*generous offers of assistance*« (Stanley, Henry M.: The Autobiography of Sir Henry Morton Stanley. The Making of a 19th-Century Explorer, hrsg. von Dorothy Stanley, London 1909, ND Santa Barbara 2001, S. 373) geändert. – Der Weg über den Kongo bedeutete zwar eine Umrundung des Kaps der Guten Hoffnung, aber in der Summe etwa 500 Meilen weniger Fußmarsch, somit, nach Stanleys Argumentation, weniger Desertierungsmöglichkeiten für die angeheuerten Träger und eine Beruhigung derjenigen Stimmen in Deutschland und Frankreich, die hinter der Expedition Annexionsgelüste vermutet hatten (vgl. Stanley: Autobiography, S. 373). – Die deutschen und französischen Verdächtigungen waren berechtigt, denn Stanley verfolgte mit der Kongo-Route doch in erster Linie die Interessen König Leopolds.
61 Felkin hatte den Weg von Osten über den Alexandra-See an den Victoria Nyanza vorgeschlagen (vgl. Felkin: Position, S. 714).
62 Jephson/Stanley: Emin Pascha, S. 16f.
63 Vgl. Schweitzer: Emin, S. 396f.
64 Stanley hatte die perfekte Kleidung Emins hervorgehoben, ebenso dessen einwandfreien gesundheitlichen Zustand. Im Gegensatz dazu hatte er seine sansibaritischen Begleiter als zerlumpt beschrieben (vgl. Stanley: In darkest Africa I, S. 333f.).
65 Vgl. Tagebucheintrag Emins, 29. April 1888, in: Emin: Tagebücher IV, S. 98f.; hier: S. 99; vgl. Casati: Zehn Jahre II, S. 145f.; vgl. Tagebucheintrag Jephsons, 28. April 1888, in: Jephson: Diary, S. 251. Vita Hassan war nach eigenen Angaben an Bord des Dampfers geblieben (vgl. Hassan: Wahrheit II, S. 137).
66 Zeichnung »The Meeting of Emin Pasha and Mr Stanley at Kavalli, 29. April 1888«. Mehrfach abgedruckt – vgl. z.B. Manning: Remarkable Expedition (Buchcover).
67 Vgl. Casati: Zehn Jahre II, S. 146; vgl. Stanley: Autobiography, S. 379.
68 Vgl. Hassan: Wahrheit II, S. 139.
69 Vgl. Hassan: Wahrheit II, S. 134.
70 Tagebucheintrag Emins, 29. April 1888, in: Emin: Tagebücher IV, S. 98f.; hier: S. 99.
71 Tagebucheintrag Emins, 8. Juni 1888, in: Emin: Tagebücher IV, S. 128. – Emin schrieb ferner, Stanley habe die Schuld daran den Ägyptern gegeben, welche die Ware schlecht verpackt hätten (vgl. Tagebucheintrag Emins, 8. Juni 1888, in: Emin: Tagebücher IV, S. 128).
72 Vgl. Tagebucheintrag Emins, 8. Juni 1888, in: Emin: Tagebücher IV, S. 128.
73 Vgl. Tagebucheintrag Emins, 30. April 1888, in: Emin: Tagebücher IV, S. 99f.; hier: S. 99.
74 Vgl. Tagebucheintrag Emins, 30. April 1888, in: Emin: Tagebücher IV, S. 99f.; hier: S. 100.
75 Vgl. Tagebucheintrag Emins, 1. Mai 1888, in: Emin: Tagebücher IV, S. 100f.; hier: S. 101.
76 Tagebucheintrag Emins, 3. Mai 1888, in: Emin: Tagebücher IV, S. 103.
77 Vgl. Tagebucheintrag Emins, 1. Mai 1888, in: Emin: Tagebücher IV, S. 101.; vgl. Tagebucheintrag Emins, 3. Mai 1888, in: Emin: Tagebücher IV., S. 103; vgl. Tagebucheintrag Emins, 4. Mai 1888, in: Emin: Tagebücher IV, S. 103-106; hier: S. 105.
78 Vgl. Tagebucheintrag Emins, 4. Mai 1888, in: Emin: Tagebücher IV, S. 103-106; hier: S. 105.
79 Vgl. Casati: Wahrheit II, S. 151; vgl. Hassan: Wahrheit II, S. 141.
80 Dieser Text ist in schlechter Schriftqualität erhalten geblieben, sowohl in englischer Sprache, als auch in arabischer Transkription mit lateinischen Buchstaben (vgl. »Soldiers of Emin Pasha!«, in: SAD 14/1).
81 SOAS ms 275953 AJ Mounteney Jephson Diaries, Bd. II, 4.
82 Vgl. Tagebucheintrag Jephsons, 17. Juli 1888, in: Jephson: Diary, S. 257-262; hier: S. 260.
83 Tagebucheintrag Emins, 11. Juli 1888, in: Emin: Tagebücher IV, S. 138.
84 Tagebucheintrag Emins, 2.-8. Juli 1888, in: Emin: Tagebücher IV, S. 137f.; hier: S. 137.
85 Vgl. Tagebucheintrag Emins, 29. Juli 1888, in: Emin: Tagebücher IV, S. 145. – Auch wenn die Grenzen zuweilen offenbar fließend waren, bestand ein Unterschied zwischen gewaltsam geraubten und später auf Sklavenmärkten feilgebotenen Sklaven und solchen, die zwar als Sklaven

bezeichnet wurden, jedoch eher Hausangestellte bzw. Hausdiener waren. Letztere Form der Sklaverei war erlaubt, während erstere auch von Emin bekämpft wurde. Vgl. dazu die Schilderung von Vita Hassan (Hassan: Wahrheit I, S. 27-29). – Zur Haussklaverei in Afrika vgl. Wirz, Albert: Sklavenhandel, Sklaverei und legitimer Handel, in: Grau, Inge/Mährdel, Christian u.a. (Hg.): Afrika. Geschichte und Gesellschaft im 19. und 20. Jahrhundert, Wien 2000, S. 76-91.
86 Vgl. Tagebucheintrag Emins, 21. Juli 1888, in: Emin: Tagebücher IV, S. 141f.
87 Tagebucheintrag Emins, 3. August 1888, in: Emin: Tagebücher IV, S. 149.
88 Tagebucheintrag Emins, 13. August 1888, in: Emin: Tagebücher IV, S. 150f; hier: S. 151. – Vgl. auch: Tagebucheintrag Jephsons, in: Jephson: Diary, S. 278-280.
89 Vgl. Tagebucheinträge Emins, 19.-22. August, in: Emin: Tagebücher IV, S. 155-157; vgl. ebenso: Tagebucheintrag Emins, 30. August 1888, in: Emin: Tagebücher IV, S. 159f.
90 Vgl. Tagebucheintrag Emins 2. September 1888, in: Emin: Tagebücher IV, S. 161.
91 Tagebucheintrag Emins, 25. September 1888, in: Emin: Tagebücher IV, S. 163f.; hier: S. 164.
92 Tagebucheintrag Emins, 27. September 1888, in: Emin: Tagebücher IV, S. 164.
93 Vgl. Tagebucheintrag Emins, 27. September 1888, in: Emin: Tagebücher IV, S. 164.
94 Vgl. Tagebucheintrag Emins, 28. September 1888, in: Emin: Tagebücher IV, S. 164.
95 Vgl. Tagebucheintrag Emins, 1. Oktober 1888, in: Emin: Tagebücher IV, S. 165f.
96 Vgl. Tagebucheintrag Emins, 3. November 1888, in: Emin: Tagebücher IV, S. 176.
97 Vgl. Tagebucheintrag, Emins, 18. Oktober 1888, in: Emin: Tagebücher IV, S. 170.
98 Vermutlich bezog sich Reginald Wingate in seinem Memorandum über den Sudan auf die Einnahme Rejafs, als er diese Zeilen über die propagandistische Verwertung eines militärischen Teilerfolgs der Mahdisten schrieb:«*During the latter half of 1888 a dervish force succeeded in capturing a small outpost of Emin Pasha's in the neighbourhood of Bor. The Egyptian Officers of this post were brought as prisoners to Omdurman and the occasion was cleverly made use of by the Khalifa, to state that he had captured Emin Pasha and Stanley.*« (General Conference Report No.5 (1889), in: KCA Cairint. 3/10/192).
99 Vgl. Tagebucheintrag Emins, 15. November 1888, in: Emin: Tagebücher IV, S. 178-181.
100 Vgl. Tagebucheintrag Emins, 17. November 1888, in: Emin: Tagebücher IV, S. 182.
101 Vgl. Tagebucheintrag Emins, 23. November 1888, in: Emin: Tagebücher IV, S. 183f.; hier: S. 184.
102 Vgl. Tagebucheintrag Emins, 4. Dezember 1888, in: Emin: Tagebücher IV, S. 185f.
103 Vgl. Tagebucheintrag Emins, 6. Dezember 1888, in: Emin: Tagebücher IV, S. 188-190. Über den Ausgang des Gefechts berichtete Salīm Āġā in einem Brief an Emin. Den Inhalt des Briefes hat Emin in seinem Tagebuch in Übersetzung wiedergegeben (vgl. Brief Salīm Agas an Emin, in: Tagebucheintrag Emins, 6. Dezember 1888, in: Emin: Tagebücher IV, S. 188-190). Ein Faksimile des Briefes findet sich bei Casati: Wahrheit II, S. 184f.
104 Tagebucheintrag Emins, 6. Dezember 1888, in: Emin: Tagebücher IV, S. 190.
105 Vgl. Tagebucheintrag Emins, 6. Dezember 1888, in: Emin: Tagebücher IV, S. 190.
106 Tagebucheintrag Emins, 29. Dezember 1888, in: Emin: Tagebücher IV, S. 199.
107 Übersetzung des Briefes des Offiziersrates, in: Emin: Tagebücher IV, S. 195-197. – Unterzeichner dieses Briefes war die Revolutionspartei, die aus folgenden Offizieren bestand: Mustafa al-'Aġamī, Surūr Āġā, Faḍl al-Mullā Āġā, Aḥmad Āġā Dinkāwī, Balāl Āġā Dinkāwī, Nūr Āġā 'Abd al-Bayn, Mustafā Efendi Aḥmad, 'Abdallah Āġā al-'Abd, Dauw al-Bayt Āġā und Baḥit Āġā Maḥmūd.
108 Vgl. Tagebucheintrag Emins, 24. Dezember 1888, in: Emin: Tagebücher IV, S. 198.
109 Vgl. Tagebucheintrag Emins, 27. Januar 1889, in: Emin: Tagebücher IV, S. 208f.
110 Tagebucheintrag Emins, 4. Februar 1889, in: Emin: Tagebücher IV, S. 215f.
111 Tagebucheintrag Emins, 4. Februar 1889, in: Emin: Tagebücher IV, S. 216.
112 Vgl. Brief Stanleys an Emin, Lager bei Kavalli, 7. Februar 1889, in: Emin: Tagebücher IV, S. 218-220.
113 Vgl. Brief Stanleys an Emin, Valentinstag, Lager bei Kavalli, 14. Februar 1889, in: Emin: Tagebücher IV, S. 221.
114 Tagebucheintrag Emins, 15. Februar 1889, in: Emin: Tagebücher IV, S. 222.
115 Vgl. Tagebucheintrag Emins, 15. Februar 1889, in: Emin: Tagebücher IV, S. 222.
116 Vgl. Tagebucheintrag Emins, 17. Februar 1889, in: Emin: Tagebücher IV, S. 223f.
117 Vgl. beispielsweise: HMS 4622 Autograph manuscript by HMS about Emin Pasha. – Auch Stanley-Biograph Jeal sparte nicht mit Kritik am Verhalten Emins (vgl. beispielsweise: Jeal,

Tim: Explorers of the Nile. The Triumph and Tragedy of a Great Victorian Adventure, London 2011, S. 373).
118 Vgl. Stuhlmann: Herz von Afrika, S. 610, Fußnote.
119 Tagebucheintrag Jephsons, 2. Dezember 1888, in: Jephson: Diary, S. 306.
120 Vgl. Hassan: Wahrheit II, S. 158.
121 Vgl. Hassan: Wahrheit II, S. 167. – Vgl. »Waraq Waṣiyya šaraʻiyya«/»The Last Will of Emin Pasha«, in: SAD 14/1.
122 Hassan: Wahrheit II, S. 163.
123 Vgl. Hassan: Wahrheit II, S. 166 und S. 171.
124 Über Gaspari Marco ist nicht viel bekannt. Der Grieche soll Casati zufolge zunächst einige Jahre als Händler in der Gegend von Rumbek aktiv gewesen sein und sich später um die Kultivierung der Landwirtschaft in dieser Region verdient gemacht haben. Er kehrte mit der Stanley-Expedition an die Küste zurück (vgl. Casati: Zehn Jahre I, S. 69).
125 Vgl. Tagebucheinträge Emins, 18./19. Februar 1889, in: Emin: Tagebücher IV, S. 225f.
126 Vgl. Tagebucheintrag Emins, 25. Februar 1889, in: Emin: Tagebücher IV, S. 229f.
127 Tagebucheintrag Emins, 10. März 1889, in: Emin: Tagebücher IV, S. 234f.
128 Vgl. Tagebucheintrag Emins, 10. März 1889, in: Emin: Tagebücher IV, S. 234f.
129 Brief Stanleys an den Vorsitzenden des Emin Pascha-Entsatz-Comités, 9. Brief, Lager bei Kisinga, Usindja, 17. August 1889, in: Henry M. Stanley: Stanley's Briefe über Emin Pascha's Befreiung, hrsg. von J. Scott Keltie, dt. Übersetzung von H[ugo] von Wobeser, Leipzig 1890, S. 73-89; hier: S. 75.
130 Vgl. Tagebucheintrag Emins, 2. April 1889, in: Emin: Tagebücher IV, S. 244f.
131 Tagebucheintrag Emins, 4. April 1889, in: Emin: Tagebücher IV, S. 245-247; hier: S. 247.
132 Vgl. Tagebucheintrag Emins, 4. April 1889, in: Emin: Tagebücher IV, S. 245-247; hier: S. 247.
133 Tagebucheintrag Emins, 5. April 1889, in: Emin: Tagebücher IV, S. 247f.; hier: S. 247.
134 Tagebucheintrag Emins, 5. April 1889, in: Emin: Tagebücher IV, S. 247f.; hier: S. 247.
135 Tagebucheintrag Emins, 5. April 1889, in: Emin: Tagebücher IV, S. 247f.; hier: S. 247.
136 Tagebucheintrag Emins, 5. April 1889, in: Emin: Tagebücher IV, S. 247f.; hier: S. 248. – Zum Vorfall vgl. auch: Hassan: Wahrheit II, S. 198f.
137 Vgl. KCA Cairint. 1/11/56.
138 Anonym: Emin and the Mahdi, 1 (= KCA Cairint. 3/14/238).
139 Angabe Emins (vgl. Tagebucheintrag Emins, 6. April 1889, in: Emin: Tagebücher IV, S. 248f.; hier: S. 249.
140 Angabe Stanleys (vgl. Stanley: In Darkest Africa II, S. 187f.).
141 Vgl. Hassan: Wahrheit II, S. 210. – Vgl. auch: Casati: Zehn Jahre II, S. 247.
142 Vgl. Entrevue avec Stanley, in: Indépendance Belge, 16. Januar 1887. – Interview abgedruckt in: Lord Vivian to the Marquis of Salisbury, No. 33, in: F.O. 881/5617.
143 Originalschreibweise Emins.
144 Tagebucheintrag Emins, 14.-20. Januar 1889, in: Emin, Tagebücher IV, S. 201-203; hier: S. 202.
145 Tagebucheintrag Emins, 14.-20. Januar 1889, in: Emin, Tagebücher IV, S. 201-203; hier: S. 202.
146 Stanley: Autobiography, S. 379f. – Stairs schrieb am 19. Februar 1889 in sein Tagebuch: »...*had a yarn with the Pasha: He of course feels very keenly having to leave the country he has been governor of for so [m?]any years... The Pasha is a very spare little man with, I fancy, not a very strong mind.*« (Tagebucheintrag Stairs, 19. Februar 1889, in: Stairs: African Exploits, S. 252).
147 Vgl. beispielsweise: Tagebucheintrag Emins, 14. April 1889, in: Emin: Tagebücher IV, S. 255f.
148 Tagebucheintrag Emins, 17. April 1889, in: Emin: Tagebücher IV, S. 258-260; hier: S. 259.
149 Tagebucheintrag Emins, 19. April 1889, in: Emin: Tagebücher IV, S. 260f.; hier: S. 261.
150 Vgl. Tagebucheintrag Emins, 3. Mai 1889, in: Emin: Tagebücher IV, S. 275f.
151 Tagebucheintrag Emins, 3. Mai 1889, in: Emin: Tagebücher IV, S. 275f.; hier: S. 276. – Emin verwendete tatsächlich für die gewaltsame Einholung von Trägern den bei Sklavenjagden üblichen Begriff »*Razzia*« (Tagebucheintrag Emins, 3. Mai 1889, in: Emin: Tagebücher IV, S. 275f.; hier: S. 276).
152 Vgl. Tagebucheintrag Emins, 8. Mai 1889, in: Emin: Tagebücher IV, S. 280f.
153 Die im Zusammenhang mit der Nilquellenfrage genannten »Schneeberge« oder »Mountains of the Moon« hatte Stanley 1889 »entdeckt«. – Zur Rast am Ruwenzori vgl. Tagebucheinträge Emins, 4.-6. Juni 1889, in: Emin: Tagebücher IV, S. 307-310.

154 Tagebucheintrag Emins, 15. Mai 1889, in: Emin: Tagebücher IV, S. 287-289; hier: S. 288.
155 Tagebucheintrag Emins, 15. Juni 1889, in: Emin: Tagebücher IV, S. 317f.
156 Tagebucheintrag Emins, 15. Juni 1889, in: Emin: Tagebücher IV, S. 317f.
157 Vgl. Tagebucheintrag Emins, 15. Juni 1889, in: Emin: Tagebücher IV, S. 317f.
158 Vgl. Tagebucheintrag Emins, 9. Juli 1889, in: Emin: Tagebücher IV, S. 339f.
159 Vgl. Tagebucheintrag Emins, 12. August 1889, in: Emin: Tagebücher IV, S. 355f.
160 Tagebucheintrag Emins, 28. August 1889, in: Emin: Tagebücher IV, S. 364f.; hier: S. 365.
161 Tagebucheintrag Emins, 11. September 1889, in: Emin: Tagebücher IV, S. 369.
162 Vgl. Tagebucheintrag Emins, 6. September 1889, in: Emin: Tagebücher IV, S. 368.
163 Vgl. Tagebucheintrag Emins, 14. September 1889, in: Emin: Tagebücher IV, S. 370.
164 Tagebucheintrag Emins, 16. September 1889, in: Emin: Tagebücher IV, S. 371f.; hier: S. 372.
165 Vgl. Tagebucheintrag Emins, 31. August 1889, in: Emin: Tagebücher IV, S. 366f. – Bei den »Sklaven« handelte es sich um sklavenähnlich behandeltes Dienstpersonal von Beamten und Soldaten aus der Äquatorialprovinz.
166 Tagebucheintrag Emins, 4. Oktober 1889, in: Emin: Tagebücher IV, S. 391.
167 Tagebucheintrag Emins, 27. September 1889, in: Emin: Tagebücher IV, S. 384f.; hier: S. 385.
168 Vgl. Tagebucheinträge Emins, 4. September und 19. Oktober 1889, in: Emin: Tagebücher IV, S. 367 bzw. S. 306.
169 Schynse führte die vorher bereits genannten Vermutungen Emins zum eigentlichen Zweck der Expedition auf (Schynse, August: Mit Stanley und Emin Pascha durch Deutsch-Ostafrika. Reisetagebuch, Köln 1890, S. 53): »*Ich verplaudere den größten Theil des Weges mit Emin Pascha, der gar kein Geheimniß über die eigentlichen Expeditionszwecke macht. Wie soll ein geriebener schottischer Kaufmann auf ein Mal auf die Idee verfallen, bedeutende Summen aufzuwenden, um einen ägyptischen Beamten, den er bisher vielleicht nicht ein Mal dem Namen nach kannte, herauszuholen? Diese Expedition galt nicht so sehr dem Dr. Emin Pascha, als seiner Provinz und seinem Elfenbein. […]* ›*Ich bin den Herren ja recht dankbar für das, was sie für mich gethan haben*‹, *schloß Dr. Emin Pascha,* ›*Aber der Endzweck der Expediton war mir bereits klar geworden, als ich mit Stanley meine erste Unterredung hatte. Machte er mir auch keine directen Vorschläge, so fühlte ich doch sofort heraus, daß etwas Anders dahinterstecke, als der einfache Wunsch, ein paar ägyptische Beamte heimzuholen.*‹«
170 Eigentlich: Wazungu (Pl.) – »Weiße«.
171 Notizen Schynses am 20.Oktober 1889, in: Schynse: Mit Stanley und Emin Pascha, S. 33.
172 Schynse am 31. Oktober 1889 über die erste Begegnung mit deutschsprachigen Afrikanern (Schynse: Mit Stanley und Emin Pascha, S. 51): »*Die Leute marschiren gut geschlossen. Aber was ist denn das? Ein langer Bengel legt die Hand an die Schläfe und sagt: »Guten Morjen«, dann andere ebenfalls, dann kommt eine Schaar von Weibern, die Alle, militairisch grüßend, »guten Morjen« sagen. »Kerl, wo hast das gelernt« frug ich einen. »In Bagamoyo«. Bist du denn Deutscher?« »Alles mtaki (Deutsche)« und zur Bekräftigung ließ er ein kräftiges »Ja« erschallen.*«
173 Tagebucheintrag Emins, 5. November 1889, in: Emin: Tagebücher IV, S. 419f.; hier: S. 420; vgl. auch: Tagebucheinträge Emins, 16. November und 25. November 1889, in: Emin: Tagebücher IV, S. 426f. bzw. S. 432f.
174 Vgl. Schweitzer: Emin, S. 447.
175 Vgl. Schweitzer: Emin, S. 448.
176 Vgl. Tagebucheintrag Emins, 12. November 1889, in: Emin: Tagebücher IV, S. 424.
177 Vgl. Hassan: Wahrheit II, S. 235.
178 Tagebucheintrag Emins, 25. November 1890, in Emin: Tagebücher IV, S. 432f.; hier: S. 433: »*Es ist sonderbar, zu sehen, wie Stanley, der sich gern als Kosmopolit aufspielt und deshalb uns gegenüber der Ausbreitung der deutschen Herrschaft in Afrika das Wort redet, sich doch nicht von seinen englischen Vorurteilen losmachen kann und in unbewachten Augenblicken, wenn wir allein sind, mir Sympathien für Deutschland vorwirft.*«
179 Rescued!, in: Punch, 14. Dezember 1889. Die Karikatur findet sich auch bei Jones, Roger: The Rescue of Emin Pasha: The story of Henry M. Stanley and the Emin Pasha Relief Expedition, 1887-1889, London 1972, Einlageblatt (ohne Seitenzählung).
180 Private Aufnahme (Kirchen, 2009).

181 Vgl. beispielsweise: Weidmann, Konrad: Mit Emin Pascha von Msua nach Bagamoyo und sein Sturz aus dem Fenster, in: Deutsch Ostafrikanische Zeitung, März 1908 (2 Teile) [=BArch N 2345/20, 1-4]
182 Vgl. Hoffmann, William [Wilhelm]: With Stanley in Africa, London u.a. 1938, S. 163.
183 Vgl. Jephson/Stanley: Emin Pascha, S. 430f.
184 Vgl. Manning: Remarkable Expedition, S. 251.
185 Vgl. Manning: Remarkable Expedition, S. 252.
186 Vgl. B., A.: Enthüllungen, S. 29.
187 Vgl. Schreiben Gillets an Paul Kayser, Pera (Konstantinopel), 3. November 1890, in: Schmidt: Dunkle Episode, S. 320f.; im Original: GStA PK I. HA Rep. 77, 2f. – Vgl. auch: Jeal: Stanley, S. 378; vgl. Manning: Remarkable Expedition, S. 251.
188 Vgl. Parke: Personal Experiences, S. 504.
189 Anonym: How Emin Fell, in: Los Angeles Times, 9. Januar 1890, 7 (= BL 19th Century Newspaper Collection). – Viele englischsprachige Publikationen tradierten die Version von der Trunkenheit weiter – vgl. beispielsweise: Farwell, Byron: Prisoners of the Mahdi, New York u.a. 1967, S. 326f.
190 Brauer, Arthur von: Im Dienste Bismarcks. Persönliche Erinnerungen, hrsg. von Helmuth Rogge, Berlin 1936, S. 240.
191 Vgl. Korvettenkapitän Foß an den Kommandierenden Admiral, Sansibar, 16. Dezember 1889, weitergeleitet an Reichskanzler von Bismarck, weitergeleitet an S.M. Kaiser Wilhelm II., in: BArch MA RM 2 1579, 9. – Für diesen Hinweis danke ich Andreas Leipold. – Vgl. auch: Hirschberg, Johannes: Neunzehn Monate Kommandant S. M. Kreuzer »Schwalbe« während der militärischen Aktion 1889/90 in Deutsch-Ostafrika. Aus den hinterlassenen Papieren, hrsg. von Hedwig Hirschberg, Wiesbaden 1895.
192 In der Zeitung *The Graphic* erschien eine Illustration, welche die heimgekehrten Soldaten in der Kaserne zeigte (vgl. The Graphic, 1. Februar 1890 (= BL 19th Century Newspaper Collection).
193 Vgl. KCA Cairint. 1/11/56; vgl. KCA Cairint. 3/14/237.
194 Vgl. KCA Cairint. 1/12/75.

9. Emins Kopfverletzung stösst das Empire vor den Kopf

1 Vgl. beispielsweise: Anonym: Emin Falls From A Window, in: Boston Daily Globe, 6. Dezember 1889 (= BL 19th Century Newspaper Collection).
2 Vgl. Stanley and Emin. Message from the Queen. Condition of Emin Pasha, in: Glasgow Herald, 13. Dezember 1889 (= BL 19th Century Newspaper Collection). – Zu Queen Victoria: vgl. Urbach, Karina: Queen Victoria. Eine Biografie (Beck'sche Reihe, Bd. 1975), München 2011.
3 Vgl. Schweitzer: Emin, S. 467.
4 Die Philosophische Fakultät der *Universität Königsberg* und die *Hallenser Geographische Gesellschaft* seien hier aus der Masse herausgegriffen (vgl. Schweitzer: Emin, S. 469). Das lateinische Diplom der Königsberger Universität, welche Emin am 7. Januar 1890 zum Ehrendoktor ernannte, vom 7. Januar 1890 gibt Staby in Übersetzung wieder (vgl. Staby, Ludwig: Emin Pascha. Ein deutscher Forscher und Kämpfer im Innern Afrikas, Stuttgart 1890, S. 148f.).
5 Bis zu einer Malariaerkrankung etwa drei Wochen nach dem Unfall Emins blieb Dr. Parke an Emins Seite. In seinen Erinnerungen berichtete er über Heilungsprozess und kurze Unterhaltungen mit dem Kranken (vgl. Parke: Personal Experiences, S. 504f.).
6 Beglaubigte Abschrift, Behandlungsreport Dr. Götsch, Bagamoyo, 22. Dezember 1889, in: ZNA AL 2/32.1, 149.
7 Beglaubigte Abschrift, Behandlungsreport Dr. Götsch, Bagamoyo, 22. Dezember 1889, in: ZNA AL 2/32.1, 149.
8 Anonym: Notiz, in: Unter dem rothen Kreuz. Zeitschrift des Frauen-Vereins für Krankenpflege in den Kolonien, Nr. 5, Februar 1890, S. 33.
9 Da sich die Notizbücher Auguste Hertzers in einem Privatnachlass befinden, sei an dieser Stelle Frank Reiter (Berlin) für die Erlaubnis einer wissenschaftlichen Benutzung und Livia

Loosen (Erfurt) für die Bereitstellung und Zustimmung zur Verwendung ihrer Auswertungen gedankt.
10 Vgl. Hertzer, Auguste: Lebenserinnerungen, 3 Bde.; hier: Bd. III, in: Nachlass Reiter, 150.
11 Hertzer: Lebenserinnerungen III, 150.
12 Vgl. Hertzer: Lebenserinnerungen III, 151f.
13 Hertzer: Lebenserinnerungen III, 155.
14 Hertzer: Lebenserinnerungen III, 155f.
15 Vgl. Hertzer: Lebenserinnerungen III, 157.
16 Vgl. Hertzer: Lebenserinnerungen III, S. 164. Zu Stuhlmann vgl. Bindseil, Reinhart: Franz Stuhlmann. Ein biographisches Portrait – gleichzeitig eine kolonialhistorische Personalstudie, Bonn 1990.
17 Vgl. Hertzer: Lebenserinnerungen III, 169.
18 Hertzer: Lebenserinnerungen III, 160.
19 Telegramm Bismarcks an das Ksl. Deutsche Generalkonsulat Sansibar, Berlin, 25. Januar 1890, in: ZNA AL2/32.2, 181.
20 Vgl. Brief Emins an Bismarck, Sansibar, 8. April 1890, in: BArch R 1001/249/2, 51-54.
21 Vgl. Rohlfs, Gerhard: Die Zukunft Emin Paschas, in: Kölnische Zeitung (Morgenausgabe), 12. Februar 1890 (= BArch R 1001/270, 68).
22 Von Brauer an Bismarck, Kairo, 11. März 1890, in: BArch R 1001/270, 36-38, hier: 36. Marginalie [Bismarcks?]: »*gut*«.
23 Stanley hatte, wie erwähnt, auf einem Bankett in Ägypten verlauten lassen, Emin sei infolge Trunkenheit aus dem Fenster gestürzt (vgl. Brauer: Im Dienste Bismarcks, S. 240).
24 Vgl. Von Brauer an Bismarck, Kairo, 11. März 1890, in: BArch R 1001/270, 36-38, hier: 37.
25 Vgl. Stuhlmann: Herz von Afrika, S. 5.
26 Stuhlmann: Herz von Afrika, S. 5.
27 Als Beispiel sei die Schilderung eines Empfangs in Kairo genannt (vgl. The Stanley Banquet, in: The Egyptian Gazette, 26. Januar 1890) (= BL 19th Century Newspaper Collection).
28 So finden sich dort noch eine Signaltrompete, die auf der Emin-Expedition mitgeführt worden war (RGS 232 101.0) und 21 Kleinteile wie Speerspitzen, Ketten, Orden und eine Brille aus dem Besitz Emins (RGS Artefacts Emin Pasha).
29 Vgl. Stanley: In darkest Africa.
30 Der Grund für diese Verzögerung lag im Vertragswerk, das Stanley vorausschauend mit den Expeditionsteilnehmern abgeschlossen hatte. Der Entwurf für den »*Contract of Engagement for Emin Pacha [sic] Relief Expedition*« enthielt folgende Klausel: »*I undertake not to publish anything connected with the expedition, or to send any account to the newspapers for six months after the issue of the official publication of the expedition by the leader or his representative.*« (SOAS Mackinnon Papers PP MS 1/EPRE/87). Somit sicherte sich Stanley ein exklusives Erstveröffentlichungsrecht und Marktkontrolle für sechs Monate. – Unter den zahlreichen Publikationen zur englischen Emin-Entsatz-Expedition seien exemplarisch einige aus unterschiedlichen Zeiten genannt: Reinhardt, Fr.: Die Englische Emin-Entsatz-Expedition, Hamburg 1890; Volz, Berthold: Emin Paschas Entsatz und Stanleys Zug durch das »dunkelste Afrika«. Nach Stanleys Berichten und Emins Briefen für weitere Kreise dargestellt, Leipzig 1891; Manning: Remarkable Expedition (1947); White, Stanhope: Lost Empire on the Nile. H.M. Stanley and the Imperialists, London 1969; Gould, Tony: In Limbo. The Story of Stanley's Rear Column, London 1979; Liebowitz/Pearson: Last Expedition (2005).
31 Vgl. Anonym: Emin's Elfenbein, in: Vossische Zeitung, 1. August, 1891 (= BArch R1001/273, 103).
32 Anonym: Emin Paschas Elfenbein, in: Globus, Bd. 59, Nr. 2 (1891), S. 32.
33 »Eine deutsche Aufgabe«, Nürnberg 11. April 1888, in: HZAN La 140 Bü 209.
34 Vgl. Anonym: Emin and the Mahdi, 1 (= KCA Cairint. 3/14/238).
35 Vgl. Falkenhorst: Emin Pascha, S. 182f.
36 Schynse: Mit Stanley und Emin Pascha, S. 53.
37 Emin informierte Bismarck über die drei Offerten, die Stanley ihm bei ihrem ersten Zusammentreffen gemacht hatte. Das englische Angebot schilderte Emin besonders ausführlich, ebenso die Tatsache, dass ihm ein Vertrag Mackinnons vorliege, unter den er lediglich seine Unterschrift setzen müsse (vgl. Brief Emins an Bismarck, Sansibar, 8. April 1890, in: BArch R

1001/249/2, 51-54). – Rochus Schmidt behauptete später, Emin habe Wissmann gegenüber zugegeben, »*der deutschen Regierung einen besseren Dienst zu leisten, indem er die Engländer an der Nase herumführe*« (Schmidt, Rochus: Die Mpapua-Expedition. Wissmann, Emin und Stanley, in: Becker, Alexander/Perbandt, Conradin von u.a. (Hg.): Hermann von Wissmann, Deutschlands größter Afrikaner. Sein Leben und Wirken unter Benutzung des Nachlasses, Berlin ²1907, S. 252-291; hier: 277). Wissmann habe diesem Tun jedoch energisch widersprochen und eine klare Entscheidung Emins bezüglich einer Indienstnahme verlangt (vgl. Schmidt, Rochus: Mpapua Expedition, S. 277). Ob Emin die oben von Schmidt zitierte Aussage tatsächlich je getätigt hat, ist fraglich. Der Verdacht liegt nahe, dass Schmidt, der bei dem Gespräch Emins mit Wissmann selbst nicht zugegen gewesen war, Emin hiermit nachträglich diskreditieren wollte. Wie oben berichtet, war es im Vorfeld der Seen-Expedition zwischen Emin und Schmidt zu einem nicht näher bekannten Zerwürfnis gekommen.

38 Emin an einen Freund, ohne Datum, in: Schweitzer: Emin, S. 474.
39 Zu Einzelaspekten des Deutsch-Britischen Verhältnisses vgl. Winzen, Peter: Das Kaiserreich am Abgrund. Die Daily-Telegraph-Affäre und das Hale-Interview von 1908. Darstellung und Dokumentation, Stuttgart 2002; vgl. Schramm, Martin: Das Deutschlandbild in der britischen Presse 1912-1919, Berlin 2007. – Vgl. auch: Lindner, Ulrike: Koloniale Begegnungen. Deutschland und Großbritannien als Imperialmächte in Afrika 1880-1914 (Globalgeschichte 10) Frankfurt am Main 2011; vgl. Fröhlich: Konfrontation.
40 Kluy: Antiheld.
41 Anonym: The Gratitude of Emin Pasha, in: The St. James's Gazette, 2. April 1890 (= BArch R 1001/270, 52).
42 Anonym: Emin Pasha and the Germans in East Africa, in: The Times, 2. April 1890 (= BArch R 1001/270, 55).
43 Anonym: Ohne Titel, in: The Times, 3. April 1890 (= BArch R 1001/270, 56).
44 Anonym: Ohne Titel, in: The Times, 3. April 1890 (= BArch R 1001/270, 56).
45 Emin Pasha and the Germans in East Africa, in: Leeds Mercury, 3. April 1890 (= BL 19th Century Newspaper Collection).
46 In: Punch, 31. Mai 1890. Die Karikatur ist auch bei Jones abgedruckt (vgl. Jones, The Rescue, Einlageblatt ohne Seitenzählung).
47 Der Subtext der Punch-Karikatur bezog sich auf einen Ausspruch Stanleys, der Emin als »*catcher of butterflies*« bezeichnet haben soll (vgl. The Shanghai Mercury, 29. März 1892, in: HMS 5726). – Der Text unter der Karikatur lautete: »*A little Party in East Africa only going to collect a few butterflies and flowers for the dear Kaiser, that is all!!*«, in: Punch, 31. Mai 1890.
48 Enim [sic!] Pacha and East Africa, in: The Standard, 4. April 1890, (= BArch R 1001/270, 62).
49 Anonym: Emin Bey is an ingrate. At least all Englishmen put him in that category, in: The Washington Post, 4. April 1890, 5 (= BL 19th Century Newspaper Collection).
50 The Nation (New York), 15. Mai 1890 (= HMS 5395).
51 Zu de Winton vgl. Luwel, Marcel: Sir Francis de Winton. Administrateur General du Congo (1884-1886) (Annales, Serie IN-8°, Sciences Historiques, Bd. 1) Tervuren 1964.
52 Samuel Baker: Emin Pasha and Germany, in: The Times, 5. April 1890 (= BArch R 1001/270, 75f.).
53 Francis de Winton: To the Editor of The Times, 5. April 1890 (= BArch R 1001/270, 76).
54 Unterstreichung von Empfänger angebracht, ebenso die Marginalie »*nicht übel!!*«
55 Marginalie: »*wovon? u[nd] gegen seinen Willen!*«
56 Hatzfeld an Caprivi, London, 5. April 1890, in: BArch R 1001/270, 70-73; hier: 70f.
57 Sir Francis de Winton indignant, in: Pall Mall Gazette, 3. April 1890 (= BL 19th Century Newspaper Collection).
58 Marginalie: »*besten Dank! Das wollen wir uns merken.*« (Hatzfeld an Caprivi, London, 5. April 1890, in: BArch R 1001/270, 70-73; hier: 71).
59 Hatzfeld an Caprivi, London, 5. April 1890, in: BArch R 1001/270, 70-73; hier: 71.
60 Hatzfeld an Caprivi, London, 5. April 1890, in: BArch R 1001/270, 70-73; hier: 73. Die Marginalie ist unleserlich.
61 Hatzfeld an Caprivi, London, 12. April 1890, in: BArch R 1001/270, 95-100; hier: 95 und 97.
62 Stanley über die Zukunft der Deutschen im Sudan, in: Berliner Tagblatt, 1. April 1890 (= BArch R 1001/270, 90). – In englischsprachigen Medien äußerte sich Stanley wie folgt: »*I accept Emin's*

actions as proof that he has recovered from his accident. I wish him bon voyage. The gospel of entreprise is spreading.« (The Illustrated American, 19. April 1890 (= BArch R 1001/270, 17).
63 Vgl. Berliner Tagblatt, 1. April 1890 (= BArch R 1001/270, 90).
64 Berliner Tagblatt, 1. April 1890 (= BArch R 1001/270, 90).
65 Anonym: Emin Pascha in deutschen Diensten, in: Weserzeitung, 5. April 1890 (= BArch R1001/270, 83).
66 Anonym: Ein Wendepunkt unserer Kolonialpolitik, Königsberger Hartungsche Zeitung, 5. April 1890 (= BArch R 1001/270, 85).
67 Vgl. Politischer Bericht Michahelles an Fürst Bismarck, vertraulich! Betrifft: Protest Emin Paschas gegen eine richterliche Verfügung des englischen Generalkonsulates, Sansibar, 17.(?) April 1890, in: ZNA AL 2/33.1, 106-109; hier: 106 RS.
68 Vgl. Privatbrief Euan-Smith an Michahelles, Sansibar, 3. April 1890 betr. »*Poor Emin Pasha's foolish circular*«, in: ZNA AL 2/33.1, 101; vgl. Antwortbrief Euan-Smith an Michahelles, Sansibar, 15.April 1890, in: ZNA AL/33.1, 103f.
69 Privatbrief Euan-Smith an Michahelles, Sansibar, 3. April 1890 betr. »*Poor Emin Pasha's foolish circular*«, in: ZNA AL 2/33.1, 101.
70 Politischer Bericht Michahelles an Fürst Bismarck, vertraulich! Betrifft: Protest Emin Paschas gegen eine richterliche Verfügung des englischen Generalkonsulates, Sansibar, 17. (?) April 1890, in: ZNA AL 2/33.1, 106-109; hier: 109.
71 Einzeldokumente dieser »Affäre« finden sich auch in BArch R 1001/249/2.
72 Vgl. Abschrift einer Erklärung Emin Paschas, in: ZNA AL 2/33.1, 51. – Die *Pall Mall Gazette* berichtete am 3. April 1890 über die Flugblatt-Aktion (vgl. Anonym: Emin Pasha and the Germans. His Resentment against Mr. Stanley, in: Pall Mall Gazette, 3. April 1890 (= BL 19th Century Newspaper Collection), desgleichen der *Bristol Mercury* am 4. April 1890 (vgl. Anonym: Emin Pasha's Latest. A Curious Disclaimer, in: Bristol Mercury, 4. April 1890 (= BL 19th Century Newspaper Collection)) und nochmals zwei Tage später *Lloyds Weekly Newspaper* (vgl. Anonym: The Struggle for Eastern Africa. Emin Pasha joins the Germans, in: Lloyds Weekly Newspaper, 6. April 1890 (= BL 19th Century Newspaper Collection)).

10. Mit deutscher Fahnre zurück ins Innere Afrikas (1890-92)

1 Vgl. Schriftwechsel zwischen Emin und dem Reichskommissariat in den Beständen des Bundesarchivs R 1001/271ff.
2 Vgl. StArchHH, 622-2/16 A VII-VIII.
3 Vgl. Stuhlmann: Herz von Afrika.
4 Langheld, Wilhelm: Dr. Emin Pascha, in: Die Helden Afrikas, Berlin 1912, S, 85-146; Ders.: Mit Emin Pascha nach Tabora, in: Lobmeyer, Julius/Wislicenus, Georg (Hg.): Auf weiter Fahrt (Selbsterlebnisse zur See und zu Lande, Bd. 6) Berlin 1909, S. 38-69; Ders.: Zwanzig Jahre in deutschen Kolonien, Berlin 1909.
5 Schynse, August: P[ère] Schynses letzte Reisen. Briefe und Tagebuchblätter, hrsg. von Karl Hespers, Köln 1892.
6 Vgl. Peters: Emin-Pascha-Expedition.
7 Tiedemann, Adolf von: Tana – Baringo – Nil. Mit Karl Peters zu Emin Pascha, Berlin 1892.
8 Zu Deutsch-Ostafrika besteht eine reiche Auswahl an Überblicksliteratur unterschiedlicher Blickwinkel – vgl. in Auswahl: Gründer, Horst: Geschichte der deutschen Kolonien (UTB 1332) Paderborn 52004; Bückendorf: Ostafrika; Mashengele, Jean: Historia ya Tanzania. Tangu 1880 hadi 1980, Dar es Salaam 1985; Iliffe, John: Tanzania under German and British Rule, in: Ogot, Bethwell A.: Zamani. A Survey of East African History, New Edition, Nairobi (?) 1973, S. 295-313; Ingham: East Africa; Gwassa, G. C. K.: The German Intervention and African Resistence in Tanzania, in: Kimambi, I. N./Temu, A. J. (Hg.): A History of Tanzania, Nairobi 1969, S. 85-122.
9 Brief Emins an Melanie, Bagamoyo, 20. April 1890, in: Schweitzer: Emin, S. 500.
10 Eine Schilderung von Emins Besuch in Sansibar findet sich bei Steuber: Vgl. Steuber, Werner: Wissmann in Sansibar 1890, in: Becker/von Perbandt: Wissmann, S. 377-386.

11 Telegramm Bismarcks an von Wissmann, Berlin, 28. Februar 1890, zit. n. Schweitzer: Emin, S. 483.
12 Stuhlmann: Herz von Afrika, S. 6f.
13 Vgl. Stuhlmann: Herz von Afrika, S. 7.
14 Aus einem Brief Emins an Eugen Wolf, in: Anonym: Der Zug Emin Paschas nach Westen, in: Globus, Bd. 62, Nr. 23 (1892), S. 27f.; hier: S. 28.
15 Direktive von Wissmanns an Emin, in: Schweitzer: Emin, S. 498.
16 Vgl. Stuhlmann: Herz von Afrika, S. 7.
17 Vgl. Stuhlmann: Herz von Afrika, S. 2.
18 Stuhlmann: Herz von Afrika, S. 2.
19 Vgl. Stuhlmann: Herz von Afrika, S. 7.
20 Stuhlmann: Herz von Afrika, S. 8.
21 Die Bezeichnungen »Mauser« oder »Remington« gehen auf die Herstellerfirmen zurück.
22 Vgl. Stuhlmann: Herz von Afrika, S. 8f.
23 Vgl. Langheld: Mit Emin Pascha, S. 39.
24 Vgl. Stuhlmann: Herz von Afrika, S. 11; vgl. Langheld: Zwanzig Jahre, S. 23.
25 Langheld: Mit Emin Pascha, S. 43.
26 Vgl. Stuhlmann: Herz von Afrika, S. 11f.
27 Vgl. Stuhlmann: Herz von Afrika, S. 13.
28 Stuhlmann: Herz von Afrika, S. 13.
29 Vgl. Brief Emins an von Wissmann, Mpwapwa, 4. Juni 1890, in: Schweitzer: Emin, S. 512.
30 Vgl. Schweitzer: Emin, S. 531.
31 Private Aufnahme (Kirchen, 2009).
32 Tagebucheinträge Emins, Mpwapwa, 19. und 22. Juni 1890, in: StArchHH 622-2/16 A VII, 28.
33 Vgl. Brief Emins an Melanie, ohne Ort [Bukoba], 20. Januar 1891, in: Schweitzer: Emin, S. 503. Emin schrieb dort: »*Er [Peters] ist ein Mensch, vor dessen Intelligenz und Willenskraft man sich beugen muss, und ich bin der Erste [...] ihm meine volle Bewunderung zu zollen. Herr von Tiedemann [...] ist ebenfalls ein äusserst tüchtiger, sehr liebenswürdiger und bescheidener Mann.*« (Brief Emins an Melanie, ohne Ort [Bukoba], 20. Januar 1891, in: Schweitzer: Emin, S. 503)
34 Vgl. Tiedemann: Tana, S. 305.
35 Vgl. Tiedemann: Tana, S. 307.
36 Tiedemann: Tana, S. 307.
37 Tiedemann: Tana, S. 307.
38 Vgl. Peters: Emin-Pascha-Expedition, S. 433f.
39 Manning: Remarkable Expedition, S. 260f.
40 Bericht Emins an Wissmann, Ririndi, Ugogo, 5. Juli 1890, in: Schweitzer: Emin, S. 528f.; hier: S. 529.
41 Abschrift eines Briefes von Emin an seine Schwester Melanie, Hssanga, Ugogo, 27. Juni 1890, in: AP Op. AmO 2643, 1.
42 Vgl. Brief Emins an seine Schwester Melanie, Tabora, 2. August 1890, in: Schweitzer: Emin, S. 530-532; hier: S. 531.
43 Peters: Emin-Pascha-Expedition, S. 433.
44 Private Aufnahme (Kirchen, 2009).
45 Eine Elfenbein-Ladung der Firma Heinrich Adolf Meyer war im September 1886 von Sikes Gefolgsleuten geraubt worden, nachdem sie den Händler Hermann Giesecke ermordet hatten. Emin äußerte sich hierzu in einem Brief an Hansing & Co. (vgl. Abschrift eines Briefes von Emin an Hansing & Co., Sansibar und Hamburg, Bussisi am Victoria Nyanza, 14. Oktober 1890, in: HZAN La 140 Bü 223).
46 Brief Emins an Melanie, Tabora, 2. August 1890, in: Schweitzer: Emin, S. 530-532; hier: S. 531f.
47 Brief Emins an Melanie, Tabora, 2. August 1890, in: Schweitzer: Emin, S. 530-532; hier: S. 532.
48 Tagebucheintrag Emins vom 1. August 1890, in: StArchHH, 622-2/16 A VII, 29.
49 Tagebucheintrag Emins vom 4. August 1890, in: StArchHH, 622-2/16 A VII, 30.
50 Gemeint sind swahili-arabische Händler. Der von Emin benutzte und später auch in der Literatur verwendete Begriff »Araber« für diese Bevölkerungsgruppe wird deshalb im Folgenden in Anführungszeichen gesetzt.

51 Vgl. Stuhlmann: Herz von Afrika, S. 66.
52 Stuhlmann: Herz von Afrika, S. 66f.
53 Vgl. Stuhlmann: Herz von Afrika, S. 67.
54 Schreiben Schmidts an Caprivi, Sansibar, 1. September 1890, in: BArch R 1001/271, 49.
55 Vgl. Stuhlmann: Herz von Afrika, S. 67f.
56 Vgl. Stuhlmann: Herz von Afrika, S. 69.
57 Vgl. BArch N 2063/13, 2.
58 Vgl. Langheld: Zwanzig Jahre, S. 46-48. – Eine eingehende Beschäftigung mit dem Vertrag kann an dieser Stelle nicht erfolgen. Im Folgenden werden die insgesamt sieben Unterpunkte paraphrasiert.
59 Peters: Emin-Pascha-Expedition, S. 433.
60 Vgl. Vgl. BArch N 2063, 13, 2.
61 Vgl. Becher, Jürgen: Dar Es Salaam, Tanga und Tabora. Stadtentwicklung in Tansania unter deutscher Kolonialherrschaft 1885-1914 (Missionsgeschichtliches Archiv, Bd. 3) Stuttgart 1997, S. 90.
62 Gottberg: Unyamwesi, S. 69.
63 Vgl. Gottberg: Unyamwesi, S. 69.
64 Carl Wilhelm Schmidt an Emin, Sansibar, 12. Juni 1890, in: Schweitzer: Emin, S. 516f.; hier: S. 517.
65 Vgl. Schweitzer: Emin, S. 516.
66 Horst Gründer hat Carl Peters und Emin Pascha treffend als »*men on the spot*« bezeichnet (Gründer, Horst: Die historischen und politischen Voraussetzungen des deutschen Kolonialismus, in: Hiery, Hermann J. (Hrsg.): Die Deutsche Südsee (1884-1914). Ein Handbuch, Paderborn u.a. 2001, S. 27-58; hier: S. 44).
67 Ein Irrtum lag offensichtlich bei dieser Meldung zugrunde (Emin an Stuhlmann, Bagamoyo, 24. Februar 1891, in: PGM 617, 1. Mappe, 28f.): »*Leider scheinen sich die Unglücksnachrichten von der Expedition Peters zu bewahrheiten. Wir hatten vor einiger Zeit gehört, Peters sei am Leben und warte auf Unterstützung. Jetzt hören wir wiederum, ein Araber hätte, in Mombasa, glaubte ich, positiv beschworen, er habe Peters Leiche gesehen. Sie können sich denken, wie tief mich die Trauerbotschaft erschüttert und betrübt.*« – Falschmeldungen dieser Art waren bereits während der Stanley-Expedition ständige Begleiterscheinungen gewesen. Die Presseorgane, immer darauf bedacht, aktuelle Nachrichten zu bringen, sorgte für deren schnelle Verbreitung. Wenig später folgten dann Dementi. Als Beispiel sei hier die Korrektur einer Falschmeldung bezüglich Stanleys Tod aufgezeigt: »*The statement forwarded from Matadi that Mr. H. M. Stanley had been killed in a combat with the natives is considered here incredible; for the transmission of such news to Matadi was in the circumstances absolutely impossible, Matadi being twenty days*‹ *march distant from the Aruwimi, whence Mr. Stanley started on June 2 for Wadelai*« (Reported Death for Mr. H.M. Stanley, in: The Times, 22. Juli 1887 (= BL 19th Century Newspaper Collection)).
68 Nipperdey, Thomas: Deutsche Geschichte 1866-1918. Bd. 2: Machtstaat vor der Demokratie, München 1992, S. 622.
69 Zu deutsch-britischen Abkommen in diesem Zeitraum vgl. Hertslet, Edward (Hrsg.): The Map of Africa by Treaty, Bd. 3 (Cass Library of African Studies. General Studies, Nr. 45) London 1896; vgl. Sanderson, George N.: The Anglo-German Agreement of 1890 and the Upper Nile, in: The English Historical Review 78, No. 306 (Jan. 1963), S. 49-72; vgl. Fröhlich: Konfrontation.
70 Schmidt an Emin, Bagamoyo, 30. August 1890, in: Schweitzer: Emin, 549f.; hier: S. 549.
71 Vgl. Schmidt an Emin, Bagamoyo, 30. August 1890, in: Schweitzer: Emin, 549f.; hier: S. 549.
72 Vgl. Luck, Anne: Charles Stokes in Africa (Historical Studies No. 6) Nairobi 1972, S. 94. – Der Bielefelder Historiker Felix Brahm arbeitet derzeit an einer vergleichenden Studie, in der auch Charles Stokes' Handelsimperium näher beleuchtet wird.
73 Schmidt an Emin, Bagamoyo, 30. August 1890, in: Schweitzer: Emin, S. 549f.; hier: S. 549.
74 Vgl. Watt, Ian: Conrad in the Nineteenth Century, Berkeley u.a. 1979, S. 144.
75 Stokes an das Reichskommissariat, Usongo, 29. Oktober 1890, in: Gottberg: Unyamwesi, S. 296-300; hier: S. 297.
76 Abschrift eines Briefes von Emin an Hansing & Co., Sansibar und Hamburg, Bussisi am Victoria Nyanza, 14. Oktober 1890, in: HZAN La 140 Bü 223.

77 Vgl. Direktive Schmidts an Emin, Bagamoyo, 7. September 1890, in: Schweitzer: Emin, S. 550f.; hier: S. 550.
78 Tagebucheintrag Emins, 2. August 1890, in: StArchHH 622-2/16, A VII, 29.
79 Vgl. Direktive Schmidts an Emin, Bagamoyo, 7. September 1890, in: Schweitzer: Emin, S. 550f.; hier: S. 550.
80 Vgl. Schreiben von Bülows an Emin, Urambo, 15. August 1890, in: Langheld: Zwanzig Jahre, S. 55.
81 Vgl. Langheld: Zwanzig Jahre, S. 55; vgl. Stuhlmann: Herz von Afrika, S. 71.
82 Zur Geschichte Bukumbis hat Pater John Somers (M.Afr.) ein kleines Überblicksheft zusammengestellt (vgl. Somers, John: Historia ya Parokia ya Bukumbi. Mwaka 1883-2008, o.O. 2008). – Zu den »Weißen Vätern« vgl. Ceillier, Jean-Claude: Histoire des Missionnaires d'Afrique (Pères Blancs). De la fondation par Mgr Lavigerie à la mort du fondateur (1868-1892), Paris 2008.
83 Vgl. Stuhlmann: Herz von Afrika, S. 71f. – Änderungen der Pläne verhinderten dies, so dass Langheld und Emin erst Ende Januar 1891 in Bukoba wieder zusammentrafen.
84 Private Aufnahme (Kirchen, 2009).
85 Private Aufnahme (Kirchen, 2009).
86 Vgl. Schynse: Letzte Reisen, S. 8.
87 Vgl. Brief Emins an das Reichskommissariat, Busisi, 11. Oktober 1890, in: Schweitzer: Emin, S. 555-559; hier: S. 556.
88 Vgl. Stuhlmann: Herz von Afrika, S. 107.
89 Tagebucheintrag Emins, 30. September 1890, in: StArchHH 622-2/16 A VII, 48.
90 Vgl. Stuhlmann: Herz von Afrika, S. 107.
91 Vgl. Stuhlmann: Herz von Afrika, S. 108.
92 Vgl. Schweitzer: Emin, S. 557f.
93 Vgl. Stuhlmann: Herz von Afrika, S. 112.
94 Vgl. Stuhlmann: Herz von Afrika, S. 110f.
95 SOAS Mackinnon Papers PP MS 1/IBEA/63, 1B. Unterstreichung im Original.
96 Stuhlmann: Herz von Afrika, S. 112, Fußnote.
97 Vgl. Stuhlmann: Herz von Afrika, S. 112, Fußnote. – Ausführungen Kühnes zu diesem Ereignis sind nicht bekannt.
98 Stuhlmann: Herz von Afrika, S. 112, Fußnote.
99 Die Patres Schynse und Achte blieben in Bukumbi. Schynse unternahm im Frühjahr 1891 noch eine Reise im südwestlichen Teil des Victoria Nyanza, bevor er am 18. November desselben Jahres in Bukumbi verstarb.
100 Private Aufnahme (Kirchen, 2009).
101 Private Aufnahme (Kirchen, 2009). – Der Duka Kubwa (dt. »großer Laden«) aus der deutschen Kolonialzeit beherbergt bis heute Geschäfte.
102 Tagebucheintrag Emins, Bukoba, 11. November 1890, in: StArchHH 622-2/16, A VII, 61.
103 Für eine genaue Beschreibung der Boma von Bukoba vgl. Stuhlmann: Herz von Afrika, S. 690-692.
104 Vgl. Cory, Hans: History of the Bukoba District – Historia ya wilaya Bukoba, Mwanza o.J., S. 145.
105 Eine Broschüre aus dem Jahr 2007, betreut von einem ortsansässigen Tourismus-Unternehmen, erläutert die Geschichte der Gebäude aus deutscher Kolonialzeit – vgl. Spierenburg, Michael: Monuments and Tourism in Bukoba, Bukoba 2007. Auch über Emin Pascha findet sich ein Abschnitt (vgl. Spierenburg: Monuments, S. 59-61).
106 Tagebucheintrag Emins, Bukoba, Heiligabend 1890, in: StArchHH 622-2/16, A VII, 67.
107 Rehse: Kiziba, in: Cory: History, S. 121.
108 Vgl. Rehse: Kiziba, in: Cory: History, S. 123.
109 Auf die Entscheidung Wissmanns hatte das *Auswärtige Amt* offenbar keinen Einfluss, wie aus verschiedenen internen Korrespondenzen der *Deutschen Kolonialgesellschaft* von Dezember 1890 und Januar 1891 hervorgeht (vgl. HZAN La 140 Bü 223 und 225). Vgl. auch: Schwäbischer Merkur (Mittagsausgabe), 20. Dezember 1890 (= HZA La 140 Bü 225).
110 Vgl. Bericht Wissmanns an Caprivi, Sansibar, 6. Dezember 1890, in: BArch R 1001/271, 98-104.
111 Vgl. Bericht Schmidts an Caprivi, Sansibar, 1. November 1890, in: BArch R 1001/271, 65-67; hier: 67.

112 Stuhlmann: Herz von Afrika, S. 112.
113 Vgl. Bericht Wissmanns an Caprivi, Sansibar, 6. Dezember 1890, in: BArch R 1001/271, 101.
114 Bericht Wissmanns an Caprivi, Sansibar, 6. Dezember 1890, in: BArch R 1001/271, 102.
115 Vgl. Brief Emins an Wissmann, Ussongo, 8. September 1890, in: Schweitzer: Emin, S. 546-548; hier: S. 547. Vgl. Stuhlmann: Herz von Afrika, S. 112.
116 Vgl. Direktive Schmidts an Emin, Bagamoyo, 7. September 1890, in: Schweitzer: Emin, S. 550f.; hier: S. 550.
117 Hertzer: Lebenserinnerungen III, 163. – Vgl. auch: Schmidt, Rochus: Kolonialpioniere. Persönliche Erinnerungen aus kolonialer Frühzeit, Berlin 1938, S. 174.
118 Brief des Freiherrn Karl von Gravenreuth, bayerischer Offizier und Teilnehmer an der Peters-Expedition, an Hermann Fürst zu Hohenlohe-Langenburg, München 25. Dezember 1890, in: HZAN La 140 Bü 223.
119 Brief des Freiherrn Karl von Gravenreuth, bayerischer Offizier und Teilnehmer an der Peters-Expedition, an Hermann Fürst zu Hohenlohe-Langenburg, München 25. Dezember 1890, in: HZAN La 140 Bü 223.
120 Brief Kaiser Wilhelms II. an Hermann zu Hohenlohe-Langenburg, 25. Dezember 1890, zit. n. Röhl, John C. G.: Wilhelm II. Der Aufbau der Persönlichen Monarchie (1888-1900), München 2011, S. 403f.; hier: S. 403.
121 Brief Kaiser Wilhelms II. an Hermann zu Hohenlohe-Langenburg, 25. Dezember 1890, zit. n. Röhl: Aufbau, S. 403f.; hier: S. 404.
122 Vgl. Politische Uebersicht. Emin und Wißmann, in: Hamburgischer Correspondent, 22. Dezember 1890 (= BArch R 1001/271, 90).
123 Vgl. Wißmann und Emin Pascha im Konflikt, in: Frankfurter Zeitung, 20. Dezember 1890 (= BArch R 1001/271, o.P.).
124 Eine solche Abtrennung hatte Emin in einem Privatbrief aus Tabora vom 18. August 1890 geäußert, welcher in der *Deutschen Kolonialzeitung* in der Rubrik »Korrespondenzen« abgedruckt wurde: Deutsche Kolonialzeitung, 29. November 1890 (= BArch R 1001/271, 67f.; hier: 68).
125 Vgl. Wißmann und Emin Pascha im Konflikt, in: Frankfurter Zeitung, 20.12.1890 (= BArch R 1001/271, o.P.).
126 Die Rückberufung Emin's, in: Vossische Zeitung, 20. Dezember 1890 (= BArch R 1001/271, 88).
127 Förster, Brix: Ein Wort für Wißmann, in: Münchner Neueste Nachrichten, 8. Januar 1891 (= BArch R 1001/271, 132).
128 Gründer: Voraussetzungen, S. 44.
129 Brief Emins an Melanie, ohne Ort [Bukoba], 28. Januar 1891, in: Schweitzer: Emin, S. 594-596; hier: S. 595.
130 Vgl. Brief Emins an Melanie (?), ohne Ort [Bukoba], 28. Januar 1891, in: Schweitzer: Emin, S. 594-596; hier: S. 595. – Vgl. Langheld: Zwanzig Jahre, S. 84. – Stuhlmann exkulpierte Emins Verhalten mit dem Hinweis, dass dieser nie eine europäisch-bürokratische Verwaltung kennengelernt habe (vgl. Stuhlmann: Herz von Afrika, S. 610).
131 Brief Karl von Hofmanns an Hermann Fürst zu Hohenlohe-Langenburg, 9. Januar 1891, in: HZAN La 140 Bü 225.
132 Vgl. Weidmann, Conrad: Schnitzer, Eduard (Emin Pascha), in: Ders.: Deutsche Männer in Afrika. Lexicon der hervorragendsten deutschen Afrika-Forscher, Missionare etc., Lübeck 1894, Sp. 158-160; hier: Sp. 159f.
133 Vgl. Brief Georg Schweitzers an Emin, Berlin, 5. Januar 1891, in: BArch N 2063/6, 2-5.
134 Stuhlmann: Herz von Afrika, S. 113.
135 Vgl. Stuhlmann: Herz von Afrika, S. 140.
136 Erst Anfang Februar 1891 erschienen erste Pressenachrichten, die Emins Verhalten verteidigten – z.B. Anonym: Der Streit zwischen Emin und Wißmann, in: Magdeburgische Zeitung, 4. Februar 1891 (= HWWA Emin Pascha H p, 4. Februar 1891).
137 Brief Emins an Melanie (?), Bukoba, 15. November 1890, in: Schweitzer: Emin, S. 577-580; hier: S. 578. Verglichen mit Stanleys unveröffentlichten Äußerungen waren die in seinen Büchern getätigten Aussagen über Emin in der Tat milde.
138 Brief Emins an Melanie, ohne Ort [Bukoba], 19. Januar 1891, in: Schweitzer: Emin, S. 591-593; hier: S. 593.

139 Privater Bericht Emins über Ostafrika, Tabora, 18. August 1890, in: Deutsche Kolonialzeitung, 29. November 1890 (= BArch R 1001/271, 67f.; hier: 68).
140 Vgl. Privater Bericht Emins über Ostafrika, Tabora, 18. August 1890, in: Deutsche Kolonialzeitung, 29. November 1890 (= BArch R 1001/271, 67f.; hier: 68).
141 Vgl. Peters: Emin-Pascha-Expedition, S. 432.
142 Mit einer Königsidee stand Emin nicht allein: Auch Munzinger Pascha hatte mit dem Gedanken gespielt, in Abessinien ein eigenes Königtum zu schaffen (vgl. Essner, Cornelia: Deutsche Afrikareisende im neunzehnten Jahrhundert. Zur Sozialgeschichte des Reisens (Beiträge zur Kolonial- und Überseegeschichte 32), Wiesbaden/Stuttgart 1985, S. 63). – Tanja Bührer zufolge hatte Emin Mitte der 1880er Jahre zeitweilig gehofft, ein Reich nach dem Muster des »White Raja« in Malaysia, James Brooke (1803-1868), zu errichten (vgl. Vortrag von Bührer, Tanja: Emin Pascha – Ein Europäer als Administrator im Sudan. Vortrag im Rahmen des 48. Deutschen Historikertages, Berlin, 1. Oktober 2010).
143 Brief Felkins an Emin, Edinburgh, 10. Juni 1889, in: StArchHH 622-2/16 C III, 9.
144 Freißler: Emin, S. 212.
145 Langheld: Zwanzig Jahre, S. 85. – Vgl. Stuhlmann (zit. n. Schweitzer: Emin, S. 603 und S. 605).
146 Vgl. Langheld: Zwanzig Jahre, S. 85f.
147 Vgl. Schweitzer: Emin, S. 597. Schweitzer hat auf 120 Seiten Auszüge aus Emins Briefen an Melanie wiedergegeben. Emin lieferte seiner Schwester eine präzise Beschreibung von Routenverlauf, Landschaft und Leuten (vgl. Schweitzer: Emin, S. 602-722). Im Folgenden finden diese Beschreibungen nur summarisch Verwendung.
148 Vgl. Schweitzer: Emin, S. 602.
149 Vgl. Schweitzer: Emin, S. 602f.
150 Vgl. Briefe Lugards an Emin aus Uganda, 26. April 1891, in: Schweitzer: Emin, S. 604, und ohne Datum, in: Schweitzer: Emin, S. 604f.
151 Brief Emins an Melanie, Kavingo, 5. April 1891, in: Schweitzer: Emin, S. 620.
152 Vgl. Brief Emins an Melanie, Kavingo, 5. April 1891, in: Schweitzer: Emin, S. 620.
153 Brief Emins an seine Schwester Melanie, Kivére, 11. April 1891, in: Schweitzer: Emin, S. 621.
154 Vgl. Brief Emins an Melanie, Lager Njavagaruka, 21. April 1891, in: Schweitzer: Emin, S. 630f.
155 Vgl. Briefe Emins an Melanie, Lager Vitschumbi, 10.-14. Mai 1891, in: Schweitzer: Emin, S. 647-651.
156 Vgl. Brief Emins an Melanie, Lager Karevia, 9. Juni 1891, in: Schweitzer: Emin, S. 664f.
157 Brief Emins an Melanie, Lager Mboga, 11. Juli 1891, in: Schweitzer: Emin, S. 684-686; hier: S. 685.
158 Vgl. Brief Emins an Melanie, Lager Mboga, 11. Juli 1891, in: Schweitzer: Emin, S. 684-686; hier: S. 685.
159 Vgl. Brief Emins an Melanie, Lager in Ulegga, 14. Juli 1891, in: Schweitzer: Emin, S. 687-689.
160 Vgl. Brief Emins an Melanie, Lager Njanbabo, 24. Juli 1891, in: Schweitzer: Emin, S. 692.
161 Vgl. Stuhlmann: Herz von Afrika, S, 354f. – Später beschwerte sich Salīm Āġā, Emin habe Soldaten mit falschen Versprechungen zum Abmarsch animiert (vgl. KCA Cairint. 1/35/206).
162 Vgl. Brief Emins an Melanie, Njangabi, 29. Juli 1891, in: Schweitzer: Emin, S. 692f.
163 Brief Emins an Melanie, Njangabo, 5. August 1891, in: Schweitzer: Emin, S. 693f.; hier: S. 694.
164 Vgl. Brief Yūsuf Rihān, Mulāzim auwal, und Abū Bakr Salīm Āġā Muḥammad Abdallah an Salīm Āġā, 7. März 1892, in: KCA Cairint. 1/35/206.
165 Vgl. Brief Emins an Melanie, Lager Unduluma, rechts Ufer des Duki-Flusses, 18. August 1891, in: Schweitzer: Emin, S. 697f.; hier: S. 698.
166 Vgl. Brief Emins an Melanie, Lager am Ituri, 7. September 1891, in: Schweitzer: Emin, S. 704.
167 Vgl. Brief Emins an Melanie, 16. September 1891, in: Schweitzer: Emin, S. 709.
168 Vgl. Stuhlmann, 14. November 1891, in: Stuhlmann: Herz von Afrika, S. 564; vgl. Stuhlmann, 7. Dezember 1891, in: Stuhlmann: Herz von Afrika, S. 602.
169 Stuhlmann, 7. Dezember 1891, in: Stuhlmann: Herz von Afrika, S. 602.
170 Stuhlmann, 22. November 1891, in: Stuhlmann: Herz von Afrika, S. 575.
171 Tagebucheintrag Emins, Dsoba, 29. September 1891, in: Schweitzer: Emin, S. 715f.; hier: S. 716.
172 Tagebucheintrag Emins, Adso, 30. September 1891, in: Schweitzer: Emin, S. 716.
173 Direktive Emins an Stuhlmann, Njangabo, Undussuma, 7. Dezember 1891 [von Stuhlmann als Faksimilie wiedergegeben], in: Stuhlmann: Herz von Afrika, S. 604.
174 Vgl. Stuhlmann: Herz von Afrika, S. 604.

175 Vgl. Stuhlmann: Herz von Afrika, S. 605.
176 Stuhlmann: Herz von Afrika, S. 606.
177 Stuhlmann: Herz von Afrika, S. 606, Fußnote.
178 Vgl. Tagebucheintrag Emins 23. Februar 1892, in: Schweitzer: Emin, S. 736f.
179 Vgl. Tagebucheintrag Emins, 1. August 1892, in: Schweitzer: Emin, S. 743f.
180 Vgl. Tagebucheintrag Emins, 22. Oktober 1892, in: StArchHH 622-2/16, A VIII, 78.
181 Emins Vorschläge zur Regelung der Einfuhr von Waffen und Munition wurden später in der Akte der Brüsseler Antisklaverei-Konferenz vom 2. Juli 1890 genannt (vgl. Anonym: Documents relatifs à la répression de la traite des esclaves publiés en exécution des articles LXXXI et suivants de L'Acte Géneral de Bruxelles (1892), Bruxelles 1893, S. 3).
182 Vgl. hierzu die Äußerungen des österreichischen Afrikaforschers Oskar Baumann (vgl. Schweitzer: Emin, S. 747f.).
183 Vgl. hierzu die Äußerungen Hermann von Wissmanns (vgl Schweitzer: Emin, S. 748f.). – Rochus Schmidt, Wissmann-Parteigänger, hat diese Deutungsweise in sein Emin-Portrait übernommen (vgl. Schmidt, Rochus: Emin Pascha, in: Andrae, Friedrich (Hrsg.): Schlesische Lebensbilder. Schlesier des 17. bis 19. Jahrhunderts, Bd. III, Sigmaringen ²1985, S. 328-335; hier: S. 335).
184 Baumwollgewebe, das insbesondere in der Buchbinderei eingesetzt wird.
185 Vgl. Swann, Alfred J.: Fighting the Slave-Hunters in Central Africa. A Record of twenty-six Years of Travel and Adventure round the Great Lakes and of the Overthrow of Tip-Pu-Tib, Rumaliza and other great Slave-Traders (Cass Library of African Studies. Missionary Researches and Travels, Bd. 8) hrsg. von Norman R. Bennett, Plymouth u.a. ²1969, S. 183. – Vgl. auch: Anonym: Terrible Fate of Emin Pasha. Killed and Eaten, in: Leeds Mercury, 5. September 1893 (= BL 19th Century Newspaper Collection).
186 Vgl. Hoffmann: With Stanley in Africa, S. 234f. – Hoffmann zufolge ging ein Gerücht um, nach dem ein weißer Händler Sklaven und Elfenbein stehlen wolle (vgl. Hoffmann: With Stanley in Africa, S. 234f.).
187 Vgl. Bericht des amerikanischen Konsuls R. Dorsey Mohun in Boma – Kongo-Freistaat betr. Den Tod Emin Paschas, in: BArch Koblenz, Kl. Erw. Nr. 118, 1895, 30-46; hier: 37.
188 Vgl. Bericht des amerikanischen Konsuls R. Dorsey Mohun in Boma – Kongo-Freistaat betr. Den Tod Emin Paschas, in: BArch Koblenz, Kl. Erw. Nr. 118, 1895, 30-46; hier: 40f. Mamba gab im Verhör an, ein Sklave habe den Mord begangen, doch handelte es sich hier um eine Ausrede. – Schweitzer hat die Schilderungen des Mordes in etwas dramatisierter Form wiedergegeben (vgl. Schweitzer: Emin, S. 749f.) und lieferte damit eine Vorlage für zahlreiche Emin-Romane (vgl. Kapitel Wahrnehmung).
189 Vgl. Mohun, in: BArch Koblenz, Kl. Erw. Nr. 118, 42.
190 Vgl. Mohun, in: BArch Koblenz, Kl. Erw. Nr. 118, 42.
191 Vgl. die Aussagen des LMS-Missionars Alfred J. Swann, in: Schweitzer: Emin, S. 752.
192 Vgl. Brief Hoffmanns an Stanley, Stanley Falls, 6. September 1896, in: HMS 1907. Hoffmann schrieb in einfachem und sehr fehlerhaftem Englisch. Die Grundaussage ist aber nachvollziehbar. – Abweichend davon berichtete Sidney Hinde, dass Emins Gefolgsleute ebenfalls ermordet worden seien, nachdem sie von den Arabern in die Falle gelockt worden waren. Nur Saʻīd b. ʻAbīd habe versucht, Emins Leben zu schonen und sei später damit dem Todesurteil entronnen (vgl. Hinde, Sidney Langford: The Fall of the Congo Arabs, London 1897, S. 278f.).
193 Vgl. Hinde: The Fall, S. 278f.
194 Uhl: Emin, Nachtrag, S. 2.
195 Vgl. Uhl: Emin, Nachtrag, S. 2.
196 Mohun, in: BArch Koblenz, Kl. Erw. Nr. 118, 45.

11. Nachgeschichte

1 Zur Eroberung des Congo vgl. die persönlichen Erinnerungen von Sidney Hinde (vgl. Hinde: The Fall). Eine grobe Schilderung der Ereignisse gibt auch Wack, Henry Wellington: The Story of the Congo Free State, New York 1905.

2 Vgl. Schweitzer: Emin, S. 752f.
3 Vgl. Brief des Lieutenant Scheerlinck, in: Schweitzer: Emin, S. 753f. – Der letzte Eintrag des Emin-Tagebuches datierte vom 23. Oktober 1892 (vgl. StArchHH 622-2/16 A VIII, 78). Die letzte Seite von Emins Tagebuch ist bei Schweitzer als Faksimile abgedruckt (vgl. Schweitzer: Emin, 2. Zwischenseite, S. 746f.).
4 Vgl. Luck: Charles Stokes, S. 138.
5 Vgl. Schweitzer: Emin, S. 754f.
6 Vgl. Anonym: Emin Pascha, in: Deutsches Koloniallexikon I (1920, ND 1996), S. 561f.
7 Vgl. Schweitzer: Emin, S. 758.
8 In der Zwischenzeit ist eine Publikation erschienen, in welcher der Friedhof aufgeführt ist (vgl. Borkowski, Maciej/Kirmiel, Nadrzej u.a.: Śladami Żydów. Dolny Śląsk Opolszczyzna Ziema Lubuska, Warszawa 2008), ebenso hat ein Online-Projekt sich der jüdischen Friedhöfe in Polen angenommen und auch einige Basisinformationen über den Neuen Jüdischen Friedhof in Neisse aufgeführt (vgl. <http://www.sztetl.org.pl/pl/article/nysa/12,cmentarze/1594,nowy-cmentarz-zydowski-w-nysie-ul-kaczkowskiego-/> (Stand: 30. November 2012)). – Es ist zu erwarten, dass sich die Informationslage in den nächsten Jahren bessern wird.
9 Vgl. z. B.: Anonym: Celāl İsmail Paşa, in: İbrahim Alāettın (Hrsg.): Meşhur Adamlar. Hayatları – Eserleri, Bd. 1 (²1935), Sp. 206; vgl. Anonym: Celāl İsmail Paşa, Müderris Dr., in: Türk Ansiklopedisi 10 (1960), Sp. 103f. – Auch zu Emin hält die Enzyklopädie einen Eintrag bereit: Anonym: Emin Paşa, in: Türk Ansiklopedisi 15 (1968), Sp. 150f.
10 Selamoğlu, Esra Üstündağ: Doktor Celal İsmail Paşa Ailesi, in: İstanbul. Türkiye Ekonomik ve Toplumsal Tarih Vakfi, Bd. 45 (2003), S. 42-46.
11 In der in Deutschland erscheinenden türkischsprachigen Zeitung Post ist ein akribisch recherchierter Artikel erschienen, welcher den deutsch-türkischen Familienhintergrund der Nachkommen von Fatma Zehra in den Fokus nahm (vgl. Arıkan, Saffet: Efsanevi kahraman Mehmed Emin Paşa, in: Post, Februar 2004, S. 31).
12 Privatbesitz Familie Emiroğlu-Aykan. Abdruck mit freundlicher Genehmigung der Familie. – Abgedruckt bei Çelik (vgl. Çelik, Latif: Türkische Spuren in Deutschland/Almanya'da Türk İzleri, Mainz 2008, S. 171). Die Photographie ist dort irrtümlich mit einer falschen Bildunterschrift versehen.
13 Privatbesitz Familie Emiroğlu-Aykan. Abdruck mit freundlicher Genehmigung der Familie.
14 Private Aufnahme (Kirchen, 2011).
15 Die in arabischer Schrift verfasste Heiratsurkunde ist überliefert und in Stuhlmanns Tagebuchedition als Faksimilie abgedruckt (vgl. Emin: Tagebücher III, Vorblatt). Der Urkunde zufolge wurde die Ehe am 30. Juni 1884 in Lado geschlossen. Emin erwähnte die Hochzeit in seinem Tagebuch nicht.
16 Vgl. Tagebucheintrag Emins, 5.-11. Juli, in: Emin: Tagebücher III, S. 242; vgl. auch Brief Emins an Melanie, Buingo 21. Oktober 1890, in: BArch 2063/2, S. 51-58; hier: S. 51.
17 Nach Schweitzer starb Emins Frau bei der Geburt des Jungen (vgl. Schweitzer: Emin, S. 433). Hier irrt Schweitzer. Fachri wurde, wenn Vita Hassans Angaben stimmen, im Januar 1881 geboren und starb im Alter von drei Jahren (vgl. Hassan: Wahrheit I, S. 24).
18 Vgl. Tagebucheintrag Emins, 17.-23. November 1884, in: Emin: Tagebücher III, S. 60-62; hier: S. 60. Auf Feridas Totenschein ist das Geburtsdatum fälschlich mit dem 28. November 1884 angegeben (vgl. Friedhofsverwaltung Stahnsdorf, Ferieda Emin, No. 21316 der laufenden Grab- und Beerdigungsliste).
19 Vgl. Tagebucheintrag August Schynses, 3. November 1889, Mayombia bis zum Lager im Pori, in: Schynse: Mit Stanley und Emin Pascha, S. 55.
20 Vgl. Schweitzer: Emin, S. 433. – Vita Hassan schrieb, dass es auf dem Marsch von Wadelai an die Küste wegen Fatuma zu einem Streit zwischen deren Mann Aḥmad al-Barrād und Emin gekommen sei. Ersterer hatte Emin vorgeworfen, ihm seine Frau vorzuenthalten, weil diese die gesamte Zeit über für Ferida sorge. Stanley hatte daraufhin entschieden, dass Fatuma tagsüber für Ferida sorgen und abends zu ihrem Mann zurückkehren sollte. Bis sich Fatuma, die sich wegen Gewalttätigkeiten ihres Mannes gerne in Emins Haushalt aufhielt, der Entscheidung Stanleys beugte, hatte dieser sie mit einem Strick binden lassen. Das Gerücht einer sexuellen Verbindung zwischen Emin und Fatuma wies Vita Hassan entschieden zurück (vgl. Hassan: Wahrheit II, S. 201-203).

21 Vgl. Schweitzer: Emin, S. 496.
22 Diverse Dokumente zu diesem Fall sind in ZNA AL 2/96 erhalten geblieben – z.B. das Protokoll einer Aussage Fatumes vom 16. Februar 1895, in: ebd., 67-69RS.
23 Vgl. Schweitzer: Emin, S. 433.
24 Im englischen Original: »abused [...] so cruelly«, in: Anonym: Emin Pasha's Daughter. A Little Girl With a Large History Who Lives in Berlin, in: Los Angeles Times, 10. Juni 1894 (= BL 19th Century Newspaper Collection).
25 Ein nicht genau datierbarer Artikel aus einer im Weltwirtschaftsarchiv Hamburg aufbewahrten unbekannten Zeitung von 1893 versuchte, Fatumes Handeln zu erklären: »Wiederholt ist schon davon berichtet worden, daß die Araberin Fatuma, welcher die Ferida von ihrem Vater übergeben worden war, das Kind schlecht behandelt habe, doch ist das wohl vom Standpunkte der arabischen Frau nicht der richtige Ausdruck. Sie hat wohl Zuneigung zu dem Kinde gehabt und wollte in ihrer abergläubischen Art Unheil von demselben abwenden; das geschah durch eine Art Tättowirung, welche mit einem Rasirmesser in die Haut der Kleinen eingeschnitten wurden. Bei einer Untersuchung zu Bagamoyo fand man von solchen Schnitten dicke Wulste auf dem Rücken des Kindes und an anderen Körpertheilen. Deshalb wurde sie von der Fatuma weggenommen.« (HWWA Emin Pascha H p, 1893).
26 Emin an Schwester Auguste, Bukoba, West Ufer des Victoria Nyanza, 20. November 1891, in: StArchHH 622-2/16 C V.
27 Vgl. Brief Emins an Melanie, Buingo am Victoria Nyanza, 21. Oktober 1890, in: BArch N 2063/2, 51-58; hier: 51.
28 Beispielsweise: Brief Emins an Melanie, Lager Unduluma, rechts Ufer des Duki-Flusses, 18. August 1891, in: Schweitzer: Emin, S. 697f.; hier: S. 697.
29 Vgl. Brieffragment, ohne Adressat (Junker?), undatiert, beiliegend in: StArchHH 622-2/16 A VIII.
30 Die Straße »An der Stechbahn«, am ehemaligen Berliner Stadtschloss gelegen, wurde noch vor dem Bau des Palasts der Republik beseitigt. Die Hausadresse ¾ erlangte ein Jahr vor Schweitzers Tod Berühmtheit, weil dort ab 1939 das Büro Grüber untergebracht war – jene Hilfsstelle der Bekennenden Kirche, die es zahlreichen verfolgten evangelischen Christen mit jüdischen Wurzeln ermöglichte, zu emigrieren.
31 Vgl. Schweitzer: Emin, S. 757.
32 Links: Emin Paschas Tochter, nach einer Photographie von H. Strube, Löbau/Schlesien, in: Die Gartenlaube Nr. 40 (1893), S. 688; rechts: Ferida, in: Schweitzer: Emin, Zwischenblatt, S. 336/337.
33 Schweitzer erwähnte lediglich deren Mann, Paul Kayser, als Paten Feridas.
34 Hertzer: Lebenserinnerungen III, Blatt ohne Paginierung, entspricht 171. Hertzer übergab Frau Kayser im Zuge des Treffens ein Armband von Feridas Mutter, das Emin ihr einst als Dank für die Pflege im Hospital in Bagamoyo geschenkt hatte. Frau Kayser sollte das Armband als Konfirmationsgeschenk für Ferida verwahren.
35 Offenbar besuchte Ferida zunächst eine Höhere Töchterschule in der Genthiner Straße, Berlin (vgl. Notiz, in: Deutsch-Soziale Blätter, Bd. 12 (1897), S. 117). Eventuell stammt das abgedruckte Bild auch von dort.
36 Privatbesitz Geoff Neuhaus. Abdruck mit freundlicher Genehmigung des Eigentümers.
37 Totenregister der Ev. Kirchengemeinde zum Heilsbronnen, Berlin-Schöneberg, Reg. 1923, No. 81, 79.
38 Die beiden Karteikarten »No. 21316 der laufenden Grab- und Beerdigungsliste« zu »Ferieda Emin« [sic] und »Beerdigungsbuch-Nr. 32147« zu »Melanie Schnitzer« sind in der Stahnsdorfer Friedhofsverwaltung noch vorhanden. Im ersten Fall sieht es durch vorgenommene Streichungen so aus, dass Melanie als »Mutter« aufgeführt wurde. Später hat sich laut den Angaben ein Frl. Johanna Bosel aus dem Hause Münchner Straße 9 um die Gräber gekümmert, welche aber, so der Hinweis auf Melanie Schnitzers Karte, im November 1935 bereits nicht mehr »gehaltsfähig« gewesen sei und in den Wittenauer Heilstätten untergebracht war. Möglicherweise verbirgt sich hinter dieser Angabe eine menschliche Tragödie, denn die Wittenauer Heilstätten (heute: Karl-Bonhoeffer-Nervenklinik) waren seit 1934 in das NS-Euthanasie-Programm eingebunden.
39 Totenregister der Ev. Kirchengemeinde zum Heilsbronnen, Berlin-Schöneberg, Reg. 1931, No. 183, 52.

40 Anonym: Hilfe für Emin Paschas Schwester!, in: Afrika-Nachrichten, 15. Oktober 1924 (= HWWA Emin Pascha P, 15. Oktober 1924).
41 Anonym: Der Tod Emin Paschas. Was die neunzigjährige Schwester erzählt, in: Vossische Zeitung, 6. Juli 1930 (= HWWA Emin Pascha 9, 6. Juli 1939).
42 Vgl. Totenregister der Ev. Kirchengemeinde zum Heilsbronnen, Berlin-Schöneberg, Reg. 1931, No. 183, 52.
43 Vgl. Kraft: Emin, S. 430.
44 In Auswahl seien genannt: Bechhaus-Gerst, Marianna/Klein-Arendt, Reinhard (Hg.): Die (koloniale) Begegnung. AfrikanerInnen in Deutschland 1880-1945. Deutsche in Afrika 1880-1918, Frankfurt am Main u.a. 2003; El-Tayeb, Fatima: Schwarze Deutsche. Der Diskurs um »Rasse« und nationale Identität 1890-1933, Frankfurt u.a. 2001; Oguntoye, Katharina: Eine afro-deutsche Geschichte. Zur Lebenssituation von Afrikanern und Afro-Deutschen in Deutschland von 1884 bis 1950, Berlin 1997; Reed-Anderson, Paulette: Eine Geschichte von mehr als 100 Jahren. Die Anfänge der Afrikanischen Diaspora in Berlin, Berlin 1995.
45 Vgl. Ludwig, Emilie: Ferida und andere Erzählungen für Mädchen von zehn bis fünfzehn Jahren, Berlin o.J. (ca. 1900).
46 Vgl. Brief Emins an Auguste Hertzer, Bukoba, West Ufer d. Victoria Nyanza, 20. November 1891, in: StArchHH 622-2/16 C V.
47 Schweitzer, Georg: Auf Urlaub im Orient. Reise-Erinnerungen, Berlin 1890.
48 Vgl. Schlenther, Paul: Der Verein Berliner Presse und seine Mitglieder. 1862-1912, Berlin 1912, S. 62.
49 Vgl. Brief Emins an Grethe, Mpwapwa, 5. Juni 1890, in: Schweitzer: Emin, S. 518.
50 Sterbenotiz S. Wilhelm Schnitzer, in: Norddeutsche Allgemeine Zeitung, 28. Juli 1918 (= HWWA Emin Pascha Hp 28. Juli 1918).
51 Vgl. Sterbenotiz S. Wilhelm Schnitzer, in: Norddeutsche Allgemeine Zeitung, 28. Juli 1918 (= HWWA Emin Pascha Hp 28. Juli 1918). – Hier handelte es sich vermutlich um Emins Cousin, S. Wilhelm Schnitzer. Als Adresse war die Wallstraße 25, Berlin-Mitte, angegeben.
52 Schnitzer, Ewald Willy »Spark«: On the Trail of Emin Pasha, in: Reports from Africa (1966), S. 117-141.
53 Vgl. Uhl: Emin, Nachtrag, 2.
54 Meldung zitiert nach Focus Online: Königreich Bunyoro. König Solomon Iguru I. bittet Polen um Hilfe, in: Focus Online <http://www.focus.de/politik/weitere-meldungen/koenigreich-bunyoro-koenig-solomon-iguru-i-bittet-polen-um-hilfe_aid_684795.html> (Stand: 30. November 2012); vgl. auch: Bochonek, Klaudia: Jedno z królestw Ugandy chce współpracować z Nysą, in: Nowa Trybuna Opolska, 14. November 2011.
55 Wie die Beauftragte der Stadt Nysa, Dr. Beata Giblak, mir am 8. Dezember 2011 telefonisch mitteilte, handelte es sich bei der Meldung um ein Missverständnis von Medienseite. Der König habe um Informationen bezüglich des Freundes (Emin Pascha) seines Großvaters (Kabarega) gegebeten.

II. Teil: Annäherungsversuche

1. Emin in der Wahrnehmung von Zeitgenossen – Eine Auswahl

1 Schweitzer, Emin, Zwischenseite 2/3.
2 Ebd., Zwischenseite 8/9.
3 Emin: Sammlung.
4 Kirchhoff, Alfred: Stanley und Emin. Nach Stanleys eigenem Werk, Halle 1890, Vorblatt.
5 Kirchhoff: Stanley und Emin, Vorblatt.

Anmerkungen zu S. 188-198 291

6 A: StArchHH 622-2/16 E VI. Abdruck mit freundlicher Genehmigung des Staatsarchivs Hamburg. B: Freißler: Emin, Vorblatt.
7 Schweitzer: Emin, Zwischenblatt S. 438/439.
8 Ingham: East Africa, Zwischenblatt 112/113.
9 Schweitzer: Emin, Vorblatt.
10 Peters berichtete über die Aufnahmen (vgl. Peters: Emin-Pascha-Expedition, S. 438).
11 StArchHH 622-2/16, E VI. Abdruck mit freundlicher Genehmigung des Staatsarchivs Hamburg. – Hintere Reihe von links: Janke, Stuhlmann, Langheld. Vordere Reihe von links: von Tiedemann, Emin, Peters, von Bülow.
12 StArchHH 622-2/16, E VI. Abdruck mit freundlicher Genehmigung des Staatsarchivs Hamburg.
13 StArchHH 622-2/16, E VI. Abdruck mit freundlicher Genehmigung des Staatsarchivs Hamburg.
14 Beispielsweise abgedruckt bei: Staby: Emin, Einband.
15 Vgl. Stanley: In Darkest Africa II, S. 203.
16 Jephson/Stanley: Emin Pascha, S. 22.
17 Junker: Junkers Reisen I, S. 558f.
18 Hassan: Wahrheit I, S. 15. – Vita Hassan beschrieb ferner, dass Emin Speichel aus dem Mund fließe, wenn er zornig sei. Außerdem zeichne sich unter dem Kinn ein Kropf ab (vgl. Hassan: Wahrheit I, S. 15f.).
19 Vgl. beispielsweise: Gessi: Seven Years, S. 389.
20 Steuber: Wissmann ins Sansibar 1890, S. 382.
21 Wilson/Felkin: Uganda II, S. 49. – Vgl. auch Schynse: Mit Emin und Stanley, S. 55; vgl. Tiedemann: Tana, S. 307.
22 Tagebucheintrag August Schynses, 3. November 1889, Mayombia bis zum Lager im Pori, in: Schynse: Mit Emin und Stanley, S. 55.
23 Hassan: Wahrheit I, S. 15.
24 Vgl. beispielsweise Schynse: Mit Emin und Stanley, S. 55; vgl. Stuhlmann: Herz von Afrika, 612.
25 Vgl. Essner: Deutsche Afrikareisende.
26 Vgl. Streck, Bernhard: In türkischen Diensten. Die Frühzeit europäischer Entwicklungshilfe im Sudan, in: Jahrbuch für Europäische Überseegeschichte, Bd. 8, Wiesbaden 2008, S. 11-40. – In seinem Beitrag verglich Streck Gessi, Emin und Slatin.
27 Vgl. Feuer, Lewis: Imperialism and the Anti-Imperialist Mind, New York 1986, bes. S. 84-89.
28 Vgl. Siegert, Bernd: Deutsche Ärzte als Forschungsreisende in Afrika im 19. Jahrhundert bis zum Eintritt des zweiten Kaiserreiches in den Kreis der Kolonialmächte im Jahre 1884 (Diss. med. unv.), Münster 1991; vgl. Eckart, Wolfgang U.: Gerhard Rohlfs, Gustav Nachtigal und Emin Pascha: drei Ärzte als Afrikaforscher und Diplomaten am Beginn der deutschen Kolonialzeit, in: Tempo Medical, Nr. 22, Dezemberausgabe (1982), S. 31-35.
29 Im Rahmen des 48. Deutschen Historikertags in Berlin (2010) fand eine von Stig Förster geleitete Sektion mit dem Titel »Grenzüberschreitungen an imperialen Randzonen. Biographische Zugänge zum transkulturellen Austausch« statt, in der neben Tanja Bührer (»Emin Pascha – Ein Europäer als Administrator im Sudan«) auch Benedikt Stuchtey (»James Brooke: Vom Abenteurer zum Raja von Sarawak«) referierten. Bei Drucklegung war noch kein vergleichender Beitrag erschienen.
30 Vgl. Kennedy, Dane: The Highly Civilized Man. Richard Burton and the Victorian World, London 2005.
31 Vgl. Trojanow, Ilja: Der Weltensammler. Roman, München 2006.
32 Moorehead: White Nile, S. 35.
33 Hill, George: Colonel Gordon, S. 47.
34 Privataufnahme (Kirchen, 2008).
35 Hill: Giegler, Vorblätter, Abbildung Nr. 9.
36 Vgl. Zach: Hansal, S. 196.
37 NGG. Abgedruckt z.B. bei Hill: Giegler, Vorblätter, Abbildung Nr. 1.
38 Titel von Jeals Stanley-Biographie.
39 Vgl. Hochschild, Adam: King Leopold's ghost, S. 24f.

40 Vgl. hierzu die Ausführungen bei von Zimmermann: Zimmermann, Christian von: Biographische Anthropologie. Menschenbilder in lebensgeschichtlicher Darstellung (1830-1940) (Quellen und Forschungen zur Literatur- und Kulturgeschichte, Bd. 41 (275)) Berlin u.a. 2006, S. 308f.
41 Autograph manuscript by Henry Morton Stanley about Emin Pasha, in: HMS 4622.
42 Im Original: »*He [Emin] was [...] a man of method, of the model housewife order.*« (Autograph manuscript, in: HMS 4622).
43 Tagebucheintrag Emins, 11. September 1889, in: Emin: Tagebücher IV, S. 369.
44 Autograph manuscript, in: HMS 4622. Diese Passage hatte Stanley gestrichen und nicht zur Veröffentlichung freigegeben.
45 Stanley: Autobiography, S. 380.
46 Vgl. Tagebucheintrag Emins, 25. November 1890, in: Emin: Tagebücher IV, S. 432f.
47 Telegramm Stanleys an William Mackinnon, Hotel Westminster, Rue de la Paix, Paris, 31. März 1890, in: SOAS Mackinnon Papers PP MS 1/IBEA/Box 69, File 31, 1: »*Blindfold telegraphs no biography has been at Bagamoyo ten days awaiting blindfold believes decided offer from you highly probable unless soon received dwelling secure services lead expedition up country ordered by blindness within the next month [...].*«
48 Stanley: In Darkest Africa II, S. 210.
49 Stanley: In Darkest Africa II, S. 209.
50 Stanley: In Darkest Africa II, S. 132f.
51 Emin an Stuhlmann, Lado, 19. August 1880, in: PGM 617, 1. Mappe, 73 r/v f. – Dass Emins Groll zuweilen auch andere Wissenschaftler treffen konnte, beweist ein Tagebucheintrag, in dem er Buchta zum »*Modell eines österreichischen Kleinbürgers*« (Tagebucheintrag Emins, 21. Dezember 1878, in: Emin: Tagebücher II, S. 24) kürte.
52 Vgl. beispielsweise: Tagebucheintrag Emins, 9. August 1889, in: Emin: Tagebücher IV, S. 354f. – Ärger über Stanley und positive Äußerungen wechselten sich ab.
53 Hertzer: Lebenserinnerungen III, S. 161f.
54 Stuhlmann wertete dieses Nachgeben Emins als Klugheit (vgl. Stuhlmann: Herz von Afrika, S. 608). – Es ist allerdings zu hinterfragen, ob Emin des Friedens willen nicht mit Stanley aneinandergeraten wollte, oder ob es ihm nicht an Motivation und Courage mangelte. – Jephson warf Emin später vor, dieser habe sich auf dem Marsch an die Küste nicht mehr um seine Soldaten gekümmert (Vgl. Jephson/Stanley: Emin Pascha, S. 430).
55 Vgl. Tagebucheintrag Emins, 29. Juni 1889, in: Emin: Tagebücher IV, S. 330f.
56 Vgl. Falkenhorst: Emin Pascha, S. 171f.
57 Stuhlmann: Herz von Afrika, S. 608.
58 Brief Jephsons an Emin, Mswa, 30. Januar 1889, in: Emin: Tagebücher IV, S. 213f.; hier: S. 213. – Stanleys Kategorisierung ist hier analog auf Stuhlmann übetragen.
59 Brief Jephsons an Emin, Mswa, 30. Januar 1889, in: Emin: Tagebücher IV, S. 213f.; hier: S. 213.
60 Vgl. Hoffmann: With Stanley in Africa, S. 164 und S. 234.
61 Schmidt, Rochus: Mpapua-Expedition, S. 289; vgl. auch Steuber: Wissmann in Sansibar 1890, S. 376-386.
62 Vgl. beispielsweise: Kirchhoff: Stanley und Emin.
63 »*Stanley wearing his hat*« – häufig abgedrucktes Bild von Stanley, z.B. bei Jeal (Jeal: Stanley, S. 242) und Stanley-Büste in den Räumen der Royal Geographical Society, London. Private Aufnahme (Kirchen, 2008).

2. Das Nachleben

1 Vgl. auch: Treutlein, Peter: Dr. Ed[uard] Schnitzer (Emin Pascha), der ägyptische Generalgouverneur des Sudan. Vortrag (Sammlung gemeinverständlicher Vorträge, Neue Folge, II. Serie) Hamburg 1887, S. 1-52.
2 Private Aufnahme (Kirchen, 2008).
3 Auf einem im tansanischen Nationalmuseum, Dar es Salaam, aushängenden Stadtplan von 1911 ist im Zentrum der damaligen Hauptstadt eine ›Emin-Straße‹ verzeichnet. Sie heißt heute ›Garden Street‹ und befindet sich unweit der Deutschen Botschaft.

4 In seiner Geburtsstadt Oppeln existierte in einem damals neu angelegten Wohngebiet Anfang der 1930er Jahre kurzzeitig eine ›*Eminpaschastraße*‹. Doch diese verschwand in der NS-Zeit wieder und trug anschließend den Namen ›*Ritterstraße*‹. Heute ist diese Straße nach einem polnischen General benannt und heißt ›*ul. Generała Józefa Zajączka*‹.
5 Über die Ausführung eines in der *Breslauer Zeitung* angekündigten Denkmalprojekts in Neisse ist nichts bekannt (vgl. Anonym: Ein Denkmal für Emin Pascha, in: Breslauer Zeitung, 17. November 1893 (= HWWA Emin Pascha H p, 17. November 1893).
6 Einer anderen Angabe zufolge befand sich die Büste in den Räumen der *Deutschen Kolonialgesellschaft* in Oppeln (vgl. Dvorak, Helge: Emin Pascha, in: Ders.: Biographisches Lexikon der Deutschen Burschenschaft, Bd. 1 (1996), Sp. 252f.; hier: Sp. 253).
7 Emin-Büste von Hans Magnussen, in: Meyers Historisch-Geographischer Kalender, Leipzig 1929. – Nachgedruckt in: Der Kolonialdeutsche Nr. 21, 1. November 1928 (= HWWA Emin Pascha P, 1. November 1928).
8 Vgl. <http://www.ma-shops.de/fenzl/item.php5?lang=es&ide=110> (Stand: 21. Juni 2010). Die im Sommer 2010 über einen Münzhändler zum Kaufpreis von 275€ angebotene Medaille hat inzwischen einen Käufer gefunden und ist im Katalog nicht mehr nachweisbar. Abdruck mit freundlicher Genehmigung der Internetplattform ma-shops.de und des Münzhändlers Andreas Fenzl (Göttingen). – Die Rückseite der Medaille ist auch bei Matz abgebildet (vgl. Matz: Eduard Schnitzer, S. 139).
9 Vgl. ZNA AL 2/96, 36. – Das Anschreiben ist mit dem unten abgebildeten Klubstempel versehen.
10 Vgl. ZNA AL 2/96, 36.
11 Vgl. ZNA AL 2/96, 36 RS und 37.
12 Stempel Touristen-Club Emin Pascha, in: ZNA AL2/96, 36.
13 Georg Schweitzer schrieb zum Jahreswechsel 1890/91 an seinen Verwandten Emin: »*Der Weihnachtsbücher-Markte hat eine außerordentliche Fülle von Emin-Büchern gebracht: Romane, Erzählungen für Erwachsene und Kinder [...]*« (Brief Georg Schweitzers an Emin, Berlin, 5. Januar 1891, in: BArch N 2063/6, 2-5; hier: 3 RS).
14 Emin Pascha. Im Innern Afrika's, Serie 180 [Forscher], Bild 1, Rheydt 1891, Atlasnummer: 01/1140, in: Jussen, Bernhard (Hrsg.): Liebig's Sammelbilder. Vollständige Ausgabe der Serien 1 bis 1138 (Atlas des Historischen Bildwissens, Bd. 1) Berlin ³2009. Abdruck mit freundlicher Genehmigung des Herausgebers. – Diese, sowie eine weitere Karte sind ferner abgedruckt bei: Zeilinger, Johannes: Aufruhr am Nil. Emin Pascha und der sudanesische Mahdi, in: Beneke, Sabine/Zeilinger, Johannes (Hg.): Karl May. Imaginäre Reisen. Eine Ausstellung des Deutschen Historischen Museums, Berlin vom 31. August 2007 bis 6. Januar 2008, Berlin 2007, S. 137-154; hier: S. 152f.
15 Vgl. Zeilinger: Aufruhr, S. 152f. – Zu Lebensmittelkarten aus der Kolonialzeit allgemein vgl. Zeller, Joachim: Harmless Kolonialbiedermeier? Colonial and Exotic Trading Cards, in: Langbehn, Volker (Hrsg.): German Colonialism, Visual Culture and Modern Memory, New York u.a. 2010, S. 71-86.
16 Vgl. Mackenzie, John M.: Propaganda and Empire. The manipulation of British public opinion. 1880-1960, Manchester 1984, S. 28.
17 Für weitere Brettspiele aus der Kolonialzeit vgl. Badenberg, Nana: Spiel um Kamerun. Weihnachten 1885: Kolonialismus in Brett- und Gesellschaftsspielen, in: Honold, Alexander/Scherpe, Klaus R. (Hg.): Mit Deutschland um die Welt. Eine Kulturgeschichte des Fremden in der Kolonialzeit, Stuttgart u.a. 2004, S. 86-94.
18 Kopie einer Photographie aus dem *Museum des Oppelner Schlesiens, Oppeln (Muzeum Śląska Opolskiego, Opole)*. Abdruck mit freundlicher Genehmigung des Museums. Die Charaktere Stanley (Nr. 1), Emin Pascha (Nr. 2) und Tippu Tip (Nr. 3) lassen sich klar zuordnen, Nr. 6 ist wohl ein beliebiger ägyptischer Offizier.
19 Vgl. Falkenhorst: Emin Pascha. – Vgl. auch: Ders.: Aus dem Reiche Emin Paschas. Ein zeitgeschichtlicher Rückblick, in: Die Gartenlaube (1888), S. 616-620.
20 Vgl. Staby: Emin.
21 Vgl. auch: Ohorn, Anton: Emin. Der weisse Pascha im Sudan, Leipzig 1891.
22 Vgl. z.B. Little, Henry W.: The Life and Work of Emin Pasha in Equatorial Africa, London 1889.
23 Vgl. Manning: Remarkable Expedition.

24 Vgl. Meissner: An den Quellen.
25 Vgl. Ludwig, Emil: Der Nil, Amsterdam 1935; vgl. Konzelmann, Gerhard: Der Nil. Heiliger Strom unter Sonnenbarke, Kreuz und Halbmond, Hamburg 1982, erw. ND München 1985.
26 Vgl. Berger, Arthur: Der Heilige Nil, Berlin 1924.
27 Archenholz, Bogislav von: Erinnerung und Abschied. Schicksal und Schöpfertum im deutschen Osten, Berlin 1972, S. 142.
28 Vgl. beispielsweise: Anonym: Emin Pascha – Arzt und Forscher. Zur Wiederkehr seines 130. Geburtstages, in: Der Schlesier, 2. April 1970.
29 Zuletzt: Christmann, Günter: Dr. Eduard Schnitzer (1840-1892) (alias Dr. Emin Mehmed Pascha). Ein exzentrischer Arzt, Afrikaforscher und Kolonialgouverneur aus Oppeln, in: Oberschlesien (Mai 2011), S. 8-10; vgl. auch: Fus, Krzysztof: Eduard Schnitzer – Mehmed Emin Pascha. Arzt, Geograph, Forschungsreisender/Eduard Schnitzer – Mehmed Emin Pasza. Lekarz, geograf, podróżnik, in: Konserwatorium Im. Josepha von Eichendorffa, Opole 1993, S. 56-63.
30 Vgl. beispielsweise: Theilhaber, Felix Aaron: Geographie, in: Kaznelson, Siegmund (Hrsg.): Juden im Deutschen Kulturbereich, Berlin 1962, S. 383-385; Anonym: Juden als Erfinder und Entdecker, Veröffentlichung der Henriette-Becker-Stiftung, Berlin 1913, bes. S. 78-82; Kohut, Adolf: Berühmte jüdische Weltreisende, in: Ost und West, Jahrgang 3, Nr. 12 (1903), S. 859-862.
31 Vgl. Welk: Schwarze Sonne.
32 Vgl. Welk: Schwarze Sonne, S. 1-18.
33 Vgl. Caillou, Alan: South from Khartoum. The Story of Emin Pasha, New York 1974.
34 Vgl. Forbath, Peter: The last hero, New York 1988; Dt. Ausgabe: Der letzte Held. Roman. Aus dem Amerikanischen von Michael Benthack, Hamburg 1999.
35 Vgl. Forbath : Held, S. 894f.
36 Vgl. Clough, Patricia: Emin Pascha, Herr von Äquatoria. Ein exzentrischer deutscher Arzt und der Wettlauf um Afrika. Aus dem Englischen von Peter Torberg, München 2010.
37 Vgl. Fischer-Sallstein, Conrad: Emin Pascha. Sein Leben und seine Reisen. Der reiferen Jugend dargestellt, Berlin o.J. – Dass Fischer-Sallstein mit der »*reiferen Jugend*« auch augenzwinkernd Personen mittleren Alters gemeint haben könnte, ist durchaus möglich.
38 Christian, W.: Im dunklen Weltteil. Reisen und Erlebnisse Emin Paschas, Stanleys und Wißmanns in Afrika. Für die Jugend geschildert, Fürth o.J. (ca. 1893).
39 Anonym: Im dunklen Weltteil, Fürth o.J. (ca. 1900). Nicht speziell für Kinder, aber zur gleichen Thematik, vgl. auch: Rumbaur, Otto: Stanleys sämtliche Reisen in Afrika und Emin Paschas, Wissmanns, Dr. Peters Erlebnisse im dunklen Erdteil, 2 Bde., Berlin 1891-1892.
Vgl. auch: Ohorn, Anton: Emin. Der weisse Pascha im Sudan, Leipzig 1891.
40 Vgl. Ludwig, Emilie: Ferida.
41 Vgl. de Zeeuw, P[ieter]: Stanley de Padvinder. Aventuren von Stanley in Afrika bij het opsporen von Emin Pacha (Haan's Bibliotheek voor de Jeugd), Groningen o.J.
42 Zu Karl May vgl. Schmiedt, Helmut: Karl May oder Die Macht der Phantasie. Eine Biographie, München 2011.
43 May, Karl: Die Sklavenkarawane, Stuttgart 1893. Im Folgenden wird aus der historisch-kritischen Werkausgabe zitiert: May, Karl: Die Sklavenkarawane. Historisch-Kritische Ausgabe für die Karl-May-Gedächtnis-Stiftung (Karl Mays Werke, Abteilung III. Erzählungen für die Jugend, Bd. 3) Nördlingen 1987. – Zum Inhalt des Romans vgl. Stolte, Heinz: Die Sklavenkarawane, in: Ueding, Gert (Hrsg.): Karl-May-Handbuch, Würzburg 2001, S. 279-283.
44 Vgl. May: Sklavenkarawane, S. 227, S. 229, S. 256 und S. 602.
45 May: Sklavenkarawane, S. 227.
46 Vgl. May: Sklavenkarawane, S. 227.
47 Vgl. Zeilinger, Johannes: »Kann man nicht schaurige Details über Menschenquälerei auftreiben?« Zum historischen Hintergrund der Sudanromane Karl Mays, in: Jahrbuch der Karl-May-Gesellschaft (2008), S. 125-146; vgl. Ders.: Einzelner Mensch.
48 Zu Frieda Freiin von Bülow vgl. (in Auswahl) Czernin, Monika: Jenes herrliche Gefühl der Freiheit. Frieda von Bülow und die Sehnsucht nach Afrika, Berlin 2008; vgl. Wildenthal, Laura: The Feminine Radical Nationalism of Frieda von Bülow, in: Dies.: German Women for Empire (1884-1945), Durham u.a. 2001, S. 54-78; vgl. Dies.: When Men Are Weak: The Imperial Feminism of Frieda von Bülow, in: Gender & History, Bd. 10,1 (1996), S. 53-77; vgl.

Warmbold, Joachim: Germania in Africa. Germany's Colonial Literature (Studies in Modern German Literature, Bd. 22) New York u.a. 1989, vgl. Ders.: »Ein Stückchen neudeutsche Erd'...«. Deutsche Kolonial-Literatur. Aspekte ihrer Geschichte, Eigenart und Wirkung, dargestellt am Beispiel Afrikas, Hanau 1982. Einen Überblick über Deutsche Kolonialromane bot auch Benninghoff-Lühl: vgl. Benninghoff-Lühl, Sabine: Deutsche Kolonialromane. 1884-1914 in ihrem Entstehungs- und Wirkungszusammenhang (Veröffentlichungen aus dem Übersee-Museum. Reihe F, Bd. 16) Bremen 1983.

49 Warmbold: Neudeutsche Erd', S. 79.
50 Warmbold hat diesen Umstand als »familiy album cookery« bezeichnet (Warmbold: Germania, S. 60).
51 Bülow, Frieda Freiin von: Im Lande der Verheißung. Ein deutscher Kolonialroman, Dresden u.a. 1899, S. 52. Mit dieser Aussage bediente sich Bülow allerdings eines häufiger auftretenden Vorwurfs an europäischen Missionaren. So wurde beispielsweise auch David Livingstone nachgesagt, in seiner Eigenschaft als Missionar wenig erfolgreich gewesen zu sein (vgl. Jeal, Tim: Livingstone, New Haven u.a. 2001, S. 1).
52 Bülow: Im Lande, 48. Ähnlich dazu die von antijüdischen Ressentiments geprägte Beschreibung Steubers (vgl. Steuber: Wissmann in Sansibar 1890, S. 382).
53 Stanley: In Darkest Africa I, S. 334.
54 Bülow: Im Lande, S. 49.
55 Vgl. Bülow: Im Lande, S. 50f. und S. 59.
56 Vgl. Bülow: Im Lande, S. 50-52.
57 Vgl. Bülow: Im Lande, S. 52 und S. 54.
58 Bülow: Im Lande, S. 123.
59 Bülow: Im Lande, S. 160.
60 Vgl. Bülow: Im Lande, S. 151.
61 Vgl. Bülow: Im Lande, S. 151 und S. 160-169.
62 Vgl. Bülow: Im Lande, S. 185-188.
63 Vgl. Bülow: Im Lande, S. 189f.
64 Vgl. Bülow: Im Lande, S. 240f.
65 Hier kommt von Bülows Überzeugung von der Superiorität der germanischen Rasse besonders stark zum Ausdruck: Froh, dass es zu keiner Heirat zwischen einem Deutschen und einer Halb-Abessinierin gekommen war, hatte Maleen Dietlas gegen eine Heirat eines Italieners mit der Halb-Abessinierin Maria nichts einzuwenden.
66 Vgl. Bülow: Im Lande, S. 240f.
67 Vgl. Bülow: Im Lande, S. 240.
68 Szklarski, Alfred: Tomek na czarnym lądzie, Warszawa 1991, ND 2008.
69 Sienkiewicz, Henryk: W pustyni i w puszczy, 1912. Das Buch ist mehrfach aufgelegt worden, zuletzt Kraków 2007 mit Lektürehilfen für die Schule. In deutscher Sprache ist zum hundertjährigen Jubiläum (2012) eine Neuauflage erschienen: Henryk Sienkiewicz: Durch Wüste und Wildnis. Abenteuerroman, Dresden 2012. – Die beiden polnischen Verfilmungen stammen aus den Jahren 1973 und 2001: Ślesicki, Władysław: W pustyni i w puszczy, Polen 1973; Hood, Gavin: W pustyni i w puszczy, Polen 2001.
70 Vgl. Szklarski: Tomek, S. 135f.
71 Heart of Darkness erschien 1899 in Blackwood's Magazine in drei Teilen. Die erste Buchausgabe stammt aus dem Jahr 1902. Von den zahlreichen Neuauflagen und Nachdrucken sei beispielsweise eine neuere Ausgabe zitiert: Conrad, Joseph: Heart of Darkness, Oxford 2004.
72 Aus der reichen Sekundärliteratur zu Conrads *Heart of Dearkness* vgl. (in Auswahl) Speitkamp, Winfried: Flussfahrt ins Grauen. »Heart of Darkness« von Joseph Conrad (1902), in: Laak, Dirk van (Hrsg.): Literatur, die Geschichte schrieb, Göttingen 2011, S. 118-133 (mit Verweisen auf weiterführende Literatur zu *Heart of Darkness*); vgl. Watt, Ian: Essays on Conrad, Cambridge 2000; vgl. Ders.: Conrad in the Nineteenth Century; vgl. Said, Edward W.: Joseph Conrad and the fiction of Autobiography, o.O. 1966, ND New York u.a. 2008; vgl. Bitterli, Urs: Conrad – Malraux – Greene – Weiss. Schriftsteller und Kolonialismus, Zürich u.a. 1973.
73 Vgl. Wiggershaus, Renate: Joseph Conrad. Leben und Werk in Texten und Bildern, Frankfurt am Main 1990, S. 131.
74 Vgl. Watt: Conrad in the Nineteenth Century, S. 144.

75 Viele dieser Zeitungsartikel sind im ersten Teil bereits zitiert worden.
76 Vgl. Dearden, Basil/Elisofon, Eliot: Khartoum, GB 1966.
77 Vgl. Selpin, Herbert: Carl Peters, Deutschland 1940/41.
78 King, Henry/Brauer, Otto: Stanley and Livingstone, USA 1939.
79 BL Evan.2839, Public Hall, Hastings. Mr. Poole's Picturesque Myriorama, 1891.
80 Vgl. Mackenzie: Propaganda, S. 31.
81 Für Überlassung von Anschauungsmaterial danke ich Kenny Mleke, Fremdenführer in Bagamoyo.
82 Eine knappe Übersicht über die in Ostafrika tätigen Missionen bietet Bückendorf (vgl. Jutta Bückendorf: Ostafrika, S. 116-136. Speziell für evangelische Missionen: Vgl. Altena, Thorsten: »Ein Häuflein Christen mitten in der Heidenwelt des dunklen Erdteils«. Zum Selbst- und Fremdverständnis protestantischer Missionare im kolonialen Afrika 1884-1918 (Internationale Hochschulschriften, Bd. 395) Münster u.a. 2003.
83 Während eines kurzen Aufenthaltes am 15. September 2009 in Chato und Umgebung, befragte ich 20 Anwohner verschiedener Alters- und Bildungsstufen unter Zuhilfenahme des Jura-Studenten Migire Migire von der Universität Mwanza zunächst nach dem Namen des vor ihnen liegenden Gewässers. In einem zweiten Schritt fragte ich, ob ihnen der Name Emin Pascha bekannt sei. Als Name des Gewässers gaben die Anwohner ausschließlich »Lake Victoria« an, der Name Emin Pascha war keinem der Befragten je untergekommen. Mein Verweis auf die mitgeführte Straßenkarte mit der Bezeichnung »Emin Pasha Gulf« wurde von den lesekundigen Befragten als »mistake« abgewiesen. Auch mein Dolmetscher hatte den Namen noch nie gehört, mir jedoch bestätigt, dass die in der Karte aufgeführten Bezeichnungen anderer Aussparungen wie des »Speke-Gulf« durchaus in Gebrauch seien.
84 Vgl. <http://www.eminpasha.com> (30. Juni 2011).
85 Vgl. Briggs Philip/Roberts, Andrew: Uganda. The Bradt Travel Guide, Chalfont St Peter 52007, S. 364.
86 Eine Abbildung des Denkmals findet sich bei Caillou: South from Khartoum, S. 132.
87 Zu den Nubi sind umfangreiche Schriften erschienen, so z.B. Leopold, Mark: Inside West Nile. Violence, History & Representation on an African Frontier, Oxford u.a. 2005; Soghayroun, Ibrahim El-Zein: The Sudanese Muslim Factor in Uganda, Khartum 1981. – Vgl. auch: Rice, Andrew: The Teeth may smile but the heart does not forget. Murder and Memory in Uganda, New York 2009, S. 152, und Luffin, Xavier: Les recrues soudanaises de l'État Indépedandant du Congo (1892-1894): un épisode méconnu de l'histoire des Nubi, in: Autour de la Géographie Orientale … et au-delà. En l'Honneur de J. Thiry (Lettres Orientales, Bd. 11) Leuven 2006, S. 123-134. Weitere Titel werden im Folgenden zitiert. – Die Kreol-Sprache der Nubi in Uganda hat Jonathan Owens untersucht (vgl. beispielsweise: Owens, Jonathan: The Origins of East African Nubi, in: Anthropological Linguistics, Bd. 27 (1985), S. 229-271).
88 Wanji, B[arri] A.: The Nubi Community, an Islamic Social Structure in East Africa (Sociology Working Paper No. 115), Makerere University Kampala (1971), S. 4.
89 Eckert, Florens: Kontinuität trotz Brüchen – kriegerische Identität am Rande Ugandas im langen 20. Jahrhundert (Magisterarbeit unv.), Bayreuth 2010, S. 13.
90 Eckert: Kontinuität, S. 13.
91 Vgl. Soghayroun: Muslim Factor, S. 31.
92 Vgl. Furley, Oliver W.: The Sudanese Troops in Uganda, in: African Affairs 58, Nr. 233 (1959), S. 311-328; hier: S. 312.
93 Vgl. Soghayroun: Muslim Factor, S. 28.
94 Einen solchen Schluss könnte auch Ali Mazruis Aufsatztitel auf den ersten Blick zulassen: Mazrui, Ali A.: Religious Strangers in Uganda: From Emin Pasha to Amin Dada, in: African Affairs, No. 76 (1977), S. 21-38. Vgl. auch: Woodward, Peter: Ambiguous Amin, in: African Affairs 77, Nr. 307 (April 1978), S. 153-164.
95 Ergebnis eines Gesprächs mit Mark Leopold im Mai 2010.
96 Vgl. Bochonek: Jedno.
97 Diese Informationen stammen aus einem Telefongespräch mit der Beauftragten der Stadt Nysa in dieser Angelegenheit, Dr. Beata Giblak, am 8. Dezember 2011.
98 Vgl. Likaka, Osumaka: Naming Colonialism. History and Collective Memory in the Congo, 1870-1960, Madison 2009.
99 Vgl. Likaka: Naming Colonialism, bes. S. 68.

100 Vgl. Likaka: Naming Colonialism, bes. S. 71f.
101 Likaka: Naming Colonialism, S. 81.
102 Likaka: Naming Colonialism, S. 81.
103 Likaka: Naming Colonialism, S. 81.
104 Vgl. Likaka: Naming Colonialism, S. 80.
105 Likaka: Naming Colonialism, S. 65. Emin selbst hatte angegeben, sein Name im Bereich des Albert Nyanza sei »*Midju*« (»der Bärtige«) (vgl. Brief Emins an Melanie, Lager Widinda, Ulegga, ohne Datum [18./19. Juli 1891], in: Schweitzer: Emin, S. 690f.; hier: S. 690).
106 Tagebucheintrag Emins, 23. Dezember 1877, in: Emin: Tagebücher I, S. 356-359; hier: S. 356. – Bis heute ist im Swahili-Sprachraum der Begriff »mzungu« für Menschen mit weißer Hautfarbe in Gebrauch.
107 Tagebucheintrag Emins, 29. Januar 1878, in: Emin: Tagebücher I, S. 407f.; hier: S. 407.
108 Rehse: Kiziba, in: Cory: History, S. 121.
109 Diese Informationen verdanke ich Anne-Sophie Beckedorf, die sich im Dezember 2009 in Juba aufhielt.
110 Vgl. SAD 891/5/1-43. – Vgl. auch Moorehead: White Nile, S. 354.

3. Emins Verdienste um die Wissenschaften

1 Brief an Ernst Behm in Gotha, Lado, 25. Dezember 1881, in: Emin: Tagebücher II, S. 331f.; hier: S. 332.
2 Eine (fast) vollständige Liste von Emins Publikationen findet sich bei Hörcher, E.: Veröffentlichungen von oder über Emin Pascha, in: Emin: Tagebücher I, S. 61-69.
3 Vgl. zum Thema auch: Fabian, Johannes: Im Tropenfieber. Wissenschaft und Wahn in der Erforschung Zentralafrikas, München 2001. Fabian behandelte Emin Pascha in seinem Buch nicht, da er sich auf Forscher »*abseits der ausgetretenen Pfade*« konzentrierte (Fabian: Tropenfieber, S. 28).
4 Brief Schnitzers an seine Eltern, 1. Juli 1865, in: Schweitzer: Emin, S. 44.
5 Brief Schnitzers an seine Eltern, 1. Juli 1865, in: Schweitzer: Emin, S. 44.
6 Eine Abhandlung über diesen Baum findet sich bei: Engler, A[dolf]: Über Maesopsis Eminii Engl., einen wichtigen Waldbaum des nordwestlichen Deutsch-Ostafrika und die Notwendigkeit einer gründlichen forstbotanischen Erforschung der Wälder dieses Gebietes, in: Notizblatt des Königl. Botanischen Gartens und Museums zu Berlin, sowie der botanischen Centralstelle für die deutschen Kolonien, Bd. IV, Nr. 38 (1906), S. 239-242.
7 Schubotz, in: Emin: Tagebücher VI, S. v.
8 Vgl. Schubotz: in: Emin: Tagebücher VI, S. viii.
9 Zit. n. Schiffers, Heinrich/Simons, Peter (Hg.): Emin Pascha, Entdeckungsreisen in Zentralafrika(1876-1892), Stuttgart 1983, S. 337.
10 Hertzer: Lebenserinnerungen III, S. 163.
11 Zit. n. Schiffers/Simons: Emin Pascha, S. 337f.
12 Hartlaub hob hier insbesondere Emins Sammlungen aus dem Monbuttu-Land hervor (vgl. Schiffers/Simons: Emin Pascha, S. 338).
13 Vgl. Bayatloo, Annabel: Fragen an Regine Jahn, Präsidentin für Biologische Systematik. »Wir brauchen dringend einen Lehrstuhl für Taxonomie«, in: Rheinischer Merkur, Nr. 32 (2010).
14 Vgl. Emin: Tagebücher VI, S. 297f.
15 Zit. n. Verdcourt, Bernard, Collectors in East Africa – No. 15: Emin Pasha, in: The Conchologists' Newsletter 120 (1992), S. 439-448, hier: S. 441.
16 Vgl. Lordick: Weihnachten, S. 15.
17 Vgl. Reichenow, Anton: Uebersicht der von Dr. Emin Pascha auf seiner Reise von Bagamojo bis Tabora gesammelten Vögel, in: Journal für Ornithologie, Bd. 19 (1891), S. 139-164; hier: S. 139.
18 Vgl. Leverkühn, Paul: Zur Erinnerung an Dr. Gustav Hartlaub. Sonderabdruck aus: Journal für Ornithologie. Juli-Heft (1901), S. 337-359; hier: S. 346.

19 Emin Bey: Ein Ausflug nach Lur am westlichen Ufer des Mwutan-Nzige, in: Petermann's Geographische Mitteilungen, Bd. 27 (1881), S. 1-10.
20 Vgl. Emin Bey: Reisen im Osten des Bahr-el-Djebel, März bis Mai 1881, in: Petermann's Geographische Mitteilungen, Bd. 28 (1882), S. 259-272 und S. 321-327.
21 Vgl. Emin Bey: Reise im Westen des Bahr-el-Djebel, Oktober-Dezember 1882, in: Petermann's Georgraphische Mitteilungen, Bd. 29 (1883), S. 415-428.
22 Vgl. Emin Bey: Rundreise durch die Mudirië Rohl, in: Petermann's Geographische Mitteilungen, Bd. 29 (1883), S. 260-268 und S. 323-340.
23 StArchHH 622-2/16, B I; hier: 70f. Abdruck mit freundlicher Genehmigung des Staatsarchivs Hamburg – Flusslauf, Februar 1888, bei Wadelai.
24 Brogiato, Heinz Peter: Gotha als Wissensraum, in: Lentz, Sebastian/Ormeling, Ferjan (Hg.): Die Verräumlichung des Welt-Bildes. Petermanns Geographische Mitteilungen zwischen »explorativer Geographie« und der »Vermessenheit« europäischer Raumphantasien. Beiträge der Internationalen Konferenz auf Schloss Friedenstein Gotha, 9.-11. Oktober 2005 (Friedenstein-Forschungen, Bd. 2) Stuttgart 2008, S. 15-29; hier: S. 25.
25 Emin Paschas meteorologisches Tagebuch, in: Petermann's Geographische Mitteilungen, Bd. 36 (1890), S. 129.
26 Beck, Hanno: Emin Pascha (Dr. Eduard Schnitzer) – Afrikaforscher und Gouverneur der Äquatorialprovinz, in: Große Reisende, München 1971, S. 271-282; Ders.: Emin Pascha und Afrika, in: *Frankfurter Allgemeine Zeitung*, 19. Juni 1979; Ders.: Emin Pascha (1840-1892). Geograph im Herzen Afrikas, in: Praxis Geographie 3/89 (1989), S. 42f.
27 Vgl. Beck: Geograph, S. 43.
28 Banse, Ewald: Große Forschungsreisende. Ein Buch von Abenteurern, Entdeckern und Gelehrten, München 1933, S. 249.
29 Banse: Große Forschungsreisende, S. 250.
30 Banse: Große Forschungsreisende, S. 249.
31 Vgl. Demhardt, Imre Josef: Der Erde ein Gesicht geben. Petermanns Geographische Mitteilungen und die Anfänge der modernen Geographie in Deutschland. Katalog zur Ausstellung der Universitäts- und Forschungsbibliothek Erfurt/Gotha im Spiegelsaal auf Schloß Friedenstein in Gotha (23. Juni bis 9. Oktober 2005), Gotha 2006, S. 80f. – Derselbe Autor hat Emin auch in seinem jüngst erschienenes Buch zu Forschungsreisenden porträtiert: vgl. Demhardt: Aufbruch, bes. S. 75-86.
32 Vgl. Emin: Tagebücher, Bde. 1-4.
33 Vgl. Stuhlmann:Herz von Afrika, S. 492-529 bzw. S. 774-802.
34 Beck: Emin Pascha (Große Reisende), S. 280.
35 Emin: Tagebücher IV, S. 35.
36 Emin Bey: Sammlung von Worten der Madi-Sprache (Dufile), in: Zeitschrift für Ethnologie, Bd. XIV (1882), S. 169-174; Ders.: Verzeichnis von Worten der Schuli-Sprache (Fatiko), in: Zeitschrift für Ethnologie, Bd. XIV (1882), S. 163-169. Vgl. auch: Struck, Bernhard: A Bibliography of the Languages of the Southern Sudan, in: Sudan Notes and Records, Bd. XI (1928), S. 217-226.
37 Vgl. Brief Schnitzers an Melanie, A[ntivari], 2. März 1867, in: BArch N 2063/2, 26f.; hier: 26RS; vgl. auch Brief Schnitzers an seine Eltern, Antivari, 21. Dezember 1869, in: Schweitzer: Emin, S. 70.
38 Dieser Beitrag wurde im Kapitel Ausschnitte aus Jugendjahren und Studienzeit bereits erwähnt: Schnitzer: Zur Histologie des Lupus, S. 400. In einem Brief an seine Eltern vom Juli 1865 erläuterte Schnitzer, er wolle bald seine ersten Beiträge an »*die Medizinische Zeitung nach Berlin*« schicken (Brief Schnitzers an seine Eltern, Antivari, ohne Datum [August 1865], in: Schweitzer: Emin, S. 46-48; hier: S. 48). Ob er dies je getan hat ist fraglich, zumal es »die« Medizinische Zeitung in Berlin nicht gab. An anderer Stelle schrieb Schnitzer, er verfasse »*Compositionen für italienische und ein türkisches Journal*«, ohne auszuführen, um welche es sich handelte (Brief Schnitzers an seine Eltern, Antivari, 10. Oktober 1866, in: Schweitzer: Emin, S. 52-54; hier: S. 54).
39 Vgl. Tagebucheintrag Emins, 1. Januar 1881, in: Stuhlmann: Tagebücher II, S. 165.
40 Vgl. Siegert: Deutsche Ärzte, S. 49-66; vgl. Eckart: Gerhard Rohlfs, S. 31-35. – Am Rande spielt Emin Pascha auch in Walter Bruchhausens medizinhistorische Studie über das südöst-

liche Tansania eine Rolle: vgl. Bruchhausen, Walter: Medizin zwischen den Welten. Geschichte und Gegenwart des medizinischen Pluralismus im südöstlichen Tansania, Bonn 2006, bes. S. 67f.

4. Emins Verhältnis zur Religion

1   Evangelisch getauft und konfirmiert, hat er das Katholische Gymnasium in Neisse besucht, war daher auch mit beiden Konfessionen vertraut.
2   Vgl. Brief Schnitzers an Melanie, Berlin, 25. Januar 1863, in: Schweitzer: Emin, S. 17f.; hier: S. 17.
3   Vgl. Brief Emins an Melanie, Lager Wabotsi, 2. November 1891, in: Schweitzer: Emin, S. 721.
4   Beispielsweise: Vgl. Tagebucheintrag Emins, 15. Dezember 1877, in: Emin: Tagebücher I, S. 350.
5   Tagebucheintrag Emins, 26. Mai bis 1. Juni 1884, in: Emin: Tagebücher III, S. 15f.; hier: S. 16.
6   Tagebucheintrag Emins, 2. Juni 1884, in: Emin: Tagebücher III, S. 16.f; hier: S. 17.
7   Reichard, Paul: Emin Pascha, in: Die Gartenlaube (1893), S. 730-732; hier: S. 730. Die von Reichard leicht abgeänderte Originalstelle findet sich bei Schweitzer: Schnitzer an seine Schwester Melanie, Trapezunt, 14. Januar 1872, in: Schweitzer: Emin, S. 79.
8   Araber und Türke werden hier gleichgesetzt.
9   Vgl. Reichard: Vorkämpfer, S. 44.
10 Falkenhorst: Emin Pascha, S. 3.
11 Zit. n. Reichard: Emin Pascha, S. 730.
12 Augenzwinkernd notierte Emin eines Tages in sein Tagebuch: *»„der liebe Gott verläßt keinen braven Deutschen nicht«, vielleicht erbarmt er sich diesmal auch des Türken!«* (Tagebucheintrag Emins, 17. Dezember 1877, in: Emin: Tagebücher I, S. 351f.; hier: S. 352).
13 Hassan: Wahrheit I, S. 15.
14 Hassan: Wahrheit I, S. 15.
15 Vgl. Brief Schnitzers an seine Mutter, Trapezunt, 21. Februar 1872, in: Schweitzer: Emin, S. 81.
16 Peters, Carl: Emin Pascha, in: Ders., Afrikanische Köpfe. Charakterskizzen aus der neueren Geschichte Afrikas (Männer und Völker, Bd. 6) Berlin u.a. 1915, S. 156-217; hier: S. 163.
17 Beispielsweise: aš-Šaiḫ, Ra'fat Ġanīmī: Miṣr wa as-Sūdān fil-'Alāqāt ad-daūliyya (Maktabat ad-Dirāsāt at-tārīḫiyya wa al-'Alāqāt ad-daūliyya, Bd. 4) al-Qāhira 1979, S. 81 und S. 159.

5. Emins imperialistische Tendenzen vor 1890

1   Vgl. Nipperdey: Deutsche Geschichte II, S. 622. – Stefanie Michels unterschied zwischen dem kosmopolitischen Typus des frühen Kolonialreisenden (z.B. Emin) im Gegensatz zu einem Typus, den der national-aggressive Kolonialismus hervorgebracht habe (vgl. Michels, Stefanie: Schwarze deutsche Kolonialsoldaten. Mehrdeutige Repräsentationsräume und früher Kosmopolitismus in Afrika, Bielefeld 2009, S. 42).
2   Tagebucheintrag Emins, 18. Dezember 1877, in: Emin: Tagebücher I, S. 352f; hier: S. 353.
3   Vgl. Mommsen, Wolfgang: Imperialismus in Ägypten. Der Aufstieg der ägyptischen nationalen Bewegung, 1805-1956 (Janus-Bücher, Bd. 21) München 1961.
4   Vgl. Tagebucheintrag Emins, 3. Mai 1889, in: Emin: Tagebücher IV, S. 275f.
5   Vgl. Hassan: Wahrheit I, S. 27-29.
6   Tagebucheintrag Emins, 11.Juli 1887, am Albertsee, in: Emin: Tagebücher III, S. 375.
7   Tagebucheintrag Emins, 3. August 1877, in: Emin: Tagebücher I, S. 229-232; hier: S. 231.
8   Tagebucheintrag Emins, 30. August 1877, in: Emin: Tagebücher I, S. 247f.; hier: S. 248.
9   Tagebucheintrag Emins, 13. August 1877, in: Emin: Tagebücher I, S. 238.
10 Tagebucheintrag Emins, 7. Februar 1877, in: Emin: Tagebücher I, S. 201.
11 Tagebucheintrag Emins, 31. Juli 1877, in: Emin: Tagebücher I, S. 227f.; hier: S. 228.

Fazit: Emin Pascha – Wanderer zwischen den Welten

1 Aus einem Brief Hartlaubs an Leverkühn, 15. Dezember 1893, in: Leverkühn: Zur Erinnerung, S. 345.
2 Collins, Robert O.: Emin Pasha in Equatoria, 302 (=SAD 908/1/302).
3 Collins: Emin Pasha, 302 (=SAD 908/1/302).
4 Stuhlmann über Emin (Stuhlmann: Herz von Afrika, S. 612): »*Sein Anzug war stets peinlich sauber, ganz á quatre épingels, so weit es die Umstände zuliessen. Dazu trug am meisten bei, dass er seine Sachen ungemein schonte; alles musste seinen bestimmten Platz haben. Nur so war es ihm möglich, sich vor Verlusten, die im Innern des Landes unersetzlich sind, zu schützen.*«
5 Carl Peters schrieb über das Zusammentreffen im Lager in Mpwapwa: »*Emin Pascha hatte sein Zelt außerordentlich geschmackvoll eingerichtet, indem er sein Bett in den hinteren Teil gerückt und im Vordergrund einen Tisch und Stühle aufgestellt hatte. Der Tisch war mit Schreibmaterial bedeckt, auch lagen Bücher zur Hand. Über dem Tisch hingen sorgfältig präparierte Vogelbälge. Das Ganze gewährte fast den Eindruck einer deutschen Gelehrtenstube* (Peters: Emin-Pascha-Expedition, S. 512).«
6 Tagebucheintrag August Schynses, 3. November 1889, Mayomba bis zum Lager im Pori, in: Schynse: Mit Stanley und Emin Pascha, S. 55: »*[Er] hält [...] sehr an seinem Tisch und Stuhl, ohne die er nicht arbeiten könne. Seine Zeit gehört der Wissenschaft, der Rest derselben seiner kleinen Tochter [...].*«
7 Zur wissenschaftlichen Disziplin Emins sei hier beispielhaft eine Äußerung Langhelds aufgeführt: »*Nach sechsstündigem Schlammtreten kam er ganz durchnäßt ins Lager, was ihn aber nicht hinderte, sich nach notdürftiger Toilette an seinen Schreibtisch zu setzen, um bis zum späten Abend seine wissenschaftlichen Notizen einzutragen.*« (Langheld: Mit Emin Pascha, S. 50f.).
8 Casati urteilte über Emins Tätigkeit (Casati: Zehn Jahre I, S. 241f.): »*Seine verständnisvolle Thätigkeit bei der Neuordnung des Landes wurde von günstigen Erfolgen gekrönt. Er regelte die Verwaltung zum besten des Regierungsinteresses; er unterdrückte eingewurzelte Missbräuche und wachte über die Entwicklung der Lebenskräfte der Provinz. Umgeben von ungeschickten Leuten von erprobter Unehrlichkeit, wusste er durch die unermüdliche Wachsamkeit und seinen Scharfblick die Befugnisse eines jeden abzugrenzen und, soweit es thunlich war, ihren schädlichen Einfluß zu beschränken. Beamte von schlechter Führung fortzuschicken und sie durch andre von besseren Fähigkeiten und besserer Haltung zu ersetzen, war ihm nicht möglich, da die ägyptische Regierung gerade Ladó als eine Strafkolonie Ägyptens und des Sudan ansah.*«
9 Collins: Emin Pasha, 300 (=SAD 908/1/300).
10 Beispielhaft ist die von Emin selbst überlieferte Äußerung Kabaregas zu nennen, der Emin in Mpáro sagte (Tagebucheintrag Emins vom 5. Oktober 1877, in: Emin: Tagebücher I, S. 283: »*Ich weiß nicht, was ich dir sagen soll; du bist so ganz anders als alle, die bis jetzt zu mir gekommen, daß ich wohl begreife, wie dein Pascha [Gordon] dich den anderen vorzieht und gerade dich sendet. Wenn Baker so wie du gewesen, nie würden die damaligen Vorfälle sich ereignet haben.*«
11 Stuhlmann: Herz von Afrika, S. 7: »*Allen Leuten, die mit ihm zu verkehren hatten, fiel seine ausgesuchte Höflichkeit und Zuvorkommenheit beinahe peinlich auf, da er sie oft auch Personen gegenüber an den Tag legte, die eine derartige Rücksicht nicht beanspruchen konnten. Man hat darin eine gewisse Charakterschwäche sehen wollen, aber gewiss mit Unrecht. Vielmehr traten schon damals die beiden Hauptzüge seines Charakters scharf hervor: einerseits die eiserne Beharrlichkeit, mit der er einmal gefasste Pläne bis zur letzten Consequenz verfolgte, wenn er auch nicht immer gleich thätig für sie eintrat, andererseits der gänzliche Verzicht auf alle persönlichen Vortheile und Annehmlichkeiten.*«
12 Vgl. Mustafa: Emin, S. 65.
13 Brief Schnitzers an seine Schwester Melanie, Antivari, 27. Mai 1867, in: Schweitzer: Emin, S. 59f.; hier: S. 59. – Im Original: BArch N 2063/2, 30RS-30a; hier: 30RSf.
14 Zu Franks Freude lieferte Emin selbst einen Beweis für seine krude Theorie (Tagebucheintrag Emins, Kilidsi, 21. Oktober 1891, in: Schweitzer: Emin, S. 717): »*Schon seit Beginn des Monats haben wir keine Sonne mehr gesehen: Gewitter über Gewitter und sündfluthliche Regen täglich und stündlich. Während unseres Verweilens in Isanga schlug der Blitz in eine dicht neben mei-*

ner Hütte stehende, von den Manyuema errichtete Flaggenstange, die er zerschmetterte, ohne zu zünden. Etwa drei Meter davon sass ich an meinem Tische, kam aber mit der blossen Erschütterung davon. Ich komme mir vor wie der ewige Jude – ich kann nicht sterben, obgleich ich es, Gott weiss, gern wollte!«

15 Gründer: Voraussetzungen, S. 44.
16 Freißler: Emin, S. 212.
17 Zur kolonialen »Wendung« Bismarcks vgl. Hiery, Hermann J.: Der Kaiser, das Reich und der Kolonialismus. Anmerkungen zur Entstehung des deutschen Imperialismus im 19. Jahrhundert, in: Bosbach, Franz/Hiery, Hermann J. (Hg.): Imperium – Empire – Reich. Ein Konzept politischer Herrschaft im deutsch-britischen Vergleich (Prinz-Albert-Studien, Bd. 16) München 1999, S. 155-166.
18 Eckart: Gerhard Rohlfs, S. 32.
19 Vgl. Kluy: Antiheld.
20 Schiller, Friedrich von: Wallenstein. Ein dramatisches Gedicht (Schillers sämmtliche Werke, Bd. 4) Stuttgart u.a. 1838, S. 221. – Stuhlmann und Langheld zitierten Emins von Schiller entliehenes Motto verkürzt und leicht unterschiedlich: *»Und wenn es glückt, so ist es auch verziehn«* (Stuhlmann: Herz von Afrika, S. 1) – *»Und wem es glückt, dem ist es auch verziehen.«* (Langheld: Zwanzig Jahre, S. 58).
21 An einen Geschäftsfreund, E. Harders in Kairo, hatte Emin 1883 geschrieben: *»Von jeher hat sich die Welt in zwei Lager getheilt, solche, die lachten, und solche, die ausgelacht wurden, und es ist mir leider stets unklar geblieben, zu welchen ich gehöre. Kismet [Schicksal] sagen wir Türken und trösten uns.«* (Brief Emins an E. Harders, Makraka, 9. August 1883, in: Schweitzer: Emin, S. 266-272; hier: S. 266.
22 Kluy: Antiheld.
23 Dilthey, Wilhelm: Der Aufbau der geschichtlichen Welt in den Geisteswissenschaften (Wilhelm Diltheys Gesammelte Schriften, Bd. VII) Leipzig u.a. 1927, S. 251. – Ob sich diese allerdings, wie von Dilthey gefordert, aus dem Individuum (Schnitzer/Emin) verstehen lassen, ist diskussionswürdig.

KARTEN

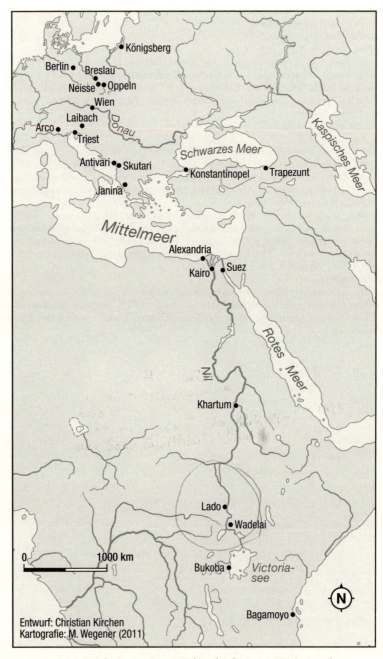

Karte 1: Wirkungsstationen Eduard Schnitzers/Emin Paschas

Karten 303

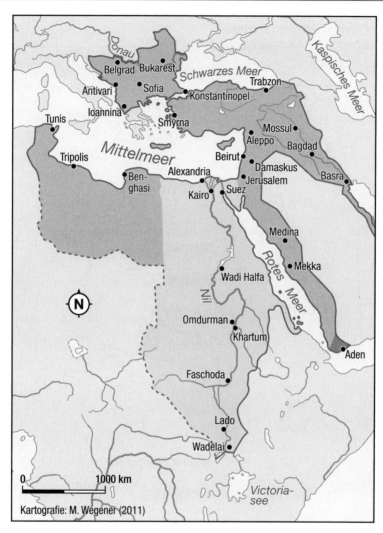

Karte 2: Das Osmanische Reich (1881)

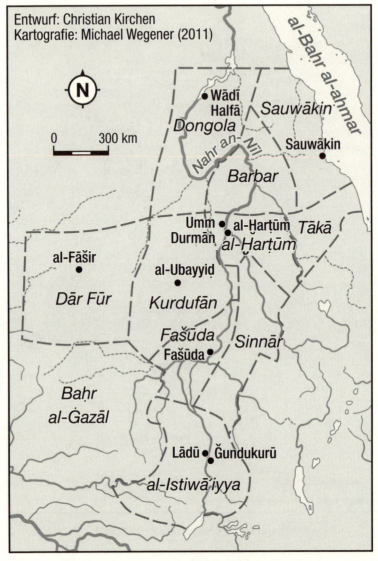

Karte 3: Verwaltungsunterteilung des Ägyptischen Sudan

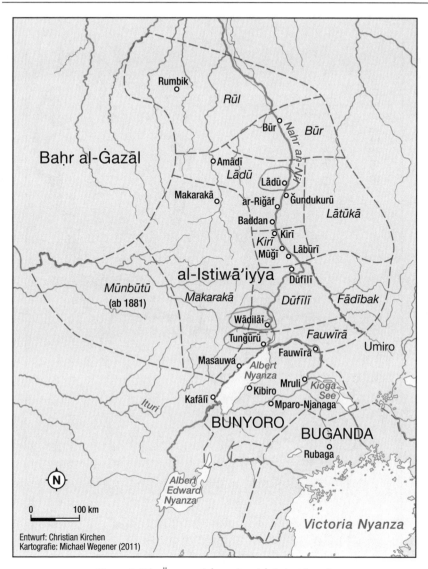

Karte 4: Die Äquatorialprovinz (al-Istiwā'iyya)

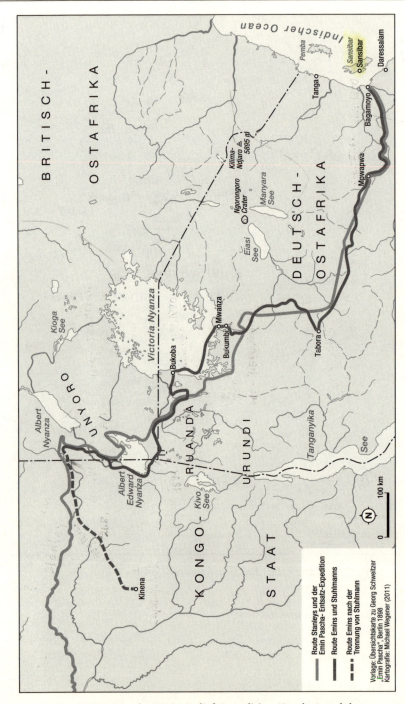

Karte 5: Routen der Emin-Relief-Expedition (Stanley) und der Seen-Expedition (Emin)

OSMANISCHE MILITÄRDIENSTGRADE UND EHRENTITEL (AUSWAHL)

Militärdienstgrade

مشير	Mušīr	5-Sterne-General
سردار	Sirdār	4-Sterne-General
فريق	Farīq	Generalleutnant
لواء	Liwāʿ	Generalmajor
أمير آلاي	Amīr Ilāiy	Brigadegeneral
قائم مقام	Qāʾim maqām	Oberst
بك باشي	Bin Bāšī (Bimbashi)	Oberstleutnant
صاغ	Ṣāġ	Major
اغا	Āġā (Agha; Ağa)	Hauptmann
يوز باشي	Yūz Bāšī	Hauptmann
ملازم أوّل	Mulāzim auwal	Oberleutnant
ملازم ثاني	Mulāzim ṯānī	Leutnant
شاويش	Šāuwīsh	Feldwebel/Unteroffizier (mit Portepé)
أونباشي	Aūnbāšī (Ombashi)	Unteroffizier (ohne Portepé)
جندي	Ǧundī	Gefreiter

Ehrentitel

باشا	Bāšā	Pascha (Titel des höchsten Beamten und Militärs)
والي	Wāli	Gouverneur
بك /باي	Bey	Ehrentitel (»Hoheit«)
أفندي	Ef[f]endi	Ehrentitel (»Herr«)

Weitere Titel und Erläuterungen finden sich bei Hill, Richard: Biographical Dictionary, S. ix-xvi.

ANMERKUNGEN ZUR ARABISCHEN UMSCHRIFT UND ZU IHRER EINORDNUNG

Die Umschrift des Arabischen richtet sich in diesem Buch nach den Regeln der *Deutschen Morgenländischen Gesellschaft* (DMG), welche, vereinfacht, nach dem folgenden Muster operiert:

Arabisch	Umschrift	Aussprache
ا	ā	langes a
ب	b	b
ت	t	t
ث	ṯ	hartes engl. th
ج	ǧ	stimmhaftes dsch (engl. june)
ح	ḥ	gehauchtes, scharfes h
خ	ḫ	ch (dt. lachen)
د	d	d
ذ	ḏ	weiches engl. th
ر	r	gerolltes r
ز	z	stimmhaftes s
س	s	stimmloses s
ش	š	sch
ص	ṣ	dumpfes s
ض	ḍ	dumpfes d
ط	ṭ	dumpfes t
ظ	ẓ	dumpfes, weiches engl. th
ع	ʿ	Kehllaut
غ	ġ	r (dt. richtig)
ف	f	f
ق	q	k (guttural)
ك	k	k
ل	l	l
م	m	m
ن	n	n
ه	h	h
و	u/w	u/w
ي	ī/y	i/ī/j/y
ء	ʾ	fester Stimmeinsatz (z.B. Be'amter)
ة		Ø; in Genitivverbindungen wie t

Die Umschrift wird (in der Arbeit) nicht verwendet, wenn

a) es sich um ursprünglich arabische Begriffe oder Namen handelt, die im Laufe der Zeit in den deutschen Sprachschatz eingegangen sind, und für die deshalb eigene Schreibweisen existieren (z.B. Khartum, Koran, Pascha, Sudan etc.). Dies gilt analog für ursprünglich osmanische Begriffe und Namen, für die ein Begriff im Türkischen existiert.
b) es sich um Quellenzitate handelt. Dann ist stets die Schreibweise des zitierten Dokuments maßgebend – auch dann, wenn dem Schreiber bei der Wiedergabe der Begriffe oder Namen offensichtliche Fehler unterlaufen sind. Diese Abweichung wird nur in Ausnahmefällen kommentiert.
c) Autorennamen von Seiten des Verlages in lateinischer Schrift wiedergegeben wurden (z.B. »Ibrahim ElZein Soghayroun« statt »Ibrahīm az-Zayn Soġayrūn«)

Der arabische Artikel *al-* wurde bei Eigennamen beibehalten und gegebenenfalls assimiliert (z.B. *az-*), jedoch im Vokal nicht verändert (z.B. *ul-*). Für die Ordnung im Literaturverzeichnis war der Anfangsbuchstabe des zweiten bzw. dritten Namens ausschlaggebend, jedoch ohne Berücksichtigung des Artikels *al-*. Die Eindordnung von Sonderbuchstaben wie z.B. *š* erfolgte unter den lateinischen Buchstaben *s*.

Ortsnamen werden mit dem Namen wiedergegeben, der im 19. Jahrhundert im Deutschen üblich war (z.B. Antivari statt Bar, Breslau statt Wrocław, Konstantinopel statt Istanbul/İstanbul etc.). Der heute gebräuchliche Name wird bei der Erstnennung allerdings in Klammern hinzugefügt. Bei nicht originär arabischen Ortsbezeichnungen wird nach dem gleichen Muster verfahren (z.B. Kiri statt Kīrī).

Trotz des Versuchs der Vereinheitlichung lassen sich Inkonsequenzen oder fehlerhafte Übertragungen nicht gänzlich vermeiden – insbesondere dann, wenn die Original-Schreibweise des Begriffs/Eigennamens nicht verifizierbar war.

QUELLEN- UND LITERATURVERZEICHNIS

1. Quellen

Ungedruckte Quellen

Archiv der Humboldtuniversität, Berlin (HUA)
Acta d[er]. K[öni]gl[ichen] Friedrich-Wilhelms-Universität zu Berlin, betr. Abgangszeugnis pro April 1864, Bd. 441
Med[izin] Stud[enten] Liste, 48.-58. Rektorat
Stud[enten] Verz[eichnis] 1863

Archiwum Pánstwowe w Opolu/Staatsarchiv Oppeln (AP Op.)
A[kta] m[iasta] N[ysy] 740
AmN 824
A[kta] m[iasta] O[polu] 870
AmO 2627
AmO 2643
AmO 2647

Başbakanlık Osmanlı Arşivleri Genel Müdürlüğü Istanbul (BEO)
Sadaret Evraki, A.}MKT.MHM, 407-96

British Library, London (BL)
19th Century Newspaper Collection
ADD 52388 Gordon Papers, Bd. III
Evan.2839
Moffitt & Bell Collections, 51293

Bundesarchiv, Berlin (BArch Berlin)
N[achlass] 2063/1 (Personalpapiere Emin Paschas)
N 2063/2 (Briefe Emins an seine Angehörigen)
N 2063/6 (Brief von Georg Schweitzer, Vetter von Emin Pascha, 5. Januar 1891)
N 2063/11 (Briefe und ein Telegramm an Melanie Schnitzer)
N 2063/13 (Originalvertrag mit Eingeborenen-Häuptlingen Dt. Ostafrikas)
N 2345/20 (Nachlass Alfred Zimmermann, Zeitungsartikel zu Emin Pascha)
R[eichskolonialamt] 1001/246 (Expedition von Dr. Junker und Dr. Eduard Schnitzler [sic])
R 1001/247 (Expedition Henry M. Stanley zur Befreiung Emin Paschas)
R 1001/249 (Expedition Herny M. Stanley zur Befreiung Emin Paschas)
R 1001/249/2 (Expedition von Dr. Carl Peters zur Befreiung Emin Paschas)
R 1001/250 (Expedition von Dr. Carl Peters zur Befreiung Emin Paschas)
R 1001/270 (Expeditionen in das Innere Ostafrikas, insbesondere Expedition Emin Paschas)
R 1001/271 (Expeditionen in das Innere Ostafrikas, insbesondere Expedition Emin Paschas)
R 8023/851 (Deutsche Kolonialgesellschaft)

Quellen- und Literaturverzeichnis   311

Bundesarchiv, Koblenz (BArch Koblenz)
Kl[eine] Erw[erbungen] 118 (Nachlass Emin Pascha)

X Bundesarchiv, Militärarchiv, Freiburg (BArch MA)
R[eichs]M[arine] 2 1579 (Deutsche und ausländische Kriegsschiffe, Bd. 2)

Collegiata, Arco
Kirchenbuch Nati 1874-84, . XXII (256)

Dār al-Waṭā'iq al-qaūmiyya/Cairo National Archives (CNA)
Í/1/9 0075-032032

Dār al-Waṭā'iq al-qaūmiyya/Khartoum Central Archives (KCA)
Cair[o]int[elligence] [Class]1/[Box]5/[File]30
Cairint. 1/11/56
Cairint. 1/12/75
Cairint. 1/35/206
Cairint. 3/14/236
Cairint. 3/14/237
Cairint. 3/14/238

Evangelische Kirchengemeinde zum Heilsbronnen, Berlin-Schöneberg
Totenregister 1923
Totenregister 1931

Friedhofsverwaltung Stahnsdorf
Beerdigungsbuch Stahnsdorf, Nr. 32147
L[au]f[en]de Grab- und Beerdigungsliste, No. 21316

Geheimes Staatsarchiv Preußischer Kulturbesitz (GStA PK)
I. HA Rep. 77, Ministerium des Innern, Tit. 874, Nr. 30 (Acta betr. das Vorleben des Emin Pascha [Dr. Schnitzer]

Hamburgisches Weltwirtschaftsarchiv (HWWA)
Zeitungssammlung Emin Pascha

Hohenlohe-Zentralarchiv Neuenstein (HZAN)
[Nachlass Hermann Hohenlohe-]La[ngenburg] 140 Bü[schel] 209
La 140 Bü 223
La 140 Bü 225

Justus-Perthes-Archiv, Schloß Friedenstein, Gotha
PGM 617 (Emin Pascha betr. Reisegefährte Dr. Fr. Stuhlmann)

Koninklijk Museum voor Midden-Afrika/Musée royal de l'Afrique centrale, Tervuren
[Nachlass] H[enry]M[orton]S[Stanley] 1907
HMS 4622
HMS 5395
HMS 5726

Leibniz-Institut für Länderkunde, Leipzig (IfL)
Splitter K 275 (Emin Pascha, Routenaufnahmen Ostafrika 1890)

London University, School of Oriental Studies (SOAS)
Mackinnon Papers PP MS 1/E[min]P[asha]R[elief]E[xpedition]/[Box]91,[file]87
Mackinnon Papers PP MS 1/I[mperial]B[ritish]E[ast]A[fricaCompany]/[Box]63,[file]1B
Mackinnon Papers PP MS 1/IBEA/69/31
ms 275953 AJ Mounteney Jephson Diaries

Muzeum Śląska Opolskiego/Museum des Oppelner Schlesiens, Opole
Einzeldokumente zu Emin Pascha

National Archives Kew
F[oreign] O[ffice] 633/58 (Further Correspondence respecting the affairs of Egypt)
F.O. 881/5617 (Further Correspondence respecting the Relief of Emin Pasha)

Österreichische Nationalbibliothek, Wien (ÖNB)
Photographiensammlung Josef Székely VUES IV 41055 (Antivari, August 1863)
Photographiensammlung Josef Székely VUES IV 41056 (Skhoder, August 1863)

Politisches Archiv Auswärtiges Amt, Berlin (PAAA)
R 15105 (Ägypten, Der Sudan, Bd. 1)
R 15116 (Ägypten, Der Sudan, Bde. 12/13)

Privatbesitz Familie Emiroğlu-Aykan
Interview mit Familie Emiroğlu-Aykan, 8. Mai 2011
Photographien Fatma Zehra und Familie des Divitçi İsmail

Privatbesitz Groha (NGG)
Nachlass Giegler (Memoiren: Aus meinem Leben; Korrespondenzen)

Privatbesitz Neuhaus
Photographie von Ferida Emin

Privatbesitz Reiter
Lebenserinnerungen Auguste Hertzer

Royal Geographical Society, London (RGS)
Artefacts Emin Pasha
CB7 (Keltie Correspondence)
232 101.0 (Bugle)

Staatsarchiv Freie und Hansestadt Hamburg (StArchHH)
622-2/16 A VII (Tagebuch Emin Paschas)
622-2/16 A VIII (Tagebuch Emin Paschas)
622-2/16 C III (Briefe von R.W. Felkins [sic] und seiner Frau an Emin)
622-2/16 C V (Schreiben Emins an Schwester Auguste)
622-2/16 E VI (Fotos)

Stadtarchiv Nürnberg (StadtAN)
C 7/V Nr. 1300 (Vereinspolizeiakten; Dt. Kolonialgesellschaft, Abt. Nürnberg)

Sudan Archive Durham (SAD)
14/1 (Jephson, A.J.M.)
438/651 (Slatin, R. von)
891/5 (Miscellaneous Small Donations, N. Fitzpatrick)
908/1 (Robert O. Collins)
G//S 1103/[Box] 4 (Richard Hill)

Universytet Wrocławski Archiwum/Archiv der Breslauer Universität (UWA)
M 146 (Immatrikulationsverzeichnis)

Zanzibar National Archives (ZNA)
AL 2/32.1
AL2/32.2
AL 2/33.1
AL 2/95
AL 2/96

GEDRUCKTE QUELLEN

Aufzeichnungen und Beiträge von Eduard Schnitzer/Emin Pascha
Emin Bey: Ein Ausflug nach Lur am westlichen Ufer des Mwutan-Nzige, in: Petermann's Geographische Mitteilungen, Bd. 27 (1881), S. 1-10
Emin Bey: Reise im Westen des Bahr-el-Djebel, Oktober-Dezember 1882, in: Petermann's Georgraphische Mitteilungen, Bd. 29 (1883), S. 415-428
Emin Bey: Reisen im Osten des Bahr-el-Djebel, März bis Mai 1881, in: Petermann's Geographische Mitteilungen, Bd. 28 (1882), S. 259-272 und S. 321-327
Emin Bey: Rundreise durch die Mudirië Rohl, in: Petermann's Geographische Mitteilungen, Bd. 29 (1883), S. 260-268 und S. 323-340
Emin Pascha: Die Tagebücher von Dr. Emin Pascha, Bde. 1-4, hrsg. von Franz Stuhlmann, Hamburg u.a. 1916-1927
Emin Pascha: Die Tagebücher von Dr. Emin Pascha, Bd. 6. Zoologische Aufzeichnungen Emin's und seine Briefe an Dr. Gustav Hartlaub, hrsg. von Hermann Schubotz, Hamburg u.a. 1921
Emin Pascha: Eine Sammlung von Reisebriefen und Berichten Dr. Emin Paschas aus den ehemals ägyptischen Aequatorialprovinzen und deren Grenzländern, hg. von Georg Schweinfurth/Friedrich Ratzel, Leipzig 1888
Emin Pascha: The Diaries of Emin Pasha – Extracts I and II, hrsg. von John Gray, in: The Uganda Journal Bd. 25 (1961/62), S. 1-15 und S. 149-170
Emin Pascha/Lupton, Frank: Emin-Pascha's und Lupton-Bey's Briefe an Dr. W. Junker, in: Buchta, Richard (Hrsg.): Der Sudan unter ägyptischer Herrschaft. Rückblicke auf die letzten sechzig Jahre. Nebst einem Anhange: Briefe Dr. Emin-Pascha's und Lupton-Bey's an Dr. Wilhelm Junker (1883-1885), Leipzig 1888, S. 140-222
Schnitzer, E[duard], Zur Histologie des Lupus, in: Deutsche Klinik. Zeitung für Beobachtungen aus deutschen Kliniken und Krankenhäusern, Bd. 16 (1864), S. 400
Stuhlmann, Franz: Mit Emin Pascha ins Herz von Afrika. Ein Reisebericht mit Beiträgen von Dr. Emin Pascha, in seinem Auftrage geschildert, Berlin 1894

Zeitgenössische Memoiren/Memoirensammlungen/Offizielle Berichte
Anonym: Documents relatifs à la répression de la traite des esclaves publiés en exécution des articles LXXXI et suivants de L'Acte Géneral de Bruxelles (1892), Bruxelles 1893
Anonym: Notiz, in: Berliner Börsen Courier, 18. Februar 1897
Anonym: Notiz, in: Deutsch-Soziale Blätter, Bd. 12 (1897), S. 117
Anonym: Notiz, in: Unter dem rothen Kreuz. Zeitschrift des Frauen-Vereins für Krankenpflege in den Kolonien, Nr. 5, Februar 1890, S. 33
Anonym: Vierundzwanzigster Bericht der wissenschaftlichen Gesellschaft Philomathie in Neisse vom Oktober 1886 bis zum Oktober 1888, zugleich Festschrift zur Feier des 50jährigen Bestehens (1888)
Baring, Evelyn (Earl of Cromer): Modern Egypt, 2 Bde., London 1908; ND in: Turner, Bryan S. (Hrsg.): Orientalism: Early Sources, Bde. 5 und 6, London u.a. 2000
Barttelot, Edmund Musgrave: The Life of Edmund Barttelot. Captain and Brevet-Major Fusiliers – Commander of the Rear Column of the Emin Pasha Relief Expedition. Being an Account of his Services for the Relief of Kandahar, of Gordon and of Emin. From his Letters and Diary, hrsg. von Walter George Barttelot, London ²1890
Becker, Alexander/Perbandt, Conradin von u.a. (Hg.): Hermann von Wissmann, Deutschlands größter Afrikaner. Sein Leben und Wirken unter Benutzung des Nachlasses, Berlin ²1907 [nachgewiesen bis: Berlin ⁵1913]
Binder, Franz: Reise im Orient und Afrika, hrsg. von Paul Kainbacher (Sammlung von Afrika-Reisebeschreibungen österreichischer Forschungsreisender, Bd. 6) Baden bei Wien 2006
Bismarck, Otto von: Bismarck Gespräche, Bd. 2: Von der Reichsgründung bis zur Entlassung, hrsg. von Willy Andreas, Basel ca. 1970
Brauer, Arthur von: Im Dienste Bismarcks. Persönliche Erinnerungen, hrsg. von Helmuth Rogge, Berlin 1936
Camperio, Manfredo: Autobiografia (1826-1899), hrsg. von Sita Mejer Camperio, Milano 1917
Casati, Gaetano: Zehn Jahre in Äquatoria und die Rückkehr mit Emin Pascha, dt. Übersetzung von Karl von Reinhardstöttner, 2 Bde., Bamberg 1891
Churchill, Winston: The River War. A Historical Account of the Reconquest of the Soudan, London u.a. 1899 [dt. Fassung: Ders.: Kreuzzug gegen das Reich des Mahdi, übersetzt und ediert von Georg Brunold (Die Andere Bibliothek) Frankfurt am Main 2008]
Fawzī Bāšā, Ibrāhīm: As-Sūdān bayna yadday Ġurdūn wa Kitšnir, 2 Bde., al-Qāhira 1901, neu ediert von ʿAbd ul-Wahāb Bakr, al-Qāhira 2008.
Gessi, Romolo: Seven Years in the Sudan. Being a Record of Explorations, Adventures, and Campaigns against the Arab Slave Hunters by Romolo Gessi Pasha, hrsg. von Felix Gessi, London 1892 [ital.: Ders., Sette Anni nel Sudan Egiziano. Esplorazioni, guerra e caccie contro i Negrieri, Milano 1891]
Giegler, Carl Christian: The Sudan Memoirs of Carl Christian Giegler Pasha, 1873-1883, hrsg. von Richard Hill, engl. Übersetzung von Thirza Küpper (Fontes Historiae Africanae. Series Varia, Bd. 2) London 1984
Gordon, Charles: Colonel Gordon in Central Africa 1874-1879. From original Letters and documents, hrsg. von George Birkbeck Hill, London ²1884
Gordon, Charles: Letters of General C. G. Gordon to his sister, hrsg. von M. Augusta Gordon, London u.a. 1888
Gordon, Charles: Lettres de Gordon à sa sœur. Écrites du Soudan, hrsg. von Philippe Daryl, Paris ³1886
Hanriot, Léon: La Ribellione del Sudan, in: La Nigrizia. Annali dell'Associazione del Buon Pastore. Bolletino della Missione Cattolica dell'Africa Centrale, Gennajo 1884, No. 1 (1884), S. 98-113

Hansal, Martin Ludwig: Hansal's Briefe aus Chartum, hrsg. von Paul Kainbacher (Sammlung von alten Afrika- Reisebeschreibungen österreichischer Forschungsreisender, Bd. 1) Baden bei Wien 2001

Hassan, Vita: Die Wahrheit über Emin Pascha, die ägyptische Aequatorialprovinz und den Ssudān. Aus dem Französischen von B. Moritz, 2 Bde., Berlin 1893

Hicks, William: The Road to Shaykan. Letters of General William Hicks Pasha written during the Sennar and Kordofan Campaigns, hrsg. von M[artin] W. Daly (University of Durham Occasional Papers Series, Bd. 20) Durham 1983

Hirschberg, Johannes: Neunzehn Monate Kommandant S. M. Kreuzer »Schwalbe« während der militärischen Aktion 1889/90 in Deutsch-Ostafrika. Aus den hinterlassenen Papieren, hrsg. von Hedwig Hirschberg, Wiesbaden 1895

Hoffmann, William [Wilhelm]: With Stanley in Africa, London u.a. 1938

Jephson, Arthur J. Mounteney: The Diary of A. J. Mounteney Jephson. Emin Pasha Relief Expedition (1887-1889), hrsg. von Dorothy Middleton, Cambridge 1969

Jephson, Arthur J. Mounteney/Stanley, Henry Morton: Emin Pascha und die Meuterei in Äquatoria, Leipzig ²1922

Junker, Wilhelm: Dr. Wilhelm Junkers Reisen in Afrika. 1875-1886, hrsg. von Richard Buchta, 3 Bde., Wien u.a. 1889-1891

Koetschet, Josef: Aus Bosniens letzter Türkenzeit. Hinterlassene Aufzeichnungen, hrsg. von Georg Grassl, Wien u.a. 1905

Langheld, Wilhelm: Dr. Emin Pascha, in: Die Helden Afrikas, Berlin 1912, S. 85-146

Langheld, Wilhelm: Mit Emin Pascha nach Tabora, in: Lobmeyer, Julius/Wislicenus, Georg (Hg.): Auf weiter Fahrt (Selbsterlebnisse zur See und zu Lande, Bd. 6) Berlin 1909, S. 38-69

Langheld, Wilhelm: Zwanzig Jahre in deutschen Kolonien, Berlin 1909

Leverkühn, Paul: Zur Erinnerung an Dr. Gustav Hartlaub. Sonderabdruck aus: Journal für Ornithologie. Juli-Heft (1901), S. 337-358

Leyden, Ernst von: Lebenserinnerungen, hrsg. von Clarissa Lohde-Boetticher, Stuttgart u.a. 1910

Neufeld, Charles [Karl Neufeld]: Soudan (1887-1899). Prisonnier du Khalife. Douze ans de captivité à Omdurman, Paris u.a. 1998

Nūbār Bāšā, Būġūṣ: Mémoires de Nubar Pacha, hrsg. von Mirrit Boutros Ghali, Beyrouth 1983 [arab. Übersetzung: Nūbār Bāšā: Muḏakirrāt Nūbār Bāšā, hg. und übersetzt von Garo Robert Tabaqian, o.O. ca. 2010]

Ohrwalder, Joseph: Ten Years' Captivity in the Mahdi's Camp. 1882-1892. From the original manuscripts of Father Joseph Ohrwalder, hg. von Francis R[eginald] Wingate, o.O. 1892, ND London 1986

Parke, Thomas Heazle: My personal experiences in Equatorial Africa as Medical Officer of the Emin Pasha Relief Expedition, London 1891

Peters, Carl: Die deutsche Emin-Pascha-Expedition. Volksausgabe, Hamburg u.a. 1907

Peters, Carl: Emin Pascha, in: Ders., Afrikanische Köpfe. Charakterskizzen aus der neueren Geschichte Afrikas (Männer und Völker, Bd. 6), Berlin u.a. 1915, 156-217

Peters, Carl: Gesammelte Schriften, hrsg. von Walter Frank, 2 Bde., München u.a. 1943

Peters, Carl: Lebenserinnerungen, Hamburg 1918

Peters, Carl: Wie Deutsch-Ostafrika entstand! Persönlicher Bericht des Gründers, Leipzig 1940

Pleticha, Heinrich (Hrsg.): Der Mahdiaufstand in Augenzeugenberichten, Düsseldorf 1967, ND München 1981

Schmidt, Rochus: Kolonialpioniere. Persönliche Erinnerungen aus kolonialer Frühzeit, Berlin 1938

Schnitzer, Eduard: De praestantissimo emeticorum uso (med. Diss.), Berlin 1831

Schynse, August: Mit Stanley und Emin Pascha durch Deutsch-Ostafrika. Reisetagebuch, Köln 1890

Schynse, August: P. Schynse's letzte Reisen. Briefe und Tagebuchblätter, hrsg. von Karl Hespers, Köln 1892

Slatin, Rudolf (von): Feuer und Schwert im Sudan. Meine Kämpfe mit den Derwischen, meine Gefangenschaft und Flucht. 1879–1895, Leipzig 1896 [zahlreiche Neuauflagen und Übersetzungen]

Stairs, William: African Exploits. The Diaries of William Stairs (1887-1892), hrsg. von Roy Maclaren, Liverpool 1998

Stanley, Henry Morton: In Darkest Africa. Or the Quest, Rescue, and Retreat of Emin, Governor of Equatoria, 2 Bde., London 1890, ND Santa Barbara 2001

Stanley, Henry Morton: Mein Leben, 2 Bde., dt. Übersetzung von Achim von Klösterlein und Gustav Meyrink, Basel 1914

Stanley, Henry Morton: Stanley's Briefe über Emin Pascha's Befreiung, hrsg. von J. Scott Keltie, dt. Übersetzung von H[ugo] von Wobeser, Leipzig 1890

Stanley, Henry Morton: The Autobiography of Sir Henry Morton Stanley. The Making of a 19th-Century Explorer, hrsg. von Dorothy Stanley, London 1909, ND Santa Barbara 2001

Swann, Alfred J.: Fighting the Slave-Hunters in Central Africa. A Record of twenty-six Years of Travel and Adventure round the Great Lakes and of the Overthrow of Tip-Pu-Tib, Rumaliza and other great Slave-Traders (Cass Library of African Studies. Missionary Researches and Travels, Bd. 8) hrsg. von Norman R. Bennett, Plymouth u.a. ²1969

Tiedemann, Adolf von: Tana – Baringo – Nil. Mit Karl Peters zu Emin Pascha, Berlin 1892

Ward, Herbert: A Voice from the Congo. Comprising Stories, Anecdotes, and Descriptive Notes, London 1910

Ward, Herbert: My life with Stanley's Rear Guard, London 1891

Wolf, Eugen: Vom Fürsten Bismarck und seinem Haus. Tagebuchblätter, Berlin 1904

Zastra, Julius: Jahres-Bericht des Königlich Katholischen Gymnasiums zu Neisse für das Schuljahr 1858/59, Neisse 1859

Quellensammlungen

Bartl, Peter (Hrsg.): Albania Sacra. Geistliche Visitationsberichte aus Albanien, Bd. 1: Diözese Alessio (Albanische Forschungen, Bd. 26,1) Wiesbaden 2007

Baxhaku, Fatos/Kaser, Karl (Hg.): Die Stammesgesellschaften Nordalbaniens. Berichte und Forschungen österreichischer Konsuln und Gelehrter (1861-1917), Wien u.a. 1996

Collins, Robert O.: Eastern African History (African History, Bd. 2) New York ³1997

Gottberg, Achim (Hrsg.): Unyamwesi. Quellensammlung und Geschichte (Studien zur Geschichte Asiens, Afrikas und Lateinamerikas, Bd. 21) Berlin 1971

Hertslet, Edward (Hrsg.): The Map of Africa by Treaty, Bd. 3 (Cass Library of African Studies. General Studies, Nr. 45) London 1896

Sarınay, Yusuf: Osmanlı Arşiv Belgelerinde Arnavutluk/Shqipëria Ne Dokumentet Arkivale Otomane, İstanbul 2008

Zaghi, Carlo (Hrsg.): Gordon, Gessi e la Riconquista del Sudan (1874-1881). Documenti inediti e sconosciuti degli archivi italiani e stranieri raccolti ed illustrati con introduzione, note e appendici, Firenze 1947

2. Literatur

Biographien zu Emin Pascha/Literatur über Emin Pascha

Anonym: Der Zug Emin Paschas nach Westen, Globus 62, Nr. 23 (1892), S. 27f.
Anonym: Die Lage Emin Beys, in: Kolonial-Politische Korrespondenz No. 48, 27. November 1886, S. 349f.
Anonym: Die Lage von Dr. Emin-Bei und Dr. Wilh. Junker in Ladó, in: Petermann's Geographische Mitteilungen 31 (1885), S. 305-307
Anonym: Emin Pascha, in: Deutsches Koloniallexikon Bd. 1 (1920, ND 1996), Sp. 561f.
Anonym: Emin Pascha, in: Sigilla veri. Lexikon der Juden, -Genossen und -Gegner aller Zeiten und Zonen, insbesondere Deutschlands, der Lehren, Gebräuche, Kunstgriffe und Statistiken der Juden sowie ihrer Gaunersprache, Trugnamen, Geheimbünde usw. [= Philipp Stauff's Semi-Kürschner] (²1929), S. 367-377
Anonym: Emin Pascha – Arzt und Forscher. Zur Wiederkehr seines 130. Geburtstages, in: Der Schlesier, 2. April 1970
Anonym: Emin Paschas Elfenbein, in: Globus 59, Nr. 2 (1891), S. 32
Anonym: Emin Pascha und die Engländer, in: Deutsche Kolonialzeitung, 15. Juni 1889
Anonym: Emin Paşa, in: Türk Ansiklopedisi 15 (1968), Sp. 150f.
Anonym: Éduard Schnitzer, alias Émin Pacha, jugé par un historien turc, in: Cahiers d'historie égyptienne: histoire, ethnographie, documents (1948), S. 234-237
Anonym: Juden als Erfinder und Entdecker. Veröffentlichung der Henriette-Becker-Stiftung, Berlin 1913
Arıkan, Saffet: Efsanevi kahraman Mehmed Emin Paşa, in: Post, Februar 2004, S. 31
B., A.: Enthüllungen über Emin Paschas Privatleben. Nach authentischen Quellen, Leipzig o.J.
Baron, Ulrich: Als ein deutscher Pascha in Afrika regierte, in: Welt Online, 10. Juli 2011 <http://www.welt.de/kultur/history/article13440639/Als-ein-deutscher-Pascha-in-Afrika-regierte.html> (30. November 2012)
Beck, Hanno: Emin Pascha, in: Große Reisende, München 1971, S. 271-282
Beck, Hanno: Emin Pascha (1840-1892). Geograph im Herzen Afrikas, in: Praxis Geographie 3/89 (1989), S. 42f.
Beck, Hanno: Emin Pascha und Afrika, in: Frankfurter Allgemeine Zeitung, 19. Juni 1979
Caillou, Alan: South from Khartoum. The Story of Emin Pasha, New York 1974
Christian, W.: Im dunklen Weltteil. Reisen und Erlebnisse Emin Paschas, Stanleys und Wißmanns in Afrika. Für die Jugend geschildert, Fürth o.J. (ca. 1893)
Christmann, Günter: Dr. Eduard Schnitzer (1840-1892) (alias Dr. Emin Mehmed Pascha). Ein exzentrischer Arzt, Afrikaforscher und Kolonialgouverneur aus Oppeln, in: Oberschlesien (Mai 2011), S. 8-10
Clough, Patricia: Emin Pascha, Herr von Äquatoria. Ein exzentrischer deutscher Arzt und der Wettlauf um Afrika. Aus dem Englischen von Peter Torberg, München 2010
Dunbar, A. R.: Emin Pasha and Bunyoro-Kitara (1877 to 1889), in: The Uganda Journal, Bd. 24/1 (1960), S. 71-83
Dvorak, Helge: Emin Pascha, in: Ders.: Biographisches Lexikon der Deutschen Burschenschaft, Bd. 1 (1996), Sp. 252f.
Eckart, Wolfgang U.: Gerhard Rohlfs, Gustav Nachtigal und Emin Pascha: drei Ärzte als Afrikaforscher und Diplomaten am Beginn der deutschen Kolonialzeit, in: Tempo medical (1982), S. 31-35

Falkenhorst, Carl: Aus dem Reiche Emin Paschas. Ein zeitgeschichtlicher Rückblick, in: Die Gartenlaube (1888), S. 616-620

Falkenhorst, Carl: Emin Pascha, Gouverneur von Hatt-el-Estiwa (Bibliothek denkwürdiger Forschungsreisen, Bd. 2) Stuttgart 1890

Falkenhorst, Carl: Schwarze Fürsten. Bilder aus der Geschichte des dunklen Weltteils, Leipzig 1891

Felkin, Robert: The position of Dr. Emin Bey, in: The Scottish Geographical Magazine (Dez. 1886), S. 705-719

Fischer-Sallstein, Conrad: Emin Pascha. Sein Leben und seine Reisen. Der reiferen Jugend dargestellt, Berlin o.J.

Forbath, Peter: The last hero, New York 1988 [Dt. Ausgabe: Der letzte Held. Roman. Aus dem Amerikanischen von Michael Benthack, Hamburg 1999]

Frank, Walter: »Ahasverus«. Das Leben des Dr. Eduard Schnitzer, genannt Emin Pascha (1840-1892), in: Ders. (Hrsg.): »Höre Israel«. Studien zur modernen Judenfrage, Hamburg 1943, S. 15-127

Freißler, Ernst W.: Emin Pascha (Stern und Unstern. Eine Sammlung merkwürdiger Schicksale und Abenteuer, Bd. 6), München ²1925

Fritscher, Franz: Emin Pascha oder Träume im Schatten des Mahdi. Wie aus dem schlesischen Arzt Eduard Schnitzer der ungekrönte König von Äquatoria wurde, in: DIE WELT, 12. April 1982

Joachim Fritz-Vannahme: Der Herr von Äquatoria. Agent, Vogelkundler, Kämpfer gegen den Sklavenhandel: Das abenteuerliche Leben des Arztes Emin Pascha aus Oppeln inSchlesien, in: DIE ZEIT, Nr. 44, 27. Oktober 2005, S. 106

Ĺuś, Krzysztof: Eduard Schnitzer – Mehmed Emin Pascha. Arzt, Geograph, Forschungsreisender/Eduard Schnitzer – Mehmed Emin Pasza. Lekarz, geograf, podróżnik, in: Konserwatorium Im. Josepha von Eichendorffa, Opole 1993, S. 56-63

Harendza, Wilhelm: Schicksalvolles Leben des Neisser Gymnasiasten Eduard Schnitzer. Emin Pascha, in: Neisser Heimatblatt, Nr. 92, April 1964, S. 1f.

Hartlaub, Gustav: Ueber einige neue von Dr. Emin Pascha im inneren Ostafrika entdeckte Arten, in: Journal für Ornithologie, 38. Jg., 4. Folge, Bd. 18 (1890), S. 150-154

Henze, Dietmar: Emin Pascha, in: Enzyklopädie der Entdecker und Erforscher der Erde, Bd. 2 (1983), S. 166-170

Jones, Roger: The Rescue of Emin Pasha: The story of Henry M. Stanley and the Emin Pasha Relief Expedition, 1887-1889, London 1972

Kirchen, Christian: Emin Pascha. Versuch einer historisch-kritischen Würdigung, in: Jahrbuch für Europäische Überseegeschichte, Bd. 10 (2010), S. 217-220

Kirchen, Christian: Osmanlı İmparatorluğu'nda Bir Alman Doktor Emin Paşa (Eduard Schnitzer), aus dem Englischen übersetzt von Halil Kanadıkırık, in: Toplumsal Tarih Dergisi, Bd. 213 (9/2011), S. 50-54

Kirchhoff, Alfred: Stanley und Emin. Nach Stanleys eigenem Werke, Halle a. d. Saale 1890

Kluy, Alexander: Der Antiheld aus Äquatoria. Die Journalistin Patricia Clough erzählt von einem wenig bekannten Kapitel des Kolonialismus, in: Rheinischer Merkur, Nr. 46, 18. November 2010

Kohut, Adolf: Berühmte jüdische Weltreisende, in: Ost und West, Jahrgang 3, Nr. 12 (1903), S. 859-862

Kraft, Rudolf: Emin Pascha. Ein Deutscher Arzt als Gouverneur von Äquatoria, Darmstadt 1976

Krohn, Margot: Emin Pascha im Spiegel seiner Zeit, in: Jahrbuch der Schlesischen Friedrich-Wilhelms-Universität zu Breslau VIII (1963), S. 172-209

Lerch, Wolfgang Günter: Emin Pascha, in: Frankfurter Allgemeine Zeitung, 8. Januar 2011

Little, Henry W.: The Life and Work of Emin Pasha in Equatorial Africa, London 1889
Lordick, Harald: Isaak Eduard Schnitzer – Emin Pascha. Erinnerungssplitter aus einem Jahrhundert Literatur, in: Klein, Birgit E./Müller, Christiane E. (Hg.), Memoria – Wege jüdischen Erinnerns. Festschrift für Michael Brocke zum 65. Geburtstag, Berlin 2005, S. 431-442
Lordick, Harald: »Nur Weihnachten fehlt mir sehr«. Eduard Schnitzer (1840-1892), Gouverneur der Äquatorialprovinz, in: Kalonymos, Bd. 10/4 (2007), S. 13-15
Ludwig, Emilie: Ferida und andere Erzählungen für Mädchen von zehn bis fünfzehn Jahren, Berlin o.J. (ca. 1900)
Manning, Olivia: The Remarkable Expedition. The Story of Stanley's Rescue of Emin Pasha from Equatorial Africa, London u.a. 1947
Matz, Nannina: Eduard Schnitzer alias Emin Pasza: pełne przygód życie lekarza z Opola/Eduard Schnitzer alias Emin Pascha: das abenteuerliche Leben eines Arztes aus Oppeln, in: Wojewódzka Biblioteka Publiczna (Hrsg.): Czym byłaby Opolszczyzna bez nich?/Was wäre das Oppelner Land ohne sie?, Bd. 2, Opole 2010, S. 136-141
Maxis, Emil: Emin Pascha, ein berühmter Oberschlesier, in: Oberschlesien. Zentralorgan der Vereinigten Verbände heimattreuer Schlesier, Jg. 9, Heft 4 (1932), S. 5-7
Meissner, Hans-Otto: An den Quellen des Nils. Die Abenteuer des Emin Pascha. Nach alten Dokumenten neu erzählt, Gütersloh o.J.
Meridies, Wilhelm: Emin Pascha. Zum fünfunddreißigsten Todestage (23. Oktober), in: Der Oberschlesier. Monatsschrift für das heimatliche Kulturleben (1927), S. 707-710
Middleton, Dorothy: Schnitzer, Eduard in: Encyclopaedia of Africa 2 (1997), S. 42f.
Mosler, Josef: Afrikaforscher Emin Pascha, ein Schlesier. Zu seinem 70. Todestag am 23. Oktober, in: Der Volksbote, 20. Oktober 1962
Mustafa, 'Umar 'Abdin: Emin Pasha in the Equatorial Province: A Study of challenges and achievements [M.A.-Thesis unv.], Beirut 1971
Ohorn, Anton: Emin. Der weisse Pascha im Sudan, Leipzig 1891
Pippo, Vigoni: Emin Pascha e il capitano Casati, in: Bolletino della Società Geografica Italiana 25 (1888), S. 1007-1011
Reichard, Paul: Dr. Emin Pascha, ein Vorkämpfer der Kultur im Innern Afrikas, Leipzig 1891
Reichard, Paul: Emin Pascha, in: Die Gartenlaube (1893), S. 730-732
Ruhle, Friedrich: Emin Pascha (Deutsche Afrikareisende der Gegenwart, Bd. 3) Münster 1892
Schiffers, Heinrich/Simons, Peter (Hg.), Emin Pascha, Entdeckungsreisen in Zentralafrika (1876-1892), Stuttgart 1983
Schindler, Karl: Emin Pascha – der getreue Schlesier. »Ich möchte einmal die alten Linden in Rochus sehen!«, in: Der Schlesier, 15. August 1968
Schmidt, Jürgen W.: Eine dunkle Episode aus dem Leben des schlesischen Arztes und Forschungsreisenden Eduard Schnitzer (Emin Pascha), in: Jahrbuch der Schlesischen Friedrich-Wilhelms-Universität zu Breslau, Bd. L/2009 (2011), S. 315-327
Schmidt, Rochus: Emin Pascha, in: Friedrich Andrae u.a. (Hg.): Schlesische Lebensbilder. Schlesier des 17. bis 19. Jahrhunderts, Bd. III, Sigmaringen ²1985, S. 328-335
Schnitzer, Ewald Willy »Spark«: On the Trail of Emin Pasha, in: Reports from Africa (1966), S. 117-141
Schweitzer, Georg: Emin Pascha. Eine Darstellung seines Lebens und Wirkens mit Benutzung seiner Tagebücher, Briefe und wissenschaftlichen Aufzeichnungen, Berlin 1898
Schweitzer, Georg: Von Khartum zum Kongo. Emin Paschas Leben und Sterben (Deutschlands Kolonialhelden, Bd. 1) Berlin o.J. [ca. 1932]

Smith, Iain: The Emin Pasha Relief Expedition. 1886-1890 (Oxford Studies in African Affairs) Oxford 1972
Staby, Ludwig: Emin Pascha. Ein deutscher Forscher und Kämpfer im Innern Afrikas, Stuttgart 1890
Steinert, Alfred: Emin Paschas Leben und Wirken, in: Wir Schlesier 5, Dorfen 1928/29, S. 108
Symons, A[lphonse] J[ames] A[lbert]: Emin. The Gouvernor of Equatoria, London 1928
Theilhaber, Felix Aaron: Emin Pascha – Um die seelische Heimat, in: Ders. (Hrsg.): Judenschicksal. Acht Biographien, Tel Aviv o.J. (ca. 1946), S. 71-112
Theilhaber, Felix Aaron: Geographie, in: Siegmund Kaznelson (Hrsg.): Juden im Deutschen Kulturbereich, Berlin 1962, S. 383-385
Treutlein, Peter: Dr. Ed[uard] Schnitzer (Emin Pascha), der ägyptische Generalgouverneur des Sudan. Vortrag (Sammlung gemeinverständlicher Vorträge, Neue Folge, II. Serie) Hamburg 1887, S. 1-52
Uhl, Gustav: Emin Pascha und die deutschen Besitzungen in Ostafrika, Leipzig 1894
Vajda, Laszlo: Emin Pascha, in: Neue Deutsche Biographie, Bd. 4 (1959), S. 479-482
Volz, Berthold: Emin Paschas Entsatz und Stanleys Zug durch das »dunkelste Afrika«. Nach Stanleys Berichten und Emins Briefen für weitere Kreise dargestellt, Leipzig 1891
Welk, Ehm: Die schwarze Sonne. Leben, Schaffen und Sterben deutscher Kolonialhelden, Berlin 1933
Wolkenhauer, W[ilhelm]: Emin Pascha, in: Deutsche Geographische Blätter, Bd. 10 (1887), S. 63-66
Zajączkowska, Urszula: Pasza, Emin – opolanin z urodzenia, in: Almanach Miejski – Opolanin, Bd. 98 (1998), S. 32f. <http://www.opole.pl/lavina/people/print?id=10121&lang=pl> (30. November 2012)
Zeilinger, Johannes: Aufruhr am Nil. Emin Pascha und der sudanesische Mahdi, in: Beneke, Sabine/Zeilinger, Johannes (Hg.): Karl May. Imaginäre Reisen. Eine Ausstellung des Deutschen Historischen Museums, Berlin vom 31. August 2007 bis 6. Januar 2008, Berlin 2007, S. 137-154
Zeilinger, Johannes: »Ich, ein einzelner Mensch gegen ein Land von Blut, Mord und Verbrechen.« Dr. Emin Pascha, ein Held Karl Mays, in: Jahrbuch der Karl-May-Gesellschaft (2003), S. 237-312
Zeilinger, Johannes: »Kann man nicht schaurige Details über Menschenquälerei auftreiben?« Zum historischen Hintergrund der Sudanromane Karl Mays, in: Jahrbuch der Karl-May-Gesellschaft (2008), S. 125-146
Zeeuw, P[ieter] de: Stanley de Padvinder. Aventuren von Stanley in Afrika bij het opsporen von Emin Pacha, Groningen o.J.
Zucchinetti, [Paul Virginio]: Souvenirs de mon séjour chez Emin Pacha el Soudani. Lue par le Commandeur Tito Figari á la séance de la Société Khedivale de Géographie du 25 Novembre 1887, Le Caire 1890

Sonstige Beiträge

'Abīd, Ǧamīl: Al-Mudiriyyat al-Istiwā'iyya, al-Qāhira 1967
Adanir, Fikret/Faroqhi, Suraya (Hg.): The Ottomans and the Balkans. A Discussion of Historiography, Leiden u.a. 2002
Afflerbach, Holger: Falkenhayn. Politisches Denken und Handeln im Kaiserreich (Beiträge zur Militärgeschichte, Bd. 42) München ²1996

Altena, Thorsten: »Ein Häuflein Christen mitten in der Heidenwelt des dunklen Erdteils«. Zum Selbst- und Fremdverständnis protestantischer Missionare im kolonialen Afrika 1884-1918 (Internationale Hochschulschriften, Bd. 395) Münster u.a. 2003
Anonym: Alexander Mackay. Missionary Hero of Uganda, London o.J.
Anonym: Celāl İsmail Paşa, in: İbrahim Alāettın (Hrsg.): Meşhur Adamlar. Hayatları – Eserleri, Bd. 1 (^{2}1935), Sp. 206
Anonym: Celāl İsmail Paşa, Müderris Dr., in: Türk Ansiklopedisi 10 (1960), Sp. 103f.
Anonym: Divitçi İsmail Paşa, in: İbrahim Alāettın (Hrsg.): Meşhur Adamlar. Hayatları – Eserleri, Bd. 1, İstanbul ^{2}1935, Sp. 339.
Anonym: Ismā'īl Ḥaqqı Bāšā Dīwītčī, in: Muḥammad Ṭarīya: Sağil 'Uṯmānī, Bd. 1, o.O. 1308h. [1890], Sp. 385
Anonym: İsmail Hakkı Paşa, Divitçi, in: Türk Ansiklopedisi 20 (1972), Sp. 308f.
Anonym: Lebensbilder aus Afrika (Teil 3/4), in: Freiburger Zeitung, Nr. 84, 11. April 1879 (Tagesausgabe)
Anonym: Vorstandssitzung der Deutschen Kolonialgesellschaft zu Wiesbaden am 11. September, in: Rheinischer Kurier, 12. September 1888
Archenholz, Bogislav von: Erinnerung und Abschied. Schicksal und Schöpfertum im deutschen Osten, o.O. 1972
Auberson, David: Joseph Koetschet (1830-1898): un Suisse dans l'Empire ottoman, in: Actes de la Société Jurassiene d'Emulation (2008), S. 219-236
Badenberg, Nana: Spiel um Kamerun. Weihnachten 1885: Kolonialismus in Brett- und Gesellschaftsspielen, in: Honold, Alexander/Scherpe, Klaus R. (Hg.): Mit Deutschland um die Welt. Eine Kulturgeschichte des Fremden in der Kolonialzeit, Stuttgart u.a. 2004, S. 86-94
Bair Jr., Henry Martin: Carl Peters and German Colonialism: A Study in the Ideas and Actions of Imperialism (Ph.D. Diss), Stanford 1968
Banke, Fritz: Geschichte der Neisser Presse bis zum Jahre 1870. Ein Beitrag zur Geschichte des Neisser Landes (Wissenschaftliche Schriften des Vereins für Geschichte Schlesiens, Bd. 2) Würzburg 1996
Banse, Ewald: Große Forschungsreisende. Ein Buch von Abenteurern, Entdeckern und Gelehrten, München 1933
Bargatzky, Thomas: Die Rolle des Fremden beim Kulturwandel (Hamburger Reihe zur Kultur- und Sprachwissenschaft, Bd. 12) Hamburg 1978
Bartl, Peter: Die Mirditen. Bemerkungen zur nordalbanischen Stammesgeschichte, in: Münchner Zeitschrift für Balkankunde, Bd. 1 (1978), S. 27-69
Bayatloo, Annabel: Fragen an Regine Jahn, Präsidentin für Biologische Systematik. »Wir brauchen dringend einen Lehrstuhl für Taxonomie«, in: Rheinischer Merkur, Nr. 32 (2010)
Beachey, R. W.: The East African Ivory Trade in the nineteenth century, in: Journal of African History VIII, Nr. 2 (1967), S. 269-290
Becher, Jürgen: Dar Es Salaam, Tanga und Tabora. Stadtentwicklung in Tansania unter deutscher Kolonialherrschaft 1885-1914 (Missionsgeschichtliches Archiv, Bd. 3) Stuttgart 1997
Bechhaus-Gerst, Marianna/Klein-Arendt, Reinhard (Hg.): Die (koloniale) Begegnung. AfrikanerInnen in Deutschland 1880-1945. Deutsche in Afrika 1880-1918, Frankfurt am Main u.a. 2003
Beck, Kurt: Bemerkungen zu Staat, Tradition und tribaler Organisation im Sudan, in: Waldmann, Peter/Elwert, Georg (Hg.): Ethnizität im Wandel (Spektrum, Bd. 21), Saarbrücken 1989, S. 81-92
Benninghoff-Lühl, Sabine: Deutsche Kolonialromane. 1884-1914 in ihrem Entstehungs- und Wirkungszusammenhang (Veröffentlichungen aus dem Übersee-Museum. Reihe F, Bd. 16) Bremen 1983

Berger, A.: Der Heilige Nil, Berlin 1924
Bertsch, Daniel: Anton Prokesch von Osten (1795-1876). Ein Diplomat Österreichs in Athen und an der Hohen Pforte. Beiträge zur Wahrnehmung des Orients im Europa des 19. Jahrhunderts (Südosteuropäische Arbeiten, Bd. 123) München 2005
Bindseil, Reinhart: Franz Stuhlmann. Ein biographisches Portrait – gleichzeitig eine kolonialhistorische Personalstudie, Bonn 1990
Birken, Andreas: Die Provinzen des Osmanischen Reiches (Beihefte zum Tübinger Atlas des Vorderen Orients, Reihe B, Nr. 13) Wiesbaden 1976
Bitterli, Urs: Conrad – Malraux – Greene – Weiss. Schriftsteller und Kolonialismus, Zürich u.a. 1973
Black, Jeremy: 70 Große Schlachten der Weltgeschichte. Von Marathon bis Bagdad, Leipzig 2005
Blau, Otto: Reisen in Bosnien und der Herzegowina, Berlin 1877
Bochonek, Klaudia: Jedno z królestw Ugandy chce współpracować z Nysą, in: Nowa Trybuna Opolska, 14. November 2011
Bödeker, Hans Erich (Hrsg.): Biographie schreiben (Göttinger Gespräche zur Geschichtswissenschaft, Bd. 18) Göttingen 2003
Bommarius, Christian: Das Grundgesetz. Eine Biographie, Berlin ²2009
Borchart, Joachim: Der europäische Eisenbahnkönig Bethel Henry Strousberg, München 1991
Borkowski, Maciej: Gmina żydowska w Opolu w latach 1812-1944, Opole 2009
Borkowski, Maciej: Największy opolski podróżnik (Spacerkiem po dawnym Opolu), in: Gazeta w Opolu (OPO), Nr. 74, 24./25. Juni 2000
Borkowski, Maciej/Kirmiel, Nadrzej u.a.: Śladami Żydów. Dolny Śląsk Opolszczyzna Ziema Lubuska, Warszawa 2008
Borozan, Đorđe: Montenegro vom 16. Jahrhundert bis 1918, in: Lukan, Walter/Trgovcevic, Ljubinka u.a. (Hg.): Serbien und Montenegro: Raum und Bevölkerung, Geschichte, Sprache und Literatur, Kultur, Politik, Gesellschaft, Wirtschaft, Recht, Münster 2006, S. 177-192
Bourdieu, Pierre: L'illusion biographique, in: Actes de la recherche en sciences sociales, Bd. 62/63 (1986), S. 69-72
Boyar, Ebru: Ottomans, Turks and the Balkans. Empire Lost, Relations Altered (Library of Ottoman Studies 12) London 2007
Boyles, Denis: African Lives. White lies, tropical truth, darkest gossip, and rumblings of rumour – from Chinese Gordon to Beryl Markham, and beyond, New York 1988
Braudel, Fernand/Febvre, Lucien u.a. (Hg.): Der Historiker als Menschenfresser. Über den Beruf des Geschichtsschreibers, Berlin 1990
Briggs, Philip/Roberts, Andrew: Uganda. The Bradt Travel Guide, Chalfont St Peter ⁵2007
Brode, Heinrich: Tippu Tip. The Story of his career in Zanzibar & Central Africa, engl. Übersetzung von H. Havelock, ND Zanzibar 2000
Brogiato, Heinz Peter: Gotha als Wissensraum, in: Lentz, Sebastian/Ormeling, Ferjan (Hg.): Die Verräumlichung des Welt-Bildes. Petermanns Geographische Mitteilungen zwischen »explorativer Geographie« und der »Vermessenheit« europäischer Raumphantasien. Beiträge der Internationalen Konferenz auf Schloss Friedenstein Gotha, 9.-11. Oktober 2005 (Friedenstein-Forschungen, Bd. 2) Stuttgart 2008, S. 15-29
Bruchhausen, Walter: Medizin zwischen den Welten. Geschichte und Gegenwart des medizinischen Pluralismus im südöstlichen Tansania, Bonn 2006
Budge, Ernest A. Wallis: The Egyptian Sudan, 2 Bde., London 1986
Bückendorf, Jutta: Schwarz-Weiß-Rot über Ostafrika. Deutsche Kolonialpläne und afrikanische Realität (Europa-Übersee. Historische Studien, Bd. 5) Münster 1995

Bührer, Tanja: Emin Pascha – Ein Europäer als Administrator im Sudan, Unveröffentlichter Vortrag im Rahmen des 48. Deutschen Historikertags, Sektion »Grenzüberschreitungen an imperialen Randzonen. Biographische Zugänge zum transkulturellen Austausch«, Berlin, 1. Oktober 2010

Bülow, Frieda Freiin von: Im Lande der Verheißung. Ein deutscher Kolonialroman, Dresden u.a. 1899

Canelli, Mustafa: Ebüzziyâ Tanzimat aydınlarından renkli bir sima, Ankara 1994

Ceillier, Jean-Claude: Histoire des Missionnaires d'Afrique (Pères Blancs). De la fondation par Mgr Lavigerie à la mort du fondateur (1868-1892), Paris 2008

Çelik, Latif: Türkische Spuren in Deutschland/Almanya'da Türk İzleri, Mainz 2008

Clayer, Nathalie: Religion, Nationsbildung und Gesellschaft, in: Schmitt, Oliver Jens/ Frantz, Eva Anne (Hg.): Albanische Geschichte. Stand und Perspektiven der Forschung (Südosteuropäische Arbeiten, Bd. 140) München 2009, S. 107-117

Clogg, Richard: Geschichte Griechenlands im 19. und 20. Jahrhundert. Ein Abriß, Köln 1997

Collins, Robert O.: The Southern Sudan in historical perspective, Tel Aviv 1975

Collins, Robert O./Burns, James McDonald u.a (Hg.): Historical Problems of Imperial Africa, Princeton 2000

Collins, Robert O./Tignor, Robert L.: Egypt and the Sudan, Englewood Cliffs N.J. 1967

Conrad, Joseph: Heart of Darkness, Oxford 2004

Cory, Hans: History of the Bukoba District – Historia ya wilaya Bukoba, Mwanza o.J.

Czygan, Christiane: From London back to Istanbul: The Channel of Communication of the Young Ottoman Journal Ḥurriyet (1868-1870), in: Sadgrove, Philip (Hrsg.): History of Printing and Publishing in the Languages and Countries of the Middle East, Oxford 2005, S. 59-68

Czygan, Christiane: Reformer versus Reformen: Zum Gehalt jungosmanischer Tanẓīmāt-Kritik, in: Fenz, Hendrik (Hrsg.): Strukturelle Zwänge – Persönliche Freiheiten. Osmanen, Türken, Muslime: Reflexionen zu gesellschaftlichen Umbrüchen. Gedenkband zu Ehren Petra Kapperts (Studien zur Geschichte und Kultur des islamischen Orients. Beihefte zur Zeitschrift »Der Islam«. Neue Folge, Bd. 21) Berlin u.a. 2009, S. 65-79

Czygan, Christiane: The Self-portrait of the Yeñi ʿOs̠mānlılar Cemʿīyeti in the Journal Ḥurrīyet, in: Unbehaun, Horst (Hrsg.): The Middle Eastern Press as a Forum for Literature (Heidelberger Studien zur Geschichte und Kultur des modernen Vorderen Orients, Bd. 30) Frankfurt am Main u.a. 2004, S. 39-50

Czygan, Christiane: Zur Ordnung des Staates. Jungosmanische Intellektuelle und ihre Konzepte in der Zeitung Ḥurrīyet (1868-1870) (Studien zum Modernen Orient, Bd. 21) Berlin 2012

deMause, Lloyd: Grundlagen der Psychohistorie, hg. und übersetzt von Aurel Ende u.a. (Edition Suhrkamp, Neue Folge, Bd. 175) Frankfurt am Main 1989

Demhardt, Imre Josef: Aufbruch ins Unbekannte. Legendäre Forschungsreisen von Humboldt bis Hedin, Darmstadt 2011

Demhardt, Imre Josef: Der Erde ein Gesicht geben. Petermanns Geographische Mitteilungen und die Anfänge der modernen Geographie in Deutschland. Katalog zur Ausstellung der Universitäts- und Forschungsbibliothek Erfurt/Gotha im Spiegelsaal auf Schloß Friedenstein in Gotha (23. Juni bis 9. Oktober 2005), Gotha 2006

Deusch, Engelbert: Das k.(u.)k. Kultusprotektorat im albanischen Siedlungsgebiet in seinem kulturellen, politischen und wirtschaftlichen Umfeld (Zur Kunde Südosteuropas, Bd. II/38) Wien u.a. 2009

Diawara, Mahmadou/Moraes, Paulo Fernando de (u.a.): Heinrich Barth et l'Afrique (Studien zur Kulturkunde, Bd. 125) Köln 2006

Dilthey, Wilhelm: Der Aufbau der Geschichtlichen Welt in den Geisteswissenschaften (Wilhelm Diltheys Gesammelte Schriften, Bd. VII) Leipzig u.a. 1927
Dunn, John P.: Khedive Ismail's Army (Cass Military Studies) London u.a. 2005
Eckert, Florens: Kontinuität trotz Brüchen – kriegerische Identität am Rande Ugandas im langen 20. Jahrhundert [Magister-Arbeit unv.], Bayreuth 2010
Elsie, Robert: Writing in Light. Early Photography of Albania and the Southwestern Balkans/Dritëshkronja. Fotografia e hershme nga Shqipëria dhe Ballkani, Prishtina 2007
Engelberg, Ernst: Bismarck. Das Reich in der Mitte Europas, Berlin 1990
Engelberg, Ernst/Schleier, Hans: Zu Geschichte und Theorie der historischen Biographie. Theorieverständnis – biographische Totalität – Darstellungstypen und -formen, in: Zeitschrift für Geschichtswissenschaft, Bd. 38 (1990), S. 195-217
Engler, A[dolf]: Über Maesopsis Eminii Engl., einen wichtigen Waldbaum des nordwestlichen Deutsch-Ostafrika und die Notwendigkeit einer gründlichen forstbotanischen Erforschung der Wälder dieses Gebietes, in: Notizblatt des Königl. Botanischen Gartens und Museums zu Berlin, sowie der botanischen Centralstelle für die deutschen Kolonien, Bd. IV, Nr. 38 (1906), S. 239-242
Erikson, Erik H.: Der junge Mann Luther. Eine psychoanalytische und historische Studie (Suhrkamp Wissenschaft, Bd. 177) Frankfurt am Main 1975
Essner, Cornelia: Deutsche Afrikareisende im neunzehnten Jahrhundert. Zur Sozialgeschichte des Reisens (Beiträge zur Kolonial und Überseegeschichte 32) Wiesbaden u.a. 1985
Fabian, Johannes: Im Tropenfieber. Wissenschaft und Wahn in der Erforschung Zentralafrikas, München 2001
Fabunmi, Lawrence Apalara: The Sudan in Anglo-Egyptian Relations. 1800-1956, London u.a. 1960
Farah, Caesar E.: The Sultan's Yemen. Nineteenth-Century Challenges to Ottoman Rule, London u.a. 2002
Faroqhi, Suraiya: Approaching Ottoman History. An introduction to the sources, Cambridge 2000
Farwell, Byron: Prisoners of the Mahdi, New York u.a. 1967
Fest, Joachim C.: Hitler. Eine Biographie, Frankfurt am Main u.a. 1973
Fetz, Bernhard: Der Stoff, aus dem das (Nach-)Leben ist. Zum Status biographischer Quellen, in: Ders. (Hrsg.): Die Biographie – Zur Grundlegung ihrer Theorie, Berlin u.a. 2009, S. 103-154
Fetz, Bernhard: Die vielen Leben der Biographie. Interdisziplinäre Aspekte einer Theorie der Biographie, in: Ders.: Biographie, S. 3-66
Feuer, Lewis: Imperialism and the Anti-Imperialist Mind, New York 1986
Fischer, Gustav Adolf: Mehr Licht im dunklen Weltteil. Betrachtungen über die Kolonisation des tropischen Afrika unter besonderer Berücksichtigung des Sansibar-Gebiets, Hamburg 1885
Flitner, Michael (Hrsg.): Der deutsche Tropenwald. Bilder, Mythen, Politik, Frankfurt am Main u.a. 2000
Fröhlich, Michael: Von Konfrontation zur Koexistenz: Die deutsch-englischen Kolonialbeziehungen in Afrika zwischen 1884 und 1914 (Arbeitskreis Deutsche England-Forschung, Bd. 17) Bochum 1990
Furley, Oliver W.: The Sudanese Troops in Uganda, in: African Affairs 58, No. 233 (Okt. 1959), S. 311-28
Galbraith, John Semple: Mackinnon and East Africa (1878-1895). A Study in the ›New Imperialism‹, Cambridge 1972
al-Ğamal, Šūqī: Tārīḫ Sūdān Wādī an-Nīl. Ḥaḍāratuhu wa ʿAlāqātuhu bi Miṣr min aqdam al-ʿUṣūr ila al-Waqt al-ḥāḍir, 2 Bde., al-Qāhira 1979

Gifford, Prosser/Louis, W. Roger (Hg.): Britain and Germany in Africa. Imperial Rivalry and Colonial Rule, New Haven u.a. 1967
Glendinning, Victoria: Lies and Silences, in: Homberger, Eric/Charmley, John (Hg.): The Troubled Face of Biography, Houndsmill u.a. 1988, S. 49-62
Gniffke, Franz: Mythos – »ein schönes Wagnis«, in: Bussmann, Claus/Uehlein, Friedrich A. (Hg.): Wendepunkte. Interdisziplinäre Arbeiten zur Kulturgeschichte Pommersfeldener Beiträge 11) Würzburg 2004, S. 81-138
Gopčević, Spiridion: Geschichte von Montenegro und Albanien, Gotha 1914
Gould, Tony: In Limbo. The Story of Stanley's Rear Column, London 1979
Gradmann, Christoph: Geschichte, Fiktion und Erfahrung – kritische Anmerkungen zur neuerlichen Aktualität der historischen Biographie, in: Internationales Archiv für Sozialgeschichte der deutschen Literatur, Bd. 17/2 (1992), S. 1-16
Gray, John M.: Mutesa of Buganda, in: The Uganda Journal, Bd. 1 (1934), S. 22-50
Gray, Richard: A History of the Southern Sudan. 1839-1889, Connecticut ²1978
Gründer, Horst: Die historischen und politischen Voraussetzungen des deutschen Kolonialismus, in: Hiery, Hermann J. (Hrsg.): Die Deutsche Südsee (1884-1914). Ein Handbuch, Paderborn u.a. 2001, S. 27-58
Gründer, Horst: Geschichte der deutschen Kolonien (UTB 1332) Paderborn ⁵2004
Grupp, Peter: Europäische Kolonialexpansion, Imperialismus und Kolonialkontakte, in: Neue Politische Literatur, Bd. 34 (1989), S. 189-215
Gür, Álim: Ebüzziya Tevfik. Hayatı, Dil, Edebiyat, Basın, Yayın ve Matbaacılığa Katkıları, Ankara 1998
Gwassa, G. C. K.: The German Intervention and African Resistance in Tanzania, in: Kimambi, I. N./Temu, A. J. (Hg.): A History of Tanzania, Nairobi 1969, S. 85-122
Haddad, William W./Ochsenwald, William: Nationalism in a non-national State. The Dissolution of the Ottoman Empire, Columbus 1977
Hahner-Herzog, Iris: Tippu Tip und der Elfenbeinhandel in Ost- und Zentralafrika im 19. Jahrhundert, München 1990
Heim, Stefanie: Richard Wagners Kunstprogramm im nationalkulturellen Kontext. Ein Beitrag zur Kulturgeschichte des 19. Jahrhunderts, Würzburg 2006
Hein-Kircher, Heidi: Politische Mythen, in: Politische Psychologie (Aus Politik und Zeitgeschichte 11/2007) S. 26-31
Heitmann, Margret/Lordick, Harald: Zur Geschichte des Judentums in Schlesien/Przyczynek do historii Żydów na Śląsku, in: »Wach auf, mein Herz, und denke«. Zur Geschichte der Beziehungen zwischen Schlesien und Berlin-Brandenburg von 1740 bis heute/»Przebudź się, serce moje, i pomyśl«. Przyczynek do historii stosunków między Śląskiem a Berlinem-Brandenburgią od 1740 roku do dziś, hrsg. von der Gesellschaft für interregionalen Kulturaustausch Berlin/Stowarzyszenie Instytut Śląski Opole, Berlin u.a. 1995, S. 52-60
Hering, Rainer: Broecker, Theodor Paul Oskar Arthur von, in: Biographisch-Bibliographisches Kirchenlexikon, Bd. 16 (1999), S. 231-245
Herzog, Rolf: Eine alte ethnographische Sammlung aus dem Sudan in Freiburg. Günther Spannaus zum 75. Geburtstag, in: Tribus, Bd. 25 (1976), S. 137-147
Hiery, Hermann J.: Der Kaiser, das Reich und der Kolonialismus. Anmerkungen zur Entstehung des deutschen Imperialismus im 19. Jahrhundert, in: Bosbach, Franz/Hiery, Hermann J. (Hg.): Imperium – Empire – Reich. Ein Konzept politischer Herrschaft im deutsch-britischen Vergleich (Prinz-Albert-Studien, Bd. 16) München 1999, S. 155-166
Hill, Richard L[esley]: A Biographical Dictionary of the Sudan, London ²1967
Hill, Richard L[esley]: Egypt in the Sudan 1820-1881, London 1959, ND Westport 1986

Hill, Richard L[esley]: ›The Gordon Literature‹, in: Durham University Journal, NS, Bd. XVI (1955), S. 97-101
Hill, Richard L[esley]/Hogg, Peter: A Black Corps d'Élite. An Egyptian Sudanese Conscript Battalion with the French Army in Mexico, 1863-1867, and its Survivors in Subsequent African History, East Lansing 1995
Hinde, Sidney Langford: The Fall of the Congo Arabs, London 1897
Hochschild, Adam: King Leopold's Ghost. A Story of Greed, Terror, and Heroism in Colonial Africa, o.O. 1998, ND London 2006
Hösch, Edgar: Geschichte der Balkanländer. Von der Frühzeit bis zur Gegenwart, München 2002
Holt, Peter M[alcolm]: Egypt and the Fertile Crescent. 1516-1922. A Political History, London 1966
Holt, Peter M[alcolm]: The Mahdist State in the Sudan, Oxford ²1970
Holt, Peter M[alcolm]/Daly, M[artin] W.: A History of the Sudan. From the coming of Islam to the present day, London u.a. ⁶2011
Iliffe, John: Tanzania under German and British Rule, in: Ogot, Bethwell A.: Zamani. A Survey of East African History, New Edition, Nairobi (?) 1973, S. 295-313
Ingham, Kenneth: A History of East Africa, London u.a. 1965
Jarczyk, Franz-Christian: Neisse. Kleine Stadtgeschichte in Bildern, Würzburg 1994
Jarczyk, Franz-Christian: Neisse um 1900 auf alten Postkarten, Hildesheim 1986
Jeal, Tim: Explorers of the Nile. The Triumph and Tragedy of a Great Victorian Adventure, London 2011
Jeal, Tim: Livingstone, New Haven u.a. 2001
Jeal, Tim: Stanley. The Impossible Life of Africa's Greatest Explorer, London 2007
Jelavich, Barbara: History of the Balkans, 2 Bde., Cambridge 1983
Jensen, Jürgen: Kontinuität und Wandel in der Arbeitsteilung bei den Baganda (Afrika-Studien des IFO-Instituts für Wirtschaftsforschung) Berlin u.a. 1967
Jessen, Olaf: Die Moltkes. Biographie einer Familie, München 2010
Jorga, Nicolae: Geschichte des Osmanischen Reiches, 5 Bde., Gotha 1913, ND Frankfurt am Main 1990
Jussen, Bernhard (Hrsg.): Liebig's Sammelbilder. Vollständige Ausgabe der Serien 1 bis 1138 (Atlas des Historischen Bildwissens, Bd. 1) Berlin ³2009
Kennedy, Dane: The Highly Civilized Man. Richard Burton and the Victorian World, London u.a. 2005
Kinkead-Weekes, Mark: Writing Lives Forwards: A Case for Strictly Chronological Biography, in: France, Peter/St Clair, William (Hg.): Mapping Lives. The Uses of Biography, Oxford 2002, S. 235-252
Kirk-Greene, Anthony: West African Historiography and the Underdevelopment of Biography, in: The Journal of Commonwealth Literature, Bd. 21 1986), S. 39-52
Kiwanuka, Semakula: A History of Buganda. From the Foundation of the Kingdom to 1900, London 1971
Klein, Christian (Hrsg.): Grundlagen der Biographik. Theorie und Praxis des biographischen Schreibens, Stuttgart u.a. 2002
Klein, Christian (Hrsg.): Handbuch Biographie. Methoden, Traditionen, Theorien, Stuttgart u.a. 2009
Konczacki, Janina: The Emin Pasha Relief Expedition (1887-1889): Some Comments on Disease and Hygiene, in: Canadian Journal of African Studies/Revue Canadienne des Études Africaines 19, No.3 (1985), 615-625
Konstantios, Dimitris: The Kastro of Ioannina (Ministry of Culture Archaeological Receipts Fund) Athen ²2000

Konzelmann, Gerhard: Der Nil. Heiliger Strom unter Sonnenbarke, Kreuz und Halbmond, Hamburg 1982, erw. ND München 1985

Kornrumpf, Hans-Jürgen: Ismail Hakkı Bey, kaiserlich osmanischer Militärattaché in Wien 1909-1910, und seine zeitgenössischen Namensbrüder, in: Wiener Zeitschrift des Morgenlandes, Bd. 81 (1991), S. 177-185

Kornrumpf, Hans-Jürgen/Kornrumpf, Jutta: Fremde im Osmanischen Reich (1826-1912/13). Bio-bibliographisches Register, Stutensee 1998

Kramer, Robert S.: Holy City on the Nile. Omdurman during the Mahdiyya, 1885-1898, Princeton 2010

Kraus, Hans-Christof: Geschichte als Lebensgeschichte. Gegenwart und Zukunft der politischen Biographie, in: Ders./Nicklas, Thomas (Hg.): Geschichte der Politik. Alte und neue Wege (Historische Zeitschrift, Beiheft 44) München 2007, S. 311-332

Kreiser, Klaus: Der Osmanische Staat. 1300-1922 (Oldenbourg Grundriss der Geschichte, Bd. 30) München 2001

Kuhl, Christoph: Carl Trimborn (1864-1921). Eine politische Biographie (Veröffentlichungen der Kommission für Zeitgeschichte, Reihe B, Bd. 120) Paderborn u.a. 2011

Kutsch, Karl Josef: Carl Pooten. Erzbischof von Antivari und Skutari und Primas von Serbien, ein Kind des Kreises Geilenkirchen-Heinsberg, in: Heimatkalender des Selfkantkreises, Bd. 1 (1951), S. 54-57

Łabęcka, N./Łabęcki, L.: Studium Konserwatorskie Rozszerzone Cmentarza Żydowskiego w Opolu, Opole 1987

Lässig, Simone: Die historische Biographie auf neuen Wegen?, in: Geschichte in Wissenschaft und Unterricht, Bd. 10 (2009), S. 540-553

Lässig, Simone: Jüdische Wege ins Bürgertum. Kulturelles Kapital und sozialer Aufstieg im 19. Jahrhundert (Bürgertum Neue Folge. Studien zur Zivilgesellschaft, Bd. 1) Göttingen 2004

Leask, Nigel: Byron and the Eastern Mediterranean: Childe Harold II and the ›polemic of Ottoman Greece‹, in: Bone, Drummond (Hrsg.): The Cambridge Companion to Byron, Cambridge 2004, S. 99-117

Le Goff, Jacques: Saint Louis, Paris 1996 (dt.: Ludwig der Heilige. Aus dem Französischen von Grete Osterwald, Stuttgart 2000)

Le Goff, Jacques: Wie schreibt man eine Biographie, in: Braudel, Fernand/Febvre, Lucien u.a. (Hg.): Der Historiker als Menschenfresser. Über den Beruf des Geschichtsschreibers, Berlin 1990, S. 103-112

Leopold, Mark: Inside West Nile. Violence, History & Representation on an African Frontier, Oxford u.a. 2005

Likaka, Osumaka: Naming Colonialism. History and Collective Memory in the Congo, 1870-1960, Madison 2009

Lindner, Ulrike: Koloniale Begegnungen. Deutschland und Großbritannien als Imperialmächte in Afrika 1880-1914 (Globalgeschichte 10) Frankfurt am Main 2011

Luck, Anne: Charles Stokes in Africa (Historical Studies No. 6) Nairobi 1972

Ludwig, Emil: Der Nil, Amsterdam 1935

Luffin, Xavier: Les recrues soudanaises de l'État Indépedandant du Congo (1892-1894): un épisode méconnu de l'histoire des Nubi, in: Autour de la Géographie Orientale ... et au-delà. En l'Honneur de J. Thiry (Lettres Orientales, Bd. 11) Leuven 2006, S. 123-134

Lunau, Klaus: Warnen, Tarnen, Täuschen. Mimikry und andere Überlebensstrategien in der Natur, Darmstadt 2002

Luwel, Marcel: Sir Francis de Winton. Administrateur General du Congo (1884-1886) (Annales, Serie IN-8°, Sciences Historiques, Bd. 1) Tervuren 1964

MacKenzie, John MacDonald: Propaganda and Empire. The Manipulation of British public Opinion, Manchester 1984/85

März, Peter: Mythen. Bilder. Fakten. Auf der Suche nach der deutschen Vergangenheit, München 2010

Mardin, Şerif: The Genesis of Young Ottoman Thought. A Study in the Modernization of Turkish Political Ideas (Princeton Oriental Studies, Bd. 21) Princeton 1962

Maselis, Patrick/Schoubrechts, Vincent u.a. (Hg.): Histoire Postale de l'Enclave Lado/ Postal History of the Enclave Lado, Monaco 2009

Mashengele, Jean: Historia ya Tanzania. Tangu 1880 hadi 1980, Dar es Salaam 1985

Matuz, Josef: Das Osmanische Reich. Grundlinien seiner Geschichte, Darmstadt ⁶2010

May, Karl: Die Sklavenkarawane. Historisch-Kritische Ausgabe für die Karl-May-Gedächtnis-Stiftung (Karl Mays Werke, Abteilung III. Erzählungen für die Jugend, Bd. 3) Nördlingen 1987

Mazrui, Ali A.: Religious Strangers in Uganda: From Emin Pasha to Amin Dada, in: African Affairs No. 76 (Jan. 1977), S. 21-38

Meffert, Erich: German Records in the Zanzibar Archives. 1867-1914. Ergänzt mit einer Liste der ernannten Konsule und Liste der Akten des Staatsarchivs Hamburg betr. Sansibar, Zanzibar 1999

Melinz, Gerhard: Vom Osmanischen Mosaik zur türkischen Staatsnation. Aspekte der Nationalstaatsbildung und des Nationalismus im mittleren Osten, in: Bruckmüller, Ernst/Linhart, Sepp u.a. (Hg.): Wege der Staatenbildung in der außereuropäischen Welt (Beiträge zur Historischen Sozialkunde, Bd. 4, Beiheft) Wien 1994, S. 51-75

Michels, Eckard: »Der Held von Ostafrika«. Paul von Lettow-Vorbeck. Ein preußischer Kolonialoffizier, Paderborn u.a. 2008

Michels, Stefanie: Schwarze deutsche Kolonialsoldaten. Mehrdeutige Repräsentationsräume und früher Kosmopolitismus in Afrika, Bielefeld 2009

Möhring, Hannes: Der Weltkaiser der Endzeit. Entstehung, Wandel und Wirkung einer tausendjährigen Weissagung (Mittelalter-Forschungen, Bd. 3) Stuttgart 2000

Möller, Frank: Joseph Caspar Witsch (1906-1967): Als Bibliothekar im Nationalsozialismus, als Verleger und Netzwerker im Kalten Krieg. Versuch und Problem einer Rekonstruktion. Unveröffentlicher Vortrag im Rahmen des Workshops Identität und Lebenswelt. Praxis der historischen Biographieforschung, Bochum, 11. Dezember 2009

Mommsen, Wolfgang: Imperialismus in Ägypten. Der Aufstieg der ägyptischen nationalen Bewegung, 1805-1956 (Janus-Bücher, Bd. 21) München 1961

Moore-Harell, Alice: Gordon and the Sudan. Prologue to the Mahdiyya 1877-1880, London u.a. 2001

Moore-Harell, Alice: The Turco-Egyptian Army in Sudan on the Eve of the Mahdiyya. 1877-1880, in: International Journal of Middle East Studies 31, No.1 (Feb. 1999), S. 19-37

Moorehead, Alan: The White Nile, London 1960, ND 1971

Müller, Klaus-Jürgen: Generaloberst Ludwig Beck. Eine Biographie, Paderborn u.a. 2008

Müller, Thomas: Konrad Krafft von Dellmensingen (1862-1953). Porträt eines bayerischen Offiziers (Materialien zur Bayerischen Landesgeschichte, Bd. 16) Kallmünz 2002

Münkler, Herfried: Die Deutschen und ihre Mythen, Berlin 2009

Munro, J. Forbes: Maritime Enterprise and Empire. Sir William Mackinnon and his Business Network, 1823-1893, Woodbridge u.a. 2003

Nipperdey, Thomas: Deutsche Geschichte (1866-1918), Bd. 2: Machtstaat vor der Demokratie, München 1992

Oeser, Erhard: Das Reich des Mahdi. Aufstieg und Untergang des ersten islamischen Gottesstaates, Darmstadt 2012
Oguntoye, Katharina: Eine afro-deutsche Geschichte. Zur Lebenssituation von Afrikanern und Afro-Deutschen in Deutschland von 1884 bis 1950, Berlin 1997
Ọlọmọla, Iṣọla: The Turko-Egyptian Regime in the Sudan, in: Oroge, Adeniyi: Egypt and the Nile Valley (Tarikh, Bd. 5/2) London u.a. 1977, S. 40-53
Owens, Jonathan: The Origins of East African Nubi, in: Anthropological Linguistics, Bd. 27 (1985), S. 229-271
Pakenham, Thomas: The Scramble for Africa, 1876-1912, London 1991, ND 2009
Perras, Arne: Carl Peters and German Imperialism 1856-1918. A Political Biography, Oxford 2004
Pirouet, Marie Louise: Historical Dictionary of Uganda (African Historical Dictionaries 64) London 1995
Pyta, Wolfram: Geschichtswissenschaft, in: Klein: Handbuch Biographie, S. 331-338
Pyta, Wolfram: Hindenburg. Herrschaft zwischen Hohenzollern und Hitler, München 2007
Raulff, Ulrich: Das Leben – buchstäblich. Über neuere Biographik und Geschichtswissenschaft, in: Christian Klein (Hrsg.): Grundlagen der Biographik. Theorie und Praxis des biographischen Schreibens, Stuttgart u.a. 2002, S. 55-68
Reed-Anderson, Paulette: Eine Geschichte von mehr als 100 Jahren. Die Anfänge der Afrikanischen Diaspora in Berlin, Berlin 1995
Reich, Konrad: Ehm Welk. Stationen eines Lebens, Rostock ⁴1980
Reichenow, Anton: Uebersicht der von Dr. Emin Pascha auf seiner Reise von Bagamojo bis Tabora gesammelten Vögel, in: Journal für Ornithologie, Bd. 19 (1891), S. 139-164
Reid, J.A.: The Death of Gordon. An Eye-witness Acount, in: Sudan Notes and Records, Bd. XX (1937), S. 172f.
Reid, J.A.: The Mahdi's Emirs, in: Sudan Notes and Records, Bd. XX (1937), S. 308-312
Reinhardt, Fr.: Die Englische Emin-Entsatz-Expedition, Hamburg 1890
Reinkowski, Maurus: Die Dinge der Ordnung. Eine vergleichende Untersuchung über die osmanische Reformpolitik im 19. Jahrhundert (Südosteuropäische Arbeiten, Bd. 124) München 2005
Reuss, Martin: The Disgrace and Fall of Carl Peters: Morality, Politics, and Staatsräson in the Time of Wilhelm II, in: Central European History 14, No.2 (Jun. 1981) S. 110-141
Rice, Andrew: The Teeth may smile but the heart does not forget. Murder and Memory in Uganda, New York 2009
Robel, Gert: Bemerkungen zur Geschichte Nordalbaniens (1853-1875), in: Dissertationes Albanicae (Beiträge zur Kenntnis Südosteuropas und des Nahen Orients, Bd. XIII), München 1971, S. 29-45
Roberts, Edward Louis: The Raison d'être for the persecutions in the kingdom of Buganda under Kabaka Mutesa I and Kabaka Mwanga I, [M.A.-Thesis], Duquesne 1969
Robinson, Arthur E.: The Rulers of the Sudan since the Turkish Occupation until the Evacuation by Order of the Khedive, in: Journal of the Royal African Society, Bd. 24, Nr. 93 (Oktober 1924), S. 39-49
Robinson-Dunn, Diane: The harem, slavery and British imperial culture. Anglo-Muslim relations in the late nineteenth-century, Manchester 2006
Röckelein, Hedwig: Der Beitrag der psychohistorischen Methode zur »neuen historischen Biographie, in: Dies. (Hrsg.): Biographie als Geschichte (Forum Psychohistorie, Bd. 1) Tübingen 1993, S. 17-38
Röhl, John C. G.: Wilhelm II. Der Aufbau der Persönlichen Monarchie (1888-1900), München 2011

Rowe, John Allen: Revolution in Buganda 1856-1900. Part One: The Reign of Kabaka Mukabya Mutesa 1856-1884 (Diss.), Wisconsin 1966/67

Rumbaur Otto: Stanleys sämtliche Reisen in Afrika und Emin Paschas, Wissmanns, Dr. Peters Erlebnisse im dunklen Erdteil, 2 Bde., Berlin 1891-1892

Sachse, [Adolf?]: Vortrag des Herrn Direktors im Reichs-Postamt Sachse über die Emin Pascha Expedition, gehalten in der Vorstandssitzung der Deutschen Kolonialgesellschaft am 11. September 1888 zu Wiesbaden, o. O. 1888

Said, Edward W.: Joseph Conrad and the fiction of Autobiography, o.O. 1966, ND New York u.a. 2008

aš-Šaiḫ, Ra'fat Ġanīmī: Miṣr wa as-Sūdān fil-'Alāqāt ad-daūliyya (Maktabat ad-Dirāsāt at-tārīḫiyya wa al-'Alāqāt ad-daūliyya, Bd. 4) al-Qāhira 1979

Sāliḥ, Dirār Dirār: Tārīḫ as-Sūdān al-ḥadīṯ, Beirut 1968

Sanderson, George N.: The Anglo-German Agreement of 1890 and the Upper Nile, in: The English Historical Review 78, No. 306 (Jan. 1963), S. 49-72

Schiller, Friedrich von: Wallenstein. Ein dramatisches Gedicht (Schillers sämmtliche Werke, Bd. 4) Stuttgart u.a. 1838

Schlenther, Paul: Der Verein Berliner Presse und seine Mitglieder. 1862-1912, Berlin 1912

Schmiedt, Helmut: Karl May oder Die Macht der Phantasie. Eine Biographie, München 2011

Schmitz, Markus: Orientalismus, Gender und die binäre Matrix kultureller Repräsentationen, in: Göckede, Regina/Karentzos, Alexandra (Hg.): Der Orient, die Fremde. Positionen zeitgenössischer Kunst und Literatur, Bielefeld 2006, S. 39-66

Schnitzer, Igna[t]z: Meister Johann. Bunte Geschichten aus der Johann-Strauß-Zeit, 2 Bde., Wien 1920

Schölch, Alexander: Der arabische Osten im neunzehnten Jahrhundert. 1890-1914, in: Haarmann, Ulrich/Halm, Heinz (Hg.), Geschichte der arabischen Welt, München ⁴2001, S. 365-431

Schramm, Martin: Das Deutschlandbild in der britischen Presse 1912-1919, Berlin 2007

Schweiger, Hannes: »Biographiewürdigkeit«, in: Klein, Christian (Hrsg.), Handbuch Biographie, Stuttgart u.a. 2009, S. 32-36

Schweiger, Hannes/Holmes, Deborah: Nationale Grenzen und ihre biographischen Überschreitungen, in: Fetz: Biographie, S. 385-418

Schweitzer, Georg: Auf Urlaub im Orient. Reise-Erinnerungen, Berlin 1890

Schwerin, Kurt: Die Juden im wirtschaftlichen und kulturellen Leben Schlesiens, in: Jahrbuch der Schlesischen Friedrich-Wilhelms-Universität zu Breslau, Bd. XXV (1984), S. 93-177

Searcy, Kim: The Formation of the Sudanese Mahdist State. Ceremony and Symbols of Authority: 1882-1898 (Islam in Africa, Bd. 11) Leiden u.a. 2011

Seemann, Markus: Kolonialismus in der Heimat. Kolonialbewegung, Kolonialpolitik und Kolonialkultur in Bayern (1882-1943), Berlin 2011

Selamoğlu, Esra Üstündağ: Doktor Celal İsmail Paşa Ailesi, in: İstanbul. Türkiye Ekonomik ve Toplumsal Tarih Vakfi 45 (2003), S. 42-46

Sharkey-Belasubramanian, Heather: The Egyptian Colonial Presence in the Anglo-Egyptian Sudan (1898-1932), in: Spaulding, Jay/Beswick, Stephanie (Hg.): White Nile, Black Blood, Lawrenceville u.a. 2000, S. 279-283

Shaw, Stanford Jay/Shaw, Ezel Kural: History of the Ottoman Empire and modern Turkey, 2 Bde., Cambridge 1976/77

Shee, James Charles: Report from Darkest Africa (1887-1889), in: Medical History, January 10(1) (1966), S. 23-37

Sheriff, Abdul: Ivory and Commercial Expansion in East Africa in the Nineteenth Century, in: Liesegang G./Pasch, H. u.a. (Hg.): Figuring African Trade, Berlin 1986, S. 415-449
Siegert, Bernd: Deutsche Ärzte als Forschungsreisende in Afrika im 19. Jahrhundert bis zum Eintritt des zweiten Kaiserreiches in den Kreis der Kolonialmächte im Jahre 1884 (Diss. med. unv.), Münster 1991
Sienkiewicz, Heinrich (Henryk): Durch Wüste und Wildnis. Abenteuerroman, Dresden 2012 [poln. Original: W pustyni i w puszczy (1912)]
Soghayroun, Ibrahim El-Zein: The Sudanese Muslim Factor in Uganda, Khartoum 1981
Somers, John: Historia ya Parokia ya Bukumbi. Mwaka 1883-2008, o.O. 2008
Spierenburg, Michael: Monuments and Tourism in Bukoba, Bukoba 2007
Sponholz, Dr.: Bekanntmachung, in: Deutsche Klinik. Zeitung für Beobachtungen aus deutschen Krankenhäusern, Bd. 16 (1864), S. 72
Steinert, Alfred: Geschichte der Juden in Oppeln. Fest- und Gedenkschrift der Oppelner Synagogengemeinde zur Erinnerung an das fünfundzwanzigjährige Bestehen der neuen Synagoge, Oppeln 1922
Steinhart, Edward I.: Conflict and Collaboration. The kingdoms of Western Uganda, 1890-1907, Kampala 1999
Stiansen, Endre: Franz Binder: A European Arab in the Sudan. 1852-1863, in: Spaulding, Jay/Beswick, Stephanie (Hg.): White Nile, Black Blood. War, Leadership and Ethnicity from Khartoum to Kampala, Lawrenceville u.a. 2000, S. 3-21
Stiansen, Endre: Franz Binder. Ein europäischer Araber im Sudan, in: Sauer, Walter (Hrsg.): k.u.k. kolonial. Habsburgermonarchie und europäische Herrschaft in Afrika, Wien 2002, S. 111-126
Stigand, Chauncy Hugh: Equatoria. The Lado Enclave (Cass Library of African Studies. General Studies, Bd. 56) London 1923, ND 1968
Stolte, Heinz: Die Sklavenkarawane, in: Ueding, Gert (Hrsg.): Karl-May-Handbuch, Würzburg 2001, S. 279-283
Strauß, Johann: Das Vilayet Janina 1881-1912. Wirtschaft und Gesellschaft einer »geretteten Provinz«, in: Majer, Hans Georg/Motika, Raoul (Hg.): Türkische Wirtschafts- und Sozialgeschichte (1071-1920), Wiesbaden 1995, S. 297-317
Streck, Bernhard: In türkischen Diensten. Die Frühzeit europäischer Entwicklungshilfe im Sudan, in: Jahrbuch für Europäische Überseegeschichte, Bd. 8 (2008), S. 11-40
Struck, Bernhard: A Bibliography of the Languages of the Southern Sudan, in: Sudan Notes and Records, Bd. XI (1928), S. 217-226
Šukrī, Muḥammad Fū'ād: Miṣr wa as-Sūdān. Tārīḫ wa Haiyyā Wādī an-Nīl as-siyāsiyya fil-qarn at-tās'a 'ašar, al-Qāhira 1939
El-Tayeb, Fatima: Schwarze Deutsche. Der Diskurs um »Rasse« und nationale Identität. 1890-1933, Frankfurt am Main u.a. 2001
Theobald, A. B.: The Mahdīya. A History of the Anglo-Egyptian Sudan. 1881-1889, London u.a. 1951
Trojanow, Ilja: Der Weltensammler. Roman, München 2006
Tūsūn, 'Amar: Tārīḫ Mudīriyyat Ḫaṭṭ al-Istiwā' al-maṣriyya, 3 Bde., al-Iskandariyya 1937
Ullrich, Volker: Die schwierige Königsdisziplin. Das biografische Genre hat immer noch Konjunktur. Doch was macht eine gute historische Biografie aus? in: Die ZEIT, 4. April 2007
Urbach, Karina: Queen Victoria. Eine Biografie (Beck'sche Reihe, Bd. 1975) München 2011
Verdcourt, Bernard: Collectors in East Africa – No. 15: Emin Pasha, in: The Conchologists' Newsletter 120 (1992), S. 439-448

Volkov, Shulamit: Die Verbürgerlichung der Juden in Deutschland. Eigenart und Paradigma, dt. Übersetzung von Gunilla Friederieke Budde, in: Kocka, Jürgen (Hrsg.): Bürgertum im 19. Jahrhundert. Deutschland im europäischen Vergleich, München 1988, S. 343-371

Wack, Henry Wellington: The Story of the Congo Free State, New York 1905

Wagner, J.: Deutsch-Ostafrika. Geschichte der Gesellschaft für deutsche Kolonisation, der Deutsch-Ostafrikanischen Gesellschaft und der Deutsch-Ostafrikanischen Plantagengesellschaft, Berlin ²1888

Warburg, Gabriel R.: Islam, Sectarism and Politics in Sudan since the Mahdiyya, Madison 2003

Warburg, Gabriel R.: The Turco-Egyptian Sudan: A recent historiographical Controversy, in: Die Welt des Islams, Bd. XXXI (1991), S. 193-215

Warmbold, Joachim: »Ein Stückchen neudeutsche Erd'...«. Deutsche Kolonial-Literatur. Aspekte ihrer Geschichte, Eigenart und Wirkung, dargestellt am Beispiel Afrikas, Hanau 1982

Warmbold, Joachim: Germania in Africa. Germany's Colonial Literature (Studies in Modern German Literature, Bd. 22) New York u.a. 1989

Watt, Ian: Conrad in the Nineteenth Century, Berkeley u.a. 1979

Watt, Ian: Essays on Conrad, Cambridge 2000

Wehler, Hans-Ulrich: Bismarck und der Imperialismus, München ⁴1976

Weidmann, Conrad: Deutsche Männer in Afrika. Lexicon der hervorragendsten deutschen Afrikaforscher, Missionare etc., Lübeck 1894

Weiß, Dieter J.: Kronprinz Rupprecht von Bayern. Eine politische Biografie, Regensburg 2007

Westphal, Wilfried: Sturm über dem Nil. Der Mahdi-Aufstand. Aus den Anfängen des islamischen Fundamentalismus, Sigmaringen 1984

White, Stanhope: Lost Empire on the Nile. H.M. Stanley, Emin Pasha and the Imperialists, London 1969

Whitehead, G.O.: Some Authors of the Southern Sudan, in: Sudan Notes and Records, Bd. XI (1928), S. 83-101

Wiggershaus, Renate: Joseph Conrad. Leben und Werk in Texten und Bildern, Frankfurt am Main 1990

Wildenthal, Laura: The Feminine Radical Nationalism of Frieda von Bülow, in: German Women for Empire (1884-1945), Durham u.a. 2001, S. 54-78

Wildenthal, Laura: ›When Men Are Weak‹: The Imperial Feminism of Frieda von Bülow, in: Gender & History, Bd. 10,1 (1996), S. 53-77

Wilson, Charles T./Felkin, Robert W.: Uganda und der aegyptische Sudan, 2 Bde., Stuttgart 1883

Winfield, Judith A.: Carl Peters and Cecil Rhodes: A comparative study of imperialist theory and practice [Diss. phil.], Univ. of Connecticut 1972

Winzen, Peter: Das Kaiserreich am Abgrund. Die Daily-Telegraph-Affäre und das Hale-Interview von 1908. Darstellung und Dokumentation, Stuttgart 2002

Wirz, Albert: Sklavenhandel, Sklaverei und legitimer Handel, in: Grau, Inge/Mährdel, Christian u.a. (Hg.): Afrika. Geschichte und Gesellschaft im 19. und 20. Jahrhundert, Wien 2000, S. 76-91

Woodward, Peter: Ambiguous Amin, in: African Affairs 77, Nr. 307 (April 1978), S.153-164

Yasamee, Feroze A. K.: The Ottoman Empire, the Sudan and the Red Sea Coast (1883-1889), in: Deringil, Selim/Kuneralp, Sinan (Hg.): The Ottomans and Africa (Studies on Ottoman Diplomatic History, Bd. 5) Istanbul 1990, S. 87-102

Yeo, Richard: Alphabetical lives: scientific biography in historical dictionaries and encyclopedias, in: Shortland, Michael/Yeo, Richard (Hg.): Telling lives in science. Essays on scientific biography, Cambridge 1996, S. 139-169

Yow, Valerie Raleigh: Biography and Oral History, in: Thomas L. Charlton/Lois E. Myers u.a. (Hg.): Handbook of Oral History, Lanham u.a. 2008, 425-464

Zach, Michael H.: Martin Ludwig Hansal. Das Leben eines Österreichers im Sudan des 19. Jahrhunderts und sein Beitrag zu Erforschung und Geschichtsschreibung Nordostafrikas [phil. Diss. masch.] Wien 1986

Zahlmann, Stefan/Scholz, Sylka (Hg.): Scheitern und Biographie. Die andere Seite moderner Lebensgeschichten (Reihe Psyche und Gesellschaft) Gießen 2005

Zelepos, Ioannis: Die Ethnisierung griechischer Identität (1870-1912). Staat und private Akteure vor dem Hintergrund der »Megali Idea« (Südosteuropäische Arbeiten, Bd. 113) München 2002

Zeller, Joachim: Harmless Kolonialbiedermeier? Colonial and Exotic Trading Cards, in: Volker Langbehn (Hrsg.): German Colonialism, Visual Culture and Modern Memory, New York u.a. 2010, S. 71-86

Ziegler, Philip: Omdurman, New York 1974

Zimmermann, Christian von: Biographische Anthropologie. Menschenbilder in lebensgeschichtlicher Darstellung (1830-1940) (Quellen und Forschungen zur Literatur- und Kulturgeschichte, Bd. 41 (275)) Berlin u.a. 2006

ZUSÄTZLICHE INTERNETADRESSEN

<http://www.eminpasha.com> (30. Juni 2011)
<http://www.focus.de/politik/weitere-meldungen/koenigreich-bunyoro-koenig-solomon-iguru-i-bittet-polen-um-hilfe_aid_684795.html> (30. November 2012)
<http://www.ma-shops.de/fenzl/item.php5?lang=es&ide=110> (21. Juni 2010)
<http://www.sztetl.org.pl/pl/article/nysa/12,cmentarze/1594,nowy-cmentarz-zydowski-w-nysie-ul-kaczkowskiego-/view=1> (30. November 2012)

FILMTITEL

Dearden, Basil/Elisofon, Eliot: Khartoum, GB 1966
Hood, Gavin: W pustyni i w puszczy, Polen 2001
King, Henry/Brauer, Otto: Stanley and Livingstone, USA 1939
Selpin, Herbert: Carl Peters, Deutschland 1940/41
Ślesicki, Władysław: W pustyni i w puszczy, Polen 1973

SUMMARY

Throughout the years, authors like Karl May or Henry Sienkiewicz have created a certain myth of a heroic, Christian-occidental (German) governor, who, being cut off from the outside world and lost in the impenetrable jungle of the »Dark Continent«, offered resistance to the warriors of a Muslim fundamentalist (the Mahdī), reigning in his province like a king while accumulating fabulous treasures of ivory.

This book attempts to demystify the life story of Emin Pasha by using historical documents that have been largely neglected. In the first, chronological part of this biography of Emin Pasha, biographic details are enriched by additional data from archives in Europe and Africa. In each chapter a short account of the sources and literature is given, followed by brief analyses of the historical circumstances, Emin's actions and their impacts on European politics.

Aspects like the attitudes of contemporaries towards Emin, his relations to Stanley, the development of Emin's reputation in Europe and Africa over the years (including the »Emin Pasha myth«), including the publication of a wide vary of belletristic books, and Emin's contribution to science are key themes of the second part.

Isaak/Eduard Schnitzer, alias Emin Pasha, was born in Oppeln (Opole, Silesia) in 1840. At the young age of six he was baptised in a Protestant church in Neisse (Nysa), after his mother Pauline Schnitzer née Schweitzer married a Protestant, Bernhard Treftz, after Eduard's father Louis Schnitzer died in 1845. The young Eduard attended a Catholic School in Neisse and studied medicine in Breslau (Wrocław), Berlin and Königsberg. According to the records, he did not complete his studies and did not obtain a full medical qualification.

Being therefore unable to work as a medical doctor in Germany, he felt himself forced to leave the area he was culturally acquainted with. First he tried to join the army of the Emperor of Mexico, Maximilian I, but he was rejected as unfit.

As a consequence, his first employment led him to the Balkans and to Turkey in the 1860s where he worked as a physician. At first he was responsible for curing pestilence; later he became a personal physician to the Governor of Epirus, Divitçi İsmail Hakkı Pasha. When the latter was sent to other provinces of the Ottoman Empire for political and disciplinary reasons, Schnitzer accompanied him. He had a love affair with the Transylvanian widow of Divitçi İsmail, Emilie Leitschaft, alias Emine, possibly before and in any case after Divitçi İsmail died in Yanya (Ióannina) in 1873. Schnitzer administered the Pasha's estate and took Emilie Leitschaft to Tyrol. After the birth of a daughter and a short interlude back in Silesia, Schnitzer left the widow behind and made his way to Khartoum and down to the southernmost province of the Turko-Egyptian Sudan in 1875. There Schnitzer met Colonel Charles Gordon and changed his name to ›Emin Effendi‹. Emin was promoted to the rank of

Bey in 1878 and to the rank of Pasha in 1887. Soon Emin was appointed Gordon's successor as Governor of the province of Equatoria. Emin's difficult task was to govern a province that was soon completely cut off from all supplies coming from Khartoum due to the so-called »Mahdi Uprising« which had spread all over the country. Nevertheless Emin was ambitious to boost »his province« in terms of a self-sustaining infrastructure, and he developed elaborate plans to achieve his aim. After years of neglect by the Egyptian Government, Emin was finally »rescued« by the renowned British-American explorer Henry Morton Stanley, who led Emin to (German) East Africa. Emin's decision to accept employment in the German Colonial Service caused serious irritations in the UK, where Sir William Mackinnon was one of the donors for Stanley's Expedition. After having recovered from a serious injury – he had broken his skull – Emin led a German Expedition (the so-called »Lakes Expedition«) to the interior of Africa. On his way Emin conquered several places and hoisted the German flag. He also established a station at Bukoba on the Eastern shore of Lake Victoria. Emin's unauthorised acts caused serious quarrels with the German Reichskommissar Hermann von Wissmann. Disillusioned, Emin travelled in the direction of his former province and then moved towards the Congo. Emin was killed in August 1892 near Kinena in the Congo Free State.

VERZEICHNIS DER ABBILDUNGEN UND KARTEN

Abbildungen

Bild 1	Emins Gouverneursstempel	20
Bild 2	Auszug aus Emins Tagebuch	21
Bild 3 a/b	Neisse früher und heute	27
Bild 4	Blick vom Piastenturm auf die Minoritengasse, Opole	28
Bild 5	Grabstein Margaliot/Margarethe Schnitzer, geb. Pappenheim	29
Bild 6	Schöner Brunnen und Ring, Nysa	32
Bild 7	Maria-Himmelfahrt-Kirche und Gymnasium Carolinum, Nysa	33
Bild 8	Evangelische Barbarakirche, Nysa	34
Bild 9	Aula der Universität Breslau (Uniwersytet Wrocławski)	35
Bild 10	Antivari (Stari Bar) Ende August 1863	42
Bild 11	Skutari, August 1863	50
Bild 12	Blick über den Bosporus in Richtung Üsküdar, Istanbul	55
Bild 13	Ióannina, Einfahrt zur Burg	56
Bild 14	Blick auf Arco und die Collegiata	61
Bild 15	Zentrum von Khartum	68
Bild 16	Der Weiße Nil südlich von Khartum	71
Bild 17 a/b	Zeichnung Mutesas von Uganda und Photographie Kabaregas von Bunyoro	80
Bild 18	Der Nil bei Gondokoro	88
Bild 19	Der Mahdī	92
Bild 20	General Hicks fällt im Kampf	95
Bild 21	»General Gordon's last stand«	96
Bild 22 a/b	Traditionelles Anṣār-Gewand und heutige Entsprechung	97
Bild 23 a/b	Symbol der Mahdiyya auf der alten Kuppel des Mahdī-Grabes und Flagge einer Ṣūfī-Bruderschaft	98
Bild 24	Grab des Mahdī, Omdurman	99
Bild 25	Kararī, Omdurman	100
Bild 26	Casati (mit Tochter), Vita Hassan und Wilhelm Junker	104
Bild 27	Zeichnung von Stanleys Zusammentreffen mit Emin	123
Bild 28	Punch-Karikatur	136
Bild 29	Ratu Haus, Bagamoyo	137
Bild 30	Punch-Karikatur	146
Bild 31	Zentrum von Mpwapwa	154
Bild 32	Zentrum von Tabora	156
Bild 33	Missionsstation Bukumbi	162
Bild 34	Kirche der Missionsstation Bukumbi	162
Bild 35	Victoria Nyanza bei Bukoba	165
Bild 36	Duka Kubwa, Bukoba	165
Bild 37	Die Familie des Divitçi İsmail Hakkı Pascha	179
Bild 38	Fatma Zehra mit Selma Emiroğlu-Aykan, ohne Datum	179
Bild 39	Familie Emiroğlu-Aykan	180
Bild 40 a/b	Ferida	181
Bild 41	Ferida im Kreise von Lette-Schülerinnen (um 1900)	182

Bild 42	Pauline Treftz, verw. Schnitzer mit Isaak/Eduard und Melanie	187
Bild 43	Schnitzer im Wichs der Burschenschaft Arminia (Breslau)	188
Bild 44	Schnitzer als türkischer Beamter	188
Bild 45 a/b	Dr. Emin Bey	189
Bild 46	Casati und Emin	189
Bild 47	Emin mit Fez und leicht ergrautem Bart	190
Bild 48	Emin Pascha in blauer Uniform (Bagamoyo oder Sansibar, 1890)	190
Bild 49	Emin Pascha mit der Expedition Carl Peters' (Mpwapwa, 1890)	191
Bild 50	Emin Pascha mit Carl Peters	191
Bild 51	Emin an einem Fluss (Ituri, 1892)	192
Bild 52	Emin (nachgezeichnet)	192
Bild 53	Richard Burton	195
Bild 54	Gordon Statue, Victoria Embankment, London	195
Bild 55	Slatin in jungen Jahren	196
Bild 56	Giegler Pascha	197
Bild 57 a/b	Henry Morton Stanley – Photographie und Büste	201
Bild 58	Emin-Pascha-Straße in München-Zamdorf	202
Bild 59	Emin-Pascha-Büste	203
Bild 60	Emin-Pascha-Medaille	204
Bild 61	Stempel Touristen-Club Emin Pascha	204
Bild 62	Liebig's Fleisch-Extract	205
Bild 63	Brettspiel (Titel unbekannt, ca. 1890) zur Emin-Relief-Expedition	206
Bild 64	Routenbuch Emin Paschas	219

KARTEN

Karte 1:	Wirkungsstationen Eduard Schnitzers/Emin Paschas	302
Karte 2:	Das Osmanische Reich (1881)	303
Karte 3:	Verwaltungsunterteilung des Ägyptischen Sudan	304
Karte 4:	Die Äquatorialprovinz (al-Istiwā'iyya)	305
Karte 5:	Routen der Emin-Relief-Expedition und der Seen-Expedition	306

VERZEICHNIS DER ABKÜRZUNGEN UND SIGLEN

Archive

AmN	Akta miasta Nysy (Akten der Stadt Neisse)
AmO	Akta miasta Opolu (Akten der Stadt Oppeln)
AP Op.	Archiwum Pánstwowe w Opolu (Staatsarchiv Oppeln)
BArch	Bundesarchiv (Berlin-Lichterfelde und Koblenz)
BArchM	Bundesarchiv – Militärarchiv (Freiburg im Breisgau)
BL	British Library (London)
CNA	Cairo National Archives
GStA PK	Geheimes Staatsarchiv Preußischer Kulturbesitz (Berlin)
HUA	Archiv der Humboldt-Universität (Berlin)
HZAN	Hohenlohe-Zentralarchiv Neuenstein
IfL	Leibniz-Institut für Länderkunde (Leipzig)
KCA	Khartum Central Archives
Kl. Erw.	Kleine Erwerbungen
NGG	Nachlass Giegler [Groha] (Schweinfurt)
ÖNB	Österreichische Nationalbibliothek (Wien)
PAAA	Politisches Archiv des Auswärtigen Amts (Berlin)
PGM	Justus Perthes Archiv (Gotha)
RGS	Royal Geographical Society (London)
SAD	Sudan Archive Durham
SOAS	School of Oriental and African Studies (London)
StadtAN	Stadtarchiv Nürnberg
StArchHH	Staatsarchiv der Freien und Hansestadt Hamburg
TNA	Tanzania National Archive (Dar es Salaam)
UWA	Universytet Wrocławski Archiwum (Archiv der Universität Breslau)
ZNA	Zanzibar National Archives (Sansibar)

Varia

alban.	albanisch
arab.	arabisch
Bd.	Band
Bde.	Bände
bzw.	beziehungsweise
betr.	betrifft/betreffs
brit.	britisch
CMS	Church Mission Society
Diss.	Dissertation
div.	divers(e)
dt.	deutsch
ebd.	ebenda

gen.	genannt
griech.	griechisch
hg./hrsg.	herausgegeben
Hg./Hrsg.	Herausgeber
Jr.	Junior
ksl.	kaiserlich(e/s)
LMS	London Missionary Society
M.A.	Magister Artium/(hier auch:) Master of Arts
M.Afr.	Société des missionnaires d'Afrique (Weiße Väter)
masch.	maschinengeschrieben (= ungedruckt)
med.	medizinisch(e)
ND	Nachdruck
N.J.	New Jersey
o.J.	ohne Jahr
o.O.	ohne Ort
o.P.	ohne Paginierung
osman.	osmanisch
phil.	philosophisch(e)
poln.	polnisch
RS	Rückseite
rum.	rumänisch
S.	Seite
s.	siehe
Sp.	Spalte
türk.	türkisch
u.a.	unter anderem
ul.	ulica (dt.: Straße)
unv.	unveröffentlicht
vgl.	vergleiche
z.B.	zum Beispiel
zit. n.	zitiert nach

INDEX

'Abd al-Qādir Pascha Ḥilmī 88-90, 94
'Abd al-Wahāb Efendi 126, 129
'Abdallah Āġā 127
'Abdīn Muṣṭafā 229
'Abdullahi b. Sayyid Muḥammad Ḫalīfa 92, 98-100, 196
Abdülmecid I. (osman. Sultan) 203
Abū Bakr 98
Achte, Auguste 153, 163
Aḥmad Āġā Ḥamad 109, 111
Aḥmad 'Urabī 92-94, 129
Aḥmand Rā'if 103
Ahmed Pascha 57
'Alā' ad-Dīn Pascha Ṣiddīq 95
'Alī Āġā Ġabūr 111
'Alī b. Sulṭān 157
'Alī Efendi 101, 109, 110
Ali Pascha 56, 57
Amīn Efendi 72
Anfina (Magongo-Chief) 107
Angelstein, Karl 36
Archenholz, Bogislav von 207
Aristoteli, ? (griech. Pharmazeut) 43
Asimia 175, 184
Auerbach, ? (deutschsprachiger Arzt) 44
Auwād 'Abdallah 103
Aykan, Aydın 180
Aykan, Aylin 180
Ayyūb Efendi 133
az-Zubayr Pascha Raḥma Manṣūr 71, 86, 94
B., A. 59-62, 66
Bāba Efendi 104
Bader, Lies 181, 210
Baḫit Āġā 125-127
Baḫit Bey Baṭrākī 89
Bair Jr., Henry 115
Baker, Samuel 72, 74, 81, 101, 147, 148
Banse, Ewald 219, 220, 233
Barttelot, Edmund 121, 127, 211, 212
Bašīli Buḫtūr 103, 105, 106, 131
Beck, Hanno 219, 220
Behm, Ernst 216
Bellefonds, Ernest de 74
Berger, Arthur 207
Beust, Friedrich von 42
Bib Doda Pascha 42, 48, 224
Binder, Franz 67
Bismarck, Herbert von 118
Bismarck, Otto von 115, 117, 118, 142, 143, 148-150, 152, 181, 231, 232

Blau, Otto 49
Bohl, geb. Treftz, Grethe 32, 65
Bonny, William 121
Bonomi, Alois 97, 98, 115
Borcke, Helene von 141
Bothmer, Hippolyt von 54, 58
Bradasch, Cavaliere 43, 46, 49, 58
Brauer, Arthur von 138, 143
Brecx, ? (belg. Offizier) 177
Brehme, ? (dt. Arzt) 140, 141
Broecker, Arthur von 54, 55
Brooke, James 194
Būġūṣ Nūbār Pascha 19, 108, 109, 110, 112, 117
Bülow, Albrecht von 153, 154, 161, 209
Bülow, Frieda von 208-210, 232
Burton, Richard 194, 195
Byron, George 57
Caillou, Alan 207
Camperio, Manfredo 86
Caprivi, Leo von 147, 152, 167, 232
Casati, Gaetano 72, 101, 104, 107-115, 122-124, 126-130, 132, 134, 135, 141, 151, 169, 189, 214
Celal (Sohn des Divitçi İsmail Pascha) 57, 66, 178
Christian, W. 208
Çırpanlı Abdülkerim Nadir Paşa 53
Clough, Patricia 12, 208
Collins, Robert 18, 227, 228
Conrad, Joseph 161, 211, 212
Crackwell, ? (brit. Richter) 149
Devidé (Familie des Bib Doda Pascha) 48
Dhanis, Francis 177
Dickens, Charles 198
Divitçi İsmail Hakkı Pascha 44-57, 59, 60, 62, 72, 73, 138, 178, 179, 223, 230
Droysen, Gustav 9
Ebbüzziya Tevfik 52, 60, 72
Eckert, Florens 213
Edhem Pascha 45
Eichendorff, Joseph von 178
Elephterakis, ? (griech. Arzt) 43
Emin, Ferida 62, 63, 129, 141, 180-183, 206, 208, 210
Emine Leyla (eigentl. Emilie Leitschaft, Witwe des Divitçi İsmail Pascha) 52, 57, 59-63, 66, 72, 73, 138, 178
Emiroğlu-Aykan, Selma 179, 180
Esad Pascha 48
Euan-Smith, Charles 149
Fabunmi, Lawrence 99

Fachri (Emin Paschas Sohn) 180
Faḍl al-Mullā Āġā 112, 126, 130
Falkenhorst, Carl 144, 200, 207, 223
Fangai (Chief aus A-Lendu) 221
Fatuma 180, 181
Felkin, Robert 119-121, 170, 193, 202
Fest, Joachim 9
Fetz, Bernhard 13
Fischer, Gustav 108, 111, 115, 116
Fischer-Sallstein, Conrad 208
Forbath, Peter 207, 208
Förster, Brix 168
Frank, Walter 62, 220, 230, 233
Freißler, Ernst 38, 170, 231
Friedländer, Max 35
Friedrich III. (deutscher Kaiser) 135, 231
Fritz-Vannahme, Joachim 12
Fuad (Sohn des Divitçi İsmail Pascha) 46, 57, 66, 178
Gascoygne-Cecil, Robert (Lord Salisbury) 99
Gedge, Ernest 164
Geon (Familie des Bib Doda Pascha) 48
Gessi Pascha, Romolo 72, 77, 81, 86, 87
Giegler Pascha, Carl 30, 68-73, 78, 88-90, 94, 102, 194, 197, 223, 228
Gillet, Dionys 66
Girault, Ludovic 134
Gladstone, William 95-97, 99
Goethe, Johann von 227
Gordon, Augusta 73
Gordon, Charles 18, 57, 70-78, 81, 85-87, 93, 95-97, 101, 115, 193, 194, 212, 223, 225, 228
Götsch, ? (dt. Arzt) 140, 141
Gottberg, Achim 159
Grant, James 74, 199
Gravenreuth, Karl von 167
Grimm, Karl von 68-70
Grupp, Peter 66
Grzelak, Piotr 204
Guakamatera (Chief) 113
Hafız Bey 47
Ḥaġġ Muḥammad ʿUṯmān 103, 104
Ḥaġġ ʿUṯmān Ḥamad 103, 104
Ḫalīl Āġā 51
Ḫalīl Wassīm 87
Ḥamīd Āġā 126
Hansal, Martin 68, 70, 197
Hartlaub, Gustav 21, 217, 218, 227
Ḫašāyār Hanım 51
Hassenstein, Bruno 220
Hatzfeld, Paul von 17, 147, 148
Ḥawāši Efendi 106, 126, 127
Hertzer, Auguste 141, 142, 167, 181-183, 200, 217
Heydt, Karl von der 117
Hicks, William 94, 95, 103, 197

Hildebrandt, Franz (?, ev. Pfarrer in Schöneberg) 183
Hill, Richard 18, 69
Hirsch, Georg 37, 38
Hirth, Johannes 161, 163
Hodister, Arthur 212
Hoffmann, William 175, 200
Hofmann, Karl von 168
Hohenlohe-Langenburg, Hermann von 167
Holmwood, Frederic 111, 112
Holt, Peter 93, 215
Hüseyin Avni Pascha 53
Hussayn Efendi 126
Hutton, James 120
Ibrāhīm Āġā 104
Ibrāhīm Fawzī 81
Idi Amin 213
Ignatjew, Nikolai 53, 54
Ismāʿīl (Ismaili) 174
Ismāʿīl Ḫalīfa 103
Ismāʿīl Pascha (Khedive von Ägypten) 51, 82, 83, 85, 92, 93, 225
Jackson, Frederic 163
Jameson, James 121, 127
Jephson, James 113, 114, 121-125, 127, 128, 131, 193, 198, 205
Jung, M. 204
Junker, Wilhelm 68, 72, 77, 81, 86, 101, 102, 103, 104-110, 115, 116, 118, 119, 169, 193, 202, 222, 223, 229
Kabarega (Kabaka von Bunyoro) 78-80, 86, 104, 107-113, 124, 133, 171, 213, 214
Karam Allah Muḥammad Kurkusāwī 102-105, 107
Kavalli (Chief) 122, 128, 130, 134
Kay, ? (dt. Feldwebel) 153
Kayser, Alwine 182
Kayser, Paul 181
Kibonge (Ḥammādi b. ʿAlī) 174-177
Kıbrıslı Mehmed Emin Pascha 203
Kilonga-longa (Statthalter) 174
Kinena (Chief) 174, 175
Kirchhoff, Alfred 188
Kirk, John 108
Kirk-Greene, Anthony 11
Kisa (Chief) 110, 111
Kitchener, Horatio 81, 100
Kiziba 166
Kluy, Alexander 12, 232
Knoblehar, Ignacij 67, 208
Koetschet, Joseph 43
Konzelmann, Gerhard 207
Kopp, Friedrich 77
Kraft, Rudolf 23, 37, 40, 53, 64, 183
Kraus, Hans-Christof 9
Krause, ? (dt. Feldwebel) 153

Krohn, Margot 37
Krüger, ? (ev. Pfarrer in Schöneberg) 182
Küçük Ömer Fevzi Pascha 48
Kühne, ? (dt. Feldwebel) 153, 161, 164, 170
Küpper, Thirza 69
Kurnik, Max 49
Kurnik, Olga 49, 65
Langheld, Wilhelm 151, 153, 155, 158, 161, 163, 166, 168, 170, 176, 232
Lassalle, Ferdinand 35
Lavaux, ? de (Klägerin in Unterhaltsprozess) 62
Lavello, ? da (italien. Geistlicher) 43
Leisser, Mathias 40
Lenz, Oskar 111, 116
Lerch, Wolfgang-Günter 12
Lichtenberg, Friedrich von 43, 47, 49, 50
Likaka, Osumaka 214
Lilien, Johanna von 43
Livingstone, David 131, 199
Lofçalı İbrahim Derviş Pascha 49
Lordick, Harald 13
Loron (Bari-Chief) 101
Lothaire, Hubert 177
Ludwig, Emil 207
Ludwig, Emilie 208
Lugard, Frederick 171, 213
Lupton Bey, Frank 87, 95, 101, 103
Mackay, Alexander 108, 110, 119, 133, 134
Mackinnon, William 120, 198
Magnussen, Harro 203
Maḥmūd al-ʻAǧamī 103
Mahmud Nedim Pascha 53, 54
Malzac, Alphonse de 67
Mamba (Angeklagter) 175
Mambanga (Aufrührer) 101
Manning, Olivia 88, 207
Marcella (Familie des Bib Doda Pascha) 48
Marco, Gaspari 106, 130, 135
Marcopulo, Jean 87
Mariano, Josef 141, 181, 210
Mason Bey, Alexander 81
Maure, ? (Medizinstudent) 36
Maximilian I. (Kaiser von Mexiko) 40
May, Karl 12, 13, 119, 147, 204, 208
Medem, Erich von 135
Meffert, Erich 20
Mehmed Emin Ali Pascha 53
Mehmet Ali Pascha (Detroit, Karl) 73
Meissner, Hans-Otto 207
Meyer, Heinrich Adolf 157, 158
Michahelles, Gustav 149
Miḥāīl Saʻad 103
Mohara (Chief) 175
Mohun, Richard 176
Mremma (Chef des ägyptischen Vorpostens in Buganda) 75

Muanga II. (Kabaka von Buganda) 107, 109, 113, 116, 161, 169
Muḥammad ʻAlī Pascha 67
Muḥammad Aḥmad al-Mahdī 13, 73, 88, 90-100, 102, 103, 105-107, 115, 127, 196, 222
Muḥammad Bey Ḫālid Zuġal 95
Muḥammad Bīrī 108, 111, 113
Muḥammad Fūʼād Šukrī 108
Muḥammad ibn Tūmart 92
Muḥammad Saʻīd Pascha 94
Müller, ? (Medizinprofessor) 37
Munzinger Pascha, Werner 72
Murġān Āġā 105, 106
Mūsā Āġā Kundā 103
Mutesa (Kabaka von Buganda) 73-80, 107, 109, 169, 224, 228, 229
Namik Kemal 52
Ndagara (König) 171
Nelson, Robert 121, 129, 130
Neuhaus, Geoff 182, 184
Nevfik (Sohn des Divitçi İsmail Pascha) 57, 178
Nikola (Fürst von Montenegro) 45, 48
Nipperdey, Thomas 160
Njavingi (Königin von Mpororo) 171
Northcote, Stafford (Lord Iddesleigh) 119
Nūr Bey Muḥammad 89
O'Neill, ? (Missionar) 78
Onkel Fritz (Onkel von Schnitzer) 55
Pappenheim, Eugen 36
Pappenheim, Itzig 29
Pappenheim, Margaliot 29, 30
Pappenheim, Seeligman 29
Parke, Thomas 121, 129, 132, 138, 140, 141
Perifanakis, ? (griech. Arzt) 44
Perras, Arne 115, 118
Perthes, Justus 18
Petermann, August 219
Peters, Carl 115-118, 135, 148, 151, 154-156, 159-161, 169, 191, 208, 209, 212, 224, 231
Ponthier, Charles 177
Pooten, Carl 43, 49, 52
Prenk Bib Doda 48
Prokesch von Osten, Anton 42
Prout Bey, Henry 77, 81
Pyta, Wolfram 10
Raʼūf Pascha 85-88, 90, 93, 94
Ramaeckers, Jules 108
Ranke, Leopold von 9
Ratzel, Friedrich 82
Reade, ? (brit. Konsul) 46
Reichard, Paul 222, 223
Rīḥān Āġā 107, 109
Rosset, Friedrich 68-70, 77, 86, 102
Rumaliza (Muḥammad b. Hassan) 175
Saffran (Ehefrau Emin Paschas) 180
Saʻīd b. Sālim 174

Šaīḫ Aḥmad 76
Sakızılı Ahmed Esad Pascha 48, 49, 53
Salīm Āġā 109, 125-128, 130, 131, 133, 172, 174, 213
Schiller, Friedrich von 232
Schindler, Loebel 31
Schmidt, Carl Wilhelm 159-161, 166-168, 231
Schmidt, Jürgen W. 59
Schmidt, Rochus 135, 152, 153, 200
Schnitzer, Abraham 29
Schnitzer, Adolf 29
Schnitzer, Amalie 29
Schnitzer, Eduard (Cousin) 36
Schnitzer, Eduard (Onkel) 36, 37
Schnitzer, Ewald (»Spark«) 184
Schnitzer, Ignaz 40
Schnitzer, Isaac 29
Schnitzer, Joseph 29, 31
Schnitzer, Levi 29
Schnitzer, Louis 28-31, 178
Schnitzer, Melanie 28, 31-33, 35, 40, 43, 45-47, 51-55, 57, 60, 63-65, 73, 151, 154, 156, 157, 181, 183, 187, 222, 223
Schnitzer, Pauline (auch: Emiroğlu, Fatma Zehra) 62, 66, 178, 179
Schnitzer, Wilhelm 184
Schubotz, Hermann 217
Schweiger, Hannes 10
Schweinfurth, Georg 82, 84, 85, 116-118, 181, 188, 202, 226, 228, 230
Schweitzer, Georg 13, 17, 22, 27, 28, 30, 33-36, 38, 39, 47, 53, 57, 59, 65, 81, 89, 151, 159, 177, 181, 183, 184, 187, 207
Schynse, August 134, 141, 144, 151, 153, 163, 176, 193, 199
Sclater, Philip 218
Seyyif b. Saʿad 157, 158
Shaw, ? (brit. Missionar) 157
Sienkiewicz, Henryk 13, 210, 211
Sike (Chief) 156-158
Slatin Pascha, Rudolf 68-70, 72, 78, 95, 194, 196
Smith, G. Shergold 78
Smith, Iain 18, 115, 119
Smith, Taylor 36
Soller, Charles 118
Solomon Igiru I. (Omukama von Bunyoro) 184, 214
Songa (Chief) 111
Speke, John 74, 194
Staby, Ludwig 207
Stairs, William 121, 123, 129
Stanley, Henry 14, 17, 22, 60, 74, 105, 106, 111-114, 116, 118, 120-140, 142-144, 146-150, 155, 164, 169, 170, 174, 175, 180, 190, 193, 194, 197-201, 205, 207-209, 211-213, 217, 220, 227, 229-231, 233
Steuber, Werner 193, 200

Stokes, Charles 159-161, 164, 167, 169, 177, 211, 212
Strecker Pascha, Wilhelm 58
Strousberg, Bethel 49
Stuhlmann, Franz 16, 67, 128, 142, 143, 151-153, 155, 157, 163, 164, 168, 170-174, 176, 181, 199, 200, 220, 223, 232
Sulaymān (Sohn des az-Zubayr) 86
Sulaymān Āġā 106
Swann, Alfred 175
Szklarski, Alfred 211
Tante Ida (Tante von Schnitzer) 55
Tawfīq (Khedive von Ägypten) 93, 96, 108, 112, 119, 123, 127, 129, 131, 136, 139, 143, 145, 172, 213, 229, 231
Temple, Catherine de 43
Terzetta, ? (italien. Übersetzer) 43, 58
Theilhaber, Felix 32, 36
Tiedemann, Adolf von 151, 154, 155
Tippu Tip (Ḥammad b. Muḥammad) 116, 121, 127, 149, 150, 174, 205
Tiya Āġā Aḥmad 103
Tiya Āġā Tinda 103
Treftz, Arthur 32, 36, 55, 183
Treftz, Bernhard 31, 32, 38, 60, 64, 65, 178
Treftz, Pauline, verw. Schnitzer, geb. Schweitzer 28, 30, 31, 32, 35, 37, 45, 54, 63, 65, 178, 187
Troop, John 121, 127
ʿUbaīd Allah 92
Uhl, Gustav 175, 176
Ullrich, Volker 10
ʿUṯmān Arbāb 103, 104
ʿUṯmān Efendi 113, 126
Victoria (brit. Königin) 140
Virchow, Rudolf 36
Vita Hassan 51, 52, 81, 87-89, 103-106, 108-111, 123, 124, 126, 127, 129, 135, 193, 194, 223, 224
Wanji, B. 213
Ward, Herbert 121, 127
Watt, Ian 212
Weidmann, Conrad 169
Welk, Ehm 60, 207
Whitehead, G. 16
Wilhelm I. (deutscher Kaiser) 135, 231
Wilhelm II. (deutscher Kaiser) 117, 118, 136, 140-142, 146, 158, 167, 203, 231, 232
Wilson, Charles 78
Winton, Francis de 147, 148
Wissmann, Hermann von 118, 135, 136, 141, 142, 145, 152, 154, 155, 159-161, 166-172, 180, 200, 231
Wittich, ? (Medizinprofessor) 37
Wolf, Eugen 117, 152
Yohannes IV. (König von Äthiopien) 98
Zahlmann, Stefan 10
Ziya Pascha 52